티베트 불교철학

TIBET BUKKYO TETSUGAKU
by Shiro Matsumoto

First published in Japan by Daizo Shuppan Co., Ltd., Tokyo.

The Korean edition published by arrangement with Daizo Shuppan Co., Ltd., Tokyo in care of Tuttle-Mori Agency, Inc., Tokyo through BC Agency, Seoul.

티베트 불교철학

마츠모토 시로(松本史朗) 지음
이태승, 권서용, 김명우, 송재근, 윤종갑 옮김

불교시대사

목차

머리말 9

한국어판 서문 14

약호 · 사용 문헌 16

산스크리트어 · 티베트어 한글 발음 원칙 25

서장 · 티베트 불교사 개설 27

제1절 티베트의 불교 초전 / 29

제2절 불교의 본격적 도입 / 32

제3절 삼예의 종론(宗論) / 34

제4절 왕국불교의 성숙과 붕괴 / 39

제5절 교단의 부흥과 아티샤의 활약 / 41

제6절 카담파 / 43

제7절 사캬파 / 48

제8절 카규파 / 49

제9절 그 외의 종파와 부톤 교학 / 51

제10절 총카파의 사상 / 54

제11절 게룩파의 발전 / 58

참고문헌 / 63

제1장 · 불교 강요서 67

제1절 번역 / 73

A. 『대소승요설』(전역) / 73

B. 『사견해요설』(전역) / 77

C. 『대승중관의』(부분역) / 78
D. 『견해요약』(부분역) / 82
E. 『견해의 구별』(부분역) / 94
제2절 문제점의 고찰 / 97

제2장 · 『견해의 구별』에 있어서 중관 이해 ………………………… 111
제1절 『견해의 구별』 중관사상 해설부분의 번역 / 115
제2절 문제점의 고찰—'유가행중관'과 '경중관' / 128
(1) '유가행중관'과 '경중관'이라는 호칭에 대하여 / 128
(2) '유가행중관'과 '경중관'의 사상적 순위에 대하여 / 152
결론 / 162

제3장 · 유가행중관파에 대하여 ………………………………………… 165
시작하며 / 167
제1절 '유가행중관파'의 세속유식설 / 170
제2절 『중관장엄론』 제64게송—'세속 = 세간극성' / 173
제3절 『중관장엄론』 제91게송—유형상유식설 / 182
제4절 세속유식설과 방편유식설 / 191

제4장 · 총카파의 중관사상에 대하여 …………………………………… 223
제1절 총카파 독자의 학설들 / 227
제2절 총카파 학설의 기원 / 257

제5장 · 탁창파의 총카파 비판 269
제1절 총카파 비판의 개요 / 271
제2절 총카파의 중관사상에 대한 비판 / 278

제6장 · 이변중관설에 대하여 285
제1절 티베트에 있어서 3종의 중관사상 / 287
제2절 이변중관설과 총카파 / 291
제3절 이변중관설의 여러 모습 / 297
제4절 인도의 중관사상과 이변중관설 / 303

제7장 · 총카파에 있어서 언설유의 설정 315
제1절 자립파의 부정대상 확인 / 317
제2절 『도차제대론』과 『밀의해명』의 차이점 / 326
제3절 『선설심수』의 의의—'혜에 현현하는 것' / 334

제8장 · 총카파의 자립논증 비판 339
제1절 유법의 일반성과 일치현현 / 341
제2절 양의 일치현현 / 351
제3절 일치현현에서 유자상으로 / 369

제9장 · 총카파 철학의 근본적 입장 387
제1절 이변중관설이란 무엇인가 / 389
제2절 이변중관설 비판과 연기설의 옹호 / 396

제3절 이변중관설의 총괄적 비판 / 402
제4절 이변중관설의 개별적 비판 / 412
제5절 결론—총카파 중관사상의 사상적 의의 421

제10장 · 총카파와 이변중관설 ·· 431
제1절 총카파에 있어서 2종 부정의 의미 / 433
제2절 바비베카의 'prasajya-pratiṣedha' 이론 / 446
제3절 찬드라키르티의 이변중관설—이제설 / 468
제4절 찬드라키르티의 이변중관설—논증법 / 485
제5절 중관파에 있어서 pratijñā와 svatantra / 499
제6절 총카파의 '유주장'설의 의의 / 519

맺음말—티베트 불교철학의 의의 ·· 526

초출일람(初出一覽) / 543
티베트 불교사 연표 / 545
역자 후기 / 551
색인 / 557

머리말

이 책은 티베트 불교의 지적(知的) 본질(本質)을 밝히기 위해 저자의 과거논문을 가필, 보완하고 또 새로이 논문을 덧붙여 하나의 저서로 간행한 것이다. 본서에 대한 독자의 이해를 위해 내용에 대해 간단히 설명하기로 한다.

본서의 중심적 주제는 티베트 불교철학의 최고봉으로 간주되는 총카파(1357~1419)의 중관사상, 즉 '공(空)'의 사상을 해명하는 데 있다. 그리고 난해한 총카파 철학에 들어가기에 앞서 본서는 먼저 티베트 불교의 기본적 지식을 얻기 위해 티베트 불교사를 개관하고 이어서 티베트 불교철학의 개념 가운데 중관사상에 관한 기본적인 문제를 해설한 뒤 나아가 총카파의 중관사상에 관한 고찰을 시도하는 순서로 구성되어 있다.

서장 "티베트 불교사 개설"은 야마구치 즈이호(山口瑞鳳) 박사를 비롯한 선학의 연구에 바탕을 두면서 티베트 불교사의 요점을 정리한 것이다. 서장 끝에 붙인 참고문헌 목록은 오늘날 일본의 티베트 불교연구에 관한 뛰어난 성과를 열거한 것으로 앞으로 티베트 불교의 연구에 뜻을 둔 사람들에게 참고가 될 것이다.

제1장 "불교강요서"는 20세기 초 돈황(敦煌)에서 출토된 '돈황문서'에 포함된 티베트 사본에서 보이는 몇몇 불교강요서에 대하여 번역과 연구를 시도한 것이다. 이들 문헌을 통하여 불교사상을 최초로 접한 소위 티베트 불교 '전전기(前傳期)'에 티베트인들의 불교이해를 알 수 있을 뿐만 아니라 우리들 자신도 티베트 불교학에 근거하여 불교의 기본적 이해를 다시금 확인할 수 있을 것이다. 즉 이들 강요서는 티베트 불교에 의거한 불교입문으로서도 도움이 될 것으로 생

각한다.

제2장 "『견해의 구별』에 있어서 중관 이해"는 9세기 초엽에 활약한 번역승 예쉐데의 『견해의 구별』이라는 불교강요서에서 중관사상이라는 것이 어떻게 이해되었는가를 고찰한 것이다. 『견해의 구별』은 티베트인이 저술한 가장 초기의 불교서 가운데 하나로서 후세에 끼친 영향도 매우 크다. 이 문헌은 중관사상을 모든 불교철학 가운데 최고의 것으로 간주하고 있으며, 이러한 중관 지상주의는 그 후 티베트 불교에 계승되었다. 이 『견해의 구별』에 나타나는 중관사상의 이해에 대하여 특히 '유가행중관(瑜伽行中觀)'과 '경중관(經中觀)'이라는 호칭의 의미, 그리고 이것과 샨타라크쉬타와 카말라쉴라 저작과의 관계를 중심으로 하여 고찰한 것이 본장이다.

제3장 "유가행중관파에 대하여"는 8세기 후반 인도불교의 티베트 전래에 중심적 역할을 담당한 인도의 중관사상가 샨타라크쉬타와 카말라쉴라의 사상에 대하여 특히 그들을 '유가행중관파'로 보는 것이 타당한가의 문제를 중심으로 고찰한 것이다.

제4장 "총카파의 중관사상에 대하여"는 총카파에 대한저자의 첫 번째 논문으로 사캬파의 학자들에 의한 총카파 비판을 주요한 근거로 하여 총카파 독자의 중관사상이란 무엇이며 또 그 기원은 어디에 있는가를 고찰한 것이다.

제5장 "탁창파의 총카파 비판"은 총카파의 사상을 비판한 가장 초기의 학자 가운데 한 사람인 사캬파의 탁창파(1405～?)에 의한 총카파 비판에 대하여 논리학과 중관사상의 두 부분으로부터 논한 것이다.

제6장 "이변중관설에 대하여"는 사캬파의 대학자인 고람파(1429～1489)의 『견해변별』을 기초로 하여 '이변중관설'에 대하여 논한 것이다. '이변중관설'이란 '유(有)도 아니고 무(無)도 아니라고 하는

견해'를 말하는 것으로, "최고의 실재는 유라거나 무라고 말할 수도 없으며 일체의 언어와 분별과 경계를 떠나 있다."라고 설하는 것이다. 총카파 중관사상의 독자성은 이 설을 비판한 것에 있다고 생각된다. 총카파를 비판한 고람파의 『견해변별』은 이 '이변중관설'을 주장하지만, 본 장은 이 설에 대하여 개론적인 연구를 행한 것이다.

제7장 "총카파에 있어서 언설유의 설정"은 총카파의 중관사상에 있어 언설유, 즉 언설〔세속〕에 있어 존재하는 것이 어떻게 설정되는가를 『도차제대론』으로부터 『선설심수』를 경유하여 『밀의해명』에 이르는 총카파 자신의 내적 사상적 발전을 고려하며 고찰한 것이다.

제8장 "총카파의 자립논증 비판"은 총카파의 자립논증 비판이라는 것이 그가 권위로서 받드는 인도의 중관파인 찬드라키르티(약 7세기)의 『명구론』에서의 자립논증 비판과 어떻게 다르며 얼마나 독자적인가를 살펴본 것이다.

제9장 "총카파 철학의 근본적 입장"은 '이변중관설' 비판과 연기설의 옹호가 총카파 사상의본질적인 계기라고 하는 관점으로부터 그의 중관사상의 사상적 의의를 고찰한 것이다.

제10장 "총카파와 이변중관설"은 바비베카와 찬드라키르티의 중관사상을 '이변중관설'로 간주하여 총카파의 중관사상과 차이를 분명히 하려고 한 것이다.

마지막으로 맺음말 "티베트 불교철학의 의의"에서는 오늘날 총카파의 사상을 중심으로 하는 티베트 불교철학을 배운다는 것의 의의에 대하여 저자 나름대로 견해를 밝힌 것이다. 또 본서 간행의 의도에 대해서도 설명하였다.

책의 끝에 붙인 "티베트 불교사 연표"는 종래의 연구를 참조하고, 또 『여의보수사』의 연대표 등도 참조하여 작성한 것이다.

그리고 본서에서의 티베트어 로마자 표기의 방법은 기본적으로는

『서장대장경 총목록』(東北帝國大學 法文學部編, 1934년)에 따랐다. 근년의 표기 방법으로서 ḥa를 'a로 표기하는 방식에는 저자로서 불만이 있어 채용하지 않았다.

저자는 1971년 처음으로 야마구치 선생으로부터 티베트어를 배웠다. 그 후 대학원에 진학하여 선생의 수업으로서 돈황 문헌과 『달라이라마 5세전』 등의 난해한 역사서를 읽을 기회를 얻었지만 따라가기 쉽지 않았다. 때마침 기타무라(北村 甫) 선생 등으로부터 티베트어 구어(口語)를 배울 기회를 얻었으며, 북인도에서 티베트인들과 다소간의 회화도 경험하여 티베트어에 대해 어느 정도 눈이 뜨인 즈음 저자의 석사과정은 끝이 났다.

박사과정에 진학한 뒤 야마구치 선생의 『창캬 학설강요서』「중관장」에 대한 강독을 들음으로써 저자의 학문적 의욕은 크게 자극을 받았다. 당시 야마구치 선생의 수업만큼 매력적인 것은 없었다. 선생으로부터는 텍스트를 정독하는 법, 즉 한 문장 한 문장의 의미를 몇 시간 혹은 며칠 간이라도 철저하게 생각하는 것과 자기 해석의 정당성을 끊임없이 의심해 가야한다는 것을 배웠다. 이렇게 저자의 티베트 불교연구와 총카파 연구는 선생의 지도 아래 시작되었다. 하지만 본서의 형태로 그간의 연구 성과를 정리해 놓고 보니 엄격한 학문의 입장을 지키고 계시는 선생으로부터 꾸짖음을 받지 않을까 걱정이 앞선다. 그렇더라도 지금까지 받은 학은(學恩)에 대하여 야마구치 선생께 깊은 감사를 올린다.

또 본서가 이러한 형태로 간행된 것에 대하여 대장출판 편집부의 이노우에(井上敏光) 씨로부터 받은 은혜는 헤아리기 어렵다. 저자는 이미 대장출판으로부터 『연기와 공-여래장사상 비판』(1989년)과 『선사상의 비판적 연구』(1994년)를 간행한 바 있어 당시 편집부장이었던 다케모토(武本武憲) 씨로부터 큰 신세를 졌지만, 이번 이노우에

씨로부터는 저자의 모든 원고를 컴퓨터에 입력하는 등 실로 말로 다 할 수 없는 노고와 배려를 입었다. 여기에서 충심으로부터 감사를 드리고 싶다.

티베트 불교의 연구는 오늘날 세계 학계에서 크게 성행하고 있다. 이것은 티베트 불교의 중요성에 비추어 당연한 것이지만, 그러나 그러한 연구에는 티베트 불교전통에 대한 비판적 시각이 결여되어 있다고 생각된다. 이러한 의미에서 본서가 티베트 불교에 대한 비판적 연구라는 것에 조금이라도 기여할 수가 있다면 저자로서 다행이라고 생각한다.

마지막으로 본서를 완성할 수 있었던 것은 오직 나의 처 후에코(富惠子)의 헌신적인 조력에 의한 것이다.

이 책을 나의 처에게 바치고 싶다.

1997년 9월 7일

농성에서 저자

한국어판 서문

나의 저서 『티베트 불교철학』이 한국어로 번역되어 마침내 출간된다는 소식을 듣는 지금, 나는 더할 나위없는 행복을 맛보고 있다. 먼저 이와 같은 학술서의 완역(完譯)이라는 곤란한 일을, 끈기 있는 노력과 따뜻한 애정을 가지고 완성시켜준 이태승 교수를 중심으로 하는 현대불교연구원의 멤버들, 즉 권서용 교수, 김명우 교수, 송재근 교수, 윤종갑 교수에게 진심으로 감사와 깊은 존경의 마음을 표하고 싶다.

본 역서의 역자 대표인 이태승 교수는, 나와는 20년 이상의 친구로서, 1994년 고마자와(駒澤) 대학에 『이제분별론세소의 연구』라는 학위논문을 제출하여, 불교학의 박사학위를 취득한 우수한 불교학자이다. 이태승 교수와는, 교수가 한국에 귀국하고 나서도 서울의 학회와 비판불교에 관한 세미나 등에서 서로 만나 친교를 나누었지만, 그 후 교수가 많은 역할을 하여 개원된 현대불교연구원의 멤버에 의해 『티베트 불교철학』을 한국어역으로 출판하고 싶다는 계획을 이태승 교수로부터 들었을 때, 나는 기쁘고도 놀라운 마음으로 승낙했던 것은 말할 것도 없다.

본서는 티베트 불교의 최고 사상가로 일컬어지는 총카파의 불교사상, 특히 '공'을 설하는 중관사상의 해명을 주요한 목적으로 한 것이다. 티베트 불교라고 하면 오늘날 세계적으로 관심이 높지만, 그 관심의 대다수는 티베트 불교의 신비적인 측면에 향해 있다고 생각된다. 이것에 대하여 본서의 목적은 티베트 불교의 지적(知的)인 본질을 분명히 함으로써 불교란 무엇인가라는 중요한 문제의 해결을 목표로 하고자 하는 것이다.

일본의 불교는 본래 한국에서 전해진 것이며, 일본불교는 그 대부분을 한국불교에 빚지고 있다. 이 일본불교의 조국이라고도 할 수 있는 한국 불교학의 세계에 본 역서가 나오게 된 것은, 나에게 있어 무상(無上)의 기쁨이다. 한국과 일본에서 전통적으로 전해지고 신봉된 불교가 뛰어난 것임은 말할 것도 없지만, 그 불교와는 다소 다른 또 하나 대승불교의 흐름인 티베트 불교의 지적 본질을 이해하는 것은, 불교란 무엇인가를 생각하는 데 하나의 지침(指針)을 줄 것이라 생각한다.

마지막으로, 다시 현대불교연구원의 멤버들, 그 중에서도 본 역서의 번역에서 출판까지 모든 일을 내내 중심이 되어 이끌었던 친애하는 이태승 교수의 노력에 대해 심심한 감사의 말을 드리고 싶다.

2008년 8월 25일

동경에서, 마츠모토 시로 識

약호 · 사용 문헌

A. 전집 · 총서류

CWT = *The Collected Works(Gsuṅ 'bum) of TSOṄ-KHA-PA BLO BZAṄ-GRAG-PA*, 27 Vols, *Geden Sungrab Minyam Gyunphel Series*, Vol.79-105, ed. by Ngawang Geleg Demo, New Delhi, 1977-1979.

D = 데르게(sDe dge)판 티베트대장경. 문헌번호는 宇井伯壽 等編『西藏大藏經總目錄』(仙台, 1934년)에 의함.

P = 북경(Peking)판 티베트 대장경. 문헌번호는『北京版西藏大藏經總目錄・索引』(鈴木學術財團, 1962)에 의함.

Pt = 페리오(Pelliot) 수집 돈황 출토 티베트어 사본. 문헌번호는 Lalou M., *Inventure des manuscripts tibétains de Touen-houang conservés à la Bibliothèque Nationale*, Ⅰ, Ⅱ, Ⅲ (Paris, 1939, 1950, 1961)에 의함.

SKK = *Sa skya bkaḥ ḥbum*『사캬파 全書 集成』Vols.1-15. 東洋文庫, 1966-1969년.

St = 스타인(Stein) 수집 돈황 출토 티베트어 사본. 문헌번호는 La Vallée Poussin, L., *Catalogue of the Tibetan Manuscripts from Tun-huang in the India Office Library* (London, 1962)에 의함.

TB = 東洋文庫 所藏 티베트 藏外文獻.

THU = 東北大學 所藏 티베트 藏外文獻. 문헌번호는 金倉圓照 等編,『西藏撰述佛典目錄』(仙台, 1953년)에 의함.

TKU = 東京大學 所藏 티베트 藏外文獻. 문헌번호는『東京大學 所藏 티베트 文獻目錄』(東京大學 印度哲學印度文學研究室, 1965

년)에 의함.

大正 = 大正新修大藏經

B. 인도 찬술문헌

AAĀ = *Abhisamayālaṃkārālokā*『現觀莊嚴論光明』, Wogihara ed., Tokyo, 1932(1973)

ABh = *Akutobhayā*『無畏註』, D, No.3829.

BBh = *Bodhisattvabhūmi*『菩薩地』, Wogihara ed., Tokyo, 1936(1971)

BCAP = *Bodhicaryāvatārapañjikā*『入菩提行論細疏』, Vaidya ed., Darbhanga, 1960.

BV = *Buddhapālitavṛtti*『佛護註』, D, No. 3842.

BhK〔I〕= *Bhāvanākrama*〔I〕『修習次第(初篇)』, Tucchi, G., *Minor Buddhist Texts*, Part II, Roma, 1958.

Bhk〔Ⅲ〕= *Bhāvanākrama*〔Ⅲ〕『修習次第(後篇)』, Tucchi, G., *Minor Buddhist Texts*, Part Ⅲ, Roma, 1971.

CŚ = *Catuḥśataka*『四百論』D, No.3846.

CŚṬ = *Catuḥśatakaṭīkā*『四百論釋』D, No.3865.

LAS = *Laṅkāvatārasūtra*『愣伽經』Nanjio ed., Kyoto, 1923 (1956).

MA = *Madhyamakālaṃkāra*『中觀莊嚴論』D, No.3885.

MAP = *Madhyamakālaṃkārapañjikā*『中觀莊嚴論細疏』D, No.3886.

MAS = *Madhyamakārthasaṃgraha*『中觀義集』D, No.3857.

MAV = *Madhyāntavibhāga*『中邊分別論』Nagao ed., Tokyo, 1964.

MAv = *Madhyamakāvatāra*『入中論』D, No.3861.

MAvBh = *Madhyamakāvatārabhāṣya*『入中論註』D, No.3862.

MAvṬ = *Madhyamakāvatāraṭīkā*『入中論釋』D, No.3870.

MĀ = *Madhyamakāloka*『中觀光明論』D, No.3887.

MH = *Madhyamakahṛdaya*『中觀心論』D, No.3855.

MH〔Ⅲ〕= *Madhyamakahṛdaya*〔Ⅲ〕『中觀心論』제3장 江島惠敎, 『中觀思想의 展開』수록.

MI = *Madhyamakālaṃkāra, Madhyamakālaṃkārapañjikā,* Ichigo ed., Kyoto, 1985.

MMK = *Mūlamadhyamakakārikā*『根本中頌』De Jong ed., Madras, 1977.

PKK = *Pañcakramaṭīkākramārthaprakāśikā*『五次第註次第義作明』P, No.2705

PP = *Prajñāpradīpa*『般若燈論』D, No.3853.

PPṬ = *Prajñāpradīpaṭīkā*『般若燈論釋』D, No.3859.

Pras = *Prasannapadā*『明句論』La Vallee Poussin ed., St. Petersbourg, 1903-1913.

PV = *Pramāṇavārttika*『量評釋』Miyasaka ed., Naritasan, 1971/72.

SDV = *Satyadvayavibhaṅga*『二諦分別論』D, No.3882.

SDVK = *Satyadvayavibhaṅgakārikā*『二諦分別論偈』D, No.3881.

SDVP = *Satyadvayavibhaṅgapañjikā*『二諦分別論細疏』D, No.3883.

TJ = *Tarkajvālā*『思擇炎』D, No.3856.

VŚ = *Viṃśatikā*『唯識二十論』, Levi ed., Paris, 1925.

VV = *Vigrahavyāvartanī*『廻諍論』, Johnston and Kunst ed., Mélanges chinois et bouddhique, Vol.9 pp.99-152.

C. 티베트 찬술문헌(정식명칭 · 저자 · 저작년도 등 가능한 대로 기술)

KCh = *bKaḥ gdams chos ḥbyuṅ gsal baḥi sgron me* 『카담明燈史』〔bKaḥ gdam kyi rnam par thar pa bKaḥ gdams chos ḥbyung gsal baḥi sgron me〕(Las chen Kun dgaḥ rgyal mtshan)〈1494〉, THU, No.7038.

KM = *sKal bzaṅ mig ḥbyed* 『有能者開眼』〔Zab mo stoṅ pa ñid kyi de kho na ñid rab tu gsal bar byed paḥi bstan bcos skal bzaṅ mig ḥbyed〕(mKhas grub), TB, No.178- 2263〔=THU, No.5459〕

KhG = *mKhas paḥi dgaḥ ston* 『學者의 宴』(dPaḥ bo gTsug lag phreṅ ba)〈1565〉, *Śata-piṭaka Series*, Vol.9, 4 parts, New Delhi, 1959-1962.

GK = *Grub mthaḥ kun śes* 『學說全知』〔Grub mthaḥ kun śes nas mthaḥ bral sgrub pa shes bya baḥi bstan bcoɛ〕(sTag tshaṅ pa)〈1463〉, Thimphu ed., 1976.

GKN = *Grub mthaḥ kun śes kyi rnam par bśad pa* 『學說全知註』〔Grub mthaḥ kun śes nas mthaḥ bral grub pa shes bya baḥi bstan bcos rnam par bSad pa legs bśad kyi rgya mtsho〕(sTag tshaṅ pa), TB, No.166-2249〔=THU, No.6867〕

GCh = *Grub mthaḥ chen mo* 『大學說』〔mGrub mthaḥi rnam bśad raṅ gshan grub mthaḥ kun daṅ zab don mchog tu gsal ba kun bzaṅ shiṅ gyi ñi ma luṅ rigs rgya mtsho skye dguḥi re ba kun skyoṅ〕(ḥJam dbyaṅs bshad pa), *The Collected Works of 'Jam-dbyaṅs-bźad-pa'i-rdo-rje*, Vol.14, New Delhi, 1973, bKra śis ḥkhyil ed.

GN = *Grub mthaḥi rnam bshag*『學說規定』(rJe bstun Chos kyi rgyal mtshan), TB, No.167-2250〔=THU, No.6862〕

GP = *rGyud sde spyḥi rnam par gshag pa*『탄트라 總論』〔rGyud sde spyiḥi rnam par gshag pa rgyud ma lus pa la ḥjug pa〕(bSod nams rtse mo), SKK, Vol.2, No.1.

GR = *dGoṅs pa rab gsal*『密意解明』〔dBu ma la ḥjug paḥi rgya cher bśad pa dgoṅs pa rab gsal〕(Tsoṅ kha pa)〈1418〉, P. No.6143.

GŚM = *Grub mthaḥ śel gyi me loṅ*『學說水晶鏡』〔Grub mthaḥ thams cad kyi khuṅs daṅ ḥdod tshul ston pa legs bśad śel gyi me loṅ〕(Thuḥu bkwan Blo bzaṅ chos kyi ñi ma)〈1802〉, *Collected Works of Thu'u-bkwan Blo-bzaṅ-chos-kyi-nyi-ma*, Vol.2, New Delhi, 1969. Shol ed.

ṄR = *Ṅes don rab gsal*『了義解明』〔rGyal ba thams cad kyi dgoṅs pa zab mo dbu maḥi de kho na ñid spyḥi ṅag gis ston pa ṅes don rab gsal〕(Go ram pa), SKK, Vol.12, No.46.

CG = *lCaṅ skya grub mthaḥ*『창캬 學說綱要書』〔Grub paḥi mthaḥi rnam par bshags pa gsal bar bśad pa thub bstan lhun poḥi mdses rgyan〕(lCaṅ skya Rol paḥi rdo rje), TKU, Nos.86-88. Peking ed.

ChB = *Chos ḥbyun*『佛教史』〔bDe bar gśegs paḥi bstan

paḥi gsal byed chos kyi ḥbyuṅ gnas gsuṅ rab rin po cheḥi mdsod〕(Bu ston)〈1322〉, *Śata-piṭaka Series*, Vol.64, part 24, New Delhi,1971.

TṄ = *lTa ba ṅan sel* 『惡見排除』〔dBu ma la ḥjug paḥi dkyus kyi sa bcad pa daṅ dkaḥ baḥi gnas la dpyad pa lta ba ṅan sel〕(Go ram pa), SKK, Vol.13, No.48.

TM = *lTa ṅan mun sel* 『惡見이란 어둠의 排除』〔Zab mo stoṅ pa ñid kyi lta ba la log rtog ḥgog par byed paḥi bstan bcos lta ba ṅan paḥi mun sel〕(rJe btsun Chos kyi rgyal mtshan · bDe legs ñi ma), *LTA NGAN MUN SEL*, 2 Vols., New Delhi,1969.

TRŚ = *lTa baḥi rim pa bśad pa* 『見解次第解說』(dPal brtsegs), D, No.4356.

TŚ = *lTa baḥi śan ḥbyed* 『見解弁別』〔lTa baḥi śan ḥbyed theg mchog gnad kyi zla zer〕〈1468〉, SKK, Vol.13, No.47.

ThM = *Theg chen gyi mṅon paḥi sde snod las byuṅ baḥi miṅ gyi graṅs* 『大乘論藏에 나타나는 이름』(Kloṅ rdol bla ma), TKU, No.223.

DN = *Deb ther sṅon po* 『青冊史』〔Bod kyi yul du chos daṅ chos smra ba ji ltar byuṅ baḥi rim pa〕(gShon nu dpal)〈1478〉, *Śata-piṭaka series*, Vol.212, New Delhi, 1974. Kun bde gliṅ ed.

DJ = *Dad paḥi ḥjug ṅogs* 『믿음으로 入門』〔rJe btsun bla ma tsoṅ kha pa chen poḥi ṅo mtshar rmad du byuṅ baḥi rnam par thar pa dad paḥi ḥjug ṅogs〕(mKhas grub),

CWT, Vol.1,No.1.

DL = *mDun legs ma* 『둔렉마』〔Raṅ gi rtogs pa brjod pa mdo tsam du bśad pa〕(Tsoṅ kha pa), P, No.6060.

DS = *De kho na ñid gsal baḥi sgron ma* 『實義明燈』〔dBu ma la ḥjug paḥi rnam bśad de kho na ñid gsal baḥi sgron ma〕(Red mdaḥ ba), TB, No.179-2264.

PJ = *dPag bsam ljon bzaṅ* 『如意寶樹史』〔ḥPhags yul rgya nag chen po bod daṅ sog yul du dam paḥi chos byuṅ tshul dpag bsam ljon bzaṅ〕(Ye śes dpal ḥbyor)〈1748〉, *Collected Works of Sum-pa-mkhan-po*, Vol.1, New Delhi, 1975.

BG = *Blo gsal grub mtaḥ* 『로셀 學說綱要書』〔Grub paḥi mthaḥ rnam par bśad paḥi mdsod〕(dBus pa Blo gsal), BG〔M〕, pp.329-447, sDe dge ed.

BG〔M〕 = Mimaki K., *Blo gsal grub mtha'*, Kyoto, 1982.

BGN = *dBu ma rgyan gyi rnam bśad* 『中觀莊嚴論解說』〔dBu ma rgyan gyi rnam bśad ḥjam dbyaṅs bla ma dgyes paḥi shal luṅ〕(Mi pham), *Collected Writings of 'Jam-mgon 'Ju Mi-pham-rgya-mtsho*, Vol.12, Gangtok, 1976.

BN = *dBu ma rnam ṅes* 『中觀決擇』〔dBu ma rnam par ṅes paḥi chos kyi ban mdsod luṅ daṅ rigs paḥi rgya mtsho〕(Śākya mchog ldan)〈1477〉, *The Complete Works (gsuṅ 'bum) of gSer-mdog Paṇ-chen Śākya-mchog-ldan*, Vols.14-15, Thimphu, 1975.

TsL = *rTsod ldan* 『論難答破』〔sGra pa śes rab rin chen paḥi rtsod lan luṅ rigs seṅ geḥi ṅa ro〕(Blo bzaṅ

Chos kyi rgyal mtshan), New Delhi, 1974.

ShL = *gShuṅ lugs legs par bśad pa*『宗義善說』(Sa skya Paṇḍita), SKK, Vol.5,No.3.

RK = *Rig gnas kun śes*『學處全知』(sTag tshaṅ pa), THU, No.6864(rtsa ba), THU, No.6865(ḥgrel pa)

RG = *Rigs paḥi rgya mtsho*『正理海』〔dBu ma rtsa baḥi tshig leḥur byas pa śes rab ces bya baḥi rnam bśad rigs paḥi rgya tsho〕(Tsoṅ kha pa)〈1408〉, CWT, Vol.23.

LÑ = *Legs bśad sñiṅ po*『善說心髓』〔Draṅ ba daṅ ṅes paḥi don rnam par phye baḥi bstan bcos legs bśad sñiṅ po〕(Tsoṅ kha pa)〈1408〉, CWT. Vol.21. No.4.

LR = *Lam rim chen mo*『道次第大論』〔sKyes bu gsum gyi ñams su blaṅ baḥi rim pa thams cad tshaṅ bar ston paḥi byaṅ chub lam gyi rim pa〕(Tsoṅ kha pa)〈1402〉, CWT, Vols.19-20.

SN = *gSaṅ baḥi rnam thar*『秘密의 傳記』〔rJe rin po cheḥi gsaṅ baḥi rnam thar rgya mtsho lta bu las cha śas ñuṅ ṅu shig yoṅs su brjod paḥi gtam rin po cheḥi sñe ma〕(mKhas grub), CWT, Vol.1, No.3.

SPh = *gSer phreṅ*『金鬘』〔Śes rab kyi pha rol tu phyin paḥi man ṅag gi bstan bcos mṅon par rtogs paḥi rgyan ḥgrel pa daṅ bcas paḥi rgya cher bśad pa legs bśad gser gi phreṅ ba〕(Tsoṅ kha pa)〈1387〉, P, No. 6150

D. 연구서 등

『縁起と空』= 松本,『縁起と空—如來藏思想批判』, 大藏出版, 1989.

『空思研』= 小川一乘,『空性思想の研究—入中論の解讀』, 文榮堂, 1976.

『西佛研』= 長尾雅人,『西藏佛教研究』, 岩波書店, 1954.

『禪批判』= 松本,『禪思想の批判的研究』, 大藏出版, 1994.

『ツォンカパ』= 御牧克己・森山清徹・苫米地等流,『ツォンカパ』(大乘佛典 中國・日本 篇 15), 中央公論社, 1996.

『展開』= 江島惠教,『中觀思想の展開—Bhāvaviveka 研究』, 春秋社, 1980.

『印佛研』=『印度學佛教學研究』, 日本印度學佛教學會

Calming = Wayman, A., *Calming the Mind and Discerning the Real*, New York, 1978.

Pras〔Index, I〕= Yamaguchi, S., *Index to the Prasannapadā Madhyamaka-vṛtti*, Part 1, Kyoto, 1971.

산스크리트어 · 티베트어 한글 발음 원칙

* 본서에서 산스크리트어 · 티베트어 발음은 번역자들이 원칙을 정해 표기하였다.

* 본서에서 로마자로 표기하는 발음원칙은 기본적으로 한글 외래어 표기법에 준하여 경음(된소리)을 피해 격음(거센소리)으로 표기하였다.

* 본서에서 표기된 로마자 표기의 산스크리트어 · 티베트어 발음은 다음과 같다.

산스크리트어 자모 발음

a ā:아, i ī:이, u ū:우, e:에, o:오, ai:아이, au:아우, ṛ:리

ka:가, kha:카, ga:가, gha:가, ṅa:(응)아

ca:차, cha:차, ja:자, jha:자, ña:냐

ta:타, tha:타, da:다, dha:다, na:나

pa:파, pha:파, ba:바, ma:마

ya:야, ra:라, la:㉣라, va:바

śa:샤, ṣa:싸, sa:사

ha:하

티베트어 자모 발음

a:아, i:이, u:우, e:에, o:오

ka:카, kha:카, ga:가, ṅa:(응)아

ca:차, cha:차, ja:자, ña:냐

ta : 타, tha : 타, da : 다, na : 나
pa : 파, pha : 파, ba : 바, ma : 마
tsa : 차, tsha : 차, dsa : 자, wa : 와
sha : 샤, za : 싸, ḥa : 아, ya : 야
ra : 라, la : 라, śa : 샤, sa : 사
ha : 하, a : 아

* 이외의 산스크리트어 · 티베트어 발음은 문법서에 나타나는 일반적인 발음 원칙에 준해 표기하였다.
  예) (산스크리트어) kṣa = 크샤, jñā = 즈냐 등
  (티베트어) kra = 타, dra = 다, zla = 다 등

* 특히 티베트어 문자의 결합구조는 한글 음절의 기본구조로서 자음+모음+자음의 구조와 유사한 면이 많아 발음 표기도 한글의 구조에 맞추어 표기하였다.
  예) Khri sroṅ lde brtsan = 티송데첸, ḥPhrul snaṅ = 툴낭

* 단 중심자 뒤에 있는 r이나, 반체자 형태의 r이 있는 경우는 '르'로 표기하였다.
  예) Yar luṅs 야르룽, rdo rje 도르제

* 티베트어의 특수한 발음을 가능한 한 문법에 맞추어 표기하도록 노력하였다.

서장

•

티베트 불교사 개설

제1절 티베트의 불교 초전

티베트 불교는 일찍이 오해와 엽기적인 취미의 대상이었다. 그것은 라마교[1]라 불리어 토착 샤머니즘과 뒤섞인 불교의 일파(一派)로 간주되어 마치 불교가 아닌 것처럼 취급받아 왔다. 또 최근에는 세계적인 밀교 유행과 맞물려 티베트 불교의 밀교적 · 신비적 측면만을 예찬하는 안이한 경향을 도처에서 볼 수 있게 되었다. 그러나 한 마디로 말해서, 티베트 불교만큼 지적(知的)이고 정통적인 불교는 세계 어디에도 없다. 오해를 무릅쓰고 감히 말하자면, 이것은 중국이나 일본의 불교와 비교해서 한 말이다. 티베트 불교야말로 인도 대승불교의 정통을 계승한 것이기에 오늘날 세계 불교학에 있어서 티베트 불교의 연구가 불가결하게 된 이유도 여기에 있다.

그런데 티베트에 불교가 전해진 것은, 그다지 오래 전의 일은 아니다. 그것은 대략 7세기 경으로, 중국의 불교전래보다 600년이 늦고, 또 일본의 불교 초전(初傳)과 비교해서도 약 100년이 늦다. 불교의 발상지인 인도 · 네팔과 인접하고 있음에도 불구하고 티베트의 불교전래가 다른 먼 나라와 비교해서 현저히 늦은 이유는 티베트와 인도 · 네팔을 완전히 갈라놓은 히말라야의 고봉(高峰)의

1) 티베트 불교를 '라마교'라고 부르는 것은 적절하지 않다. 왜냐하면, '라마(bla ma)'라는 말은 高僧을 의미하는데, 이것은 불교만이 아니라 티베트 고유의 본(Bon)교의 고승도 가리키기 때문이다. 즉 라마교 또는 Lamaism은 티베트 불교와 본교 양자를 의미하고 있는 것이다.
또 라마교라는 호칭은, 티베트 불교를 전적으로 密教라고 보는 오해와도 관련된다. 라마라고 하는 티베트어는, 인도 산스크리트어인 '구루(guru, 尊師)'라는 말의 번역어로서 사용되는데, 게다가 구루에의 무조건 절대 歸依, 구루崇拜는 밀교에 있어서 빼놓을 수 없는 교설이기 때문이다. 이러한 밀교에 있어서의 구루 숭배는 중국의 禪宗에도 도입되었지만, 그 반지성적, 무비판적 성격 때문에 비불교적이며 또 때로는 위험하기까지 하다고 생각된다.

존재로서도 설명할 수 없는 또 다른 이유가 있다. 요컨대 티베트의 불교전래는 티베트 그 자체의 건국 시기와 밀접히 관련되어 있다.

티베트의 존재가 중국에 처음으로 명료하게 알려진 것은 6세기 말이다. 당시 티베트에는 남리론첸(gNam ri slon mtshan) 왕이 나타나 지방의 여러 씨족을 통합하여 전 티베트를 통일하려는 움직임을 보였다. 이 티베트 통일의 움직임은 그의 아들 송첸감포(Sroṅ btsan sgam po, 581～649) 왕의 시대에 이르러 고대 티베트 왕국〔吐蕃王國〕이 설립되는 결실을 낳았다. 송첸 왕은 관직 12계제(階制) 등 다수의 제도를 제정하고 여러 씨족을 통합하였으며, 또 군사제도를 강화해 당(唐)과도 교전할 만큼의 실력을 갖추었다. 불교가 티베트에 처음 전해진 것은 송첸 왕의 두 외국인 처(妻)의 불교신앙에 의한 것이다. 640년, 당은 티베트로 공주가 시집가는 것을 인정하여 문성공주(文成公主)가 송첸 왕의 아들 궁송궁첸(Guṅ sroṅ guṅ rtsan, 621～643) 왕의 비(妃)로서 티베트에 들어왔다. 그러나 젊은 궁송 왕은 643년에 세상을 떠났기 때문에 아버지인 송첸 왕이 다시 등극하고, 3년을 지나 문성공주를 아내로 맞이했다. 공주는 망부(亡夫) 궁송왕의 명복을 빌기 위해 라사(lHa sa)에 라모체(Ra mo che, 小招寺) 사를 세우고 당으로부터 불상(佛像, 釋迦像)을 모셨다. 한편 송첸 왕은 네팔로부터도 왕비 티춘(Khri btsun)을 이미 아내로 맞이하였다. 이 왕비도 남편 송첸 왕이 죽은(649) 뒤, 망부를 위해 툴낭(ḥPhrul snaṅ, 大招寺) 사를 세웠다. 따라서 7세기 중엽 거의 동시기에, 중국계 불교와 인도·네팔계 불교가 서로 앞 다투어 티베트에 들어온 것이 된다. 이것은 후에 티베트 불교의 전개를 생각할 때 상징적이기까지 하다. 곧 티베트 불교를 인도불교의 단순한 이입(移入)이라고 생각한다면 그것은 오해이다. 중국불교가 티베트에 도입된 역사는 오래

되고, 또 그 영향력도 크다. 중국불교는 티베트의 저변에 아주 광범위하게 또 여러 차례 인도불교를 선행(先行)하여 들어와 있었다. 그러나 무엇보다도 중요한 것은 선행하여 뿌리를 내리고 있던 중국불교를 버리고 티베트 인들이 주체적으로 인도불교를 채용했다는 사실이다. 이것은 중국불교나 밀교의 기조(基調)를 이루는 여래장사상(如來藏思想)과 인도불교의 정통인 중관사상(中觀思想)과의 모순상극이라는 중요한 문제와 관련이 있지만 그것에 대해서는 나중에 설명하고자 한다.

그런데 송첸감포 왕의 두 왕비가 사찰을 건립해서 불상을 모셨다고는 하나 왕 자신이 불교를 적극적으로 옹호한 흔적은 없다. 그 후 티베트에서 불교신앙을 일으키는데 힘이 된 것은 약 반세기를 지나 당에서 시집 온 금성공주(金城公主, 710년에 티베트로 옴)이었다. 열렬한 불교신자였던 그녀는 남편인 티데축첸(Khri lde gtsug brtsan, 704~754) 왕으로 하여금 라모체 사와 툴낭 사를 중수(重修)시키고, 또 새롭게 닥마르(Brag dmar)의 딘상라캉(ḥBrin bzaṅ lha khaṅ) 사 등 다섯 개의 사원을 세우고, 당에서 승려를 초청해 매일 근행(勤行)을 하게 했다고 한다. 어쨌든 왕과 공주가 불교를 중심으로 하는 당의 문물을 티베트에 전래시키는데 노력했다는 것은 확실하다.

그러나 왕의 갑작스런 죽음이 사정을 크게 변화시켰다. 대신(大臣) 마샹톰파케(Ma shaṅ khrom pa skyes)가 이끄는 반(反)불교세력이 힘을 얻어 닥마르의 사원 등을 파괴하고, 라모체 사의 중국인 승려를 추방하였다. 그러나 아직 어려서 실권(實權)이 없는 새로운 왕에게는, 왕가(王家)가 조영(造營)한 이들 사원에 대한 권신들의 폭거를 가만히 지켜보는 일 외에는 다른 방법이 없었다. 이 나이 어린 왕이 후에 불교의 국교화(國敎化)를 이끈 명군(名君)

티송데첸(Khri sroṅ lde brtsan, 742~797)이었다.

제2절 불교의 본격적 도입

티송데첸 왕은 20살이 되자(761), 권신(權臣)들에 의한 폐불(廢佛)정책을 배척하고, 불교를 적극적으로 도입하고자 하였다. 그러나 이에 앞서 이미 티데축첸 왕의 말년에, 중국불교의 도입에 관하여 한 가지 유력한 움직임이 있었다는 것을 무시할 수 없다. 그것은 어린 왕자 티송데첸의 친구들이 불교를 배우기 위한 사절단(使節團)으로서 당에 파견되어, 『금강경(金剛經)』, 『도간경(稻竿經)』 등의 중요한 경전을 입수하고, 티데축첸 왕 사후의 폐불 시기에 귀국해 있었다고 하는 사실이다. 이 사절단에서 특히 주목할 만한 것은 그들이 귀국길에 성도(成都)에서 중국 선종사(禪宗史)에서 유명한 선사(禪師)인 정종사(淨宗寺) 무상(無相) 김화상(金和尙, 684~762)을 만나 그 가르침을 받았다고 하는 점이다. 이것은 중국선이 매우 이른 시기에 티베트에 유입되었다는 것을 나타낸다. 또 사절단에는 펠양(dPal dbyaṅs)이라고 불리는 바 상시(rBa Saṅ śi)가 속해 있었다. 그는 대략 40년 후 티베트에서 발생한 중국선과 인도계 불교와의 논쟁, 이른바 '삼예의 종론(宗論)'에 있어서, 언제나 기회주의적인, 혹은 중국선에 호의적인 태도를 취한 유력한 인물이었다. 그리고 그의 그와 같은 행동은 젊은 날의 중국 여행과 그때의 한 선사와의 만남과 무관하지 않다고 생각된다.

그러면 글의 내용을 761년의 시점으로 돌아가 보자. 티송데첸 왕의 불교 국교화가 순수한 불교신앙에 기초한 것인지 혹은 정치적 배려에서 나온 것인지는 지금으로서 알 도리가 없다. 어쨌든 왕은 신하인 바 셀낭(rBa gSal snaṅ)을 파견하여, 당시 네팔에 머물고 있던 날란다(Nālandā) 승원(僧院)의 장로이자 인도불교의 대학장(大學匠)인 샨타라크쉬타(Śāntarakṣita)를 티베트로 초청하는 데 성공했다. 샨타라크쉬타는 티베트에 들어와 야르룽(Yar luṅs) 지방에 있던 룽춥(Rluṅ tshubs) 궁전에서 십선(十善), 십팔계(十八界), 십이지연기(十二支緣起) 등 불교의 기본적 교의를 설했다. 그러나 당시 일어난 천재(天災)나 역병(疫病)이 티베트의 민족종교인 본(Bon)교의 무리에 의해 불교신봉의 결과로 간주되었기 때문에, 그는 2개월 내지 4개월의 체재 뒤 네팔로 돌아가야만 했다. 그 후 763년 티베트 군이 장안(長安)을 점령하는 데 공이 컸던 고 티상얍락(mGos Khri bzaṅ yab lhag) 등의 숭불파(崇佛派)가 힘을 얻어 사정이 호전되자 왕은 771년경 다시 셀낭을 네팔에 파견하여 샨타라크쉬타를 초청했다.

샨타라크쉬타는 두 번째 티베트 방문에 즈음해, 인도 후기밀교의 행자(行者)이며 주술자(呪術者)로서도 알려진 파드마삼바바(Padmasaṃbhava)를 초청하도록 왕에게 진언했다. 파드마삼바바는 773년 티베트에 들어와 주술로 본교도들의 배불파(排佛派)를 압도했다. 775년부터 12년에 걸쳐 왕명(王命)에 의해 삼예(bSam yas) 대승원이 건설되었으며, 샨타라크쉬타가 이것을 지도하고 파드마삼바바가 보좌하였다. 779년, 삼예의 대본당(大本堂)이 완성되었으며, 그 낙성(落成)을 경축하는 법요식에 인도 날란다 승원으로부터 설일체유부(說一切有部, Sarvāstivādin)의 계율을 지닌 12명의 승려가 초청되고, 샨타라크쉬타가 계사(戒師)가 되어 셀낭과 상시를 포함한 티베트인 6명에게 구족계(具足戒)를 주었다. 이것이 티베트 최초의 출가승단(出家僧團, saṃgha)의 성립이다. 이때 티송데첸 왕은 삼예 대본당에 왕비와 고관들을 모아 숭불(崇佛)을 맹세하는 조칙(詔勅)에 서명하게 하고, 그것을 삼예에 영구히 보존하게 함으로써 불교를 정식으로 국교화하였다.

이 무렵부터 범어(梵語, 산스크리트어) 학습이 시작되고, 범어불전이나 한역불전의 티베트 번역도 개시되어 불교는 점차 티베트에 보급되었다. 이 순조로운 보급과 발전의 끝에 티베트 불교의 명운(命運)이 걸린 일대사건이 일어날 것이라는 사실은 명민(明敏)한 샨타라크쉬타를 제외하고는 그 누구도 예견하지 못하였다.

제3절 삼예의 종론(宗論)

당시 티베트 왕국은 군사국가로서 그 실력을 과시하고 있었다. 763년에는 안록산(安祿山)의 난(亂) 이후 혼란에 편승하여 티베트군이 장안(長安)에 일시적으로 침입하여 약 2주간 정도 점령하였다. 당과는 화평과 교전이 되풀이되었지만, 그 과정에서 당으로부터 불교에 능통한 승려 두 명이 교체로 파견되는 교섭이 성립하기도 하였다. 781년에는 양수(良琇)와 문소(文素)가 이미 티베트에 들어와 있었다. 786년 티베트 군은 중국령인 돈황(敦煌, 沙州)을 함락시키고 848년까지 지배하게 된다.

돈황 함락과 동시에 중앙 티베트에 초청된 사람이 마하연(摩訶衍)이라는 선승으로, 그의 '불사불관(不思不觀)'의 선은 티베트 사회에 급속히 퍼져 나갔다. 당시 티베트 불교 교단의 최고 책임자는 관장(管長, riṅ lugs)인 펠양이었다. 그는 일찍이 상시라고 불리었고, 젊은 시절에 중국을 여행하고 그 후 샨타라크쉬타에게 구족계를 받았던 인물이다. 샨타라크쉬타는 783년경 세상을 떠났고, 그 후의 관장직은 인도불교를 도입하는데 공헌한 셀낭, 즉 예세왕포에게 이어졌다. 그러나 그는 교단에 대한 국가의 우대정책을 강하게 추진했기 때문에 냥 팅게진(Myaṅ Tiṅ ṅe ḥdsin)을 위시한 반대파 세력의 배척을 받아 네팔 국경에서 가까운 로닥(lHo brag)에 은거해 있었다. 그의 뒤를 이은 사람이 온건한 펠양이었다. 그가 관장직을 맡고 있을 때에 마하연의 가르침이 널리 보급되어, 인도계 불교도와 중국선을 따르는 자들이 서로 다툰 '삼예의 종론(宗論)'이라는 미증유(未曾有)의 사건이 일어나기에 이르렀다. 이 사건을 일으킨 실질적인 책임은 그 경력상으로 말하더라도 인도불교와 중국불교 사이를 넘나드는 불확실한 인물, 펠양 그에게 돌아갈 것이다. 마하연은 도(ḥBro) 씨 출신의 왕비를 교화하여 791년에는 펠양의 문하에 그녀를 출가시키기에 이르렀다고 한다.

다만 이 시점에서 실제로 티베트에 정식 여성출가자〔比丘尼〕가 등장한 것으로 보아야 할지는 의문이다. 왜냐하면 마하연의 가르침 그 자체가 본래 출가자의 수행이 필요치 않다는 것을 설하고 있기에 본질적으로 재가적(在家的)인 성격을 가지고 있었기 때문이다. 그는 대체로 다음과 같이 주장하였다. 곧 인간에게는 불성(佛性)이라는 것이 본래 갖추어져 있어, 그것이 망상(妄想) · 분별(分別)이라는 것에 의해 가리워져 있으므로 아무것도 생각하지 않고 아무것도 분별하지 않는다면〔不思不觀〕, 그 불성이 현현(顯現)해서 곧바로 부처가 된다〔頓悟〕. 따라서 육바라밀(六波羅蜜)이나 십선(十善) 등의 행위는 성불(成佛)에 있어서 필요 없을 뿐더러 망상분별에 기초한 것이므로 성불에 방해가 된다.

인도계 불교도는 대승불교의 기본인 육바라밀의 행(行, 利他行)과 계(戒)도 부정하는 마하연의 가르침에 놀라 왕을 통해 마하연의 설에 의문을 제기하는 글을 보냈다. 마하연이 이것에 답하면 다시 질문이 행해지는 방식으로 문답은 여러 차례 반복되었다. 그러나 출가승단에 속한 인도계 불교도와 마하연 주도하에 결집한 재가신자를 중심으로 한 중국선의 추종자와의 대립은 이 문답을 통해 더욱 격렬해졌다. 얼핏 보아 반윤리적 성격을 가진 또 국가적으로 통제할 수 없는 재가불교적 성격을 지닌 마하연의 가르침에 불만을 품은 왕은 한때 마하연의 포교를 금지했지만, 선종(禪宗) 신도의 열광적 기세는 오히려 격앙되어 그 가운데 항의 자살을 하는 사람까지 나타났다. 티베트에 있어서 인도계 불교와 중국선의 이러한 대립에서 후자는 늘 신경질적이고 폭력적이었다고 전해지고 있다.

티송데첸 왕은 일단 선종의 금령(禁令)을 풀었지만 사태의 진전에 속수무책이었다. 이에 왕은 펠양을 단념하고, 로닥에 은거하고 있던 예세왕포를 다시 불러 대책을 협의했다. 이때 예세왕포는 샨타라크쉬타의 유언을 왕에게 상기시켰다. 샨타라크쉬타는 죽음에 임해서 인도계 불교와 중국불교와의 대립을 예언하고, 그때에는 자신의 제자인 카말라쉴라를 인도로부터 불러서 일을 맡기도록 유언했다고 한다. 이 유언에 따라서 왕은 급히 카말라쉴라를 초청하게 되었다. 이에 대해서 마하연은 삼예의 선정원(禪定院)에서 기도하고 밤낮으로 경전을 공부하며, 카말라쉴라와의 논쟁을 준비하였다. 카말라쉴라가 도착하고, '종론'은 삼예의 발보리심원(發菩提心院)에서 중앙 상좌에 앉은 왕의 어전(御前)에서 행해지게 되었다.

이 종론을 다룬 기초 자료로는 카말라쉴라의 『수습차제(修習次第, *Bhāvanākrama*)』 및 마하연의 주장을 속제자(俗弟子)인 왕석(王錫)이 정리한 『돈오대승정리결(頓悟大乘正理決)』이 있지만, 부톤(Bu ston, 1290~1364)의 『불교사(佛教史, *Chos ḥbyuṅ*)』에 따르면 논쟁은 다음과 같은 양상으로 전개해 갔다. 먼저, 마하연이 행위를 부정하여 '불사불관(不思不觀)'에 의한 '돈오'를 설하였다. 다음에 카말라쉴라가 "아무것도 생각하지 않는다."는 불사불관은 기절(氣絶)의 상태와 같다고 하고, 또 그것은 공성(空性)의 지(知)를 버리는 것이라고 논박했다. 카말라쉴라로서는 불교의 이상(理想)이라고 생각되는 무분별지(無分別知)를 단순히 아무것도 생각하지 않는다는 의미가 아니라, "일체법(一切法)은 무자성(無自性, 空)이다."라고 하는 명확한 언어표현을 동반한 공성의 지를 오랫동안 수습하는 것을 통해서 점차로 달성되어지는 것으로 보았다. 또한 그는 마하연의 불사불관을 성불에 있어서 불가결한 이른바 '올바른 분별지'를 버리는 것으로 이해했던 것이다.

그런데 카말라쉴라에 이어서 왕의 허락을 얻어 발언한 사람이 당시 교단의 장로였던 펠양이었다. 그는 "깨달음에 이르는 문(門)은 다르지만, 도달한 뒤의 궁극의 불과(佛果)는 같다."는 것처럼 기회주의적인 모습을 담은 의견을 말했다. 그 뒤 예세왕포가 일어나 마하연의 선을 격렬하게 공격했다. 마하연은 답할 수가 없게 되자 화환(花環)을 카말라쉴라에게 바치고 패배를 인정했다. 이후 티베트에서는 왕에 의해서 인도계 불교가 정통(正統)임이 선언되었다고 한다. 그러나 인도계 불교의 승리가 절대적이었다고는 결코 말할 수 없다. 마하연이 추방되었다고는 하지만 돈황 지역에서는 여전히 실력을 행세했다고 한다. 게다가 티베트 불교의 참된 은인(恩人)이라고도 할 수 있는 카말라쉴라는 마하연이 보낸 네 명의 암살자에 의해 논쟁 후 얼마 되지 않아 암살당했던 것이다.

'삼예의 종론'은 사상적으로 보아도 다양하고 중요한 문제를 제기하고 있다. 단적으로 말하여 그것은 중관사상과 여래장사상의 사상적 논쟁이며, 그 승리는 전자에게 돌아갔다고 할 수 있다. 사제(師弟)지간인 샨타라크쉬타와 카말라쉴라는 당시 인도불교를 대표하는 대학자였으며 "모든 것〔一切法〕은 공(空)이다."라고 설한 중관파(中觀派, Mādhyamika)의 사상가였다. 이에 대해 여래장사상은 불교가 성립 당시부터 부정하였던 우파니샤드의 아(我, 아트만)의 철학과 구조적으로는 일치하는 것으로, 중생 속에 상주(常住)하는 실재로서의 여래장(如來藏, tathāgata-garbha)·불성(佛性, buddha-dhātu)을 인정하는 사고방식이었다. 이것은 중국에서 본각(本覺)사상으로 발전하여 선종의 주요한 사상적 기반이 되었다.

또 여래장사상은 유일한 실재〔如來藏·佛性〕를 기체(基體, dhātu)로 해서 만물이 생긴다고 하는 발생론적 일원론을 구조로 삼기 때문에, '이것이냐 저것이냐'의 비판정신이 아니라 '이것도 저것도'라는 융화주의(融和主義)의 성격이 강하다. 앞의 펠양의 발언도 바로 이 여래장 사상의 특질에 의거한 것이라고 말할 수 있으며, 특히 인도불교에 있어서 이 융화주의를 대표하는 것이 사상적으로는 온전히 여래장사상을 근거해서 발전한 밀교(密教)이다. 밀교의 융화주의는 불교와 힌두교의 대립을 해소시키고, 불교 내부로부터 불교를 조금씩 붕괴시켜 마침내 인도사회로부터 불교를 소실하게 하는 힘이 되었다. 이러한 밀교가 이미 샨타라크쉬타의 진언(進言)에 의해서 초청된 파드마삼바바를 상징적 인물로 삼아 티베트에 들어오게 되었다는 것은 '삼예의 종론'이 지닌 사상적 의미를 생각할 경우에 무시할 수 없다. 왜냐하면 성적(性的) 실천을 설하기 때문에 당시 표면적으로는 경계되고 있던 밀교가 9세기에 들어서 중국선과 융합하고, 닝마(rÑiṅ ma)파라고 하는 티베트 불교의 뿌리 깊은 하나의 저류를 형성했기 때문이다. 그러면 이 밀교와 선의 융합은 어떠한 시점에서 생겨난 것일까. 샨타라크쉬타는 실은 어떤 면에 있어서는 밀교가이기도 하였다. 제1차 티베트에서의 실패를 반복하지 않기 위해 파드마삼바바를 불렀던 스승 샨타라크쉬타의 타협이 순수 중관주의를 표방한 카말라쉴라를 죽인 먼 원인이 되었던 것일지도 모르는 것이다.

제4절 왕국불교의 성숙과 붕괴

'삼예의 종론' 이후 티송데첸 왕 사후(797) 일시적인 파불(破佛) 상태를 거쳐, 9세기에 접어들자 왕국불교는 순탄하게 발전했다. 804년, 티데송첸(Khri lde sroṅ brtsan, 776~815) 왕은 남파르미톡파(rNam par mi rtog pa)를 포함한 54명의 대형사절단을 당에 파견하여 한역불전으로부터의 번역을 촉진시켰다. 그 후 카르충(sKar cuṅ)에 불전(佛殿)을 세우고, 다시 숭불서약의 조칙을 선포하여 신하에게 서명하도록 하였다. 역경(譯經)사업이 성행하게 되자, 역어(譯語) 통일의 필요가 생겨나 '결정역어(決定譯語, skad gsar bcad)'를 수록한 범장대조(梵藏對照)의 어휘집인 『번역명의대집(飜譯名義大集, *Mahāvyutpatti*)』이 티베트 인 번역승 예쉐데(Ye śes sde) 등에 의해서 편찬되었다. 그리고 이어서 814년, 이들 어휘집 속에서 문제가 된 것을 해설한 『이권본역어석(二卷本譯語釋, *sGra sbyor bam po gñis*)』이 편찬되었다.

티데송첸 왕이 죽고, 티축데첸(Khri gtsug lde btsan) 왕〔렐파첸(Ral pa can, 806~841)〕의 시대가 되자, 불교교단은 더욱 발전했다. 824년에는 티베트 최초의 역경 목록인 『덴카르마 목록(*dKra chag ldan dkar ma*)』이 펠첵(dPal brtsegs)과 루이왕포(Kluḥi dbaṅ po) 등에 의해서 편찬되었다. 국가에 의한 불교교단의 우대정책은 극단적으로 추진되어, 이 왕의 시대에 출가자 한 사람에게 7호(戶)의 예가(隸家)를 딸려 하사하였고, 운창도(Ḥon caṅ rdo)에는 9층의 대사원을 건설했다고 한다. 이러한 극도의 교단 우대정책이 국가 경제를 핍박했다는 것은 당연하다. 게다가 불교적인 평화주의는 티베트 동북의 청해(青海) 방면에 있어서 군사활동을 규제하여, 이른바 국가경제의 목을 조르고 있었다. 이러한 불안정한 상태가 오래 계속될 리 없었다. 843년 고대 티베트 왕조는 분열・붕괴되고, 불교교단도 그 경제적 기반을 잃어 사실상 해체되었다. 요컨대 순수한 의미에서 출가자 교단은 티베트에서 모습을 감췄던 것이다. 그 후에는 단지 비속한 탄트라불교가 횡행했다고 한다.

여기서 내용을 조금 앞으로 돌려 9세기 전반의 안정된 국가 불교의 모습을 엿보도록 하자. 9세기 초에 '대교열번역자(大校閱飜譯者, Shu chen gyi lo tsā ba)'로써 활약하고 『번역명의대집』의 편찬에도 참가한 예쉐데에게는 『견해(見解)의 구별(區別)(*lTa baḥi khyad par*)』이라는 일종의 불교강요서가 남아있다. 이것은 번역이 아니라 티베트 인이 쓴 불교서로서 가장 오래된 것 중 하나이다. 당시 티베트에서는 다수의 학설강요서(學說綱要書, grub mthaḥ)가 쓰여졌는데 『견해의 구별』은 그 대표라 할 수 있다. 거기에서 예쉐데는 불교 사상을 소승 유외경론(有外境論)・유식설・중관(유가행중관, 경중관)의 순으로 해설하여, 샨타라크쉬타, 카말라쉴라에 의해서 대표되는 중관사상을 불교철학 중의 최고의 것이라 설하고 있다. 이 중관 지상주의(至上主義)는 샨타라크쉬타의 입장(入藏) 이래의 전통이라고도 말할 수 있지만, 그 후의 티베트 불교를 완전히 규정하는 것이 되었다는 점에서 특히 중요하다. 결국 티베트 불교에 있어서는 중관사상이 항상 최고의 불교철학으로 간주되어 왔다.

그런데 왕조 분열 후의 혼란기에 비속한 탄트라불교가 횡행했다고 간단히 말했지만, 이 비속한 탄트라불교의 실태를 탐구하기 위해서는 '삼예의 종론' 이후에 선(禪)과 밀교(密敎)의 융합에 대해서 고찰해야 한다. 실제 이 둘은 닝마파〔古派〕의 족첸(rdsogs chen, 大究竟) 교의에서 절묘하게 융합하였다. 중국선에 대해서 말하자면, 803년 티베트는 당과 화평교섭에 들어가 다음 해 대형 사절단을 파견함으로써 중국불교와의 교류는 부활되었다. 또 성적 실천〔性瑜伽〕을 설한 탄트라 경전의 번역이 금지되었다는 것이 814년의 『이권본역어석』 서문에 나타나 있다. 그러나 이 사실은 당시 그런 종류의 탄트라 경전이 실제로 다수 번역되어 유행하고 있었다는 증거라고 할 수 있다. 현재 당시의 티베트 불교의 상황을 알려주는 돈황 출토 티베트어 사본에는 『비밀집회탄트라』의 티베트 역도 보인다. 선과 밀교는 이미 기술한 바와 같이 둘 다 여래장사상에 근거하고 있기 때문에 쉽게 결부될 필연성을 가지고 있었다. 그것이 실제로 행해진 것은 당시의 티베트에서 선 문헌이라고도, 밀교 문헌이라고도 볼 수 없는 양자의 융합을 보이는 문헌이 다수 저작된 것을 통해서 알 수 있다. 그리고 이와 같은 경향 속에서 닝마파의 족첸 교의가 성립해 갔던 것이다. 선도 밀교도 본질적으로 안이(安易)한 재가불교적 성격을 가지고 있었기 때문에 출가 승단의 붕괴에 의해서 완전히 손상(損傷)을 입은 것이 아니라, 오히려 엄격한 계율과 지적인 교리학의 규제를 벗어나 자유롭게 또 혹은 비속(卑俗)하게 타락한 형태로써 발전했던 것이라 생각된다.

제5절 교단의 부흥과 아티샤의 활약

티베트 불교의 역사는 843년의 고대 티베트 왕조 분열 후 약 2세기에 걸친 혼란기를 경계로 해서 전전기(前傳期, sṅa dar)와 후전기(後傳期, phyi dar)의 둘로 구분된다. 후전기 티베트 불교의 시작은 계율부흥운동과 아티샤(Atīśa, Dīpaṃkaraśrijñāna, 982~1054)의 포교로 상징된다. 혼란기에 출가 승단이 모습을 감추고 탄트라불교에 의해서 도의(道義)의 퇴폐가 초래된 것을 생각한다면 불교의 부흥을 바라는 사람들이 먼저 출가 승단의 확립, 보다 구체적으로는 계율의 전통의 부활을 제1의 목표로 내건 것은 상상하기 어렵지 않다. 이러한 계율 부흥의 움직임은 11세기 초 무렵 티베트의 동부와 서부에서 거의 동시대에 일어났다. 동부의 캄(Khams) 지방에서 생겨난 계율의 전통을 '저지율(低地律)'이라 하고 그 중심 인물은 공파랍셀(dGoṅs pa rab gsal)이었다. 한편 서 티베트의 가리(mṄaḥ ris)에서 일어난 것을 '고지율(高地律)'이라 부르고, 이 전통에서 대번역승 린첸상포(Rin chen bzaṅ po, 958~1055)와 곡 렉페쉐랍(rṄog Legs paḥi śes rab) 등이 나타났다.

이와 같이 하여 교단의 상태가 일단 정비되었을 때 가리왕 장춥외(Byaṅ chub ḥod)는 인도의 비크라마쉴라(Vikramaśilā) 승원의 학승 아티샤를 티베트에 초청하는데 성공했다. 아티샤는 1042년, 서티베트의 토딩(mTho ldiṅ)에 이르러 거기에서 린첸상포와 만나 장춥외의 요청에 의해 『보리도등론(菩提道燈論, *Bodhipatha pradīpa*)』을 썼다. 그 후 돔톤(ḥBrom ston, 1005~1064)이나 곡 렉페쉐랍 등의 카담(bKaḥ gdams)파의 조사들의 힘에 의해 중앙 티베트에도 초청되어 포교와 역경에 종사하면서 최후는 라사 근교의 네탕(sÑe thaṅ)에서 돔톤의 수발을 받다가 입적했다.

아티샤의 13년에 걸친 포교와 거기에서 결집된 티베트 인 승려들의 활동은 결정적으로 불교를 부흥시켰다. 그렇지만 계율을 지키는 출가자 단체는 출현했다고 하더라도 교단을 통일적으로 원조하는 국가는 존재하지 않았다. 통일적인 교단도 아직 존재하지 않았고 경우에 따라서는 지방에 특정 씨족과 결합한 여러 종파가 생겨나게 되었다. 요컨대 전전기의 '국가불교'에 대해서 후전기는 '종파불교'라고 특징지을 수 있다.

이하에서 그 종파들의 사상과 역사를 간단히 보기로 한다.

제6절 카담파

카담(bKaḥ gdams)파는 아티샤에게 기원을 가진 종파이다. 다만 그것은 아티샤의 『보리도등론』을 종전(宗典)으로서 존중한다는 의미이지 보통 아티샤는 카담파의 개조라고는 말하지 않는다. 『보리도등론』은 발보리심 · 지계 · 육바라밀로 나아가는 보살의 수습차제를 중관파의 입장에서 설하고 최후에 밀교를 약설하기에 전체적으로 단계적 수행을 설하는 '점수(漸修)'의 경향이 매우 강하다. 이러한 비돈오적인 실천적 성격이 본각사상(本覺思想)적이며 수도무용론(修道無用論)적인 탄트라불교가 횡행한 혼란시대를 싫어하는 사람들에게 무엇보다도 환영받았다고 생각된다.

그런데 보통 카담파의 개조라고 간주되는 사람은 아티샤의 직제자인 돔톤으로, 그는 1056년 라뎅(Rwa sgreṅ)에서 밀교도량을 세웠다. 그 제자 중에 탄트라불교의 실천을 중시하는 '교계파(教誡派, gDams ṅag pa)'와 『보리도등론』이나 '카담 6종전'을 종전으로 삼아 중시하는 현교주의의 '교설파(教說派, gShuṅ pa)'가 생겨났다. 후자의 대표로서 포토와(Po to ba, 1031~1105)와 샤라와(Śa ra ba, 1070~1141)가 있다.

다음에 아티샤를 라사로 맞아들였던 곡 렉페쉐랍은 1073년 상푸(gSaṅ phu)사를 세웠지만, 이 절은 그의 사위인 로덴쉐랍(Blo ldan śes rab, 1059~1109) 및 차파 최키셍게(Phywa pa Chos kyi seṅ ge, 1109~1169)를 좌주(座主)로 하는 시대에 이으러 전 티베트을 대표로 하는 학문사로서 이름을 떨치고 각 지역의 학자가 운집하게 되었다. 상푸사에 소속된 학자를 카담파 중 '비결파(秘訣派, Man ṅag pa)' 등으로 부르고 있다. 로덴쉐랍은 17년간 캐시미르에서 공부한 명번역가로서도 알려지며, 논리학·여래장사상·중관의 사상가로서도 큰 영향을 주었다. 즉 여래장사상에 있어서 중요한 '미륵의 5법'(마이트레야의 다섯 논서, Byams paḥi chos lṅa)의 전승을 티베트에 도입하고 『보성론(寶性論, *Ratnagotravibhāga*)』을 번역·주석함과 동시에 다르마키르티의 『양결택(量決擇, *Pramāṇaviniścaya*)』이나 프라즈냐카라굽타의 『양평석장엄(量評釋莊嚴, *Pramāṇavārttikālaṃkāra*)』 등의 논리학서를 번역·강설하는 것에 의해서 '신(新)논리학파(Tshad ma gsar ma)'의 학류를 형성했다.

차파의 학문적 명성도 전 티베트에 널리 알려졌다. 그도 로덴쉐랍과 마찬가지로 '미륵의 5법'과 『양결택』에 주석을 썼던 것 외에 『양요약심암불식(量要約心闇拂拭, *Tshad maḥi bsdus pa kyi mun sel*)』이라고 하는 독자적인 논리학서를 쓴 것에 의해 그 후 티베트의 논리학에 큰 영향을 주었다. 논리학을 불교학의 기초로 삼아 중시하는 티베트 불교의 일반적 경향은 차파에게 기원을 둔 것이라 생각된다. 그는 중관파 가운데 자립파(自立派, Raṅ rgyud pa)를 중시하는 중관학자로서도 알려지며, 이 파를 대표하고 티베트에서 동방자립삼가(東方三自立家, Raṅ rgyud śar gsum)라고 불리는 즈냐나가르바, 샨타라크쉬타, 카말라쉴라의 주저(『이제분별론』, 『중관장엄론』, 『중관광명론』)에 주석을 쓰고 있다. 게다가 차파는 명번역가 니마닥(Ñi ma grags, 1055~?)이 귀류파(歸謬派, Thal ḥgyur ba)를 대표하는 찬드라키르티의 모든 주저를 번역하고 강설해서 귀류파의 설을 널리 보급시켰을 때 찬드라키르티의 철학을 비판했던 것으로 티베트 중관사상사에서 특히 중요하다.

중관사상의 전개도

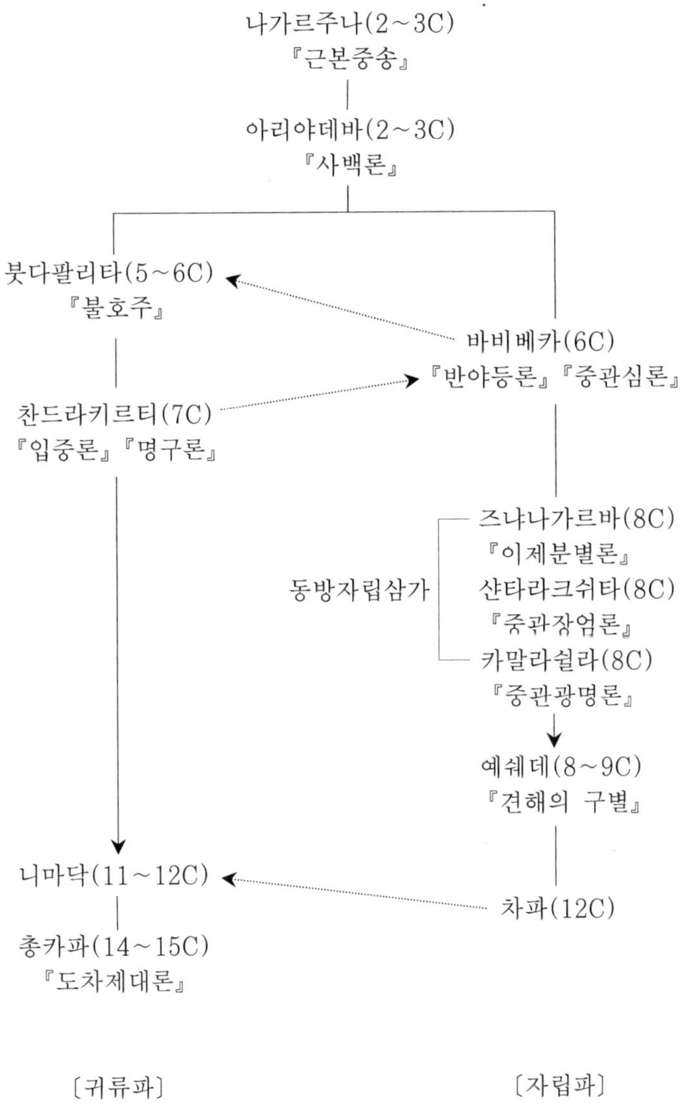
나가르주나(2~3C)
『근본중송』
아리야데바(2~3C)
『사백론』
붓다팔리타(5~6C)
『불호주』
바비베카(6C)
『반야등론』『중관심론』
찬드라키르티(7C)
『입중론』『명구론』
동방자립삼가
즈냐나가르바(8C)
『이제분별론』
샨타라크쉬타(8C)
『중관장엄론』
카말라쉴라(8C)
『중관광명론』
예쉐데(8~9C)
『견해의 구별』
니마닥(11~12C)
차파(12C)
총카파(14~15C)
『도차제대론』
〔귀류파〕
〔자립파〕

후에 총카파의 사상을 볼 때 문제가 되는 것이지만, 지금 여기에서 '자립파'와 '귀류파'라는 말에 대하여 약간 설명을 하고자 한다. 먼저 자립파(자립논증파)와 귀류파(귀류논증파)는 인도의 중관파를 2분하는 학파 구분으로서 일반적으로 알려져 있으며, 그 원어는 Svātantrika와 Prāsaṅgika라는 범어형태로 나타나는 일이 많다. 그러나 그 범어가 인도의 원전에 존재하는지는 아직 확인되지 않았으며, 이들은 단순히 티베트어 Raṅ rgyud pa와 Thal ḥgyur ba를 범어로 환원한 말이라고 보여진다. 요컨대 이들의 학파명은 인도에는 없으며 티베트에서 성립된 것이라고 생각된다. 그렇다면 무엇 때문에 그와 같은 학파명이 생겨났는가 하면, 그것은 전적으로 찬드라키르티의 『명구론(明句論, *Prasannapadā*)』 제1장의 문장에 기초하고 있다. 즉 찬드라키르티는 거기에서 자립논증(svatantrānumāna)에 의해서 공성을 논증하려고 하는 바비베카[2]를 비판하고, 스스로는 귀류논증(prasaṅgāpādana)이라는 방법을 설했기 때문에 여기에 중관파는 둘로 분열된 것으로 이해되었던 것이다. 요컨대 자립논증에 의해서 공성을 논증하는 것이 자립파이고 귀류논증에 의한 것이 귀류파인 것이다.

이와 같이 이해하여 일찍이 자립파, 귀류파의 말을 사용한 최고의 인물이라고 생각되는 사람이 니마닥이고, 그는 자립파에 대한 귀류파의 우위를 설했다. 찬드라키르티는 7세기의 인물이었음에도 불구하고 기묘하게도 그의 사상은 9세기 전반을 중심으로 하는 전전기의 티베트에 거의 유입되지 않았다. 대량의 중관파의 논서가

---

2) 『般若燈論』(*Prajñāpradīpa*)의 저자는, 종래 학계에서는 바바비베카(Bhāvaviveka)라고 해왔지만, 에지마(江島) 씨의 논증에 따라 그의 이름은 바비베카(Bhāviveka)라고 정정해야 한다고 생각해 본서에서는 이 호칭으로 통일한다. 江島惠教, 「Bhāvaviveka/ Bhavya/ Bhāviveka」, 『印佛硏』 38-2, 1990, pp.846-838 참조.

번역되었음에도 불구하고 당시 번역된 찬드라키르티의 저작은 겨우 『육십송여리논주(六十頌如理論註, *Yuktiṣaṣṭikāvṛtti*)』 하나뿐이며, 이 작은 저서에서 그의 사상의 독자성은 충분히 발휘되지 않고 있다. 요컨대, 당시는 예쉐데의 『견해의 구별』에 보이는 그대로 바비베카와 그 계통을 이끄는 샨타라크쉬타, 카말라쉴라라고 하는 소위 자립파의 중관사상이 티베트에서 최고의 것으로 여겨졌던 것이고 이 상태는 니마닥이 출현할 때까지 변하지 않았다. 그때까지 『명구론』은 티베트어로 번역되지 않았고 따라서 찬드라키르티가 바비베카를 비판했던 것조차 티베트 인은 알지 못하였다. 니마닥에 의한 『명구론』의 번역에 의해서 비로소 이 사실을 알게 된 티베트 인들 사이에 니마닥의 귀류파 중시의 사고방식은 압도적인 설득력을 가지게 되어, 이윽고 찬드라키르티를 비판한 차파[3]의 직제자들 중에서도 예를 들면 창낙파(gTsaṅ nag pa)나 마자 장춥촌두(rMa bya Byaṅ chub brtson ḥgrus, ?~1185)와 같이 찬드라키르티 설을 옹호하는 학자가 나타나게 되었다. 이와 같은 찬드라키르티 중시의 경향은 최종적으로는 귀류파의 철학을 절대시하는 총카파의 심오한 사상을 만들어내게 되었다.

한편, 카담파는 후에 총카파를 개조로 하는 게룩(dGe lugs)파(新카담파)에 흡수된다.

---

3) 拙稿, 「Tsoṅ kha pa 獨自の中觀思想」, 『日本西藏學會會報』 27, 1981, p.6, 註 2)에 나타난 것처럼, 차파의 찬드라키르티 비판은 후에 사캬파의 샤카촉덴에 의해서 찬드라키르티 옹호의 입장에서 비판된다. 즉 샤카촉덴의 『中觀決擇(*dBu ma rnam ṅes*, BN)』에 있어서, 차파의 찬드라키르티 비판은 '自立論證을 인정하지 않는 것은 올바르지 못하다', '오직 歸謬만으로 실재론자(dṅos por smra ba)를 부정하는 것은 올바르지 못하다', '佛地에 있어서 心心所가 단절되어 있다고 주장하는 것은 올바르지 못하다' 등의 3 개조로 정리하여 우선 제시하고(BN, kha, 53b6-55b6) 다음에 비판하고(BN, kha, 56b1-68a2) 있다.

제7절 사캬파

사캬(Sa skya)파는 콘(ḥKhon) 씨의 콘촉걀포(dKon mchog rgyal po, 1034~1102)가 1073년에 창(gTsaṅ) 지방의 사캬 땅에 밀교사원을 세우고, 일족이 거기에 근거하여 포교한 것에 기초한 것으로 씨족교단의 전형이라고 말할 수 있다. 이 파는 『호금강(呼金剛)탄트라(*Hevajratantra*)』를 중시해서, 인도의 탄트리스트인 비루파(Virūpa)의 사상에 기초한 도과(道果, lam ḥbras)설을 설했다. 이 설은 "도(道, 수도)가 그대로 과(果, 수도의 결과)를 갖추고 있다."고 설하는 것이다. 콘씨 직계의 쿤가닝포(Kun dgaḥ sñiṅ po, 1092~1158), 소남체모(bSod nams rtse mo, 1142~1182), 닥파겔첸(Grags pa rgyal mtshan, 1147~1216), 사캬 판디타(Sa skya Paṇḍita, 1182~1261), 팍파(ḥPhags pa, 1235~1280)를 5선사(五先師, goṅ ma lṅa)로 삼아 받들며, 차파에게 배웠던 소남체모로부터 현교중시의 경향이 나타나, 대학자 사캬 판디타(사판이라 약칭함)의 교학을 낳았다. 사판은 회교도의 난을 피해서 1204년 티베트에 들어온 인도불교 최후의 대학자 샤캬슈리바드라(Śākyaśrībhadra, 1127~1225)에게 구족계를 받고 배워서 다양한 논서를 지었는데, 특히 『정리보장(正理寶藏, *Rigs gter*)』에 의해서 그때까지 우세했던 차파의 논리학설을 압도하고 또 다르마키르티의 주저 『양평석(量評釋, *Pramāṇavārttika*)』을 티베트에 보급시키는데 공헌했다.

한편 사판은 몽골과의 관계에 있어서도 활약했다. 티베트의 모든 사원이 몽골군의 공격을 받았을 때, 학덕으로 명성이 높은 사판은 전(全) 티베트를 대표해서 1244년, 양주(涼州)에서 몽골왕 고단(Go dan; 쿠텐)과 회견하였다. 거기에서 가혹한 공납조건을 받아들였는데, 그것은 정치적으로는 복종하면서도 불교에 의해서 몽골인을 지배할 수 있다고 생각했기 때문이다. 실제로 그때 동행했던 사위 팍파는 원조(元朝)의 신뢰를 얻어서, 1270년 쿠빌라이의 왕사(王師)가 되어 티베트의 대리통치를 맡았다[4]. 이러한 사캬파는 원조 왕실의 힘을 가짐과 아울러, 뒤에 카규파가 유력해질 때까지 티베트의 정치적 실권을 쥐었다.

제8절 카규파

카규파는 쿵포(Khyuṅ po, 990~1139)를 종조로 삼는 계통과 번역자 마르파(Mar pa, 1012~97)로부터 시작하는 계통의 둘이 있다. 쿵포는 인도에 가서 마이트리파(Maitrīpa) 등의 탄트리스트에게 수학하고 '니구마(Ni gu ma)의 6법'과 '대인(大印) 카우마' 등을 중시했다. 마르파도 인도를 수차례 방문하여 나로파(Nāro-pa)에게 『호금강탄트라』를, 마이트리파에게 대인(大印, Mahāmu-drā)의 비법을 배웠다. 마르파는 또 벵갈 지방에서 유행한 도하(Do hā) 문학이 설하는 구생승(俱生乘, sahajayāna)으로부터 큰 영향을 받았다. 구생이라는 말은 사람은 태어나면서부터 깨달아 있기 때문에 다시 수행할 필요가 없다고 하는 의미이다. 마르파는 부인을 두고 지극히 세속적인 생활을 보냈다. 마르파의 제자에 종교

4) 팍파의 영향력이 얼마나 컸던가는, 그가 1278년에 지은 일종의 불교개론인 『彰所知論(*Śes bya rab tu gsal ba*, SKK, Vo.6, No.1)』이 한역되어 大正新修大藏經(大正32, No. 1645)에도 수록되어 있다는 것을 보면 잘 알 수 있다. 이 한역에서 저자는 '元帝師發合思巴'라 불리고 있다. 한편 元代에 편집된 『勅修百丈清規』에서도 '元師拔合斯八'의 傳記(大正48, 1117中)가 보이며, '帝師涅槃'으로써 그 忌日의 법요 방법이 설해져 있다.

시인으로서도 유명한 미라레파(Mi la ras pa, 1040~1123)가 있었다. 청년시절에 주술을 배워서 친척들에게 복수하고, 그 후 죄를 뉘우쳐 마르파의 밑에서 엄격한 수행을 견뎌낸 행자로서 미라레파의 극적인 생애는 자전시인 『십만가요(*mGur ḥbum*)』나 『미라레파전(*Mi la ras paḥi rnam thar*)』에 묘사되어, 티베트 인에게 애호되었다. 미라레파의 중요한 제자에 레충파(Ras chuṅ pa, 1083~1160)와 닥포라제(Dwags po lha rje)라고도 불리는 감포파(sGam po pa, 1079~1153)가 있다. 후자는 산중에서 수행하는 미라레파에게 '나로 6법'과 '대인'의 비전을 배우고, 1121년 감포에서 승원을 세워 제자를 양성했다. 감포파는 본래 카담파에서 구족계를 받은 인물로 그 주저 『도차제해탈장엄(道次第解脫莊嚴, *Lam rim thar rgyan*)』은 카담파의 도차제와 카규파의 대인을 통일한 것이라고 할 수 있어, 그 이후 카규파에서는 카담파적 현교의 경향이 강하게 된다.

감포파의 제자 두숨켄파(Dus gsum mkhyen pa, 1110~1193)와 팍모두파(Phag mo gru pa, 1110~1170)로부터는 각각 카르마(Karma)파와 팍모두파가 생겨나서 정치적·사회적으로 유력하게 되었다. 팍모두파의 계통인 야르룽(Yar luṅs) 지방의 랑(rLaṅs) 씨는 1354년 팍모두파 왕조를 탄생시키고 그 후 1세기 가량 중앙 티베트를 지배했다. 한편 카르마파는 특정 씨족의 힘에만 기대지 않는 활불상속제(活佛相續制)라고 하는 교단유지 제도를 만들어서 교단의 세력을 신장시켰기 때문에 종파의식이 강하고 정치적으로도 강력했다. 후에 게룩파가 권력을 장악할 때에는 카르마파와의 잦은 무력을 동반한 치열한 투쟁에서 이기지 않으면 안 되었다. 카르마파에는 흑모파(黑帽派)와 적모파(赤帽派)가 있으며, 흑모파로부터 제3세 랑준도르제(Raṅ byuṅ rdo rje, 1284~1339), 제8세

미쿄도르제(Mi bskyod rdo rje, 1507~1554) 등의 유력한 학자가 나왔다.

제9절 그 외의 종파와 부톤 교학

그 외의 종파로서는 시제(Shi byed)파와 닝마(rÑiṅ ma)파와 조낭(Jo naṅ)파가 있다. 시제파는 마칙 랍키돈마(Ma gcig Lab kyi sgron ma, 1055~1143)라고 하는 여성행자가 제창한 단경(斷境, gcod yul)설을 중심으로 발전했다. 단경설이란 '금강(金剛)' '허환(虛幻)' '용행(勇行)'의 3선정을 닦는 것으로, 이것은 마음을 정수리로부터 벗어나게 해서 껍질만 남은 육체를 마귀에게 음식으로 보시하는 것을 관상할 뿐만 아니라 실제로 마귀가 출몰한다고 생각되는 묘지 등 공포를 느끼게 하는 장소에 가서 관상을 행하고 마귀를 진압시켜 아집을 제거하는 행위인 것이다.

닝마파는 '고파(古派)'를 의미하며, 정확히는 전전기에 번역된 고역 탄트라에 의존하는 것이라는 의미이다. 이것은 린첸상포 이후 후전기의 신역 탄트라에 의존하는 '신탄트라파(gSaṅ sṅags gsar ma pa)'의 여러 종파와 구별된다. 이미 말한 바와 같이 닝마파는 전전기 이래의 전통을 가지며, 그 교의는 인도밀교와 중국선의 융합, 그것도 후자에 역점을 두고 융합되어 본각사상 내지 수도 무용론적 성격이 강하다. 닝마파는 9승(乘)의 교판을 설하는데, 그 제9승 아티요가승은 족첸(rdsogs chen, 大究竟)이라고 하며 거기서 만물은 '본래해탈(ye grol)'하고 있는 '심성(心性, sems ñid)'이라고 설한다. 닝마파는 수도무용론의 비정통불교로서 신탄트라파의 여러 종파로부터 강하게 배척받았으며, 여기에 대항해서 롱첸파(Kloṅ chen pa, 1308~1363)는 『칠장(七藏)』에서 족첸의 교의를 체계화하였다.

한편 닝마파는 다수의 '매장서(埋藏書, gter kha, 발굴본)'를 위작해서 사람들 앞에 발굴해 보여주는 등의 행위를 했기 때문에 사람들의 빈축을 사게 되어, 이 파가 전승하는 소위 '고역 탄트라'에 대해서는 다른 종파로부터의 신용은 두텁지 못했다. 이와 같은 매장서가 닝마파에서 위작된 이유는 그 교의의 유래가 티베트에서 비정통으로 간주된 중국선에 있다는 것을 감추기 위한 것이었다고도 한다.

조낭파는 팍파의 제자이기도 했던 툭제촌두(Thugs rje brtson ḥgrus, 1243~1313)가 1309년 이전에 창 지방에서 조모낭(Jo mo naṅ)사를 세웠던 것에 근거하고 있다. 이 개조로부터 제4대째의 좌주에 돌부파(Dol bu pa, 1292~1361)가 나와서 1346년에 『요의해(了義海, *Ṅes don rgya mtsho*)』를 쓰고 '타공상견(他空常堅, gshan stoṅ rtag brtan)'의 여래장사상을 설했던 것으로 유명하다. 이 설은 여래장〔=法界〕은 영원불변〔常堅〕의 실재(實在)이자 일체법의 기체(基體, gshi)이며, 다른 제법(번뇌 등)에 관해서는 공이지만〔他空〕 그 자신으로서는 공이 아니라고 설하는 것이다. 이것은 인도의 여래장사상을 가장 직접적으로 계승한 것이었지만 중관사상에 기초한 티베트 불교 정통파로부터 강한 비판을 받게 되었다. 조낭파에서는 그 후 촉레남겔(Phyogs las rnam rgyal, 1306~1386) 그리고 『인도불교사(*rGya gar chos ḥbyuṅ*)』로 알려진 타라나타(Tāranātha, 1575~1634)가 나타났지만, 1642년 달라이라마 정권 수립 후 조낭파는 이단으로 간주되어 금교(禁敎)시되고 게룩파로부터 탄압을 받았다.

조낭파의 여래장설을 가장 초기에 비판한 사람은 대학자 부톤

(Bu ston, 1290~1364)이었다. 그는 매우 스케일이 큰 학자이기 때문에 한 종파에 귀속시킬 수 없을 정도이다. 샤루(Sha lu)사에 주석했기 때문에 샤루류(流)라든가 부톤류라고 하는 말로 그 학풍을 부를 정도이었다. 그의 조낭파 비판은 1359년에 저술한 『선서장(善逝藏)의 여식(麗飾)(*bDe sñiṅ mdses rgyan*)』에서 보여진다. 거기에서 부톤은 중관파인 찬드라키르티의 『입중론(入中論, *Madhyamakāvatāra*)』 등에 의거해서 여래장설은 미료의(未了義, neyārtha)이고, 따라서 여래장은 실재〔勝義有〕가 아니라 공이라고 설했다. 이 중관사상에 의한 여래장 미료의설은 그 후 티베트에 있어서 여래장사상의 일반적 해석이 되었다. 또 탄트라불교 해석에 있어서 부톤이 완수한 역할도 크다. 그가 『불교사(*Chos ḥbyuṅ*)』, 『십만탄트라목록(*rGyud ḥbum gyi dkar chag*)』 등에서 탄트라 문헌의 분류에 사용한 '4분류법'은 매우 유명하여 그 후의 티베트에서 일반적으로 채용되었다[5]. 이것은 다라니나 경전도 포함한 일체의 밀교문헌을 다음의 네 가지로 분류한 것이다.

① 소작(所作, bya ba, kriyā)
② 행(行, spyod pa, caryā)
③ 유가(瑜伽, rnal ḥbyor, yoga)
④ 무상유가(無上瑜伽, rnal ḥbyor bla na med pa, anuttarayoga)

---

5) 이것은 부톤이 '4분류법'을 사용한 최초의 학자라는 의미는 아니다. 예를 들면 사카파의 소남체모도 그의 저서인 『탄트라 총론(*rGyud sde spyiḥi rnam par gshag pa*, GP)』 중에서 이 분류를 사용하고 있다. Cf. GP, ga, 27a2-3. 한편 '4분류법'의 기원 및 총카파와의 관계에 대해서는 Rolf Giebel, 「チベット密教の一斷面」, 『東洋學術硏究』 21-2, 1982, pp.120-122 참조.

여기에서 '소작 탄트라'는 외적 작법을 설한 것으로 간주되고 다양한 다라니경전이 여기에 속한다. '행 탄트라'는 외적 작법과 내적 삼매의 연결을 설한 것으로 간주되며, 신구의(身口意)의 삼밀가지(三密加持)를 설한 『대일경(大日經)』이 여기에 포함된다. '유가 탄트라'는 내적 유가를 주로 하는 것으로 『금강정경(金剛頂經)』이 그 대표이다. '무상유가 탄트라'는 유가의 행법에 성적(性的) 실천(성유가)을 포함한 인간의 생리작용을 응용한 것으로 비밀집회 등의 방편 부(父) 탄트라와 『호금강』 등의 반야 모(母) 탄트라 및 부모(父母) 양 탄트라의 쌍입을 설한 『시륜(時輪)탄트라(*Kālacakra-tantra*)』 등이 여기에 해당된다. 이 4분류법은 인도에 있어서 밀교 문헌 성립의 역사와 거의 일치하는 것으로, 부톤 자신은 『시륜탄트라』를 최고의 것으로 생각하여 그 주석도 쓰고 있다.

그리고 부톤이 '티베트 대장경'의 정리, 편집 및 목록 편찬자로서 완수한 역할도 대단히 크다. 그의 『불교사』의 후반에는 대장경의 목록이 수록되어 있고 번역된 문헌들의 저자, 역자, 분량을 알 수 있다. 다만 부톤은 닝마파가 전승한 출처가 불확실한 탄트라 문헌에는 믿음을 두지 않아 그것을 대장경에 수록하지 않았기 때문에 칸귤(bKaḥ ḥgyur, 대장경의 經部)에서 누락된 '고역 탄트라'라고 칭하는 것은 후에 닝마파의 라트나링파(Ratna gliṅ pa, 1403~1476)에 의해서 수집되어 그것이 오늘날의 『고파(古派)탄트라집(*rÑiṅ ma rgyud ḥbum*)』의 원형이 되었다.

제10절 총카파의 사상

티베트에서 최후로 나타난 종파가 총카파 롭상닥파(Tsoṅ kha

pa Blo bzaṅ grags pa, 宗喀巴, 1357~1419)를 종조로 하는 게룩(dGe lugs)파이다. 게룩파는 황모파(黄帽派), 개혁파(改革派)라고도 불리며, 티베트 최대의 종파이자 정치적으로도 지배적인 종파가 되었다.

총카파는 티베트 동북의 변두리 총카(Tsoṅ kha)에서 태어나 어려서 출가하고, 16세 때 중앙 티베트로 나와 사캬, 나르탕(sNar thaṅ) 등의 학문사(學問寺)에서 유학했다. 그는 19세 무렵부터 사캬파의 쿤가펠(Kun dgaḥ dpal)에게 『반야경』의 강의를 들었으며, 나아가 그 제자 렌다와(Red mdaḥ ba, 1349~1412)에게 『입중론』과 『구사론』 등을 들었다. 렌다와는 총카파가 공부하던 시절 가장 중요한 학문적 스승이었고, 그로부터 총카파가 니마닥류의 귀류파 중시의 사고방식을 배웠던 것은 확실하다. 그러나 총카파의 중관 이해는 스승을 훨씬 뛰어넘었다. 그의 나이 31세 때, 최초의 학문적 저작인 『금만(金鬘, *gSer phreṅ*; 現觀莊嚴論의 주석)』이 완성되었지만, 거기에 총카파의 사상적인 독자성은 아직 발견되지 않는다. 그 후 총카파는 34세 무렵부터 우마파(dBu ma pa)라고 하는 신비적인 인물에게 사사(師事)받았다고 한다. 우마파는 문수보살의 관법을 체득하고 있었는데 총카파는 그를 통역자로 삼아 문수에게 자립파와 귀류파의 차이에 대해서 질문하기도 했으며, 또 뒤에는 실제로 문수의 모습을 볼 수 있게 되었다고 한다.

이 무렵, 총카파에게 사상적 전기(轉機)가 찾아와서, 그 독자의 중관사상이 형성되었다고 생각된다. 그는 36세에 올카(Ḥol kha) 지역에서 8명의 제자와 함께 선정(禪定)을 닦고, 그 후 각지에서 강연을 펼쳤을 때를 보통 '입교개종(立教開宗)'이라고 한다. 46세 때, 그의 생애에서 가장 중요한 저작인 『도차제대론(道次第大論, *Lam rim chen mo*)』이 완성되었다. 이것은 아티샤의 『보리도등론』을 모범으로 삼아 보살행의 수습 차제를 기술하는 저작으로, 여기에 총카파 독자의 중관사상이 비로소 나타난다. 총카파 중관사상의 독자성은, 그 이전의 학자들이 '자립파'와 '귀류파'의 차이를 단순한 공성논증상의 방법의 차이라고 생각했던 것에 대해서 그것을 양자의 존재론의 차이로 파악하여 "자립파는 언설(言說, tha sñad)에 있어서 자상(自相, raṅ mtshan)에 의해 성립하고 있는 것을 인정하지만 귀류파는 그것조차도 인정하지 않는다."라고 하는 새로운 주장을 설했던 점에 있다. 따라서 궁극적 진리는 귀류파에 의해서만 설해지는 것이 되어, 여기에 자립파를 버리고 귀류파를 취한다는 선택의 입장에, 보다 근본적인 근거가 주어져 귀류파를 절대시하는 사상이 확립되었던 것이다.

또한 총카파는 당시 티베트에서 중관의 일반적 이해이었던 '이변중관설(離邊中觀說, mthaḥ bral dbu maḥi lugs)', 요컨대 '유(有)도 아니고 무(無)도 아니라는 견해(yod min med min gyi lta ba)'를 강하게 비판했다. 이 설은 '최고의 진실〔실재〕은 유(有)도 아니고 무(無)도 아니며, 일체의 변(辺)이나 희론(戱論)을 떠나 있다'라고 설하는 것인데, 총카파는 이것을 '일체의 분별(分別)·사고(思考)를 여의면 성불한다'라고 설한 마하연(摩訶衍)의 견해와 같은 것으로 보아 강하게 배척하고, 스스로는 "승의(勝義)에 있어서의 공성(空性)"을 절대로 부정해서는 안 된다고 "주장"을 역설했다. 이러한 총카파의 견해는 중관뿐 아니라 불교 그 자체의 이해에 관해서 근본적으로 중요한 문제 제기를 포함하고 있는 것을 잊어서는 안 된다. 즉 공이라든가 무아라든가 연기라는 "주장" 조차도 단순한 언어이고 집착이고 분별에 지나지 않는다고 본다면 불교 그 자체를 부정하는 것이 되는 것이다.

그 후 총카파 독자의 중관사상은 『선설심수(善說心髓, *Legs bśad*

sñiṅ po)』, 『근본중송(根本中頌)』의 주석인 『정리해(正理海, *Rigs paḥi rgya mtsho)*』, 『입중론』의 주석인 『밀의해명(密意解明, *dGoṅs pa rab gsal)*』에서 되풀이된다. 총카파는 53세 때, 라사에서 '대기원제(大祈願祭, smon lam chen mo)'를 창시해서 교세를 넓히고, 다음해 제자들에 의해서 세워진 간덴(dGaḥ ldan) 대승원에 들어가 입적할 때까지 거의 그곳에 머물렀다. 그의 명성은 티베트를 넘어서 널리 알려져 명(明)의 영락제(永樂帝)로부터도 초청을 받았지만 고사(固辭)하고 대신에 제자를 보냈다. 그의 죽음에 즈음해서 제자인 다르마린첸(Dar ma rin chen, 1364~1432)에게 후사를 위촉했다.

한편 총카파의 종파가 '개혁파'라고 불리는 까닭은 그의 밀교해석과 관련된다. 총카파에게는 탄트라불교를 취급한 『비밀도차제론(秘密道次第論, *sṄags rim)*』이 있는데, 그는 '성자류(聖者流, ḥphags lugs)'의 해석에 의한 『비밀집회탄트라』를 가장 중시했다. 게다가 계율을 엄수하고 중관귀류파의 입장에서 현교의 학습을 완성한 사람에게만 무상유가 탄트라의 실습은 허용하여, 실질적으로는 현교〔중관〕에 의해 성적 실천도 인정하는 탄트라불교의 논리를 파괴했다고 한다. 여기에서 밀교는 계율과 모순되지 않고 계율 속에 흡수되어, 총카파의 게룩파는 엄격한 계율주의, 철저한 독신주의로서 사람들의 신뢰를 받아, 혼란기 이래로 현안이 되었던 밀교의 재가주의와 출가 승단과의 모순이라는 큰 문제를 해결하였다고 한다.

총카파의 중관사상은 '이변중관설'을 설하는 사캬파의 여러 학자 요컨대 탁창파(sTag tshaṅ pa, 1405~?), 고람파(Go ram pa, 1429~1489), 샤캬촉덴(Śākya mchog ldan, 1428~1507)에 의해서 강하게 비판받았다. 특히 이 가운데 후자 두 명은 사캬파를 대표하는 대학자이고, 고람파의 『견해변별(見解弁別, *lTa baḥi śan ḥbyed)*』과 샤캬촉덴의 『중관결택(中觀決擇, *dBu ma rnam ṅes)*』은 총카파 비판을 큰 테마로 삼고 있다. 한편 샤캬촉덴은 좀 특이한 학자로, 초기에는 중관, 그 다음에는 유식, 후기에는 조낭파의 '타공(他空)'설을 받들었다고도 한다. 이상의 사캬파의 여러 학자에 의한 총카파 비판에 대해 게룩파 측에서 재비판이 행해진 것은 말할 나위도 없다. 그 대표적 저작으로서 제춘 최키겐첸(rJe btsun Chos kyi rgyal mtshan, 1469~1544)과 그의 제자 데렉니마(dDe legs ñi ma)에 의한 『악견(惡見)이라는 어둠의 배제(排除)(*lTa ṅan mun sel)*』와 잠양세파(ḥJam dbyaṅ bshad pa, 1648~1722)의 유명한 『대학설(大學說, *Grub mthaḥ chen mo)*』을 들고 싶다. 전자는 오로지 샤캬촉덴과 고람파에 의한 총카파 비판에 대해서 답한 것이고, 후자의 일부에서는 탁창파의 총카파 비판이 순서에 따라 조목조목 반론(反論)되어 있다.

제11절 게룩파의 발전

총카파의 2대 제자에 다르마린첸과 케둡 게렉펠상포(mKhas grub dGe legs dpal bzaṅ po, 1385~1438)가 있어, 이들 3인은 '존자삼부자(尊者三父子, rJe yab sras gsum)'로서 게룩파에서 존경되고 있다. 그리고 두 제자는 일찍이 사캬파의 렌다와에게 배운 경력이 있으며, 총카파의 제자가 되고 나서는 논리학 관계 등에 다수의 주석과 저작을 썼던 대학자였다[6].

---

6) 다만 총카파의 사상에 있어서 가장 중대한 의의를 가진 中觀의 해석에 관해서 말하자면, 그들의 이해는 총카파 자신의 철저하게 비판적인 입장으로부터는 이미 상당히 후퇴를 보이고 있는 듯이 생각된다. 이것은 본서 제8장에

이미 기술했던 것처럼, 총카파에게 후사를 위탁받아 간덴사의 초대 좌주(座主)가 된 사람은 다르마린첸이고, 케둡이 그 뒤를 이었다. 이렇게 게룩파의 교주는 당초 '간덴좌주(dGaḥ ldan khri pa)'가 맡고 있었다. 그렇지만 교세의 확대에 따라 카르마파와의 항쟁이 반복되자 7년마다 교체하게 된 게룩파 학문의 최고권위인 간덴좌주가 교단을 도맡아 관리하는 것은 더 이상 불가능했다. 1498년부터 1517년까지 총카파가 창시한 라사의 정월행사 '대기원제'에서 게룩파는 카르마파에 의해 배제되었다.

이 '대기원제'를 게룩파로부터 빼앗아오는데 공이 있던 겐둔갸초(dGe ḥdun rgya mtsho, 1475~1542)가 죽자, 게룩파는 카르마파의 활불상속제를 모방하여 전생자를 찾아 '데픈사 활불(ḥBras spuṅ sprul sku)'로서 소남갸초(bSod nams rgya mtsho, 1543~1588)를 뽑았다. 그는 1578년 청해에서 알탄(Altan) 칸(汗)과 회견하고 '달라이라마(Da lai bla ma)'의 칭호를 칸으로부터 받았다. '달라이'라는 말은 몽골어로 '바다'(티베트어로는 갸초)라는 의미이다. 그는 후에 달라이라마 3세로 산정되었다. 달라이라마 3세는 그 후 몽골에서 대대적인 포교를 행하여 그곳에서 게룩파를 넓히는 토대를 마련했다. 그 후로도 몽골군까지 가담한 카르마파와의 항쟁은 반복되었지만, 1642년 구시(Gu śri) 칸의 군사

서 논하듯이 케둡이 中觀의 해석을 나타낸 논서『有能者開眼(*sKal bzaṅ mig ḥbyed*, KM)』에서의 논술에서도 볼 수 있고, 논리적으로 말하자면 中觀의 空사상과는 완전히 대립하는 有의 입장을 설한 여래장사상을 대표하는 논서『보성론(寶性論)』에 대해서 다르마린첸이 주석을 쓰고 있는 것도 무시할 수 없다. 게다가 총카파에게『보성론』의 주석은 없고, 다르마린첸에게 中觀관계의 중요한 논서, 주석은 하나도 없다고도 말할 수 있는 것이다.
한편 총카파, 다르마린첸과『보성론』의 관계에 대해서는 袴谷憲昭,「チベットにおけるマイトレーヤ五法の軌跡」,『チベットの佛教と社會』, 春秋社, 1986, p.246 참조.

력을 배경으로, 달라이라마 5세 가왕 롭상갸초(Ṅag dbaṅ Blo bzaṅ rgya mtsho, 1617~1682)를 원수(元首)로 하는 달라이라마 정권이 탄생하여 게룩파는 티베트의 실권을 장악했다. 티베트에 통일정권이 탄생한 것은 고대 티베트 왕국 붕괴 이래 실로 800년만의 일이다.

그러나 가까스로 성립한 이 통일정권의 행방도 결코 안정된 것은 아니었다. 달라이라마 5세의 유지(遺志)를 계승한 섭정(攝政) 상게갸초(Saṅs rgyas rgya mtsho, 1653~1705)는 청해(青海)와 하투(河套)의 몽골인을 장악하는 데 실패하여 1723~1724년의 롭상단진(롭상텐진)의 난 이후, 티베트는 실질적으로 청조(淸朝)의 지배 하에 들어갔다. 청조는 역대 달라이라마나 청해 출신의 게룩파 라마들을 중용하여 티베트와 몽골의 불교도를 장악하는 데 힘썼다.

그러면 마지막으로 다르마린첸, 케둡 이후 게룩파에서 활약한 학자를 열거해 보자. 먼저 티베트의 '학설강요서(grub mthaḥ)' 문헌 중의 최고봉으로 간주되는 『대학설(大學說)』로 알려진 잠양셰파는, 그 박학에 있어서 티베트 최대 학자의 한사람이었다. 이미 기술했듯이 그의 『대학설』에는 탁창파의 총카파 비판을 논파하는 의미도 담겨있다. 숨파켄포 예쉐펠졸(Sum pa mkhan po Ye śes dpal ḥbyor, 1704~1788)은 『여의보수사(如意寶樹史, *dPag bsam ljon bzaṅ*)』라고 하는 불교역사서로 유명하다. 창캬 롤페도르제(lCaṅ skya Rol paḥi rdo rje, 1717~1786)는 양적으로는 『대학설』보다 적지만 종종 그 치밀한 논리전개에 의해 내용의 충실함이 『대학설』을 능가한다고도 일컬어지는 『창캬 학설강요서(*lCaṅ skya grub mthaḥ*)』로 유명하다. 또 그에게는 티베트 대장경의 몽골어 번역에 있어 몽골어의 역어를 통일하기 위해 지은 『정자학자(正字

學者)의 원(源)(*Dag yig mkhas paḥi ḥbyuṅ gnas*)』이라는 뛰어난 불교학의 입문서가 있으며, 장몽합벽(藏蒙合壁)으로 유포했기 때문에 몽골인 불교도에게도 소중했다. 콘촉직메왕포(dKon mchog ḥjigs med dbaṅ po, 1728~1791)의 『학설보환(學說寶環, *Grub mthaḥ rin chen phreṅ ba*)』은 종래 게룩파의 학설강요서를 요령있게 요약하여 새롭게 논의의 깊이는 보이지 않았지만 간략하여 널리 읽혔다. 마지막으로 투콴 롭상최키니마(Thuḥu bkwan Blo bzaṅ chos kyi ñi ma, 1737~1802)는 『학설수정경(學說水晶鏡, *Grub mthaḥ śel gyi me loṅ*)』이라고 하는 학설강요서로 알려지지만, 그 주안점은 티베트 불교 제종파의 교의와 역사를 해설하는데 있었다.

그런데 앞서 열거한 다섯 명의 학자는 모두 청해 출신으로, 잠양셰파를 제외한 나머지 네 사람은 1750년대부터 60년대에 걸쳐서 서로 전후해서 청해 곤룽(dGon luṅ)사의 좌주(座主)를 역임했다. 이것은 18세기에 청해 출신 게룩파 라마들의 활약이 얼마나 현저했던가를 보여준다. 특히 희대의 학자 창캬 롤페도르제는 어릴 때부터 북경에 보내져 교육을 받았고, 청(淸)의 건륭제의 신임을 받아 1735년, 겨우 17세로 전 몽골인 불교도를 통솔하는 '장인대(掌印大) 라마(Tham ka bla ma chen po)'에 임명되었다. 1744년 건륭제의 명을 받고, 북경에 게룩파의 대승원을 세웠는데 이것이 옹화궁(雍和宮)이다. 한(漢) · 몽(蒙) · 만(滿)의 3개 국어에도 능통했던 그는 티베트 대장경 텐귤〔論疏部〕의 몽골역을 명받아 1741년부터 다음해에 걸쳐서 완성했다. 게다가 만년에는 만주어역 대장경의 작성에도 노력했으며 1786년 오대산(五台山)에서 입적했다.

정치적으로도, 또 학문적으로도 게룩파에 눌려서 기를 펴지 못한 다른 여러 종파로부터의 반격은, 19세기에 동부 티베트의 캄 지방에서 '무종파(無宗派)' 운동으로서 나타났다. 그 중심이 된 것은, 카르마파의 콩툴 욘텐갸초(Koṅ sprul Yon tan rgya mtsho, 1813~1899) 및 닝마파에 속한 켄체왕포(mKhyen brtseḥi dbaṅ po, 1820~1892)와 미팜(Mi pham, 1846~1912) 등이었다. 그들은 종파적 편견의 배제·제종파 겸학을 표방했지만, 실질적인 내용은 본각사상(本覺思想)적인 여래장사상, 요컨대 닝마파의 교의에 의한 비(非)게룩파 교리의 부활을 목표로 했던 것이었다. 그들의 활동은 현실에서 다양한 출판활동을 왕성하게 했다고는 할 수 있지만, 그 주장은 교의적으로 총카파 사제(師弟)에 의해서 설해져 잠양세파나 창캬에 의해서 옹호된 인도불교 정통파인 중관철학을 조금도 뒤흔들지 못했다. 다만 모든 불교국에 있어서 불교를 쇠퇴시켰던 것은 융화적인 신크레티즘(syncretism, 혼합주의)의 사상이었다. 19세기의 '무종파' 운동을 그 융화주의의 일종이라고 볼 때, 이후 티베트 불교에서 참된 창조력이 상실되었다는 것을 이해할 수 있을 것이다.

참고문헌

제1절

山口瑞鳳,『土蕃王國成立史研究』, 岩波書店, 1983.

제2절

山口瑞鳳,「チベット佛教と新羅の金和尙」,『新羅佛教硏究』, 山喜房佛書林, 1973.

山口瑞鳳,「土蕃王國佛教史年代考」,『成田山佛教硏究所紀要』3, 1978.

제3절

山口瑞鳳,「riṅ lugs rBa dPal dbyaṅ — bSam yas 宗論をめぐる一問題」,『佛教における法の硏究(平川彰博士還曆記念論文集)』, 春秋社, 1975.

山口瑞鳳,「中國禪とチベット佛教 — 摩訶衍の禪」,『敦煌佛典と禪』(講座敦煌, 第8卷), 大東出版社, 1980.

松本史朗,『禪思想の批判的硏究』(第1章, 禪思想の意義), 大藏出版, 1994.〔カマラシーラ・摩訶衍の思想について〕.

제4절

山口瑞鳳,『敦煌胡語文獻』(講座敦煌, 第6卷), 大東出版社, 1985〔敦煌文獻と前傳期チベット佛教の關係について〕.

原田覺,「吐蕃譯經史」,『敦煌胡語文獻』(前揭).

冲本克己,「敦煌出土のチベット禪宗文獻の內容」,『敦煌佛典と禪』

(前揭).
木村隆德,「敦煌出土のチベット禪宗文獻の性格」,『敦煌佛典と禪』(前揭).
田中良昭・冲本克己,『敦煌 II』(大乘佛典 中國・日本篇 11), 中央公論社, 1989.
上山大峻,『敦煌佛教の研究』, 法藏館, 1990.

제5절
羽田野伯猷,「衛へのアティーシャ招請」,『密教學密教史論集』, 高野山大學, 1965.

제6절
羽田野伯猷,「カーダム派史」,『東北大學文學部研究年報』5, 1954.
小野田俊藏,「チベットの學問寺」,『チベット佛教』(岩波講座 東洋思想 第11卷), 岩波書店, 1989.
松本史朗,「チベット佛教學에について」,『東洋學術研究』20-1, 1981〔中觀思想の展開について〕.

제7절
立川武藏,『西藏佛教宗義研究(サキャ派)』1, 東洋文庫, 1974.
福田洋一・石濱由美子,『西藏佛教宗義研究(モンゴル)』4, 東洋文庫, 1986.〔サキャ派とモンゴルとの關係について〕.
福田洋一,『チベット論理學研究』1-6(第1卷만 木村誠司・荒井裕明과 共著), 東洋文庫, 1989-1994〔サパン著『正理寶藏』について〕.

제8절
立川武藏,『西藏佛教宗義研究(カギュ派)』5, 東洋文庫, 1987.

제9절
西岡祖秀,『西藏佛教宗義研究(シチェ派)』2, 東洋文庫, 1978.
平松敏雄,『西藏佛教宗義研究(ニンマ派)』3, 東洋文庫, 1982.
袴谷憲昭,「チョナン派と如來藏思想」,『チベット佛教』(前掲).
谷口富士夫,『西藏佛教宗義研究(チョナン派)』6, 東洋文庫, 1994.
今枝由郎,「チベット大藏經の編集と開版」,『チベット佛教』(前掲).

제10절
長尾雅人,『西藏佛教研究』, 岩波書店, 1954.
ツルティムケサン・小谷信千代,『アーラヤ識とマナ識の研究』, 文榮堂, 1985.
小谷信千代・ツルティムケサン,『佛教瑜伽行思想の研究』, 文榮堂, 1991.
ツルティムケサン・高田順人,『ツォンカパ　中観哲學の研究 I』, 文榮堂, 1996.
御牧克己・森山清徹・苫米地等流,『ツォンカパ』(大乘佛典 中國・日本篇 15), 中央公論社, 1996.

제11절
福田洋一・石濱由美子, 『西藏佛教宗義研究(モンゴル)』(前掲)〔ゲルク派とモンゴルの關係等について〕.

〔티베트 불교 전반에 대한 참고서〕

山口瑞鳳,「チベット佛教」,『佛教思想 I』(講座 東洋思想 5), 東京大學出版會, 1967.

________,『東洋學術硏究』 21-2(特集チベット佛教), 東洋哲學硏究所, 1982.

山口瑞鳳,「チベット」,『佛教史 II』(世界宗教史叢書 8), 山川出版社, 1983.

山口瑞鳳,「チベット學と佛教」,『駒澤大學佛教學部論集』15, 1984.

山口瑞鳳 監修,『チベットの佛教と社會』, 春秋社, 1986.

長野泰彦・立川武藏 編,『チベットの言語と文化』, 冬樹社, 1987.

山口瑞鳳,『チベット 下』, 東京大學出版會, 1988.

________,『チベット佛教』(岩波講座 東洋思想 第11卷), 岩波書店, 1989.

R・A スタン,『チベットの文化 決定版』(山口瑞鳳・定方晟譯), 岩波書店, 1993.

제1장

•

불교강요서

일찍이 강대한 군사 국가였던 티베트는 786년부터 848년까지의 약 60년 동안 중국에서 중앙아시아로 들어가는 창구이자 교통의 요충지인 돈황〔沙州〕을 점령하고 지배했다. 따라서 20세기 초, 돈황 교외에 있는 천불동에서 발견되어 영국의 스타인(Stein, 1862~1943)이나 프랑스의 페리오(Pelliot, 1878~1945) 등에 의해서 수집된 수 만점에 달하는 고(古) 사본군, 이른바 '돈황 문서' 가운데는 한문 문헌 이외에도 티베트어로 쓰여진 다수의 사본이 포함되어 있었다. 이것을 돈황 출토 티베트어 문헌이라고 한다.

이 돈황 출토 티베트어 문헌 가운데는 불교강요서(佛教綱要書)라고 할 만한 몇 가지의 문헌이 남아 있어, 우리는 이들 문헌을 연구함으로써 9세기 전반을 중심으로 하는 '전전기(前傳期, sṅa dar)'의 티베트 불교의 형태 및 당시의 티베트 인들의 불교 이해를 알 수 있다.

여기서 말하는 불교강요서는 불교 내부에 있는 다양한 학파를 저자가 교판적인 의식에 기초하여 사상적으로 낮은 것부터 높은 것에로 순차로 배열하면서 그들 학파의 기본적 사상을 해설한 것이다.[1] 따라서 이런 종류의 문헌에 있어서는, 불교 내부에서 가장 차원 높은 사상을 설한다고 생각되는 학파의 사상이 맨 마지막에 해설되어 있는 것이 보통이다.

그런데 이런 종류의 불교강요서는 후기 인도불교에 있어서도 다수 저작되었다. 예를 들면 아리야데바(Āryadeva)의 저작이라고 하는 『지심수집(智心髓集, *Jñānasārasamuccaya*)』, 지타리(Jitāri)의 저작인 『선서(善逝)의 사상의 구별(區別)(*Sugatamatavibhaṅga*)』, 아드바야바즈라(Advayavajra)의 『진실의 보환(寶環)

---

1) 다만 이들 문헌 가운데는 불교사상의 해설에 앞서서 인도의 非불교사상을 설명하는 것도 있다.

(*Tattvaratnāvalī*)』, 모크샤카라굽다(Mokṣākaragupta)의 『논리(論理)의 언어(*Tarkabhāṣā*)』 등[2]에 있어서 불교사상은, 비바사사(毘婆沙師, Vaibhāṣika=설일체유부)와 경량부(經量部, Sautrāntika)와 유식파(唯識派, Yogācāra)와 중관파(中觀派, Mādhyamika)라고 하는 4대학파의 사상으로서 개괄되어, 비바사사로부터 중관파에 이르기까지의 4학파의 각각의 기본적 사상이 순차적으로 해설되고 있다.

또 후세의 티베트에서 왕성하게 제작된 이른바 '학설강요서(學說綱要書, grub mthaḥ)' 문헌[3]—그 대표로서 우리는 잠양셰파(ḥJam dbyaṅs bshad pa, 1648~1722)의 『대학설(大學說, *Grub mthaḥ chen mo, GCh*)』을 들 수 있다—도 이런 종류의 불교강요서에 포함될 수 있을 것이다. 다만 지금은 편의상 이들 불교강요서를 다음의 3종류로 구별한다.

a. 불교 제 학파의 사상을 순차적으로 배열하고 해설만 한 것.
b. 불교 제 학파의 사상을 해설한 뒤에 밀교사상의 설명을 부가

---

2) 이들 인도 찬술의 불교강요서에 대한 번역 또는 연구에 대해서는, 山口 益, 「聖提婆に歸せられたる中觀論書」, 『中觀佛教論攷』, 山喜房佛書林, 1944, pp. 261-345, 白崎顯成, 「JitāriとMokṣākaragupta」, 『印佛硏』 25-1, 1976, pp.422-419, 宇井伯壽, 「眞理の寶環」, 『名古屋大學文學部硏究論集』(哲學) 3, 1952, pp.1-31, 梶山雄一, 「認識と論理」(長尾雅人 編, 『大乘佛典』 所收), 中央公論社, 1967, pp.447-543 참조.

3) 이들의 grub mthaḥ 문헌에 대해서는, 立川武藏, 『西藏佛教宗義硏究 第1卷—トゥカン『一切宗義』サキャ派の章』, 東洋文庫, 1974, pp.8-12, 袴谷憲昭, 「中觀派に關するチベットの傳承」, 『三藏』(國譯一切經印度撰述部・月報) 117, 1976, pp.1-10, 同 「唯識の學系に關するチベット撰述文獻」, 『駒澤大學佛教學部論集』 7, 1976, pp. 256-232, 御牧克己, 「Blo gsal grub mtha'について」, 『密教學』 15, 1978, pp.95-111 참조. Cf. BG〔M〕, pp.1-19.

한 것.

c. 불교 제 학파의 사상을 해설한 것만 아니라 불교일반의 중요한 교리나 술어를 설명한 것.

앞에서 열거한 인도 저작에 대해서 말하자면 『지심수집』과 『선서의 사상의 구별』은 a에, 『진실의 보환』은 b에 상당한다. 또 『논리의 언어』는 전체가 다르마키르티(Dharmakīrti)의 논리학에 대한 입문서로서 쓰여진 것이고 다양한 논리학상의 중요한 술어나 교리의 설명의 맨 뒤에 불교 4학파의 사상이 해설되어 있기 때문에 c의 장르에 속한다고 말할 수 있을 것이다. 티베트에 있어서도 상황은 대체로 마찬가지이고 학설강요서 문헌에 있어서도 예를 들면, 제춘 최키겐첸(rJe btsun Chos kyi rgyal mtshan, 1469~1544)의 『학설규정(學說規定, *Grub mthaḥi rnam gshag*, GN)』처럼 밀교사상의 해설을 포함하지 않는 것과 『대학설』과 같이 그것을 맨 뒤에 덧붙이는 것이 있다.

그런데 돈황 출토 티베트어 문헌 가운데 본 장에서 불교강요서로서 소개하는 것은 다음의 5가지이다.

A. 『대소승요설(大小乘要說)』[4] Pt, No. 116(fol. 108, l.2-fol. 117, l.1) 〔完本〕[5]

B. 『사견해요설(四見解要說)』[6] St, No. 693 〔斷片〕[7]

---

4) 이 書名은 필자가 잠정적으로 붙인 것이다.

5) 이 문헌의 내용에 대해서는, 原田覺, 「敦煌藏文資料に於ける宗義系の論書(1)」, 『印佛研』 26-1, 1977, pp. 467-463, 同 「敦煌藏文資料に於ける宗義系の論書(2)」, 『印佛研』 29-1, 1980, pp.393-389 참조.

6) 이 書名은 필자가 잠정적으로 붙인 것이다.

C.『대승중관의(大乘中觀義, *Theg pa chen po dbu maḥi don*)』 Pt, No. 121(fol.13, l.1-fol.35, l.3) 〔完本〕 Pt, No. 817 〔斷片〕[8]

D.『견해요약(見解要約, 佛敎徒의 大小의 三乘과 外道 등의 견해를 요약해서 구별한 것, *Saṅs rgyas paḥi theg pa che chuṅ gsum daṅ mu stegs la sogs paḥi lta ba mdor bsdus te khyad par du phye ba*)』 Pt, No. 842 〔完本으로 생각되지만 끝 부분이 빠졌을 가능성도 있다.〕

E.『견해(見解)의 구별(區別)(*lTa baḥi khyad par*)』, Pt, No. 814 〔完本에 가깝다.〕, St, No. 692, St, No. 694, Pt, No. 815, Pt, No. 820 〔모두 斷片〕, P, No. 5847 〔完本, 다만 錯簡이 있다.〕

이들 문헌 중에는 앞에 서술한 b에 상당하는 것은 포함되어 있지 않다. 그런데 문헌 A와 문헌 E는 불교 제 학파의 사상을 해설한 뒤에 불교 일반의 중요한 교리의 설명을 다양한 술어의 해설이라는 형식으로 첨부하고 있기 때문에 c의 장르에 속한다고 볼 수 있을 것이다.

지금 이들 문헌의 내용을 소개하기 위해 먼저 각 문헌의 번역을 제시하고 난 뒤 그것에 대해서 해설하고 문제점을 지적하고자 한다. 이미 기술한 것처럼 이들 문헌에 의해서 9세기 전반을 중심으로 하는 이른바 전전기의 티베트 인들의 불교이해를 알 수 있을

7) 이 문헌의 번역 또는 연구에 대해서는, 上山大峻, 「大蕃國大德三藏法師沙門法成의 硏究(下)」, 『東方學報』 39, 1968, pp.200-202, 原田覺, 前揭論文 (1), pp.466-465 참조.

8) 註 5)와 같다.

뿐만 아니라 우리들 자신 또한 불교의 기본적 교의를 다시 확인할 수 있을 것이다. 그런 의미에서도 이들 문헌은 매우 중요한 것이라고 생각된다.

제1절 번역

A. 『대소승요설』(전역)

대 · 소승의[9] 구별과 〔그것에〕 들어가는 문(門, sgo, mukha)과 각각의 상(相, mtshan ñid, lakṣaṇa)을 요점만 나타내면 〔다음과 같다.〕

소승이라는 것은 성문의 견해의 설(gshuṅ)이다. 요컨대 사제(四諦, 진실=고제, 집제, 멸제, 도제)라는 문으로부터 들어가, 외도에 의해서 분별된(brtags pa, vikalpita, 망상된) 것과 같은 인(人, gaṅ zag, pudgala, 個我)과 나(ṅa, aham, 私)와 아(我, bdag, ātman, 自我) 등이라고 〔보는〕 견해가 아니라 인무아(人無我)라고 이해하고, 색(色) 등의 내외의 일체법은 모두 승의(勝義)로서는 어디에도 법밖에 존재하지 않는다고 주장하고, 최후에 아라한의 과(果, ḥbras bu, phala 결과)까지밖에 도달하지 못하고, 자기 자신이 윤회(ḥkhor ba, saṃsāra)로부터 신속히 해탈하기 위해 자리(自利, raṅ gi don, svārtha)만을 행하고 자비(慈悲, sñiṅ rje, karuṇā)가 보다 적기 때문에 소승인 것이다.

---

9) 돈황 출토 티베트어 문헌 가운데에는, 예를 들면 "myed"(=med)와 같이 正字法에 따르지 않는 철자가 보이는데 번역에 있어서 티베트 原語를 나타낼 경우, 모두 정자법에 따라서 표기한다.

독각승이란 연기(緣起, rten ciṅ ḥbrel par ḥbyuṅ ba, pratītyasamutpāda)라고 하는 문으로 들어가, 인무아라고 요해하고, 법에도 색온뿐이며 아(我)는 없다고 이해하고, 이근(利根, dbaṅ po rnon po, tīkṣṇendriya, 근기가 뛰어난)의 성문이라고 간주되기 때문에 그것만의 구별에 의해서 중승(中乘, theg pa ḥbriṅ po)이라고 이름한다.

대승이란 여섯의 바라밀(波羅蜜, pha rol tu phyin pa, pāramitā, 완성=보시, 지계 인욕, 정진, 선정, 반야의 바라밀)이라는 문으로부터 들어간다. 즉 인(人)과 법(法)의 양쪽에 아(我)가 없다고 이해하고, 자리와 이타(利他, gshan gyi don, parārtha)의 양쪽을 성취하기 때문에 대자비와 반야(般若, śes rab, prajñā)를 구비하고 있음으로 최후에 무상(無上)의 불과(佛果)를 얻기 때문에 대승인 것이다.

그 가운데에 대승에도 미료의(未了義, draṅ baḥi don, neyārtha)와 요의(了義, ṅes paḥi don, nītārtha, 그 의미가 확정된 것)에 의해서 구별한다면 2종이 있다.

미료의의 대승이란 유심(唯心, sems tsam, cittamātra)이라고 주장하는 유식파의 설이다. 요컨대 세속(世俗=常識, 無知)에 있어서는 색 등의 모든 외경(外境, phyiḥi yul, bāhyaviṣaya, 인식의 외부에 있는 대상)도, 심(心) 그 자체가 미란(迷亂, ḥkhrul, bhrānti, 錯亂)하여 대상으로서 현현하고 있는 것으로 대상이 〔心과는〕 별도로 존재하지 않는다고 주장하고, 승의로서는 그 심(心)이 전의(轉依, gnas gyur pa, āśayaparāvṛtta)한 지(智), 요컨대 소취(所取, gzuṅ ba, grāhya)와 능취(能取, ḥdsin pa, grāhaka)를 지니지 않은 자기인식(自己認識, raṅ gis rig pa, svasaṃvedana)이라는 지(智)의 성질만이 존재한다고 주장한다.

요의의 대승의 중관파는, 세속에 있어서는 내외의 일체법은 연기하고 있는 것이고 환(幻, sgyu ma, māyā)의 상(相)으로서만 존재하지만, 승의로서는 내(內)의 심과 외(外)의 경은 양쪽도, 그 자신과 타의 것과 자타쌍방과 비인(非因)으로부터 생겨나지 않기 때문에, 자성(自性, raṅ bshin, svabhāva, 本質)과 유(有, dṅos po, bhāva, 存在)를 가지지 않고, 〔세속에 있어서 無가 아니고, 승의로서 有가 아니기 때문에〕 유와 무의(yod med) 양변(邊, mthaḥ, anta)에도 집착하지 않고 머물지 않는 것이다.

그 중에서 중관파를 2종으로 고찰하는 것은 〔다음과 같다.〕

유가행중관(瑜伽行中觀, rNal ḥbyor spyod paḥi dbu ma)은 세속에 있어서 외경은 심(心)으로부터 전변(轉變, gyur pa, pariṇāma, 變化)한 것이라고 주장한다.

경중관(經中觀, mDo sde dbu ma)은 〔세속에 있어서〕 대상은 〔心과는〕 독립적으로 따로 존재한다고 주장한다.

이 양자 〔=유가행중관과 경중관〕은 모두 연기라고 하는 문으로부터, 승의로서는 무자성이라고 이해하기 때문에, 세속은 방편(方便, thabs, upāya)이고, 승의는 목적이고, 중관의 무자성으로서 어떤 것에도 머물지 않는다고 하는 이해의 방편이라는 점에서는 같기 때문에, 양자는 모두 대승의 중관인 것이다.

인무아(人無我, gaṅ zag la bdag med, pudgalanairātmya)[10]라는 것은 아(我)와 중생(衆生, sems can, sattva, 인격주체)과 명자(命者, srog, jīva, 個我)와 나와 나의 것(ṅaḥi, mama) 등이 없다고 이해하는 것이다.

---

10) 이하의 부분은, 諸學派의 思想을 설명한 것이 아니라 불교용어의 해설이다. 또 '……입니다'(lags)라고 하는 정중어도 이하에서는 사용되지 않게 된다.

법무아(法無我, chos la bdag med, dharmanairātmya)라고 하는 것은, 방향에 의한 부분을 가지지 않는 극미(極微, rdul phran, aṇu, 原子)에 이르기까지의 내외의 일체법이 유(有)이라는 것은 성립하지 않고, 아(我)를 가지지 않는다고 이해하는 것이다.

공성(空性, stoṅ pa ñid, śūnyatā)이라는 것은, 연기하고 있는 것에 있어서 아와 명자와 인과 작자(作者, byed pa po, kartṛ, 행위주체)가 없고, 자성을 가지지 않고, 부동이라는 존재방식(tshul)에 의해서, 인과 법에 아가 없다고 이해하기 때문에, 〔또는〕 삼계(욕계, 색계, 무색계)는 유심(唯心)이라고 이해하기 때문에 공성이 되는 것이다.

무상(無相, mtshan ma med pa, animitta)이라는 것은 여러 유지(有支, srid paḥi yan lag, bhavāṅga, 生存의 支分)의 자성이 멸하고 나서 법의 상이 아무것도 생겨나지 않기 때문에 무상인 것이다.

무원(無願, smon pa med pa, apraṇihita)이라는 것은 이처럼 공과 무상에 들어감으로써 대자비를 선행시켜서 유정(有情, ḥgro ba, jagat)을 성숙시키는 것 이외에는 아무것도 바라지 않는다는 것이 무원인 것이다. 삼계는 삼독(三毒=貪, 瞋, 痴)에 의해서 윤회하고, 분별하지 않는다면 열반한다. 그중에서 열반(涅槃, mya ṅan las ḥdas pa, nirvāṇa)도 2종이 있다. 즉 성문과 독각의 열반과 대승의 열반이다.

그 중에서 성문과 독각〔의 열반〕은 삼독 그 자체가 청정이고 무자성이라는 것을 알고서, 대치(對治, gñen po, pratipakṣa, 治療)의 다양한 방편에 의해서 삼독을 지멸시켜, 일향적정(一向寂靜, shi ba phyogs gcig, śamaikāyana 한결같이 적정으로 향하는)의 열반에 머물며 취사(取捨, blaṅ dor)의 반야가 된 것이다.

그 가운데 대승[의 열반]은 삼독 그 자체가 본래 청정(淸淨)이고 불기불생(不起不生, ma byuṅ ma skyes pa)이라고, 올바른 반야에 의해서 바르게 있는 그대로 각자의 혜(慧, blo, buddhi, 知力)에 의해서 인식하여 취사가 없고, 어떤 것에도 머물지 않는 열반인 것이다.

B. 『사견해요설』(전역)

전체를 고려한다면 대소승의 견해에 이문(異門, rnam graṅs, paryāya, 樣態)은 많지만, 요약한다면 4종인 것이다. 4라는 것은 무엇인가 하면, 성문인 경량부(mDo sde pa, Sautrāntika)의 견해와 유식파(rNam par śes pa tsam du smra ba)의 견해와 경량부중관(mDo sde paḥi dbu ma)의 견해와 유가행중관(rNal ḥbyor spyod paḥi dbu ma)의 견해라는 네 가지 견해이다.

그 가운데서 성문들은 어떻게 보는가라고 말하면, 세존이 '외(外)의 연기와 내(內)의 연기는 존재한다'고 설하셨기 때문에 내외의 사물(事物, dṅos po, bhāva)은 승의로서 존재한다고 보는 것이다.

유식파들은 어떻게 보는가라고 하면, 외경과 일체의 사물은 식(識)의 부분에서 전변한 것이기 때문에 세속의 존재방식에 있어서는 존재하지만, 승의로서는 존재하지 않는다고 주장하는 것이다. 한편 식은 승의로서도 존재한다고 주장한다. 왜냐하면 일체의 외적인 사물은 변계소집(遍計所執, kun brtags pa, parikalpita)의 상이기 때문에 존재하지 않지만 의타기(依他起, gshan gyi dbaṅ, paratantra)와 원성실(圓成實, yoṅs su grub, pariniṣpanna)의 양자는 알라야식(kun gshi rnam par śes pa, ālayavijñāna)

이 전의한 상(相)이기 때문에 승의로서 존재한다고 〔유식파는〕 설명하는 것이다.

경량부중관파는 어떻게 보는가라고 하면 스승 나가르주나가 저작하신(mdsad pa) 논서(bstan bcos, śāstra)와 일치해서, 내외의 일체 사물은 연기하고 있는 것이라고 설명한다. 즉 세속에 있어서는 인(因, rgyu, hetu)과 연(緣, rkyen, pratyaya)에서 생긴 것으로 환영(幻影)으로서만 존재하지만 승의로서는 유(有)와 자성(自性)이 없기 때문에 외적인 사물도 식으로부터 생기지 않으므로 존재하지 않고, 식도 대상에 의해서 생겨나지 않기 때문에 불생불기라고 주장하는 것이다.

유가〔행중관〕파들은 어떻게 보는가 하면, 세속에 있어서는 유식파와 일치해서 일체의 외적인 사물은 식의 부분에서 전변한 것이라고 주장하고 승의로서는 경량부중관과 일치해서 내외의 일체의 사물은 불생불기라고 주장하는 것이다.

이와 같이 네 가지의 견해〔이하는 결락〕.

C. 『대승중관의』(부분역)

『대승중관의』(대승중관의 의미)

반야바라밀인 법계(法界, chos kyi dbyiṅs, dharmadhātu, 제법의 근원)를 올바르게 있는 그대로 이해하고자 하는 사람은 먼저 3종의 반야에 의존하지 않으면 안 된다. 문(聞, thos pa, śruta)과 사(思, bsam pa, cintā)의 반야에 의해서 우선 〔잘못된〕 견해의 그물을 완전히 끊고, 그리고 나서 수(修, bsgom pa, bhāvanā)의 반야에 의해서 법계인 평등성을 유가(瑜伽, rnal ḥbyor, yoga)에서 늘 익숙할 정도로 수습(修習)하는 것이다.

먼저 견해의 그물을 끊지 않으면 상주(常住, rtag, śāśvata)와 단멸(斷滅, chad, uccheda) 등의 네 가지 극단(極端=邊)의 소득(所得, dmigs pa, upalabdhi)에 빠지는데, 소득은 반야바라밀에 있어서 과실(過失)이 되는 것이다.

유소득의 다양한 견해를 각각의 소득에 의해서 구별해 나타내면, 수는 많이 존재하지만 요약하면 외도의 다양한 견해는 상주와 단멸의 두 가지로 정리된다.

그 중에서, 단멸〔이라고 보는〕 외도의 견해인 브리하스파티(Bṛhaspati, ḥBri ha spu ta, 順世外道)의 종견(宗見, lugs, 思想)은, …… 〔생략〕.

상주〔라고 보는〕 외도의 견해인 승론파(勝論派, Khyad par can, Vaiśeṣika)의 종견은, …… 〔생략〕.

그 중에서 성스런 성문에게도 4종이 있다. 타락(墮落, lhuṅ ba)의 성문과 회전(廻轉, ḥgyur ba)의 성문과 응화(應化, sprul pa, nirmita)의 성문과 적정(寂靜, shi ba, śama)의 성문이다.

그 중에서 타락의 성문이란 3계의 행(行, ḥdu byed, saṃskāra)을 두려워하여 열반을 원해서 수습한 것에 의해서 거친 상(想, ḥdu śes, saṃjñā, 思考)이 사라져, 적정(寂靜)의 도(道)를 보았을 때에 '이것이 열반이다'라고 말하고 그 때에 신통(神通, mṅon par śes pa, abhijñā)이 조금 생기고, 후세의 태어남을 보았을 때에 '나는 열반의 상태를 얻었다'라고 생각한다면, 후에 〔다시 윤회에〕 생긴 것을 볼 때에 '부처의 법에도 진실은 없다'라고 비방하기 때문에 지옥에 떨어지는 자이다.

회전의 성문이란, 먼저 성문승에 들어갔으나 뒤에 대승을 행하는 선지식(善知識, dge baḥi bśes gñen, kalyāṇamitra, 지도자)과 만나고 나서 대승으로 전향하는 자를 말하는 것이다.

응화의 성문이란, 이미 성불해 있으나 성문들을 대승에 들이기 위하여 방편에 의해서 성문의 신체를 시현(示現)한 Subhūti(須菩提)와 Śāriputra(舍利弗) 등이다.

적정의 성문이란 일체의 법을 네 가지의 공상(共相, spyiḥi mtshan ñid, sāmānyalakṣaṇa, 공통의 특질)에 의해서 관찰해서 일체의 법은 무상(無常, mi rtag pa, anitya)이고, 고(苦, sdug bsṅal ba, duḥkha)이고, 공(空, stoṅ pa, śūnya)이며, 무아(無我, bdag med pa, anātman)라고 이해하고, 사성제에 들어가 '고(苦)는 알아야 한다. 집(集)은 버려야 한다. 멸(滅; 苦의 滅=涅槃)은 깨달아야 한다. 도(道; 滅에의 실천)는 수습해야 한다'라고 말하고, 윤회를 싫어하고 열반을 원하고, 자기를 훈련하여 자기를 적정하게 하고 자기가 열반하듯이 노력해서, 의(意, yid, manas)의 식(識)이 지멸했을 때, 인무아를 요해하지만 법무아를 요해하지 못하고, 번뇌장(煩惱障, ñon moṅs paḥi sgrib pa, kleśāvaraṇa)을 버렸지만 소지장(所知障, śes byaḥi sgrib pa, jñeyāvaraṇa)을 버리지 못하고, 자기의 반야를 구비했지만 방편을 구비하지 못하고, 자리(自利)를 성취했으나 이타(利他)를 보지 못하고, 적정(寂靜)이고 소실(消失, thim pa)이고 아무 것도 없는 것만이 진의(眞義, don)의 핵심이라고 파악해서, 일향적정의 열반에 도달한다고 보는 자이다.

성스런 독각의 견해는, 다른 선지식에 의존하지 않고 자기의 반야에 의해서, 일체의 법은 인과 연으로부터 생긴다고 인식하여, 세간(ḥjig rten, loka)의 법을 싫어하고, 일체의 고를 지멸시켜서 "승의로서 청정하고 무구(無垢)하고 빛을 발해, 세간의 혜(慧)에 의해서 인식되지 않고 성자의 자기의 혜(慧)에 의해서 인식되고 요해(了解)되어지는 이 광대한 적정은 열반의 상태이다."라고 스스로 인식해서 홀로 무소의 뿔과 같이 수습해서, 중생에 대해서 법을 언어에 의해 나타내지 않고, 다양한 신통에 의해서 나타내는 것이다.

대승의 견해에는 2종이 있다. 유식과 중관이다.

유식의 견해는, "일체의 법은 존재하지 않는다. 즉 〔그것은〕 자기의 미란(迷亂)한(ḥkhrul pa, bhrānta) 분별(rnam par rtog pa, vikalpa)의 혜(慧)에 의해서 보이고 있을 뿐이어서, 승의로서는 존재하지 않는 것이다. 예를 들면 눈병에 걸린 사람과 약초를 먹은 사람에게는 아무 것도 없는 허공에 체모의 바퀴와 침이 보이는 것처럼 존재하지 않음에도 불구하고 미란의 힘에 의해서 〔존재하는 것처럼〕 현현하는 것이다."라고 보고 나서 〔일체의 법을〕 변계소집의 상과 의타기의 상과 원성실의 상이라는 세 가지의 문으로부터 고찰하면, "변계소집의 상과 의타기의 상으로부터 생겨난 제법은 존재하지 않지만 원성실의 상은 승의로서도 존재하지 않는 것은 아니다. 즉 유(有)와 무(無)라는 주장(phyogs, pakṣa)을 여의고, 소취와 능취를 여의었을 때에는 바람에 흔들리지 않는 등(燈)과 같은 지(智)의 찰나(刹那, skad cig ma, kṣaṇa)는 승의로서도 존재하지 않는 것이 아니다. 그것이 없다면 범행(梵行, tshaṅa par spyod pa, brhmacaryā, 청정한 수행)에도 의미가 없는 것이다."라고 이와 같이 보는 것이다.

중관에도 2종이 있다. 유가중관과 경중관이다.

유가중관은 문(門)은 유식과 일치하고 종극(終極, phugs)은 두 가지의 중관은 모두 같은 의미이다. 즉 유식의 견해에 대해서 다음과 같이 비판했다. "당신은 지(智)의 찰나가 존재하는 것을 세속에 있어서 인정하는 것인가 그렇지 않으면 승의로서 인정하는 것인가. 세속에 있어서 인정한다고 하면 그대로여서 올바르다. 그러나 승의로서 인정한다고 하면 올바르지 않다." 〔유식파가〕 답했다. "승의로서 인정하는 것이다." 그것에 대해서 다음과 같이 말했다. "당신은 '지(智)의 찰나는 유와 무라는 주장을 떠나고 소취와 능취를 떠나 있다'라고 말하지만 '〔지의 찰나는〕 승의로서도 존재하지 않는 것은 아니다'라고 말한다면 〔그 지의 찰나는〕 소취와 능취를 떠나지 않고 소득(所得)의 상이 있게 되는 것이다."

경중관은, "일체의 법은 연기(緣起)하고 있는 것이다."라고 본다. 종극은 두 가지의 중관은 모두 일치하고 있다. 즉 일체의 법은 연기하고 있는 것이기 때문에 세속에 있어서는 환(幻)과 소화(所化)와 물에 비친 달과 아지랑이처럼 존재하지만, 승의로서는 법계(法界)는 무이(無二, gñis su med pa, advaya)이고, 네 가지의 극단을 떠나고, 생멸(生滅)이 없고, 문자와 말의 영역을 넘어서고, 취사(取捨)가 없고, 어떠한 사물에도 없고, 머무는 것도 없고 집착하는 것도 없고, 소취와 능취를 떠나, 〔대상의〕 상(相, mtshan ma, nimitta) 또는 소득이 조금도 머물지 못하는 것이다. 〔그 법계를〕 올바르게 있는 그대로 확지하고 요지해서, 법무아와 인무아를 이해하고 깨닫고, 일체의 법이 생기지 않는 계(界)에 대해서 일미(一味, ro gcig pa, ekarasa)인 것이고, 아(我)이고, 법계(法界)이고, 반야바라밀이고, 여실성(如實性, yaṅ dag pa ji lta ba bshin ñid, yathābhūtatā)이고, 무이(無二)로 해서 무차별인 것이라고 인식하고 나서 그것을 수습하는 반야에 의해서 심(心)이 입정(入定, mñam par gshag pa, samāhita, 선정에 들어감)하는 것이다.

D. 『견해요약』(부분역)

불교도인 대소의 삼승과 외도 등의 견해를 요약해서 구별한 것

무상(無上)의 보리(菩提, byaṅ chub, bodhi)의 성취와 천계(天界, mtho ris, svarga)와 선취(善趣, bde ḥgro, sugati, 훌륭한 경계)의 성취에는 성언(聖言, luṅ, āgama)에 의존한 2종의 것이 있다. 그것이 무엇인가 하면, 잘못된 성언에 의존한 외도의 견해와 올바른 성언에 의존한 불교의 견해이다.

그 중에서 잘못된 성언에 의존한 것은, 종류가 많고, 일반적으로는 '62견'이라고 〔경전에〕 나오고 있지만 요약하면, 상주(常住)〔론〕과 단멸(斷滅)〔론〕의 두 가지로 정리될 수 있다.

그 중에서 단멸〔이라고 보는〕 견해는, …… 〔생략〕.

외도의 상주〔라고 보는〕 견해는, …… 〔생략〕.

불교도의 견해는, 〔다음과 같다.〕 유정세간(有情世間), 즉 중생등이 업(業, las, karma)의 선악에 의해서 높고 낮은 곳에 태어나고, 복덕(福德, bsod nams, puṇya)과 지(智)의 〔두 가지의〕 자량(資糧, tshogs, saṃbhāra, 集積)에 의해서 무상의 보리에 이르기까지 성취 가능하다. 복덕의 대소와 근(根)의 이둔(利鈍)의 차제(次第, rim pa, krama, 순서, 단계)에 의해서, 대사(大師)이고 세존인 여래가 12부의 경전으로써 설하셨던 것 중에서도, 승(乘)을 3종이라고 설하셨던 것이다. 그것은 무엇인가 하면, 소승(小乘), 즉 성문승(聲聞乘)과 중승(中乘), 즉 독각승(獨覺乘)과 대승(大乘), 즉 무상승(無上乘)이라는 세 가지를 설하셨던 것이다.

그 중에서 성문승도 근의 이둔의 차제에 의하여 비바사사(毘婆沙師, rNam par smra ba, Vaibhāṣika)와 경량부(經量部, mDo sde pa, Sautrāntika)의 두 가지가 생겨났지만, 사성제라는 문으로부터 들어간다는 것에 있어서는 같다. 사제란 무엇인가 하면, 고제와 집제와 멸제와 도제이다.

그 중에서 성문들은 고(苦)와 번뇌를 16의 지(智)에 의해서 버리는 것이다. 과인 고를 네 가지의 지에 의해서 알고 버린다는 것은 어떠한 것인가 하면, 〔일체의 법은〕 무상이고, 고이고, 공이고, 무아라고 보고 아는 것에 의해서 일체의 외경은 종물(腫物)과 병고(病苦)와 독사(毒蛇)와 같은 것이라고 보고 나서, 〔다음에〕 고의 원인인 집(集)을 버리기 위하여 네 가지의 지에 의해서 알고 이해한다. 그 경우의 지라는 것은 무엇인가 하면, 〔갈애(渴愛)는〕 원인이고, 집이고, 생(生, byuṅ ba, prabhava)이고, 연(緣)이라고 보는 것이다. 그 집은 소대치(所對治, mi mthun paḥi phyogs, vipakṣa, 치료받아야 할 것)이기 때문에 그것을 버리는 대치(對治)의 초세간적인 과인 멸제를, 네 가지의 지에 의해서 깨닫는다. 그것은 또 무엇인가 하면, 〔열반은〕 멸(滅)이고, 적정(寂靜)이고, 미묘(美妙, smin pa, praṇīta, 快適)이고, 출리(出離, ṅes par ḥbyuṅ bam niḥsaraṇa, 離脫)라고 보는 것이다. 이처럼 열반을 공덕이라고 보기 때문에, 그 열반을 얻기 위하여 그것의 원인인 도(道)를 네 가지의 지에 의해서 수습한다. 그것은 또 무엇인가 하면, 〔도제는〕 도이고, 정지(正知, rig pa, vidyā)이고, 행(行, sgrub pa, pratipad)이고, 출리하게 하는 것이라고 보는 것이다.

이와 같이 사성제를 16의 지(智)에 의해서 고찰하고 나서, 삼계의 98의 번뇌 가운데 88을 견도(見道, mthoṅ baḥi lam, darśa-namārga, 진실을 보는 실천의 계위)에 의해서 버리는 것에 의해서, 예류(預流, rgyun du shugs pa, srotāpanna, 진실의 흐름에 들어간 단계)라고 하는 과를 얻는 것이다. 나머지 10의 번뇌는 수도(修道, sgom paḥi lam, bhāvanāmārga, 진실을 수습하는 실천의 계위)에 의해서 버린다. 그 10의 번뇌를 하나로 정리해서, 대소(大小)를 세 가지의 차제에 있어서 나누면, 대대(大大)와 대중(大中)과 대소(大小)와 중대(中大)와 중중(中中)과 중소(中小)와 소대(小大)와 소중(小中)과 소소(小小)가 된다. 이와 같이 구품으로 나눠진 것 중에서 〔대대로부터〕 중소까지의 여섯 가지 번뇌를 버리는 것에 의해서 일래(一來, lan gcig phyir ḥoṅ ba, sakṛdāgāmin, 인간과 천계에 한 번 더 태어나는 단계)라는 과를 얻는 것이다. 〔더욱이〕 소소까지의 아홉 가지의 번뇌를 버리는 것에 의해서 불환(不還, lan gcig phyir mi ḥoṅ ba, sakṛdanāgāmin, 다시 욕계에는 태어나지 않는 단계)이라는 과를 얻는 것이다. 유정(有頂, srid paḥi rtse mo, bhavāgra, 윤회적 생존의 최고처)의 미세한 곳에서도 미세한 번뇌를 금강유정(金剛喩定, rdo rje lta buḥi tiṅ ṅe ḥdsin, vajropamasamādhi, 다이아몬드처럼 번뇌를 깨부수는 선정)에 의해 버림으로써 아라한(阿羅漢)이라는 과를 얻는 것이다.

이처럼 아라한과를 얻는 것이 열반이라고 하고, 일향적정(一向寂靜) 소실(消失)의 열반으로, 삼매(三昧, tiṅ ṅe ḥdsin, samādhi)에 집착하고 있지만, 여래인 불과 보살에 의해서 손을 머리에 두든가 또는 광명에 의해서 꾀어내어, 대승의 광대한 문에 들어가 보살의 제1의 지(地, sa, bhūmi)부터 가행(加行, sbyor, prayoga, 수행)하여, 인(人)과 법(法)에 아(我)는 없다고 하는 것에 있어서 차제로 성불하기 때문에, 성문의 지는 '〔一時의〕 휴식처'라고도 하는 것이다.

또 독각의 견해는, 맨 처음 어떠한 기준(gshi)에서 변화한 것인가 하면, 우선 성문의 견해에 들고, 네 가지 신해행(信解行, mos pa spyod pa, adhimukticaryā, 신심을 수행하는 것)의 지에 머물고, 예류과를 얻지 못했으나 죽어서 장수천(長壽天, lha tshe riṅ po, dīrghāyuṣo devāḥ)에 태어나고 그리고 나서 또 죽고 부처가 세간에 계시지 않을 때 욕계의 인간으로 태어나서, 좋은 지혜를 갖추고, 자기의 혜(慧)에 의해서 '내외의 일체법은 어떤 인(因)으로부터 생겨난 것인가'라고 과(果)의 문으로부터 고찰한다면, 최초는 무명(無明, ma rig pa, 無知)에서 생겨났다고 이해해서 "이들 내외의 법은 연기(緣起)하고 있을 뿐이다. 즉 인과 연에 의존하고 있기 때문에 이들의 법은 무상이고, 고이고, 공이고, 무아이다." 라고 싫게 인식해서, 해탈(解脫, thar pa, mokṣa)과 열반이라는 과를 공덕이라고 보고, 그 열반이라는 과를 얻기 위해 그것의 인(因)인 선정(禪定, bsam gtan, dhyāna)만을 좋아하고, 정진(精進, brtson ḥgrus, vīrya)을 일으키기 때문에 독각이라는 과를 얻는 것이다.

이와 같이 성문은 선지식에 의존해서 중생의 이익을 이루지 않고, 자리(自利)에만 노력하기 때문에 '소승'이라고 하는 것이다.

독각은 선지식에 의존하지 않고 자기의 혜에 의해서 인식하고 자리에도 노력하지만 중생의 이익도 조금 행하기 때문에 '중승'이라고 하는 것이다.

보살과 여래는 자리의 완성과 이타의 완성을 위해 수행하지만 여전히 중생의 이익만을 생각하시어 수행하기 때문에 '대승', 즉 '무상승'이라고 하는 것이다.

일반적으로 대승의 견해의 의의는, 여래가 설하신 경전과 성자(聖者, ḥphags pa, ārya)가 저작하신(mdsad pa) 논서(論書, bstan bcos, śāstra)에 나오고 있지만 요약하면 2종이 있다. 그것은 유식파(唯識派, rNam par śes pa)와 중관파(中觀派, dBu ma pa)이다.

그 중에 유식파의 견해는 어떠한가 하면, 스승 아상가(Asaṅga, Chags med)와 바수반두(Vasubandhu, Saḥi rtsa lag)가 지으신 것이다. 즉 내외의 일체법을 세 가지의 상(相)이라는 문으로부터 이해해 들어가는 것이다. 세 가지 상이 무엇인가 하면, 변계소집상(遍計所執相)과 의타기상(依他起相)과 원성실상(圓成實相)이다.

변계소집상은 어떠한 것인가 하면, 소취와 능취의 부분에 속하는 것, 즉 외경인 소취의 사물과 내부의 능취인 심(心)이라는 양자는 변계소집이기 때문에 세속에 있어서 아무것도 존재하지 않는 것이다. 왜냐하면, 외경은 존재하지 않는데 내부의 미란(迷亂)한 심에 의해서 잘못 분별된 것이다. 즉 존재하지 않는데 유(有)와 상(相)과 색(色)과 명(名)과 형(形)과 아(我)와 법(法) 등이 없는 것에 있어서 가설(假設, btags pa, prajñapti, 設定)된 것에 의해서, 외경 따위가 성립했을 뿐이고 실제로는 외경과 미란의 심은, 세속에 있어서 전부 토끼의 뿔과 같이 존재하지 않는다고 말해지는 것이다.

의타기상은, 세속에 있어서 환(幻)의 상으로만 존재한다. 무슨 말인가 하면, 미란해 있지 않은 심(心)이 이미 멸한 전(前) 찰나에 의존해서 그것과 같은 후(後)의 〔心의 찰나〕가 생기기 때문에 연기하고 있는 것, 즉 세속에 있어서 환의 상으로만 존재한다고 하는 것이다.

원성실은 2종이다. 즉 무변이(無變異, mi ḥgyur ba, avikāra, 不變)의 원성실과 무전도(無顚倒, phyin ci ma log pa, aviparyāsa, 無倒錯)의 원성실이다. 그 중에서 무변이의 원성실이라는 것은 변계소집과 의타기의 상을 완전히 결여한 법의 법성(法性, chos ñid, dharmatā, 본성)은 본래 청정하기 때문에 '무변이의 원성실'이라 한다. 무전도의 원성실이란 그 의타기의 상은 식(識)이 청정하게 된 것에 의해서 올바른 지로 바뀌어, 법의 법성을 바르게 있는 그대로 무전도로 보기 때문에 그 지를 '무전도의 원성실'이라 하는 것이다. 두 가지의 원성실은 승의제(勝義諦)라고 〔유식파는] 주장한다. 그것은 또 무슨 말인가 하면, 유(有)와 무(無)와 생(生)과 멸(滅)과 증(增)과 감(減)과 청정(淸淨)과 불청정(不淨等)과 상(相)과 네 가지의 변(邊)을 떠난 것이라고 주장한다. 즉 무전도의 원성실의 지의 찰나도 네 가지의 변을 떠나 있다. 즉 상주가 아니기 때문에 '찰나'라고 하며, 단멸이 아니기 때문에 상속(相續, rgyud, saṃtāna, 心識의 연속)의 지속에 의하여 머문다. 따라서 '승의로서 존재한다'라고 하는 것이다.

이와 같이 인식하고 이해해서, 문(聞)과 사(思)와 수(修)라는 3종의 반야에 의해서 인식하고 나서, 네 가지의 신해행의 지에서부터 불지(佛地)까지를 차례로 성취하여 번뇌장과 소지장을 모두 버리는 것이다.

지(地)의 차제는 어떠한 것인가 라고 하면, 네 가지의 신해행의 지는 범부(凡夫, so soḥi skye bo, pṛthagjana, 일반인)의 지이고, 올바른 반야에 의해서 법을 보고, 이해하는 단계이다. 그 네 가지도 또 무엇인가 하면, '명득(明得, snaṅ ba thob pa, āloka-labdha, 광명을 얻은 것)'과 '명증(明增, snaṅ ba mched pa, ālokavṛddhi, 광명의 증가)'과 '입실의일분(入實義一分, de kho naḥi phyogs gcig la rgyun tu shugs pa, tattvaikadeśānu-praveśa, 진실의 일부분에 들어가는 것)'과 '무간(無間, ma thag pa, ānantarya, 無間隔)'이라는 것이고, 그때에 소취와 능취를 버려서 법무아를 요해(了解)한다고 한다.

보살의 십지는 십바라밀을 수행하는 것에 의해서 성립하고, 얻어진다. 십바라밀이란 무엇인가 하면, 보시(布施) 바라밀과 지계(持戒) 바라밀과 인욕(忍辱) 바라밀과 정진(精進) 바라밀과 선정(禪定) 바라밀과 반야(般若) 바라밀과 방편(方便) 바라밀과 서원(誓願) 바라밀과 역(力) 바라밀과 지(智) 바라밀이라는 것인데, [이들을〕 삼륜청정(三輪淸淨, ḥkhor gsum yoṅs su dag pa, trimaṇḍalapariśuddhi, 행위주체와 행위대상과 행위자체의 三者에 집착하지 않는 것)의 본연의 모습으로 수행해서 제1지부터 제10지까지 수행하는 것이다.

보살의 10지란 무엇인가 라고 하면, 제1지 즉 '환희(歡喜)'라고 하는 것과 '이구(離垢)'와 '발광(發光)'과 '염혜(焰慧)'와 '난승(難勝)'과 '현전(現前)'과 '원행(遠行)'과 '부동(不動)'과 '선혜(善慧)'와 '법운(法雲)'이라고 하는 것이고, 제1지로부터 인무아와 법무아의 두 가지를 요해하고, 미세한 소지장을 청정하게 하고, 10바라밀과 37보리분(菩提分, byaṅ chub kyi phyogs, bodhipakṣa) 등을 성취해서 대소의 공덕을 차제에 응해서 얻는다고 하는 것이다.

불지는 그 후에 얻어지는데 보광(普光, kun tu ḥod, samantaprabha, 두루 빛을 가짐)이라고 하고, 그 때 불의 세 가지의 신(身, sku, kāya, 신체)이 자연히 성립하게 된다. 그것의 인(因)은 무엇인가 하면, 청정법계(淸淨法界, chos kyi rnam par dag pa, dharmadhātuviśuddhi, 청정하게 된 법계, 법계를 청정하게 하는 것)와 네 가지의 지(智)이다. 그 다섯 가지는 무엇을 버리는 것에 의해서 얻어지는가 하면, 다섯 가지 취(取, ñe bar len pa, upādāna, 집착)의 온(蘊) 가운데에 색(色)과 수(受)와 상(想)과 행(行)이라는 네 가지를 버리는 것에 의해서 청정법계가 되는 것이다. 식(識)의 온에 있어서, 여덟 가지의 식 가운데 일체의 훈습(薰習, bag chags, vāsanā)의 종자(種子, sa bon, bīja)를 가진 아라야식이 청정하게 되는 것에 의해서 대원경지(大圓鏡智)로 바뀌는 것이다. '나'이고 '아'라고 생각하는 염오의(染汚意)의 식이 청정하게 되는 것에 의해서 평등성지(平等性智)로 바뀌는 것이다. 여섯 가지의 대상〔色 · 聲 · 香 · 味 · 觸 · 法〕과 다섯 가지의 문〔眼 ·

耳·鼻·舌·身〕의 식을 관찰하고 식별하는 의식이 전의하는 것에 의해서 무전도인 묘관찰지(妙觀察智)로 바뀌는 것이다. 다섯 가지의 대상〔색·성·향·미·촉〕을 개별적으로 관찰하고 대상으로서 파악하는 다섯 가지의 문의 식〔眼識·耳識·鼻識·舌識·身識〕이 전의하는 것에 의해서 성소작지(成所作智)로 바뀌는 것이다.

이와 같이 네 가지의 지와 청정법계라는 다섯 가지에 의해서 불의 3신이 성립한다. 그것도 또 어떤 것인가 하면, 청정법계와 대원경지는 법신(法身, chos kyi sku, dharmakāya)이 되는 것이다. 묘관찰지와 평등성지는 보신(報身, rdsogs loṅs spyod paḥi sku, saṃbhogakāya)이 되는 것이다. 성소작지는 화신(化身, sprul paḥi sku, nirmāṇakāya)이 되는 것이다. 그 삼신에 의해서 불은 자리와 이타를 완성시킨다고 하는 것이다.

그 중에서 중관도 2종이 있다. 내유가중관(內瑜伽中觀, Naṅ gi rnal ḥbyor gyi dbu ma)과 외중관(外中觀, Phyiḥi dbu ma)이라고 하는 것이고, 모두 계사(戒師, mkhan po) 나가르주나와 아리야데바가 지으신 것이다.

그 중에서 내유가중관은 어떻게 보고 실천하는가 하면, 일체의 법을 2제(諦)와 3상(相)으로써 관찰하고 오입(悟入)하는 것이다. 그것도 또 무엇인가 하면, 2제고 하는 것은 승의제와 세속제이다.

승의제는 불기불생(不起不生)으로 언어표현의 영역을 넘어서고, 본래청정(本來淸淨)한 것이다. 세속제는 4종이 있다. 그것도 무엇인가 하면, '잘못된 세속(log paḥi kun rdsob, mithyāsaṃvṛti)'과 '고찰되지 않는 한 매력적인[11) 세속(ma brtags na gcig tu

11) '고찰되지 않는 한 매력적인'(avicāraikaramaṇīya)이라는 말은 샨타라크쉬타 이후의 중관파의 논서에 자주 사용되었던 말인데, 그 의미에 대해서는 본서 제3장을 참조.

dgaḥ baḥi kun rdsob, avicāraikaramaṇīya-saṃvṛti)'과 '승의에 따르는 세속(don dam pa daṅ ñe baḥi kun rdsob, paramārthānukūla-saṃvṛti)'과 '올바른 세속(yaṅ dag paḥi kun rdsob, tathyasaṃvṛti)'이라고 하는 것이다. 그 중에서 '잘못된 세속'이라고 하는 것은 전도된 견해, 즉 아지랑이에 있어서 물이라고 미란하는 것과 건달바성과 선화륜(旋火輪, mgal meḥi ḥkhor lo, alātacakra)이 존재한다고 보는 것을 말하는 것이다. '고찰되지 않는 한 매력적인 세속'이라는 것은 상세하게 고찰되지 않는 한 상주와 항상과 전체와 고체(固體, goṅ bu, piṇḍa)와 명(名)과 언설(言說)로써 가설된 내외의 일체법을 말하는 것이다. '승의에 따르는 세속'이라는 것은 내외의 연기하고 있는 법은 존재하지 않고 환의 상이고 일체법은 불기불생이라고 이해하는 것을 말하는 것이다. '올바른 세속'이라는 것은 법의 법성을 올바르게 있는 그대로 이해하는 지(智)와 보신과 화신을 성취하는 것을 말하는 것이다.

3상 중에서도 변계소집의 상은 미란한 대상과 미란한 심(心), 즉 일체의 외경과 아지랑이에 있어서 물이다라고 미란하는 심 등이다. 그 중에서 일체의 외경은 무시이래로 유(有)와 상(相)이 없는 것에 대해서 그것이 존재한다고 분별하는 인식의 힘에 의해서 현현하고 있을 뿐이고, 식 그 자체로부터 전변한 것이다. 불이 설하신 경전인 『밀엄경(密嚴經)』에도 "어느 정도 대상이 존재하려고 하면 심(心)과 식(識)이 대상으로서 다양하게 현현한 것이고 그것들도 식과 다르지 않는 것이기에 대상은 존재하지 않는다."고 나와 있고, 『능가경(楞伽經)』에도 "외적인 대상은 전혀 존재하지 않는다. 심(心)이 다양한 것으로서 현현해서 신체(身體)와 향수(享受)와 의거(依據)와 같이 보인다. 유심(唯心)이라고 나는 설한다."고 나와 있기 때문에 일체의 외경과 미란한 심등, 즉 소취와 능취로서 현현하는 것은 변계소집의 상이기 때문에 세속에 있어서도 존재하지 않는 것이다. 의타기의 상이라는 것은 심을 말한다. 즉 미란해서 있지 않은 심이 이미 멸한 전찰나에 의지해서, 그것과 같은 후의 심의 찰나가 생기는 것이기 때문에 심이 연기하고 있다. 요컨대 환(幻)의 상(相)으로서만 세속에 있어서 존재한다고 하는 것이다. 원성실의 상도 2종, 즉 '무변이의 원성실'과 '무전도의 원성실'이 있다. 무변이의 원성실은 제법의 본래 청정한 법성이고 승의라고 하며, 무전도의 원성실은 지이고 올바른 세속이라고 하는 것이다.

범부의 지(地)와 10바라밀의 성취와 10지와 불지에 순차적으로 들어가서 실천하는 것과 2종의 장(번뇌장, 소지장)을 버리는 것은 위에서 말한 유식파의 설(說, gshuṅ)과 같은 것이다.

그러나 3신으로서 나눈 것에서는 〔유식파의 설과〕 차이가 있다. 청정법계가 법신이 되고, 대원경지가 보신이 되는 것이다. 평등성지와 묘관찰지와 성소작지의 세 가지는 지의 구별이라고 해서 3신에 포함되는 것은 아니지만, 그것들 세 가지 지의 가지(加持, byin kyi rlabs, adhiṣṭhāna)에 의해서 화신이 나타나기 때문에[12] 여래의 다양한 행위를 보이면서 중생의 이익을 이루는 것도, 무분별지(無分別智, rnam par mi rtog paḥi ye śes, nirvikal-pajñā-na)는 일반적으로 여의보주(如意寶珠, yid bshin gyi nor bu, cintāmaṇi)와 같은 것이고 무분별이며 부동(不動)이면서 다양한 행위를 나타낸다. 즉 무분별지를 잃는 일도 없이 다양한 행위도 성취하기 때문에 사념(思念, bsam pa)은 열반하고 있지만, 가행은 삼계에 있어서 이뤄지고 자리와 이타의 완성을 위해서 불은 수행하신다고 말하는 것이다.

---

12) 이 부분은 문자의 판독이 곤란한 부분이다.

그 중에서 외중관파의 주장은 다음과 같다. 외경의 색 등으로서 현현하고 있는 일체의 것은 세속에 있어서 식으로부터 전변한 것이 아니라 외경은 연기하고 있는 것이고 환의 상이고, 무가 아니라 존재하는 것이다. 그것도 어떻게 존재하는가 하면, 이들의 외경은 현재의 다섯 가지 문의 대상영역으로서 현량(現量, mṅon sum, pratyakṣa)에 있어서 성립하고 현현하는 것도 있다. 내외의 법을 관찰해서 식별하는 네 가지의 연〔因緣, 等無間緣, 所緣緣, 增上緣〕이 설시되는 가운데에도, 소연연(所緣緣, dmigs paḥi rkyen, ālambanapratyaya)이 주요한 것으로서 설시되었던 것이기 때문에 외경은 존재하는 것이다. 만약 소연연인 외경이 존재하지 않는다면 식이 생기하는 것도 있을 수 없기 때문에 12연기와 3계 등도 존재하지 않게 되어 버리며, 6도 등의 윤회(ḥkhor ba, saṃsāra) 조차도 존재하지 않는 것이다. "이전에 수습해서 분별한 힘에 의해서 〔외경이 존재한다고〕 미란한다."라고 하는 것도 올바르지 않다. "예를 들면 사람을 분별한 힘에 의해서 〔후에 나룻배를 보고〕 나룻배를 사람이라고 미란해서 현현하는 것과 같이, 이들 일체의 외경은 승의로서는 존재하지 않고 환의 상으로서만 상주와 불변과 전체와 고체(固體)로서 현현해서 미란한다."라고 하는 것은 올바르지만, "맨 처음부터 이들의 일체의 외경은 존재하지 않는다."는 것은 올바르지 않다. 왜냐하면 대상이 존재하지 않는데 단지 식으로부터 다양한 외경이 현현하고 대상으로서 전변한다면, 일체의 법은 다름 아닌 무(無)로부터 생긴다고 하는 것이 〔되는 것으로 그것은〕 올바르지 않다. 경〔=능가경〕에 "외경은 존재하지 않는다. 심(心)만이 다양한 것으로서 현현한다."라고 불이 설하신 것은 일체 외경의 부정을[13] 설하신 것이 아니고, 예를 들면 아지랑이에 있어서 물로 미란한 것이 현현하는 것처럼 환의 상인 색등의 외경의 찰나에 있어서 상주와 불변과 고체와 전체로서 현현하는 것을 부정하기 위해서 설하셨던 것이다. 그런 까닭에 『도간경(稻竿經)』에서도 "외인(外因)과의 결합(ḥbrel pa, saṃbandha)과 외연(外緣)과의 결합과 내인(內因)과의 결합과 내연(內緣)과의 결합이 있다."고 나와 있고 내외쌍방의 연기가 각각 구별되어 나오고 있기 때문에 "외경이 존재하지 않는다."고 하는 것은 올바르지 않다. 만약 외경이 존재하지 않고 내의 식만 있다고 한다면, 경에서도 설해지고 있는 보석이 전면에 깔려 장식된 불의 불가사의한 국토(國土, shiṅ khams, kṣetra)도 있을 수 없게 되어버리고 마는 것이다.

외중관파에 있어서는 3상도 내(內)뿐만이 아니라 내외의 양자에 대해서 설해진 것이다.

승의와 세속이라는 2제와 3신 등에 대한 견해는 내유가파와 같다.

E. 『견해의 구별』(부분역)

『계사들로부터 듣고, 또 경전과 논서라고 하는 〔2종의〕 성전에 나오고 있는 유외경론자 등의 견해의 구별과 삼승과 삼신 등의 의미를 요점만 기록한 비망록』

① 소승의 유외경론자(有外境論者, phyi rol gyi don yod par smra ba, bāhyārthavādin)는, 〔다음과 같이 설명한다〕. 외경(外境)이라고 하는 것은 네 가지의 대종(大種, ḥbyuṅ ba chen po, mahābhūta)과 그것으로부터 이루어진 색 등이지만, 그것들은 현량(現量)이라고 하는 양(量, tshad ma, pramāṇa)에 의해서도, 존재한다는 것은 분명하고, 오온 중에서도 색온과, 계(界)와 처(處) 중에서도 물질적인 근(根)과, 그것들의 대상은 네 가지의 대

13) 이 부분은 문자의 판독이 곤란한 부분이다.

종과 그것으로부터 이루어진 색 등이고, 세존도 "온(蘊)과 계(界)와 처(處)는 존재한다."라고 설하셨고, 네 가지의 대종 등의 개별상(個別相)과 공통상(共通相)도 설명했기 때문에 대상〔=외경〕은 존재한다는 것이다. 만약 색 등은 토끼의 뿔과 같이 존재하지 않지만 식만이 그와 같이 현현한다고 한다면 이들은 무시이래로 존재하지 않는 것이기 때문에, 색이라는 미란의 근거(根據, gshi, ādhāra)가 존재하지 않기 때문에 "그것〔=미란〕의 힘에 의해서 식이 그와 같이 〔색 등으로서〕 현현한다."라고 하는 것도 올바르지 않는 것이다.

또 마찬가지로 근거가 존재하지 않는데 심(心)만이 그처럼 현현한다고 한다면, 토끼의 뿔과 석녀(石女)의 아들 등도 현현할 터이다. 만약 대상이 존재하지 않는 것의 증인(證因, gtan tshigs, hetu)으로서, "조대(粗大)한 사물을 극미로 분석하고, 극미도 방향에 의한 부분을 가지고 있어서 성립하지 않기 때문에 유심(唯心)인 것이다."라고 한다면, 식(識)의 찰나도 전후의 부분에 의해서 분석하면, 존재한다라고는 성립하지 않는다. 〔이와 같이〕 똑같은 과실을 범하기 때문에 "대상은 존재하지 않더라도 식은 존재한다."라고 하는 것은 올바르지 않다. 그 두 가지〔=대상과 식은〕 열등한 것이고 언설에 지나지 않으며, 실제로는 그와 같은 것은 없는 것이다.

세존도 외연기(外緣起)와 내연기(內緣起)를 구별하여 설하셨기 때문에, 심과 대상의 양자는 승의(勝義)로서 존재하는 것이 명백한 것이다. 여러 경전에 "대상은 존재하지 않지만 심(心) 그 자체가 대상으로서 현현한다."라고 나오는 것은 대상을 모든 것의 존재방식에 있어서 부정했던 것이 아니라 무상이고 또 다수의 극미가 적집한 사물에 대해서, 미란이라는 분별에 의해서, 상주이고 전체라고 파악한 것을 물리치는 대치(對治)로서 설하셨던 것이다. 이와 같이 〔유외경론자는〕 설명한 것이다.

② 유식파(唯識派, rNam par śes pa tsam du smra ba)는, 〔다음과 같이 설명한다〕. 색 등의 외적인 대상은 존재하지 않지만 식(識)만이 그와 같이 현현할 뿐이다. 세간의 사람들에게 일반적으로 승인되고(ḥjig rten na grags pa, lokaprasiddha, 世間極成) 또한 논서에 나오고 있는 다양한 아(我)라는 표현과 다양한 법(法)이라는 가설(假說, ñe bar ḥdog pa, upacāra)이 생기는 것은 식의 전변(轉變)으로, 그것들은 실제로 존재하는 것에 있어서 가설된 것이 아니라 무시이래로 아 등이라든가 색 등의 법이라든가 분별한 것의 훈습이 아라야식에 존재하고 있지만, 그것이 증대했던 것에 의해서 그 아뢰야식으로부터 "아와 법으로서 현현한다." 라고 하는 분별이 생기기 때문에, 대상은 존재하지 않는 것이다.

왜 그런가 하면, 개체로서 현현하는 사물은 다수의 극미의 집합이고, 개체를 구성하는 극미는 〔전후좌우상하의〕 여섯 가지 방향에 의한 부분을 가지고 있으므로 극미로서 성립하지 않기 때문에 대상이 존재하지 않는다는 것은 분명하며, 예를 들면 눈병에 걸린 사람이 허공에서 뒤얽힌 머리카락 따위를 보는 것과 같은 것이다.

『십지경(十地經)』에도 "오! 불자(佛子, rgyal baḥi sras, jinaputra, 붓다의 아들=보살)들이여. 이들 삼계는 유심이다."라고 나와 있고, 『밀엄경(密嚴經)』에도 "심(心)은 2종의 존재방식에 있어서 소취(所取)와 능취(能取)로서 현현한다. 병(甁)과 포(布) 등의 대상은 아무것도 존재하지 않는다."라고 〔부처가〕 설하시고, 『능가경(楞伽經)』에도 "외적인 사물이 존재하지 않고서도 심(心)은 두 가지의 형상(形象, rnam pa, ākāra)으로써 현현한다." 운운하며 나와 있기 때문에 외적인 대상은 존재하지 않지만 식(識)만이 그와 같이 현현하는 것이다.

식은 연기하고 있는 것이고, 지속〔이라는 의미에서〕의 상주이기 때문에 승의로서 존재한다. 즉 전의(轉依)했을 때에도 소취와 능취를 떠난 무이(無二)의 지인 무전도의 원성실은 존재하는 것이다. 이와 같이 〔유식파는〕 설명하는 것이다.

③ 2종의 중관(dBu ma rnam gñis)의 교의(教義, tshul, nīti, 思想)는 어떠한 것인가 라고 하면,〔이하 생략, 다음 장 참조〕

제2절 문제점의 고찰

여기에 번역한 다섯 가지의 불교 강요서는 돈황이 티베트인에 의해서 점령된 786년부터 돈황의 장경굴(藏經窟)이 누군가의 손에 의해서 봉인 될 때 까지, 즉 거의 8세기 말부터 10 내지 11세기에 걸쳐 돈황 주변에서 서사된 것이라 생각된다. 그러나 이것은 이들 문헌이 당시의 돈황 주변에서 저작된 것을 의미하지는 않는다. 저작은 별도의 장소에서 그 이전에 행해졌다고 생각할 수 있기 때문이다.

그러나 이들 문헌은 8서기 후반 이래 티베트 불교적 교양을 몸에 지닌 자, 요컨대 그 대부분이 티베트인에 의해서 저작되었다고 생각하는 것이 가장 자연스러울 것이다. 왜냐하면 이들 문헌은 거기에 사용된 문장표현에서 보아서 인도어에서 번역된 것이 아니고 처음부터 티베트어에 의해서 쓰여진 것이라는 것은 확실하다. 티베트에 불교가 본격적으로 도입되게 된 것은 8세기 후반 이후이기 때문이다.

8세기 말의 티베트에서는 유명한 '삼예의 종론(宗論)'이라는 대사건이 일어났다. 즉 당시의 인도불교의 최고의 학자의 한사람인 샨타라크쉬타의 노력으로 티베트에 도입된 인도계의 불교를 신봉하는 사람들과 중국의 선사인 마하연(摩訶衍)의 가르침을 신봉하는 사람들이 티베트에서 대립한 것으로, 이미 세상을 떠난 샨타라크쉬타의 제자 카말라쉴라가 티베트에 초청되어 삼예(bSam yas)에서 마하연을 논파하고 이후 인도계의 불교가 티베트에서 정통설로서 채용된 것이다.

따라서 그 이후의 티베트인은 인도불교를 정통으로 삼고 그중에서도 나가르주나에 의해서 창시되고 '일체법은 공이다'라고 설하는 중관파의 교의, 특히 티베트 불교의 은인이라고도 말할 수 있는 샨타라크쉬타와 카말라쉴라의 학설을 높이 평가한 것은 틀림없다. 여기에서 문제가 되는 다섯 가지의 불교강요서 중에서도 중관파의 사상이 가장 고도의 것으로 간주되어 있고 특히 『견해의 구별』에 있어서는 다음 장에서 보이는 바처럼 샨타라크쉬타와 카말라쉴라의 사상이 높게 평가되고 있다.

한편 삼예의 종론 이후 9세기 초두를 중심으로 하는 시대에 인도불교원전의 티베트어에로의 번역은 국가적 규모에 있어서 대대적으로 행해졌지만, 그 번역사업과 관련해 티베트인 번역자들의 중심적 인물이었던 대교열번역자(大校閱飜譯者) 예쉐데(Ye śes sde)가 『견해의 구별』의 저자라고 하는 것은 주목해야 할 것이다. 게다가 여기에 번역한 불교강요서 중에 저자가 판명되고 있는 것은 이 저작뿐이다.

그런데 불교강요서의 저자들이 처해있는 역사적 사상적인 상황을 간단히 일별한 것으로 이하에 그들의 문헌의 내용을 개관하고자 한다.

먼저 이들의 문헌에서는 이미 거론한 인도찬술 불교강요서의 경우와는 달리 경량부 학설의 해설이 전혀 포함되어 있지 않은 것이 주목된다. 『견해요약』의 성문승 설명에서는 비바사사(毘婆沙師), 즉 설일체유부와 나란히 경량부의 이름이 보이지만, 그러나 경량부 특유의 학설이 설명되어 있는 것은 아니다. 따라서 여기에서는 인도에서처럼 불교의 사상이 설일체유부와 경량부와 유식파와 중관파라는 4학파의 사상으로서 개괄되어 해설된 것이 아니고, 소승 유외경론자(또는 성문)와 유식파와 중관 2파의 사상으로 정리되어 설명되는 것으로, 이 경우 소승 유외경론자의 견해는 실질적으로 유부의 견해라 보아도 좋은 것이다. 이처럼 이들 불교강요서에 경량부의 학설이 해설되어 있지 않은 것은 적어도 8세기경까지는 인도에 있어서도 불교의 사상을 4대 학파의 사상으로서 개괄하는 방식이 그다지 일반적이지 않았다고 하는 것에 기초하는 것은 아닐까 생각된다. 사실 본장 서두에 거론한 인도 찬술의 불교 강요서는 정확한 연대를 확정할 수 없고 모두 10세기 이후의 저작이라고 간주되고 있다.

그런데 소승유외경론자의 견해는, 여기서 번역한 불교강요서에서는, 산난히 발하번 '색심(色心)의 내외(內外)의 일체법은 승의(勝義)로서 존재한다'라고 주장하는 견해로서 나타나고 있다. 『사견해요설』과 『견해의 구별』에서는 소승유외경론자의 사상의 이와 같은 존재론적인 측면 밖에 설명되고 있지 않지만, 『대승중관의』와 『견해요약』에서는 수도론의 관점에서 4제(諦), 16의 지(智) 및 4과(果) 등의 설명이 상세하게 행해지고 있다.

그런데 이 '내외의 일체법은 승의로서 존재한다'라고 하는 소승유외경론자의 학설에 대한 설명은 인도 찬술의 『지심수집』과 『선서의 사상의 구별』과 『논리의 언어』에서,

세 가지의 무위(無爲, 만들어지지 않은 것), 즉 허공(虛空)과 두

> 가지의 멸(滅)은 상주이다.
>
> 일체의 유위(有爲, 만들어진 것)는 찰나멸이며, 아(我)를 가지지 않고 작자(作者)를 가지지 않는다.

라고 하는 게(偈)[14]로서, 요약적으로 나타난 유부사상의 해설과 비교한다면 조금 빈약하며, 이 설명으로부터 무언가의 구체적인 유부의 교리를 떠올리거나, 또는 이 설명과 일치하는 기술을 유부의 논서 중에서 가려 뽑는 것은 아마 곤란할 것이다. 유부의 사상을 "내외의 일체법은 승의로서 존재한다."라고 설하는 사상이라고 규정하는 것 자체는 부적절하다고는 말하지 못하겠지만, 이와 같은 설명은 유부의 입장에서 본 유부사상의 설명이라기보다도 전체를 2제라고 하는 관점에서 본 중관파의 입장에서 본 유부사상의 해설이라고 해야 할 것이다. 이런 의미에서 돈황 출토 티베트어 문헌의 불교강요서는 인도의 불교강요서 이상으로 교판적 의식이 보다 강렬하게 직접적으로 나타나있다고 볼 수 있다. 즉 모든 사상은 중관파의 2제설의 입장에서 가치적으로 취급되고 있는 것이다.

그런데 『대소승요설』과 『대승중관의』와 『견해요약』에서는 중승(中乘)의 사상으로서 독각승의 사상이 설명되고 있지만, 독각이라는 것은 어떤 특정한 학설을 가진 사람들이라기보다는 실천적인 관점에서 그 존재가 인정되어진 사람이기 때문에, 이것에 대해 철학적인 면에서 논할 필요는 없을 것이다.

다음에 유식파의 설은 간단히 말하자면 무외경론(無外境論), 즉 "외경은 마음〔心〕의 소현이고 마음의 현현이어서 존재하지 않는

14) Cf. Kajiyama, Y., "An Introduction to Buddhist Philosophy", *Memoirs of the Faculty of Letters*, Kyoto University, No. 10, 1966, p.134, n.366.

다."라는 설과 이른바 삼성설과의 종합이라는 형식으로 나타나고 있다. 단지 3성의 하나하나에 대한 2제의 관점으로부터의 평가는 개개의 문헌에서 반드시 일정하지는 않다.

먼저 『대소승요설』에서는 3성의 개개의 명칭은 열거되고 있지 않지만, 거기에 보이는 "승의로서는 그 심(心)이 전의한 지, 즉 소취와 능취를 가지지 않게 된 자기인식이라는 지의 성질만이 존재한다."라는 기술은 원성실성만이 승의로서 존재한다는 의미로 해석해도 좋을 것이다.

다음에 『사견해요설』에서 외경은 변계소집성이고, 세속에 있어서 존재하지만 승의로서는 존재하지 않는다는 것과, 식은 의타기성 또는 원성실성이고 승의로서도 존재한다는 것이 매우 정연하게 설해져 있다. 적어도 필자의 이해에 의하면 의타기성이 승의로서 존재한다는 주장이야말로 유식파의 근본적 교의이기 때문에 이 문헌에 이 주장이 명시되고 있는 것은 필자로서는 합당하다고 보이지만, 그러나 이 문헌에서 여러 사상의 설명은 전체적으로 너무 지나치게 정비되어 있는 감이 들어 그 취급에 주의를 요한다. 결론부터 먼저 말하면 필자는 이 문헌을 다른 네 가지 문헌보다 상당히 후에 저작된 것이 아닐까라고 생각하고 있지만 그 점에 대해서는 나중에 서술하고자 한다.

다음에 『대승중관의』에서는 "변계소집성과 의타기성은 승의로서 존재하지 않지만 원성실성은 승의로서도 존재한다."라고 나타내고 있다.

그리고 『견해요약』의 설명은 "변계소집성은 세속에 있어서도 존재하지 않는다. 의타기성은 세속에 있어서 존재한다. 원성실성은 승의로서도 존재한다."라고 하는 것이지만, 이 가운데 '변계소집성은 세속에 있어서는 존재하지 않는다'라는 설명은 특이한 것으로 다른 네 문헌에는 보이지 않는다. 확실히 이와 같이 설명한다면 3성의 각각을 2제의 관점에서 가치적으로 변별하는 것이 가능하겠지만 이 설명이 교리적으로 올바른가 아닌가는 속단할 수 없다. 만약 '의타기성이 승의로서 존재한다고 설하는 것이 유식파이다'라고 하는 입장에 선다면, 유식파에게 있어 변계소집성은 승의로서는 존재하지 않지만 세속에 있어서 존재하는 것으로, 그것을 세속에서 존재하지 않는다고 하는 것은 잘못이 될 것이다. 만약 이것이 잘못이라고 한다면, 그 잘못은 『견해요약』에서 '내유가중관'의 사상을 설명할 때에 설해진 삼성설과의 유사성에 의해 생겨났다고 밖에 달리 생각할 수 없을 것이다. 실제 거기에는 "변계소집성은 세속에 있어서도 존재하지 않고 의타기성은 세속에 있어서 존재한다."라고 설하고 있기 때문이다.

최후로 『견해의 구별』에 있어서는 "식(識)은 연기하고 있는 것이고 승의로서 존재한다. 전의(轉依)할 때에도 무전도의 원성실은 존재한다."라고 설하고 있지만, 이것은 "의타기성과 원성실성은 승의로서 존재한다."라고 하는 의미일 것이다. 연기와 의타기성은 같은 뜻이기 때문이다.

그런데 이와 같이 3성의 하나하나에 대한 이제설적 평가는 개개의 문헌에 있어서 반드시 일정하지 않지만, 이미 거론한 인도찬술의 네 가지 문헌에서는 삼성설의 해설은 전혀 보이지 않고, 3성의 하나하나에 이제설적 평가를 내리는 것도 없다. 이것은 그들 네 문헌이 저작될 당시의 인도 불교에서는 삼성설에 대한 흥미가 이미 없어졌다는 것을 나타내고 있을지도 모른다. 그 반면 거기에서는 유식파가 유형상(有形象)유식파와 무형상(無形象)유식파의 두 파로 분류되어, 그 두 파의 교의가 설명되고 있는데 이 점은 이미 번역한 티베트어의 다섯 문헌에는 결여되어 있다. 유식파를 유형상파와 무형상파로 나누는 의식은 이미 샨타라크쉬타의 주저인 『중관장엄론』에서 보이지만, 이 두 파의 구별을 분명히 하고 있지 않은 것은 불교 강요서의 저자들의 이해가 불충분함을 나타내고 있는 것이라고 생각된다. 아니면 이 두 파의 구별을 너무 세세한 것으로 간주한 그들의 강렬한 중관파의식을 나타내는 것이라고도 할 수 있을 것이다. 덧붙여 말하면 후전기(後傳期)에 티베트인에 의해서 저작된 불교강요서 중에 오랜 것이라고 생각되는 사캬 판디타(1182~1251)의 저서로 간주되는 『종의선설(宗義善說, *gShuṅ lugs legs par bśad pa*, ShL)』의 유식사상 해설의 부분에는 삼성설의 설명과 함께 유식 2파의 구분이 명확히 설해져 있고[15], 이 점은 잠양셰파의 『대학설』에서도 마찬가지이다.

그러면 이미 번역한 다섯 가지 문헌에서의 중관사상 해설이라는 문제로 검토를 옮기기로 한다. 이 문제는 거기에 인도찬술 불교문헌에서는 대부분 발견되지 않는 두 가지 학파명이 명기되어 있다는 점에서 많은 학자의 주목을 받고 있다.[16]. 이 중관 2파에 대해서는 나중에 고찰하겠지만, 그 전에 이들 5문헌에 있어서 중관파의 사상이 여러 사상의 최후에 해설되었다고 하는 것, 즉 그것이 최고의 사상으로 간주되었다고 하는 것의 의의를 생각해 보기로 한다. 8세기 후반부터 9세기 초에 걸쳐서 티베트에서는 중국에 불교가 도입된 때와 마찬가지로 불교의 다양한 교리나 사상이 다수의 경론이나 논서와 함께 잡다하게 유입되었다. 단순히 중관파만 아니라 모든 학파의 논서 및 경전이 당시의 티베트에서 번역되었다는 것은 824년 성립된 『덴카르마 목록』을 보면 분명하다. 이와 같은 잡다한 사상들이나 교의(教義)가 유입되는 즈음에 어느 것이

15) Cf. ShL, tha, 139b5-143a6.

16) 이것에 대해서는 다음 장에서 상세히 논한다.

저급한 가르침이고 어느 것이 보다 고도의 가르침일까 또는 무엇이 참으로 불타의 가르침일까 하는 의식은 티베트에서도, 중국에 있어서와 마찬가지로 당연히 일어났을 것이다. 이 교판의 의식이 이미 번역된 다양한 불교강요서를 생겨나게 한 근원이었다고 생각된다. 다만 이들 문헌에서 중관파의 사상이 최고의 것으로 간주되었다는 것은 티베트 불교만의 독자적인 성격이라고 말해도 좋을 것이다. 그러나 이 독자성은 그 후의 티베트 불교 전체를 완전히 규정하였다. 즉 간단히 말하면 여래장사상을 곧바로 설한 조낭(Jonaṅ)파와 같은 특수한 예를 제외하고는 티베트의 전 불교 종파는 교리적으로 중관파이었다라고 말해도 과언이 아니다. 혹은 티베트의 어떠한 종파도 중관파의 공의 사상을 표방하지 않으면 자신의 교학을 수립할 수 없었다고 할 수 있다. 이것은 중국불교에서의 종파 상황과는 현저한 대조를 이루는 점이다. 즉 중국에 있어서 중관파의 직계라고 불릴만한 종파는 그다지 발전했다고는 생각되지 않는 삼론종(三論宗)뿐이겠지만, 그 삼론종도 여래장사상에서 결정적 영향을 받아 공(空)이라고 말하는 것보다도 유(有)의 입장으로 변질되어 있었던 것이다[17].

그러면 인도의 상황은 어떠했을까. 인도에서는 11세기 초 무렵에 라트나카라샨티(Ratnākaraśānti), 즈냐나슈리미트라(Jñāna-śrīmitra)라고 하는 두 사람의 유식파 대학자가 왕성하게 활약해 당시의 인도 일반의 철학계에 공헌하였다. 거의 이 시대인지, 그보다도 조금 늦은 시대에 티베트에 초청되어 티베트 불교를 개혁한 중관파의 학장 아티샤(Atiśa, 982~1054)도 철학적 학식(學識)이란 면에서는 도저히 그들과 비교가 안 되었다. 이처럼 인도불교에

---

17) 拙稿,「三論教學の批判的考察―dhātu-vādaとしての吉藏の思想」,『禪批判』, pp.545-577 참조.

서는 그 말기에 이르기까지 유식파의 사상가는 존재했었지만, 이미 열거한 인도 찬술의 네 가지 불교강요서에서는 모든 중관파의 사상이 최후에 해설되어 있다. 도대체 우리는 이 사실을 어떻게 생각하면 좋을 것인가. 이들 불교강요서의 저자들은 모두 중관파였던 것일까.

필자는 이 문제에 대해서 꼭 부정할 생각은 없지만, 이들의 인도의 불교강요서에 대해서 한 가지 말해 둘 것이 있다. 그것은 이미 기술했던 적도 있지만, 이들 불교강요서에 있어서 여러 학파의 사상은 꽤 객관적으로 해설되어 있다는 것이다. 거기에는 이미 번역한 티베트의 다섯 문헌과 같이, 전부를 중관파의 2제의 관점에서 본다고 하는 태도는 나타나 있지 않다. 따라서 성급한 교판(教判)의 의식은 거기에는 보이지 않는다. 그렇기 때문에 꽤 예외적이겠지만, 중관파 사상의 해설을 유식사상의 해설보다도 뒤에 두는 불교강요서를 유식파의 학자가 저작한 것도 있을 수 없는 일은 아닌 것이다.

여기에 실례가 하나 있다. 즉 대학자 라트나카라샨티는 스스로 무형상 유식파임에도 불구하고, 그의 저작인 『삼승(三乘)의 확립(*Triyānavyavasthāna*)』이라는 일종의 불교강요서에서 유식사상을 해설한 뒤에 중관파의 사상을 설명하고 있는 것이다[18]. 따라서 인도에서 불교강요서의 저자들이 꼭 중관지상주의자였다고는 말할 수 없는 것이다. 이것에 반해서 이미 번역된 다섯 문헌에 있어서는, 모든 사상이 이른바 중관의 눈에 의해서 바라보고 비판되어 있다. 그럼 이와 같은 후기의 티베트 불교 전체를 특색 짓는 듯한 중관지상주의가 인도불교 전체의 상황을 그대로 반영한 것이 아니라

18) 高田仁覺, 「インド密教から見た佛教の輪郭」, 『密教文化』 71 · 72, 1965, p.66 참조.

고 한다면 도대체 그것은 무엇으로부터 생겨난 것일까. 여기에서 우리는 역시 샨타라크쉬타와 카말라쉴라의 사상적 영향이라고 하는 것을 생각하지 않을 수 없다. 실로 이들 불교강요서는 불교의 전학파의 사상을 낮은 것에서부터 높은 것에로 나열하고, 그것을 차례로 비판의 대상으로 해 간다는 형식의 면에 있어서 샨타라크쉬타의 주저 『중관장엄론』과 가장 유사하다. 또 이들 불교강요서의 전형이라고도 말할 수 있는 『견해의 구별』에서도 다음 장에서 보듯이, 샨타라크쉬타와 카말라쉴라의 이름이 권위로서 거론되고 있다.

그런데 이미 번역한 다섯 문헌 전체에서 중관파는 두 학파로 분류되어 있다. 그 학파명은 전체 문헌에서 일치되어 있는 것은 아니지만 어느 정도 유사하며, 그 사상에서 다음과 같이 구분할 수 있다. 즉 간단히 말하면, "외경은 유식의 전변(轉變)이다. 따라서 세속에 있어서는 식(識)만이 존재하고 외경은 존재하지 않지만 승의로서는 식도 또한 존재하지 않는다."라고 설하는 중관파가 『대소승요설』과 『견해의 구별』에서는 유가행중관, 『사견해요설』에서는 유가행중관 또는 유가파, 『대승중관의』에서는 유가중관, 『견해요약』에서는 내유가중관, 또는 내유가파로 불리고 있다. 이에 대하여 "내외의 일체의 사물은 세속에 있어서는 존재하지만 승의로서는 존재하지 않는다."라고 설하는 중관파가 『대소승요설』과 『견해의 구별』에서는 경중관, 『사견해요설』에서는 경량부중관파, 『견해요약』에서는 외중관파라고 불리고 있다.

다만 이들의 호칭이 엄밀하게 학파의 명칭인지, 학파의 사상〔宗見〕의 명칭인지, 그렇지 않으면 학파의 사상을 설한 저작(著作)의 명칭인지는 개개의 문헌에서는 일정하지 않다. 따라서 이들 문헌에서 중관 두 학파의 학파명이 명기되어 있다고 할 때 그것은 지극히 잠정적인 표현이라는 것을 주의해 두고 싶다.

그런데 이 두 학파의 근본적 사상은 이미 보인 바와 같지만, 다섯 문헌에서는 그것을 표현하는 형식에 있어서 닮은 점도 있다. 예를 들면 "세속에서는 연기하고 있는 것이고, 환(幻)의 상(相)으로서만 존재하지만, 승의로서는 그것 자신과 타(他)의 것과 자타의 쌍방과 비인(非因)으로부터 생겨나지 않는다."라는 표현은, 다소의 차이는 있지만, 다섯 문헌의 어디에서나 찾아볼 수 있다. 이것은 이들 문헌이 서로 완전히 독립적으로 관계없이 저작된 것이 아니라, 어떤 동일한 문헌에 기초하여 쓰여졌다는 것을 나타내고 있는 것처럼 보인다.

이런 의미에서 필자는, 『견해의 구별』이 이들 문헌의 중심에 있고, 다른 네 문헌은 『견해의 구별』의 영향 하에서 쓰여진 것이 아닐까 생각한다. 상세한 논증은 생략하고 싶지만, 중관 두 학파의 사상에 대해서 가장 근본적으로 또 명쾌하게 논하고, 게다가 학파명의 유래를 보이고 있는 것은 『견해의 구별』뿐이라는 것과 『견해의 구별』의 저자인 예쉐데가 9세기 초엽이라는 꽤 이른 시기에 활약하고 당시 티베트에 있어서 불교계를 이끈 제1급의 지식인이었다는 것을 고려한다면, 이 상정도 전혀 근거가 없다고는 할 수 없을 것이다. 따라서 『견해의 구별』을 중심으로 중관 두 학파의 문제를 고찰해야 하는 것으로, 그것에 대해서는 다음 장으로 넘기기로 한다.

다만 최후에 『사견해요설』이 가진 특이성만은 다루어 두어야만 한다. 이 문헌에 대해서는 이미 그 사상의 해설이 너무나 잘 정리되어 있다는 느낌을 말했으며, 그때 『사견해요설』은 다른 네 문헌보다도 꽤 후에 저작 된 것이 아닐까라는 상정도 말해 두었다. 이 상정은 이 문헌이 가진 두 가지의 특이성에 기초하고 있다.

그 첫째는 중관 두 학파 중에서 유가행중관의 설이 후에 해설되어 있다는 사실이고, 둘째는 이 문헌에 있어서 그 사상을 해설한 성문(聲聞)이 경량부(經量部)라고 하는 것이다. 그 경량부의 설로 되어있는 것을 보면 단순히 "내외의 설은 승의로써 존재한다."라고 하는 것으로 이것은 유외경론자의 설로서, 이것만으로는 유부의 설이라고도 경량부의 설이라고도 단정할 수 없는 것이다.

그러나 이 설을 경량부의 설이라고 규정할 때, 『사견해요설』의 사상 해설의 구성은 매우 합리적으로 되어 있다. 즉 이 문헌에서는 네 학파의 사상이 해설되어 있기는 하지만 그 중 제1의 경량부는 "승의로서 내외의 사물은 존재한다."라고 주장하고, 제2의 유식파는 "승의로서 식만이 존재한다."라고 주장하고, 제3의 '경량부 중관파'는 세속에서는 제1의 경량부의 주장을 인정하여 "세속에 있어서는 내외의 사물은 존재한다."라고 주장하고, 제4의 '유가행 중관파'는 세속에서는 제2의 유식파 주장을 인정하여 "세속에 있어서는 식만이 존재한다."라고 주장하는 것이 된다. 따라서 이와 같이 소승 유외경론자를 경량부라고 규정한다면 모든 설명은 합리적이 된다. 또 현재 이 문헌에서는 mDo sde paḥi dbu ma 〔pa〕라는 말이 2회에 걸쳐서 사용되어, 이것은 아무래도 '경량부의 중관〔파〕'로 번역되지 않으면 안 되는 것으로 생각된다.

그런데 이 『사견해요설』에 있어서 중관의 두 학파에 대한 이와 같은 이해는, 후대 티베트의 「학설강요서」 문헌의 그것과 매우 유사하다[19]. 따라서 이런 의미에서 필자는 이 『사견해요설』의 성립이 다른 네 문헌보다도 늦은 것이 아닐까 생각하는 것이다.

『견해의 구별』에 있어서 중관사상의 이해에 대해서는 다음 장에서 상세하게 고찰하지만, 이미 번역한 다섯 가지의 불교강요서는

---

19) 이것에 대해서도 다음 장에서 논한다.

모두 9세기 전반을 중심으로 하는 시대에 티베트 인들이 번역된 많은 양의 불전(佛典)을 보고 "불교란 무엇인가"를 어떻게 올바르게 이해하려고 노력했던가, 그 시행착오의 자취를 남긴 것으로서 귀중한 것이다. 우리는 이들 문헌을 읽음으로써 우리들 자신의 안이한 불교이해를 바로잡을 수 있을 것으로 생각된다.

제2장

•

『견해의 구별』에 있어서 중관 이해

9세기 초엽[1] 티베트에서 대교열번역자(大校閱飜譯者, shu chen gyi lo tsā ba)로서 활약했던[2] 예쉐데(Ye śes sde)는 『견해의 구별(*lTa baḥi khyad par*)』[3]이라는 일종의 불교강요서를 남기고 있다. 이 『견해의 구별』의 중요성은 후세 티베트 학승들이 샨타라크쉬타(Śāntarakṣita)나 카말라쉴라(Kamalaśīla)의 사상적 입장 혹은 그들에게 부여된 '유가행중관파'(瑜伽行中觀派, rNal ḥbyor spyod paḥi dbu ma pa)라는 학파 이름의 의미를 논할 때, 자주 이 문헌이 전거로서 언급된다고 하는 사실[4]에 의해서도 알 수 있을 것이다.

이 『견해의 구별』에 관한 연구는 티베트 대장경에 수록된 판본에 기초해서 요시무라 슈키(芳村修基) 씨 등에 의해서 시작되었다.[5] 그렇지만 티베트대장경에 수록된 판본에는 현저한 착간(錯

1) 本章에서는 敦煌 出土 티베트어 문헌을 사용하는 경우도 철자를 정자법에 따라서 표시한다.

2) 山口瑞鳳, 「吐蕃王國佛教史年代考」, 『成田山佛教硏究所紀要』 3, 1978, p.17 참조.

3) 본 문헌의 구체적 세목은 原田覺 씨에 의해서 지적된 바와 같이 Pt, No.814의 서두에 제시되어 있다. 그것은 Phyi rol gyi don yod par smra ba la sogs paḥi lta baḥi bye brag daṅ theg pa gsum daṅ sku gsum la sogs pa mkhan po dag las thos pa daṅ gsuṅ rab mdo sde daṅ bstan bcos las ḥbyuṅ baḥi don mdo tsam shig brjed byaṅ du byas pa(戒師들로부터 듣고 또한 경전과 논서라는 〔2종의〕 성전에 나오는 有外境論者 등의 견해의 구별과 三乘과 三身 등의 의미를 요점만 비망록에 담은 것)이다. 原田覺, 「(回顧と展望) チベット」, 『史學雜誌』 87-5, 1978, p.263 참조.

4) 『西佛硏』 110쪽, 袴谷憲昭, 「Saṅs rgyas gtso boḥi rgya cher ḥgrel pa-解說および和譯」, 『駒澤大學佛教學部硏究紀要』 35, 1977, p.2. ; 拙稿, 「Jñānagarbhaの二諦說」, 『佛教學』 5, 1978, p.126 참조.

5) 芳村修基, 「西域本による瑜伽行中觀派」, 『印佛硏』 2-1, 1953, pp.237-240 ;上山大俊, 「曇曠と敦煌の佛教學」〔「曇曠」이라 略稱〕 『東方學報』 35, 1964, p.205; 同 「大蕃國大德三藏法師沙門法成の硏究」 (上)(下)〔「法成(上)」, 「法成(下)」라 약칭〕 『東方學報』 38, 1967, pp.133-198: 39, 1966, pp.119

簡)이 있기 때문에 『견해의 구별』의 정확한 윤곽이 밝혀지게 된 것은, 우에야마 다이슌(上山大峻), 이마에다 요시로(今枝由郎), 하라다 사토루(原田覺) 씨 등에 의해 돈황에서 출토된 티베트어 문헌(St, No.692, No.694; Pt, No.814, No.815)에 『견해의 구별』의 단편이 차례로 발견되어, 이 세 사람의 학자에 의해서 그것에 기초한 연구 성과[6]가 발표된 이후일 것이다.[7] 본 논문도 이 세 사람의 연구 성과에 의존하지만, 그러나 『견해의 구별』에서 중관사상 이해 또는 중관파 이해에 관해서는 아직 고찰의 여지도 남아 있다고 생각한다. 따라서 본 논문에서는 우선 『견해의 구별』의 중관사상을 해설하는 부분[8]의 번역을 제시하고, 그 다음 문제점을 지적하여 그것에 관해서 고찰하고자 한다.

그런데 번역에 관해서 한 마디 해 두고자 한다. 번역은 티베트대장경의 북경판(P, No.5847)을 저본으로 하고 데르게판(D, No. 4360)과 돈황 출토 티베트어 문헌(Pt, No.814)을 참조해서 진행했다.[9] 필자가 여기서 번역을 제시하는 부분에 관해서는 이미 우

-221 참조.

6) Imaeda Y, Documents tibétains de Touen-houang concernant le concile du Tibet, *Journal Asiatique*, 1975, pp.132-135; 上山大俊, 「エセイデの佛教綱要書」(「エセイデ」라 略稱) 『佛教學硏究』 32·33, 1977, pp.19-45; 原田覺, 「敦煌藏文資料に於ける宗義系の論書(1)」(「敦煌宗義(1)」이라 略稱), 『印佛硏』 26-1,1977년, pp.467-463 참조. 또한 上山 씨는 이미 「法成(下)」에서 St, No.692, No.694의 존재에 주목하여 티베트대장경에 수록된 사본에 보이는 착간이 이들 돈황 문헌에 의해 訂正된다는 것을 지적하고 있다. 「法成(下)」 p.199, p.220, 註 87) 참조.

7) 그 뒤 原田 씨에 의해 Pt, No.820도 『견해의 구별』의 단편이라는 가르침을 받았다. Pt, No.820은 Pt, No.814의 9b5-20a2에 거의 상당한다.

8) 『견해의 구별』의 전체의 개요는 上山 씨의 「エセイデ」, pp.20-21에 제시되어 있다.

9) 티베트대장경에 수록된 『견해의 구별』에 보이는 착간은 Pt, No.814에 의

에야마 씨에 의한 Pt, No.814에 기초한 번역[10]이 있어 필자가 시사를 받았던 부분도 있었다. 그러나 필자와 우에야마 씨의 이해가 일치하지 않는 곳도 있기 때문에 그 점은 주(註)에서 명기해 두고자 한다. 또한 뒤에서 기술하는 바와 같이 『견해의 구별』은 샨타라크쉬타의 『중관장엄론(中觀莊嚴論, *Madhyamakālaṃkāra*, MA)』과 카말라쉴라의 『중관광명론(中觀光明論, *Madhyamakāloka*, MĀ)』과 밀접한 관계를 가지고 있다. 특히 이하에서 번역을 제시하는 『견해의 구별』의 중관사상 해설 부분[11]에 관해서 말하면, 거기에 드러난 다양한 논의는 모두 『중관장엄론』이나 『중관광명론』에서 상세하게 논해진 논의의 요약문이라고 말해도 지나친 말이 아니다. 따라서 번역에 즈음해서 가능한 한 『중관장엄론』과 『중관광명론』을 참조하여 『견해의 구별』과 그들 문헌 사이에 명확한 논의의 대응이 보이는 경우에는 주에서 그것을 제시하고자 한다. 필자는 뛰어난 성과를 거두었음에도 불구하고 종래의 연구에는 이러한 방법이 결여되었다고 생각한다.

제1절 『견해의 구별』 중관사상 해설부분의 번역

〔1〕 2종의 중관(dbu ma rnam gñis)의 교의(教義, tshul, 思

해서 정정할 수 있다. 북경판(P, No.5847)과 (Pt, No.814)의 내용의 대조표는 「エセイデ」, pp.28-29에 제시되어 있다.

10) 上山, 「エセイデ」, pp.40-43.

11) 번역하는 부분은 Pt, No.814, 4b1-9b1에 대응하는 P, No.5847, cho, 255b1-b3, 252b6-253a7…… 253a7-254a3이다. 점선으로 제시한 누락부분은 Pt, No.814,7a1-b3에 의해 번역한다. 또한 북경판과 데르게판의 내용이 일치할 때는 데르게판의 내용은 제시하지 않는다.

想)는 어떤 것인가라고 한다면,

〔2〕 이전은[12] 중관의 계사(戒師, mkhan po)이자 스승(Ācārya)이신 나가르주나(Nāgārjuna)와 아리야데바(Āryadeva)가 중관(dBu ma)의 논서(bstan bcos)를 저술하셨을 뿐(mdsad pa), 2종으로 나눈 적도 없었다.

〔3〕 그 뒤 스승 아상가(Asaṅga)와 바수반두(Vasubandhu)가 유식(rnam par śes pa tsam)으로 설하는 논서를 저작하시고(mdsad de), '외경(外境)은 없지만 식(識)만이 대상으로서 현현한다'라고 증명하면서, '청정하여 둘이 아닌 식(rnam par śes pa dag pa gñis su med pa)은 승의로서(don dam par)도 존재한다'라고 설명하였다.[13] 뒤에 중관의 계사이신 바비베카(Bhāviveka)라는 분으로 스승 나가르주나의 종견(宗見, lugs, mata, 思想)의 교계(教誡, man ṅag)를 가지고 〔나가르주나의〕 성취(dṅos grub)를 획득하신 분이 계셨지만, 그가 유식설을 논파하고 스승 나가르주나가 저작하신(mdsad paḥi) 『중송(中頌, *Madhyamakakārikā*)』의 주석인 『반야등론(般若燈論, *Prajñāpradīpa*, *Śes rab sgron ma*)』이라는 저술과 『중관심론(中觀心論, *Madhyamakahṛdaya*)』이라는 저술을 저작(mdsad pa)하시자, 중간의(bar gyi)[14] 계사이신 샨타라크쉬타라는 분이 스승 아상가가 저

---

12) 북경판에는 여기에 "sṅon gyi"(cho, 255b2)라 되어 있지만, 다음의 〔3〕의 서두의 '그 뒤' "deḥi ḥog tu"(cho, 255b2)와의 대응을 생각하여 Pt, No.814의 "sṅon ni"(4b1)라는 읽기를 채용한다.

13) 북경판에 "bśad pa la"(cho, 255b3)이지만, Pt, No.814의 "bśad la"(4b4)를 채용한다.

14) '중간의'라는 한정어를 芳村 씨는 "〔이 청변 논사와 뒤의 카말라쉴라 논사의〕 중간"(芳村修基, 『インド大乘佛教思想研究』, 百華苑, 1974, p.217)으로 해석하지만, 필자는 이것을 '중관파와 유식파의 두 학파의 중간의 〔戒師〕'라는 의미로 이해한다. 왜냐하면 『견해의 구별』에서 학파 이름을 나타

작하신(mdsad pa), 유식으로 설명하는 논서『유가행(瑜伽行, *rNal ḥbyor spyod pa, Yogācāra*=Yogācārabhūmi)』에 의존하여(brten te) 세속에서(kun rdsob tu) 그것〔=『유가행』〕의 종견과 일치하여 유식으로 증명하지만, 승의로서 식도 무자성이라고 설명하는 중관의 논서『중관장엄론(中觀莊嚴論, *Madhyamakālaṃkāra*, MA)』이라는 저술을 저작하셨다(mdsad de). 〔이와 같이〕 종견이 조금씩 일치하지 않은 2개의 중관의 논서가 발생하였기 때문에 "스승 바비베카가 저작하신 것(mdsad pa)〔=『반야등론』과 『중관심론』〕은 경중관(經中觀, mDo sde paḥi dbu ma)[15]으로 불리게 되고, 스승 샨타라크쉬타가 저작하신 것(mdsad pa)〔=중관장엄론〕은 유가행중관(rNal ḥbyor spyod paḥi dbu ma)으로 불리게 되었던 것이다."[16]

내는 '중관의 〔계사〕'라는 한정어가 나가르주나, 아리야데바, 바비베카에 대해서 부여되고 있기 때문이다. 게다가 뒤에 『수청소』에서 저자 법성이 샨타라크쉬타를 아상가의 제자라고 규정한 것도 법성이 이 '중간'이라는 말을 '중관파와 유식파의 중간'이라는 의미로 이해했다는 것을 원인의 허니로 하고 있다고 생각된다.

15) 북경판에는 "mdo sde paḥi dbu ma" (cho,252b1)이지만, Pt, No.814에는 "mdo sde spyod paḥi dbu ma"(5a6)이다. 어느 것이 정확한가는 확정하기가 어렵다. 게다가 이 Pt, No.814의 읽기는 본래는 "mdo sde dbu ma" 또는 "mdo sdeḥi dbu ma"였던 것이 "rnal ḥbyor *spyod paḥi* dbu ma"와 유사하게 "mdo sde *spyod paḥi* dbu ma"로 변화한 것으로 생각해도 불가능한 것은 아니다. 왜냐하면 이것과 유사한 것으로서는 Pt, No.814의 뒤 부분(〔6〕서두에) "mdo sde dbu maḥi lugs"(7a1)이라는 말이 1회 보이기(이 부분은 북경판에는 결락) 때문이다. 이 호칭의 원형이 어떤 것이든 "mdo sde" 또는 "mdo sde pa"는 결코 경량부를 의미하지 않는다는 것이 필자의 기본적 생각이다. 그것에 대해서는 본론에서 상세하게 논하고 있다.

16) 텍스트에 "ā tas rya bha byas mdsad pa la ni mdo sde paḥi dbu ma shes btags/ ā tas rya śā nta ra kṣi tas mdsad pa la ni rnal ḥbyor spyod paḥi dbu ma shes btags so//" (P, cho, 252b1-2)라고

〔4〕 스승이신 나가르주나와 아리야데바가 저작하신 것(mdsad pa)은 『성반야바라밀(聖般若波羅蜜, *ḥPhags pa śes rab kyi pha rol tu phyin pa, Āryaprajñāpāramitā*)』〔=『반야경』〕 등에 나오는 대로, "일반적으로 모든 사물(dṅos po, bhāva)은 연기하고 있는 것이기 때문에 세속에서는 환영(sgyu ma)과 같은 것으로서만 생기하지만, 승의로서는 자기와 타자, 자타 쌍방과 비인(非

되어 있지만, 여기서 '경중관', '유가행중관'이라는 두 개의 호칭은 바비베카와 샨타라크쉬타의 저작에 대해서 부여된 것인가 그렇지 않으면 그들의 종견(lugs), 즉 사상에 대해서 부여된 것인가 라고 하는 것은 중요한 문제이다. 필자는 『견해의 구별』의 지금까지의 부분에서 "mdsad pa"라는 말은 모두 "저작하셨다"라는 의미로 사용해 왔던 것(cho, 255b2, 255b3, 252a7, 252a7, 252a8, 252b1)과 이 기술 직전에 "두 개의 중관의 논서가 생긴 것으로"라고 말해지고 있는 것을 고려하여 여기서도 "mdsad pa"을 "저작하신 (것)"이라는 의미로 해석하고, 따라서 두 개의 호칭은 그들의 저작(논서)에 대해서 부여된 것으로 이해한다.
上山 씨는 이 기술을 "아차리야·바비야가 저작한 것에 대해서는 經行의 중관(파)를 설정하고 아차리야·샨타라크쉬타에 대해서는 '유가행의 중관(파)'를 설정한 것이다"(「エセイデ」, p.40)라고 번역하지만, 두 개의 호칭이 두 사람의 사상가의 저작에 대해서 부여된 것인가 사상에 대해서 부여된 것인가라는 필자의 문제의식에서 본다면 이것은 애매한 번역이라고 말하지 않을 수 없다. 또한 上山 씨의 「法成(下)」, pp. 197-198에서 이 기술의 번역은 "중관의 論의 종의는 일치하지 않는 두 개의 파를 낳았다. 궤범사 바비야(=청변)가 설한 것은……"으로 되어 있기 때문에 두 개의 호칭을 명확하게 두 사람의 사상가의 사상에 대해서 부여된 것으로 보인다. 또한 "shes btags (so)"라는 말은 "……라 명명된다"라는 의미이며, "……가 설정된다"라는 의미는 아니다. 이점에서는 芳村 씨의 "궤범사 청변의 저작에 대해서 경부중관(mdosde-paḥi dbu-ma)이라는 명칭을 부여하고 궤범사 적호의 저작에 대해서 유가행중관(rnal-ḥbyor-spyad-paḥi dbu-ma)이라는 명칭이 가정되었다."(芳村修基, 『インド大乘佛教思想研究』, p.217)라는 번역이 정확하며 또한 필자의 이해와도 일치한다. 다만 芳村 씨는 이 기술 직전의 기술 "dbu maḥi bstan bcos lugs cuṅ zad mi mthun pa gñis byuṅ bas"를 "중관론의 종의는 다소 달라 두 개로 되었다."(동상)라고 번역하여, 전체로서 두 개의 호칭이 엄밀하게는 사상이 아니라 저작에 대해서 부여된 것으로 크게 의미를 두지 않는 것 같다.

因)에서도 생기는 것은 불합리하다. 즉 무자성인 것이다."라고 설명하기 때문에 두 가지 중관[17]〔=‘경중관’과 ‘유가행중관’〕은 모두 그것〔=나가르주나와 아리야데바의 저작〕에 의존하고 있다. 즉[18]

〔5〕 그 가운데 ‘유가행중관’의 종견(lugs)[19]은 세속에서는 유식설과 일치한다. 식이 대상을 아는 것도 대상 그것이 식의 자성(raṅ bshin, svabhāva)이기 때문이다(=대상 그것이 식을 자성으로 하기 때문이다). 결합(ḥbrel pa, saṃbandha)이 있기 때문에 자기인식(raṅ gi rig pa, svasaṃvedana)에 의해서 아는 것이 가능하다. 그러나 대상이 〔식과〕 다른 것이라고 주장한다면 지와의 결합이 없기 때문에 아는 것은 불가능하다.[20]

---

17) 북경판에서 "dbu ma pa"(cho,252b7)라 되어 있지만 Pt, No.814의 "dbu ma"(5b4)라는 읽기를 채용한다. 그 이유는 북경판의 이 부분 이외에는 "dbu ma pa"라는 말은 『견해의 구별』에는 보이지 않기 때문이다.

18) 북경판에서는 "brten to//"(cho, 252b7)라 되어 있지만, Pt, No.814의 "brten te/"이라는 읽기를 채용한다.

19) 텍스트에 "de la rnal ḥbyor spyod paḥi dbu maḥi lugs ni"이지만 "lugs ni"를 받는 것은 〔5〕의 말미의 ‘라고 설명하는 것이다’ "shes ḥchad do//"(Pt,No.814,7a1)라는 말이며, "lugs"은 동사의 목적어가 아니라 주어일 것이다.
原田 씨에 의하면 『견해의 구별』은 ‘종의를 설하는 부분’(Pt, No.814, 1a3-9b1)과 ‘교의를 설하는 부분’(Pt, No.814,9b1-)이라는 두 부분으로 구별될 수 있다(「敦煌宗義(1)」, p.467). 이 ‘종의를 설한 부분’이란 아마도 주(3)에 제시한 『견해의 구별』의 구체적 제목 안에 ‘유외경론자 등의 견해의 구별’이라는 말에 대응하는 부분일 것이다. 거기서는 불교의 여러 학파의 학설이 모두 위에서 제시한 바와 같은 구성을 가진 기술에 의해서 해설되고 있다. 즉 소승유외경론은 "theg pa chuṅ ṅu pa/payi rol gyi don yod par smra ba ni"(P,cho,255b4)……"shes ḥchad do//"(P, cho, 255b1)이라는 기술에 의해서 또한 경중관의 견해는 "mdo sde dbu maḥi lugs ni"(Pt,No.814,7a1)……"bar ḥchad de//"(Pt, No. 814, 7a2)……"shes ḥchad do//"(P, cho, 254a1-2)라는 기술에 의해서 해설되고 있다.

20) 여기서 설해진 유식설은 다음과 같은 이유에 의해서 유형상유식설이라고

생각된다. 즉 일반적으로 유식파는 대상〔의 형상〕과 식의 無區別性(abheda)을 주장하지만, 이 무구별성을 '동일성'(ekatva, tādātmya)으로 보는 것은 유형상유식파이며, 이것을 단순한 구별의 부정(bhedapratiṣedhamātra)으로 보는 것은 무형상유식파라고 생각할 수 있다.(이 점에 관해서 拙稿, 「Sahopalambha-niyama」, 『曹洞宗研究員研究生研究紀要』 12, 1980, pp.280-279 참조.) 그런데 여기에 보이는 '대상 그 자체가 식의 자성이기 때문에'라는 기술에 있어서는 식과 대상의 무구별성은 '동일성'으로 이해되고 있다. 그 이유는 두 가지이다. 하나는 '대상이 식을 자성으로 한다'라는 표현 그 자체가 대상〔境〕과 식 사이에 동일성이라는 관계가 있다는 것을 명시하고 있기 때문이다. 또 하나는 이 무구별성이 '동일성'으로 이해되지 않으면, 여기서 승인된 유식설에 대해서 뒤에 기술된 "대상 그 자체가 식의 자성이라고 한다면 대상이 多者인 것처럼 마음도 다자가 되어 버린다. 또한 마음이 一者인 것처럼 대상도 일자가 되어 버린다"라는 취지의 비판(P, cho, 253a2-3)은 성립하지 않는다고 생각되기 때문이다. 그러므로 여기에 설해진 유식설을 유형상유식설이라고 보는 것이 가능하며 따라서 또한 『견해의 구별』에 있어서 '『유가행중관』의 종견'이란 세속에서 유형상유식설을 승인하는 중관파의 종견이라고 말할 수 있을 것이다.
이상은 일반적 설명이지만 필자는 엄밀히 말하면 유형상유식설에 있어서 識(知)과 境(形象) 사이에 '동일성'이라는 관계가 있다고는 생각하지 않는다. 즉 필자가 보는 바로는 지와 형상 사이에는, 형상에서 지를 보았을 때 '그것(지)을 본질(ātman, svabhāva)로 하는 것(tādātmya, tatsvabhāvatā)이라는 관계가 존재한다. 결국 형상(ākāra)은 지를 본질(ātman, svabhāva)로 하고 지는 형상을 樣相(rūpa, ākāra)(형상)으로 하는 것이다. 혹은 지는 형상의 본질이며 형상은 지의 양상인 것이다. 이것은 뒤에 다음 장(131쪽)에서 설명하는 바와 같이 『現觀莊嚴論光明(Abhisamayālaṃkārālokā, AAĀ)』의 '스스로 성립하고 있는 형상(rūpa)을 가지고 있고 단일한 자성(svabhāva)을 가지고 있는 無二知(svataḥsiddharūpam evādvayaṃ jñānam ekasvabhāvam, AAĀ, p.626, *ll*.9-10)라는 표현에 잘 나타나 있다. 곧 "svabhāva" "ātman"과 "rūpa" "ākāra"는 '본질'과 그 '현현'과 같은 의미에 있어서 일종의 대개념인 것이다. 그것은 마치 다르마키르티의 논리학에 있어서 "svabhāva"와 "bhāva"의 관계와 같은 것이다.(拙稿, 「Svabhāvapratibandha」, 『印佛研』 30-1, 1981, pp. 498-494 참조) 따라서 유형상유식설에 있어서 지와 형상 사이에 엄밀한 의미에서는 '동일성'은 존재하지 않는다.
그러므로 이와 같은 관점에서 본다면 『견해의 구별』의 이 부분에 보이는 '대상 그 자체가 식의 자성이기 때문'(<u>rnam par śes paḥi raṅ bshin</u> yin pas)이라는 표현은 본래 '대상 그 자체가 식을 자성으로 하기(rnam

par śes paḥi raṅ bshin can) 때문'이 아니면 안 된다. 결국 '식의 자성'이라는 표현은 원어로서 "vijñāna-svabhāva"라는 복합어를 상정할 수 있지만, 이 말은 "rnam par śes paḥi raṅ bshin" '식의 자성'과 같이 tatpuruṣa 복합어로서가 아니라 "rnam par śes paḥi raṅ bshin can" '식을 자성으로 한다'라는 것과 같이 bahuvrīhi 복합어로서 이해하지 않으면 안 된다.
그렇다면 『견해의 구별』의 텍스트에 착오가 있고 본래 거기에는 can이라는 말이 붙어 있어 그것이 빠져 있는 것은 아닌가 라고 한다면 그와 같이 볼 수도 없다. 뒤에도 동일한 표현이 〔5〕 중에 반복되고 있기 때문이다. 따라서 예쉐데가 '식의 자성'(rnam par śes paḥi raṅ bshin)이라는 표현을 사용했다는 것은 틀림없다. 문제는 무엇 때문에 이와 같은 잘못된 표현이 이루어 졌는가 하는 것이지만 그 이유는 일반적으로 말하면 티베트대장경 번역자들의 杜撰한 혹은 엄밀하지 못한 번역 쪽에 있다고 생각한다. 예를 들면 『중관장엄론』에서 유식설을 비판하는 부분에 "de ni śes paḥi bdag ñid ma yin te"(MA, sa, 67a4-5, MI, p.152)라는 표현이 보인다. 이것을 직역하면 '그것(형상)은 지의 본질이 아니다'로 되기 때문에 여기에도 아마도 jñāna-ātman 또는 jñāna-ātmaka라는 원어에 대한 tatpuruṣa 복합어적인 번역이 보인다. 그러나 여기에도 문제가 되며 그리고 부정되고 있는 것은, 형상이 지에 대해서 가진 '그것을 본질로 하는 것'(tādātmya)이라는 관계이기 때문에, 그 표현은 '그것은 지를 본질로 하는 것이 아니다'라고 번역하지 않으면 의미를 지닐 수 없다.
따라서 '대상 그 자체가 식의 자성이다'라는 『견해의 구별』의 표현은 이와 같은 티베트대장경에 일반적으로 보이는 tādātmya 관계에 관한 잘못된 번역 결국 tatpuruṣa 복합어적인 번역에 기인한다고 볼 수 있을지도 모른다. 더욱이 『견해의 구별』의 저자 예쉐데는 『중관장엄론』의 티베트 측의 역자이기도 하다. 또한 그가 범어 원전의 티베트인 번역자로서는 가장 초기의 인물이라는 것도 확실하다. 그렇다면 'x을 본질로 한다'라는 "tādāmya"의 표현에 대한 예쉐데 자신의, 굳이 말하면, 잘못된 번역 결국 'x의 본질'이라는 tatpuruṣa 복합어적 번역은 그 뒤 티베트 번역자들에게 비엄격성을 허용하는 좋지 못한 영향을 주었다고 볼 수 있을 것이다.
그런데 뒤의 본론에서도 기술하는 바와 같이 『중관장엄론』과 『중관광명론』에는 『견해의 구별』의 유가행중관의 종견과 거의 일치한다고 생각되는 학설을 설한 기술과 경중관의 종견과 거의 일치한다고 생각되는 학설을 설한 기술이 열거되고 있다. 이 가운데 전자를 기술〔유〕, 후자를 기술〔경〕이라 부르며, 양자의 『중관장엄론』과 『중관광명론』에 있어서 위치를 제시하면 다음과 같다.
『중관장엄론』 기술〔경〕(sa,78b6-7) 기술〔유〕(sa, 78b7-79a5)

외연기(外緣起, phyi rol gyi rten ciṅ ḥbrel par ḥbyuṅ ba)가 현현하는 것도, 예를 들면 꿈에서 볼 수 있는 것은 대상은 없지만 마음만이 볼 수 있는 것과 마찬가지이며, 『능가경』(楞伽經, *Laṅkāvatārasūtra, Laṅkar gśegs pa*)에도 "외계에 있는 색은 존재하지 않는다. 자기의 마음이 밖으로 현현한다."[21]라고 (부처님이) 설하신 것과 같다.

"승의로서는 그 마음도 이일다성(離一多性, gcig daṅ du maḥi ṅo bo ñid daṅ bral ba, ekānekasvabhāvaviyoga)이라는 증인(證因[22], gtan tshigs, hetu)에 의해서 분석한다면 유(有)라는

『중관광명론』 기술〔유〕(sa,157a6-158b4) 기술〔경〕(sa, 158b4-159a7) 여기서 주의해야 할 것은 『중관장엄론』과 『중관광명론』의 기술〔유〕 중에 다음과 같은 유형상유식설, 또는 그것을 세속적으로 승인하는 기술이 보인다는 것이다. "그러므로 그것〔=색 등〕을 지각하는 것은 (식과) 다르지 않은 청 등의 (P에 의한) 형상을 지각하는 것이다"(MA, sa, 79a2, MI, p.292), "마음만이 스스로 성립하고 있는 형상(ṅo bo, rūpa)을 가지기 때문에(raṅ gis rab tu grub paḥi ṅo bo ñid yin paḥi phyir), 세속에 의해서 실로 존재하지만, 외경은 세속에 의해서도 존재하지 않는다. 마음의 형상 이외에 그것(=외경)은 성립하지 않기 때문이다'(MĀ, sa, 157a6-7)

또한 "raṅ gis rab tu grub paḥi ṅo bo ñid"의 원문으로서는 앞에서 게재한 『현관장엄론광명』의 "svataḥsiddharūpam (eva)"와 거의 같은 것이 상정되기 때문에 "ṅo bo ñid"을 "svabhāva"의 역어라 해석하고 '자성'이라 번역한 본장의 원 논문에 있어서의 번역을 정정했다.

21) Cf. LAS, X(sagāthakam) k.489ab p.326, l.8. 이 게송은 『중관장엄론』(MA, sa, 79a4, MI, p.292), 『수습차제(초편)(*Bhāvanākrama*〔I〕, BhK〔I〕, p.203, l.11)』에 인용된다. 芳村, 앞의 책, p.334, 註 60) 참조. 또한 『중관장엄론』에 있어서 인용은, 기술〔유〕 속에 보이는 것에 주의하기 바란다.

22) 離一多性의 논증인에 대해서는 江島惠教, 『中觀思想の展開』, 春秋社, 1980, pp.212-226 ; 拙稿, 「Jñānagarbhaの二諦說」, 『佛教學』, pp.132-133 참조. 또한 이일다성의 논증인은 『중관장엄론』 제1게(MA, sa, 56b7, MI, p.22)에서는 모든 존재의 무자성을 증명하는 것으로서 사용되지만 『견해의 구별』에서는 식이 승의로서는 존재하지 않는 것을 논증하기

것은 증명되지 않는다."[23] 왜 그런가? "대상 그것이 식의 자성이라고 한다면 (a)대상이 달라서 형상(rnam pa, ākāra)이 다수인 것처럼 마음도 다수가 되는 것이다. (b)또는 마음과 같이 대상도 다양(多樣, sna tshog, citra)하게 되지 않는 것이다."[24]

그러므로 "유심(唯心, sems tsam)에 의존하여 외경(外境)은 없다고 알아야만 한다. 중관의 이 교의(tshul)에 의존해서 그 마음도 무아라고 이해해야만 한다."[25] 즉 『성출세간품』(聖出世間品, Ārya-lokottaraparivarte, ḥPhags pa ḥjig rten las ḥdas paḥi leḥu)에도 "오, 불자(jinaputra)여, 삼계는 유심이며 삼시도 유심이라고 이해하고 그 마음도 변(邊)과 중(中)이 없다(anantamadhya)라고 이해하는 것이다."[26]라고 나와 있는 것과 같다. 『능가

위해서 사용되고 있다.

23) 이 기술은 『중관장엄론』에 있어서 기술〔유〕의 직후에 이어진다. '지혜의 힘이 작지 않는 분〔=불세존〕과 정진하는 분〔=범부와 보살들〕이 그 마음을 일과 다의 자성에 있어서 고찰한다면 승의로서 본체(sñiṅ po)는 보이지 않기 때문에 〔그 마음은〕 실의로서 〔존재한다고는〕 인정되지 않는 것이다'(MA, sa, 79a5, MI, p.294)라는 기술과 내용적으로 일치한다. 또한 〔 〕 안은 일부 『중관장엄론세소(*Madhyamakā laṃkārapañjikā*, MAP, sa, 128a5-7, MI, p.295)』에 의해서 보충된 말이다.

24) 이 기술은 "진실한 형상과 다르지 않기 때문에 형상 자신의 성질과 같이 식이 다자로 되든가 또는 일자인 식과 다르지 않기 때문에 여러 형상도 식 자신의 성질과 같이 일자로 되는 것은 피하기 어려운 것이다"(MA, sa, 65b1-2)라는 기술과 내용적으로 일치한다. 여기서 제시된 비판이 유형상유식설로 향한 것이라는 것은 '진실한 형상'이라는 말에 의해서 분명하다. 따라서 『견해의 구별』의 이 부분도 유형상유식설을 비판 것이라 볼 수 있다. 또한 '경 그것이 식의 자성이라고 한다면'이라는 표현의 문제점에 관해서는 앞의 주 20) 참조.

25) 이 기술은 "유심에 의존하여 외경은 무임을 알아야 한다. 이 교의〔=일체법무자성성의 교의〕에 의존하여 그것〔=유심〕에도 전혀 아가 없음을 알아야 한다"(MA, k.92, sa, 79a5-6)(MI, p.294)와 내용적으로 일치한다.

26) P, No.761(44), śi,179b8-180a1, 이 경문은 『중관장엄론』(MA,sa,79

경』에도 "유심에 의존하여 외경을 분별해서는 안 된다. 진여에 머물러서 유심을 초월해야 한다. 유심을 초월하기 때문에 무현현(無顯現, snaṅ ba med, nirābhāsa)을 초월해야만 한다. 무현현에 머문 수행자(yogin)는 대승을 본다."[27]라고 (부처님께서는) 설하셨다. 그러므로 중관의 이 교의는 경(mdo sde)과도 모순되지 않는다고 설명하는 것이다(shes ḥchad do).

〔6〕'경중관'(mDo sde dbu ma)의 종견은 스승 나가르주나가 저작하신 것(mdsad pa)〔=中頌〕의 종견과 일치하며, '내외의 사물은 모두 연기하고 있는 것이다'라고 설명한다(ḥchad). 즉 세속에 있어서는 인(因)과 연(緣)에서 생긴 것이기 때문에 환영〔과 같은 것〕으로서만 존재하지만, 승의로서는 '자기와 타자, 자타 쌍방과 비인(非因, 無因)에서 생기는 것은 불합리하다'라는 4종류의 증인에 의해서 모든 사물은 무생기인 것이다.

('그 4종류의 증인이란 무엇인가?'라고 한다면) 즉 (1) '자기로부터 생기지 않는다'라는 것은 어떤 것이 그 자신으로부터 생기는 것이 아니다. 만약 모든 사물들이 자기로부터 생긴다고 한다면 (a) 이미 생긴 자기가 생기는가, (b)아직 생기지 않는 자기가 생기는가[28] 둘 중의 하나일 것이지만, (a)'이미 생긴 것이 생긴다'라는

---

b1, MI, p.296), 『중관광명론』(MĀ, sa,158b2-3), 『수습차제(초편)』(p.217,*ll*.9-11)에서 인용되고 있다. 芳村의 앞의 책, 357쪽, 주 91) 참조. 또한 『중관광명론』에 있어서 인용은 『중관광명론』의 기술 〔유〕에 포함된다.

27) Cf, LAS, X, kk.256-257, p.298, *l*.15-p.299, *l*.1. 이 경문은 『중관장엄론』(MĀ, sa,79b3-4, MI, pp. 296-300), 『중관광명론』(MĀ, sa, 157a5-6), 『수습차제(초편)』(BhK〔I〕, p.210,*ll*.9-12)에 인용되고 있다. 山口益, 『般若思想史』, 法藏館, 1951, p.172, 芳村、앞의 책, pp.186-202, p.355, 주 82) 참조. 또한 이 경문에 관한 사상적 고찰로서 梶山雄一, 『佛教における存在と知識』, 紀伊國屋書店, 1983, pp.81-86 참조.

것은 본성이 성립해 있기 때문에 (다시 그것을) 생기게 할 필요는 없는 것이다. 마찬가지로 이미 생긴 것이 생긴다고 한다면, 어느 때에도 생기하기 때문에 (생기가) 무궁(無窮, anavastha, 무한)이 되는 것이다. (b)만약 '아직 생기지 않은 것이 생긴다'고 한다면, 토끼 뿔과 석녀(石女)의 자식도 생기게 된다. 그러므로 (모든 사물은) 자기로부터 생기지 않는 것이다.

(2) 타자로부터도 생기지 않는다. 일체로부터 일체가 생긴다고 하는 과실이 되기 때문이다.

(3) 자기와 타자 쌍방으로부터도 생기지 않는다. 위에서 기술한 양쪽의 과실을 모두 범하기 때문이다.

(4) 비인(非因)으로부터도 생기지 않는다. 어떠한 것에도 의존하지 않기 때문에 (a)항상 생기는 것과 (b)일체로부터 일체가 생기는 것과 (c)목적을 이루기 위한 노력이 모두 효과가 없다는 것 등이라는 (3개의) 과실을 범하기 때문이다.

이와 같이 사물이 생기는 것은 타당하지 않기 때문에 생기는 있을 수 없는 것이며, 생기를 기술하는 것은 언설(言說, tha sñad btags pa, vyavahāra)에 지나지 않는 것이다.

유식설에서 '외경은 없지만 마음만이 대상으로서 현현하는 것이다'라는 것도 불합리하다. 왜 그러한가?

(1) "대상 그것이 식(識)의 자성이기 때문에"[29] 대상도 지(知)

---

28) 텍스트에 "bdag skyes zin pas skyeḥam/ ma skyes pa skyes"(Pt, No.814,7a4, 이 부분의 P는 빠져있다)라고 되어 있고, 上山 씨는 '스스로가 생이 끝나는 것에 의해서 생이나 불생이 생긴다'(「エセイデ」, p. 41)고 번역하지만, 이것은 필자의 이해와 다르다.

29) 이 기술에 의해서 아래에 8항목에 의해서 비판되는 것이 유형상유식설이라는 것이 이해된다. 또한 이 기술이 본래 '대상 그것이 식을 자성으로 하기 때문'이라는 의미이어야만 하는 것에 관해서는 앞의 주 20) 참조.

를 갖는 것이 된다.

(2) 또는 식 그것이 색(色)이기 때문에 마음도 지(知)를 갖지 않는 것이 된다.

(3) 또는 대상이 다수의 다양한 형상을 가진 것처럼 마음도 다양하여 다수가 된다.

(4) 또는 마음과 같이 대상도 다양하지 않게 되는 것이다.

(5) 또는 마음도 유색(有色, gzugs can, rūpin)이 되는 것이다.

(6) 또는 색도 마음과 마찬가지로 보아도 보이지 않는 것이 된다.

(7) 마찬가지로 '대상은 없지만 마음만이 대상으로서 현현한다'라고 한다면, 색과 현색(顯色, kha dog, varṇa)의 형상이 생각한 대로 또한 바라는 대로 완전히 대상으로서 생기하고 현현할 것이다.

(8) 또한 마찬가지로 색을 극미로 분석하고 극미도 부분에 의해서 분석한다면 무(無)인 것과 같이 마음도 무가 되는 것이다.

이와 같이 '마음만이 대상으로서 현현한다'라는 것은 불합리하다. '무시이래 색이라는 분별의 습기가 성숙함으로써 그와 같이 (대상으로서) 현현하는 것이다'[30]라는 것도 대상이 전혀 없다면, 그것(=대상)이라는 분별은 생기지 않기 때문에 그것(=분별)의 습기도 없는 것이 된다.

"『십지경(十地經, *Āryadaśabhūmika, ḥPhags pa sa bcu ba*)』에 '삼계는 유심이다'라는 구절이 나와 있는 것은, 작자(作者, byed

---

30) 이 기술은 무형상유식설을 설한 『중관장엄론』의 다음과 같은 기술과 내용적으로 일치한다. "그 식은 승의로서는 청정한 수정과 같은 것이다. 즉 청등과 같은 다양한 형상으로 변화하는 것은 아니지만 그와 같은 것에서도 무시이래의 전도의 습기가 숙성한 힘에 의해서 여러 형상들이 현현한다. 예를 들면 眞言 등에 의해서 산란된 눈을 가진 사람들에게 진흙 덩어리 등이 말과 코끼리 등과 같이 현현하는 것과 같은 것이다"(MA, sa, 66b5-6, MI, p.146)

pa po, kartṛ)와 수자(受者, za ba po, bhoktṛ)의 부정이다."[31] 왜냐하면 다름 아닌 그 경에 '이와 같이 연기를 10가지의 존재방식에서 관찰하면서 (연기는) 무아(無我)이고, 무명자(無命者, srog med pa, nirjīva)이며 무인(無人, gaṅ zag med pa, niḥpud-gala)이고 자성공(自性空)이며, 자성에 의해서 (본래) 작자와 수자가 없다고 관찰할 때 공성(空性)의 해탈문이 생기는 것이다'라고 (붓다는) 설하셨기 때문이다.

『능가경』 등에 '외경은 없지만 마음이 그와 같이 현현하는 것이다'라는 구절이 나오는 것도 "'사물이 승의로서 존재한다'라고 주장하는 것을 부정하고, 유심(唯心)으로 설명함으로써"[32] 교화되는[33]

31) 이 기술은 "어떤 사람이 뒤의 주장(phyogs, pakṣa)에 의존하여 논서[=『중관심론(*Madhyamakhṛdaya*)』]에 있어서 '유심이라고 (경에) 설해진 것은 作者와 受者를 부정하기 위한 것이다'라고 말한 것과 같다"(MA, sa, 78b6-7, MI, p.290)라는 『중관장엄론』의 기술〔경〕과 『중관광명론』의 기술〔경〕에 포함되는 "〔경에〕 유심이라 설한 것은 타자에 의해 분별된 작자와 수자를 부정하기 위한 것이다. 언설에 있어서는 마음 이외에 작자 등은 성립하지 않기 때문이다"(MĀ, sa, 159a1-2)라는 기술과 내용적으로 일치하고 있다. 더욱이 『중관장엄론』의 기술 〔경〕에 인용되고 있는 기술이, 바비베카의 『중관심론(*Madhyamakahṛdaya*, MH, V, k.28 cd, dsa, 21a4)』과 일치하는 것은 上山 씨에 의해 확인되고 있다. 上山大峻, 「瑜伽行-中觀派における唯識說について」, 『印佛硏』 10-2, 1962, p.591 참조.

32) 텍스트에 "dṅos po don dam par yod par *ḥdod pa dgag pa* daṅ/sems tsam du bśad pas"(P. cho, 253b8)가 있다. 이탤릭체로 제시한 부분은 Pt, No.814에서는 "ḥdog pa"(9a2)로 되어 있지만, 북경판의 읽기를 채용한다. 上山 씨는 Pt, No.814의 읽기를 '사물이 승의에는 존재한다는 것을 말한 것이다. 유심이라 설한 것은'(「エセイデ」, p.42)이라 번역되지만 가령 Pt, No.814의 읽기에 따른다고 해도 '사물이 승의로서 존재한다고 가설하는 것과 유심이라고 설하는 것에 의해서'라고 번역해야만 할 것이다. 특히 上山 씨가 "ḥdog pa daṅ/"의 뒤에 문장을 끊어서 읽고 있는 이유는 필자로서는 이해할 수 없고 내용적으로 보아도 上山 씨의 번역 문장은 원문의 의미와 상반한다고 생각한다.

33) 텍스트에 "ḥdul ba"이지만, 이것 자체는 필자로서는 이해하기가 어렵기 때

대상에게 이익을 주기 위해서 자성에 의해서 유(有)로서 성립하는 것은 없는, 연기하고 있는 대상에서 잘못된 분별에 의해서 유로서 증익(增益)된 것(sgro btags pa, samāropita)을 의도하시어(dgoṅ nas) (그것을 부정하기 위해서) 그와 같이 (唯心이라고 붓다는) 말씀하셨던 것이라고 설명하는 것이다(shes bśad do).

〔7〕 스승이신 카말라쉴라(Kamalaśila)가 저작하신(mdsad) 중관의 논서 『중관광명론(中觀光明論, *Madhyamakāloka*, *dBu ma snaṅ ba*)』이라는 저작에는, "2종의 중관은 세속에 있어서 〔종견이〕 조금 일치하지 않지만 승의로서 내외의 사물은 모두 무자성이라고 주장하는 것은 같기 때문에 모순은 없는 것이다."[34]라고 나와 있다.

제2절 문제점의 고찰—'유가행중관'과 '경중관'

이상 번역을 제시한 『견해의 구별』의 중관사상 해설 부분에 관해서 문제점을 정리하고 그것에 관해서 고찰하고자 한다.

(1) '유가행중관'과 '경중관'이라는 호칭에 대하여

필자는 앞에서 번역한 기술〔3〕에서 '유가행중관'과 '경중관'이라는

문에 "ḥdul ba"를 "gdul bya"로 정정해서 번역한다. 다만 이 부분은 上山씨의 번역 '調伏에 유효하기 때문에'(「エセイデ」, p.42)의 쪽이 적절할지도 모른다.

34) 여기서 『중관광명론』에서의 인용이라고 간주되는 기술은 뒤에 본론에서 기술한 바와 같이 『중관광명론』(MĀ, sa, 159A7-B1)과 내용적으로 일치한다고 생각한다.

호칭은, 『견해의 구별』에 있어서는 각각 샨타라크쉬타와 바비베카의 저술에 대해 부여한 것이라는 이해를 제시했다. 여기서 무엇 때문에 샨타라크쉬타의 저술과 바비베카의 저술이 각각 '유가행중관'과 '경중관'으로 불렸던 것일까. 이 문제에 대해서 고찰해 보자.

결론적으로 말하면 필자는 샨타라크쉬타의 저술(『중관장엄론』)은 아상가의 『유가행(瑜伽行, *rNal ḥbyor spyod pa*, *Yogācāra*)』, 즉 『유가론(瑜伽論, *Yogācārabhūmi*)』에 의존해서 쓰여진 것으로 이해되기 때문에 '유가행중관'이라 불리며, 바비베카의 저술은 『반야경』 등에 의존해서 쓰여진 것으로 이해되기 때문에 '경중관'이라 불리게 되었다고 생각한다. 즉 '유가행중관'의 '유가행'이란 티베트의 전승에서는 아상가의 저술이라 여겨지는 『유가론』을 가리키고, '경중관'의 '경'이란 『반야경』 등을 의미한다고 생각한다.

이 점을 논증하기 위해서 이미 요시무라(芳村) 씨에 의해서 위에서 『견해의 구별』의 번역을 제시한 부분과의 내용적인 일치가 지적되었던[35] 법성(法成)의 『대승도간경수청소(大乘稻芉經隨聽疏)』(大正85, 2782, 『수청소』라 略稱)의 전문(前文)에서, 대승의 종견의 구별을 해설하는 부분을 다음에 제시하고자 한다.

> 言大乘宗者有三別. 一依經中宗, 亦名勝義皆空宗, 亦云破相宗. 二唯識中宗, 亦名應理圓實宗, 亦云立相宗. 三依論中宗, 亦名法性圓融宗, 亦云法性宗. 言依經中宗者, …… 南天竺國, 有一菩薩, 出現於世, 號爲龍猛. …… 依大般若等大乘之經, 造中論等. 後彼師弟子聖提婆等諸大論師,[36] 亦造百論等, 廣闡大義. 是故因玆有此宗, 起此宗見. 云

35) 芳村, 「西域本による瑜伽行中觀派」, pp.237-240 참조.

36) 大正新修大藏經에서는 이 문자는 '抄'(大正, 85, 544中 11行)로 되어 있지만, 돈황 출토 한문문헌의 Pelliot chinois, No.2303과 No.2284에서

何以三無性爲眞了義. 說一切法, 世俗故有, 勝義故空. …… 依世俗說有三性. 若勝義諦三性皆無. …… 言唯識中宗者 …… 無着菩薩而出於世, …… 破空見故, 造瑜伽等論. 無着菩薩有異母弟, 號爲世親, 亦造三論等, 竪立唯識. 故此宗起. 此宗見云何. 謂色等外法非眞實有, 唯識變現. …… 說三性爲眞了義. …… 言依論中宗者, 爲無着菩薩有一弟子, 名曰那[37] 多落尸多. 依於無着所造瑜伽, 撰中宗莊嚴論等. 立世俗法同唯識宗, 若第一義卽同於勝義皆空. 雖有如是宗見差別, 今釋此經, 唯依經中宗說, 如理應思.(大正85, 544중-545상)

여기서 우선 대승은 '의경중종(依經中宗)'과 '유식중종(唯識中宗)'과 '의론중종(依論中宗)'이라는 세 개의 '종'으로 분류되고 있다. 이 가운데 '의경중종'이란 나가르주나가 『반야경』 등의 대승의 경전에 의존해서 『중론(中論)』(中頌) 등을 저작함으로써 일어난 종견이며, 〔내외의〕 일체법은 세속에서는 존재하지만 승의로서는 존재하지 않는다고 설한 것으로 간주된다. 이어서 '유식중종'이란 아상가의 『유가론』 등과 또한 바수반두가 『삼십송(三十頌, *Triṃśikā*)』 등을 저작함으로써 생긴 종견이며, 외경은 유식 소현(所現)이기 때문에 승의유(勝義有)가 아니라고 설한 것으로 간주된다. 끝으로 '의론중종'이란 '나다락시다(那多落尸多)' 결국 샨타라크쉬타가 『유가론』에 의존해서 「중종장엄(中宗莊嚴)」, 요컨대 『중관장엄론』 등을 저작함으로써 일어난 종견이며, 세속에서는 '유식종', 즉 '유식중종'과 일치하지만 승의로서는 일체법은 공이라고 설한 것으로 여겨진다. 여기서

'師'로 되어 있는 것에 의한다.

37) 大正新修大藏經에서는 이 문자는 '那'(大正, 85, 544下, 22行)로 되어 있지만 돈황 출토 한문문헌의 Pelliot chinois, No.2284에 '那'로 되어 있다. 또한 Pelliot chinois, No.2303에는 해당문자는 선명하지 않다.

'의경중종'의 '경'이란 『반야경』 등을 가리키고, '의론중종'의 '논'이란 『유가론』을 가리키는 것은 확실할 것이다. 즉 '의경중종'이란 『반야경』 등에 의존한 종견이며, '의론중종'이란 유가론에 의존한 종견이라고 보았던 것이다.

그런데 『수청소』에서 제시된 '의경중종', '유식중종', '의론중종'이 각각 『견해의 구별』에서 설해진 '경중관의 종견'(mdo sde dbu maḥi lugs)과 '유식설'(rnam par śes pa tsam du smra ba)과 '유가행중관의 종견'(rnal ḥbyor spyod paḥi dbu maḥi lugs)에 해당한다는 것은 이미 학자에 의해서 지적된 바와 같기 때문에[38] 『견해의 구별』에서도 '경중관'의 '경'은 『반야경』 등을 의

38) 『수청소』의 3宗이 『견해의 구별』의 3종에 정확하게 比定되는 즈음에 동시에 갖가지 잘못된 논의도 부가되었던 것처럼 생각된다. 그래서 그들 논의를 여기서 정리하고 정정하고자 한다.
우선 『수청소』의 3종과 『견해의 구별』의 3종과의 대응을 정확하게 확인한 최초의 학자는 필자가 아는 한 芳村 씨이다(芳村, 「西域本による瑜伽行中觀派」, p.238). 뒤에 Imaeda 씨도 같은 문헌에 있어서 3종의 대응을 명확하게 그림에 의해서 제시하고 있지만(Imaeda Y, *op. cit*, p.135) Imaeda 씨가 거기서 제시하고 있는 것은 이미 芳村 씨에 의해서 지적되고 있다. 다만 芳村 씨는 필자가 보아 잘못이라고 생각되는 다음과 같은 논의를 부가했다. 즉 芳村 씨는 『수청소』의 유식중종이라는 말에 있어서 중종이라는 말에 상당하는 것이 『견해의 구별』에 보이지 않는다는 것에 주목하고, 『수청소』의 3개의 중종이, 명칭에 관해서는 펠첵(dPal brtsegs)의 『견해차제해설(*lTa baḥi rim pa bśad pa*, TRŚ)』에 설해진 '表識과 유가와 경부와의 중종'이라는 '3種의 중관'과 일치한다고 논해졌던 것이다. 뒤에 Imaeda 씨가 논한 바와 같이(Imaeda Y, *op. cit*, p.134) 『수청소』의 중종의 중이라는 말은 단순히 '대승'을 의미하는 것으로 '중관'을 의미한다고 볼 필요는 없다고 생각되지만, 그것과는 별도로 『견해차제해설』에 '3종의 중관'이 설해져 있다고 하는 芳村 씨의 이해는 정확하지 않다. 芳村씨는 『견해차제해설』의 (mtshan ñid theg paḥaṅ rnam pa gaum //rnam rig pa daṅ rnal ḥbyor pa//de bshin mdo sde dbu ma paḥo//TRŚ, co,237a4-5)이라는 기술에 '유식중관, 유가행중관, 경부중관'이라는 '3종의 중관'이 설해져 있다고 본 것이지만 (芳村, 앞의 책, p.27), 이 기술은 '相乘도 3종이다. 결국 유식파와 유가〔중관〕파와 또한

경중관파이다'라고 번역해야 하며, 여기에는 '2종의 중관파'밖에 설해져 있지 않다. 따라서 『수청소』의 '유식중종'이 명칭에 관해서 『견해차제해설』의 '유식중관'에 일치한다고 하는 芳村 씨의 이해는 바르지 않다.
다음에 上山 씨의 견해를 검토하고자 한다. 上山 씨는 芳村 씨의 이해를 기본적으로 계승하고 있고, 『수청소』의 3宗과 『견해의 구별』의 3宗과의 대응도 정확하게 파악되고 있다(「曇曠」, p.205; 同 「法成(下)」, p.198). 다만 「法成(下)」, p.178에서는 두 문헌의 삼종을 대비하는 즈음에 필자가 보아 두 개의 오류를 범하고 있다. 첫째, 거기에 『견해의 구별』에 보이지 않는 'Rnam par śes pa tsam du smra baḥi *dbu maḥi* lugs'이라는 말이 주어져 있는 것이며, 둘째 'Rnal ḥbyor spyod paḥi dbu maḥi lugs'에 대한 『수청소』의 역어로서 유식중종이라는 말이 나타나 있는 것이다. 이 가운데 둘째는 아마도 단순한 배열의 실수일 것이지만, 첫 번째 점에는 『수청소』의 '중종'에 '중관의 종'이라는 의미를 읽어 내고자 하는 芳村 씨의 이해가 계승되고 있는 것처럼 볼 수 있다.
그런데 上山 씨는 부톤(Bu ston, 1290~1364)의 『佛教史(*Chos ḥbyuṅ*, ChB)』의 '스승[=불]이 돌아가신 지 오랜 기간 동안 견해에 불일치는 없었지만, 뒤에 3種의 중관(dbu ma rnam gsum)이 일치하지 않아'(ChB, ya, 129a5-6)라는 기술에 설해져 있는 '중관파 3파'(上山 씨는 '三種의 중관'이라는 말을 이와 같이 번역한다)란 『수청소』의 三宗을 의미한다고 해석했지만(『曇曠』, p.187), 이것에 대해서 Imaeda 씨는 'Plus tard, la tradition tibètaine diversera l'ècole Mādhyamika en trois'라 기술하여 그 셋이란 Prāsaṅgika와 Sautrāntika-Svātantrika와 Yogācāra-Svātantrika 3파이며, 이 3파야말로 부톤이 전게의 일절에서 언급하고 있는 것이라고 논하였다(Imaeda Y., *op, cit*, p.133). 그러나 'la tradition tibètaine'라는 것은 구체적으로는 무엇을 의미하는 것일까. 만약 그것이 후전기의 티베트의 일부 학승에 의해서 채용된, 중관파를 귀류파(Thal ḥgyur ba, Prāsaṅgika)[또는 ḥJig rten grags sde spyod paḥi dbu ma pa]와 경량중관파(mDo sde spyod paḥi dbu ma pa, Sautrāntika-mādhyamika)와 유가행중관파(rNal ḥbyor spyod paḥi dbu ma pa, Yogācāra-mādhyamika)의 3파로 구분하는 분류법(부톤, 『불교사』 ChB, ya, 103a-4-5; 御木克己, 「Blo gsal grub mtha'について」, 『密教學』 15, 1978, pp.99-100)를 가리키고 있다고 한다면 그것은 상당히 특수한 것이기 때문에 'la tradition tibètaine'라는 것과 같이 일반적으로 기술되어서는 안될 것이다. 또한 Imaeda 씨가 말하는 중관 3파, 즉 Prāsaṅgika와 Sautrāntika-Svātantrika와 Yogācāra-Svātantrika 3파를 上山 씨가 『수청소』의 3宗으로 보았던 것처럼 기술하고 있지만(Imeada Y., *op.cit*, pp.133-134) 그것은 바르지 않다. 上山 씨는 단

순히 부톤의 전게 기술(ChB.ya, 129a5-6)에 『수청소』의 3종에 상당하는 것이 설해져 있다고 논한 것에 지나지 않는다.(더욱이 Imaeda 씨는 *op.cit*,p.134에서 上山 씨의 논문 「曇曠」의 쪽수를 p.180으로 잘못 기록하지만 문제의 부분은 p.187이다.)
그런데 전게의 부톤의 기술에서 '3種의 중관'에 관해서 혹은 보다 엄밀하게 말하면 그 기술과 같은 문장의 『學者의 宴(*mKhas paḥi dgaḥ ston*, KhG)』의 기술(ja,118a1)에 있어서 '3종의 중관'에 관해서, 原田 씨는 "유식중종을 중관으로 간주하는 티베트 자료가 전혀 알려져 있지 않기 때문에 上山 씨가 논하는 것과 같이 법성의 삼종의 중종에 일치시키는 것에는 의문이 남는다"라고 논하고 있지만(原田覺, 「摩訶衍禪師考」, 『佛教學』 8, p.129, 註 5) 참조), 타당한 의견이라 생각한다. 다만 上山 씨, Imaeda 씨, 原田 씨의 세 사람의 논술에서 대부분 간과하고 있는 것처럼 볼 수 있는 중요한 사실이 있다. 그것은 '3種의 중관이 일치하지 않는다'라는 문제의 기술은 부톤의 『불교사』에서도 『학자의 연』에서도 삼예의 종론에 참가한 펠양(dPal dbyaṅs)이 御前論爭에서 발언한 말의 일부라고 여겨지는 것이다. 이 점에 관해서 山口瑞鳳, 「riṅ lugs rBa dpal dbyaṅs-bSam yasの宗論をめぐる一問題」, 『平川彰博士還曆記念論集』, 1975, p.645 참조. 따라서 "부톤의 『불교사』에도 ……의 문장이 있다"(「曇曠」, p.187)라든가, "Bu-ston fait allusin, sans les nommer"(Imaeda Y., *op, cit*, p.133)라든가 "후대의 티베트 불교사에는 ……라고 한다"(原田, 앞의 논문, p.110)와 같이 마치 불교사서의 작자들 자신의 의견인 것처럼 전게의 기술을 인용하는 것은 오해를 초래하는 것이며 적절하지 않다. 따라서 '3종의 중관이 일치하지 않는다'라는 기술도 펠양이 말했다고 전해지는 말의 일부로서 이해되고 그 의미가 탐구되어야 할 것이다.
앞에서 기술한 Imaeda 씨의 해석에 의하면 부톤은 삼예의 御前論爭에서 펠양이 귀류파(Prāsaṅgika)와 경량자립파(Sautrāntika-Svātantrika)와 유가행자립파(Yogācāra-Svātantrika)라는 중관 3파의 불일치를 설했다라고 이해하고 있었던 것으로 되지만, 부톤의 이해는 별도로 하고 적어도 8세기말에 실제로 활약한 펠양 그 사람이 이 3파의 불일치를 기술하는 것은 우선 있을 수 없다. 왜냐하면 찬드라키르티 계통의 소위 '귀류파'의 철학은 전전기(sṅa dar)의 티베트에는 거의 유입되지 않았고 설령 유입되었다고 해도 그것은 소위 '자립파'의 철학과 대립하는 것으로서 명확하게 의식되고 있지 않았다고 생각되기 때문이다. 이 점은 본서 서장(p.46)에도 기술한 바와 같다. 따라서 Imaeda 씨의 해석을 채택하기 위해서는 티베트에서 소위 '귀류파'의 철학을 보급한 12세기 이후의 사람들로서 게다가 중관파를 Imaeda 씨가 말하는 3파로 나누는 분류법을 승인하는 사람들(부톤도 『불교사』〔ChB, ya, 103a4-5〕에서 확실히 이 분류법을 승인미하고 '유가행중관'의 '유가행'은 『유가론』을 의미하는 것은 아닌가 라고 생각해 볼 필요가 있을 것이다. 그런데 이미 제시한 기술〔3〕

하고 있는 것처럼 보인다)의 사이에 "펠양은 삼예의 종론에서 귀류파와 경량자립파와 유가행자립파라는 3파의 불일치를 설했다"라는 전승이 역사적 사실에 반해서 성립했다고 보지 않으면 안 될 것이다.

또한 上山 씨의 견해에 관해서 한 마디 더 첨가해 두고자 한다. Imaeda 씨는 上山 씨가 「曇曠」(p.187)에서 『수청소』의 3宗을 대승의 구분으로서의 3종이 아니라 중관파의 3종이라 이해하고 있다고 기술하고 있지만 (Imaeda Y,op.cit,p.134) 그것은 곡해이다. 上山 씨가 『수청소』의 삼종을 대승의 삼종으로서 정확하게 이해하고 있는 것은 "법성은 대승불교를 첫째 의경중종・둘째 유식중종・셋째 의론중종의 3宗으로 분류했다"(「法成(下)」, p.213)라는 논술에 의해서 명백하지만,(그 외 「曇曠」, p.205, 「法成(下)」, p.182 참조) 「曇曠」(p.187)에서는 上山씨는 나아가 "당시 토번에서는 불교를 3種으로 나누는 분류방식이 행해지고 있었다.……첫째 의경중종, 둘째 유식중종, 셋째 의론중종의 셋이며 이 분류법은 인도에서 유입된 漸門派에 의해 지지되었던 분류법의 의거해서 뒤에 법성 등에게 계승되고 있던 것이다. 논쟁 당시 분명히 이 3種이 토번에서 <u>불교</u> 분류의 상식이었다"(밑줄 필자)라고 기술되어 있다. 즉 삼예의 종론 당시에 불교를 『수청소』의 3宗으로 분류하는 것이 특히 인도계 불교도 사이에 일반적이었다고 보여지는 것이다. 그리고 전게의 부톤의 기술(ChB, ya, 129a5-6)에 보이는 '중관파 3파'(정확히는 '3種의 중관')도 이 『수청소』의 3宗에 상당하는 것으로 기술되고 있지만 그렇다고 해서 上山씨가 『수청소』의 삼종은 중관파의 삼종이라고 서술한 것으로는 되지 않는다. 그것은 예를 들면 필자가 어떤 티베트 학승의 저작 속에 "아상가는 중관파이다"라고 기술하고 있음을 지적했다고 해도 필자가 아상가를 중관파로 인정하는 것은 아닌 것과 같다. 上山 씨의 견해는 Imaeda 씨와는 반대로 "펠양이 삼종의 중관은 일치하지 않는다고 기술했다"라는 전승을 후대의 창작이 아니라 오히려 삼예의 종론 당시 티베트 불교계의 상황을 정확하게 반영한 것으로 보는 것으로, 이와 같이 보면 "부톤의 『불교사』에도 '……지금 중관파 3파로 나뉘어 일치하지 않는다.……'의 문장이 있다. 바로 위의 3파〔=『수청소』의 3宗, 필자기〕를 말하는 것임에 틀림없다. 즉 토번에서 불교는 이 3種으로 통합되어 생각되고 있었던 것으로, 소승의 부파를 말하는 것은 아니다"(「曇曠」, p.187)라는 上山 씨의 논술은 충분히 설득력을 가진 것이 된다. 다만 上山 씨의 견해에 대해서는 "유식중종을 중관으로 간주하는 티베트 자료가 전혀 알려져 있지 않다"라는 原田 씨의 비판 또는 의문이 가장 유효하게 작용할 것이다.

의 번역에 의해서 '유가행중관'의 '유가행'이 『유가론』을 의미하는 것은 분명하다. 즉 거기서는 『유가행』(*rNal ḥbyor spyod pa*)이라 불리는 『유가론』에 의존하여 쓰여진 저작인 『중관장엄론』이 '유가행중관'이라 불리고 있는 것이다. 다만 거기에는 '경중관'이라는 호칭의 유래는 설해져 있지 않다. 그래서 기술〔4〕가 가진 의미가 중요하게 되었던 것이다.

그렇다면 기술〔4〕에는 무엇이 설해져 있는 것일까?

거기에는 첫째로 나가르주나와 아리야데바의 저작이 『반야경』 등에 의존하여 그것과 사상적으로 완전히 일치한다는 것, 둘째로 그들의 저작이 "일체법은 세속에서는 존재하지만 승의에서는 존재하지 않는다."라는 사상을 설한 것, 셋째로 '경중관'과 '유가행중관'이 그들의 저작에 의존하고 있다는 것 등과 같은 세 가지 점이 설해져 있다.

여기서 세 번째가 기술〔4〕에서는 결론으로서 제시되고 있기 때문에 기술〔4〕 첫째가 의도하는 바는, '경중관'과 '유가행중관'이라는 두 개의 호칭에 공통하는 '중관'이라는 말의 의미를 설명하는 것은 아닌가라고 생각한다. 그러나 기술〔4〕가 가진 의미는 그것만으로 그치지 않을 것이다. 즉 우선 거기에 나가르주나와 아리야데바의 저술이 『반야경』 등에 의존하고 있다는 것이 제시되어 있기 때문에 『수청소』와 같이 그들의 사상을 '의경중종'이라 보는 것도 가능할 것이다. 이어서 거기에 제시된 나가르주나와 아리야데바의 사상은, 하라다(原田) 씨에 의해서 지적된 바와 같이,[39] 기술〔6〕에서 제시된 '경중관'의 사상과 완전히 동일하다. 지금 이 점을 명확하게 하기 위해서 기술〔4〕와 기술〔6〕에서 동일한 사상을 설한 부분을

39) 「敦煌宗義(1)」, p.466 참조.

뽑아내어 이하에서 열거하고자 한다.

> '일반적으로 모든 사물은 연기하는 것이기 때문에 세속에서는 환영과 같은 것으로서만 생기하지만, 승의로서는 자와 타, 자타 쌍방과 비인(非因)으로부터도 생기하는 것은 불합리하다. 즉 무자성이다'라고 설명하기 때문에.(이상 기술〔4〕로부터)

> '내외의 사물은 모두 연기하고 있는 것이다'라고 설명한다. 즉 세속에서는 인(因)과 연(緣)에서 생긴 것이기 때문에 환영으로서만 존재하지만, 승의로서는 '자와 타, 자타 쌍방과 비인에서 생긴다는 것은 불합리하다'라는 4종류의 논증인에 의해서 모든 사물들은 무생기(無生起)인 것이다.(이상 기술〔6〕으로부터)

그러나 나가르주나와 아리야데바의 사상을 설한 기술〔4〕와 '경중관'의 사상을 설한 기술〔6〕이 사상적으로 완전히 동일하다는 것은 기술〔6〕의 서두에

> '경중관'의 종견은 스승 나가르주나가 저작하신 것의 종견과 일치하고

라는 말이 제시되어 있기 때문에 어떤 의미에서 당연한 것일지도 모른다. 그런데 기술〔4〕의 말미에는 '경중관'과 '유가행중관'은 모두 나가르주나와 아리야데바의 저작에 의존하고 있다고 설해져 있기 때문에 '유가행중관'의 사상을 해설하는 기술〔5〕의 서두에도 역시 마찬가지, 즉 '나가르주나의 저작의 종견과 일치한다'와 같은 문장이 있어도 좋을 것이지만, 거기에는 기술〔6〕의 서두와는 완전히

대조적으로

> '유가행중관'의 종견은 세속에서는 유식설과 일치한다.

라고 설해져 있다. 여기서 '세속에서는 유식설과 일치한다'라고 설해진 사상, 요컨대 세속에서는 유식설과 일치하고 승의로서는 중관설과 일치한다고 여겨지는 사상과 '나가르주나의 저작의 종견과 일치한다'라고 설해진 사상, 즉 세속과 승의 그 어디에도 나가르주나의 사상과 일치한다고 여겨지는 사상에서는, 어느 것이 참으로 나가르주나의 사상과 일치하는 것으로 여겨지는가를 고찰해 보아야 할 것이다. 즉 『견해의 구별』에서는 '유가행중관'과 '경중관'은 함께 '나가르주나와 아리야데바의 저작에 의존한다'라고 설해져 있음에도 불구하고, '경중관'의 사상만이 나가르주나의 사상과 참으로 일치하는 것으로 생각되고 있는 것이다.

『견해의 구별』에서 중관파에 관한 이와 같은 이해는 『수청소』에서도 극히 충실하게 혹은 보다 한층 극단적인 형태로 계승되고 있는 것처럼 보인다. 즉 『수청소』에서는 '의경중종'의 주장자로서는 나가르주나와 아리야데바의 이름만 나올 뿐 바비베카의 이름은 거명되고 있지 않다. 이것은 나가르주나 사상과 '경중관'의 사상, 즉 바비베카의 사상이 완전히 동일하다는 『견해의 구별』의 이해를 밀고 나아가면 '의경중종'의 설명을 하기 위해서 나가르주나와 아리야데바와는 별도로 바비베카의 이름을 일부러 열거할 필요는 없었을 것이기 때문일 것이다. 더욱이 『수청소』에서는 샨타라크쉬타가 아상가의 제자라고 여겨지는 것이 극히 특이하지만 이것도 나가르주나와 바비베카의 사상을 완전히 동일하다고 하는 『견해의 구별』의 이해를 밀고 나아간 결과가 아닌가 생각된다. 즉 『견해의 구별』을 읽어가는 과정에서 거기에 바비베카와 나가르주나의 사상이 완전히 동일하다는 이해가 제시되고 있는 것을 보고 '그렇다면 나가르주나와 반드시 사상적으로 일치하지 않은 샨타라크쉬타는 누구란 말인가'라는 의문에 직면한 『수청소』의 저자 법성(法成)은 '샨타라크쉬타는 아상가의 『유가론』에 의존하여 『중관장엄론』을 썼다'라는 『견해의 구별』의 기술에 주목하고 또한 이 기술을 중시함으로써 샨타라크쉬타를 소위 중관파 계열에서 분리시켜, 유식파 속에 끼워 넣으려고 했던 것은 아닌가라고 상상되는 것이다.40)

그런데 이상의 고찰에 의해서 『견해의 구별』에 있어서 '경중관'이라는 호칭의 '경'의 의미는 '『반야경』 등'41)이라는 것이 밝혀졌다고

---

40) 법성은 본론에서의 인용에서 제시한 것처럼 '의론중종'을 '법성원융종' 또는 '법성종'이라 부르고 있지만, 上山 씨에 의한 연구(「法成(下)」, p.183, pp.213-214)에 의해서 밝혀진 바와 같이, 이 호칭은 법성 이전의 중국불교계에서 여래장사상을 의미하는 말인 것 같다. 샨타라크쉬타의 사상을 여래장 사상이라 부르는 것은 전혀 부적당할 것이지만, 그러나 "의경중종(=경부-중관), 의론중종(=유가행-중관)은 모두 용수를 종조로 하는 중관파에 귀속하며 破相宗으로 분류되어야만 한다"(「法成(下)」, p.214)라는 上山 씨의 의견에는 두 개의 점에서 동조할 수 없다. 첫째 上山 씨는 의론중종도 파상종으로 분류되어야만 하는 것으로 보고 있지만 의론중종은 파상종으로 분류해서는 안 될 것이다. 왜냐하면 파상종은 『수청소』에 있어서 '승의개공종'과 함께 '의경중종'의 별명으로 간주되기 때문이다. 게다가 上山 씨에 의해서 그 교학의 법성에게 부여한 영향이 지적된 담광의 『大乘百法明文論開宗義記』(大正, No.2810)에 의하면 '승의개공종'이란 '若世俗門, 諸法皆有. ……若勝義門, 諸法皆空.'(大正 85, p.1047下)이라는 사상을 설한 것이지만, 이 사상이 『수청소』의 의경중종의 설한 사상과 일치하고 의론중종의 사상과 상위하는 것은 분명할 것이다. 둘째 上山 씨는 "의경중종과 의론중종은 모두 용수를 종조로 하는 중관파에 속한다"라고 기술하고 있지만 이것은 『견해의 구별』의 기술에 따른 이해이며, 법성 그 사람만이 의론중종을 중관파의 종으로 보는가 어떤가는 분명하지 않다. 필자는 오히려 법성이 샨타라크쉬타를 아상가의 제자라 부르는 것을 보면 적어도 법성 자신의 이해에서는 의론중종은 유식설 그 자체는 물론 아니더라도 유식파 계통의 한 학설로 간주하고 있었던 것은 아닌가 생각된다.

생각한다.

왜냐하면 '경중관'의 사상은 나가르주나의 사상과 일치하고 나가르주나의 사상은 『반야경』 등과 일치하고 있다고 여겨지기 때문이다. 이와 관련하여 기술〔5〕의 말미에 보이는

> 그러므로 중관의 이 교의〔=유가행중관의 종견〕는 경과도 모순되지 않는다.

라는 기술이 가진 의미는 '경중관'의 '경'을 『반야경』 등으로 해석할 때 비로소 이해될 것이다. 즉 '경중관'의 사상이 『반야경』 등과 완전히 일치하고 있다고 간주하는 것에 대항하여 여기서 '유가행중관'의 사상도 어떤 종류의 경과도 모순되지 않는 것으로 제시된 것이라고 생각된다.[42] 이상의 고찰의 결론으로서 다음과 같이 말할 수

---

41) '『반야경』 등'(「4」의 서두)의 '등'이라는 말에 의해서 여기에 『반야경』 이외의 게다가 『반야경』과 마찬가지로 "제법은 세속에서는 존재하지만 승의로서는 존재하지 않는다"고 설한 경전이 포함되고 있음을 알 수 있다. 그와 같은 경전으로서는 특히 12지연기설을 설한 『稻芋經』이 고려되어야 할 것이다. 『도간경』은 8세기말 또는 9세기 초 티베트에서 대단히 널리 유포되고 또한 『十善業道經』이나 『金剛般若經』과 함께 당시의 티베트에 중요한 영향을 끼쳤던 경전이라 여겨지지만(山口瑞鳳, 「チベット佛教」, 『講座東洋思想 5 佛教思想 I』, 東京大學出版會, 1967, pp.239-240 참조), 특히 주목해야 할 것은 카말라쉴라가 이 경전에 주석을 쓰고 그것이 법성의 『수청소』에서 한역되었다는 사실일 것이다. 또한 카말라쉴라는 『도간경』의 주석 이외에도 3종의 『반야경』에 대해서 주석(P. No.5215, No.5216, No.5221)을 쓰고 있지만, 그것과는 대조적으로 샨타라크쉬타는 어떠한 경에 대해서도 주석을 쓰지 않았다는 점이 주목된다.

42) '경중관'의 사상을 설명하는 기술〔6〕에는 "경중관의 사상은 경과도 모순되지 않는다."와 같은 문장은 전혀 보이지 않는다. 이것은 '경중관'이라는 호칭 자체가 그것이 경, 즉 『반야경』 등에 의존한 것임을 명시하고 있는 것으로 더 이상 설명을 필요로 하지 않기 때문일 것이다.

있을 것이다.

1. 『견해의 구별』에서는 샨타라크쉬타의 저작 즉 『중관장엄론』은 '유가행중관'이라 불리고, 바비베카의 저작 즉 『반야등론』과 『중관심론』은 '경중관'이라 불린다.
2. 그 경우 '유가행중관'의 『유가행』은 아상가의 『유가론(瑜伽論, *Yogācārabhūmi*)』을 의미하고 '경중관'의 '경'은 『반야경』 등의 대승경을 의미한다. 즉 '유가행중관'은 『유가론』에 의존한 것이며 '경중관'은 『반야경』 등의 대승경에 의존한 것이라 간주된다.
3. 하라다 씨가 지적한 바와 같이 나가르주나의 사상과 '경중관'의 사상은 완전히 일치한다는 것이다.

그런데 위에서 제시한 결론 가운데 1과 2 중에서 특히 2는 종래의 여러 학자들의 이해와 현저한 차이가 있을 것이다. 즉 종래의 연구에서는 '유가행중관', '경중관'이라는 호칭은 일반적으로 학파명으로 이해되고 있어[43], '유가행중관'의 '유가행'은 유가행파(Yogācāra)를 지시하고 '경중관'의 '경'은 경량부(Sautrāntika)을 가리킨다고 생각되고 있었던 것 같다. 이와 같은 이해는 후세의 티베트 특히 게룩파에 속하는 학승들의 손으로 이루어진 '학설강요서'(學說綱要書, grub mthaḥ) 문헌에서 중관파의 학파구분에 관한 지식에 기초하고 있다고 생각된다. 게룩파의 학승이 저술한 '학설강요서'로는 주지하는 것처럼

43) 그때 이들 호칭은 샨타라크쉬타와 바비베카의 저작이 아니라 그들의 종견(lugs, 사상)에 대해서 부여된 것으로 이해될 것이다. 前註 15) 참조.

i. 제춘 최키겐첸(rJe btsun Chos kyi rgyal mtshan, 1469~1544)의 『학설규정(學說規定, *Grub mthaḥi rnam bshag*, GN)』
ii. 잠양세파 각왕촌두(ḥJam dbyaṅs bshad pa Ṅag dbaṅ brtson ḥgrus, 1648~1722)의 『대학설(大學說, *Grub mthaḥ chen mo*, GCh, 약칭)』
iii. 창캬 롤페도르제(lCaṅ skya Rol paḥi rdo rje, 1717~1786)의 『창캬 학설강요서(*lCaṅ skya grub mthaḥ*, CG, 약칭)』
iv. 콘촉직메왕포(dKon mchog ḥjigs med dbaṅ po, 1728~1791)의 『학설보환(學說寶環, *Grub mthaḥ rin chen phreṅ ba*)(약칭)』

등이 있지만 여기에 거론한 4개의 '학술강요서' 모두 예외 없이 중관파(dBu ma pa)는 자립파(Raṅ rgyud pa, Svātantrika)와 귀류파(Thal ḥgyul ba, Prāsaṅgika)로 이분되고, 자립파가 다시 경량중관파(mDo sde spyod paḥi dbu ma pa, Sautrantika-mādhyamika)와 유가행중관파(rNal ḥbyor spyod paḥi dbu ma pa, Yogācāra-mādhyamika)로 이분되고, 경량중관파와 유가행중관파의 대표적 사상가로서는 각각 바비베카와 샨타라크쉬타의 이름이 거론되고 있다. 예를 들면 제춘 최키겐첸의 『학설규정』에는 다음과 같이 설해져 있다.

그것〔=무자성론자=중관파〕을 나눈다면 자립파와 귀류파가 있다. …… 그것〔=자립파〕을 나눈다면 경량중관자립파(mDo sde spyod paḥi dbu ma raṅ pa)와 유가행중관자립파(rNal ḥbyor spyod paḥi dbu ma raṅ rgyud pa)라는 2개의 파가 있다. 언설(tha sñad)의 설정(rnam gshag)을 대부분(phal cher) 경량부(mDo sde raṅ rgyud pa)와 일치시켜 설한 중관파가 첫 번째 학파〔=경량중관자립파〕의 정의(mtshan ñid, lakṣaṇa)이다. 언설의 설정을 대부분 유심파(Sems tsam pa)와 일치시켜 설한 중관파가 두 번째 학파〔=유가행중관자립파〕의 정의이다. 첫 번째 학파에서 정의의 기체(mtshan gshi, lakṣya)는 바비베카와 즈냐나가르바(Jñāna-garbha)가 (정의한 것과) 같다. 두 번째 학파에서의 정의의 기체는 샨타라크쉬타와 하리바드라(Haribhadra)와 카말라쉴라 사제(師弟, dpon slob)들이 (정의한 것과) 같다.(GN,10b1-5)

여기에 중관파 내부에 존재한다고 여겨지는 네 개의 학파의 명칭은 모두 그 산스크리트 원어가 확인되지 않아 이와 같은 학파 구분 자체를 인도불교에서 문헌적으로 흔적을 찾을 수 있는지는 대단히 중요한 문제이다. 하여튼 이와 같은 학파 구분에 익숙한 현대의 불교학자가 『견해의 구별』에서의 중관사상 해설의 부분을 읽을 때 거기에 유가행중관파와 경량중관파의 구별이 설해져 있다고 생각하고, 샨타라크쉬타와 바비베카의 저작에 대해서 부여된 '유가행중관', '경중관'이라는 호칭을 그들의 사상에 대해서 부여된 것으로 보고, 그 호칭에서 '유가행'의 의미를 '유가행파'라 이해하고 '경'의 의미를 '경량부'라 해석한 것은 당연하다고 말할 수 있을 것이다.

특히 이상과 같은 학파 구분을 채용하는 위에서 든 4개의 '학설강요서'의 저자들이 소속된 게룩파에서 그 시조인 총카파(Tson kha pa, 1357~1419)가 『도차제대론(道次第大論, *Lam rim chen mo*, LR)』에서 중관파를 유가행중관파와 경량중관파로 구분하는 방식에 관해서 고찰할 때, 그 구분의 전거로서 『견해의 구별』을 다음과 같이 인용하고 있다는 사실은 이와 같은 해석을 보강할 것이다.

> 스승 예쉐데가 〔『견해의 구별』에서〕 "스승이신 성자부자(聖者父子, ḥphags pa yab sras)〔=나가르주나와 아리야데바〕가 저작하신(mdsad pa) 중관의 논서에서는 〔세속에 있어서〕 외경의 유무의 교의(tshul, 존재방식)를 분명히 하시지 않았지만, 그 뒤 스승 바비베카(Legs ldan ḥbyed)가 유식의 종견(lugs)을 논파하고 언설에서 외경이 있다는 종견을 확립했던 것이다. 그로부터 스승 샨타라크쉬타가 유가행파의 텍스트(rnal ḥbyor spyod paḥi gshuṅ)[44]에 의존해서 언설에 있어서 외경은 존재하지 않고 승의로서 마음은 무자성임을 제시하는 독특한 중관의 교의(tshul)를 지었기 때문에, 중관파는 2종류가 발생하고 전자가 '경량중관파'(mDo sde spyod paḥi dbu ma pa)라 이름하며 후자는 '유가행중관파'(rNal ḥbyor spyod paḥi dbu ma pa)라 이름하였던 것이다."라고 설명하는 것은 (중관파가) 생긴 순서(rim pa)가 그와 같은 것임은 분명하다. (LR. pa, 342b5-343a2)

그러나 이 인용과 『견해의 구별』의 기술〔2〕와 〔3〕에서는 다음과 같은 점에서 결정적인 차이가 있다. 즉 첫째는 필자가 '유가행중관'이라는 호칭의 유래라고 생각한 『유가론(*rNal ḥbyor spyod pa, Yogācāra*)』은 여기서는 '유가행파의 텍스트'(rNal ḥbyor spyod paḥi gshuṅ)로 변화하고 있으며, 둘째는 2종류의 것이 생겼다라

---

44) 'gshuṅ'에는 '텍스트'라는 의미 외에 '학설' 또는 '교의'라는 의미가 있지만(御牧克己, 「Nyāyabindu(Tibetan text)」, 『佛教文庫文獻解說』, 名著普及會, 1978, p.25 참조), 여기서는 텍스트를 의미할 것이다. 왜냐하면『견해의 구별』에서 '논서 유가행'이라는 말이 여기서는 'rnal ḥbyor spyod paḥi gshuṅ'이라는 말로 바뀌게 된 것으로 생각되기 때문이다.

고 번역되지만, 그 생긴 것이 『견해의 구별』에서는 저작이라 생각되고 있었는데 여기서는 명확하게 중관파(dBu ma pa)로서 제시되는 것이며, 셋째는 둘째에서 제시한 사실의 당연한 결과로서 2개의 호칭이 '……중관'(……dbu ma)에서 '……중관파'(……dbu ma pa)로 바뀐 것이며, 넷째는 나가르주나와 아리야데바의 시대에 중관은 2종류로 나누어지지 않았다는 기술이 여기서는 그들은 세속에서 외경의 유무를 밝히지 않았다는 기술로 바뀌어 있다. 따라서 그들의 사상과 바비베카의 사상이 동일하다는 이해는 여기에는 보이지 않는다. 그런데 여기서 총카파에 의해서 예쉐데의 말로서 인용된 기술에 관해서 말하면, 위에서 제시한 필자의 결론은 3가지 모두 타당하지 않고 오히려 필자가 종래의 여러 학자들의 이해로서 제시한 것이 적절하다고 할 수 있을 것이다.

이것은 하나의 상상이지만, 중관파를 '유가행중관파'와 '경량중관파'로 구분하는 분류법이 티베트에서 어느 정도 자명한 분류법으로서 확립된 이후부터는 『견해의 구별』이 정확하게 읽혀지는 않았던 것은 아닐까. 즉 『견해의 구별』은 항상 총카파에 의해서 인용된 형태로서만 독해되어 전승된 것은 아닐까. 현재 티베트대장경에 수록되어 있는 『견해의 구별』에 보이는 현저한 착간이 어느 시대에 발생했는가를 분명하게는 알 수 없지만, 만약 어떤 티베트학자가 그와 같은 착간을 가지고 『견해의 구별』을 읽는다고 한다면, 그의 이 문헌에 관한 이해는 『견해의 구별』의 텍스트 그것보다도 이 문헌에 관한 티베트불교 일반의 전승 결국 『견해의 구별』에서 중관파는 '유가행중관파'와 '경량중관파' 등으로 분류되고 있다는 전승에 의존할 것이다. 따라서 그러한 경우에 『견해의 구별』에 관한 오해는 더욱 조장되었을 것이다.

그런데 앞에서 거론한 게룩파의 4개의 학설강요서 중에는 잠양세파의 『대학설』만이 '유가행중관파', '경량중관파'라는 학파명의 전거로서 인도 원전에 대해 언급하고 있다. 즉 그는 락슈미(Lakṣmī)의 『오차제주차제의작명(五次第註次第義作明, *Pañcakramaṭīkā kramārthapr akāśikā*, PKK)』에서 다음과 같은 기술을 인용하고 있다.45)

'인과 연에서 생긴 외경이 한 편에서 성립하고 무형상(rnam pa med pa, nirākāra)의 식이 또 다른 편에서 성립한다. 그 양자 모두 무자성이다'라고 경중관파(mDo sdeḥi dbu ma pa)46)들에 의해서 실의(實義, tattva)가 파악되었던 것이다.(PKK, ṅi, 464a3-5)

경중관파(mDo sde dbu ma pa)들은 '인과 연에서 생긴 12처는 소취와 능취의 상(gzugs, rūpa)으로서 개별적으로 존재한다. 그러나 무자성인 것이다'라고 주장하는 것이다.(PKK,ṅi,508 a3-4)

'외적인 법은 지의 형상(rnam pa,ākāra)에 다름 아니지만 그것도 무자성이다'라고 유가행중관파(rNal ḥbyor spyod paḥi dbu ma pa)들에 의해서 실의가 파악되었던 것이다.(PKK, ṅi, 464a5-6)

여기서 '경중관파'와 '유가행중관파'라고 말해진 것의 사상이 『견

---

45) Cf. GCh, pha(Ⅱ), 106b2-6. 袴谷憲昭, 「中觀派に關するチベットの傳承」, 『三藏』 117, 1976, pp.7-8; 拙稿, 「Ratnākaraśātiの中觀派批判(下)」, 『東洋學術研究』 19-2, 1980, p.163 참조.

46) 잠양세파가 'mDo sdeḥi dbu ma pa' 또는 'mDo sde dbu ma pa'라는 말을 'mDo sde paḥi dbu ma pa'(GCh, pha(Ⅱ), 106b3, 106b4)라는 형태로 인용하는 것에 주의. 결국 잠양세파에 있어서는 이것은 어디까지나 '경량중관파'(Sautrāntika-mādhyamika)를 의미한다고 생각되는 것이다.

해의 구별』에서 '경중관'과 '유가행중관'의 사상, 또는 총카파의 인용에서 '경량중관파'와 '유가행중관파'의 사상과 기본적으로 일치한다는 것은 명백하다. 인도에서 편찬하고 기술한 텍스트에서 이와 같은 2개의 학파명이 명기되고 있는 것은 대단히 주목할 만한 것이다. 또한 『견해의 구별』과 같이 중관파의 사상을 '경중관'의 사상과 '유가행중관'의 사상으로 분류하는 방식 또는 뒤의 티베트 불교 일반에서 중관파를 '경량중관파'와 '유가행중관파' 등으로 분류하는 방법이 완전히 티베트에서 독자적으로 성립하여 발달한 것이 아니라 인도의 텍스트가 티베트에 전승된 것에 기초해 있다는 생각을 들게한다. 달리 말하면 『오차제주차제의작명』의 저자 락슈미의 재세시대 혹은 그 이전의 인도에서 바비베카와 샨타라크쉬타의 저작이 각각 '경중관'과 '유가행중관'이라 불릴 가능성 또는 '경량중관파'와 '유가행중관파'라는 학파명이 바비베카와 샨타라크쉬타를 그 학파의 대표적인 사상가로 간주하여 성립했을 가능성도 부정할 수 없는 것이다. 그렇지만 현 시점에서는 이 락슈미의 『오차제주차제의작명』 이외에 그와 같은 학파명을 명기하는 인도찬술의 텍스트가 보고 되지 않고 있다는 것도 주의해야 한다. 따라서 이와 같은 학파의 구분이 인도에서 어느 정도 유력했는가는 분명하지 않다. 또한 『오차제주차제의작명』에서 제시된 '경중관파'와 '유가행중관파'라는 학파명의 의미도 불명료하다. 특히 '경중관파'의 '경'을 '경량부'의 의미로 해석하는 것은 곤란할 것으로 생각된다. 왜냐하면 여기서 '경중관파'는 세속에 있어서 외경과는 별개로 무형상의 식이 존재한다는 주장이 보이지만, 경량부는 유형상지식(sākārajñāna-vāda)을 주장한다고 일반적으로 생각되고 있기 때문이다.

그런데 이미 우에야마(上山) 씨와 하라다(原田) 씨에 의해서 보고된 바와 같이 돈황 출토 티베트어 문헌 속에는 불교 학파들의 여러 학설을 교판적 의식에 기초하여 배열한 문헌이 존재한다. 그것을 하라다 씨는 '종의계(宗義系)의 논서'라 부르지만[47], 그 중에는 중관파 내부의 학파명으로서 『견해의 구별』의 '경중관'과 '유가행중관'이라는 호칭과 거의 일치하는 것이 거론되고 있기 때문에, 우에야마, 하라다 두 사람에 의한 보고가 중복되더라도, 거기에 보이는 중관파의 학파명을 아래에서 보기로 한다.

우선 앞장에서도 소개한 『대소승요설』(Pt, No.116, 108, 2-117, 1)[48]은 그 서두의

> 대소승의 구별(theg pa che chuṅ gi khyad par)과 들어가는 문(ḥjug paḥi sgo)과 각각의 상(so soḥi mtshan ñid)을 요점만을 제시한다면(108,2)

이라는 기술이 시사하는 것처럼 전체가 일종의 불교의 '학설강요서'의 관점을 이루고 있지만, 이 기술 다음에 하라다 씨에 의해서 지적된 것과 같이 전체가 불교 여러 학파들의 학설을 교판적 의식에 기초하여 배열하고 해설하는 부분(108,2-113,4)과 2무아(無我), 3삼매(三昧) 등의 불교의 대표적인 술어를 해설하는 부분(113,4-117,1)으로 2분된다.[49] 전자에서 불교는 소승·독각승·대승으로 나뉘고 대승은 다시 미료의(未了義)인 유식과 요의(了義)인 중관

---

47) '종의'라는 말은 그 의미가 자명한 까닭에 무한정으로 사용하는 것으로 필자는 의문을 가진다. 原田 씨는 『견해의 구별』의 전반 부분을 '종의를 설하는 부분', 후반부분을 '교의를 설하는 부분'이라 부르지만(「敦煌宗義(1)」, p.467), 예를 들면 御牧克己 씨는 '종의'와 '교의'라는 말을 같은 의미로 사용하고 있다. 御牧, 「Nyāyabindu(Tibetan Text)」, p.25 참조.

48) 「エセイデ」, p.25, 「敦煌宗義(1)」, pp.465-464 참조.

49) 「敦煌宗義(1)」, p.465 참조.

으로 나뉜다. 앞장에서도 제시했지만 중관을 해설하는 부분은 아래와 같다.

> 요의의 대승(ṅes paḥi don theg pa chen po)의 중관파는 세속에서 내외의 일체법은 연기하고 있는 것이며 환영의 상으로만 존재하지만, 승의로서 안의 마음과 밖의 대상은 양쪽 모두 자와 타, 자타쌍방과 비인에서 생기지 않기 때문에 자성과 유(dṅos po)를 가지고 않고 〔따라서 세속에서는 무가 아니며 승의로서 유가 아니기 때문에〕 유와 무 어떤 변(邊)에도 집착하지 않고 머물지 않는 것이다.
>
> 그 중에서 중관파를 2종류로서 고찰한 것은 다음과 같다. 유가행중관(rNal ḥbyor spyod paḥi dbu ma)은 "세속에서 외경은 마음에서 전변한 것이다."라고 주장한다. 경중관(mDo sde dbu ma)은 "〔세속에서〕 대상은 〔마음과는〕 독립해서 별도로 존재한다."라고 주장한다. 이 양자 모두 연기라는 문으로부터 승의에서는 무자성이라고 이해하기 때문에, 세속은 방편이며 승의는 목적(thabs las byuṅ ba, upeya)이며, 중관의 무자성으로 어디에도 머물지 않는다는 이해의 방편으로 되고 있는 것에서는 같기 때문에 양자〔=유가행중관과 경중관〕는 모두 대승의 중관인 것이다.(112, 1-113, 4)

여기서 '유가행중관'과 '경중관'의 사상으로서 제시된 것이 『견해의 구별』에서 '유가행중관'과 '경중관'의 사상으로서 설해진 것과 기본적으로 동일하다는 것은 말할 필요가 없다. 특히 하라다(原田)씨에 의해서 지적된 것과 같이 여기서 중관파 일반의 사상으로서 설해진 것은 『견해의 구별』의 기술〔4〕에서 나가르주나와 아리야데바의 사상으로서 제시되고 있는 것과 같고,[50] 용어도 유사하다.

50) 「敦煌宗義(1)」, p.464 참조.

따라서 이 문헌이 『견해의 구별』의 영향 아래에서 저작된 것이라는 것도 충분히 생각해 볼 필요가 있지만, 그러나 이 문헌에는 '유가행중관', '경중관'이라는 호칭의 유래는 나타나 있지 않다.

마찬가지로 중관은 『대승중관의(大乘中觀義, *Theg pa chen po dbu maḥi don*, Pt, No.121, 13, 1-35, 3〔완본〕, Pt, No.817〔단편〕)』에서는 '유가중관'(rNal ḥbyor paḥi dbu ma)과 경중관(mDo sde paḥi dbu ma)으로 2분되며(Pt, No.121, 30, 2-35, 2)[51], 책 제목이 없는 단편인 『사견해요설(四見解要說, St, No. 693)』에서는 '경량부중관'(mDo sde paḥi dbu ma)과 유가행중관(rNal ḥbyor paḥi dbu ma)으로 2분되며,[52] 『불교도의 대소의 삼승과 외도 등의 견해를 요약하여 구별한 것(*Saṅs rgyas paḥi theg pa che chuṅ gsum daṅ mu stegs la sogs paḥi lta ba mdor bsdus te khyad par du phye ba*)』이라는 제명을 가지고 있는 『견해요약(見解要約)』에는 '내유가중관'(內瑜伽中觀, Naṅ gi rnal ḥbyor gyi dbu ma)과 외중관(外中觀, Phyiḥi dbu ma)으로 2분된다(ṅa,b7-cha,b6).[53] 거기에 설해진 사상은 기본적으로는 『견해의 구별』에서 '경중관'과 '유가행중관'의 사상과 동일하다고 생각해도 틀리지 않지만, 그러나 그것을 참조해도 거기에는 '경중관'과 '유가행중관'이라는 호칭의 유래는 나타나 있지 않다.

또한 이것은 돈황 문헌이 아니라 대장경에 수록되어 있는 것이지만, 예쉐데보다 약간 늦게 활약하고 824년 성립한[54] 『덴카르마 목

---

51) 「敦煌宗義(1)」, pp.464-463 참조.

52) 「法成(下)」, pp.200-202, 「エセイデ」, pp.24-25, 「敦煌宗義(1)」, pp.466-465 참조.

53) 原田覺, 「敦煌藏文資料に於ける宗義系の論書(2)」(이하 「敦煌宗義(2)」라 略稱), 『印佛研』 29-1, 1980, pp.393-392 참조.

록』 편찬의 중심인물이었던 펠첵(dPal brtsegs)이 저술한 『견해차제해설(見解次第解說, *lTa baḥi rim pa bśad pa*, TRŚ)』에도

> 상승(相乘, mtshan ñid theg pa,〔=대승현교〕)도 3종이다. 결국 유식파(rNam rig pa)와 유가〔중관〕파(rNal ḥbyor pa)와 또한 경중관파(mDo sde dbu ma pa)이다. …… 유가중관(rNal ḥbyor dbu ma)은 세속은 〔유식파와〕 일치한다. 승의는 공이며 불생이라고 주장한다. 경(mDo sde)〔=경중관〕은 세속에서는 환영과 같이 여러 대상은 〔식과는〕 별도로 현현한다고 보고, 승의로서는 2변을 떠난 대중관(大中觀, dbu ma chen po)을 주장한다.(TRŚ, co, 237a4-6)

라는 기술에서 중관이 2종으로 분류되고 있다.[55] 여기서 '유가중관'와 '경중관'이라 말해지는 사상은 『견해의 구별』의 '유가행중관'과 '경중관'의 사상과 같다고 생각해도 괜찮지만, 여기에도 '경'과 '유가'의 의미는 설명되고 있지 않다. 특히 필자 자신이 『견해의 구별』의 '경중관'의 '경'을 '경량부'가 아닌 '『반야경』 등'의 의미로 해석해야만 한다고 주장하는 이유 중 하나는 티베트불교의 후전기(後傳期, phyi dar)에 저작된 것을 제외하고 위에서 거론한 문헌의 어디에도 '외경은 비량(比量)의 대상이다'와 같은 경량부 특유의 학설이라 여겨지는 것이 전혀 설해져 있지 않다.

끝으로 이상의 문헌들에서 중관의 사상 또는 학파가 분류되는 경우, 그것이 어떠한 호칭으로 이루어졌는가를 티베트 원어에서 종

54) 연대는 山口瑞鳳, 「吐蕃王國佛教史年代考」, pp.18-20; 同 「『デンカルマ』 824年成立說」, 『成田山佛教研究所紀要』 9, 1985, pp.1-61에 의한다.

55) 「敦煌宗義(2)」, pp.391-390 참조.

합해 보고자 한다.

〔『견해의 구별』의 '유가행중관'과 '경중관'에 사상적으로 일치하는 것을 각각 〔유〕와 〔경〕으로 표시한다. 또한 아래에서 〔유〕와 〔경〕의 배열의 순서는 그 텍스트에서 그 2개의 사상이 해설되는 순서와 일치시켰다.〕

(a) 『대소승요설』〔유〕:rNal ḥbyor spyod paḥi dbu ma(113, 1),〔경〕:mDo sde dbu ma(113,1)

(b) 『대승중관의』〔유〕:rNal ḥbyor paḥi dbu ma(Pt, No.121, 30,3,30,4),rNal ḥbyor gyi dbu ma(Pt, No.817, 2a5, 2b1),〔경〕:mDo sde paḥi dbu ma(Pt, No.121,30,3,32, 3),mDo sdeḥi dbu ma pa(Pt, No.817,2b1)

(c) 『사견해요설』〔경〕:mDo sde paḥi dbu ma (dbu ma pa) (ka,50a1,50b1,50b4),〔유〕:rNal ḥbyor spyod paḥi dbu ma(ka,50a2), rNal ḥbyor pa(ka,50b3)

(d) 『견해요약』〔유〕:Naṅ gi rnal ḥbyor gyi (rnal ḥbyor paḥi)dbu ma(ca,a1),〔경〕:Phyiḥi dbu ma(ca,a1), Phyi rol paḥi dbu ma pa(cha,a2-3)

(e) 『견해차제해설』〔유〕:rNal ḥbyor pa(co,237a4), rNal ḥbyor dbu ma(co,237a5),〔경〕:mDo sde dbu ma pa (co,237a5), mDo sde(co,237a5)

(f) 『오차제주차제의작명』〔경〕:mDo sdeḥi(mDo sde) dbu ma (dbu ma pa)(ṅi, 464a4, 507b8, 508a3)〔유〕: rNal ḥbyor spyod paḥi dbu ma(dbu ma pa)(ṅi, 449a3, 464a5, 508a7-8)

(2) '유가행중관'과 '경중관'의 사상적 순위에 대하여

『견해의 구별』의 전반 부분에서는 불교철학 제학파의 학설이 교판적 의식에 의해서 소위 저차(低次)의 것으로부터 고도(高度)의 것이라는 순서에 입각하여 배열되어 해설되고 있고, 그 중에는 이미 번역으로 제시한 바와 같이 '유가행중관'의 사상 뒤에 '경중관'의 사상이 해설되고 있다. 따라서 『견해의 구별』의 저자 예쉐데는 '유가행중관'의 사상보다도 '경중관'의 사상을 보다 차원 높은 것으로 보았다고 생각하는 것은 극히 자연스러운 것이다. 그러나 이와 같은 자연스러운 사고방식도 하라다 씨에 의해서 "〔『견해의 구별』을 포함한 돈황 출토 티베트어 문헌에 있어서 '학설강요서' 계통의 논서에서는〕 중관파의 교의를 최고라 하지만 그 중에서는 경량부파를 뒤에 두는 것이 보다 일반적이라고 인정된다. 그리고 용수(龍樹)·제바(提婆)와 경량부파의 주장이 동일하다고 생각되고 있다."[56]라는 지적을 받기 전까지는 자연스럽지 않은 것이었다. 그 이전에는 우에야마 씨의 "법성의 3종(宗)의 배치에서도 볼 수 있는 바와 같이 학파 분류에서 보여 지는 티베트 계통의 저작 중에는 유가행-중관파(=의론중종)가 언제나 마지막에 기술되고 이 파의 종의가 소승이나 유식보다 깊은 것이라는 것은 물론 같은 중관파의 경부-중관파보다도 우월한 것이라는 것이 강조되고 있다."[57]라는 견해가 유력했던 것으로 생각된다. 법성의 『수청소』에 있어서 3종에 대한 평가에 관해서는 뒤에서 기술하겠지만, 적어도 돈황 출토 티베트어 문헌에서는 하라다 씨가 지적한 바와 같이 『견해의 구별』의 '유가행중관'의 사상과 일치하는 것을 '경중관'의 사상과 일치하

56) 「敦煌宗義(1)」, pp.391-390 참조.

57) 「法成(下)」, p.198.

는 것보다 뒤에 두고 있는 것은 『사견해요설』(St, No.693)[58]뿐이다. 우에야마 씨는 이 문헌뿐만 아니라 니마외(Ñi ma ḥod)가 저술한 『견해차제(見解次第, *lTa baḥi rim pa*)』라는 이름이 붙은 문헌 말미의 단편인 St, No.607에서도 '유가행중관파'가 뒤에 배치되어 있다고 해석하고 있다. 우에야마 씨의 이 해석은 St, No.607의 말미에 보이는

> naṅ gi rten ciṅ ḥbrel par ḥbyuṅ baḥi ṅo bo rnams daṅ/ sku daṅ/ ye śes la sogs pa don dam par ni rnal ḥbyor pahi dbu ma pa rnams ḥod pa daṅ ḥdraḥo// de bas na gzuṅ daṅ ḥdsin pa gñis raṅ bshin tha dad de/ de tha dad pas gshan gyi dbaṅ yoṅs su grub pa gñis kyaṅ phyi naṅ gñi ga la bstan pa ñid du ḥdod do//(ga, 56b3-5)

라는 기술 속에, 방선을 붙인 부분을 "유가행-중관의 사람들이 주장하는 것과 같다."라고 번역하여, St, No.607을 "유가행-중관파를 마지막에 논술하고 있는 책이다."라고 단정하는 것에 근거하고 있다.[59] 그러나 "유가행중관파의 사람들이 주장하는 것과 같은 것이다."라는 기술은 오히려 거기서 해설되고 있는 것은 '유가행중관파의 사람들'의 주장이 아니라는 것을 시사하고 있다. 이것은 그 바로 다음의 "그러므로 소취와 능취 두 가지는 자성이 다르다."라는 기술에 의해 확인할 수 있다. 왜냐하면 소취(형상)와 능취(지)의 별이성(別異性)을 인정하는 사람은 결코 소위 '유가행중관파'이라고는 생각되지 않기 때문이다. 필자는 우에야마 씨와는 반대로 여기

58)『四見解要說』의 특수성에 대해서는 본서 제1장, pp.107-108 참조.

59)「法成(下)」, p.200 참조.

에 『견해의 구별』의 '경중관'의 사상과 일치하는 것이 설해져 있다고 생각한다.[60] 왜냐하면 하라다 씨가 "Pt.842〔=『견해의 요약』〕에 대하여 같은 자료가 광본의 성격을 갖는 것임을 알 수 있다."[61]

---

60) 거의 같은 의견은 原田 씨에 의해서도 제출되었다. 「敦煌宗義(2)」, p.391 참조.

61) 原田 씨는 『견해요약』(Pt, No.842)와 『견해차제』(St, No.607)와의 말미의 기술을 병기함으로써 『견해요약』의 광본이 『견해차제』라고 논하였다. 「敦煌宗義(2)」, pp.392-391 참조. 확실히 두 문헌이 내용적으로 병행하고 있는 기술(『견해요약』 Pt, No.842, cha, a5-b6≒『견해차제』 St, No.607, ga, 55b1-56b5)은 분량적으로 『견해차제』의 쪽이 많고, 『견해차제』에는 『견해요약』에 보이지 않는 다양한 기술이 포함되어 있지만, 그렇다고 해서 두 문헌의 관계를 약본과 광본으로 규정해도 괜찮은가 필자에게는 의문이다. 두 문헌의 관계를 약본과 광본으로 규정하기 위해서는 두 문헌이 동일한 저자에 의해서 별개로 쓰여진 독립의 저작임이 우선 논증되지 않으면 안 될 것이다. 그러나 그 점도 아직 충분히 논증되었다고는 말하기 어렵다. 명확한 것은 두 문헌에 내용적 대응관계가 있다는 것이며 그것을 原田 씨는 두 문헌의 끝부분의 기술을 병기함으로써 제시하였지만, 필자도 두 문헌 말미의 내용적 일치를 다음의 번역으로 제시해 두고자 한다.
'〔외중관파에 있어서는〕 三相도 내외의 양자〔의 법〕에 관해서 설해진 것이다. 〔외중관파에 있어서〕 승의와 三身 등은 내유가파(Naṅ gi rnal ḥbyor pa)와 같다'.(『견해요약』 Pt, No.842, cha, b5-6)
'그러므로 마음의 분별에 의해서 전도하여 보여진 미란한 법, 즉 소취와 능취와 같이 변계된 그 둘은 존재하지 않기 때문에, 상에 관해서 없기 때문에, 토끼의 뿔과 같이 무이다. 의타기의 자성, 즉 소취와 능취라는 대상과 같이 현현하고 있는 연기의 상은 무는 아닌 것이다. 연기의 자성이기 때문에 환영과 같이 자성에 관해서 불생불멸인 것이 원성실성이라고 주장하는 것이다. 내의 연기의 성질과 〔三〕身과 지와 승의 등은 (텍스트에 'sku daṅ ye śes la sogs pa don dam par ni'이지만, 『견해요약』과의 관계에서 생각하여, 'don dam par'은 'don dam pa'의 誤記이며, 게다가 'la sogs pa'의 앞에 없으면 안 된다) 유가중관파(rNal ḥbyor paḥi dbu ma pa)의 사람들이 주장하는 것과 같은 것이다. 그러므로 소취와 능취의 둘은 자성이 다른 것이며, 자성이 다른 것이기 때문에 의타기와 원성실의 둘도 내외의 양자에 관해서 설해졌다고 주장하는 것이다'(『견해차제』 St, No.607, sa, 56b1-5)〔上山 씨에 의한 번역은 「法成(下)」, p.200에 있다〕
이 두 개의 기술은 문장이 상당히 상위하지만 중요한 포인트에서 내용적라고 논하는 것과 같이 『견해차제』의 단편(St, No.607)은 『견해요약』의 cha, a5-b6과 내용적으로 일치하고, 그 부분은 『견해요약』에서 '외중관'의 사상을 설명하는 부분에 포함되고 있기 때문이다. 즉 『견해차제』에서 "유가행중관파의 사람들이 주장하는 것과 같은 것이다."라는 문장에 내용적으로 일치하는 것으로서 『견해요약』에서는 "내유가파와 같은 것이다."(Naṅ gyi rnal ḥbyor pa daṅ ḥdraḥo, cha,b5)라는 문장이 '외중관' 사상의 설명의 마지막에 보인다. 게다가 『견해요약』에서는 '외중관'의 사상 바로 앞에 '내유가

으로 일치한다. 즉 첫째, 『견해요약』에서는 변계소집과 의타기와 원성실의 삼성 또는 삼상이 단순히 내적인 제법, 즉 인식에 관한 것이 아니라 외적인 제법에 관해서도 설해지고 있다는 '외중관파'의 주장이 제시되어 있지만, 이 점은 『견해차제』에도 보인다. 다만 『견해차제』에서는 삼성의 각각의 설명이 이루어지고 있기 때문에 이 점의 설명이 양적으로 많다. 다음에서 『견해요약』에는 승의와 삼신 등에 관한 '외중관파'의 이해는 '내중관파'와 같다고 제시하고 있지만 이 점은 『견해차제』에도 명시되어 있다. 다만 『견해차제』에는 '내유가파'가 아니라 '유가중관파'라는 학파 명이 주어져 있다. 이와 같이 보면 두 문헌 사이에는 약본과 광본이라기보다도 더욱 복잡한 관계가 존재하고 있는 것처럼 생각된다. 이미 原田 씨가 지적한 바와 같이 『견해요약』(Pt, No.842)에는 'gshan gyi dbaṅ las'(의타기)와 같이 『번역명의대집(*Mahāvyutpatti*)』에서 결정된 역어와는 다른 용어가 사용되고 있다.(「敦煌宗義(2)」, p.391). 그런데 『견해차제』(St, No.607)에는 '결정역어'가 사용되고 있기 때문에, 현재 우리들이 입수한 Pt, No. 842와 St, No.607에서 書寫된 시기는 전자 쪽이 오래된 것으로 볼 수 있을 것이다. 上山 씨와 原田 씨에 의해서 소개된 바와 같이 St, No.607의 말미에는 '아사리 Ñi ma ḥod가 저작하신 『견해차제(*lTa baḥi rim pa*)』 끝낸다'라고 쓰여져 있고, 그 저자와 제명이 분명하지만(「法成(下)」, p.200, 「敦煌宗義(2)」, p.391), 原田 씨는 『덴카르마목록』 No. 679에 아사리 Ñi ma ḥod 造의 『견해차별(*lTa baḥi bye brag*)』로서 수록되어 있는 것도, St, No.607에 서사된 『견해차제』와 동일한 문장일 가능도 있다고 지적되었다(「敦煌宗義(2)」, p.391). 아마도 니마외 작의 『견해차제』와 『견해차별』은 동일한 문헌일 것이다. 그러나 『견해요약』(Pt, No.842)이 그 『견해차별』과 완전히 다른 문헌으로 단정할 수 없다. 『견해요약』(Pt, No.842)과 『견해차제』(St, No.607)는 본래는 동일한 문헌이었을 가능성도 있다고 생각되기 때문이다.

중관'의 사상이 설명되고 있기 때문에 『견해차제』에서도 『견해의 구별』의 '경중관'의 사상과 일치하는 것이 뒤에 배치되고 있다고 생각할 수 있을 것이다. 그러므로 하라다 씨에 의해서 지적된 바와 같이 돈황 출토 티베트어 문헌에서 중관의 사상이 분류되고 해설될 때에는 『견해의 구별』의 '경중관'의 사상과 일치하는 것이 뒤에 놓이는 것은 일반적이라고 생각된다.62)

또한 『수청소』에 있어서 법성의 3종의 사상적 순위에 관해서 말하면, 필자는 반드시 우에야마 씨와 같이 '의론중종'이 가장 뒤에 배치되며, 가장 사상적으로 고도한 것이라고는 생각하지 않는다. 『수청소』에 있어서는 '의경중종' '유식중종' '의론중종'의 순서로 사상의 해설이 이루어지고 있지만, 이 순서는 이들 3종이 생긴 역사적 순서를 제시한 것뿐으로 그 사상적 순위를 제시한 것은 아니라고 생각한다. 즉 『수청소』는 3종의 사상적 해설에 있어서는 『견해의 구별』의 기술〔4〕, 〔5〕, 〔6〕에 의존하면서도 3종을 해설하는 순서에 있어서는 『견해의 구별』의 기술〔2〕, 〔3〕에서 제시된 역사적 순서를 따랐던 것이다. 이와 같은 논술형식이 취해진 것은, 이와 같다면 『견해의 구별』에 있어서와 같이 우선 학파가 생긴 역사적 순서를 설명하고 다음에 그 학파의 사상을 해설하는 것과 같은 2중의 설명이 필요 없게 되기 때문일 것이다. 또한 만약 『수청소』에서 3종이 해설된 순서가 3종의 사상적 순위를 의미하고 있다면, 그것은 우에야마 씨가 이해하는 『견해의 구별』에 있어서 사상적 순위와도 일치하지 않게 될 것이다. 왜냐하면 『수청소』에 있어서는 '유

---

62) 原田 씨는 펠첵 작의 『見解次第解說』에 관해서도 '경량중관을 뒤에 두는 것은 다른 종의서와 다르지 않다'(「敦煌宗義(2)」, p.390)고 지적하였다. 필자도 같은 의견이지만, 이 점은 본론에서 제시한 『見解次第解說』의 번역 참조.

식중종', 결국 유식파의 학설이 3종 가운데 두 번째에 배치되고 있기 때문이다. 따라서 『수청소』에 있어서 3종 해설의 순서는 3종의 사상적 순위를 표현하고 있다고는 생각되지 않는다. 그렇다면 『수청소』에 있어서 3종의 사상적 순위는 어떻게 이해해야만 하는가 하면, 그 답은 『수청소』에서는 명시되고 있지 않은 것 같지만 필자가 인용한 『수청소』의 가장 마지막 한 문장, 즉

雖有如是宗見差別, 今釋此經, 唯依經中宗說, 如理應思.

라는 한 문장을 주목하고 싶다. 여기서 다시 '의경중종'이, 이 경전, 즉 『도간경』의 의도에 합치하는 것으로 각광을 받고 있는 것 같다. 즉 법성 자신의 생각은 알 수 없지만 적어도 『도간경』의 해석은 '의경중종'에 의해서 이루어지는 것이 여기에 제시되고 있는 것이다. 따라서 어떤 의미에서는 『수청소』 자신의 최종적 입장은, '의경중종'이라고 말하는 것도 가능할 것이다.

그렇지만 이상의 고찰에도 불구하고 '유가행중관파'의 사상이 뒤에 놓인다고 하는 우에야마 씨의 의견은 간단하게 부정해 버릴 수 없는 요소를 가지고 있다. 그것은 우에야마 씨의 의견이 『견해의 구별』과 밀접한 관계를 가지는 샨타라크쉬타의 『중관장엄론』에 대한 우에야마 씨 자신의 이해에 기초하고 있기 때문이다. 『중관장엄론』에 있어서 샨타라크쉬타의 이제설을 최초로 근본적으로 논한 현대의 학자는 다름 아닌 우에야마 씨이며, 우에야마 씨는 샨타라크쉬타의 이제설이 가진 두 개의 측면, 즉 바비베카의 이제설을 계승한 측면과 소위 '유가행중관파'로서의 샨타라크쉬타 이제설의 독자적인 측면을 밝혔다.[63] 필자가 이해하는 바에 의하면 우에야마

63) 上山大峻, 「シャーンタラクシタの二諦說」, 『印佛研』 9-2, 1961, pp.124-

씨의 이해는 기본적으로는 후전기의 티베트에 있어서 중관파에 관한 전승과 일치하고 또한 현대의 다른 학자에 의해서도 승인되고 있다.[64] 이것에 대해서 필자는 우에야마 씨의 이해로 대표되는 것과 같은, 다시 말하면 『견해의 구별』에 있어서 제시된 바와 같은 "샨타라크쉬타는 세속에 있어서 유식을 승인하고, 승의로서는 일체법이 공이라고 주장한다."라는 이해에 대하여 "샨타라크쉬타는 과연 세속에 있어서 유식을 승인하여 외경을 부정한 것일까"라는 의문을 제출했다.[65] 필자의 그 의문은 현 시점에도 그다지 변하지 않았지만, 여기서 재론하는 것은 피하고 싶다. 다만 그때 그다지 명확하게 논하지 않았던 『견해의 구별』에 있어서 중관이해와 관련한 두 가지 점을 여기서 분명히 해 두고 싶다.

첫째는 『견해의 구별』에 있어서 '유가행중관'의 사상과 '경중관'의 사상에 기본적으로 일치한다고 생각되는 두 개의 사상이 『중관장엄론』에서도 또한 카말라쉴라의 『중관광명론』에서도 열거되지만, 『중관장엄론』과 『중관광명론』에 있어서 그들 사상의 열거 순서는 반대로, 『중관광명론』에 있어서 열거의 순서가 『견해의 구별』에 있어서 두 개의 사상이 해설되는 순서와 일치하고 있다. 즉 『견해의 구별』의 '유가행중관'의 사상과 일치한다고 생각되는 사상을 설한 기술을 기술〔유〕라 하고, '경중관'의 사상과 일치한다고 생각되는 사상을 설한 기술을 기술〔경〕이라고 한다면 그들 『중관장엄론』과 『중관광명론』에 있어서 위치는 다음과 같다.[66]

---

125 참조.

64) 桂紹隆, 「ダルマキールティにおける'自己認識'の理論」, 『南都佛教』 23, 1969, pp.30-31; 一郷正道, 「『中觀莊嚴論』の和譯硏究(1)」, 『京都産業大學論集』 2-1, 1972, pp.182-183 참조.

65) 拙稿, 「Jñānagarbhaの二諦說」, pp.126-128 참조.

『중관장엄론』(MA)
기술〔경〕 (sa, 78b6-7)　　　기술〔유〕(sa, 78b7-79a5)
『중관광명론』(MĀ)
기술〔유〕(sa, 157a6-158b4)　기술〔경〕(sa, 158b4-159a7)

따라서 『중관광명론』에서는 기술〔유〕의 뒤에 기술〔경〕이 놓이고 있는 것으로, 『견해의 구별』에서 '유가행중관'과 '경중관'의 사상을 이해하는 순서는 『중관광명론』의 그것을 따른 것이 아닌가 생각된다.

둘째는 『견해의 구별』의 기술〔7〕에서, 『중관광명론』에서 인용하고 제시하는 기술은 『중관광명론』에서의 문자 그대로의 인용은 아니지만

> 이와 같이 세속에 의해서 외경이 존재하든 유심이든, 의심할 것 없이, 제법의 진실인 자성을 미세한 것이든 성립시키는 것과 같은 말은, 신뢰할 수 있는 사람에게는 전혀 없는 것이다.(MĀ, sa, 159a7-b1)

라는 기술[67]을 뜻을 취해 인용한 것이 아닌가 생각된다. 이 기술은 『중관광명론』에 있어서 기술〔유〕와 기술〔경〕을 열거한 직후에 이어지는 문장이며, 게다가 기술〔유〕의 뒤에 기술〔경〕을 둔다고 하는 『중관광명론』에 있어서 열거의 순서가 『견해의 구별』에서 채용되고 있는 것을 생각한다면, 앞의 『중관광명론』의 문장이야말로 『견해의 구별』의 기술〔7〕에 있어서 『중관광명론』에서의 인용과 유사한 것

66) 註 20), 31) 참조.
67) 拙稿, 「Jñānagarbhaの二諦說」, p.126 참조.

이다. 왜냐하면 후자는 "2종의 중관은 세속에 있어서 조금 일치하지 않지만 승의로서 무자성을 주장하는 것에 있어서는 일치한다."라고 설한 것으로, 전자는 "〔기술〔유〕에 설해진 것과 같이〕 세속에 있어서 외경이 없든, 〔기술〔경〕에 설해진 것과 같이〕 외경이 있든, 승의로서 일체법은 무자성이다."라고 제시한 것이기 때문이다.

이상과 같은 두 가지 점을 중시하고 나아가 기술〔7〕에 있어서 『중관광명론』으로부터의 인용이라고 간주되는 것이 『견해의 구별』에 있어서 중관사상해설의 결론인 것과 같이 제시되고 있는 것을 고려하면, 『견해의 구별』은 『중관장엄론』보다도 『중관광명론』에 보다 많이 의존하고 있다고 보는 것도 가능하리라 생각된다. 그렇지만 『중관장엄론』및 『중관광명론』에 관한 사상적 연구는 학계에서 이제 막 시작되었을 뿐이다. 따라서 필자로서는 이 두 저작에 있어서 기술〔유〕와 기술〔경〕의 사상적 순위, 즉 『견해의 구별』에서 설해진 '유가행중관'과 '경중관'의 사상과 기본적으로 일치한다고 생각되는 두 개의 사상 중 어느 것이 두 저작에서 보다 차원 높은 것으로 여겨지고 있는가하는 문제에 대해서는 지금 최종적 판단은 유보하고 싶다.

그런데 필자는 "『견해의 구별』은 『중관장엄론』보다도 『중관광명론』에 보다 많이 의존하고 있다."라고 기술하였지만, 끝으로 『견해의 구별』의 저자인 예쉐데, 『수청소』의 저자인 법성의 샨타라크쉬타와 카말라쉴라에 대한 평가에 대해 살펴보고자 한다. 결론적으로 말하면 예쉐데도 법성도 샨타라크쉬타의 사상적 입장과 카말라쉴라의 사상적 입장을 동일한 것으로 보지 않고 상이한 것으로 생각하고 있는 것 같다. 왜냐하면 『견해의 구별』에서는, 샨타라크쉬타는 '유가행중관'의 사상을 설한 사람이라고 한 것에 대하여 카말라쉴라는 "2종의 중관사상은 모순되지 않는다."라고 설한 인물로 간주된다. 한편 『수청소』에서는 샨타라크쉬타는 아상가의 제자로 '의론중종'을 설한 사람이라고 간주되는 것에 대해서 카말라쉴라는 '의경중종'의 지지자로 간주되고 있는 것처럼 생각되어, 이들 두 사람의 사상적 입장은 상이한 것으로 보여지기 때문이다.[68]

그렇다면 무엇 때문에 『수청소』에 있어서 법성이 카말라쉴라를 '의경중종'의 지지자로 규정하고 있는 것처럼 생각되는 것일까. 본 논문에서 문제로 삼은 대승 종견의 구별을 해설하는 『수청소』의 전문에는 카말라쉴라의 이름은 나오지 않는다. 그러나 그 기술은 『수청소』의 서론(제1문에서 제4문)에 포함되는 것으로, 본론(제5문 이하)는 기본적으로는 『도간경』에 대한 카말라쉴라의 주석인 『성도간경소(聖稻芉經疏, *Āryaśālistambakaṭīkā*, P. No.5502)』의 한역인 것이 요시무라(芳村) 씨에 의해서 지적되고 있다.[69] 그런

---

68) 『견해의 구별』에 있어서 샨타라크쉬타 및 카말라쉴라에 대한 평가의 상위에 대해서는, 拙稿, 「チベット佛教について」, 『東洋學術研究』 20-1, 1981, pp.141-142 참조. 또한 거기서 논한 것과 같이 原田 씨의 '종래 일반적으로 샨타라크쉬타와 카말라쉴라가 동일 사상의 사제라고 이해해 왔던 것에 대해서 양자 사이에 미묘한 입장의 상위가 존재한 것을 예상하게 한다'(「敦煌宗義(1)」, p.466)는 지적은 극히 啓發的이었다. 그러나 샨타라크쉬타와 카말라쉴라 사이에 입장의 상위가 존재하는가 어떤가는 그들의 저작의 엄밀한 연구에 의해서 결정하지 않으면 안 되는 문제이며, 우리들이 말할 수 있는 것은 다만 『견해의 구별』에서는 그들의 사상적 입장은 상위하는 것으로서 묘사되고 있다는 것뿐이다. 또한 Imaeda씨도 『견해의 구별』의 중관사상 해설의 부분을 소개하여 'Ces deux branches 〔Imaeda 씨에 의하면, Sautrāntika-Mādhyamika와 Yogācāra-Mādhyamika〕 ont été unifiées par Kamalaçīla'(Imaeda, Y., *op.cit*, p.133)라 기술되어 있고, 『견해의 구별』에 있어서 샨타라크쉬타와 카말라쉴라의 사상적 입장이 동일한 것으로 간주되고 있지 않은 것에 주의를 기울이고 있는 것 같다. 그러나 'unifiées'라는 표현은 적확한 표현은 아닐 것이다.

69) 芳村修基, 「カマラシーラ造稻芉經釋法成譯の推定」, 『印佛研』 4-1, 1956, pp.128-129; 「法成(下)」, pp.148-154; 上山大峻, 『敦煌佛教の研究』, 法藏館, 1990, pp.209-215 참조.

데 이미 문제로 삼은

雖有如是宗見差別, 今釋此經, 唯依經中宗說, 如理應思.

라는 『수청소』 전문의 기술은 『도간경』 내지 법성 자신에 의해서 아래에 그 번역이 제시된 카말라쉴라의 『성도간경소』의 사상적 입장을, 법성이 '의경중종'으로 보았던 것을 제시하고 있다고 생각한다. 따라서 법성이 카말라쉴라를 '의경중종'의 지지자로 이해했다고 보는 것도 불가능하지는 않을 것이다. 만약 독자가 이 결론을 기이하게 느낀다면 『수청소』에 있어서 샨타라크쉬타가 아상가의 제자로 간주된다는 사실과 '의론중종'을 법성이 중관파의 종으로 이해하고 있는지 여부가 분명치 않다는 것을[70] 상기할 필요가 있다. 하여튼 예쉐데도 법성도 샨타라크쉬타와 카말라쉴라의 사상적 입장을 동일한 것으로 보지 않았던 것만은 확실하다.

결 론

지금까지 고찰의 결론을 다음의 네 가지 점으로 종합하고자 한다.

1. 『견해의 구별』에 있어서 '경중관'과 '유가행중관'이라는 호칭은 각각 바비베카의 저작과 샨타라크쉬타의 저작에 대해서 주어진 것으로 생각된다.

2. 『견해의 구별』에 있어서 '경중관'의 '경'은 『반야경』 등을 의미하고 '유가행중관'의 '유가행'은 『유가론』을 의미한다. 즉 '경중관'이란 '『반야경』 등의 경에 의존한 것'이라는 의미이며, '유가행중관'

70) 註 40) 참조.

이란 '『유가론』에 의존한 것'이라는 의미라고 생각한다.

3. 『견해의 구별』에 있어서는 '유가행중관'의 사상의 다음에 '경중관'의 사상이 해설되고 있는 것으로, '경중관'의 사상이 보다 차원 높은 것으로 간주된다. 다만 『중관장엄론』과 『중관광명론』에 있어서 『견해의 구별』의 '유가행중관'과 '경중관'의 사상에 기본적으로 일치한다고 생각되는 두 가지 사상의 사상적 순위가 어떻게 이해되는가에 관한 최종적 판단은 유보하고 싶다.

4. 『견해의 구별』에 있어서 샨타라크쉬타와 카말라쉴라의 사상적 입장은 동일한 것으로 이해되지 않는다. 『수청소』에 있어서 샨타라크쉬타는 『견해의 구별』의 '유가행중관'의 사상과 기본적으로 일치하는 '의론중종'의 창시자로 간주되는 것에 대하여, 카말라쉴라는 『견해의 구별』의 '경중관'의 사상과 기본적으로 일치하는 '의경중종'의 지지자로 간주되는 것처럼 생각된다.

제3장

•

유가행중관파에 대하여

시작하며

이 논문은 '유가행중관파'라는 학파의 존재에 의문을 제기하고자 쓰여진 것이다. 8세기 인도에서 활약한 즈냐나가르바(Jñānagarbha)[1], 샨타라크쉬타(Śāntarakṣita), 카말라쉴라(Kamalaśīla) 등 후기 중관파의 사상가들은 다르마키르티(Dharmakīrti, 法稱, 7세기)의 인식론과 논리학으로부터 강한 영향을 받았다. 혹은 오히려 다르마키르티의 영향을 받았던 중관파를 후기중관파라 부르는 것이 좋을지도 모른다. 그만큼 불교철학 역사상 다르마키르티라는 존재는 위대했으며, 다르마키르티의 사상을 어떻게 해석하는가가 그 이후의 불교철학자에게 부과된 큰 과제가 되었던 것이다. 극히 단순하게 말하면 다르마키르티를 유식파로 볼 것인가 아니면 중관파로 생각할 것인가에 의해 해석이 상위하는 두 개의 큰 흐름이 그 계승자들 사이에 형성되고, 그들은 서로 논쟁을 반복한 것으로 생각된다. 곧 다르마키르티의 계승자 사이에서 중관과 유식의 논쟁이 일어났던 것이다.[2] 그리고 다르마키르티를 중관의 입장에서 해석하고자 한 사람들이야말로 후기중관파라 불리는 사람들이었다. 그들은 논리학을 공성(空性)의 논증에 어느 정도 유효하다고 하여 이제설(二諦說) 속에 명확하게 위치지운 점에서 중기중관파의 바비베카(Bhāviveka, 淸弁, 6세기)의 흐름을 계승하여, 그와 같이 생각하지 않는 찬드라키르티(Candrakīrti, 月稱, 7세기) 계통의 소위 '귀류파(歸謬派, Thal ḥgyur ba)'와 구별되어 '자립파

1) 즈냐나가르바에 대해서는 拙稿, 「Jñānagarbhaの二諦說」, 『佛教學』 5, 1978, pp.109-137 참조.

2) 拙稿, 「佛教論理學派の二諦說(上)(中)(下)」, 『南都佛教』 45・46・47, 1980・1981・1981, 참조.

(自立派, Raṅ rgyud pa)'라 불리고 있다. 그러나 그들은 더욱이 티베트의 학승들에 의해서 종종 '유가행중관파(瑜伽行中觀派, rNal ḥbyor spyod paḥi dbu ma pa)'라고도 불리며 현대의 불교학자도 이 학파명을 사용하는데 주저하지 않는다. 이것에 대해서 필자가 본론에서 묻고자 하는 것은, 간단하게 말하면 '유가행중관파'란 도대체 무엇인가, 그와 같은 학파가 참으로 존재했던가, 그리고 샨타라크쉬타를 참으로 '유가행중관파'라고 부를 수 있는가라는 문제이다.

인도불교도 후기에 이르면 중관파와 유가행파(유식파)는 융합통일되어 '유가행중관파'라는 총합학파가 된다고 하는 등 전혀 근거가 없는 통속적인 설명을 별도로 하면, 야마구치 스스무(山口益), 우에야마 다이슌(上山大俊) 씨, 가지야마 유이치(梶山雄一) 박사 등에 의한 소개나 연구[3] 이래, 우리나라(일본)의 불교학자가 이 학파명에 부여하고 있는 의미는, '세속에서 유식을 인정하는 중관파' 또는 '세속에서 외경(外境)을 인정하지 않는 중관파'라는 것이다.[4] 이것에 대해서 필자는 이미 '유가행중관파'의 대표적인 사상가인 샨타라크쉬타의 입장을 '언설(세속)에서 외경이 없다고 하는 설'로 간주하는 것은 부적절한 것이 아닌가라고 논하여, 샨타라크쉬타가 설하는 '외경의 무(無)'라는 것은 단순히 수습(修習)의 차제(bhāvanā-krama)라는 문제에만 연관되어 있고, 일반적인 이제설

3) 山口益, 『般若思想史』, 法藏館, 1951, pp.169-182, 上山大俊, 「シャーンタラクシタの二諦說」, 『印佛硏』 9-2, 1961, pp.124-125, 梶山雄一, 『佛教における存在と知識』, 紀伊國屋書店, 1983, pp.59-88 참조.

4) 예를 틀면 梶山 박사는 "이 파의 중관파는 통속적 진리의 세계를 유가행파의 관념론에 따라서 해석하려고 한 것이다."(『佛教における存在と知識』, p.76)이라든가, "그러나 샨타라크쉬타는 통속적 진리의 입장에서도 외계의 실재성을 인정하지 않는다는 점에서 경량부보다 유가행파에 가깝다."(같은 책, p.88, 註 30))라고 기술한다.

의 문제는 아니라고 하는 것을 기술했다.[5] 이 필자의 견해는 학계에서 논의되지 않았지만, 필자의 기본적인 이해에 근본적 변화는 없다. 최근 가지야마 유이치 박사와 이치고 마사미치(一鄕正道) 씨가 샨타라크쉬타를 '유가행중관파'라 해석하는 뛰어난 논문을 발표하였지만[6] 그 내용에 의해서도 역시 필자는 '유가행중관파'가 실재했다고는 생각하지 않는다. 그리하여 본고에서는 필자가 무엇 때문에 이 학파의 존재 자체를 의심하는가를 상세하게 설명하여 식자(識者)의 비판과 가르침을 받고자 하는 것이다.

그런데 본론에 들어가기 전에 이 문제에 관한 하나의 의견을 소개하고자 한다. 이것은 필자의 책임하에 소개하는 것으로, 어느 땐가 야마구치 즈이호(山口瑞鳳) 박사께서 다음과 같이 말씀하신 적이 있다. "유가행중관파는 세속에서 유식설을 인정한다고 하지만 유식이라는 것은 승의에서 인정하는 것이지 세속에서 인정한다면 그것은 유식이 아닌 것이 아닌가." 이것은 극히 소박한, 그렇기 때문에 대단히 예리한 지적이라고 생각한다. 텍스트를 얼마나 정확하게 읽는가라는 것은 결국 일반적인 통념으로부터 얼마나 자유롭게 텍스트 그 자체를 독해할 수 있는가라는 것이라고 한다면, 이와 같은 극히 자연스러운 이해가 얼마나 유력한 것인가를 알 수 있을 것이다. 필자가 이하에서 기술하고자 하는 것도 본질적으로는 이 야마구치 박사의 의견을 한 걸음도 벗어난 것이 아니다.

---

5) 拙稿, 「Jñānagarbhaの二諦說」, pp. 125-128 참조.

6) 梶山雄一, 「中觀思想の歷史と文獻」(「中歷文」이라 약칭), 『講座・大乘佛敎 7-中觀思想』, 春秋社, 1982년, pp.1-83. 一鄕正道, 「瑜伽行中觀派」, 同書, pp.175-215.

제1절 '유가행중관파'의 세속유식설

샨타라크쉬타가 세속에 있어서 외경의 존재를 부정하고 유식만을 인정했다고 하는 이해를 처음으로 제시한 것은 9세기 초에 활약한 티베트인 번역승 예쉐데(Ye śes sde)였다고 생각된다. 그가 저술한 『견해의 구별(*lTa baḥi khyad par*)』이라는 일종의 불교 강요서에는 그 취지가 기록되고, 또한 티베트인이 사용한 '유가행중관파'라는 학파명도 이 책에 유래하고 있는 것 같다.7) 샨타라크쉬타에 관한 이 예쉐데의 이해는 그 뒤 티베트의 대다수의 학자에 의해서 승인되었다고 할 수 있다. 특히 17세기 이후 티베트에서 정치적으로도 지배적인 종파였던 게룩파의 시조인 총카파(Tsoṅ kha pa, 1357~1419)는 그의 저서인 『선설심수(善說心髓, *Legs bśad sñiṅ po*, LÑ)』에서

> 언설(言說, tha sñad, vyavahāra)에 있어서 외경이 없다고 하는 교의(tshul)의 중관의 학설(grub mthaḥ)은 스승 샨타라크쉬타에 의해서 창시되었다라고 스승 예쉐데가 주장하신 것으로 그대로 좋은 것이다.(LÑ, pha, 55b3)

라고 기술하여 예쉐데의 설을 수용하고 있다. 또한 현대의 불교학자가 예쉐데적인 이해, 결국 "샨타라크쉬타는 세속에 있어서 유식을 인정했다"라는 견해를 승인하는데 기본적으로는 일치하고 있는 것에 관해서는 이미 기술했다. 그렇다면 무엇 때문에 필자가 이와 같은 일반적인 이해에 대해서 의문을 가지게 되었는가라고 하면, 그 첫 번째 이유는 즈냐나가르바와 샨타라크쉬타가 설한 것이 너

7) 본서 제2장, p.113, pp.142-144 참조.

무나도 유사하기 때문이다.[8] 중관파의 내부구분에 관한 게룩파의 의견은[9] 간단하게 말하면 아래 그림과 같지만 게룩파는 즈냐나가르바를 세속에서 외경의 존재를 인정하는 '경량중관파'에 배당하고 샨타라크쉬타, 카말라쉴라 등의 '유가행중관파'와는 구별하고 있다.

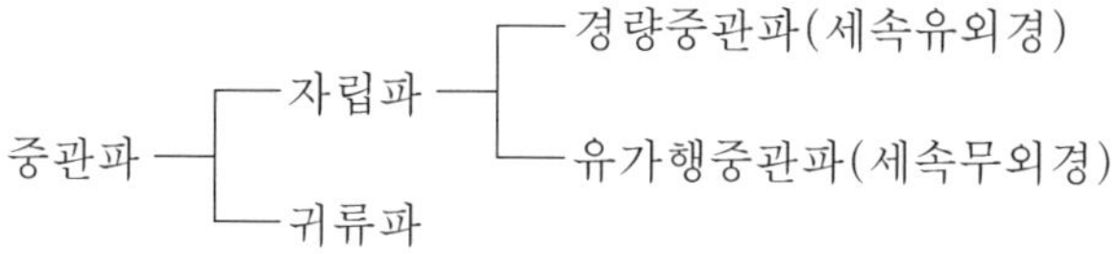

따라서 게룩파는 즈냐나가르바의 『이제분별론(二諦分別論, *Satyadvayavibhaṅga*, SDV)』에서 『이제분별론세소(二諦分別論細疏, *Satyadvayavibhaṅgapañjikā*, SDVP)』라는 주석을 썼던 인물을 소위 샨타라크쉬타임을 인정하지 않고[10], 즈냐나가르바와 샨타라크쉬타의 입장을 세속에서 유외경(有外境)과 무외경(無外境)이라는 것으로 구별하였던 것이다. 그러나 『이제분별론』과 샨타라크쉬타의 주저인 『중관장엄론(中觀莊嚴論, *Madhyamakālaṃkāra*, MA)』에는 극히 유사한 다음과 같은 문장이 보인다.

---

8) 본서에도 제시하는 바와 같이 필자가 이해하는 바로는 샨타라크쉬타와 즈냐나가르바의 이제설에 있어서 기본적인 입장의 차이는 없다. 다만 샨타라크쉬타의 새로움은 논리학적인 측면에, 즉 다르마키르티의 논리학에 기초하여 일체법의 공성을 유일한 논증식에 있어서 증명하는 '離一多性'이라는 論證因에 기초한 논증을 고찰한 점에 있을 것이다. 拙稿, 「Jñāna- garbhaの二諦說」, pp.132-133 참조.

9) 예를 들면 『학설규정』에 있어서 중관파의 구분을 보라. 본서 제2장, pp. 141-142 참조.

10) Cf, LÑ, pha, 65b4-6. 拙稿, 「Jñānagarbhaの二諦說」, p.112 참조. 또한 총카파 견해의 근거에 관해서는 李泰昇, 「『二諦分別論細疏』の著者について」, 『印佛硏』 41-2, 1993, pp.960-958 참조.

그러므로 무분별의 현량(nirvikalpa-pratyakṣa)이라는 인식에 의해서 식별된 성질의 사물(dṅos po, bhāva)인 색 등과 락(樂) 등으로서 인식되는 것(rig pa)으로서 성립하고 있는 것은 세속의 진실(saṃvṛti-satya)에 다름 아니다.(SDV, sa, 5a3)

그러므로 무분별지에 의해서 인식된 성질을 가진 색 등과 락 등은 세속의 진실에 다름 아니다.(MA, sa, 71a4-5)〔M1, p.206〕

이 두 개의 문장은 세속의 진실, 세속유에 관해서 설하고 있지만, 그 취지는 완전히 일치한다. 결국 무분별지의 대상을 세속의 진실이라 설하고 있는 것이다. 여기서 "'색 등'은 세속유이다."라고 기술하고 있음에도 불구하고 "샨타라크쉬타가 세속에서 외경을 인정하지 않고 유식만을 승인한다."라고 생각하는 것은 기묘한 것이 아닌가라는 것이 필자가 최초에 품었던 의문이다. 그러나 이와 같은 의문은 게룩파적인 샨타라크쉬타 이해에 의해서 간단하게 배제되어 버린다. 왜냐하면 그것에 의하면 샨타라크쉬타는 세속에서 유형상유식설(有形象唯識說, sākāravijñānavāda)—엄밀하게는 다양불이(多樣不二, citrāvaita)론—을 인정했던 것으로 여겨지기 때문에[11] '색 등'은 인식의 형상(ākāra)으로서 인식과 마찬가지로 세속유임이 인정되기 때문이다. 그렇다면 무엇 때문에 세속유에 관해서 완전히 똑같이 기술하는 즈냐나가르바를, '유가행중관파', 즉 세속에서 외경을 부정하는 중관파라 간주하지 않는가라고 하면 그것

11) 총카파는 『선설심수』에서 "이 샨타라크쉬타의 종견(lugs)은 청색이나 황색 등의 형상(rnam pa,ākāra)을 有라고 주장한다. 곧 다르마키르티의 주장도 그와 같이 해석하기 때문에, 언설에서 형상진실파(rnam bden pa)와 같이 주장하는 중관파이다"(LÑ, pha, 56b6-57a1)라고 기술하고 있다. 나아가 『창캬 학설강요서』(CG, kha, 115b5-116a2) 참조.

은 다음과 같은 이유에 의한다. 요컨대 위에서 제시한 샨타라크쉬타 이해에 의하면, '색 등'의 형상은 유식파가 설한 자기인식(自己認識, svasaṃvedana)의 대상이라 보지 않으면 안 되지만 "즈냐나가르바는 언설에 있어서도 자기인식을 부정하였기 때문에 그는 언설에 있어서 외경을 인정했다."라고 하는 것이다.[12] 필자에게는 이와 같은 이해가 아무래도 무리한 해석, 결국 억지로 끼어 맞춘 것이 아닌가 생각된다. 그러면 이하에서 그 이유를 설명하기로 한다.

제2절 『중관장엄론』 제64게송—'세속=세간극성'

'유가행중관파'의 소위 '세속유식설'('세속에서 식만이 있다고 하는 설'이라는 의미에서 본장에서 사용한다)을 문제 삼기 위해서는 아무래도 그 학파의 중심인물로 여겨지는 샨타라크쉬타의 세속설을 검토하지 않으면 안 된다. 또한 그렇게 하기 위해서는 『중관장엄론』의 다음과 같은 두 개의 게송(제64게송, 제91게송)의 내용을 고찰하여야만 한다.

> 고찰되지 않는 한 매력적인(ma brtags gcig bu ñams dgaḥ, avicāraikaramaṇīya), 생과 멸의 성질을 가진, 과를 낳는 능력을 가진(don byed pa dag nus, arthakriyāsamartha)것이 세속적인 것〔=세속유〕이라 인정된다.(MA, k.64, sa, 70b7)〔MI, p.202〕「제64게」

12) Cf. KM, ka, 42a2-3. 拙稿, 「「書評」 御牧克己著, 『Blo gsal grub mtha'』」, 『東洋學術研究』 22-1, 1983, pp.239하 참조.

> 인과 과의 관계로서 있는 것도 인식뿐이다. 즉 스스로 성립하고 있는 것(raṅ gis grub pa, svataḥsiddha)은 인식에서 존재하고 있는 것이다.(MA, k.91, sa, 70b7)〔MI, p.202〕「제91게」.

여기서 제64게송은 인과관계에 있는 것, 즉 유가행파의 용어로 말한다면 의타기성이 세속유임을 나타내며, 제91게송은 의타기성이 유심(唯心)이라는 것을 설하고 있다. 그러므로 이 두 게송을 참으로 샨타라크쉬타 자신의 사상적 입장을 설한 것이라 생각한다면, 샨타라크쉬타는 세속에서 유식설을 인정한다고 말할 수 있을 것이다. 그런데 그 경우의 유식설이란 제91게송에 대한 샨타라크쉬타 자신의 주석에 의해서 유형상유식설이라는 것이 분명한 것처럼 생각된다. 따라서 샨타라크쉬타를 '유가행중관파'라고 상정하는 사람들은 예외 없이 이 두 개의 게송을 세속유에 관한 그 자신의 사상적 입장을 설한 것이라 인정하지만, 필자는 샨타라크쉬타 자신의 세속설로서는 제64게송뿐이며, 제91게송을 그의 세속유에 관한 설을 말한 것이라고는 생각하지 않는다.

제91게송에 관해서는 뒤에 고찰하기로 하며, 여기서는 먼저 제64게송의 내용을 검토하고자 한다. 이 게송이 설하는 것은 중관에 있어서는 극히 일반적인 세속유의 정의이다. 극히 일반적인 정의이기 때문에 이 정의를 부정하는 중관파는 전혀 없다고 생각될 정도이다. 그러므로 무형상유식파(無形象唯識派)인 라트나카라샨티(Ratnākaraśānti, 11세기)는 중관사상을 일반적으로 비판할 때 이 제64게송을 중관파의 세속유의 정의로서 제시하고, 그것을 비판하고 있는 것이다.[13] 가지야마 박사는 필자의 소론을 비판하여, "적

13) 拙稿,「Ratnākaraśantiの中觀派批判(上)」,『東洋學術研究』 19-1, 1980, pp.155-156 참조.

어도 64게송과 그 자신의 주석에는 의타기성의 문제는 언급되고 있지 않다."[14]라고 기술하고 계시지만, '생과 멸의 성질을 갖는다'든가 '결과를 낳는 능력을 갖는다'라고 하는 말은 그대로 '의타기성'을 의미하는 것이 아닐까. 현재 가지야마 박사의 번역에도 있는 것처럼 제64게송 직후의 자주(自註)에는

> 연기하고 있으며, 지각되고, 의욕되는 제법은 고찰(vicāra)을 견디어내지 못하기 때문에, 올바른 세속(yaṅ dag paḥi kun rdsob, tathyasaṃvṛti)〔=세속유〕인 것이다.(MA, sa,70b-71a1)〔MI, p.204〕

라고 설해져 있다. '연기〔하고 있는 것〕'과 '의타기성'은 기본적으로 같은 의미일 것이다. 가지야마 박사는 제64게송에 대하여 "이 세속의 정의가 나가르주나의 '연기-원인에 근거한 시설(施設)'이라는 관념과 다르마키르티의 '존재'의 정의 '효과적 작용능력'의 종합이라는 것은 분명하다."[15]라고 기술하고 있지만, '효과적 작용능력'(arthakriyāsāmarthya), 즉 필자의 역어로 '결과를 낳는 능력'이라는 말은 결코 다르마키르티 철학의 일환으로서만 이해되어야할 말은 아니라고 생각한다. 그가 『양평석(量評釋, Pramāṇvārttika, PV)』에서 "무엇이든 결과를 낳는 능력(arthakriyāsāmarthya)을 갖는 것이, 여기서 승의유(paramārthasat)이다."(PV, pratyakṣa, k.3)라고 서술했을 때 산스크리트어를 이해하는 당시 인도의 지식인들에게는 그 의미가 간단하게 이해되었던 것으로, 그 때 그는 "이것은 자신의 철학에서 사용하는 언어이다."라고 말한 것은

14) 「中歷文」, p.57.

15) 「中歷文」, p.57.

아니다.[16)]

그러면 이하에서 제64게송의 세속유의 정의가 중관학파에서는 극히 일반적인 것이라는 것을 설명하고자 한다. 이 게송에는 '의타기성', 즉 인과관계에 있는 것을 의미하는 2개의 말과 함께 '고찰되지 않는 한 매력적인'(avicāraikaramaṇīya)이라는 중요한 한정어가 부가되어 있다. 이것은 세속유인 제법은 "단일성을 가지고 있는가 아니면 다자성을 가지고 있는가" 등이라는 고찰을 하면 그 고찰을 견딜 수 없고, 스스로의 존재성을 상실해 버리기 때문에 다만 단순히 그와 같은 고찰을 하지 않는 한 매력적인 것으로서 존재하고 있는 것이라는 의미이다. 그런데 "세속유에 대하여 고찰을 하면 세속유는 그 존재성을 잃어버리기 때문에 고찰을 해서는 안 된다." 라고 하는 것은 찬드라키르티나 즈냐나가르바가 특히 강조한 것이었다. 찬드라키르티는 자신의 『입중론(入中論, *Madhyamakāvatāra*, MAv)』에서

> 세간의 언설의 진실(lokavyavakārasatya)을 고찰해서는 안 된다.(MAv, VI, k.35cd, ḥa, 205b7)

라고 기술하고 즈냐나가르바도 『이제분별론』에서

> 현현하고 있는 그대로의 것(ji ltar snaṅ, yathādarśana)[17)]이

---

16) 필자는 'arthakriyāsāmarthya'라는 말을 데벤드라붓디에 의한 해석에 따라서 기본적으로는 '결과는 낳는 능력'이라 이해하고 있다. 拙稿, 「佛教論理學派の二諦説(上)」, p. 116, 註 1) 참조. 또한 이 말에 관해서는 나아가 본장 〔부기A〕를 참조하기 바란다.

17) 이전의 拙稿, 「Jñānagarbhaの二諦説」(p.120)에서 원어를 "yathābhāsa"로 제시하였지만, "yathādarśana"로 정정한다. 이 원어의 확정은 『이

> 기 때문에 이것〔=세속〕에 대해서 고찰(dpyad pa, vicāra)은 일어나지 않는 것이다.(SDV, k.21ab, sa, 10a7)

라고 설한 것이다. 그리고 위의 게송 앞부분에 대해서

> '현현하고 있는 그대로의 것이기 때문에'란 고찰되지 않는 한 매력적인 것이기 때문이라는 의미이다.(SDVP, sa, 38b6).

라고 주석한 사람이 샨타라크쉬타이었던 것이다. 그런데 '현현하고 있는 그대로의 것'이란 즈냐나가르바에 의해

> 이 현현하고 있는 그대로의 것만이 세속이며, 그 외는 다른 것〔=승의의 진실〕이다.(SDV, k.3cd, sa, 4a2)

라고 기술되듯이 세속의 규정으로서 사용되고 있지만, 여기서 '현현'이란 대체 어떤 의미일까. 결론적으로 말하면 즈냐나가르바가 '현현하고 있는 그대로의 것'(ji ltar snaṅ ba)이라든가 '현현하고 있는 그대로'(ji ltar snaṅ ba bshin du)와 같이 말하는 '현현'이란 '세간극성'(世間極成, loka-pratīti) 즉 '세간 사람들의 일반적 승인' 이외의 어떤 것도 의미하지 않는다. 그것은 '〔바른 세속과 잘못된 세속의 구별이〕 현현하고 있는 그대로 확정하고 있다'라는 즈

제분별론』 제17게송이 『현관장엄론광명』(AAĀ, p.407, *ll*.24-25)에 인용되고 있는 것에 의한다. 이 인용의 확인은 松下了宗, 「ジュニャーナガルヴァ(JG)の二諦分別論(1)」, 『印佛硏』 32-1, 1983, p.187, 註 7)에 의한다. Cf, Eckel M.D., *Jñānagarbha's Commentary on the Distinction between the Two Truths*, New York, 1987, pp.110-111, n.7.

냐나가르바의 말을 샨타라크쉬타가

'세간의 사람들에 의해서 승인되는(rtog pa, pratīti)대로 확정되어 있다는 의미이다.(SDVP, sa, 27a5)

라고 주석하는 것에 의해서 알 수 있고, 앞에서 제시한 『이제분별론』의 게송(k.3cd)에 대해서

소치는 사람이나 여성 등에 이르기까지[의 세간 사람들]에 의해서 보이는(mthoṅ ba, darśana)[=승인되는] 채로 그대로 세속에 의해서 진실은 확립되고 있지만, 실의(yaṅ dag par, tattvatas)로서는 아니다.(SDV, sa, 4a3)

라고 즈냐나가르바 자신이 기술하는 것에 의해서도 이해할 수 있다. 또한 주의 깊은 독자는 위의 문장에서 '세속에 의해서'(kun rdsob tu, saṃvṛtyā)라는 말이 실은 '현현하고 있는 그대로' 또는 '세간 사람들에게 일반적으로 승인되는 그대로'라는 의미로 설명된 것임을 알 수 있을 것이다. 실제 즈냐나가르바는 다음과 같이 '세속'이란 '세간 사람들의 일반적 승인'(世間極成)이라고 분명하게 말하고 있다.

실의[18](tattva)가 어떤 지혜(buddhi)에 의해서, 또는 어떤 지혜가 있을 때, 가리어져 있을 때(saṃvriyate), 그와 같은 [지혜인] 세간 사람들의 일반적 승인(ḥjig rten na grags pa, loka-

---

18) 이하의 기술에 대응하는 범문은 『현관장엄론광명』(AAĀ, p.976, *ll*.3- 5)에 보인다. 松下, 앞의 논문, p. 187, 註 7) 참조.

pratīti)이 세속(saṃvṛti)이라고 인정되는 것이다. ……그 세속에 의해서 이 일체의 존재는 진실(satya)인 것이다. 세간 사람들에게 승인되는 그대로 진실이라는 의미이다.(SDV, sa, 9a2-4)

이 즈냐나가르바의 '세속'(saṃvṛti)설, 또는 '세속의 진실'설은 세속을 '실재를 가리는 미란(迷亂), 무지'로 보고 또 그 세속에 의해서 진실이라고 이해되는 것이 세속의 진실이라고 생각하는 점에서

무지(moha)는 자성(svabhāva)을 가리고 있기 때문에 세속이다. 그것〔=세속〕에 의해서 진실(satya)처럼 현현하는 가작(假作)의 존재(kṛtrima)를 저 석가모니는 세속의 진실이라고 설하였다.(MAv, Ⅵ, k.28abc, ḥa, 205b2)

라고 설하는 찬드라키르티설과 전적으로 궤를 같이하고 있다. 더욱이 찬드라키르티는

세간의 실의에 의존하여 〔오〕온은 세간 사람들에게 일반적으로 승인된 것(loka-pratīti, loka-prasiddha, 世間極成)이며, 다섯으로 존재한다.(MAv,Ⅵ, k.91ab, ḥa,208b3)

라고 말하는 것처럼, 세속이란 '세간 사람들의 일반적 승인(세간극성)'(loka-pratīti, loka-prasiddha)이라고 끊임없이 주장하였다.

그러므로 즈냐나가르바와 찬드라키르티는 14세기 전반에 활약한 티베트 학승인 우파로살(dBus pa Blo gsal)의 『로살 학설강요서(*Blo gsal grub mthaḥ*)』에서 '세간극성행중관파(ḥjig rten grags sde spyod paḥi dbu ma pa)'라고 불렀던[19] 적도 있지만, 이 호

칭은 '세간극성(세간에 극성한 것, 세간 사람들에게 일반적으로 승인된 것)이 세속유라고 설한 중관파'라는 의미일 것이다.20) 그러나 '세간극성'(loka-pratīti)을 세속이라고 설한 것은, 그들 두 사람에 한정되지 않고 중관파 일반에서 확인된다. 예를 들면 샨타라크쉬타의 제자인 카말라쉴라도 그의 주저 『중관광명론(中觀光明論, *Madhyamakāloka*, MĀ)』에서

> '세속이 세간 사람의 일반적 승인(ḫjig rten gyi grags pa, 世間極成)이라고 한다면'운운등 〔그대 유식학파가〕 말한 것에서도 〔우리들에게〕 과실은 없다. 일체의 세간의 사람들에게 일반적으로 승인되고 있는 일체의 대상이 세속이라고 인정되기 때문이다.(MĀ, sa. 230a2-3)

라고 서술하고 있는 것이다. 또한 이상의 고찰에 의해서 『중관장엄론』의 제64게송에서 '고찰되지 않는 한 매력적인 것'(avicāraika-ramaṇīya)이라는 세속유의 의미가, '현현하고 있는 그대로의 존재'(yathādarśana)이며, 그것이 또한 '세간 사람들에게 일반적으로 승인되고 있는 그대로의 존재'(lokapratīta, lokaprasiddha, 世間極成)라는 것이 분명할 것이다. 그렇다고 한다면 샨타라크쉬타

---

19) 御牧克己, 「Blo gsqal grub mtha'について」, 『密教學』 15, 1978, pp. 99-100, 참조. Cf, BG, 100b2-4, BG〔M〕, p. 170, *l*.8-p.172, *l*.2.

20) 우파 로살은 '世間極成行中觀派'인 즈냐나가르바와 찬드라키르티는 "세속을 세간에 극성하고 있는 그대로〔=세간의 사람들에 일반적으로 승인되고 있는 그대로〕 주장하신다"(BG,100b2-3, BG〔M〕, p.170, *ll*.9-10)라고 기술하고, 나아가 그들에 있어서 "세속은 ……현현하고 있는 그대로의 것을 자성으로 한다"(BG, 100a2-3, BG〔M〕, p.164, *ll*.16-17)라고도 설명하고 있다. 이것은 우파 로살이 '현현하고 있는 그대로의 존재'='世間極成'이라는 등식을 인정한 것을 시사할 것이다.

의 세속설을 찬드라키르티의 세속설과 구별하는 것조차 어렵게 될 것이다.

찬드라키르티는 『입중론주(入中論註, *Madhyamakāvatārabhāṣya*, MAvBh)』에서

> 논리(ḥthad pa, upapatti)에 의해서 색이 없다고 이해한다면, 〔색심의〕 양자의 존재는 논리를 결여하고 있기 때문에 마음이 없다라고도 이해하지 않으면 안 된다. 또한 마음이 있다고 이해한다면 색도 〔있다〕라고 이해해야만 한다. 양자 모두 세간 사람들이 일반적으로 승인하고 있기(ḥjig rten la grags pa) 때문이다.(MAvBh, ḥa, 280a5-6)

라고 기술하고 있다. 이것은 '색이 없고 오직 마음만이 있다'라고 설하는 유식파를 비판하는 내용이지만, 세속이 어디까지나 '세간 사람들의 일반적 승인'(世間極成), 결국 세간의 일반적 상식을 의미한다고 보는 한, "세속에서 색도 마음도 존재한다."라는 찬드라키르티의 설 이상으로 합리적인 것은 있을 수 없는 것처럼 생각된다.

그렇다면 이 문제에 대하여 샨타라크쉬타는 어떻게 생각한 것일까. 즈냐나가르바의 같은 취지의 문장과 함께 앞 절에서 거론한 샨타라크쉬타의 한 문장(MA, sa, 71a4-5)—이것은 그의 세속설을 기술한 제64게송의 주석의 일부이다—에 의하면 '색 등'과 '락 등'이 모두 세속유라고 간주하고 있다. 이러한 것은 그도 찬드라키르티와 마찬가지로 "색도 마음도 세간 사람들에게 일반적으로 승인되기 때문에 세속유이다."라고 생각하고 있었다고 볼 수는 없을까. 무엇보다도 이와 같이 말했다고 해도 샨타라크쉬타를 '유가행중관파'로 보는 게룩파적인 이해에 대해서 하등 침해하는 것이 없다.

왜냐하면 그것에 의하면 색은 외경으로서 존재하는 것이 아니라, 자기인식의 대상으로서 식의 진실한 형상(ākāra)으로서 식과 마찬가지로 세속유라고 간주되기 때문이다. 그러나 샨타라크쉬타든 카말라쉴라든 '세속'이 '자기인식'이라고 말한 적이 있었을까. 또한 세간 사람들은 일반적으로 '색 등'을 외경으로서가 아니라 자기인식하는 대상으로서 식의 형상으로서 이해하고 있다고 말할 수 있을까. 세속유인 색 등을 식의 형상이라고 보는 것은 극히 부자연스러운 해석인 것처럼 생각되지만, 이하에서 그 해석의 근거가 되는『중관장엄론』제91게송에 대해 고찰하기로 한다.

제3절『중관장엄론』제91게송—유형상유식설

그런데『중관장엄론』제91게송을 둘러싼 까다로운 문제로 들어가기 전에, 우선 단순한 사실을 하나 확인하면서 시작하기로 한다. 제91게송을 이끄는 그 직전의『중관장엄론』의 문장은 다음과 같다.

> 인과 과의 관계를 주장하는 것에 의해서 나쁜 질문자를 모두 논박하고자 하는 사람들에 있어서 그 세속의 제법이란 무엇인가를 고찰해야만 한다. 심(心)과 심소(心所)만을 본성으로 하는 것뿐인가. 그렇지 않으면 외적인[21] 본성을 가진 것도 그러한 것인가?(MA, sa, 78b5-6)〔MI, p.290〕

21) 텍스트에 'ciḥi phyir'(MA, sa, 78a6)로 되어있지만,『선설심수』에 인용된 형태 'ci phyiḥi'로 정정한다. 拙稿,「Jñānagarbhaの二諦說」, p.137, 註 20) 참조.

즉 세속유로서의 제법이 심과 심소라는 내적인 성질만을 지니고 있는 것인가, 그렇지 않으면 내적인 성질과 외적인 성질의 양쪽을 다 포함하고 있는 것인가 라는 고찰(vicāra)이 이루어지고, 그것에 대한 하나의 해답으로서 제91게송이 제시된 것이다. 그러나 여기서 이상한 것이 하나 있다. 세속유를 고찰해서는 안 된다고 하는 것은 제64게송에서 샨타라크쉬타 자신의 주장이 아니었던가. 이와 같은 고찰을 하는 것 자체 중관파에 있어서 허용되는 것일까. 그렇지 않으면 세속유가 '고찰을 견딜 수 없다'라고 할 때의 고찰과 여기서의 '고찰'은 내용이 다르기 때문에 관계없는 것일까.

그런데 하여튼 샨타라크쉬타는 '세속의 제법'을 고찰한다. 내적인 것(唯心)만인가, 그렇지 않으면 내외 양쪽의 성질을 갖는 것인가. 이것에 대한 답은 물론 두 가지이다. 제1의 답은 다음과 같다.

> 어떤 사람은 뒤의 주장에 의존하여 논서에서 "유심이라고 〔경에〕 설해진 것은 작자(作者)와 수자(受者)를 부정하기 위한 것이다."라고 말한 것과 같다.(MA, sa, 78b6-7) 〔MI, p.290〕

주지하는 바와 같이 여기서 괄호 안에 있는 문장은 바비베카의 『중관심론(中觀心論, *Madhyamakahṛdaya*)』 제5장 제28게송 전반에서 인용한 것이기 때문에[22] '어떤 사람'이란 바비베카를 가리킨다고 보아도 좋다. 그는 자신의 주석서인 『사택염(思擇炎, *Tarkajvālā*, TJ)』에서, 이 게송을 주석하여

> 논적(para, 他者)인 이교도들이 식(識)과는 다른 작자와 수자가 있다고 분별한 것을 제거하기 위해서 부처와 보살은 유심이라 설시했

22) 본서 제2장, p.127, 註 31) 참조.

던 것으로, 외경을 부정하기 위한 것은 아니다.(TJ, dsa, 207b5-6)

라고 기술하는 것처럼, '유심'이라는 경설은 외경을 부정하는 것이 아니라고 생각했던 것이다.

이것에 대해서 제2의 답은 '세속유식설'을 설한 것으로 여겨진다. 이것은 '다른 사람들은 〔다음과 같이〕 생각한다'(gshan dag sems pa ni)〔MA, sa, 78b7 ; MI, p.292〕에서 시작하여 그 직후에 『중관장엄론』 제91게송이 연속하고 그 뒤에 이 게송의 주석이 제시되며, 그리고 마지막에는 '〔……〕라고 생각하는 것이다'(sñam du sems so)〔MA, sa, 79a5, MI,p.292〕라고 맺고 있는 것이다. 이렇게 단순한 것을 명기하는 것도 이 제2의 답의 끝부분에 대하여 종래의 연구자가 명확한 의식을 결여하고 있었던 것처럼 생각되기 때문이다.

그런데 그 제91게송의 주석은 다음과 같은 것이다. 약간 장문이지만, 중요하기 때문에 전문을 제시한다.

> 〔자기인식에 의해〕 스스로 성립하고 있는 형상(形象)(raṅ gis grub paḥi ṅo bo, svataḥsiddharūpa)을 버리고, 다른 지(知)의 형상[23](ṅo bo.rūpa)을 상정하는 것(rtog pa)은 가능하지 않다. 스스로 성립하고 있는 형상(raṅ bshin, rūpa)도 꿈〔속〕과 환영 등의 색(gzugs, rūpa)과 같은 것이다. 외경이라 생각되고 있는 색 등이 지와는 달리 있다고 해도 안(眼) 등과 같이 동시(同時)와 이시(異時)에 결합의 인(因)이 없는데 인식된다고 하는 주장은 성립하지 않는다. 그러므로 그들〔=색 등〕의 인식(myoṅ ba, saṃve-

23) 데르게판에서는 'grub paḥi ṅo bor na'(sa,79a1)로 되어 있지만, 북경판의 'grub paḥi ṅo bo bor nas'(sa,78b5)라는 읽기에 따른다.

dana)은 〔지와〕 다르지 않은 청색 등의 형상(rnam pa, ākāra)의[24] 인식이다. 인식을 성질로 하기 때문에 꿈〔속〕과 환영 등의 색의 인식과 같은 것이다. 만약 지의 형상을 낳는 대상인 것이 과〔인지의 형상〕과는 달리 존재한다고 비량〔=추리〕된다고 해도, 그것은 현량에 의해서 성립하고 있는 것이 아니라 비량에 지나지 않는다. 그렇다고 해도 그것〔=지의 형상과 다른 대상〕은 없다는 것이 성립한다. 등무간연(等無間緣. samanantara-pratyaya)이 확실히 존재하며, 극미 등은 〔그 존재가〕 부정되기 때문이다. 이와 같이 『밀엄경(密嚴經, *Ghanavyūhasūtra*)』과 『해심밀경(解深密經, *Saṃdhinirmoca nasūtra*)』 등에 나오고 있는 모든 것과 일치하는 것이다. 『능가경(楞伽經, *Laṅkāvatārasūtra*)』에 있어서 "외부에 색은 존재하지 않는다. 자기의 마음이 밖으로 현현한다."[25]라는 설시(說示)도 선설(善說, legs par bśad pa, subhāṣita)인 것이다〔라고 생각한다〕.(MA, sa, 79a1-5) 〔MI, p.292〕

여기서 우선 첫째로 주의해야만 하는 것은 여기에 설해져 있는 것이 '세속유식설'(세속에 있어서 유식을 인정하는 설)이 아니라 전적으로 순수한 유식설이라는 것이다. 여기에 '세속에 있어서' '세속에 의해서' 등이라는 말은 전혀 보이지 않는다. 따라서 샨타라크쉬타의 영향을 받았던 하리바드라(Haribhadra)[26]도 『현관장엄론광

24) 데르게판에서는 'tha dad pa ma yin paḥi sṅon po la sṅon po la sogs paḥi rnam pa myoṅ ba ste'(sa, 79a2)로 되어 있지만, 북경판의 'tha dad pa ma yin paḥi sṅon po la sṅon po la sogs paḥi rnam pa myoṅ ba ste'(sa, 78b6-7)이라는 읽기에 따른다. 미팜에 의한 주석에도 'śes pa daṅ tha dad ma yin paḥi ṅo bo myoṅ ste'(BGN, 165b2)이다.

25) 본서 제2장, p.122, 註 21) 참조.

명(現觀莊嚴論光明, *Abhisamay ālaṃkārālokā*, AAĀ)』에 있어서 위의 1절에 기초하여 다름 아닌 유식설을 다음과 같이 설명하고 있다.

〔자기〕인식(saṃvedana, myoṅ ba)의 힘에 의해서 대상은 존재하기 때문에, 또한 지각되지 않아 대상(artha)은 전혀 지각불가능(atyantaparokṣa)한 것이기 때문에, 또한 등무간연의 힘에 의해서 특정의 결과가 생기기 때문에, 또 그것 없이는 상정할 수 없기 때문에(tad-vyatirekeṇa kalpayitum aśakyatvāc), 스스로 성립하고 있는 형상을 가지고 있으며(svataḥsiddha-rūpa), 단일한 자성(svabhāva)을 가지고 있는 무이지(無二知)만이 승의로서 소취와 능취의 관계(grāhya-grāhaka-bhāva)를 떠나 있다. …… 이와 같이 유가행파(Ypgācāra) 들은 사물(bhāva)이 지를 본질로 한다(jñānātmaka)라고 인정하는 것이다.(AAĀ, p.626, ll, 7-14)〔방선은 MA와의 유사부분〕

둘째로 주의해야 하는 것은 여기서 설해져 있는 유식설이 유형상유식설 결국 형상진실설이라는 것이다. 이 점에 관해서 가지야마 박사는 거기에 형상진실설이 설해져 있다고는 확정할 수 없다고 하여 필자의 견해를 비판하신 것[27]이지만, 박사의 비판에 답하기 전에 우선 오해를 하나 불식시켜 두고자 한다. 그것은 필자가 샨타라크쉬타를 유형상중관파라든가 유가행중관파 가운데 유형상파라고

26) 하리바드라의 전기에 대한 티베트의 전승에 대해서는 三枝充悳編, 『インド佛教人名辭典』, 法藏館, 1987, 「ハリバドラ」, 項(松本執筆) pp.211- 213 참조.

27) 「中歷文」, pp.57-58 참조.

기술한 적이 없다는 사실이다.[28] 필자가 기술한 것은 단지 『중관장엄론』의 제64게송과 제91게송을 모두 샨타라크쉬타 자신의 사상적 입장으로 간주한다면, 그는 유형상유식설을 인정하는 중관파라 말할 수 있는 것이지만, 필자 자신은 제91게송을 샨타라크쉬타 자신의 사상적 입장이라고는 생각하지 않는다.[29] 그러나 제91게송과 위에서 인용한 그 주석(MA, sa, 79a1-5)에 있어서, 유형상유식설이 설해져 있다는 것은 역시 확실한 것처럼 생각된다. 그 주석 가운데 방선을 그은 부분은 '색 등의 인식은 지와 다르지 않은 형상의 인식이다'라고 설해져 있다. '색 등'은 제64게송과 그 주석에 의해 세속유이며, 그 '색 등'이 '형상'과 동일시됨으로써 '형상'도 세속유가 된다. 이것은 일찍이 필자가 논한 것의 의미[30]이지만, 그러나 이것도 제64게송을 원용한 논의이다. '형상'을 '인식'(saṃvedana)의 대상이라 규정하는 것은 그 자체 유형상유식적이라고 생각되지만, 그러나 그 이상으로 중요한 것이 제91게송에 대한 주석 앞부분의 '스스로 성립하고 있는 형상을 버리고, 다른 지의 형상을 상정할 수는 없다'라는 문장일 것이다. 이 문장의 중요성은 그 취지가 제91게송 후반에 포함되어 있는 것에서도 알 수 있을 것이다. 그렇다면 이 문장의 티베트역인 "raṅ gis grub paḥi ṅo bo bor nas śes paḥi ṅo bo gshan rtog pa med do"(북경판에 의한다)는 무엇을 설하고 있는 것일까.

우선 이것에 대한 가지야마 박사와 이치고 씨의 번역[31]을 열거

28) 이 필자의 논술에 대해서 〔부기B〕 참조.

29) 〔부기B〕 참조.

30) 〔부기B〕 참조.

31) 「中歷文」, p.36; 一鄕, 앞의 논문, p.183; 一鄕, 『中觀莊嚴論の硏究』, 文榮堂書店, 1985, p.183 참조.

한다.

> 자립적 존재인 것(즉 전혀 지각되지 않은 atyanta-parokṣa,외계의 대상)〔의 형상 ākāra〕을 버린 별개의 지식의 본성〔만〕을 알 수는 없다.(가지야마 역)

> 스스로 성립하고 있다고 하는 존재방식을 별도로 하여 지식의 존재방식은 생각되지 않는다.(이치고 역)

우선 이치고 씨의 번역은 'ṅo bo'라는 두 개의 티베트어를 '존재방식'으로 번역하는 점에 특징이 있다. 이치고 씨는 전체로서 '형상'이라는 것을 고려하지 않고 또한 이 문장에 대한 해석도 제시하지 않는다. 이것에 대해서 가지야마 박사는 바로 '형상'이라는 것을 문제로 한 해석을 제시하고, "샨타라크쉬타는 여기서 외계의 대상의 형상이든, 지식자체의 형상이든, 형상을 떠난 지식의 본성, 결국 자기인식 그 자체는 누구에게도 자각되지 않는다고 말하고 있는 것으로, 이것은 바로 형상진실론의 입장이 아니고서는 말할 수 없는 것이다."[32]라고 기술하셨다. 이 문장이 형상진실설을 설한 것으로 보는 점에서는 필자는 박사와 의견을 같이 하지만, 그 세부에서는 일치하지 않는 점도 있기 때문에 이하에서 그것을 기술하고자 한다. 또한 이하에서 기술하는 바는 박사의 해석의 일부에 이론(異論)을 드러내는 것이기도 하지만 그것이 타당하든 그렇지 않든 형상진실설이라는 관점에서 이 문장의 중요성을 가르쳐 주신 분은 가지야마 박사로, 이 의미에서 필자의 고찰은 박사의 가르침에 기초하고 있다고 할 수 있을 것이다.

32) 「中歷文」, pp.62-63 참조.

우선 박사의 해석의 주요한 점은 예의 문장을 "형상을 가지지 않은 지 자신(자기인식)은 존재하지 않는다."라고 설한 것에 있을 것이다. 그러므로 박사는 그 문장을 기본적으로는 "자립적 존재 즉 외계 대상의 형상을 버린 지 자신의 본성은 알려지지 않는다."라고 번역하셨던 것이다. 이것에 대해서 필자는 이 문장의 주된 취지는 '지〔속에 현현하는 여러 가지〕 형상은, 자기인식의 대상이다'는 것을 설한 점에 있다고 생각한다. 우선 '스스로 성립해 있는 형상'의 원어는 『현관장엄론광명』의 'svataḥsiddha-rūpam evādvayaṃ jñānam eka-svabhāvam'(AAĀ, p.626, ll.9-10)에 의해서 알 수 있다. 가지야마 박사는 이 'svataḥsiddha-rūpam'를 '전혀 지각되지 않는 외계의 대상'으로 독해하셨지만, 하리바드라의 문장에 의해서 무이지(無二知)가 '전혀 지각되지 않은 외계의 대상'이라든지(持業釋), '전혀 지각되지 않은 외계의 대상'을 가지고 있다든지(有財釋) 하는 것은 불합리하다는 것이 이해된다. 박사의 해석은 카말라쉴라의 『중관장엄론세소(中觀莊嚴論細疏, *Madhyamakālaṃkārapañjikā*, MAP)』에 있어서

> '스스로 성립하고 있는 형상' 운운에 의해, 대상이 전혀 지각불가능하다는 것을 보이고 있다.(MAP, sa, 128a3) 〔MI, p.293〕

라는 주석에 있어서 밑줄 친 두 부분을 동일시한 것에서 발생한 것은 아닐까? 그렇다면 '스스로 성립하고 있는 형상'의 의미는 무엇일까. 'rūpa'가 'ākāra'와 같은 뜻으로 '형상'의 의미로 사용되는 것은 주지하는 바와 같다.[33] 원래 양자에는 '모습', '외면적인 용모'

---

33) 拙稿, 「後期中観思想の解明にむけて」, 『東洋學術硏究』 25-2, 1986, pp. 185-186, pp.199-200 참조.

라는 서로 유사한 의미가 있었기 때문이다. 그렇다면 '스스로 성립하고 있다'(svataḥsiddha)라는 것은 무슨 의미인가. 이것은 대상이라는 외적인 계기에 전혀 의존하지 않고 인식 자신에 기초하여 스스로 성립하고 있는 결국 '자기인식'에 의해서 성립하고 있다' '자기인식된다'라는 의미일 것이다. 여기서 '자기인식'이라고 해도 경량부의 유외경론적 자기인식은 배제되고 있다. 왜냐하면 그것은 완전히 '스스로'가 아니라, 대상의 존재에 의존하기 때문이다.

그런데 제91게송 서두의 문장을 티베트인 학승인 미팜(Mi pham, 1846~1912)은 자신의 저서인 『중관장엄론해설(中觀莊嚴論解說, *dBu ma rgyan gyi rnam bśad*, BGN)』이라는 주석에서

> 그것〔=지〕에 있어서 현현하여(snaṅ) 알려지는 것(śes pa)은 무엇이든 (A), 지 자신에 의한 인식(myoṅ ba, saṃvedana)과 다르지 않고, 자신에 의해서 분명하게 인식됨으로써 성립하고 있는 그 형상(ṅo bo)을 버리고, 별도로 그 대상(A)을 상정하는 존재방식(tghul)은 결코 있을 수 없다.(BGN, 165a5-6)

라고 설명하지만, 이 설명은 기본적으로는 필자의 해석과 일치한다고 생각한다. 이치고 씨와 같이 앞에서 제시한 『중관장엄론』의 문장 "raṅ gis grub paḥi ṅo bo bor nas śes paḥi ṅo bo gshan rtog pa med do"에 나오는 두 개의 '형상'(ṅo bo)을 '존재방식'으로 본다면 이 문장은 모든 지는 자기인식이라고 말한 것에 지나지 않는다. 그러나 그렇다면 이 경우 제91게송의 주석으로서는 어떠한 것도 말할 수 없게 된다. 왜냐하면 제91게송에서는 "대상이란 실은 지이다."라는 일종의 긴장관계를 가진 동일성—엄밀히 말하면 동일성은 아닌 '대상→지'라는 일정의 논리적 방향성을 가진 tādātmya

관계(대상이 지를 본질로 하는 관계)—이 기술되고 있었던 것이다. 제91게송 전반은 우선 "인과관계에 있는 제법은 실은 지뿐이다."라는 상당히 거친 제언을 제시하고, 다음의 후반은 '즉'(ste)을 이어받아 그 내용을 보다 엄밀하게 설명하고 있다. 안타깝게도 필자는 제91게송의 d의 원어를 상정할 수 없지만, 후반 c→d에서도 역시 전반 a→b와 마찬가지로 '대상→지'라는 일정 방향성을 가진 관계가 제시되고 있다고 생각한다. 그렇다면 c는 '대상'적 측면에 관계하며, a에 있어서 제시된 인과관계에 있는 대상(의타기성)을 자기인식된 형상으로서 인정하는 것이 되며 그 형상이 결국 지 속에 있다는 것이 d의 의도는 아닐까. 이상의 고찰에 의해서 제91게송은 유형상유식설을 설한 것이 분명하게 되었다고 생각한다.

제4절 세속유식설과 방편유식설

그러면 이하에서 샨타라크쉬타는 과연 '유가행중관파'인가, 이는 곧 『중관장엄론』 제91게송을 자신의 사상적 입장으로서 설한 것인가 라는 문제를 고찰하고자 한다. 제91게송이란 세속유는 유심인가, 그렇지 않으면 외적인 것인가 라는 문제제기에 대한 제2의 해답이며, "다른 사람들은 〔다음과 같이〕 생각한다"라는 문장에 이어지는 것이다. 그 해답의 내용을 필자는 '세속유식설'이 아니라 순수한 유식설, 더욱이 유형상유식설이라 규정하였지만 총카파는 이 제2의 해답에 관해서 『선설심수(善說心髓, *Legs bśad sñiṅ po*, LÑ)』에서

'다른 사람들은 생각한다'라는 것은, 〔샨타라크쉬타〕 자신의 주장

(raṅ gi bshed pa)이다.(LÑ, pha, 55b6)

라고 말하고 있다.[34] 총카파가 일부러 이와 같이 말하지 않으면 안 되었던 것은 카말라쉴라의 주석에 그 '다른 사람들'이란 샨타라크쉬타인 것을 지시하지 않고,[35] 또한 당시의 티베트에 아마도 총카파와 같이 생각하지 않은 학자가 있었기 때문일 것이다. "세속의 법이란 무엇인가?"라는 질문에 대하여 "인과관계에 있는 법은 유심이며 지의 형상이다."라고 답했다고 한다면, 그 답은 세속적으로 유식설 또는 유형상유식설을 인정하는 중관파의 답이라고 말할 수 있지만, 그 내용을 보면 거기에는 '세속에 있어서'라는 말도 없고 중관사상도 보이지 않는다. 그것은 이 해답이 종료한 직후에 이어서

지혜의 힘이 적지 않는 자와 정진하는 자가 그 마음을 일(一)과 다(多)의 자성에 있어서 고찰한다면, 승의로서 본체(sñiṅ po)는 보이지 않기 때문에 실의(實義)로서 〔유라고는〕 인정되지 않는 것이다.(MA, sa, 79a5) 〔MI, p.294〕

라는 문장에 뚜렷한 중관사상이 보이는 것에 의해서 오히려 명료하게 된다. 왜냐하면 이것에 의해서 이 문장 이전에 중관사상이 설해져 있지 않은 것을 알 수 있기 때문이다. 나아가 제91게송이, 즉 제2의 해답이 실은 순수한 유식설이었다는 것은 이 문장에 이어지는 다음과 같은 제92게송이 명시하고 있다고 생각한다.

---

34) 拙稿, 「Jñānagarbhaの二諦說」, p.126 참조.

35) 카말라쉴라는 단지 "'다른 사람들은 생각한다'라는 것은 전의 주장만이 정당하다고 보는 사람들〔이 생각하고 있는 것〕이다"(MAP, sa, 128a2)라고 주석하고, '다른 사람들'이 샨타라크쉬타를 가리킨다고는 기술하고 있지 않다.

그러므로 유심에 의존하여 외경은 무(無)라고 알아야 한다. 이 〔일체법무자성성의〕 교의(tshul, nīti)에 의존하여 그것에도 전혀 아(我)가 없다고 알아야만 한다.(MA, k.92, sa, 79a5-6) 〔MI, p.294〕

왜냐하면 이 게송의 '유심'이라는 말을 자신의 주석에서 '유심의 교의'(tshul)라고 주석하지만, 이것은 제91게송의 내용을 가리키고 있다고 밖에 생각할 수 없기 때문이다. 그런데 『중관장엄론세소』는 '이 교의'라는 말을 '일체법무자성성의 교의'(MAP, sa, 128a7) 〔MI, p.295〕라 주석하고 있다.

그런데 '유가행중관파'의 사상이라고 할 때 그것이 제91게송의 입장을 가리키는 것인가, 아니면 제92게송의 입장을 의미하는 것인가를 구별하는 것은 극도로 중요한 것이다. 이 두 개의 게송이 설한 것을 명확한 의식 없이 혼동하는 과실은 예쉐데 이래의 거의 모든 학자들이 범하고 있다고 생각한다. 필자는 제92게송을 샨타라크쉬타 자신의 견해라는 주장에 하등 주저하지 않는다. 왜냐하면 거기에는 "세속에 있어서 유식을 인정한다." 등과 같은 기이한 설은 전혀 설해져 있지 않고, 다만 단순히 일체법의 공성을 깨닫기 위한 수습의 차제로서 방편으로서 유식에 의존해야 한다고 제시되어 있기 때문이다. 이와 같이 공성을 깨닫기 위한 방편으로서 유식을 설한 이하에서 '방편유식설'이라 부르고자 한다. 이것은 이제설(二諦說)의 문제가 아니다. '세속유식설'이 아니다. 만약 '방편유식설'을 인정한다고 하는 의미에서 '유가행중관파'라는 것을 상정한다면 그것을 학파라 부르는 것은 적절하지 않을지도 모르지만 그것 자체로서는 가능할 것이다. 그러나 총카파와 같이 "샨타라크쉬타가 세속에 있어서 외경을 부정했다."라고는 도저히 말할 수 없다.

그런데 '유가행중관설' 혹은 '세속유식설'이라는 것의 성립에 큰 영향을 미친 것이 샨타라크쉬타의 제자 카말라쉴라이며, 그것은 이미 『견해의 구별』에도 보인다. 카말라쉴라가 『중관장엄론』 제92게송에 설하는 것과 같은 '방편유식설'을 바로 그와 같은 것으로 받아들이고, 2제설에 관한 것으로는 보지 않았다는 것은 다음과 같은 문장에 의해 보다 명확하다.

> 이 유심성(唯心性)은 순차적으로(rim gyis, krameṇa) 승의의 교의(tshul)란 바다로 들어가기 위해서 설시된 것이라고 이해하라. 즉 일시에(cig car, yugapad) 제법이 남김없이 무자성이라고 이해할 수 없는 사람은 누구든 우선 유심에 의존하여 순차적으로(rim gyis) 외경이 무자성이라는 것을 증오(證悟)한다. 그렇기 때문에 〔『능가경』에〕 "정리(yukti)에 의해서 보는 사람들에게는 소취와 능취는 멸한다."[36]라고 설해졌던 것이다. 그 뒤에 순차적으로 마음의 자성을 관찰(so sor rtog)한다면, 그것도 무아라고 이해하여 깊고 깊은 〔중관의〕 교의에 들어가는 것이다.
>
> 그와 같이 세존에 의해서 〔『능가경』에서〕 "유심(cittamātra)에 의존하여 외경을 분별해서는 안 된다. 진여(tathatā)라는 소연(ālambana)에 머물러, 유심을 뛰어 넘어야 한다. 유심을 뛰어넘고 나서 무현현(nirābhāsa)을 뛰어넘어야 한다. 무현현에 머문 행자(yogin)는 대승을 본다. 〔그가 체득한〕 무공용(無功用, anābhoga)의 경지(gati)는 적정하며, 모든 서원에 의해서 청정해져 있다. 그는 가장 뛰어난 무아의 지를 무현현에 의해서 본다."[37]라고 설해졌

---

36) LAS, X, k.154ab, p.285. 이 인용은 一鄕 씨에 의해서 확인되고 있다. 一鄕, 앞의 논문, p.204 참조.

37) LAS, X. kk.256-258, pp.298-299. Cf, BhK[I], p.210, *ll*.9-14, 본

던 것이다.(MĀ, sa, 157a2-6)

즉 "유심에 의존해서 외경의 무를 알아야 한다."라는 것처럼 수습에 차제(krama, 단계)를 인정하는 것은, 일시에 모든 법의 무자성을 이해할 수 없는 사람들에 대한 방편이라는 것이다. 따라서 카말라쉴라는 위에서 인용된 『능가경』의 경문에서 제시된 사고방식을 『수습차제(초편)(修習次第(初篇), *Bhāvanākrama*(I), BhK〔I〕)』에서는 '반야의 수습차제'(prajñā bhāvanākrama)[38]라 부르고 있다. 이와 같은 사고방식은 외경과 식(심)에 관해서 그 무아성의 수습(bhāvanā)에서 차제(krama)를 인정한다는 점에서 『반야등론(般若燈論, *Prajñāpra dīpa*, PP)』에서 다음과 같이 기술하는 바비베카의 입장과는 대조적이다.

대상이 무자성이라고 이해하는 것처럼, 식도 무아이며 무생임을 이해해야 한다. 최초로 외경이라는 대상〔의 무아성〕을 수습하고 순차적으로 식과 지라는 대상〔의 무아성〕을 수습한다면, 순차적으로만 무아성이 이해된다고 성립하기 때문에 처음부터 일시에(cig car) 〔양자를〕 수습하는 것을 아쉬워 할 필요는 없다.(PP, tsha, 247a1-3)

여기에는 외경과 식의 무아성의 수습을 순차적으로 할 필요는 없다는 것이 제시되어 있다. 곧 바비베카는 '방편유식설'을 거부하고 있는 것이다. 무엇보다도 카말라쉴라의 견해가 바비베카의 그것과 완전히 모순된다고 생각되지는 않는다. 왜냐하면 카말라쉴라는 이와 같은 수습의 차제는 '일체법의 무자성을 일시에 이해할 수 없

서 제2장, pp.122-124 및 註 27) 참조.

38) Cf. BhK〔1〕, p.210, *ll*.7-8.

는 사람'에게 허용된다고 하는 것이지 '외경과 식의 무자성을 일시에 이해해서는 안 된다' 등으로 말하지 않았기 때문이다.

이와 같이 카말라쉴라가 『중관장엄론』 제92게송에서 설한 '외경의 무'를 2제설의 문제로서가 아니라 다만 '수습의 차제'(bhāvanākrama)의 문제로서 '방편유식설'로서만 이해하고 있는 것이 밝혀졌다. 그러나 이것으로 모든 문제가 정리된 것은 아니다. 카말라쉴라는 극히 해결하기 곤란한 문제를 그의 스승으로부터 물려받았던 것이다. 그것은 『중관장엄론』 제91게송을 이끄는, "세속의 제법이란 유심인가, 그렇지 않으면 외경도 그러한가"라는 문제제기에 대해서 어떻게 답하는가라는 것이다. 샨타라크쉬타는 아마도 정교한 논법으로 자설에 '방편유식설'을 도입하고자 한 것이지만, 그러나 스승에게 충실한 카말라쉴라는 이 문제제기를 정면으로 받아들이지 않을 수 없었던 것이다. 이 문제제기에 대한 답은 두 가지로, 그것은 『중관장엄론』에 있어서 바비베카의 그것과 〔유형상〕 유식설의 그것이지만, 카말라쉴라는 그것을 예의 문제제기에 대한 충실한 답으로 간주하여 '세속유외경론'과 '세속유식설'로서 해석하지 않을 수 없었다. 이렇게 해서 '세속유식설', 즉 '세속무외경론'이라는 것이 카말라쉴라의 『중관광명론』에 있어서 처음으로—물론 자설로서는 아니지만—성립하게 되었던 것이다.

그런데 이 두 가지 설, 즉 '세속유식설'과 '세속유외경론'이 『중관광명론』에서 드러나는 방식이라는 것은 실로 의미심장하다. 카말라쉴라는 우선 '방편유식설'을 설한 앞에서 제시한 문장(MĀ, sa, 157a2-6)을 제시하고, 그 직후에 '다른 사람들은 말한다'(MĀ, sa, 157a6)로서 '세속유식설'을 제시하고, 그 다음에 또한 '다른 사람들은 말한다'(MĀ, sa, 158b4)라고 하여 '세속유외경론'을 보이며, 끝으로 이상의 논의를

> 이와 같이 세속에 의해서 외경이 있든 유심이든 의심할 나위 없이 제법의 진실한 자성을, 미세한 것이든, 성립하게 하는 것은 신뢰할 만한 사람의 말씀에는 전혀 없다.(MĀ, sa, 159a7-b1)

라는 문장으로 매듭짓는다. 이 마지막 결론적 문장[39]이 가진 의미에 관해서는 나중에 고찰하며, 그 전에 거기서 제시된 '세속유식설'과 '세속유외경론'의 내용을 살펴보고자 한다. 우선 전자의 서두의 문장을 제시하면 다음과 같다.

> 다른 사람들은 〔다음과 같이〕 말한다. 유심(cittamātra)은 스스로 〔자기인식에 의해서〕 성립하고 있는 형상(raṅ gis rab tu grub paḥi ṅo bo, svataḥsiddha-rūpa)을 가지고 있기 때문에 세속에 의해서 바로 존재하지만, 외경은 세속에 의해서도 존재하지 않는다. 왜냐하면 마음의 형상 이외에 그것〔=외경〕이 성립하는 일은 없기 때문이다.(MĀ, sa, 157a6-7)

아마도 이것만큼 명료한 '세속유식설' 또는 '세속무외경론'의 설시는 없을 것이다. 게다가 여기에는 『중관장엄론』 제91게송 및 그 자신의 주석과 마찬가지로 형상이 자기 인식된다고 하는 형상진실설이 설해져 있다. 따라서 이 설을 가진 '다른 사람들'을 '유형상중관파'라든가, '유형상유식설을 세속에 있어서 인정하는 유가행중관파'와 같이 말하는 것은 가능할 것이다. 그러나 이와 같이 설한 논자가 실제로 존재한다는 보증은 어디에도 없다.

다음에 '세속유외경론'의 설명은

---

39) 본서 제2장, pp.159-160 참조.

> 다른 사람들은 〔다음과 같이〕 말한다. 세속에 의해 식과 마찬가지로 외경도 존재하고 있다.(MĀ, sa, 158b4)

라는 문장으로 시작한다. 그렇다면 "외경과 식이 모두 세속에 의해서 존재한다."란 어떤 의미인가 라고 하면, 그것은 "세간 사람들의 일반적 승인(loka-pratīti, 세간극성)에 의해서 존재한다."라는 의미라고 카말라쉴라는 설명한다.

> 식과 마찬가지로 외경도 〔세간 사람들에 의해서〕 일반적으로 승인되고(grags pa) 있기 때문에 〔세간 사람들의〕 일반적 승인에 의해서 부인되는 일은 없다.[40] 즉 정리(rigs pa, nyāya)에 의해 고찰한다면, 〔식과 외경〕 양자 모두 고찰의 중압을 견디지 못하기 때문에 존재의 지위를 획득하지 못하지만, 언설(vyavahāra)의 진실에서는 양자의 법 모두 소몰이나 여성(gopālastrī)에 이르기까지의 사람들에게 일반적으로 승인되는 것이다. 〔경에〕 유심이라 설해진 것도 논적에 의해서 분별된 작자와 수자를 부정하기 위한 것이다. 왜냐하면 언설에 있어서는 마음 이외에 작자 등은 승인되지 않기 때문이다. 또는 일체법은 마음에 의거하는 까닭에 일체법에 관하여 마음이 주요한 것(gtso bo)이라고 승인되고 있는 것이다.(MĀ, sa, 158b7-159a2)

이 중에 '삼계유심'의 경설에 관한 해석이 『중관장엄론』 제91게송 직전의 제1의 해답을 계승하고 있는 것은 분명하다. 다만 '또는'

---

40) 데르게판에서 'gnod pa yaṅ yin te'(sa, 158b7)라 되어 있고, 북경판에서도 동일(sa, 173a1-2)하지만, 이 자체로서는 의미가 통하지 않기 때문에 'gnod pa ma yin te'라 정정한다.

이하, 결국 '마음이 주요한 것이다'라는 설명은 바비베카가 아니라 오히려 찬드라키르티의 『입중론』 제6장 87게송41)의 설이 제시된 것으로 생각된다.

그런데 카말라쉴라는 이 '세속유외경론'의 설명에 있어서 세속을 단순히 '세간극성'(세간 사람들의 일반적 승인)으로 규정하는 것에 그치지 않고, 그것을 경량부적 이론에 의해서도 설명하고 있는 것이 극히 주목된다. 그는 위의 문장에 이어서 다음과 같이 기술한다.

> 또한 '대상은 존재하지 않는다. 이것은 유심이다'42)라든가 '훈습에 의해서 어지러워진 마음이 대상으로서 현현하는 것으로 일어난다'43) 등으로 설해진 것에 대해서도 〔그것은〕 무형상인 마음에 의해서는 아무리 하여도 대상을 파악할 수 없기 때문에 반드시 그것〔=마음〕은 유형상임을 승인하지 않으면 안 된다. 그러므로 마음의 형상 이외에 대상의 형상은 현현하지 않기 때문에 그것〔=대상의 형상〕을 부정함으로써 마음이 유형상임을 설하여 제시했을 뿐 그것〔=그 경설〕에 기초하여 외경이 없다고 이해되는 것은 아닌 것이다.(MĀ, sa, 159a2-4)

여기서 '세속유외경론자'는 세속에 있어서 경량부설을 인정하고 있는 것같이 보인다. 유부 · 경량부 · 유식파 · 중관파라는 불교철학

---

41) 『입중론』에는 '실의(de ñid tattva)를 깨달은 사람만이 부처라고 말할 수 있는 것과 같이, 세간에서는 마음만이 주요한 것(gtso gyur)이라는 의미로 경에서 '唯心'으로 설해졌다. 색을 여기서 부정하는 것이 경의 의미(artha,목적)가 아니다'(MAv, Ⅵ, k.87, ḥa, 208a7-b1)라고 설해진다.

42) LAS, X, k.146c, p.284.

43) LAS, X, k.155ab, p.285.

을 대표하는 4대학파로 여겨지는 것 가운데, 유외경론의 유형상 지식론자라 한다면 경량부 이외에는 없기 때문이다. 이것은 바비베카를 '경량〔행〕중관파', 즉 '세속에 있어서 경량부설을 인정하는 중관파'로 보는 견해에 있어서 극히 적절하다는 것은 말할 필요도 없다. 왜냐하면 여기서 경량부설을 인정하는 '세속유외경론자'는 그 '삼계유심'의 경문의 해석에서 보면 바비베카인 것처럼 보여 지기 때문이다.[44] 그러나 과연 바비베카는 세속에 있어서 경량부설을 설했다고 진짜 말하고 있는 것일까.

이 점에 관해서 가지야마 박사는 최근 바비베카의 사상이 다양한 측면에서 세속적으로는 어떻게 경량부적인가를 상세히 설명하셨다.[45] 그 고찰에 대해 전체적으로 하등 이론은 없다. 그 가운데 특히 중요한 것은 그의 극미설이 전적으로 경량부적인 것이었다고 말할 수 있을 것이다. '외경이 있다'라는 주장은 학설적으로는 다름 아닌 극미설을 승인한다는 의미가 된다. 그렇다면 어떻게 극미설을 승인하는가 하면 바비베카의 경우에는 경량부적인 극미설을 승인하고, 그것에 의해서 유식파의 무외경론에 대항했다고 할 수 있을 것이다. 그렇다고 해서 그가 경량부설에 의해서 세속의 진실을 설정했다든가 그에 있어서 세속유는 경량부적 세계라고 말할 수 있을까. 이와 같이 기술한다고 해도 이것이 가지야마 박사의 견해에 대한 반론이 되지 않는다는 것은 충분히 알 수 있을 것이다. 다만 필자가 말하고 싶은 것은 세속(saṃvṛti)이란 결국 '세간극성'(loka-pratīti), 즉 '세간 사람들의 일반적 승인'이 아닌가라는 것이다. 그것은 '세간 사람들'(loka)에 의한 승인이기 때문에, 유부라든가

---

44) 다만 『입중론』에서 설한 것이 거기에 제시된 이상 찬드라키르티에 관한 문제가 남아 있을 것이다.

45) 「中歷文」, pp.38-51 참조.

경량부 혹은 유식파 등과 같은 학설논자에 의한 이해는 아니지 않은가.

카말라쉴라가 '세속유외경론'의 설명 가운데 '세간극성'과 경량부적 이론이라는 2종의 방법으로 세속유를 설정하고 있는 것은 극히 흥미 있는 것이다. 무엇 때문에 카말라쉴라는 '세속=세간극성'이라는 설명만으로 그치지 않았던 것인가. 주의해야 할 것은 이미 본 바와 같이 '세속은 세간극성이다'라는 중관파의 정리(定理)를 그는 이제설을 집중적으로 논할 때 공공연하게 인정하고 있었던 것이다. 거기서 필자는 이 의문에 대해서 극히 오해를 낳기 쉬운 표현이지만 다음과 같이 답하고 싶다. 카말라쉴라는 그 부분의 '세속유외경론'을 '세속유식설'과 완전히 같은 입장에서 부정하기 위하여 거기에 경량부적 이론에 의한 세속유의 설정을 부가한 것이다. 그는 이미 제시한 이 논의를 둘러싼 최후의 결론적 문장에 있어서 세속에 있어서 유심이든 또는 외경이 있든 승의로서는 무자성이라고 기술하고 있다. 이것은 그가 '세속유식설'에도 '세속유외경론'(또는 '세속경량부설')에도 가담하지 않는 것을 보이기 위해 반드시 기술해 두지 않으면 안 되었던 언어인 것이다.

카말라쉴라는 '세속유의 제법을 고찰해 보자'라는 스승의 설에 충실한 나머지 그 진의가 실은 '방편유식설'의 도입에 있었던 것을 헤아리는 한편 세속유에 관해서 2종의 이론, 학설을 형성하지 않을 수 없었던 것이며, 세속이란 세간극성이며, 거기에 학설적 고찰을 개입시켜서는 안 된다고 굳게 믿고 있었던 그는 2종의 이론, 학설을 평등하게 거부함으로써 소위 어깨의 부담을 떨쳤던 것이다.

그리고 2종의 이론을 평등하게 거부하기 위해서 '세속유외경론'도 학설적인 것으로 요컨대 경량부적인 것으로 하지 않을 수 없었던 것이다. 그 즈음 바비베카가 경량부의 이론을 많이 차용하고 있었던 것이 유리하게 작용한 것은 말할 필요도 없다. 가지야마 박사는 『중관장엄론』 제91게송 자신의 주석에서 '만약 지의 형상을 낳는 대상이 결과와는 별도도 존재한다고 비량(比量)된다고 해도'라는 전형적인 경량부설이 '유심'이라는 경설은 작자와 수자를 부정하기 위함이라고 설하는 '제1파에 귀속된다면'[46]이라고 기술하고 있지만, 단순히 '유심의 경설은 작자 등을 부정하기 위한 것이다'라고 말하는 것뿐으로 거기에는 하등 경량부적인 특징은 보이지 않는다.

따라서 결론적으로 말하면 샨타라크쉬타의 『중관장엄론』에는 '세속경량부설' 즉 '경량중관파의 학설'도, '세속유식설' 즉 '유가행중관파의 학설'도 전혀 인정되지 않는다. 양자 모두 카말라쉴라의 『중관광명론』의 전게의 기술(MĀ, sa,157a7; 159a2-4)에 이르러 이론으로서는 성립을 보는 것이지만, 아마도 전혀 실체가 없는 것으로 특히 카말라쉴라는 그 어느 것도 지지하지 않는다는 것을 분명하게 말하고 있다. 결국 샨타라크쉬타도 카말라쉴라도 '세속유식설'(세속무외경론)을 인정한다고 하는 의미에서는 결코 '유가행중관파'일 수는 없었던 것이다.

그런데 이상의 필자의 견해가 샨타라크쉬타나 카말라쉴라를 '유가행중관파'로 생각하는 종래의 학계의 일반적인 이해와 정면으로 대립하는 것이라는 것은 분명하다. 여기서 필자의 견해의 타당성을 보강하기 위해서 필자와 기본적으로는 완전히 일치한다고 생각되는 이해를 제시한 학승이 일찍이 티베트에 존재했다는 것을 보이고자 한다. 그것은 사캬파 출신으로 총카파를 혹독하게 비판했던 대학자 샤캬촉덴(Śākya mchog ldan, 1428~1507)이다.

그는 『중관결택(中觀決擇, *dBu ma rnam ṅes*, BN)』에 있어

46) 「中歷文」, p.37 참조.

서 우선 다음과 같이 기술한다.

> 중관의 귀류파와 자립파로서 알려진 여러 논사들이 세간의 세속 진실을 정리(rigs pa)에 의해서 고찰하지 않고 설정하는 방식(ḥjog tshul)에, 구별은 조금도 보이지 않는다. 왜냐하면 학설논자(grub mthaḥ smra ba)가 정리에 의해서 고찰하지 않고 세간의 사람들(loka)의 구생(俱生)의 혜(慧)에 현현하여 승인되어 〔=극성하여〕 있는 그대로(ji ltar snaṅ grags pa bshin du), 그것〔=세간의 진실〕의 설정을 주장하신 것에 있어서 〔그들은〕 일치하고 있기 때문이다.(BN, kha, 5b5-7)

여기서 샤캬촉덴은 어떠한 중관파라고 해도 세속의 설정은 학설적인 고찰을 거치지 않고 세간극성인 채로 세간 사람들의 일반적 승인(loka-pratīti) 그대로 행하는 것을 설하고 있다. 그러므로 그는 나아가 샨타라크쉬타도 전적으로 세간극성에 기초하여 세속을 설정했다고 다음과 같이 기술하는 것이다.

> 샨타라크쉬타도 세속 진실의 설정 방식은 앞의 두 사람의 논사〔=찬드라키르티와 즈냐나가르바〕와 구별은 조금도 없다. 왜냐하면 학설(grub mthaḥ)에 있어서 승인되고 있는 정리에 의해서 조금도 고찰하지 않고 세간의 사람들에 있어서 일반적으로 승인되고 있는 그대로의 것(ḥjig rten na ji ltar grags pa)만을 세속의 진실로 설정하기 때문이다. 『중관장엄론』에서 "고찰되지 않는 한 매력적인, 생과 멸의 성질을 가진, 결과를 낳는 능력을 가진 것이 세속적인 존재임이 인정된다."(제64게송)라고 상세하게 설하고 있기 때문이다. (BN, kha, 10b6-11a1)

따라서 샤캬촉덴은 다음에서 보는 바와 같이 샨타라크쉬타가 '세속유식설'이나 '세속무외경론'을 설했다고는 전혀 인정하지 않고, 그는 『중관장엄론』의 제92게송에서 설한 '외경의 무'는 다만 단순히 수습의 차제로서의 '방편유식설'이고 일반적인 학설은 아니라고 설한 것이다.

> 또한 샨타]라크쉬타 사제[=샨타라크쉬타와 카말라쉴라]가 세속의 진실을 승인할 때, 유가행파의 설(gshuṅ)을 그대로 승인하는 것은 아니다. 왜냐하면 [그들 두 사람은] 언설에 있어서는 외경이 있다고 주장하셨던 것이며, 현현(snaṅ ba)하는 것은 마음이라고 주장하시지 않았기 때문이다. 즉 『중관장엄론』에 "일체법의 자성을 정리의 원칙에 따라서 논적이 주장하는 것을 [우리들은] 배제하는 것이다. 그러므로 악한 논자[47]가 개입될 여지는 없다."(제67게)라고 하는 것에 의해서 세속의 진실을 설정할 때, 고찰되지 않는 한 매력적인 것(avicāraikaramaṇīya)만이라는 관점에서 설정한다고 설하셨던 것이다. 또한 이 논사[=샨타라크쉬타]가 "외경은 없고, 현현은 마음이다."라고 설명한 것도 있지만, 그것은 세속의 진실을 설정할 경우[48]가 아니라, 세속의 진실을 정리에 의해서 고찰하여 순차적으로(rim gyis) 승의의 진실로 들어가는 방편으로서 설하셨기 때문이다.(BN, kha, 5a5-b2)

『중관장엄론』에서 "유심에 의존하여 외경을 분별해서는 안 된다."[49]

---

47) 『中觀莊嚴論』의 텍스트에는 'rgol baḥi'이지만, 여기에도 보이는 'rgol ṅan'이라는 읽기로 정정되어야 한다. 拙稿, 「後期中觀思想の解明に向けて」, p.203, 부기① 참조.

48) '세속의 진실을 설정할 때'란 아마도 『中觀莊嚴論』 제64게송을 가리킬 것이다.

라고 설해진 것도 요의(nītārtha)의 바다에 들어가는 유가의 차제(rnal ḥbyor gyi rim pa)이며 학설(grub mthaḥ)은 아닌 것이다.(BN, kha,12a2)

그런데 결론으로서 하나 더 기술하고자 한다. 그것은 샨타라크쉬타도 카말라쉴라도 나아가 즈냐나가르바조차도[50] 바비베카가 거부한 '방편유식설'을 인정하고 있다는 사실이다. 바비베카가 그것을 거부한 것은 실은 '방편유식설'이 『중변분별론(中邊分別論, *Madhyāntavgibhāga*, MAV)』 제1장 제6게송[51]에 설해진 것처럼, 유식설에 있어서 극히 본질적인 의미를 가진 학설이었기 때문이다. 그러므로 무아성의 수습에 차제를 인정하지 않는 바비베카의 전게의 '방편유식설' 부정의 문장(PP, tsha, 247a1-3)은 그의 『반야등론』 제25장에 있어서 상세한 유식설 비판의 한 쌍을 이루고 있는 것이다.[52] 따라서 아무리 '방편유식설'이라고 하지만 그것을 수용함으로써 위의 세 사람의 사상가들은 유식사상에서 중대한 영향을 받았다고 말할 수 있는 것이다.

주지하는 바와 같이 카말라쉴라는 샨타라크쉬타가 『중관장엄론』 제91게송의 직전에 "세속의 제법을 고찰해야 한다."라고 기술한 것을 "2종의 중관의 길(lam, mārga)을 고찰하는 것이다."(MAP,

---

49) 이것은 문자 그대로는 『中觀莊嚴論』 제92게송의 주석 부분(MA, sa, 79b3)〔MI, p.296〕에 인용된 『楞伽經』(LAS, X, k.256ab)의 언어이기 때문에, 샤카촉덴은 여기서 이 경문과, "유심에 의존하여 외경은 무임을 알아야만 한다"(MA, k.92ab, sa, 79a5-6)〔MI,p.294〕라는 『중관장엄론』 제92게송 전반을 혼동하고 있는지도 모른다.

50) Cf. SDV, sa, 13a3-4. 拙稿, 「Jñānagarbhaの二諦說」, p.128 참조.

51) MAV, p.20, *ll*,1-2.

52) 安井廣濟, 『中觀思想の硏究』, 法藏館, 1961, pp.360-362 참조.

sa, 128a1)〔MI, p.291〕라고 주석하고 있다. 이 '2종의 중관의 길'이란 '방편유식설'을 부정한 바비베카와 그것을 용인한 샨타라크쉬타와의 2종의 다른 수습의 길을 의미한다고 볼 수 있을 것이다.

〔부기 A〕

주 16)에서 기술한 바와 같이, 필자는 'arthakriyāsāmarthya'라는 말을 '과를 낳는 능력'으로 해석하지만 이와 같이 'arthakriyāsāmarthya'의 'artha'를 '과'(phala)로 해석할 때, 이 말 또는 이 개념의 선행자로서 『廻諍論(Vigrahavyāvartani, VV)』의 '과를 낳는 능력을 갖는 것' 'kāryakriyāsāmarthya'(VV, p.110, *ll.*10-11, l.12)과 나아가 『唯識二十論(*Viṃśatikā*, VŚ)』의 '과를 낳는 것'(kṛtyakriyā)(VŚ, k.2d, p.3 l.9, k.4ab, p.4, l.7)라는 용례를 주의하지 않으면 안 된다. 특히 『회쟁론』의 'kāryakriyāsāmartha'은 다르마키르티의 'arthakriyāsamartha'를 준비하는 듯한 표현이 아닌가 생각된다.

또한 이 두 개의 용어의 유사성과도 관련이 있는 것으로 이 기회에 『회쟁론』의 역사적 위상에 관한 필자의 견해를 기술해 두고자 한다. 필자는 『회쟁론』을 소위 나가르주나(『근본중송』의 저자)의 眞撰이라고 생각하지 않는다. 그 최대의 이유는 『회쟁론』에

'nāma hi nirvastukaṃ nāsti'(VV, k.9d, p.115, *ll.* 15-16)
'nāma hi nirvastukaṃ kiṃcid api nāsti'(VV, p.115, l.19)

라는 주장이 반론자의 견해로서 제시되지만, 이것은 『보살지(*Bodhisattvabhūmi*, BBh)』에 보이는

'nirvastukaḥ prajñptivādo na yujyate'(BBh, p.45, l.2)

라는 문장, 즉 '기체가 없는 가설은 있을 수 없다'라는 문장을 언급한 것으로밖에 생각되지 않기 때문이다. 결국 『회쟁론』의 위의 표현은 보살지의 'prajñaptivāda'를 'nāman'라는 동의어로 치환하여 제시한 것으로 생각된다. 보살지의 저자를 아상가로 보든 보지 않든 이 책은 4~5세기의 유가행파의 손에 의해 성립한 것임은 확실하다. 그렇다면 보살지의 위의 문장을 언급하고, 그 주장을 논파하려고 하는 『회쟁론』이 150~250년경에 생존했다고 여겨지는 『근본중송』의 저자 나가르주나의 저작이 아니라는 것은 확실하다.

『보살지』의 '기체가 없는 가설은 있을 수 없다'라는 문장이야말로 유가행파에 있어서 의타기성(기체)의 실재성을 설하기 위한 근본이론이며, 또한 일체법의 공성(비실재성)을 설하는 중관파를 비판할 때의 근본이론이라는 것에 대해서는 일찍이 논한 바가 있지만(拙論, 「Madhyamakālokaの一乘思想」, 『曹洞宗硏究員硏究生硏究紀要』 14, 1982, pp.296-295), 이와 같이 보면 『회쟁론』은 중관파의 측에서 '유가행파에 의한 중관파 비판'에 답한 가장 초기의 문헌의 하나라는 의의를 지닐 것이다.

그런데 『회쟁론』에는 위에서 기술한 것 이외에도 나가르주나 진찬을 의심하게 하는 요소가 많다. 이미 본 'kāryakriyāsamartha'는 다르마키르티의 'arthakriyāsamartha'에까지 연결되는 용법이라 생각되지만, 그 이외에도 이 책에는 나가르주나의 『근본중송』에 보이지 않는 말이 다수 사용되고 있다. 지금 그것을 자의적으로 거론하면 다음과 같다.

'sasvabhāva'(k.2), 'pratijñā'(k.4, k.29), 'lakṣaṇatas'(k.4), 'pratītyabhāva'(k.22), 'pramāṇa'(kk.31-33, kk.40-41, kk.43

-48, k.51), 'prameya'(kk.40-41, kk.43-48, k.51)

또 『회쟁론』에는 나가르주나 자신의 주석이라고 하는 산문부분에 다음과 같이 『근본중송』 제24장 제10게송이 인용되고 있다.

> "yathoktam / vyavahāram anāśritya / paramārtho na deśyate / paramārtham anāgamya nirvāṇaṃ nādhigamyata iti "(VV, p.127, *ll*.3-5)

그러나 '……라고 말해진 바와 같다'(yathoktam……iti)라는 형태로 자신의 저서로부터의 인용을 제시한 것은 극히 기이하다고 생각한다. 그리고 'yathoktam'을 티베트역에서는 'shes gsuṅs pa lta buḥo'(D, tsa, 128b1)로 번역하고 있다. 이 티베트역을 그대로 읽으면 'gsuṅs'는 경어이기 때문에 '라고 설하신 바와 같다'는 것이 될 것이지만, 이것은 'yathoktaṃ bhagavatā'라는 표현이 『明句論(Prasannapadā, Pras)』에 다수 쓰여지는 것에서도 알 수 있듯이 경전으로부터의 인용을 보일 때 사용되는 일이 많다. 따라서 한역도 이것은 '佛說偈言'(大正 32, 18下, 23行)으로, 불타가 설한 게로 간주하고 있다.

더욱이 『회쟁론』 제22게에는

> 'yaś ca pratītyabhāvo bhāvānāṃ śūnyateti sā proktā'(VV, p.121, *ll*.19-20)

로 나타나지만, 이것은 "어떤 것이든 제법이 연하여 생기는 것, 그것이 공성이라 설해졌다.(宣說되었다.)"라고 번역해야 할 것으로, 여기에도 "어떤 것이든 연기인 것 그것을 공성이라 우리들은 말한다."라는 『근본중송』 제24장 제18게 전반이 언급되고 있다고 생각되지만, 이것도 자신의 저서를 언급한 것으로서는 기이한 표현이 아닐까(단지 'sā proktā'는 교정자에 의한 還梵인 것에 주의).

또한 『근본중송』에서 사용되고 있던 'pratītyasamutpāda'라는 불교 전통에서 극히 중요하게 사용되어진 말이 'pratītyabhāva'라는 전혀 특이한 말로 바뀌고 있는 것이다. 이 'pratītyabhāva'라는 말은 『중관심론』 제3장의 색인(『展開』 所收)에도 Pras〔Index〕에도 나타나지 않지만, 『大乘莊嚴經論(*Mahāyānasūtrālaṃkāra*, Lévi ed.)』 VI, k.4a에 'pratītyabhāvaprabhava'란 말이 있는 것이 주목된다.

또 『회쟁론』이 'pūrva-pakṣa', 'uttara-pakṣa'라는 구성으로 이루어진 데 대하여 야마구치 박사는 "그와 같이 所破와 能破라는 전후 2분으로 이루어진 것은 용수 · 제바나 무착 · 세친 등의 논서로서는 달리 발견되지 않는 것 같고……."(「廻諍論について」, 『山口益佛教學文集 下』, 春秋社, 1973, p.11)라고 기술하여 그 특이성에 주목하고 있다.

더욱이 야마구치 박사의 연구에 나타나는 대로 『회쟁론』은 삼론종의 대성자 吉藏(549~623)이 태어나기 8년 전, 즉 541년에 한역되어졌다고 함에도 불구하고 길장은 『회쟁론』에 전혀 주석을 쓰지 않는다(앞의 책, p.7). 야마구치 박사는 그 이유를 길장 이전의 삼론종의 전통에서는 "중론 · 백론 · 십이문론이라는 소위 삼론에 대한 講學이 주류를 이루고, 따라서 용수의 저작이더라도 그 나머지 것은 고려하지 않았을 런지도 모른다."(앞의 책, p.7)라고 하지만, 과연 그럴까. 또한 필자는 삼론교학의 뛰어난 연구자인 오쿠노 고겐(奥野光賢) 씨에게 물어보았지만, 길장의 저작 가운데 『회쟁론』의 인용을 보았던 기억은 없다는 것이었다. 저 博覽强記로 알려진 길장이 『회쟁론』을 인용하지 않고 아마도 무시하고 있었던 것은 그 진찬을 의심하고 있었기 때문이라 생각된다.

또 이것과 관련하여 야마구치 박사는 같은 논문에서 法藏(643~712)의 『회쟁론』에 대한 평가를 문제 삼고 있다. 즉 법장은 『十二門論宗致義記』에서 다음과 같이 설하고 있다.

> 四標量破 謂如龍樹所造方便心論及廻諍論 世親所造如實論等 並名略標世間因明三支五分比量道理 校量破計 要顯正法.(大正 42卷, 214中)

여기에서 '標量破'라는 것은 불교 제경론 가운데 '破除見執'의 설을 다섯으로 나눈 것 가운데 네 번째로, 제3의 '隨執破'에는 '龍樹聖天等所造三論'의 설이 배당되고, 제5의 '定量破'에는 '陳那所造因明等論 淸弁所造般若燈論及掌珍論'의 설이 배당되고 있다.(大正42, 214中)

이것에 관해서 야마구치 박사는 『회쟁론』이 『방편심론』이나 『여실론』과 동렬로 다루고 지고 있는 것에 불만을 서술하여, 『회쟁론』은 『중론』 등과 같이 제3의 '수집파' 속에 위치 지어져야 한다고 논하지만(앞의 책, 8항), 필자의 관점에 본다면 이 법장은 분류는 극히 주목해야만 하는 것이다. 즉 『회쟁론』 등의 '標量破'는 한편에서는 '世間因明三支五分比量道理'를 '略標'하는 일종의 논리학서이기 때문에 공을 설한 『중론』 등과는 구별되지만, 다른 한편에서는 디그나가(Dignaga, 陳那)에 의해서 확립된 불교논리학이나 그것에 근거한 바비베카(청변)의 논서와도 구별되는 것이다. 요컨대 『회쟁론』 등의 내용은 디그나가에 의한 불교논리학 확립 이전의 소위 '초기의' 논리학, 즉 '세간인명'이라고 말해지는 것처럼 니야야학파의 논리학과 많은 공통항을 가진 논리학이라 간주되고 있는 것이다. 그런데 필자는 이와 같은 법장의 이해는 인도 대승불교사상의 역사적 전개를 상당히 정확하게 파악하고 있다고 생각한다. 즉 『회쟁론』은 『근본중송』보다도 『여실론』의 저자 바수반두의 시대에 훨씬 근접한다고 생각한다. 『회쟁론』의 한역이 『중론』의 한역보다도 약 130년 늦은 것도 양자의 역사적 간격을 반영하고 있을 것이다.

나아가 인도 중관파의 역사에 눈을 돌려보아도 야마구치 스스무(山口益) 박사의 지적에도 있는 것과 같이(앞의 책, 9쪽), 『회쟁론』을 인용하는 것은 7세기의 찬드라키르티가 최초이며, 그 이전의 바비베카는 이것을 인용하고 있지 않다. 게다가 찬드라키르티의 저작에서도 『회쟁론』을 인용하는 『명구론』 이전의 주저인 『입중론』이 『회쟁론』을 인용하고 있지 않은 것은 주의해야 할 것이다.

이상의 여러 가지 점에서 보아 필자는 『회쟁론』을 나가르주나의 진찬이라고는 생각하지 않는다. 앞에서 제시한 『보살지』의 문장과의 관계에서 생각하여 『회쟁론』은 거의 5세기 경에 성립하고, 나가르주나에게 가탁했다고 보아야 할 것이다.

그런데 『회쟁론』 및 동일하게 나가르주나의 저작이라 간주되는 『廣破論(*Vaidalyaprakaraṇa*)』과 『니야야 수트라(*Nyāyasūtra*)』와의 밀접한 관계에 대해서는 우이 하쿠주(宇井伯壽) 박사 이래 여러 학자들에 의해서 연구가 축적되어 이것이 또한 『니야야 수트라』의 성립에 관한 연구에 중요한 관건을 제공하고 있다. 최근 가지야마 박사의 논문 「佛教知識論の形成」(『講座・大乘佛教 9-認識論と論理學』, 春秋社, 1984)은 종래의 연구를 집대성하고, 나아가 새로운 견해를 제시한 뛰어난 연구이다. 그런데 『회쟁론』의 나가르주나 진찬을 부정하는 필자의 견해는 이러한 성과에 이의를 제기하는 것이 될 것이다. 그렇다면 필자에게 『회쟁론』 및 『광파론』과 『니야야 수트라』와의 관계를 어떻게 생각하는가 라고 한다면 그것에 대해서 필자는 지금도 명확한 의견을 가지고 있지는 않다. 다만 필자는 『광파론』도 나가르주나의 진찬이 아니며, 『회쟁론』과 거의 같은 시기에 성립한 것은 아닌가라고 생각하고 있다. 이 문제에 관한 가지야마설의 결론은 "나가르주나는 『니야야 수트라』 제5장을 제1장과 함께 알고 있었지만 제2, 제3, 제4장을 알지 못했다. 요컨대 제2, 제3, 제4장은 나가르주나보다 뒤에 저작되었다."(앞의 논문, p.52)라고 하는 것이지만, 필자는 이 박사의 논술 가운데 '나가르주나'를 '『회쟁론』과 『광파론』'으로 변경해야 하지 않을까 생각한다.

『회쟁론』에도 『광파론』에도 중관파의 공사상이 설해져 있다는 것은 확실하지만, 그 저자가 『근본중송』의 저자인 나가르주나 그 사람이라는 것은 아무래도 생각하기 어렵다. 『회쟁론』에 대해서는 『보살지』와의 관계를 근거로 하여 기술하였지만, 그것뿐만 아니라 『근본중송』의 세계는 인도에 있어서 『니야야 수트라』적인 논리학적 관심이 고조되기 이전의 작품이라고 생각하는 것이 가장 자연스러운 사고방식일 것이다. 『근본중송』에는 이미 본 바와 같이 'pramāna', 'prameya' 뿐만 아니라 『회쟁론』이나 『니야야 수트라』에 보이는 'anumāna', 'pratyakṣ', 'pratijñā'라는 중요한 논리학 용어가 전혀 인정되지 않는다. 그렇다면 『근본중송』의 저자인 나가르주나가 『니야야 수트라』를, 그 원형이든, 알고 있었다고 하는 것은 거의 생각할 수 없다.

또한 『차라카 상히타』나 『방편심론』도 『근본중송』보다도 훨씬 뒤에, 『니야야 수트라』에 근접한 시대의 작품은 아닌가 라고 생각된다. 필자에게는 가지야마논문에 의해서도 양자가 명확하게 『니야야 수트라』 이전이 아니면 안 되는 이유를 잘 이해할 수 없었다. 차라카에 관한 전승은 학문적 검증을 견딜 수 있는 것이라고는 생각하지 않으며, 『방편심론』에 대해서도 이것을 "용수 이전에 소승불교를 신봉하는 어떤 사람의 손으로 이루어 졌다"라고 보는 우이(宇井)설에 대한 가지야마 박사의 비판(앞의 논문, pp.12-14)은 적절하지만, "나는 『방편심론』의 저자를 나가르주나라고 단정할 생각은 없지만 이것을 그가 썼다고 해도 어쩔 수 없다고 생각한다." (앞의 논문, p.14)는 의견은 동조할 수 없다.

가지야마 박사는 『방편심론』이 5지작법을 알고 있었다는 것을 시사하지만(앞의 논문, p.15), 『근본중송』의 저자가 5지작법을 알고 있었다고는 생각할 수 없다. 또한 박사는 『방편심론』이 "열반을 논하는 즈음에 paryuāsa와 prasajya-pratiṣedha의 2종의 부정을 사용하여 열반을 전자에 의해서 유로서 존재하는 것을 인정한다."(앞의 논문, pp.18-19)라고 논해져 있지만, 『근본중송』의 저자에게는 2종의 부정의 구별은 아직 의식되고 있지 않았을 것이다. 또한 박사가 "열반을 전자에 의해서 유로서 있다."라고 말했던 것과 같이 『방편심론』에서의 이 문제에 대한 결론은 '當知涅槃決定實有 是亦名爲如法論也'(大正 32, 27中)로 되어 있지만, 『근본중송』의 저자인 나가르주나가 '열반'을 '실유'라고 설했다고는 도저히 생각할 수 없다.

끝으로 다시 'arthakriyāsamartha'에 대해서 말하면, 이 말은 무엇 때문에 다르마키르티에 있어서 『회쟁론』의 'kāryakriyāsamartha'가 아니라 'arthakriyāsamartha'라고 표현했는가라는 문제를 고찰할 필요가 있을 것이다. 그것에 대해서는 金子宗元, 「'arthakriyāsamartha'の解釋を巡って」, 『曹洞宗研究員研究生研究紀要』 29, 1997 참조.

〔부기 B〕

본 논문(p.131)의 필자의 논술, 요컨대 "필자가 샨타라크쉬타를 유형상중관파라든가 유가행중관파의 가운데 유형상파라든가 하는 것을 기술한 적은 일찍이 없다."라는 논술은 상당히 오해를 초래하기 쉬운 것이며, 또한 문제가 있다는 것을 본 논문 출판(1984年 3月號『理想』) 뒤 약 13년을 지나 본 논문을 다시 읽어 보고 또한 가지야마 박사의 필자에 대한 비판, 나아가 박사에 의해서 비판된 필자의 논문 「Ratnākaraśāntiの中觀派 批判(下)」, 『東洋學術硏究』 19-2, 1980〔이하 「Ratnākara(下)」〕를 상세하게 정독한 뒤 비로소 알게 되었다. 즉 필자는 그 논문에서

> 〔H〕그러므로 그가 유식파가 승인하는 지와 형상의 무구별성을 기본적으로는 동일성이라 이해했다는 사실에 의해서도 Śāntarakṣita를 유형상중관파라 규정할 수 있을 것이다.(「Ratnākara(下)」, p.168)

라고 서술하였던 것이다. 이 기술〔H〕에서는 "Śāntarakṣita를 유형상중관파라 규정할 수 있을 것이다."라고 설하고 있기 때문에, 앞에서의 논술과 모순은 분명하다. 따라서 "필자가 샨타라크쉬타를 유형상중관파라든가…… 기술한 적은 일찍이 없다."라는 논술은 허위라고도 생각될 수 있다. 그러나 이 기술〔H〕가 「Ratnākara(下)」에서 어떠한 문맥으로 나타나는가. 지금 이 점을 분명히 하여 오해를 풀고 싶다.

필자는 그 논문에서 먼저 다음과 같이 질문을 제기하였다.

> 〔A〕그런데 Śāntarakṣita를 유형상중관학파로 간주하는 것은 바

른 이해일까.(「Ratnākara(下)」, p.166)

그리고 이 질문을 받아 여러 고찰을 한 뒤 필자가 결론으로서 제시한 것이 다음의 기술이다.

> 〔I〕이상과 같이 여러 문헌에 보이는 중관파의 분파에 대하여 고찰한 바에 의해 Śāntarakṣita가 세속적으로는 유형상유식설을 인정하는 중관파, 즉 유형상중관파라 부르기 쉬운 사상가임이 판명되었다.(「Ratnākara(下)」, p.169)

여기에는 '라고 부르기 쉬운'이라는 말이 보인다. 따라서 기술〔A〕의 문제제기에 대해서 필자 자신이 "샨타라크쉬타는 유형상중관파이다."라고 명언하고 있는 것이 아닌 것은 분명할 것이다. 그렇다면 기술〔A〕의 문제제기와 기술〔I〕의 결론 사이에는 어떠한 고찰이 이루어지고 있는가. 필자는 기술〔A〕에 이어서

> 〔B〕이미 고찰한 것에 의해서 분명한 것처럼 샨타라크쉬타를 유형상중관파라고 규정하기 위해서는 샨타라크쉬타가 세속적으로는 유식성, 또는 형상과 지의 무구별성을 인정하고, 게다가 그 무구별성을 동일성이라 이해하는 것, 또 형상을 지와 같이 유(세속유)로 간주하는 것을 제시하지 않으면 안 된다.(「Ratnākara(下)」, pp.166-167)

라고 기술하고 샨타라크쉬타를 유형상중관파라 규정하기 위해서는 어떤 무엇인가의 조건이 만족되지 않으면 안 된다고 논하였다. 그렇다면 그것은 어떠한 조건인가 말하면 그것에 관한 필자의 논술에 약간 불명확함이 있지만, 필자는 기본적으로는 (x-1)샨타라크

쉬타가 세속적으로 유식성을 인정하고, 그 위에 더욱 (x-2)형상을 지와 같이 유(세속유)라 간주한 경우, 또는 (y-1)샨타라크쉬타가 세속적으로 지와 형상의 무구별성을 인정하고 그 위에 더욱 (y-2) 그 무구별성을 동일성이라 이해한 경우에 샨타라크쉬타는 유형상중관파로 규정된다고 논하였던 것이다. 결국 샨타라크쉬타를 유형상중관파로 규정하기 위한 조건으로서 다음과 같은 것을 거론하였다.

(x-1)세속에 있어서 유식성 (x-2)형상의 세속성
(y-1)세속에 있어서 형상과 (y-2)무구별성→동일성
지의 무구별성

여기서 (x)와 (y)의 관계는 '또는'이고 (1)과 (2)의 관계는 '동시에'이다. 거기서 필자는 샨타라크쉬타가 (x-1)과 (x-2)의 조건을 만족시키는가의 여부에 대해서 다음과 같이 기술하였다.

〔C〕여기서 MAK, k.64는 인과관계에 있는 사물, 즉 의타기성이 세속유라는 것을 설하고, MAK, k.91은 의타기성이 유심임을 설하고 있다. 그러므로 이 두 게송이 참으로 샨타라크쉬타 자신의 세속설을 설한 것이라 생각한다면 샨타라크쉬타는 세속에 있어서 유식성을 인정한다고 말할 수 있을 것이다.(「Ratnākara(下)」, p.167)

〔E〕나아가 MAK, k.91에 대한…… 라는 샨타라크쉬타 자신의 주석을 보면, 거기서 인정된 유식설이 유형상설이라는 것이 이해될 것이다. 왜냐하면 여기서 색 등은 지의 형상이라고 이해되며 게다가 색 등은 의타기성, 즉 세속유이기 때문에 지와 마찬가지로 형상도

세속유인 것이 거기서 승인되고 있기 때문이다.(同, p.167)

〔F〕이와 같이 MAK, k.64와 MAK, k.91을 샨타라크쉬타 자신의 사상적 입장으로 간주하는 것만에 의해서도 그를 유형상중관파로 규정하는 것은 충분히 가능하다.(同, p.167)

여기서 기술〔C〕〔E〕는 (x-1)과 (x-2)의 조건을 기술하고, 기술〔F〕는 그 결론으로서 "샨타라크쉬타는 유형상중관파로 규정될 수 있다"라고 필자가 단정하고 있는 것같이 보인다. 그러나 주의를 당부하고 싶은 것은 필자는 여기서 조건 (x-1)이 만족되는 것을 승인하고 있지 않다는 점이다. 즉 기술〔C〕의 "그러므로 이 두 게송이 참으로 샨타라크쉬타 자신의 세속설을 설하는 것으로 생각한다면"이라는 곳에는 주(18)이 붙어져, 거기서는

〔D〕필자는 이미 MAK, k.91은 샨타라크쉬타 자신의 사상적 입장을 설하는 것이 아니라 유가행파의 사상을 설하는 것이 아닌가라고 생각된다라고 논했다. 이 필자의 생각은 오늘날까지도 기본적으로 변함없지만(同, pp.178-179)

라고 기술하였던 것이다. 필자가 MAK, k.91, 즉 『중관장엄론』 제91게송을 샨타라크쉬타 자신의 사상적 입장을 설한 것으로 보지 않음으로써 (x-1)도 또한 나아가 (x-2)도 성립하지 않고, 따라서 필자 자신이 그를 유형상중관파로 규정하고 있는 것이 아니라는 것은 분명하다고 생각된다.

그렇다면 (y-1), (y-2)에 대하여 필자는 어떻게 기술했을까? 필자의 논술은 아래와 같다.

〔G〕에서는 샨타라크쉬타는 지와 형상의 관계를 어떻게 보고 있는가. 이 의문에 대해서 적어도 "샨타라크쉬타는 유식파가 주장하는 지와 형상의 무구별성을 동일성으로 이해하는 것에 의해 유식파를 비판하고 있다."라고 말할 수 있을 것이다.(同, pp.167 -168)

〔H〕그러므로 그가 유식파의 승인하는 지와 형상의 무구별성을 기본적으로는 동일성으로 이해했다고 하는 사실에 의해서도 샨타라크쉬타는 유형상중관파로 규정할 수 있을 것이다.(同, p.168)

여기서 기술〔H〕야말로 서두에 제시한 문제의 기술인 것이다. 그렇다면 그들 기술〔G〕〔H〕에 있어서 필자는 "샨타라크쉬타가 세속적으로는 형상과 지의 무구별성을 인정했다."(y-1)라고 논하고 있을까. 그와 같은 것은 아니다. 필자는 단지 '유식파가 주장하는 지와 형상의 무구별성', '유식파가 승인하는 지와 형상의 무구별성'으로 기술하고 있을 뿐이다.

그러나 이와 같이 본다면 기술〔H〕가 내용적으로 혼란스럽다는 것, 즉 기술〔B〕의 내용을 바르게 받고 있지 않는 것은 분명하다. 곧 기술〔H〕 후반의 "샨타라크쉬타를 유형상중관파로 규정할 수 있을 것이다."라는 결론은 그 전반이 "샨타라크쉬타 자신이 세속에 있어서 승인하는 지와 형상의 무구별성을 그가 기본적으로 동일성으로 이해했다고 하는 사실에 의해서도"라고 되어 있지 않는 한, 도출할 수 없는 것이었던 것이다. 그런데 필자는 "샨타라크쉬타가 세속에 있어서 지와 형상의 무구별성을 인정했다" 등을 「Ratnākara(下)」의 어디에서도 서술하지 않았다. 따라서 기술〔H〕의 전반을 그와 같이 바꾸어 쓰는 것도 불가능하다. 요컨대 필자는 (x-1)과 (y-1) 둘 모두 인정하지 않는다. 결국 필자 자신이 "샨타라크쉬타는 세속에 있어서 유식성을 인정했다."라든가, "샨타라크쉬타는 세속에 있어서 형상과 지의 무구별성을 인정했다."는 것을 논한 적이 없다. 따라서 필자는 본 논문에 있어서 "필자가 샨타라크쉬타를 유형상중관파라든가, 유가행중관파 가운데 유형상파라고 기술한 적은 일찍이 없다"라는 논술을 정정할 필요는 없다고 생각한다.

다만 자신의 논문에 대해서 해명하지 않으면 안 된다는 것 자체가 문제이다. 필자는 「Ratnākara(下)」의 관련부분이 불명확하며, 기술〔H〕에는 명확한 혼란, 오류가 보인다는 것은 인정하고 싶다. 나아가 그 위에 이 점에 관해서 가지야마 박사의 비판에, 본 논문 발표 시점에서 정당하게 답하지 않았던 것에 대해서 깊이 사죄의 말을 올리고 싶다.

가지야마 박사는 「中觀思想の歷史と文獻」(「中歷文」)이라는 논문에서 필자에 대한 비판을 제시할 즈음, 필자가 『중관장엄론』 제91 게송을 샨타라크쉬타 자신의 입장을 설한 것으로는 보지 않는다는 것을, 즉 제91게송에 기초하여 "샨타라크쉬타는 세속에 있어서 유식을 인정하고 외경을 부정했다."라고 볼 수는 없다고 필자가 논한 것을 이해하시지 못한 것처럼 생각된다. 따라서 박사는

> 제2파가 샨타라크쉬타 자신의 일파인 것은 이 일파가 다름 아닌 『중관심론』〔이것은 『중관장엄론』의 오식일 것이다, 松本〕 제91 詩에 의거하기 때문에 분명하다.(「中歷文」, p.37)

> 샨타라크쉬타가 유가행중관파인 것은 앞에서 2의 3(a) 가운데 번역한 『중관장엄론』 제91 詩 및 그 주에서 확인했던 것이지만,(「中歷文」, p.54)

라고 기술하고 나아가,

> 松本 씨는 샨타라크쉬타가 유가행중관파 가운데 형상진실론자에 속한다는 결론을 2개의 방법으로 증명하려고 한다. 우선 제1의 논증을 소개한다. 松本 씨는 『중관장엄론』 제64, 91게송을 번역하고, (「中歷文」, pp.54-55)

라고 하여 필자의 「Ratnākara(下)」에 대한 비판으로 나아가고 있다. 여기에는 필자가 『중관장엄론』 제91게송을 샨타라크쉬타 자신의 입장을 설한 것으로 보지 않는다는 것, 즉 샨타라크쉬타를 유가행중관파로 보지 않는다는 필자의 이해가 전혀 반영되지 않고 있다. 따라서 필자는, 이 필자의 이해에 도움이 되기 위해 약간 조급한 방식으로 기술한 것이, 본 논문의 "필자가 샨타라크쉬타를 유형상중관파라든가 유가행중관파 가운데 유형상파라고 기술한 적은 일찍이 없다."라는 논술이었던 것이다.

가지야마 박사는 앞에서 기술한 (y-2)에 관한 필자의 소론을 비판하여 "'지와 형상의 무구별성'을 paryudāsa 명사부정으로서 동일성으로 이해하는 것은 형상진실론자이며, 그것을 prasajya-pratiṣedha 동사부정으로서 '단순한 구별의 부정뿐'으로 이해하는 것은 형상허위론이다."라는 이해는 샨타라크쉬타에게 적용할 수 없는 것은 아닌가라고 논했다. 곧 이 이해는 샨타라크쉬타에게서는 아직 보이지 않고 그 이후 다르못타라에게서 형성되었기 때문이라고 하였다 (「中歷文」, pp.59-61)

필자는 이 박사의 비판을 기본적으로는 승인한다. 즉 샨타라크쉬타는 유형상유식설도 무형상유식설도 '지와 형상의 무구별성'을 동일성으로 이해하는 것에 의해서 비판하고 있다. 단적으로 말해서 "'지와 형상의 무구별성'을 동일성으로 이해하는 것은 유형상유식파(형상진실론자)이며, 그것을 '단순한 구별의 부정'으로 이해하는 것은 무형상유식파(형상허위론자)이다."라는 이해를 샨타라크쉬타 자신은 결여하고 있다는 것을 의미할 것이다. 왜냐하면 만약 이 이해를 그가 가지고 있었다면, 그는 '지와 형상의 무구별성'을 동일성으로 이해하는 것에 의해 무형상유식파를 비판할 수 없었기 때문이다. 따라서 위에서 기술한 이해는 샨타라크쉬타에 있어서는 존재하지 않고, 박사가 말했던 것과 같이 아마도 다르못타라에게서 형성되었을 것이다.(「中歷文」, p.61, *ll.* 13-15) 또 박사도 주의한 바와 같이 필자 자신도 이와 같은 이해가 샨타라크쉬타에 대한 비판으로서 다르못타라에게서 형성된 것은 아닌가라는 취지를 기술했던 것이다.(「Ratnākara(下)」, pp.168-169, 「中歷文」, p.83, 註 94))

그런데 유식파가 주장하는 '지와 형상의 무구별성'을 2종 부정의 이론에 의해서 동일성으로 이해하는가, '단순한 구별의 부정'으로 이해하는가는 형상진실론자와 형상허위론자를 구별하는 기준이 된다고 하는 이해는 샨타라크쉬타보다 뒤에 성립했다하더라도, 이 기준을 샨타라크쉬타 혹은 그 이전의 사상가에게 결코 적용할 수 없다는 것이 증명되고 있는 것은 아니다. 그러나 동시에 그들에게 적용할 수 있다는 것도 또한 전혀 증명되고 있지 않다. 따라서 이 점에 대해서 의문을 제시한 가지야마 박사의 비판은 정당했다고 생각한다.

제4장

•

총카파의 중관사상에 대하여

먼저 본론의 목적과 방법을 서술하고자 한다.

티베트불교 게룩(dGe lugs)파의 시조인 총카파 롭상닥파(Tsoṅ kha pa Blo bzaṅ grags pa, 1357~1419)는 인도불교 철학의 여러 학파 가운데서도 나가르주나(Nāgārjuna, 龍樹, 약 150~250)를 기원으로 하는 중관파(中觀派, Mādhyamika) 철학을 최고로 간주하고, 그 중에서도 특히 찬드라키르티(Candrakīrti, 月稱, 약 600~650)를 대표로 하는 귀류파(歸謬派, Thal ḥgyur ba, Prāsaṅgika)의 철학을 자신의 사상적 입장으로 삼았다.[1] 그러나 나가르주나의 중관사상과 찬드라키르티의 중관사상이 완전히 같은 것이 아닌 것처럼 찬드라키르티와 총카파의 중관사상도 또한 완전히 일치하는 것은 아니다. 찬드라키르티의 중관사상이 총카

---

1) 중관파를 자립파(Svātantrika)와 귀류파(Prāsaṅgika)의 두 학파로 나누는 것은 본서 서장(pp.46-47)에서 서술했듯이 인도불교학의 상식이 되어 있다. 그러나 佐藤道郎 씨가 지적한 것처럼 이 두 학파 이름의 梵語形은 아마도 Raṅ rgyud pa와 Thal ḥgyur ba라고 하는 티베트어가 범어로 바뀐 것으로 인도 원전에서는 아직 확인되지 않고 있다. 佐藤道郎, 「Prāsaṅgikaの軌跡」, 『日本西藏學會會報』 22, 1976, pp.1-3 참조.
필자는 샤캬촉덴이 이 두 학파에 대해서 "티베트인들이 Raṅ rgyud pa(자립파)와 Thal ḥgyur ba(귀류파)라고 이름 붙인 것(tha sñad byas pa)'(BN, kha, 13b3)으로 서술하고 있는 것 등에서 보아도, 이 두 학파명의 범어형이 인도의 원전에서 확인되는 경우가 없을 것이라고 예상하지만, 어쨌든 Raṅ rgyud pa와 Thal ḥgyur ba라는 학파명을 사용한 최초의 티베트인 학자는 필자가 확인할 수 있는 한에서는 니마닥(1055~?)이다. 그가 "바비베카는 Raṅ rgyud pa(자립)의 주장(phyogs)을 유지하고, 붓다팔리타와 찬드라키르티 尊師는 Thal ḥgyur(귀류)의 주장을 유지했기 때문에 〔중관파의 주장은〕 Thal 〔ḥgyur ba〕와 Raṅ 〔rgyud pa〕의 두 가지이다." "사물의 힘에 의해서 생기한 量을 승인하는 것이 중관 Raṅ rgyud 〔pa〕(자립파)이고 그것을 승인하지 않는 것이 Thal ḥgyur ba(귀류파)이다"라고 서술한 것이 잠양셰파의 『대학설』(GCh, pha, 〔II〕, 103a1-3)에 보고 되어 있기 때문이다. 본 장에서는 인도 원전에는 본래 존재하지 않는다고 생각되는 점을 고려하여 Svātantrika와 Prāsaṅgika라는 범어형의 학파명은 사용하지 않는다. 역시 본장〔부기 B 참조〕.

파에까지 전승되는 과정에서 다양한 사상가에 의한 교리적 발전과 첨가가 이루어 졌고, 나아가 총카파 자신이 새롭게 창안한 교리나 학설이라는 것도 당연히 존재했으리라 생각되기 때문이다. 따라서 간략하게 말한다면 총카파의 중관사상은 (a)찬드라키르티의 중관사상, (b)찬드라키르티에서 총카파에 이르기까지 중관사상가들이 창안한 교리 또는 학설, (c)총카파가 창안한 교리 또는 학설이라는 3가지 요소가 생각되지만, 본론에서는 이 중 (c)를 '총카파의 독자적인 사상'으로 파악하여 그 내용이 무엇이며 또한 그 기원이 무엇인가 하는 2가지 측면에서 고찰하고자 한다.

그러면 이 2가지 점을 해명하기 위해서는 어떠한 방법을 사용해야할 것인가. 우선 총카파를 절대시하는 게룩파의 신앙적 관점에서 보면 총카파 만이 찬드라키르티의 중관사상을 바르게 해설한 것이고, 그들 두 사람의 학설은 동일시되기 때문에 여기에서는 찬드라키르티와 총카파 사이의 사상적 차이를 인정하는 시각은 배제되어 있다. 따라서 이러한 게룩파의 신앙적 관점을 오늘날 우리들이 그대로 받아들인다면, 우리들은 (a)'찬드라키르티의 중관사상'은 물론이고 (c)'총카파 독자의 중관사상'도 분명히 할 수 없을 것이다.

총카파 독자의 중관사상이 무엇인지를 해명하기 위해서는 이러한 신앙적 관점을 벗어나 있다는 점에서 게룩파 이외의 학파에서 행하여진 다양한 총카파 비판[2]을 이용하는 것이 가장 유효한 방법이다. 즉 우선 첫번째로 그들의 총카파 비판에 있어서 총카파 학설이 어떠한 형태의 학설로 제시되고 있는가를 살펴보고, 다음으로

---

2) 총카파의 중관사상을 비판한 최초의 유력한 학자는 아마도 사캬파의 탁창파 쉐랍린첸(sTag tshaṅ pa Śes rab rin chen, 1405~?)일 것이다. Cf. PJ, 167a7-b6, 御牧克己, 「Blo gsal grub mtha'について」, 『密教學』 15, 1978, p.109, 註 40) 참조. 그리고 탁창파에 의한 총카파 비판에 대해서는 본서 제5장에서 논한다.

그 학설이 과연 본래 있는 그대로의 형태로 총카파 저작 가운데 나타나는 지의 여부를 확인하고, 마지막으로 그 학설이 총카파에 선행하는 중관사상가들의 저작 가운데 전혀 나타나지 않는다는 것이 인정되어야 한다. 그렇게 될 때 그 학설은 진실로 총카파가 창안한 학설, 즉 총카파 독자의 중관사상이라고 할 수 있을 것이다. 이러한 3가지의 작업은 총카파를 비판하는 문헌에서 뿐만 아니라 총카파 자신의 저작 등 가능한 한 많은 저작에서 엄밀하게 행하여져야 한다. 그러나 실제로 그것은 매우 곤란하기 때문에 본장에서는 일단 이러한 문제의식을 가지고 총카파 비판을 포함한 사캬(Sa skya)파의 고람파 소남셍게(Go ram pa bSod nams seṅ ge, 1429~89)의 『견해변별(見解弁別, *lTa baḥi śan ḥbyed*, TŚ)』〔1468년에 저술〕과 같은 사캬파의 샤캬촉덴(Śākya mchog ldan, 1428~1507)의 『중관결택(中觀抉擇, *dBu ma rnam ṅes*, BN』〔1477년에 저술〕 및 후에 거론할 총카파의 주요한 3저작을 고찰의 기초로 삼아 총카파 독자의 중관사상이 어떠한 것인가를 해명하고 싶다.

또한 총카파의 독자적인 중관사상의 기원을 해명하기 위해서는, 현재로서는 대부분 전기적 자료에 의존할 수밖에 없다.

제1절 총카파 독자의 학설들

본 절에서는 총카파 독자의 중관사상이란 무엇인가를 해명하기 위해 다음과 같은 순서를 취한다. 즉 우선 고람파가 『견해변별』에서 전주장(前主張, 비판되어야 할 주장)으로서 총카파의 학설을 설명한 기술(TŚ, ca, 4a6-8a3)에서 필자의 판단으로 10가지 항목의 학설을 가려내어 그들 학설이 『견해변별』과 『중관결택』에서 제시되고 비판되는 곳(『견해변별』의 경우에 한해서 괄호 안의 전반 부분은 학설이 제시되는 곳, 후반 부분은 비판되는 곳), 총카파의 저작에 나타나는 곳, 이들의 학설과 유사 또는 연관되는 학설이 찬드라키르티의 저작에 나타나는 곳을 각각 (a), (b), (c)로 표시한다. 그후에 가능한 경우에 한하여 그들 학설의 의미를 확정하기 위한 고찰을 더하여, 최종적으로 그들 학설 가운데 어떠한 것이 총카파의 독자적인 중관사상이라고 할 수 있을 지를 결정한다.

또한 여기에서 사용하는 총카파의 저작은 『도차제대론(道次第大論, *Lam rim chen mo*, LR)』과 『선설심수(善說心髓, *Legs bśad sñiṅ po*, LÑ)』, 그리고 찬드라키르티의 『입중론(入中論, *Madhyamakāvatāra*)』에 대한 총카파의 주석 『밀의해명(密意解明, *dGoṅs pa rab gsal*)』이 있고, 찬드라키르티의 저작은 『입중론』에 대해 자신의 주석서 『입중론주(入中論註, *Madhyamakāvatārabhāṣya*, MAvBh)』와 『사백론석(四百論釋, *Catuḥśatakaṭīkā*, CŚṬ)』이다.

학설 A[3] "진실(bden pa)을 부정하는 것만인 절대부정(med dgag)[4]의 공성은 참된 승의의 진실(don dam bden pa mtshan ñid pa)이며, 네 변(mthaḥ bshi)의 어디에도 집착하지 않는 것이 중관의 견해라고 주장하는 것은 중국화상(中國和尙, rGya nag

3) 이하 학설 A-J의 내용은 『견해변별』의 기술을 참조하여 필자가 정리한 것으로, 『견해변별』에서의 직역은 아니다.

4) 일반적으로 어떤 것의 부정이 그 자체의 모순개념의 긍정을 의미하는 것을 '상대부정'(ma yin dgag), 의미하지 않는 것을 '절대부정'으로 부를 수 있지만, 게룩파가 '상대부정'과 '절대부정'이라는 말에 의탁하는 의미는 단지 그것만에 머물지 않는다. 이것에 대해서는 본서 제10장에서 상세히 논한다.

hwa saṅ)의 견해와 같다."

(a) TŚ(ca, 5a4-b5; 13b4-17b6), BN(ka, 5b3-8a5) (b) LR (pa, 382b4-386a6) (c) MAvBh(ḥa, 253a4-256a6)

이 학설 A 가운데 "절대부정의 공성은 참된 승의의 진실이다."라고 하는 설이 동일한 형태로 총카파의 저작 속에 나타나는지는 확인할 수 없다. 그러나 학설 A와 거의 일치하는 설이 총카파의 다음과 같은 기술 가운데에 설해지는 것을 볼 수 있다.

> "자성(自性, raṅ bshin)을 배제하는 것만인 것〔=절대부정의 공성〕에 의해서 그 대상을 어떻게 부정할 필요가 있겠는가. 그와 같이 이해하는 것〔=자성은 無라고 이해하는 것〕은 〔人法의〕 2아에서 상(相, mtshan ma)에 집착하는 것의 대치(對治, gñen po)인 것으로, 거기에는 상에 대해 조금도 집착하는 것이 없기 때문이다. 이와 같은 이해(rtog pa, 분별)조차도 과실이라고 보고 좋은 분별(bzaṅ rtog)과 나쁜 분별(ṅan rtog)의 둘 다를 부정한다면, 중국의 계사화상(戒師和尙; rGya nag gi mkhan po Hwa śaṅ)의 설을 수립하고자 원하는 것이 명백하다."(LR, pa, 386a4-6)

여기에서 총카파는 "무자성이라고 하는 이해는 집착을 멸한 선한 분별이기 때문에 그것은 부정해서는 안 되는 것으로, 만약 일체의 분별을 부정한다면 중국의 계사화상, 즉 마하연(摩訶衍)의 설을 지지하는 것이 된다."고 설명한다. 마하연은 서장에서 서술했듯이, 794년에[5] 삼예(bSam yas)에서 인도의 중관파 카말라쉴라(Kamalaśīla)와의 논쟁하여 패하고, 이후 그의 가르침을 받드는 것은

5) 이 시대는 山口瑞鳳, 「吐蕃王國佛教史年代考」, 『成田山佛教研究所紀要』 3, 1978, p.11에 의한다.

티베트에서는 금지된 중국의 선사(禪師)로, 그의 '불사불관(不思不觀)'의 가르침은[6] 후대의 티베트에서는 극히 열등한 설로 간주되었기 때문에, 이 총카파의 기술이 티베트 어느 특정한 중관파에 대한 비판이라고 한다면 그것은 매우 엄밀한 비판이라 할 수 있다.

그런데 고람파는 이 총카파의 기술을 자신 또는 자신이 속한 학파의 학설에 대한 비판이라고 생각했던 것 같기 때문에, 학설 A의 정확한 의미를 파악하기 위해서 여기에서 고람파의 사고방식을 조금 설명하기로 한다. 우선 고람파는,

> 참다운 승의의 진실은, 범부의 혜(慧, blo)의 경계를 초월하고, 성자가 입정(入定, mñam bshag)에 드는 무루(無漏)의 지(智, ye ses)에 의해서도 〔주객의〕 두 부분으로서 현현(顯現)이 사라지고, 유무상단(有無常斷) 등의 어떠한 변(mthaḥ)으로서도 나타나지 않은 것이 승의의 진실이라고 설해졌기 때문이다.(TŚ, ca, 14a2-3)

라는 기술에도 보이듯이, 승의의 진실을 '일체의 극단〔邊〕을 떠난 것'이라고 정의한다. 따라서 그는 자기의 학설을 '이변(離邊)을 중(中)이라고 설하는 자'(mthaḥ bral la dbu mar smra ba)라고 부르지만[7], 고람파는 여기에서 말하는 '이변중관설(離邊中觀說)'을 그가 창시한 것이 아니라 찬드라키르티의 여러 저작을 최초로 티베트어로 번역하고 그 학설을 티베트에 들여오는데 가장 공헌한 인물인 니마닥(Ñi ma grags, 1055~?)이 창시한 것으로 간주하

6) 마하연의 사상에 대해서는 『禪批判』, pp.5-58 참조.

7) 고람파는 『견해변별』에서 티베트 중관파에 3개의 종견이 있다고 하고, 조낭파의 종견을 '상변을 중이라고 설하는 것', 총카파의 종견을 '단변을 중이라고 설하는 것', 자신의 종견을 '이변을 중이라고 설한 것'이라고 부른다. Cf. TŚ, ca, 2b3.

고, 더욱이 카담(bKaḥ gdams)파의 로덴쉐랍(Blo ldan śes rab, 1059~1109), 카규(bKaḥ brgyud)파의 마르파(Mar pa, 1012~97)와 미라레파(Mi la ras pa, 1040~1123), 사캬파의 닥파겐첸(Grags pa rgyal mtshan, 1147~1216), 사캬 판디타(Sa skya Paṇḍita, 1182~1251), 렌다와(Red mdaḥ ba, 1349~1412) 등과 같은 학자들도 주장한 것이라고 말하고 있다.[8] 니마닥을 비롯하여 여기에 이름이 열거된 모든 사람이 고람파가 이해하는 것과 같은 의미에서의 '이변중관설'을 설하였는지는 현재 확인할 수 없지만, 무엇보다 고람파는 총카파 이전에 이와 같은 '이변중관설'의 전통이 존재했다는 것을 주장하고, 학설 A를 이러한 '이변중관설'에 대한 총카파의 비판으로 보는 것이다.

그런데 고람파는 승의의 진실을 '이변'이라고 규정하는 것에 관하여 절대 부정의 공성에 대해서는,

> 진실(bden pa)을 탐구하여도 그것을 얻지 못하는 정리지(正理知, rigs śes)인 비량(比量)의 직접 대상인 절대부정의 공성(stoṅ pa ñid med dgag)은 세속이라고 확립하지 않으면 안 되기 때문이다.(TŚ, ca, 14a6)

라는 것처럼 그것을 명확히 세속이라고 규정하고 있다. 절대부정의 공성을 세속의 진실이라고 규정하는 것 자체는 이미 인도의 중관파 즈냐나가르바(Jñānagarbha, 8세기)의 『이제분별론(二諦分別論, *Satyadvayavibhaṅga*, SDV)』에서,

> 그것〔=生起 등의 부정〕도 정리(正理)에 의해서 고찰한다면 세속

8) Cf. TŚ, ca, 8a3-b1.

에 지나지 않는다.(SDV, sa, 6a2)

라는 기술에 의해서도 볼 수 있을지도 모른다. 그러나 고람파는 특히 절대부정의 공성을 무변(無邊) 또는 단변(斷邊)의 일종이라 생각한 것이,

> 진실을 부정하고 나서 그것〔=진실〕을 부정하는 공성〔=절대부정의 공성〕에 대한 집착은 부정해서는 안 된다고 주장하는 것은 중관 교의의 큰 요점을 오해하는 것이다.(TŚ, ca, 15a1-2)

라는 기술로 알려질 것이다.[9] 여기에서 절대부정의 공성을 집착의 대상으로 간주하고 있기 때문이다. 따라서 고람파가 총카파의 학설을 "단변(斷邊)을 중이라고 설하는 자"(chad mthaḥ la dbu mar smra ba)라고 불렀던 이유도 그에게 있어 총카파의 학설이 "절대부정의 공성이라는 단변을 참다운 승의의 진실이라고 설한 자"와 같이 보였기 때문이었던 것이다.

그런데 학설 A에 대해 마지막으로 찬드라키르티와의 관계가 어떠한지 살펴보자. 필자가 (c)에 제시한 『입중론주』에서는 세속과 승의의 2제에 관한 찬드라키르티의 이해가 상세히 설명되고 있지만, 거기에 "절대부정의 공성이 승의의 진실이다."라고 하는 학설이 설해졌는지 아닌지는 간단하게 확정할 수 없다. 왜냐하면 거기에 그 학설이 설해져 있다고 본다면, 총카파의 찬드라키르티 이해를 지지하는 것이 되고, 설해져 있지 않다고 생각하면 총카파의 학설 A를 비판하는 자, 예를 들면 고람파의 찬드라키르티 이해를 지지

---

9) 『중관결택』에서 샤캬촉덴의 이해도 이 고람파의 이해와 거의 일치한다. Cf. BN, ka, 6b2-8a5.

하는 것이 되기 때문이다. 따라서 이러한 상황에서는 이 문제에 대한 해답은 총카파나 고람파 등의 티베트인 학자에 의한 찬드라키르티 이해도 참조하고, 찬드라키르티의 이제설에 대한 정확한 논의가 확정될 때까지 유보하지 않을 수 없는 것이다.

또한 이미 서술했듯이 즈냐나가르바가 절대부정의 공성을 세속의 진실이라고 규정했더라도 그것은 이 경우 어떠한 문제의 해결책이 되지 않는다. 왜냐하면 즈냐나가르바는, 총카파에 의하면, 찬드라키르티로 대표되는 귀류파와는 구별되는 자립파(自立派, Raṅ rgyud pa, Svātantrika)의 대표적인 사상가로서, 두 파의 이제설에는 상이한 면이 있다고 보여지기 때문이다.

학설 B "중관자립파는 언설(tha sñad, vyavahāra)에 있어서 자상(自相)에 의해서 성립하는(raṅ gi mtshan ñid kyis grub pa) 법을 승인한다."

(a) TŚ(ca, 4b6-5a2; 17b6-18a2), BN(kha, 42a5-53a2)
(b) LR(pa, 371b2-372b6), LÑ(pha, 60b1-63a5, 69b1-4) GR(ca, 72a1-75b4, 77b6-7)

이 학설 B는 총카파에 의해서,

> 이것에 대해서 스승 바비베카(Legs ldan ḥbyed)는 색 등에 있어서, 언설에 있어서, 자상에 의해 성립하는 것이 있다고 주장하였다.(LR, pa, 371b2)

라는 기술에서 설해지고 있는 것을 볼 수가 있다. 말할 필요도 없이 바비베카(Bhāviveka, 약 490~570)는 자립파의 창시자로 간주되는 인물이기 때문이다. 단지 총카파의,

> 스승 붓다팔리타(Saṅs rgyas bskyaṅs)와 스승 찬드라키르티(Zla ba grags pa)는, 자상에 의해서 성립하고 있는 것이 있다면 〔그것은〕 진실로 성립하고 있는 것이다(bden par grub pa)라고 주장하시지만, 스승 바비베카 등은 그것〔=자상에 의해 성립하고 있는 것이 있다는 것〕 만으로는 승의로서 성립하고 있는 것(don dam par grub pa)은 될 수 없다고 주장하신다.(LR, pa, 372b5-6)

라는 기술을 보면, 총카파가 붓다팔리타(Buddhapālita, 약 470~540)나 찬드라키르티 등의 귀류파에 있어서는 자상에 의해 성립하고 있는 것과 진실〔또는 승의〕로서 성립하고 있는 것은 같은 것이지만, 자립파에 있어서는 이 양자는 다르고, 자상에 의해서 성립하고 있는 것만으로는 진실로서 성립하고 있는 것은 되지않는다라고 그와 같이 생각하고 있었던 것이 분명해진다.

그러면 총카파에 있어 '자상에 의해 성립하고 있는 것'과 '진실〔또는 승의〕로서 성립하고 있는 것'과의 구별은 어디에 있는 것일까. 이 점에 대해서 고람파는 다음과 같이 명쾌하게 총카파의 설을 설명하고 있다.

> 진실의 정도(程度)(bden paḥi tshad)에 대하여, 자립파들은 혜(慧)에 의존하지 않고 대상 자체의 참된 모습이란 측면에서 성립하고 있는 것(blo la ma ltos par yul raṅ gi sdod lugs kyi ṅos nas grub pa)이 있다면, 〔그것은〕
> ⓐ 진실로서 성립하고 있는 것(bden par grub pa)
> ⓑ 승의로서 성립하고 있는 것(don dam par grub pa)
> ⓒ 실의(實義)로서 성립하고 있는 것(yaṅ dag par grub pa)
> 이기 때문에 그것들은 부정대상(dgag bya)이지만,

ⓔ 자상(自相)에 의해서 성립하고 있는 것(raṅ gi mtshan ñid kyis grub pa)

ⓕ 자성(自性)에 의해서 성립하고 있는 것(raṅ bshin gyis grub pa)

ⓓ 자체(自體)에 의해서 성립하고 있는 것(ṅo bo ñid kyis grub pa)

은 언설에 있어서 있는 것으로 부정대상이 아니다라고 주장하는 것이다.(TŚ, ca,4b6-5a2)

즉 고람파에 의하면, 앞의 기술에 나타나는 6가지의 술어 가운데. ⓐⓑⓒ의 세 가지의 술어에 의해서 표시되는 것은 자립파에 있어서는 언설에서도 존재하지 않고, 부정되어져야할 것이지만, ⓔⓕⓓ의 세 가지 술어에 의해서 표시되는 것은 언설에 있어서 있는 것(言說有)으로, 따라서 부정대상이 아니다라고 총카파는 주장한다고 하는 것이다. 실제 총카파의 다음의 기술을 보면, 총카파가 이상의 6가지 술어의 의미를 고람파가 보고하는 것과 같이, 명확하게 두 가지로 구별하여 이해했다는 것을 알 수 있다.

앞서 서술한 명칭이란 언설의 힘만에 의해 설정된 것(miṅ gi tha sñad kyi dbaṅ tsam gyis bshag pa)[10)]이 아닌 유로서의 집착(ḥdsin pa)은 ⓐ진실로서(bden par) 〔성립하고 있는 것〕과, ⓑ승의로서(don dam par) 〔성립하고 있는 것〕과 ⓒ실의로서(yaṅ dag tu) 성립하고 있는 것과 ⓓ자체에 의해서(raṅ gi ṅo

10) '명칭이란 언설의 힘만으로 설정된 것' 또는 '명칭으로서 가설된 것만의 것'이란 뒤에서 서술하듯이 총카파에 있어서는 귀류파에서의 언설유를 의미한다.

bos) 〔있는 것〕과 ⓔ 자상에 의해서(raṅ gi mtshan ñid kyis) 〔있는 것〕과 ⓕ 자성에 의해서(raṅ bshin gyis) 있는 것으로서의 구생(俱生, lhan skyes)〔=生得的〕의 집착이며11) …… 중관자립파들은 진실 등의 세 가지로 성립하고 있는 것〔=ⓐⓑⓒ〕은 所知(ses bya)로서는 있을 수 없다고 주장할지라도, 자체에 의해 성립하고 있는 것 등의 셋〔=ⓓⓔⓕ〕은 언설에 있어서 있다고 주장하시는 것이다.(GR, ca, 77b4-7)

여기에서 중요한 것은 이들 6가지의 술어가 3가지씩 정연하게 2분되어지는 것이 아니라 그것들 술어가 의미하는 것, 즉 자립파에 있어서의 언설무(언설에 있어서도 없는 것, 부정대상)라고 언설유를 총카파가 어떻게 규정하는가 하는 점이다. 앞서 고람파의 『견해변별』에서의 설명에 의하면 총카파는 자립파에 있어서의 언설무를 "혜(慧)에 의존하지 않고 대상 자신의 측면에서 성립하고 있는 것"이라고 규정한 것이 되지만, 총카파 자신은 그것을

그런 까닭에 혜에 현현(顯現)하는 것 또는 혜의 힘에 의해 설정된 것이 아니라 대상의 참된 모습으로서 있는 것(blo la snaṅ baḥam bloḥi dbaṅ gis bshag pa min par don gyi sdod lugs su yod pa)은, ⓐ 진실과, ⓑ 승의와, ⓒ 실의로서 있는 것이고, 그것으로서 집착하는 것이 구생(俱生)의 진실집착(bden ḥdsin 諦執)이다.(GR, ca, 72b5-6)

---

11) 텍스트에 "yod par ḥdsin pa lhan skyes yin la"로 나타나는데, 小川一乘 씨는 이것을 "유라고 집착하는 것〔諦執〕을 함께 일으킨다"라고 번역한다(『空思硏』 p.43) 氏는 같은 책의 다른 곳(p.38, p.87)에서도 "lhan skyes"라는 말을 '……을 함께 일으킨다, '……와 함께 생긴다'로 번역하는데, 이 말은 '生得的'(sahaja)이라는 의미를 갖는다고 생각한다.

라는 기술에 있어서 '혜에 현현하는 것 또는 혜의 힘에 의해 설정된 것은 아니라 대상의 참된 모습으로서 있는 것'이라고 규정하고 있다. 그러면 언설유의 규정은 무엇인가 하면 그것은 '혜에 현현하는 것 또는 혜의 힘에 의해 설정된 것'이라고 생각된다. 따라서 요약하자면 총카파는 자립파에 있어서의 언설무와 언설유를 다음과 같이 규정한 것이다.

〔X〕 언설무 - ⓐⓑⓒ - 혜에 의해 설정된 것이 아니라 대상의 참된 모습으로서 있는 것.
〔Y〕 언설유 - ⓓⓔⓕ - 혜에 의해 설정된 것.

이 두 가지 규정의 의미에 대하여 고찰하기 이전에, 총카파의 앞의 기술에 나타나는 '진실집착'이라는 중요한 말에 대해 언급하고자 한다. 이 말은 문자 그대로 '사물을 진실이라고 집착하는 것'을 의미하지만, 총카파에 의하면 무엇을 이 경우의 '진실'이라고 보는가에 따라서 자립파와 귀류파에서는 그 의미 내용이 차이가 난다. 총카파가 앞의 기술에서 말하고 있는 것은, 자립파에 있어서는 진실집착이지만, 거기에서는 ⓐⓑⓒ 등의 것 〔X〕〔=언설무〕이 진실이라고 간주되어 사물을 그것으로서 집착하는 것이 진실집착이라고 되는 것이다. 그러면 이와 같은 진실집착은 자립파라 불리는 인도의 중관파의 저작에도 설명되고 있을까. 총카파는 자립파의 대표적인 사상가의 한 사람인 카말라쉴라의 『중관광명론(中觀光明論, *Madhyamakāloka*, MĀ』에 나타나는

실의로서 무자성인 사물을 그것과는 반대의 〔=유자성의〕 형상에 있어서 증익(增益)하는 미란(迷亂)의 혜(ḥkhrul paḥi blo), 그것

이 '세속'(kun rdsob)이라 일컬어진다.(MĀ, sa, 228a7)

라는 기술에서 그것이 설명되고 있다고 보고 있다. 즉 여기에서 카말라쉴라가 '세속'이라고 부르고, 사물을 유자성인 것으로서 증익하는 미란지를 총카파는 '진실집착' 또는 '진실집착의 세속'이라고 부르는 것이다.12)

그러면 이하에서 이미 제시한 것처럼 총카파에 의한 자립파에 있어서의 언설무와 언설유에 관한 규정의 의미에 대하여 고찰하기로 하자. 그런데 이러한 규정의 의미를 해명하기 위해서는 아무래도 총카파 자신이 이들 규정의 의미를 설명하기 위해 사용한 '환술(幻術)의 비유'13)에 대해서 설명하지 않을 수 없다. 이 비유에 대해서는 필자 스스로가 아직 완전히 이해하지 못한 면이 있을 수 있지만, 필자가 이해한 것만을 총카파의 기술에 따라서 이하에 보고하기로 한다. 먼저 총카파는 이 비유 그 자체를 다음과 같이 설한다.(이하 X Y Ⓧ Ⓨ 라고 하는 기호을 사용해서 필자의 이해를 나타낸다. XY는 각각 총카파가 이해하는 자립파에 있어서의 언설무와 언설유에 상당하고, ⓍⓎ는 이 두 가지를 대상으로 하는 인식에

12) Cf. GR, ca, 72b1, 72b2, 72b5. 더욱이 총카파는 여기에 인용한 『중관광명론』의 기술의 조금 뒤에 나타나는 "그것도 무시이래의 미란의 습기가 성숙함으로서 생긴다"(MĀ, sa,228b2)라는 기술에서의 '미란'이라는 말을 '진실집착'을 의미하는 것으로 간주하고, 그 말에 '무시이래의'라고 하는 한정어가 붙어있는 것에 의해서 여기에 그 진실집착이 구생의 것이라는 것이 설해졌다고 보고 있다. Cf. GR, ca,72b3.

13) 먼저 첫 번째로 주의해야 할 것은 이 비유가 자립파의 이제설을 설명하는 것으로, 귀류파의 그것을 설명하는 것은 아니라고 하는 것이다. 따라서 小川 씨가 찬드라키르티의 『입중론주』의 이제설 가운데 설해지는 범부와 성자와 佛이라는 3자의 관점을 총카파는 이 비유에 의해서 설명했다라고 해석하는 것은 부적절하다. 小川一乘, 「中觀說における '所知障' 管見」, 『奧田慈應先生喜壽記念論文集』, 1976, pp.951-952.

상당한다. 때문에 ⓧ는 진실집착에 해당한다.)

환술사(sgyu ma mkhan)가 목석(木石) 등을 말이나 소로서 바꾸어 만들(sprul pa, 化作) 때, 환술사와 눈이 훼손된 관객(ltad mo ba)과 〔뒤에 그곳에 와〕 눈이 훼손되지 않은 사람 이들 세 사람 가운데 첫 번째 사람〔=환술사〕에게는 말과 소로서의 현현만〔ⓨ〕은 있을지라도 그것〔=말이나 소〕에 대한 집착〔ⓧ〕은 없고, 두 번째의 사람〔=관객〕에게는 그것으로서의 현현과 그것에 대한 집착의 두 가지가 있고, 세 번째 사람은〔=눈이 훼손되지 않은 사람〕에게는 말이나 소로서의 현현(snaṅ)과 집착(shen)의 양쪽 모두 없는 것이다.(GR, ca, 73a6-8)

이 기술에 의해서 이 비유가 지시하는 사건의 대체적인 상황은 알려지지만, 그러나 여기에서는 "혜의 힘에 의해서 설정된다."고 하는 규정의 의미는 설명되지 않는다. 이 규정의 의미를 분명히 하는 것은 오히려 다음과 같은 총카파의 기술일 것이다.

그런 까닭에 바꾸어 만드는〔化作〕 기체(基體; sprul gshi)〔=木石〕[14]가 말이나 소로서의 현현한다고 설정(設定)할 수 있지만, 그것은 환술사에 있어서는 미란한 혜에 그와 같이 현현하는 것의 힘에 의해서 설정하는 것으로, 그렇지 않고 바꾸어 만드는 기체 자신의 참된 모습(sdod lugs)의 힘에 의해 설정하는 것은 아니다. 관객에게 소나 말로서의 현현은 내부의 혜의 힘에 의해 설정된 것〔Y〕으

---

14) 小川 씨가 'sprul gshi'를 '幻化된 것(nirmita-vastu)'으로 번역한(『空思研』 p.38, p.39) 것은 불명확한 것으로 필자로서는 小川 씨의 이 역어는 '牛馬'를 의미하는 것처럼 보인다.

> 로서 나타나는 것이 아니라, 〔관객은〕 현현이 있는 그 장소(gshi)에 참된 말이나 소가 장소를 차지하여 존재하고 있다고 파악하는 것이다.(GR, ca, 73b2-4)

여기에서 '설정'(bshag pa, ḥjog pa)이라고 말한 것의 의미는 무엇일까. 그것은 말이나 소가 본래 없다는 것을 알고 또한 그것 때문에 소나 말에 대한 집착도 없는 환술사가, 말이나 소가 미란한 인식에는 현현한다고 하는 사실을 알고 (이 사실을 알 수 있는 것은 환술사뿐이다.), 이 사실이 있다는 이유로서 말이나 소의 존재를 가상으로 상정하는 것이라고 생각한다.

이상은 비유에 있어서 '혜에 의한 설정'의 의미이다. 그러며 그것은 실제로는 어떠한 의미를 가지는가. 총카파는 그것을 비유와 비유에 의해서 제시된 실제의 의미와의 결합을 설한 곳에서 다음과 같이 설명하고 있다.

> 눈이[15] 훼손된 환술의 관객과 같이 모든 중생이 이들의 내외의 제법이 진실로서 있는 것으로서 현현할 때, 혜에 현현하는 것의 힘에 의해서 설정된 것〔Y〕이 아니라 이들 제법의 참된 모습(sdod pa)인 것〔X〕이 있다고 집착하는 것은 무시이래로부터 발생한 구생(俱生)의 진실집착〔ⓧ〕이다. …… 그 진실집착에 의해 집착된 진실성립(bden grub, 진실로서 성립하고 있는 것)〔X〕가 정리(rigs pa)에 의해서 부정되었을 때, 환술사와 같이 내외의 제법에, 내의 혜의 힘에 의해 설정된 것이 아닌 참된 모습〔X〕이 있다고 집착하지 않고, 〔제법을〕 혜의 힘에 의해서 설정된 유(有)만(yod pa tsa

15) 이하의 기술과 거의 일치하는 기술이 『유능자개안』(KM, ka, 70a4-b1)에 나타난다.

m)[16]〔Y〕으로서 알게 되는 것이다.(GR, ca, 74a4-8)

여기에서 총카파는 '혜에 의한 설정'이라고 하는 술어를 이미 자명한 것으로 사용하지만, 중생이 사물에 있어서 집착하는 참된 모습〔X〕은 '혜에 의해 설정된 것'이 아니라, 그 참된 모습이 사물에 존재하는 것이 논리적으로 부정되었을 때 사물은 '혜에 의해 설정된 것'〔Y〕으로서 알려진다고 서술함으로써 그 의미를 간접적으로 설명하고 있다.

이상 필자는 "자립파는 언설에 있어서 자상에 의해서 성립하고 있는 법을 인정한다."고 하는 총카파의 학설 B의 의미를 확정하기 위해 '혜에 의해 설정된 것'과 '혜에 의해서 설정되지 않은 것'이라는 자립파에 있어서의 언설유와 언설무에 관한 총카파의 규정의 의미에 대하여 고찰하였다. 거기에서는 '혜에 의해서 설정된 것'(자립파의 언설유)을 총카파가 왜 '자상에 의해 성립하고 있는 것'이라고 간주하는지에 대해서는 분명히 되지는 않았지만, 이 점, 즉 총카파에 있어서 '혜에 의해 설정된 것'이 '자상에 의해 성립하고 있는 것'이라고 하는 것은,

종자(種子)[17]로부터 싹이 생기는 것은 혜의 힘에 의해 설정되지만, 싹이 자기 자신의 측면에서(raṅ gi ṅos nas) 종자로부터 생긴다는 것도 모순이 아닌 것은, 바꾸어 만드는〔화작〕 기체〔자신의〕 측면에서도[18] 말과 소로서 현현하는 것과 마찬가지이다.(GR,

16) 『밀의해명』의 이곳에는 "bloḥi dbaṅ gis bshag paḥi yod pa tsam"으로 되어 있지만, 『유능자개안』의 해당하는 곳에는 "bloḥi dbaṅ gis bshag paḥi sdod lugs"(KM, ka, 70b1)로 되어 있다.

17) 이하의 기술과 거의 일치하는 기술이 『유능자개안』(KM, ka, 70b1)에 나타난다.

ca, 74b1-2)

라고 하는 총카파의 기술에 의해 나타나고 있다. 곧 여기에서 '종자로부터 싹이 생기는 것'이라고 말한 것은 '혜에 의해 설정된 것'이며, '싹이 자기 자신의 측면에서 종자로부터 생긴 것'이라고 말한 것은 '자상에 의해 성립하고 있는 것'이고, 그 양자는 동일한 것 또는 모순되지 않는 것이라고 총카파는 설하고 있는 것이다.

이러한 점들은 게룩파의 창캬 롤페도르제(lCaṅ skya Rol paḥi rdo rje, 1717～1786)가 『창캬 학설강요서(*lCaṅ skya grub mthaḥ*, CG)』에서, 이 기술을 다음과 같이 부연함으로서 명확히 알려진다.(이하 '혜에 의해 설정된 것'에 해당 또는 관련하는 것을 Y-a로, '자상에 의해 성립하고 있는 것'에 해당 또는 관련하는 것을 Y-b로 표시한다.)

> 그 비유〔=환술의 비유〕와 같이, 이 중관파〔=자립파〕에 있어서는 모든 사물들을 양(tshad ma)에 의해 손상되지 않는 혜의 힘에 의해 설정하는 것〔Y-a〕과 그것〔=그 혜〕의 힘에 의해서 설정된 사물 자신의 참된 모습인 것(dṅos po raṅ gi sdod lugs śig)도 있는 것〔Y-b〕은 모순되지 않는 것이다. 예를 들면 주물(呪物, sṅags rdsas)에 의해 손상된 혜의 힘에 의해서, 바꾸어 만들어진 기체가 말이나 소로서 현현한다고 설정하는 것이 가능할〔Y-a〕지라도 그 혜의 힘에 의해 설정된 바꾸어 만들어진 것의 기체의 측면에서도 말이나 소로서 현현하는 참된 모습이 있는 것〔Y-b〕과 마찬가지이다.

---

18) 『밀의해명』의 이 곳에는 "sprul gshiḥi ṅos nas kyaṅ"으로 되어 있지만, 『유능자개안』의 해당 개소에서는 "sprul gshi raṅ ṅos nas kyaṅ"으로 되어 있어, 『유능자개안』의 표현 쪽이 명확하다.

> 그런 까닭에 싹이 종자로부터 생기는 것이 혜의 힘에 의해 설정되는 것〔Y-a〕과 싹이 그 자신의 측면에서도 종자로부터 생기는 것〔Y-b〕은 모순되지 않는 것이다.[19](CG, kha,90b2-5)

여기에서 창캬는 총카파가 자립파의 언설유라고 이해하는 것에는, '혜에 의해서 설정된 것'과 '자상에 의해 성립하고 있는 것'이라는 두 가지 측면이 있는 것을 지적하고, 그 두 가지를 명확히 구별함과 동시에 그 두 가지는 모순되지 않는다고 논하고 있다. 앞의 총카파의 기술에서는 이 두 가지 측면을 명확히 구별하는 의식이 결여된 것처럼 보이지만, 이 두 가지를 일단 명확히 구별하고, 뒤에 그 둘의 동일성(무모순성)을 설명하는 이 창캬가 사용하는 논법은 이미 총카파의 뛰어난 제자인 케둡(mKhas grub, 1385~1438)이 『통둔첸모(*sToṅ thun chen mo*)』라고도 일컬어지는 논서 『유능자개안(有能者開眼, *sKal bzaṅ mig ḥbyed*, KM)』에서,

> 그러므로 자립파의 종견(宗見, lugs)에서 싹 등〔=언설유〕〔Y〕는 대상 자신의 참된 모습으로서 성립하고 있는 것(Yul raṅ gi sdod lugs su grub pa)〔Y-b〕이기도 하며, 동시에 혜에 의해 설정되는 것에 의존하고 있는 것〔Y-a〕이기도 하다라는 양자이지만(KM, ka, 71a2)

---

19) 이 기술은 1980년 12월 東京大學大學院에서 山口瑞鳳 박사의 『창캬 학설 강요서』 강독 수업 때에 문제가 되었는데, 그때 이 기술에 있어 Y-a와 Y-b에 해당하는 것을 일단 구별해야 한다고 하는 중요한 지적이 齊藤明 씨에 의해 제기되었다. 확실히 이 둘을 구별함으로써 자립파에 있어서의 언설유가 지닌 두 측면이 분명해지기 때문에 이것은 적절한 방법이다. 단지 본장에서 이 둘 각각이 지닌 의미와 그리고 이 구별 자체가 지닌 의미에 대한 설명은 전적으로 필자 자신의 이해에 기반한 것이다.

라는 기술에서 사용하고 있는 것과 동일하다. 여기에서 이들 창캬와 케둡의 두 가지 기술에 있어서 '사물 〔또는 대상〕 자신의 참된 모습〔으로서 성립하고 있는 것〕'이라고 말한 것이 앞서 서술한 '자상에 의해 성립하고 있는 것' 등의 세 가지의 술어(=ⓓⓔⓕ)에 의해 표시되는 것과 동일한 것은 명백할 것이다. 즉 '무엇인가 실체적인 것"이라는 의미에서, 여기에서는 '자상'이 '참된 모습'으로 표현되고 있는 것이다. 따라서 총카파의 이해에 의하면, 참된 모습에는 두 종류가 있는 것이 된다. 곧 '혜의 힘에 의해서 설정된 참된 모습'〔Y〕 즉 '자상'과 '혜의 힘에 의해 설정된 것이 아닌 참된 모습'〔X〕이다. 이 두 종류의 '참된 모습'을 총카파는 다음과 같이 구별하고 있다.

> 이와 같이하여 혜에 현현하는 것의 힘에 의해 설정된 것이 아닌 참된 모습〔X〕은 〔언설에서도〕 없을지라도, 그것의 힘에 의해 설정되는 것이고, 더욱이 명칭으로서 가설되었을 뿐인 것(miṅ du btags pa tsam)이 아닌 참된 모습〔Y〕이 〔언설에서〕 있는 것은, 이 〔=자립파의〕 종견에서는 모순되지 않기 때문에,(CR, ca, 75b1-2)

특히 총카파는 자립파에 있어서의 언설유로서의 '참된 모습'〔Y〕을 '허위의 진상'(brdsun paḥi sdod lugs)이라든가, '언설적인 실상'(tha sñad paḥi gnas lugs)이라고 부르고[20], 그것을 언설무로서의 '참된 모습'〔X〕과 구별하고 있다.

이상 총카파가 '환술의 비유'를 사용하여 자립파에 있어서의 언설유, 즉 '혜에 의해 설정된 것'을 동시에 '자상에 의해 성립하고 있는 것'이기도 하다라고 설명한 것이 분명해졌다. 그렇지만 가장 중

20) Cf. GR, ca, 75a2, LÑ, pha, 62b3-4.

요한 점은, 즉 자립파에 있어서의 언설유에 왜 '자상에 의해 성립하고 있는 것'이라는 제2의 측면이 있을까 하는 문제는 해결되지 않은 채로 남아있다. 이 점을 해명하기 위해서는 제2의 측면의 비유가 되는 '바꾸어 만들어진 것〔化作〕의 기체 자신의 측면에서도 말이나 소로서 현현하는 것'이라고 한 것의 정확한 의미가 파악되어야만 한다. 그러나 그것은 현재 필자의 이해력을 뛰어넘는 것으로 금후의 과제로서 삼고 싶다. 이상으로 학설 B의 의미를 확정하기 위해 필요한 최소한도의 고찰을 다하였다고 생각한다.

학설 C "중관귀류파는 일체법은 언설에 있어 분별(rtog pa)의 힘에 의해 또는 명칭의 언설[21](miṅ gi tha sñad)의 힘에 의해 설정된다고 주장한다."

(a) TŚ(ca, 5b5-6a2; 18a2-b6), BN(ña, 11b1-15a5) (b) GR(ca, 75b4-77b4) (c) CŚṬ(ya, 133a6-7)

이 학설은 "귀류파에 있어서의 언설유란 분별 또는 명칭의 언설에 의해 설정된 것이다."라고 바꿔 말해도 좋지만, 이것은 총카파의 다음과 같은 기술에서 설해지고 있다고 볼 수 있다.(이하 총카파가

---

21) '명칭의 언설'이라는 말은 다음과 같은 이유에서 '언어표현'을 의미하는 것이라 생각된다. 즉 즈냐나가르바는 "세간의 언설이란 세간의 활동(ḥjug pa)이고, 능지와 소지를 相으로 하는 것이기 때문에 言詮을 상으로 하는 것은 아니다."(SDV, sa, 5a2)라고 서술하여, '언설'이란 언어표현만을 의미하는 것이 아니라 그것도 포함한 '마음의 활동'을 의미하는 것으로 규정하는데, 이러한 이해는 그의 학문의 흐름을 계승한 샨타라크쉬타와 카말라쉴라에 의해서도 정확히 계승되어 그들 두 사람은 『중관장엄론』(MA, sa, 70b7)〔MI, p.204〕과 『중관장엄론세소』(MAP, sa, 115a3, 115b4, 115b5)〔MI,p.203, p.205〕에서 언설의 일부분으로서의 언어표현을 '語의 언설(sgraḥi tha sñad)'이라 부른다. '명칭의 언설'이라고 하는 티베트어는 이러한 전통을 배경으로 하여 언설의 일부로서 언어표현만을 의미하기 위해 티베트에서 성립했을 것이다.

귀류파에 있어서의 언설유라고 이해하는 것을 Z로 표시한다.)

> 이 〔=귀류파〕의 종견(宗見)에서는, 제법은 분별의 힘에 의해 설정된 것뿐인 것 자체〔Z〕이라고 하는 설정의 방식을 안다면, 그것과는 반대로 집착하는 진실집착도 쉽게 알려지기 때문에,(GR, ca, 75b4-5)

> 일체법이 분별에 의해서 가설(假設)된 것뿐인 것(rtog pas btags pa tsam)〔Z〕이고, 분별의 힘에 의해서 설정된 것〔Z〕이라고 설하는 〔경전〕은 다른 곳에도 많다.(GR, ca, 75b8)

> 승의로서는 명칭만인 것(miṅ tsam)〔Z〕도 없지만, 언설에 있어서는 명칭의 언설의 힘에 의해 설정된 것뿐인 것 자체〔Z〕 이외에는 어떤 것도 없다고 설해지듯이[22] 〔언설유는〕 명칭으로서 가설된 것만인 것(miṅ du btags pa tsam)〔Z〕이라고 확정하고 있는 것이다.(GR, ca, 77b1-2)

따라서 총카파의 철학에서는 세속적인 것에 관해서 다음 표에 나타나는 것처럼 3개의 존재 방식이 고려되고 있음을 알 수 있다.

자립파에 있어서의
〔X〕 언설무 - 혜(慧)에 의해서 설정된 것이 아닌 진상(眞相)
〔Y〕 언설유 - 혜에 의해서 설정된 진상〔自相〕

---

22) 여기에서 '설해졌다'는 것이란 이 기술의 바로 앞에 인용된 『보행왕정론』 제1장 제99게, 제100게에 설해졌다고 하는 의미이다. 『空思研』, p.43, 註 2) 참조.

귀류파에 있어서의
〔Z〕 언설유 - 분별 또는 명칭의 언설에 의해서 설정된 것

그러나, 이미 인용한

〔귀류파의 종견에서는〕 앞서 서술한 명칭의 언설의 힘만으로 설정된 것〔Z〕이 아닌 유(有)로서의 집착은 진실로서, 승의로서, 실의로서 성립하고 있는 것〔X〕과 자체에 의해서, 자상에 의해서, 자성에 의해서 있는 것〔Y〕으로서의 구생(俱生)의 집착〔=진실집착〕이다.(GR, ca, 77b4-5)

라는 기술에 의해서 이와 같이 자립파에 있어서의 언설무〔X〕와 언설유〔Y〕는 귀류파에 있어서는 모두 같이 진실 집착의 대상이고 따라서 언설무라고 총카파가 생각하고 있었던 것이 분명해진다.

총카파는 이 학설 C의 전거를 찬드라키르티의

무엇이든 분별이 있는 것에만 의해 있고, 분별이 없으면 없는 것〔Z〕은[23] 확실히 감아놓은 줄에 가설된 뱀과 같이, 자체에 의해 성립하고 있는 것〔Y〕이 아니라고 확정되는 것이다.(CŚṬ, ya, 133a6-7)

라는 기술에서 찾고 있지만[24], 앞의 번역문에서 지시된 것처럼 총

---

23) 텍스트에 "gaṅ dag rtog pa yod pa kho nas yod pa ñid daṅ/ rtog pa med par yod pa ñid med pa de dag ni"로 되어 있는 것을 小川씨는 "분별이 유로 있음으로서의 유성(유변)과 무분별로서 유성이 無이다(무변)라는 이들 양쪽은"이라고 번역하지만(『空思研』, p.42), 이와 같이 번역하면 이 기술은 학설 C의 전거는 될 수 없다.

24) Cf. GR, ca,76a3-4. 『空思研』, p.42, 註 5) 참조.

카파에 의하면, 이 기술은 귀류파에 있어서의 언설유〔Z〕와 자립파에 있어서의 언설유〔Y〕 간의 명확한 구별을 설한 것이 되는 것이다.

학설 D "진실집착은 번뇌장(煩惱障)이다."

(a) TŚ(ca, 6b1-2; 20b6-22b1), BN(kha, 69a5-70a5; ca, 25b2-38a4) (b) LR(pa, 393a3-394a6), LÑ(pha, 77a5-79a6), GR(ca, 103b6-8, 105a1-107b4) (c) MAvBh(ḥa, 255a1), CŚṬ(ya, 221b3-4)

이 학설은 총카파의

> 여기에서 스승 찬드라키르티는 다른 중관파들에 의해서 소지장(所知障, śes sgrib)이라고 주장된, 사물을 진실이라고 집착하는 것〔=진실집착〕이 무명이라고 주장하시고, 게다가 그것은 유염오(有染汚, ñon moṅs can)〔=번뇌장〕의 무명이라고 주장하신 것이다.(LR, pa, 394a3)

라는 기술에서 설해지고 있다고 볼 수 있다. 왜냐하면 총카파는 자신이 찬드라키르티 또는 귀류파의 학설이라고 간주하는 것을 자기 자신의 학설이라고 하고 있기 때문에, "찬드라키르티는 진실집착은 번뇌장이라고 주장했다."라고 총카파가 서술할 때, 그도 또한 그와 같이 주장한다고 이해할 수가 있기 때문이다.

더욱이 총카파는 이 학설의 전거를 찬드라키르티의

> 이와 같이 하여 우선 〔12의〕 유(有)의 지분에 포함된 유염오의 무명의 힘에 의해 세속의 진실은 설정되는 것이다.(MAvBh, ḥa, 255a1)

> 사물의 자체(raṅ gi ṅo bo)를 증익하는 유염오인 무지의 힘에 의해 사물들에 집착하여 윤회에 빠지는 종자가 된 식을, 일체 멸함으로써 윤회가 없어진다고 확립된다고 보이기 때문에(CŚṬ, ya, 221 b3-4)

라는 기술에서 찾고 있다.[25]

학설 E "소지장은 번뇌의 습기와 그 결과의 둘로 현현(顯現)하는 미란의 부분(gñis snaṅ ḥkhrul paḥi cha)이다. 소지장을 버리는 최하한(最下根)은 보살의 제8지이다."

(a) TŚ(ca, 6b2-3, 7a3-4; 20b6-22b1, 26b-28b4), BN(kha, 70a5-71a3) (b) LR(pa, 462b6-463b1), LÑ(pha, 79a6-80a3), GR(ca, 107b7-108a6, 262b2-263a3) (c) MAvBh(ḥa, 342b2-343a1)

이 학설은 총카파의 다음과 같은 기술에서 설명되고 있다고 볼 수 있다.

> 그러면 이〔=귀류파의〕 종견에 의해서는 소지장이란 무엇을 말하는 것인가 하면, 『입중론주(*ḥJug ḥgrel*)』[26]에 "그리하여 무명의 저

---

25) Cf. LR, pa, 393b2-3, LÑ, pha, 77b5-6, GR, ca, 103b6-7.

26) 小川 씨는 『밀의해명』에 나타나는 "ḥJug ḥgrel"이라는 서명을 모두 프라즈냐카라마티(10~11세기)의 『입보리행론세소』를 가리키는 것으로 이해하여, 그것을 『입보리행론석』으로 번역하였다(『空思硏』 p.95, p.99, pp.220-221). 따라서 여기에서도 小川 씨는 동일하게 번역하고 있지만(『空思硏』 p.99), 『밀의해명』에서 "ḥjug ḥgrel"이 『입중론주』을 의미하는 것은 이하에 인용되는 기술이 『입중론주』에 존재하는 것에 의해 분명하다. 또한 ḥjug ḥgrel"는 『견해변별』(TŚ, ca, 24b2, 25b1, 26a6 등)에서도 『입중론주』를 의미하고, 이 말이 『입중론주』를 의미하는 것은 티베트 학승의 저

> 습기(習氣, bag chags)는 소지(所知)를 인식하는 것의 장애〔=소지장〕이고, 탐(貪) 등의 습기가 있는 것은 신(身)과 어(語)의 그와 같은 활동의 인(因)이기도(yaṅ)하다. 〔그렇기 때문에〕 무명과 탐 등의 습기는 일체종지자(一切種智者)와 불(佛)에게만 있어서 지멸하는 것이며, 다른 것에 있어서는 그러하지 않는 것이다"[27]라고 설해진 것과 같으며, 〔이 인용 가운데〕 '도'(yaṅ)라고 하는 말에 의해 탐 등의 습기가 소지를 인식하는 장애인 것으로도 나타나기 때문에, 〔무명과 탐 등이라는 두 종류의〕 번뇌의 습기는 〔모두〕 소지장이며, 그것의 과(果)인 둘로서의 현현이라는 미란의 부분도 전부 그것〔=소지장〕에 포함되는 것이다.(GR, ca, 107b7-108a4)

그렇기 때문에 소승의 아라한과 제8지를 증득한 보살에게는 둘로서의 현현이라는 미란의 습기〔=소지장〕을 새롭게 쌓는 것〔=번뇌〕은 다 끝낼지라도, 먼 과거로부터 그것〔=번뇌〕에 의해서 쌓여진 둘로서의 현현의 습기로 치정(治淨)되어야만 할 것(sbyaṅ rgyu)〔=소지장〕은 〔역시〕 다수 있는 것으로, 그로부터 오랜 기간 치정해야만 하고, 그것들〔=소지장〕을 치정하고 미란의 습기가 남김없이 사라졌을 때 성불하는 것이다.(LR, pa, 463a5-b1)

이 학설은 소지장이란 무엇인가를 설한 학설과 번뇌장, 소지장이라는 2장(障)은 어떻게 버릴수 있는가를 설하는 학설의 두 학설로 보는 쪽이 좋을지도 모르지만, 이것을 하나의 학설로 본다면 여기에서는 우선 소지장이 '번뇌의 습기'라고 규정되고, 그것이 버려지는 것은 '제8지에서 번뇌장이 완전히 버려지고 나서 후에 개시된다'고 설해지는 것이 된다.

작에서 매우 일반적이다.

27) MAvBh, ḥa, 342b6-343a1.

학설 F "성문과 독각에도 법무아(法無我)의 증오(證悟)는 있다."
(a) TŚ(ca, 6b5-7a1; 24a3-26b1), BN(cha, 25a6-45a7) (b) LR(pa, 462a2-b4), LÑ(pha, 71a4-72b1, 76b3-77a5), GR (ca, 26b3-41b2) (c) MAvBh(ḥa, 226b5-228a3)
이 학설은 총카파의

그러므로 성문과 독각도 〔人法〕의 2무아(無我)를 증오하지 않으면 안 되는 것이다.(LÑ, pha,76b4-5)

라는 기술에서 설해지고 있다고 볼 수가 있다. 또한 이 학설은 찬드라키르티의

이 성언(聖言)에[28] 의해 성문과 독각에게도 일체법무자성(一切法無自性)을 아는 것은 있다고 분명하게 확정된다.(MAvBh, ḥa, 226b5)

라고 하는 기술에 근거한 것이라고 생각된다.

학설 G "멸(滅, shig pa)은 사물(dṅos po, 法)이다."
(a) TŚ(ca, 6a2-5; 18b6-19b5), BN(kha, 71a3-b4; ca, 15a5-20b3) (b) LÑ(pha, 81b2-82a6), GR(ca, 128b2-8) (c) MAvBh(ḥa, 260a2-260a2-261b5)
이 학설은 총카파의

28) '이 성언'이란 『십지경』(Kondo ed., p.122, *ll*.1-6)을 가리킨다. 笠松單傳, 「月稱著『入中觀論』第1章譯註」, 『(宇井伯壽博士還曆記念論文集)印度哲學と佛教の諸問題』, 岩波書店, 1951, p.122, 주 44) 참조.

> 또한 멸도, 멸해지는 사물(shig rgyuḥi dṅos po)과 그것과 동류(同類)인 사물 어느 것이나 〔멸의〕 정의(定義)의 기체(mtshan gshi)로서는 존재하지 않더라도, 멸해지는 사물에 의존하여 생기기 때문에 사물인 것이다.(GR, ca, 128b7-8)

라는 기술에서 설해지고 있다고 볼 수 있다. 이 학설은 난해하여 필자는 아직 충분하게 이해하지는 못했지만, 이 학설이 『밀의해명(密意解明)』에서 설해지는 위상에서 생각하여 이 학설은 "알라야식 등이 없더라도 업(業)은 자성에 관해서는 멸하지 않기 때문에, 거기에서 과(果)가 생기는 것이 가능하다"라고 설하는 찬드라키르티의 다음과 같은 기술에 근거하여 성립한 것이라고 생각된다.

> 어떤 사람에게 있어서 업(業, las, karman)이 자신의 본성에 관해서는(raṅ gi bdag ñid kyis) 생기지 않을 때, 그 사람에게 있어서는 그것〔=업〕이 멸하는 것은 존재하지 않고 멸하지 않는 것으로부터 과가 생기는 것은 있을 수가 없는 일은 아니기 때문에, 모든 업이 멸하지 않는 것에 의해 업과 과의 결합은 전적으로 가능하게 되는 것이다.(MAvBh, ḥa, 260a5-6)

학설 H "알라야식은 언설에 있어서도 존재하지 않는다."
(a) TŚ(ca, 7b2-5; 28b4-29b4), BN(kha, 73a5-b5) (b) LÑ(pha, 80a2-81b2), GR(ca, 128a5-138a1) (c) MAvBh(ḥa, 261b5-262b6)

학설 I "자기인식(自己認識, svasaṃvedana, 自證)은 언설에 있어서도 존재하지 않는다."

전혀 설해지지 않는다. 특히 필자가 보는 바로는『금만』에 있어 자립파의 언설유에 대해서 해설하는 유일한 기술이라고 생각되는,

> 생과 멸, 잡염과 청정, 부정과 긍정 등의 매우 다양한 상(相)으로서 혜에 현현하고, 그 언설적 지(知)에 있어서 정리(正理)에 의해 훼손되는 일이 없는 일체현현의 부분은 세속의 진실이며,(SPh, ña, 290b7-8)

라는 기술에 학설 B가 설해지지 않는 것은 누구라도 분명하게 알 수 있을 것이다.

더욱이『금만』에 관해서는 특히 주목할 만한 사실이 또 하나 있다. 그것은,

> 〔승의와 세속은〕 사물(ṅo bo)〔=지시대상〕은 동일하지만, 배제(ldog pa)〔=의미내용〕가 다르다. 만들어진 것(byas pa)과 무상의 것(mi rtag pa)과 같다.(GR, ca, 97b1)

라고 하는『밀의해명』의 기술에 설해져 있고, 총카파를 비판하는 자로부터는 총카파의 특징적인 학설로 간주되는44) "승의라는 말과 세속이라는 말은 그 지시 대상은 동일하지만, 그 말의 모순개념이 배제하는 것, 즉 그 의미내용이 다르다."라고 하는 학설이『금만』에서는,

> 그러므로 "〔승의와 세속은〕 사물은 동일하지만, 배제가 다르다."라 말하는 것은 올바르지 않다.(SPh, ña, 290b3)

44) Cf. BN, ṅa, 15b7-16a2, TṄ, ca, 47b1-3.

(a) TŚ(ca, 6b1; 28b4), BN(kha, 73b5-74a6; ca, 20b3-25b1) (b) LÑ(pha, 82a6-84a6), GR(ca, 156b4-168b3) (c) MAvBh (ḥa, 271b5-274a3)

찬드라키르티가 『입중론주』에서 알라야식과 자기 인식의 유(有)를 설하는 유식설을 비판한 것은 주지의 사실로[29] 그것에 대해서는 논하지 않았지만, 이 학설 H, I의 특수성은 알라야식과 자기인식의 무(無)에 '언설에 있어서도'라는 명확한 한정어가 붙고 있다는 것이다.

학설 J "자립파는 언설에 있어서 자상에 의해 성립하고 있는 법을 인정하기 때문에 자립논증(svatantrānumāna)을 사용하는 것이지만, 귀류파는 그것을 인정하지 않기 때문에 자립논증을 사용하지 않는 것이다."

(a) TŚ(ca, 7b5-8a3; 29b4-35b6), BN(kha, 39a6-40a7) (b) LR(pa, 425a5-b5), LÑ(pha, 86b6-87a5)

이 학설은 총카파의

자상에 의해 성립하고 있는 것을 인정한다면 반드시 자립〔논증〕을 행한다. 예를 들면, 자파(自派, 불교도)의 실재론자(實在論者, dṅos por smra ba)[30]들과 바비베카 등과 같다. 〔귀류파와 같이〕 언설에 있어서도 자상에 의해서 성립하고 있는 법〔Y〕을 인정하지 않는다면 반드시 자립 〔논증〕을 승인하지 않고, 이것도 미세한 부정 대상〔Y〕으로부터 이 〔자립논증의〕 부정에 도달하는 것이다.(LÑ, pha,

29) 山口益『佛教における無と有との對論』(修訂版), 山喜房佛書林, 1975, pp. 281-295, 『空思研』pp. 129-147 참조.

30) 이 말에 대해서는 본서 제8장, pp.355-356 참조.

86b6-87a2)〔=TŚ, ca, 7b5-6〕

라는 기술에서 설해진다고 볼 수 있지만, 이 학설은 자립파와 귀류파의 논증법의 차이를 이미 제시한 학설 BC에서 본 것처럼 그들의 존재론의 차이에 기반하는 것으로 규정한 학설이라고 말할 수 있다.

이상이 고람파가 『견해분별』에서 전주장(前主張)으로서 총카파의 학설을 설명한 기술에서 필자 자신의 판단으로 추출한 10항목의 학설이다. 이들 가운데 무엇을 총카파 독자의 학설로 볼 수 있는지에 대해서 논하기 전에, 총카파가 귀류파의 학설을 전체적으로 어떻게 파악하고 있는지를 명시하는 『밀의해명』의 기술을 보기로 한다.

성자(hPhags pa)〔=나가르주나〕의 문헌에 대한 해석 방법에 있어서 (a)자상에 의해 성립하고 있는 것은 티끌만큼도 없지만, (b)〔명칭으로서 가설된 것만으로서〕 일체의 소작능작(小作能作, bya byed)이 설정될 수 있다고 하는 해석 방법의, 이 특수한 종견〔=귀류파의 종견〕에 의존하여[31] 다른 해석자와 공통하지 않는 청정한 학설이 다수 있다. 그것은 어떤 것인가 하면, 우선 중요한 것을 설하면 (i)6식신(識身)과는 별체(別體)인 알라야식과 (ii)자기인식을 부정하는 특수한 방법과, (iii)자립논증(raṅ rgyud kyi sbyor

31) 밑줄 친 부분의 기술을 창캬는 다음과 같이 부연한다. "중관귀류파가 經과 성자의 密意를 해석하는 특수한 방식의 주요한 것은 (a) 자상에 의해 성립하고 있는 것이 티끌만큼도 없는 것, (b) 명칭에 의해 가설된 것만에 있어서 일체의 소작능작이 조금도 훼손되지 않고 설정될 수 있는 것이라고 하는 두 가지라고 생각되며, 그것에 의존해서"(CG, ga, 51a2-3). 더욱이 창캬는 이 『밀의해명』의 기술에 연속하는 기술 "다른 해석자란 …… 등이다"(CR, ca, 125a7-b3)을, 이 직후(CG, ga, 51a4-b2)에 인용하고 있다.

ba)에 의해 대론자(phyir rgol)의 심상속(心相續)에 실의(實義, de kho na ñid)의 견해가 생기는 것을 인정하지 않는 것의 3가지와 (ⅳ)지(知)〔의 有〕를 승인하듯이 외경(外境)〔의 有〕도 승인하지 않으면 안 되는 것, (ⅴ)성문, 독각에게 제법무자성(諸法無自性)의 증오(証悟)가 있는 것, (ⅵ)법아(法我)의 집착〔=진실집착〕은 번뇌라고 설정하는 것, (ⅶ)멸은 사물인 것, (ⅷ)그것〔=(viii)〕을 이유(rgyu mtshan)로서[32], 3시(時)의 설정 방법이 특수한 것 등이다.(GR, ca, 125a6-b3)

여기에서 총카파는 (a)자상에 의해 성립하고 있는 것은 언설에 있어서도 없다고 하는 학설과 (b)언설유는 명칭인 언설에 의해서 설정된다고 하는 학설의 두 가지를 귀류파의 근본적 학설로 규정하고[33], 그것에 의존한 파생적 학설로서 8항목의 학설을 들고 있다. 이들 학설에는 고람파의 기술로부터 필자가 총카파의 학설로서 추출한 10항목의 학설과 일치 또는 연관하는 것이 다수 나타난다는 사실에 의해 다음의 두 가지 점이 분명해진다. 첫째는 총카파 또는 게룩파가 귀류파의 학설로 이해하는 것은 총카파를 비판하는 고람파 등의 사람들에게는 총카파의 학설로 간주되고 있는 것이며,

---

32) 텍스트에 "shig pa dṅos po yin pa daṅ/ deḥi rgyu mtshan gyis"라고 되어 있는데, 小川 씨는 이것을 "壞滅하는 사물이고 그것의 이유로서"(『空思研』, p131)로 번역하여, 따라서 이 기술에 나타나는 귀류파의 파생적 학설을 8항목이 아닌 6항목으로 이해한다(『空思研』, p.131, 註 1)). 그러나 이것이 8항목이라는 것은 창캬가 이 8항목을 '주요한 8가지 특수성'(khyad chos gtso bo brgyad)이라 부르고, 이것을 항목마다 순차적으로 해설한 것(CG, ga, 52a3-65b3)에 의해서 알려진다.

33) 총카파의 기술을 보는 한, 귀류파의 근본적 학설은 하나라고 이해하고 있는 것 같지만, 필자가 이와 같이 두 개로 나눈 것은 註 31)에 제시한 창캬의 해석을 채용했기 때문이다.

둘째는 총카파의—게룩파에 있어서는 귀류파의—중요한 학설이, 필자가 고람파의 기술에서 추출한 10항목의 학설에 의해 거의 망라되고 있다고 하는 것이다.

그러면 그 10항목의 학설 가운데 무엇을 총카파 독자의 학설로 볼 수 있을까. 결론부터 말하면, 그것은 "자립파는, 언설에 있어서, 자상에 의해 성립하고 있는 법을 인정한다."고 설한 학설 B일 것이다. 물론 여기에는 "그러나 귀류파는 그것도 인정하지 않는다."라고 하는 의미가 포함되어 있다. 이 학설 B는 찬드라키르티나 총카파에 선행하는 학자의 저작[34]에서는 발견되지 않는다고 생각되기 때문에, 필자는 이것을 총카파 독자의 학설로 보는 것이다. 귀류파에 있어서 언설유의 설정을 설하는 학설 C도 총카파에 있어서는 극히 중요하다는 것은 앞의 『밀의해명』의 기술에서도 명시되고 있지만, "분별 또는 명칭인 언설에 의해 언설유가 설정된다."라고 하는 것은 불교사상에서 극히 일반적인 학설로 볼 수 있어 그것을 총카파의 창안(創案)에 의한 것이라고 보아도 좋을지는 의문이다.

또한 자립파와 귀류파의 논증법이 다른 이유를 그들의 존재론의 상이에서 찾는 학설J도, 학설 B와 같은 의미에서 총카파의 독자적인 것일 것이다. 그러나 그 독자성도 학설 J가 학설 B에 근거하고 있는 점에 있기 때문에, 양파의 논증법의 상이를 설하는 것만은 아마도 양파의 학파명이 성립한 때부터 행해진 것일 것이다.[35] 더욱이 다른 학설, 즉 학설 A・D・E・F・G・H・I에 대해서 말하면,

---

34) 예를 들면 사캬 판디타의 저작인 『종의선설(*gShuṅ lugs legs par bśad pa*, ShL)』에서 자립파 학설의 해설(ShL, tha, 147a3, 147a4-149a4)에는 학설 B는 보이지 않는다. 더욱이 사캬 판디타나 탁파겐첸 등 샤캬파 학자에 의한 자립파・귀류파의 설명에 대해서는, 拙稿, 「Sa skya paṇḍi-taの教學に關する一考察」, 『日本西藏學會會報』 24, 1978, pp.7-8 참조.

35) 註 1)에 보인 니마닥의 설명 참조.

그것들이 총카파의 창안에 의한 것인가, 아니면 이미 찬드라키르티의 저작에 설해져 있는 것인가는 간단하게 단정할 수 없다. 따라서 필자는 학설 B만을 진실로 총카파 독자의 학설, 즉 총카파 독자의 중관사상이라 부르는 것이다. 이 학설이 총카파의 중관사상 전체의 근본적인 학설이기도 한 것은 앞에서 든 『밀의해명』의 기술에서도 명시되어 있다.

제2절 총카파 학설의 기원

그러면 "자립파는 언설에 있어서 자상에 의해 성립하고 있는 법을 인정하지만, 귀류파는 그것도 인정하지 않는다."라고 하는 학설 B를 총카파 독자의 학설이라고 규정한다면, 그 학설의 기원은 무엇인가, 즉 그 학설은 어떠한 형태로 총카파의 마음에 생겨난 것일까. 이 문제를 해결하는 관건이 다음에 제시하는 고람파에 의한 총카파의 학설에 대한 논평 가운데 나타나고 있다.

> 이 제2의 종견[36]〔=총카파의 종견〕은 존자 총카파가 이전에 올바른 스승(yoṅs ḥdsin dam pa) 밑에서 교설의 의미를 배웠을 때에는 생겨나지 않았지만, 후에 라마 우마파(Bla ma dBu ma pa)가 도캄(mDo khams) 지방에서 초대한 문수(文殊, ḥJam dbyaṅs)를 〔총카파가〕 만난 이후, 〔총카파는〕 중관의 요점(要点, gnad)에 대하여 이 정도의 〔=『견해분별』에 나타난 정도의〕 특수한 주장(dam bcaḥ)과 밀주금강승(密呪金剛乘)의 요점에 대해서도 매우 많은 특수한 학설(grub mthaḥ)을 만들어냈던 것이다.(TŚ, ca, 35b6-36a2)

36) 前註 7) 참조.

여기에서 'yoṅs ḥdsin dam pa'라고 하는 것은 총카파 수학(修學) 시대의 가장 중요한 스승인 사캬파의 렌다와를 가리킬 것이다. 고람파가 렌다와를 자기의 종견인 '이변중관설'의 주장자 가운데 포함시킴으로서 렌다와의 중관사상을 총카파의 그것과 명확히 구별하였던 것은 이미 본 바와 같지만, 여기에서도 고람파는 중관과 밀교에 관한 총카파 독자의 학설은 총카파가 렌다와 밑에서 배우고 있던 때[37]에는 생겨나지 않았지만, 후에 라마 우마파가 도캄 지방에서 초대한 문수보살[38]을 만나고 나서 생겨났다고 서술하고 있다. 따라서 이 고람파의 보고가 정확하다면 필자가 이미 총카파 독자의 중관사상이라고 규정한 학설 B도, 라마 우마파 또는 그를 매개로 하여 총카파가 교시를 얻었다고 하는 문수와 어떠한 교류에 의해 총카파의 내부에 생겨난 것으로 보아야만 할 것이다.

그러면 라마 우마파는 어떠한 인물이고 또한 그를 매개로 총카파는 소위 문수보살과 어떻게 관련을 갖게 되었는가. 전기에 의하면, 라마 우마파는 정식 명칭을 촌두셍게(brTson ḥgrus seṅ ge)라고 하고, 상푸(gSaṅ phu)의 학문사(學問寺)에서 배우고 렌다와의 가르침을 받았던 적도 있다고 한다.[39] 그러나 전기에 나타난 그의 최대의 특색은, 문수와의 밀접한 관련으로, 그는 유년시대부터 문수 오자주(五字呪)의 소리를 듣고 문수의 몸이 나타난 것을

37) 총카파가 처음 렌다와 밑에서 공부한 것은 19세경이라고 한다. 『西佛硏』, p.50 참조.

38) "라마 우마파가 도캄 지방에서 문수를 초청했다"라는 것은 어떠한 의미인지 명확치 않지만, 라마 우마파의 출신지는 도캄 지방이라고 한다. Cf. DJ, ka, 28a2.

39) Cf. DJ, ka, 23a3, 28a4, 29a1, Kaschewsky R.; *Das Leben des Lamaistischen Heiligen Tsongkhapa Blo-bzaṅ-grags-pa*, I, 1971, p.104.

보았다고 알려져 있다.[40] 총카파는 34세경부터 라마 우마파에게 가르침을 받았던 것 같지만, 총카파가 36세인 1392년의 가을에 라마 우마파와 둘이서 가와동(dGaḥ ba gdoṅ)에서 결계(結界)하고 있었을 때 일어난 사건은 그의 생애의 내면생활에서 가장 중요한 의미를 갖는 사건이라고 생각된다. 즉 총카파는 이 때 라마 우마파을 통역자로서 문수에게 다양하고 중요한 질문을 하고, 그 후 오자문수(五字文殊)의 신체적 현현 등을 실제로 보았다고 말해진다.[41] 이 때의 총카파의 질문과 그것에 대해 문수가 답한 내용은 여러 기록에서 반드시 일치하지는 않지만, 적어도 1494년에 저술된 레첸 쿤가겐첸(Las chen Kun dgaḥ rgyal mtshan)의 『카담명등사(明灯史)(*bKaḥ gdams chos ḥbyuṅ gsal baḥi sgron me*, KCh)』에 의하면, 거기에는 다음과 같은 문답이 오고간 것으로 나타나고 있다.

> "중관귀류파와 자립파의 구별은 무엇인가."라고 〔총카파가〕 아뢰자 〔문수는〕 "현현(顯現)만(snaṅ tsam)에 대한 집착이 지멸(止滅)하고 있는 것과 지멸하고 있지 않은 것〔이라는 구별〕을 보아라."라고 말씀하셨다. …… 〔총카파가〕 "스승 찬드라키르티는 어떠한 경우에도 양(量, tshad ma 올바른 인식수단)이라고 생각하여도 좋습니까."라고 아뢰자 〔문수는〕 "그 대보살〔=찬드라키르티〕에게 미란 등이 있겠는가."라고 말씀하셨다.(KCh, 346b7-347a3)

여기에서도 이 기술의 내용을 신용한다면, 찬드라키르티를 절대시하는 총카파의 사고방법 및 "자립파는 언설에 있어서 자상에 의해

---

40) Cf. DJ, ka, 28a2-3, DṄ, ba, 6b7.

41) Cf. DJ, ka, 29b1-31b6, SN, ka, 3a5-6a3.

서 성립하고 있는 법을 인정하지만, 귀류파는 그것도 인정하지 않는다"라고 하는 총카파 독자의 중관사상은, 이 때의 문수의 답에 의해 주어진 것이라고 보아야 할 것이다. 왜냐하면 여기에서 문수는 '현현만'에 대한 집착이 지멸한 쪽이 귀류파이고 지멸하고 있지 않은 쪽이 자립파라고 설하고 있지만, '현현만'이라는 말은 이미 고찰한 총카파의 '환술의 비유'에 있어서는 바로 자립파가 언설에 있어서 승인한다고 하는 '자상에 의해 성립하고 있는 것' 또는 그것의 인식을 의미고 있기 때문이다. 물론 필자는 이 『카담 명등사』의 기술을 완전히 문자 그대로 신용하는 것은 아니지만, 이런 종류의 전설이 전혀 근거 없이 성립했다고도 생각할 수 없기 때문에 필자로서는 일단 "자립파는 언설에 있어서 자상에 의해 성립하고 있는 법을 인정하지만, 귀류파는 그것도 인정하지 않는다."라는 학설을, 이 시점에서 총카파의 내부에서 생긴 것이라고 보고 싶다.[42]

그런데 이와 같이 총카파 독자적인 중관사상의 형성에 기여한 라마 우마파 또는 문수의 역할이 크다고 한다면, 총카파에게 있어서 렌다와는 어떠한 의미를 갖는 것일까. 『입중론』의 주석서인 『실의명등(實義明灯, *De kho na ñid gsal baḥi sgron ma*, DS)』을 보면, 그곳에는

---

42) 총카파의 내면생활에서 轉機라고 할 수 있는 중요한 사건이 또 하나 있다. 그것은 가와동에서의 사건이 있은 지 약 4년 후, 총카파 40세 무렵에 총카파가 『근본중송』에 대한 붓다팔리타의 주석을 숙독하고 중관에 관한 결정적인 이해를 얻게 된 사건이다. 이 두 가지 사건 중 어느 쪽이 필자가 총카파 독자의 중관사상이라 부르는 학설 B을 총카파 내부에서 생기게 하는데 더 중요한 계기가 되었는지는 결정할 수 없지만, 본론에서는 일단 가와동에서의 사건을 중시하였다. 그 이유는 그 직후에 총카파의 '입교개종'이라고 일컬어지는 사건이 올카(Ḥol kha)에서 발생했기 때문이다. 『西佛研』, p.53, p.58 참조.

생기가 자상에 의해 성립하고 있는 것을 보이기 위한 것이 아니라,(DS, 50a3)

만약 색과 수 등이 혜에 의해 가설된 것만의 것이 아니고, 자상에 의해 인과 연에 의존해서 생한다면,(DS, 58a6-b1)

미란(迷亂)의 견(見)의 대상은 언전(言詮, brjod pa)과 분별에 의해 인(人)과 법(法)으로서 언설되고(tha sñad btags) 설정된, 색으로부터 일체종지(一切種智, rnam mkhyen)에 이르기까지의 일체법이며, 그것들은 세속의 진실이라고 모니(牟尼)에 의해서 설해졌다.(DS, 52a6-b1)

라고 하는 것처럼, 총카파 독자의 술어에 상당히 접근한 용법이 보임에도 불구하고 "자립파가 언설에 있어서 자상에 의해 성립하고 있는 법을 인정한다."라는 학설 B는 전혀 나타나지 않는다. 따라서 렌다와는 총카파에게 어느 정도 영향은 주었지만, 그 영향은 결정적인 것이 아니었다고 보아야 할 것이다.

그런데 필자가 총카파 독자의 중관사상이라고 부르는 이 학설 B가, 총카파가 라마 우마파를 만나기 이전에 쓴 『금만(金鬘, *gSer phreṅ*, SPh)』[43]에 설해져 있는 것이 확인된다면, 그 학설이 가와동에서 라마 우마파 또는 문수와의 어떠한 교류에 의해서 총카파의 내부에서 생겼다고 하는 필자의 견해는 재고할 필요가 있을 것이다. 그러나 적어도 필자의 조사에 의하면, 『금만』에서는 학설 B가

43) 『금만』 『도차제대론』 『선설심수』 『밀의해명』은 각각 총카파가 31세, 46세, 52세, 62세 때 저작된 것이라고 한다. 『西佛研』, p.55, p.59, p.60 참조.

라고 하는 것처럼 반대로 부정되고 있다는 사실이다. 이 점은 『금만』의 저작으로부터 『밀의해명』의 저작에 이르는 사이에 일어난 총카파 자신의 사상적 변동의 극심함을 말하는 것이라고 생각하며, 그 사상적 변동은 전기 등에 의하는 한, 라마 우마파 또는 그를 매개로 문수와의 어떠한 교류에 의해 일어난 것이라고 추정되는 것이다.

마지막으로 이상 고찰의 결론을, 1. "자립파는 언설에 있어서 자상에 의해 성립하고 있는 법을 승인하지만, 귀류파는 그것조차도 승인하지 않는다"라는 학설을 총카파 독자의 중관사상이라고 규정할 수 있다고 생각되는 것. 2. 이 학설은 총카파가 라마 우마파에 사사(師事)한 것 또는 라마 우마파를 매개로 해서 문수와 문답하게 된 사건을 가장 중요한 계기로 총카파의 내부에서 생긴 것이라고 생각되는 것의 두 가지 점으로 정리하고 싶다.

〔부기 A〕

이하의 논술을, 拙稿, 「Tsoṅ kha pa 獨自の中觀思想について」, 『日本西藏學會會報』 27, 1981, pp.6-7, 주 4)에 의거해 부기하여 본장의 내용을 보완해 두고자 한다.

게룩파 입장에서 보면 총카파 비판을 포함한 고람파의 가장 중요한 저작은 『악견배제(*lTa ba ṅan sel*, TṄ)』일 것이다. Cf. GCh(pha〔II〕, 26b5-6)〔rm GCh의 기술에서 "ḥJug ṭik"는 『악견배제』를 가리킨다.〕 실제 『악견배제』(TṄ)에는 『밀의해명』(GR)으로부터 다수의 기술이 인용되어 그 내용이 비판되고 있다. 필자가 확인할 수 있었던 범위에서 『악견배제』에 있어서 『밀의해명』으로부터의 인용을 다음에 보인다.(이하에서 인용문의 최초와 최후의 말을 보인다. 또 ≒는 인용이 정확치 않는 것을 보인다. 더욱이

TṄ, GR 모두 권수는 ca이다.)

(1) "sgra…no"(TṄ, 4a5-6) = (GR, 4b4-5); (2) "ta…so"(TṄ, 4b4-5a1) = (GR, 5a4-7); (3) "de…ro"(TṄ, 7b6-8b1) = (GR, 9b2-10a4); (4) "sdug…phyir"(TṄ, 11b2-3) ≒ (GR, 12a3-4); (5) "byaṅ…no"(TṄ, 13b6) = (GR, 22b1); (6) "mdor…du"(TṄ, 14b2-3) = (GR, 23b1-2); (7) "raṅ…baḥo"(TṄ, 18a6-b1) = (GR, 25a8-b1); (8) "ḥdi…ṅo"(TṄ, 18b1) = (GR, 26a4); (9) "des…ro"(TṄ, 18b2-3) = (GR, 25b6-7); (10) "de…no"(TṄ, 19a5-b1) = (GR, 27a2-6); (11) "de…nus"(TṄ, 20b4-21a1) = (GR, 27b5-8); (12) "lam…so"(TṄ, 21a1-5) = (GR, 28a8-b5); (13) "des…pa"(TṄ, 23a2-3) = (GR, 30a6-7); (14) "des…so"(TṄ, 23b1-2) = (GR, 38b3-5); (15) "de…te"(TṄ, 24a3-5) = (GR, 39a2-4); (16) "gñis…no"(TṄ, 24a5-6) = (GR, 39a6-7); (17) "mṅon…ṅo"(TṄ, 24a6) = (GR, 39b6-7); (18) "ḥkhor…do"(TṄ, 26b5-6) ≒ (GR, 45b1-2); (19) "gtoṅ…rab"(TṄ, 27a4-5) ≒ (GR, 44b4-5); (20) "sbyin…no"(TṄ, 27a5) = (GR, 45b5-6); (21) "bshi…ro" (TṄ, 29b2-3) = (GR, 51a7-8); (22) "zad…no"(TṄ, 37b1-2) = (GR, 59a5-8); (23) "zad…no"(TṄ, 32a1-2) = (GR, 62a2-3); (24) "ḥgog…paḥo"(TṄ, 32b2) = (GR, 63a4-5); (25) "blo…no"(TṄ, 37a1-3) = (GR, 74a5-8); (26) "dṅos…te"(TṄ, 37a4-b1) = (GR, 74b7-75a3); (27) "de…ṅo" (TṄ, 37b1-2) = (GR, 75b1-3); (28) "tha…de" (TṄ, 37b3-38a1) = (GR, 77b1-7); (29) "yid…ro"(TṄ, 38a2-3) = (GR, 79b2-5); (30) "de…ro"(TṄ, 38a3-4) = (GR, 79b6-8); (31) "ḥdis…lo"(TṄ, 47a6-b1) = (GR,

95b7-96a1); (32)"ṅo…no"(TṄ, 47b1-3)=(GR, 97b1-2); (33) "shen…pa"(TṄ, 49b5)=(GR, 95b5); (34)"mu…go"(TṄ, 49b5-6)=(GR, 101a7-b1); (35)"da…paḥo"(TṄ, 49b6-50a4)=(GR, 101b3-7); (36)"chos…ro"(TṄ, 54b5-6)≒(GR, 118a4-6); (37)"de…go"(TṄ, 57b1-58b2)=(GR, 128b2-129b2); (38)"kun…mñam"(TṄ, 65a1-3)≒(GR, 136a5-8); (39)"sar…ṅo"(TṄ, 66a5-6)=(GR, 137b8-138a1); (40)"ḥdir…te"(TṄ, 67b1-2)=(GR,141b8-142a1);(41)"deḥi…byaḥo"(TṄ,67b2)=(GR, 142a5-6); (42)"rna…ste"(TṄ, 68a3-8)≒(GR, 143b3-6); (43)"gzugs…byaḥo"(TṄ, 68b5)=(GR, 144a6); (44)"ḥo…byaḥo"(TṄ, 69a2-4)=(GR, 144b2-5); (45)"de…byaḥo"(TṄ, 72b3-4)=(GR,154a7-8); (46)"de…so"(TṄ, 72b6-73a4)=(GR, 154a8-b4); (47)"ḥo…śiṅ"(TṄ, 73a4-b6)=(GR, 155a5-b8); (48)"rtog…smraḥo"(TṄ, 86b3-6)=(GR, 206a6-b2);(49)"ḥdi…ṅo"(TṄ, 88a1-3)=(GR, 206b7-207a2); (50)"ḥdis…cheḥo"(TN, 90a4-5)=(GR, 216b7-217a1); (51)"phuṅ…te"(TṄ, 90b4)=(GR,217a3-4); (52)"rten…do"(TṄ, 90b4)=(GR, 217a6); (53)"bdag…de"(TṄ, 91a2)=(GR, 217a7); (54)"raṅ…phyir"(TṄ, 91a2)≒(GR,217a8); (55)"ḥdir…la"(TṄ, 92a3-5)=(GR, 218a8-b2); (56)"pha…kyaṅ"(TṄ, 94a3-4)=(GR, 221b4-5); (57)"sṅar…te"(TṄ, 98a5)=(GR, 234a6); (58)"ñon…do"(TṄ, 98a5-6)=(GR, 234a8-b1); (59) "pa…so"(TṄ, 99a2-5)≒(GR, 235b3-7); (60)"de…baḥo"(TṄ, 103a3-4)=(GR, 248b5-8); (61)"dpal…nas"(TṄ, 104b5)=(GR, 249b1); (62)"ḥdi…to"(TṄ, 107a6-b6)≒(GR,

255a4-b7); (63) "des…shes"(TṄ, 107b6-108a2)≒(GR, 255b7-256a1); (64) "tshig…so"(TṄ,111a5)=(GR, 253a7-8); (65) "ḥgrel…no"(TṄ, 117a1-4)≒(GR, 265b5-266a4); (66) "des…so"(TṄ, 118b6-119a3)=(GR, 267a6-b2)

〔부기 B〕

본장의 원 논문 발표(1981년) 후, 중관의 두 학파명에 대하여 중요한 보고가 小川一乘 씨에 의해 이루어진 것을 부기하고 싶다. 즉 Jayānanda의 『입중론석(*Madhyamakāvatāraṭīkā*, MAvṬ)』에 "Raṅ rgyud pa"인 학파명이 존재한다는 것(MAvṬ, ra, 337a8, 337b6)이 보고된 것이다. 小川一乘, 「學派名 "Svātantrika"についての報告」, 『宗教研究』 259, 1984, pp.599-600 참조. 만약 이 주석이 본래 인도에서 범어로 쓰여지고 그것이 티베트어로 번역된 것이라고 한다면 "Raṅ rgyud pa"라 번역된 어떤 범어 원어가 존재하고, 따라서 '자립파', '귀류파'라는 학파명이 본래 티베트에서 티베트인에 의해 창작된 것이라고 하는 해석은 성립하지 않게 될 것이다.

그러나 小川 씨의 보고로부터 간단히 그러한 결론을 도출할 수 없을 것으로 생각된다.

小川 씨 자신이 그러한 결론에 도달하는 것을 주저하는 이유를 다음과 같이 서술하고 있다.

(1) Jayānanda(11세기 후반, 캐시미르에서 활약)는 『입중론』에 대한 주석을, 그의 간기〔奧書〕에 의하면 인도가 아니라 mi ñag이라는 곳에서 저술했다고 하는 것과,

(2) Śāntarakṣita를 중심으로 하는 Svātantrika계의 중관설이 도입되어 있던 그때까지의 티베트 불교에 찬드라키르티의 저술을 번역하고 티베트 불교에 Prāsaṅgika의 중관설을 도입한 티베트인

Pa tshab ñi ma grags(1055~?)과 Jayānanda는 번역 사업을 함께 행하였다고 하는 것,

(3) 게다가 그 ñi ma grags이야말로 그 학파명의 창시자가 아닌가 하고 종래 생각되어왔던 것 등이다.

그리고 이러한 이유에 의해 小川 씨는 다음과 같은 논술을 결론으로 삼는다.

> 이러한 사정에서 산스크리트 문헌에 Svātantrika라는 학파명이 발견되더라도 그것이 인도불교에서 이미 사용되고 있었던 명칭인가 또는 티베트 불교에서 창설된 그 학파명을 Jayānanda가 의용(依用)한 것인가 하는 것은 지금의 경우로서는 간단하게 단정할 수 없다. 그러나 사정이 어떨지라도 산스크리트 문헌(인도불교 문헌)의 티베트역 가운데 Svātantrika에 상당하는 raṅ rgyud pa라는 학파명이 발견된다고 하는 것만은 분명하다.〔밑줄=松本〕

나아가 최근에는 御牧克己 씨가 이 小川 씨의 학설을 거의 追認하는 말을 하고 있다(『ツォンカパ』, pp.238-239, 주 292)). 그렇긴 하지만 필자로서는 자야난다의 『입중론석』이 본래 산스크리트어로 쓰여진 문헌인지 어떤지에 대해 의문을 갖는다. 御牧 씨가 보고한 '唯心派(sems tsam pa; MAvṬ, ra,170a2)'라고 하는 용어의 존재(『ツォンカパ』 同上註)도 그러한 의문의 한 원인이지만 이것에 대해서는 별도로 논하고 싶다.

역시 小川 설의 (3)에서 니마닥이야말로 "이 학파명의 창설자가 아닐까 라고 종래 생각되어 왔다."고 하는데, '종래 생각되어 왔다'라는 것은 누군가에 의해 생각되어왔는지가 불명확하다. 필자 자신은 니마닥을 '자립파', '귀류파'라는 학파명의 창시자라고 단언한 적

은 없다. 단지 『대학설』에 나타난 니마닥의 말에 대한 인용을 근거로 본장 주 1)에서도 서술하였듯이 "Raṅ rgyud pa와 Thal ḥgyur ba라는 학파명을 사용한 최초의 티베트인 학자는, 필자가 확인한 한도 내에서는 니마닥(1055~?)이다."라든가, "또한 니마닥은 '자립파', '귀류파'라는 학파명을 사용한 현재 확인된 한에서의 最古의 학자로서 중관사상사 가운데 특히 주목된다. 이 두 학파명은 인도인의 저작에 그 존재가 아직 보고 되지 않은 것으로 니마닥 자신이 창작한 것으로도 생각되지만, 그가 인도에 장기간 체재하였던 것을 고려한다면 인도 체재 중에 어떤 인도인 학자로부터 전수받은 것으로도 생각할 수 있다."(拙稿, 「チベット佛教學について」, 『東洋學術研究』 20-1, 1981, p.146)고 서술한 것이다. 그리고 이것을 받아들여 "Il semble que c'est Pa tshab Ñi ma grags(1055~?) qui a commencé à employer ces termes,"(BG〔M〕, p.45) 라고 말했던 것은 御牧 씨이다. 따라서 "종래 생각되어 왔던"이라는 표현은 적절한 것이 아니다.

제5장

•

탁창파의 총카파 비판

본 장에서는 사캬(Sa skya)파의 탁창파 쉐랍린첸(sTag tshaṅ pa Śes rab rin chen, 1405~?)에 의한 총카파(Tsoṅ kha pa, 1357~1419) 비판에 대해서는 간단하게 소개하고 문제점을 지적하고자 한다.

제1절 총카파 비판의 개요

탁창파가 그의 주저라고 생각되는 『학설전지(學說全知, *Grub mthaḥ kun śes*, GK)』와 『학처전지(學處全知, *Rig gnas kun śes*, RK)』에서 총카파의 학설을 비판한 것은 『여의보수사(如意寶樹史, *dPag bsam ljon bzaṅ*, PJ)』을 비롯해 게룩(dGe lugs)파의 여러 저작에서 보고되고 있다[1]. 또한 현대의 학자로서는 미마키 가츠미(御牧克己) 씨가 탁창파를 "Tsoṅ kha pa와 젊은 동시대인으로서, Tsoṅ kha pa에 대해 18가지의 논란(ḥgal baḥi khur chun bco brgyad)을 제시했다고 전해진다."라고 소개하고 있다[2]. 그러나 필자가 보는 한, 아직 체계적인 소개가 이루어지지 않았기 때문에 이에 대해 이하 시도하고자 한다.

먼저 1463년, 즉 총카파 사후 약 50년 뒤에 저술된 『학설전지』(본송)에는 별도로 자주(自註)인 『학설전지주(學說全知註, *Grub mthaḥ kun śes kyi rnam par bśad pa*, GKN)』도 존재하는

1) Cf.PJ, 167a7-b5, ThM, ta, 12b2-3. 더욱이 『大乘論藏에 나오는 題目』(ThM, ta, 12b2)에는, 탁창파는 원래 총카파의 제자인 잠양최제(ḥJam dbyaṅs chos rje, 1379~1449)의 제자이었지만 후에 사캬파로 변했다고 말하고 있다.

2) 御牧克己, 「Blo gsal grub mtha'について」, 『密教學』 15, 1978, p.109, 註 20) 참조.

데, 책의 이름에 나타난 것처럼 모두 '학설강요서(學說綱要書, grub mthaḥ)' 문헌의 일종이며, 전체는 다음과 같이 5장으로 구성되어 있다.

Ⅰ. 견해의 일반적 고찰…GK(1b1-2b2), GKN(1b2-8b1)
Ⅱ. 인아(人我)을 주(主)로서 부정하는 것…GK(2b3-6b4), GKN(8b1-27a4)
Ⅲ. 소취(所取)의 법아(法我)를 주로서 부정하는 것…GK(6b4-8a5), GKN(27a4-45b1)
Ⅳ. 능취(能取)의 법아(法我)를 주로서 부정하는 것…GK(8a5-11a4), GKN(45b1-66a3)
Ⅴ. 미세한 2아(我)를 부정하여 이변(離邊, mthah bral)을 증명하는 것…GK(11a4-18b4), GKN(66a3-113b1)
간기…GK(18b4-19a6), GKN(113b1-114a6)

Ⅰ은 서론이고, Ⅱ는 외도의 학설, Ⅲ은 부파불교, 주로 유부·경량부의 학설, Ⅳ는 유식파의 학설, Ⅴ는 중관파(및 밀교의) 학설의 해설에 해당한다.

이 가운데, Ⅴ가 '사비(似非)〔귀류파 Thal ḥgyur ba〕의 비판'으로 불려지며, 거기서 총카파의 중관사상이 집중적으로 비판되고 있다. 그 내용의 분석은 다음과 같다.〔k.은 게송(偈頌)의 번호를 나타낸다〕.

사비〔귀류파〕의 비판…GK(V, kk.11-19, 12a2-b4), GKN (71a2-81a3)
1. 설시(說示, bstan)…GK(V, k.11, 12a2-3), GKN(71a2-

74b4)

2. 해설(解說, bśad)…GK(V, kk.12-18, 12a3-b3), GKN(74b4 -80b4)

3. 인(因)의 설시(rgyu bstan pa)…(V, k.19, 12b3-4), GKN (80b4 -81a3)

이 가운데 1의 '설시'는 총카파 비판의 서론으로, 『학설전지』에서는 다음과 같이 설해진다.

> 길상(吉祥)한 찬드라키르티(Candrakīrti)를 따라, 부정한 미란의 현현(顯現)이 양(量)에 의해 성립하는 것(tshad grub)이라고 다수의 정리(正理)에 의해 고찰하여 주장하는 사람〔=총카파〕, 그에게는 모순의 중압(ḥgal baḥi khur chun)이 다음과 같이 있다.(V, k. 11, GK, 12a2-3).

그리고 이 총카파설에 보이는 '모순의 중압'을 『학설전지』의 2 '해설'(bśad)에서 18가지로 열거한 것이 유명한 '열여덟 가지의 모순의 중압'(ḥgal baḥi khur chun bco brgyad)인 것이다. 3의 '인의 설시'(rgyu bstan pa)는 총카파설에 그러한 모순이 생기는 이유를 설하는 부분이다.

다음으로 『학처전지』는 필자가 텍스트를 아직 입수하지 못하여 정확한 것은 밝힐 수 없지만, 서명에 의해 생각해볼 때 오명(五明, pañ-cavidyāsthāna, 五學處)을 해설하는 저작이라고 생각된다. 『여의보수사』[3] 및 뒤에 서술할 『논란답파(論難答破, *rTsod lan*, TsL)』[4]에서

3) Cf. PJ, 167b5-6.

4) Cf. TsL,37b5-6, 39b1.

의 인용에 의해 『학처전지』에는 다음과 같은 기술이 존재하는 것을 알 수 있다.

"불교도의 제4명〔=因明, 논리학〕을 설하는 문헌은 『경(經, mDo)』〔=『집량론(集量論, *Pramāṇasamuccaya*)』〕을 수반한 『칠부(七部, *sDe bdun*)』〔=다르마키르티Dharmakirti의 7논리학서〕 밖에 없기 때문에, 이것들은 내명(內明, naṅ rig 불교학)이다."라고 주장하는 사람들은 잘못된 것이다. 그렇다고 한다면 『팔지(八支)에 관한 것(Yan lag brgyad pa)』[5]이나 Candragomin(Can dra pa)의 저작[6]이나 Ratnākaraśānti(Rin chen ḥbyuṅ gnas)의 저작[7] 등도 내명이 되어 버리는 것은 피하기 어렵다.

그런데 게룩파에 속하는 『여의보수사』나 『논란답파』의 저작들은, 이것을 총카파가 디그나가와 다르마키르티의 논리학을 내명, 즉 불교학으로 간주한 것에 대한 비판이라고 보고 있다. 그러면 총카파는 어디에서 그러한 견해를 서술하고 있을까. 그것은 그의 자서전적인 시인 『둔렉마(*mDun legs ma*, DL)』에서 다음과 같이 기술하는 것에 연유한다고 한다.[8]

---

5) 『八支心髓集(*Aṣṭāṅgahṛdayasaṃhitā*, P, No.5798)』 등의 의학서(P, Nos. 5798-5801)를 가리킨다고 생각된다.

6) 『찬드라文法論經(*Candravyākaraṇasūtra*, P, No.5767)』, 『接頭辭二十註(*Viṃśatyupasargavṛtti*, P, No.5768)』, 『聲音經(*Varṇasūtra*, P, No. 5769)』 등의 문법서에 관한 찬드라고민의 저작을 가리키는 것으로 생각된다.

7) 『韻律寶生(*Chandoratnākara*, P, No.5790, No.5791)』이라는 운율에 관한 라트나카라샨티의 저작을 가리키는 것으로 생각된다.

8) Cf. TsL, 37a6-b6, PJ, 167b5-7.

> 이 북방〔=티베트〕에서 양(量, tshad ma 논리학)의 학설을 배운 사람도 배우지 않은 사람도 많은 사람이 이구동성으로 "『경』과 『칠부』 어느 쪽도 보리에 이르는 실천의 차제(次第)는 없다."라고 말한다. 〔그리고〕 문수가 디그나가의 눈앞에 〔나타나〕 "이것〔=『집량론』〕을 저술하라. 이것은 미래에 있어 일체 세간의 눈이 될 것이다"라고 말씀하신 것조차도 양(量, tshad ma 証據)으로서 한 것이다. 그러나 그것은 완전히 부당한 설이다〔라고 보고〕.(DL, ga, 54b8-55a2)

더욱이 『여의보수사』[9] 및 『논란답파』[10]에서의 인용에 의해 탁창파가 총카파를 비판하기 위해 『학처전지』의 자주(自註)에서 총카파의 앞의 기술을 비꼬아 다음과 같이 서술하고 있음을 알 수 있다.

> 이 북방에서 문법학(sgra)의 학설을 배운 사람도 배우지 않은 사람도 많은 사람이 이구동성으로 '『칼라파 수트라(*Kalāpasūtra*, Kalā)』[11]와 찬드라고민의 저작 등에는 보리에 이르는 계제(階梯)나 차제는 없다'라고 말한다. 〔그리고〕 관음이 찬드라고민의 눈앞에서 "이것을 저술하라. 이것은 미래에 있어서 일체세간의 눈이 될 것이다."라고 말씀하신 것조차도 양으로 한 것이다. 그러나 그것은 완전히 부당한 설이다.

여기에서 탁창파 비판의 요점은 "인명을 내명으로 간주한다면, 문법학과 의학조차도 내명, 즉 깨달음에 이르는 실천과 이론을 설

9) Cf. PJ, 167b6-7.

10) Cf. TsL, 39b5-40a1.

11) P. No.5775를 가리킨다.

시하는 학문이 되고 말 것이다."라는 의미 일 것이다. 일찍이 스체르바스키(Th. Stcherbatsky)는 "사캬 판디타(Sa skya Paṇḍita)와 부톤(Bu ston)이 논리학을 불교적인 것을 전혀 포함하지 않는 순전히 세속의 학문으로 간주한 것에 대해 게룩파는 이것을 부정하여 다르마키르티의 논리학 중에 종교로서 불교의 확실한 기초를 인정했다."라고 서술한 적이 있지만[12], 이 논술은 아마도 앞에서 본 것과 같은 논리학에 대한 총카파의 평가와 그것에 대한 탁창파의 비판이라는 역사적 사실을 배경으로 한 것이라고 생각된다.

그런데, 이미 보았듯이 『학설전지』와 『학처전지』에 있어서 탁창파의 총카파 비판에 대하여 게룩파 측으로부터의 재비판이, 판첸라마 1세의 롭상 최키겐첸(Blo bzaṅ Chos kyi rgyal mtshan, 1570~1662)의 『논란답파(*rTsod lan*)』와 잠양셰파(ḥJam dbyaṅs bshad pa, 1648~1722)의 『대학설(大學說, *Grub mthaḥ chun mo*, GCh)』에서 이루어졌다.[13]

우선 『논란답파』는 구체적으로는 『번역자 쉐랍린첸파에 의한 논란에 대한 답파인 성언(聖言)과 정리(正理)의 사자후(獅子吼)(*sGra pa śes rab rin chen paḥi rtsod lan luṅ rigs seṅ geḥi ṅa ro*)』라고 하는 서명을 가진 것처럼, 철두철미 탁창파의 총카파 비판에 대한 답파(재비판)을 의도하여 쓰여졌고, 거기에는 『학설전지』의 '사비〔귀류파〕 비판'의 부분, 즉 제5장 제11-19게는 전체가 인용되어 하나하나 비판되고 있으며, 또한 이미 보았듯이 논리학에 관해서 『학처전지』의 기술도 인용되어 비판되고 있다.[14]

---

12) Cf. Stcherbatsky Th., *Buddhist Logic*, Vol.1, Leningrad, 1930, p.46.

13) Cf. PJ, 168b7-169a6.

14) 『학설전지』 제5장 제11-19게(GK, V, kk.11-19)와 『학처전지』 RK가 논

다음으로 『대학설』은 그 전체의 논술이 탁창파 비판에 쓰여지고 있는 것은 물론 아니다. 그러나 탁창파 비판이 『대학설』 저작의 한 동기이었던 것도 확실하다. 왜냐하면 잠양셰파는 특히 티베트에서 '제학설을 아는 사람(grub mthaḥ mkhyen po)'의 대부분이 제학설의 텍스트조차 읽지 못할 뿐 아니라, 촘덴릭렐(bCom ldan rig ral, 13~14세기)과 탁창파 등의 '학설강요서' 문헌에 의해 다수의 오해가 생기고 있기 때문에, 제학설을 정확히 이해하는 사람이 극히 적은 것을 『대학설』 저작의 동기로 들고 있기 때문이다[15]. 특히 『대학설』의 중관파의 학설을 해설하는 전체의 약 3할을 이루는 '모순의 집합인 개별적 부정(ḥgal ḥduḥi phuṅ po bye brag tu dgag pa)'이라 불리는 부분에서는 오로지 탁창파의 총카파 비판이 재비판되고 있다. 그 부분은,

모순의 집합인 개별적 부정

1. 설시(bstan)…GCh(pha〔II〕, 31a6-102b5)
2. 해설(bśad)…GCh(pha〔II〕, 32a1-102a4)
3. 미란(迷亂)인 인(因)의 확인(ḥkhrul rgyu ṅos bzuṅ ba)…(pha〔II〕, 102a5-102b5)

란답파에 어떻게 인용되고 있는가를 다음에 보인다.〔→의 뒤는 TsL에서의 위치, g.는 ḥgal ba(모순)의 번호를 보인다〕
k.11→2b2-3; k.12a(g.1)→17b4; k.12b(g.2)→18b5; k.12c(g.3)→20a6; k.12d(g.4)→21b4-5; k.13a(g.5)→23a4; k.13b(g.6)→25a5; k.13c(g.7)→25b3; k.13d(g.8)→26b5; k.14a(g.9)→27a2; k.14b(g.10)→27a4; k.14cd(g.11)→28a6; k.15ab(g.12)→30a1; k.15cd(g.13)→30b6-31a1; k.16(g.14)→31a2-3; k.17ab(g.15)→34b1; k.17cd(g.16)→34b3-4; k.18ab(g.17)→35a2-3; k.18cd(g.18)→35a4-5; k.19→35b6-36a1; RK→37b5-6, 39a6-b1, 39b5-40a1.

15) Cf. GCh. pha, 13a4-14a4.

로 구성되어 있지만, 이 구성 자체는 이미 보인 『학설전지』에서 총카파설 비판의 곳, 즉 '사비〔귀류파〕의 비판' 부분의 구성을 모방한 것은 분명하다. 즉 탁창파는 『학설전지』의 '해설'이라 불리는 부분에서 총카파설에 18가지 모순을 지적했지만, 이에 대해 잠양셰파도 '해설' 부분에서 『학설전지』 나아가 『학처전지』의 기술을 인용하면서 탁창파의 설에 27가지의 모순을 지적하고 있다.

제2절 총카파의 중관사상에 대한 비판

그러면 다음으로 탁창파에 의한 총카파의 중관사상 비판의 의미에 대하여, 탁창파에 의한 비판의 가장 중요한 포인트는 무엇이며 또 탁창파 자신은 어떠한 사상을 가지고 있었는지의 두 가지 점을 중심으로 살펴보기로 한다.

우선 탁창파에 의한 비판의 가장 중요한 점은 다음과 같은 기술에 나타나 있다고 생각된다.

"자립파(Raṅ rgyud pa)는 단지 자성(raṅ bshin) 또는 자체(ṅo bo)만은 경(境) 위에 언설에 있어서 성립하고 있는 것이기 때문에, "〔언설에 있어서〕 진실한(bden paḥi) 자성은 없다."라고 〔'진실한'이라는 한정어를〕 부가하지만, 여기에서는〔=귀류파에서는〕 그것도 부가하지 않고, 〔언설에 있어서〕 경 위에는 자성 또는 자체는 어떠한 것도 없으며, 불이 연소라는 작용을 하는 것과 같은 것은 혜(慧)에 의해서 가설된 것만의 것(blos btags rkyaṅ ba)은 아니라, 경 위에 언설만에 있어서 무기(無欺, bslu med, avisaṃvādaka)로서, 자립할 수 있는 것(tshugs thub)으로서 있기 때문에, 그 둘

(=무와 유)에 관해서 서로에게 확정지(確定知, ṅes pa)를 이끌어 내어야만 하지만, 작용을 하는 것을 단지 미란(迷亂)에 있어서만으로 설정한다(ḥjog)면 신용할 수 없다."고 〔총카파는〕 한 번도 아니라 반복해서 말하는 것이야말로 모순의 핵심인 것이다. 대중관(大中觀, dub ma chen po) 〔=탁창파 자신의 입장〕에서는 경(境) 위에 작용을 하는 것 이상의 부정되어야할 자성은 자립할 수 있는 것으로서는 조금도 없기 때문이다. 만약 〔총카파가〕 "자립할 수 있는 것이라고는 말하지 않았다."라고 한다면, 〔언설유가〕 자립할 수 없다면, 양(量)에 의해서 성립하는 것(tshad mas grub pa)은 모순이다. 왜냐하면 '양에 의해서 성립하는 것'(tshad grub)의 의미는 '무기(無欺, bslu med)'이고, '무기'의 의미는 '자립할 수 있는 것(tshugs thub)' 이외의 것이 아니기 때문이다.(GKN, 71b3-6 ad GK, V, k.11)

먼저, 위의 인용문의 밑줄을 그은 부분에는 필자가 이미 총카파 독자의 중관사상으로 규정한 "자립파는 언설에 있어서 자상 〔또는 자성〕에 의해 성립하고 있는 것을 인정하지만, 귀류파는 그것조차도 인정하지 않는다."라는 학설[16]이 설해진다. 그러나 그 학설 자체는 여기에서는 비판되지 않고, 탁창파의 비판은 총카파가 언설유를 어떻게 설정하는가에 향해진다. 필자의 견해로는, 총카파는 "언설유는 분별 또는 명칭의 언설에 의해 설정된다."고 주장했다고 생각하지만[17], 탁창파는 총카파의 설을 그처럼 이해하지 않고 총카파가 언설유를 '자립할 수 있는 것'(tshugs thub)이라고 설했다고 하여 그것을 비판하는 것이다.

16) 본서 제4장 '학설 B'(pp.223-245) 참조.

17) 본서 제4장 '학설 C'(pp.245-248) 참조.

이 '자립할 수 있는 것'이라고 하는 말을 총카파 자신이 언설유를 규정하는 것으로서 서술했다는 것은 아마도 없으리라 생각되지만, 그것은 탁창파 자신도 앞의 기술에서 인정하고 있다. 단지 탁창파에 의하면 총카파가 언설유를 '양에 의해 성립하고 있는 것(tshad mas grub pa, tshad grub)'으로 인정한 것에 의해 자동적으로 언설유를 '자립할 수 있는 것'으로 간주한 것이 되는 것이다. 총카파가 과연 "언설유는 양에 의해서 성립하고 있다."라고 말했는지 어떤지는 문제일 것이지만[18], 탁창파가 이 주장을 총카파 설의 근본적 결함으로 본 것은 이미 서술한 『학설전지』의 게송(GK, V, k.11)의 번역에서도 분명할 것이다.

또 롭상 최키겐첸은 이상의 탁창파의 비판에 답하며, 『논란답파』에서

> 만약 '무기(無欺)'의 의미가 '자립할 수 있는 것'이라고 한다면, 열반은 자립할 수 있는 것이며, 고찰을 감내하는 것(dpyad bzod)이며, 독립의 것(raṅ dbaṅ can)이라고 말하라.(TsL, 13a3)

라고 서술하는데, 이것은 언설유가 '양에 의해서 성립하고 있는 것'이라고 말하더라도 '자립할 수 있는 것'이라든가 '독립의 것'으로는 되지 않는다는 의미일 것이다[19].

마지막으로 탁창파의 총카파 비판의 의도를 보다 명료히 하기 위해 다음 기술을 인용하고자 한다.

---

18) 총카파는 명확히 "언설유인 색 등은 量에 의해서 성립하고 있다"라고 주장하지만, 이것에 대해서는 본서 제7장에서 논한다.

19) 이것에 관한 잠양세파의 답변(Gch, pha〔II〕, 42a3-44b2)도 『논란답파』와 거의 같은 취지라고 생각한다.

'세속의 설정(rnam bshag)은 고찰하지 않고 세간극성(世間極成, ḥjig rten grags pa, lokapratīti; 세간 사람들의 일반적 승인)만에 의해 설정하는 것으로, 고찰 없이 세간만에 기초하여' 라고 〔총카파는〕 되풀이해서 말하지만, 일반적으로 『칠부』 등의 논리학(rtog ge)과 특히 자립파의 문헌(gshuṅ)인 『중관광명론(*Madhyamakāloka*)』 등을 잘 배워 습득한 덕분으로, 언설의 설정에 정리의 논리(ḥthad)를 받아들여 사물의 힘〔에 의해서 일어난〕 정리에 의해 고찰하고 증명하였기 때문이다.(GKN, 80b4-5 ad GK, V, k.19)

이것은 총카파의 중관사상에 모순이 생기는 이유를 서술한 것이지만, 그 요지는 총카파는 언설유를 세간극성 만에 의해 설정한다고 말하고 있지만, 다르마키르티의 논리학과 자립파의 카말라쉴라의 『중관광명론』 등을 지나치게 배웠기 때문에, 언설유의 설정에 승의적인 정리를 받아들였다고 말하는 것이다. 따라서 바로 총카파가 자립파의 학설을 언설에 있어서 자상에 의해 성립하고 있는 것을 인정하는 것으로 거부하는 것과 마찬가지로 탁창파도 총카파의 설을 언설에 있어서 '자립할 수 있는 것'을 인정하는 것으로서 부정한 것이다.

그러면 마지막으로 탁창파 자신의 사상은 어떠한 것인가를 간단히 보기로 한다. 그의 중관사상은 다음과 같이 '3단계'라는 설로 요약될 수 있을 것이다.

그러므로 나가르주나 사제(師弟)와 붓다팔리타와 찬드라키르티와 샨티데바의 최고의 문헌을 나는 모두 '고찰하지 않은 것'(ma dpyad)과 '조금 고찰한 것'(cuṅ zad dpyad)과 '잘 고찰한 것'(legs par dpyad)이라는 3단계(gnas skabs gsum)와 결합시켜 이해한다.

> 언설은 고찰하지 않은 세간의 구생(俱生)〔의 무명〕(ma dpyad ḥjig rten lhan skyes)에 있어서 〔있는 것이며〕, 승의는 조금 고찰한 정리지(正理知, rigs śes)에 있어서 〔있는 것이며〕, 이희론(離戱論, spros bral)은 잘 고찰한 이언(離言, brjod med, nirabhilāpya)에 있어서 인 것이다. 이 세 가지를 올바로 아는 것이 대중관(dbu ma che)이다.(GK, V, kk.22-23, 12b6- 13a2)

여기에서 '고찰하지 않는 단계'란 탁창파에 의하면 총카파가 했던 것처럼 정리의 고찰을 하는 것이 아니라, 전부 세간 구생의 무명에 의해 언설유가 설정되는 단계이다. 그리고 '조금 고찰한 단계'란 정리지에 의해 공성 또는 무생기(無生起)가 설정된 단계이며, '잘 고찰한 단계'란 유라든가 무라든가 공이라든가 불공이라든가 하는 일체의 희론이나 변견(邊見)이 지멸한 단계이다. 이처럼 공성이라든가 무생기 등을 최고의 승의로 보지 않고 '유도 아니고, 무도 아니다'라는 이희론 또는 이변(離邊)을 참된 승의로 보는 사상은 사캬파의 고람파(Go ram pa, 1429~1489)가 '이변중관설(離邊中觀說, mThaḥ bral la dbu mar smra ba)'이라 부르며, 일반적으로 '유도 아니며, 무도 아니다 라고 하는 견해(yod min med min gyi lta ba)'로 일컬어지는 중관사상의 한 형태라고 할 수 있다.[20]

〔부기〕

논리학을 불교학으로 볼 것인가 아닌가 등의 문제에 대해서는, 이후 발표된 다음의 논문을 참조하길 바란다.

---

20) 이것에 대해서는 이미 본서 제4장의 '학설 A'의 설명 중에 연관해서 언급했으며, 상세한 것은 다음 장에서 논한다.

木村誠司, 「チベット佛教における論理學の位置付け」, 『チベットの佛教と社會』, 春秋社, 1986, pp.365-401.

제6장

•

이변중관설에 대하여

제1절 티베트에 있어서 3종의 중관사상

8세기 후반 인도불교가 티베트에 본격적으로 도입되고부터, 티베트의 학승들은 나가르주나(Nāgārjuna, 龍樹)를 종조(宗祖)로 하는 중관파의 철학에 대해서 다양한 해석을 하였다. 그 가운데 가장 최초의 해석 중의 하나를 9세기 초에 활약한 번역승인 예쉐데(Ye śes sde)의 『견해의 구별(*lTa baḥi khyad par*)』에서 찾을 수 있다. 『견해의 구별』의 중관사상에 대해서는 이미 제2장에서 상세하게 기술하였지만, 확실한 것 중에 하나는 『견해의 구별』 이래로 티베트에서는 언제나 중관사상이 불교의 모든 철학 중에 가장 최고로 간주되어 온 사실이다. 따라서 티베트 불교도는 모두 중관파라고도 말할 수 있다.

그리고 티베트의 가장 유명한 사상가로서는 게룩파의 시조인 총카파를 들 수 있다. 그렇지만 총카파보다 약간 후배인 사캬(Sa skya)파의 학승인 고람파 소남셍게(Go ram pa bSod nams seṅ ge, 1429~89)는 『견해변별(見解弁別, *lTa baḥi śan ḥbyed*, TŚ)』이라는 저작에서 티베트에서의 중관해석, 즉 티베트의 중관사상을 다음과 같이 3종류로 분류하고 있다.

A. 상변을 중(中)으로 설하는 자(rTag mthaḥ la dbu mar smra ba)〔上邊中觀說〕

B. 단변을 중으로 설하는 자(Chad mathaḥ la dbu mar smar ba)〔斷邊中觀說〕

C. 이변을 중으로 설하는 자(mThaḥ bral la dbu mar smar ba)〔離邊中觀說〕

고람파에 따르면 A는 조낭(Jo naṅ)파의 돌부파 쉐랍겐첸(Dol bu pa śes rab rgyal mtshan)의 종견(宗見, lugs), B는 총카파의 종견, C는 자파(自派)의 종견이라고 하였다. 이 고람파의 분류법을 필자는 대단히 논리적이라고 생각하기 때문에, 이하에서는 이 분류법에 따라 티베트 중관사상의 문제점을 고찰하고자 한다.

우선 A는 돌부파의 '타공(他空, gshan stoṅ)'설로 유명하다. 고람파는 이것을 다음과 같이 설명하고 있다.

> 공성에는 두 종류가 있다. 자기의 성질(raṅ gi ṅo bo)에 관한 공성〔自空〕과 타자의 성질(gshan gyi ṅo bo)에 관한 공성〔他空〕이다. …… 변계소집성(kun brtags)과 의타기성(gshan dbaṅ)은 세속의 진실이며, 세속의 진실은 꿈과 환영 등과 같아 본래 자기의 성질에 관해서 공이기 때문에, 그것들의 공성을 '자기의 성질에 관한 공성'이라고 말하지만, …… 법성(法性)이고 원성실성(yoṅs grub)인 승의의 진실은 자기의 성질에 관해서 공이 아니라, 변계소집성과 의타기성이라는 유위(ḥdus byas)의 법, 즉 세속의 성질에 관해서 공이기 때문에 다른 성질에 관해서 공인 것이다.(TŚ, ca 2b4-3a6)

즉 돌부파는 세속의 진실을 '자공(raṅ stoṅ)', 승의의 진실을 '타공'이라고 규정하고 있지만, 후자를 보다 상주·견고한 불변의 실재(rtag brtan ther zug pa mi ḥgyur baḥi chos can)로 간주하고 있다.[1)]

다음에 B 총카파의 설은 고람파에 의하면, 다음과 같다.

---

1) 돌부파의 '타공'설에 대해서는 Ruegg D.S,*La théori du Tathāgatagarbha et du gotra,* Paris, 1969, p.8, p.325 etc. 또는 袴谷憲昭, 「チョナン派と如來藏思想」, 『チベット佛教』(岩波講座 東洋思想 第11卷), 岩波書店, 1989, pp.194-207 참조.

> 중론의 텍스트(gshuṅ)에 설해져 있는 모든 정리(正理, rigs pa)에 의해 탐구할 때, 얻을 수 없는 진실을 부정하는 것만의 공성인 절대부정(bden pa bkag tsam gyi stoṅ ñid med dgag)이 중관의 궁극적 견해(lta ba mthar thug pa)이고, 또한 실로 승의의 진실(don dam bden pa mtshan ñid pa)이기도 하며, 또한 제법의 궁극적 실상(gnas lugs)이기도 하다.(TŚ, ca 5a4-5)

이 입장이 부분적으로 총카파의 저작에 보이는 것은 이미 밝혀져 있지만,[2] A의 돌부파의 입장과 대비하여 특징적인 것은, 승의의 진실이 공성, 특히 절대부정(med dgag)[3]의 공성이라고 규정하고 있다는 것이다.

마지막으로 C, 즉 자파의 입장인 '이변중관설'에 대해 고람파는 다음과 같이 기술하고 있다.

> 중관의 의미는 유·무(yod med)와 긍정·부정(yin min) 등의 일체의 변(邊, mthaḥ)을 떠나있으므로 변집(邊執, mthar ḥdsin pa)과 상집(相執, mtshan mar ḥdsin pa)을 전부 버려야 하지만, 그 중에 처음으로 진실이라는 집착(bden par ḥdsin pa, 진실집착)의 대상인 진실(bden pa)을 부정하지 않으면 나중의 변집[4]

2) 본서 제4장 pp.227-230 참조.

3) 이 'med dgag'라는 말을 '절대부정'이라고 번역하고, 그것에 'prasajya-pratiṣedha'라는 범어를 갖다대어 보아도 여기서는 거의 무의미하며, 중요한 것은 고람파가 'med dgag'('무'라는 부정)라는 말 중의 'med(無)'라는 말에 의미를 가지게 하고 있다고 보는 것이다. 즉 승의의 진실은 '상변중변설'에서는 '有'이고, '단변중변설'에서는 '無〔自性〕'라고 하는 것이 고람파의 기본적인 이해이고, 따라서 당연히 그것은 '이변중관설'에서는 '非有非無'(유도 아니고 무도 아니다)로써 나타내는 것이다.

4) '나중의 변집'이란 無邊에 대한 집착, 이른바 공성에 대한 집착을 말할 것이다.

을 부정할 수 없으므로 이일다(離一多, gcig daṅ du bral) 등의 정리(正理)에 의해 내외(內外)의 사물(dṅos po)은 진실로 존재하지 않는다고 확정(gtan la dbab pa)해야만 한다. 여기서 부정대상(dgag bya)은 조대(粗大)한 것(rags pa)이고, 윤회의 중요한 원인이기 때문에 모든 텍스트에서는 그것(=진실집착)의 집착 대상(shen yul)인 진실을 부정하는 정리(正理)가 상세하게 설해져 있지만, 그것(=진실)을 부정하고 나서 진실에 관해서 공성으로 집착한다면, 예를 들어 말에 탄 사람이 오른쪽으로 떨어지지는 않더라도 왼쪽으로 떨어지는 것처럼, 단변(斷邊)에 빠지는 것을 피할 수 없기 때문에 그것(공성에 관한 집착)도 부정해야만 한다.

그러므로 둘에 대한 집착과 둘 아닌 것에 대한 집착도 부정해야 하고, 4변(邊) 어느 것에도 집착의 대상이 얻어지지 않기 때문에, 그것에 대한 집착이 없는 것을 "중(中)의 견해를 깨닫는다."라고 임시적으로 이름한 것(tha sñad ḥdog pa)이다. "중의 견해는 이것이다."라고 하나의 변에 대해서 하나의 집착이 일어난다면, 공·불공 등의 어느 쪽에 집착하여도 변집으로부터 벗어날 수 없기 때문에 중의 견해가 아니다.(TŚ, ca 8b1-6)

여기서 유무(有無) 등의 일체의 변(邊)을 떠난 것(離邊)이 승의의 진실이라고 설하고, 공성에 대한 집착도 진실에 대한 집착과 완전히 동일하게 부정해야만 한다고 강조하고 있다. 왜냐하면 이 두 집착은 각각 단변과 상변에 대한 집착이고, 둘 다 변집이라는 점에서 어떤 구별도 없기 때문이다.

이와 같이 본다면 고람파가 티베트 중관사상을 3종류로 분류한 것은, 무엇을 승의의 진실로 간주하였는가 라는 관점에 기초하고 있는 것을 알 수 있다. 즉 A, B, C의 세 가지 설은 각각 '상변'

'단변' '이변'을 승의의 진실로 간주하는 것이지만, 보다 명확한 표현을 사용하면 이것들은 각각 '유' '무' '비유비무'를 승의의 진실로 생각한 것이라고 볼 수 있다. 이런 의미에서 필자는 고람파의 분류법을 극히 논리적인 것이라고 생각한다.

제2절 이변중관설과 총카파

그러면 고람파 자신의 입장인 '이변중관설'이란 사상적으로 어떠한 의미를 가지며, 역사적으로 어떤 계보를 가지는가? 다음에서 그것에 대해 밝히고자 하지만, 먼저 총카파와 '이변중관설'의 관계를 살펴보도록 한다.

우선 고람파에 의하면 '이변중관설'이라는 것은 결코 자기의 독창적인 설이 아니다. 이것은 찬드라키르티의 다수의 저작을 티베트어로 번역한 파찹 니마닥(Pa tshab Ñi ma grags, 1055~?)에 의해 창시되어, 그의 제자인 샹 탕삭파 예쉐중네(Shaṅ Thaṅ sag pa ye śes ḥbyuṅ gnas)와 마자 장춥촌두(rMa bya Byaṅ chub brtson ḥgrus), 카담(bkaḥ gdams)파의 로덴쉐랍(Blo ldan śes rab, 1059~1109), 카규(bkaḥ brgyud)파의 마르파(Mar pa, 1012~1097)과 미라레파(Mi la ras pa, 1040~1123), 샤카파의 닥파겔첸(Grags pa rgyal mtshan, 1147~1216), 사캬 판디타(Sa skya paṇḍita, 1182~1251), 렌다와(Red madḥ ba, 1349~1412, 총카파의 스승 중의 한 사람) 등 많은 학자들에 의해 주장된 것[5]이라고 한다. 니마닥을 시작으로 여기에 이름을 든

5) Cf. TŚ, ca, 8a3-6.

학자는 모두 총카파 이전의 학자이지만, 그들이 모두 고람파가 이해하고 있는 의미의 '이변중관설'을 설하였는지는 현재의 단계에서 확인할 수 없다. 그러나 총카파의 『도차제대론(*Lam rim chen mo*, LR)』의 다음 구절을 보면, 총카파 이전에 확실히 '이변중관설'의 전통이 존재하였고, 그것을 총카파가 비판한 것을 알 수 있다.

> 자성을 배제하는 것만의 것〔=절대부정의 공성〕에 의해 그 대상을 어떻게 부정할 필요가 있는가? 이처럼 〔자성은 없다고〕 이해하는 것은 〔인법(人法)〕의 2아(我)에 있어서 상(相, mtshan ma)에 집착하는 것의 대치(對治, gñen po)이므로, 거기에는 상에 집착한다는 것이 전혀 없는 것이다. 이와 같은 이해(rtog pa, 分別)조차도 과실이라고 보고, 선한 분별과 나쁜 분별의 어느 쪽도 부정한다면 중국의 계사화상(戒師和尙, mKhan po Hwa śaṅ,=마하연)의 설을 수립하고자 원하는 것이 분명하다.(LR, pa, 386a4-6)

제4장에서 기술한 것처럼[6] 여기서 총카파는 "일체의 분별을 부정해야만 한다."라는 주장을 강하게 비판하고 있다. 그런데 이 주장은 "일체의 변(邊)에 대한 집착을 부정해야만 한다."라는 이변중관설의 형태 중의 하나이기 때문에, 여기서 총카파는 이변중관설을 비판하고 있는 것이 된다. 이 상정(想定)이 바른 것은 고람파가 이상의 총카파에 의한 비판을 고람파 자신의 입장에 대한 비판으로 받아들이고, 그것을 재차 비판하고 있는 사실에서 확인된다. 즉 고람파는 다음과 같이 총카파를 비판한다.

---

6) 본서 제4장 p.229 참조.

궁극적인 것(mthar thug)을 고찰하는 정리지(正理知, rigs śes)에 있어 유도 아니고 무도 아니라는 견해(yod min med min gyi lta ba)를 승인한 것에 대하여 "이것은 중국화상(和尙)의 견해다."라고 하여 고찰(brtag dpyad)을 하지 않고 자기마음대로(raṅ dgaḥ ba) 언어를 세계에 내던지는 것은, 불법(佛法)의 심수(心髓, bstan paḥi sñiṅ po)인 이희론(離戱論, spros bral)을 해치는 것이기 때문에 악마의 부류(bdud rigs)가 가지(加持)하여 〔언어를〕 발산시킨 것이다. 즉 중국화상(rGya nag Hwa śaṅ)은 실상(gnas lugs)의 의미를 고찰하지 않고 분별(rtog pa)[7]을 자기 마음대로 부정하여, 어떤 것도 사유하지 않는 것(ci yaṅ yid la mi byed pa)만을[8] 궁극적 견해를 깨닫는 것으로 주장하였지만, 이것은 학자(mkhas pa) 카말라쉴라가 성언과 정리로서 논파한 것이다. 이것은 중관학설에 설해져 있는 모든 정리에 의해 대상의 실상(gnas lugs)을 확정할 때, 모든 변집의 집착 대상을 하나씩 부정하여 최후에 유무 등의 어떠한 희론의 변(邊)도 얻어지지 않는 것 만에 대하여 "중관의 견해를 깨달았다."고 임의적으로 이름 붙인 것(tha sñad)뿐이므로, 그 둘〔=마하연의 견해와 유도 아니고 무도 아니라는 견해〕이 동일하다고 주장하는 것은 잘 배운 학자라고 자부하는 사람들이 고찰을 조금도 하지 않았던가 또는 교묘한 방법으로 사람을 속이는 악마에 홀린 것이 확실하다.(TŚ,ca, 17a12-b1)

여기서 고람파는 자기의 종견인 '이변중관설'을 '유도 아니고 무

---

7) 텍스트에는 'rtog par'이지만, 'rtog pa'로 교정하여 번역하였다.

8) 여기서 말하는 '어떤 것도 사유하지 않는 것(amanasikāra)'에 대한 비판은 확실히 카말라쉴라의 『수습차제(후편)』〔Ⅲ〕(BhK〔Ⅲ〕, p.15, l.12-p.17, l18)에 보인다. 이것에 대해서는 『禪批判』, pp.24-25, pp.32-33 참조.

도 아니라는 견해'라는 말로서 나타내고 있지만, 그것과 마하연설은 실상에 대한 고찰의 유무에 의해 결정적으로 상위하기 때문에, 그 두 개를 혼동한 총카파는 고찰을 게을리 했던가, 악마에 홀렸던 것이라고 논하고 있다.

그런데 고람파는 『견해변별』에서,

> 이 두 번째의 종견(총카파의 견해)은 존자 총카파가 이전 바른 스승인 렌다와(Red madḥ ba)에게서 교설의 의미를 배웠을 때는 생기지 않았지만, 후에 라마 우마파(Bla ma dBu ma pa)가 도캄(mDo khams)지방으로부터 초대한 문수(ḥJam dbyaṅs)〔보살〕을 〔총카파가〕 만난 이후, 〔총카파는〕 중관의 요점에 대해서도 이렇게까지 특수한 주장과 밀주금강승(密呪金剛乘)의 요점에 대해서도 대단히 많은 특수한 학설을 만들어 내었다.(TŚ, ca, 35b6-36a2)

라고 기술하여, 총카파 독자의 종견은 렌다와에게 배울 때는 생기지 않았지만, 나중에 라마 우마파가 도캄 지방으로부터 초대한 문수〔보살〕을 만난 이후에 생겼다라고 하고 있다. 이미 살펴본 것처럼 렌다와는 고람파에 의하면 '이변중관설'의 주장자로 열거되고 있기 때문에, 고람파는 총카파가 렌다와의 이변중관설로부터 떠나, 독자의 종견을 만든 것은 라마 우마파, 또는 그를 통역자로서 총카파가 문답을 하였다는 문수의 영향에 의한 것으로 보고 있다. 이미 필자는 "자립파(Raṅ rgyud pa)는 언설에 있어서 자상에 의해 성립하고 있는 법을 인정하지만, 귀류파(Thal ḥgyur ba)는 그것조차도 승인하지 않는다."는 학설(학설 B)을 총카파 독자의 학설로 규정하고, 그 학설은 총카파가 라마 우마파에게서 사사(師事)한 것, 또는 라마 우마파를 매개로 문수와 문답하였다고 하는 사건을 가장 중요한 계기로 총카파 내부에 생겼다고 생각되는 추정을 하였다.[9] 그러나 단순히 이 학설뿐만 아니라 고람파가 총카파의 종견을 '이변중관설'이라고 부른 이유가 되는 학설, 즉 "공성이라는 이해는 부정해야 만하는 것이 아니라 그것도 포함하여 일체의 분별을 부정한다면 마하연과 동일하게 된다."라는 학설(학설 A)도 라마 우마파 또는 문수의 영향에 의한 것으로 생각할 수 있다. 이것은 다음과 같은 사정에 의한다. 즉 고람파는 앞의 인용문 "……악마에 홀린 것이 확실하다."라는 기술(TŚ, ca, 17a2-b1)에 이어서,

> 따라서 진실에 관한 공〔성〕에만 집착하여, 유도 아니고 무도 아니라는 이희론(yod min med min gyi spros bral)을 부정하는 이것〔=총카파의 종견〕은 라마 우마파가 문수에 의해 제시한 학설(grub mthaḥ)로서, 최고의 성자인 나가르주나 사제(師弟, yab sras)의 텍스트와 모순되는 것이다.(TŚ,ca, 17b1-2)

라고 기술하여, 앞의 학설을 '라마 우마파가 문수에 의해 제시한 학설'이라고 부르지만, 계속해서 그 이유를 다음과 같이 기술하고 있다.

> 그〔=총카파〕의 비밀의 전기(傳記)(gsaṅ baḥi rnam thar)에는 "나의 마음(rgyud)속에 있는 이 중관의 견해는 귀류파와 자립파 어느 쪽의 견해인가"라고 〔총카파가〕 라마 우마파를 통하여(brgyud nas) 문수에 말씀 올리자, 문수는 "귀류파, 자립파 어느 쪽의 견해도 아니다."라고 말씀하셨다. 이것에 대해 전기 작자는 "그 때 이 존자(rje) 자신의 마음(thugs rgyud) 속에는 샹 탕삭파(Shaṅ Thaṅ

9) 본서 제4장 pp.257-263 참조.

> sag pa)로부터 이어져 온(brgyud pa) 유도 아니고 무도 아니라는 견해가 있었기 때문에, 이처럼 〔어느 쪽도 아니다고〕 말씀하셨을 것이다."라고 기술하고 있는 것 같다.(TŚ,ca, 17b2-4)

여기서 고람파가 총카파 전기의 구절로 인용하고 있는 것은, 아마도 총카파의 제자 케둡(mKhas grub, 1385~1438)이 지은 총카파의 『비밀전기(秘密傳記, *gSaṅ baḥi rnam thar*, SN)』의 다음의 기술일 것이다.

> 그 때 "나의 이 견해는 귀류파와 자립파의 어느 쪽인가."라고 〔총카파가 문수에게〕말씀 드리자 〔문수는〕 "어느 쪽도 아니다."라고 말씀하셨다. 〔이것도〕 그 때 이 존자〔=총카파〕의 마음에, 주장(khas len)은 아무 것도 없고, 어느 것에도 집착해서는 안 된다는 견해가 마음(thugs)속에 있었을 것이다.[10](SN, ka 3a3)

즉 여기서 케둡이 "주장은 아무 것도 없고, 어느 것에도 집착해서는 안 된다는 견해"라고 말한 것을 고람파는 "샹 탕삭파(Shaṅ Thaṅ sag pa)로부터 이어져 온 유도 아니고 무도 아니라는 견해"라고 간주하였던 것이다. "어떠한 주장도 해서는 안 되고, 어느 것에도 집착해서는 안 된다."는 주장의 배경에는 "승의의 진실은 유무 등의 일체의 변(邊)을 떠나있다."는 인식이 없으면 안 되는 것으로, 이 고람파의 이해는 타당할 것이다. 따라서 케둡의 전기에 따르면 총카파는 라마 우마파에 기울어지기 이전에는 '이변중관설'의 주장자였지만, 후에 라마 우마파를 통역자로 하여 문수와 문답

10) 텍스트에는 'thugs la bde ba tsam yod par'로 되어있지만, 밑줄 부분은 이해할 수 없다.

한다는 신비적인 사건을 중요한 계기로 '이변중관설'을 떠나 그것을 강하게 비판하는 독자의 입장을 창시하였다고 생각된다.

제3절 이변중관설의 여러 모습

총카파의 중관사상은 나중에 사캬파의 3사람의 사상가, 즉 탁창파 쉐랍린첸(1405~?, sTag tshaṅ pa Śes rab rin chen)과 샤캬촉덴(1428~1507, Śakya mchog ldan) 그리고 고람파에 의해 비판받게 되지만, 고람파뿐만 아니라 다른 두 사람도 '이변중관설'의 주장자이었다고 생각되기 때문에 이하에서 그들의 저작을 통해 '이변중관설'의 사상적 의미를 고찰해 보고자 한다.

그렇지만 그전에 한 가지 주의해야 할 것이 있다. 그것은 '이변중관설'이라는 명칭은 결코 일반적인 명칭이 아니라 고람파 이외의 학자에 의해서는 그다지 사용되지 않았다고 생각된다. 고람파의 『견해변별』에서조차도 이 명칭은 자주 사용되었다고 말하기 어렵다. 이미 살펴본 것처럼 고람파는 '이변중관설'을 '유도 아니고 무도 아니라는 이희론(離戱論)'이나 '유도 아니고 무도 아니라는 견해'라는 말로써 표현하고 있다. 고람파가 '이변중관설'을 사용한 것은 아마도 '상변중관설'·'단변중관설'이라는 두 가지 설과 함께 티베트의 중관사상을 논리적으로 3종류로 분류하고자 하는 의도에 기초한 것이었으며, 그가 '이변중관설'이라고 부른 사상은 일반적으로 '유도 아니고 무도 아니라는 견해'로 불리는 것이다. 이 점은 탁창파, 샤카촉덴, 고람파가 총카파의 중관사상을 비판하였을 때 그들 자신의 사상적 입장이 '유도 아니고 무도 아니라는 견해'로 불리는 것으로 알려졌을 것이다.11)

그러면 우선 탁창파의 '이변중관설'에 대해 고찰해보자. 그는 이미 앞장에서 약간 소개한 것처럼 주저인 『학설전지(學說全知, *Grub mthaḥ kun śes*, GK)』에서 총카파의 중관사상을 비판하고 더욱이 자기의 입장으로서 다음과 같은 '3단계'설을 설하고 있다.

따라서 나가르주나 사제(師弟, yab sras)와 붓다팔리타, 찬드라키르티, 샨티데바의 최고의 텍스트를 전부 나는 '고찰하지 않은 것(ma dpyad)'과 '조금 고찰한 것(cuṅ zad dpyad)' '잘 고찰한 것

---

11) 게룩파의 제춘 최키겐첸(rJe btsun Chos kyi rgyal mtshan, 1469~1544)은 그의 저작 『악견이란 어둠의 배제(*lTa ṅan mun sel*, TM)』에서 '『학설전지』의 저자인 尊師 탁창파는 유도 아니고 무도 아니라는〔견해〕에 익숙해져 있었기 때문에 〔총카파〕의 철학적 견해에 관한 장구에 대해 비판을 많이 하였지만'(TM, Ⅱ,p.15)라고 기술하고 있다. 게다가 고람파와 샤캬촉텐이 '유도 아니고 무도 아니다'라는 4邊의 희론을 떠난 것을 '진실의 공성'이라는 것에 대해서는 같은 책(TM,Ⅱ, p.87)을 참조. 또한 샤캬촉덴에 대해서는 투콴(Thuḥu bkwan)의 『학설수정경(*Grub mthaḥ śel gyi me loṅ*, GŚM)』에서는 다음과 같이 기술하고 있다.
"샤캬촉덴은 그의 생애 전반기에 『중관결택(*dBu ma rnam ṅes*)』과 『論難偈文(*rTsod yig tshigs bcad ma*)』 등을 저술하였고, 그 중에 나가르주나 師弟의 궁극적 생각을 존자 총카파가 확정한 견해의 주장 방법에 대하여 貪瞋의 魔에 의해 마음을 지배당해 어지럽기 때문에 似非批判을 많이 하고, 스스로는 〔나가르주나의〕 『정리취(*Rigs tshogs*)』와 찬드라키르티의 텍스트를 말 그대로 승인한다고 자만하면서, <u>'유도 아니고 무도 아니다'는 견해</u>가 상서로운 찬드라키르티의 생각이라고 설명한다.(GŚM, kha, Jo naṅ, 11a4-6)"
이것에 대하여 Ruegg는 이 부분을 영역하면서 '유도 아니고 무도 아니다는 견해'라는 것은 사캬파나 닝마파, 카규파 사이에 종종 보이는 중관의 일반적 해석이고, 니마탁의 제자 샹 탕삭파에 의해서도 주장되었다고 주석하고 있지만, 그의 견해가 어떠한 자료에 기초하였는지는 알 수 없다. 다만 그곳에서 『靑冊史(*Deb ther sṅon po*, DṄ)』에 있어서 샹 탕삭파의 傳記의 부분(DṄ)을 지시하고 있다. Cf Ruegg. D.S, "The Jo naṅ pas: A School of Buddhist Ontologists according to the Grub mtha śel gyi me loṅ", *Journal of the American Oriental Society*, Vol. 83, 1963, p.89, n.77.

(legs par dpyad)'이라는 3단계(gnas skabs gsum)로 묶어서 이해한다.(V, k.22)

언설(tha sñad)은 고찰하지 않는 세간구생(世間俱生)〔의 무명〕과 관련하며, 승의는 조금 고찰한 정리지(rigs śes)와 관계하며, 이희론(離戲論, spros bral)은 잘 고찰한 이언(離言, brjod med)과 관계한다. 이 3개를 바르게 아는 것이 대중관(大中觀, dbu ma 촌)이다.(V, k.23)

왜냐하면 이 3개에 기초하여 순차적으로 처음에(daṅ por) 복덕(福德, bsod nams)이 아닌 것을 지멸시키고, 중간에(bar du) 두 가지 아견을 지멸시키고, 마지막에(tha mar) 견해의 희론(lta baḥi spros pa)을 전부 지멸시키기 때문이다.(V, k.24)
(GK, 12b6-13a3)

여기서 중요한 것은 '조금 고찰한 단계'와 '잘 고찰한 단계'의 상위이다. 그것을 탁창파는 『학설전지』에 대한 자신의 주석인 『학설전지주(學說全知註, *Grub mthaḥ kun śes kyi rnam par bśad pa*, GKN)』에서 다음과 같이 설명하고 있다.

부정대상(dgag bya)인 〔인법(人法)〕의 2아(我)를 부정하고 무생기(無生起, skye med)와 공성과 승의의 진실을 설정하는 모든 장구(章句, skor)는 조금 고찰한 정리지의 입장에서 〔그것들을〕 설정한 것이다. 그리고 『반야경』에서 설시하는 대부분의 대상과 같이, 유와 무와 상과 무상과 공과 불공 등의 어느 것도 성립하지 않고 어느 것에도 집착해서는 안 된다고 설한 것, 또 논서에서 "공이라고 말해서도 안 되고, 불공이라고도 말해서도 안 되며, 양자이기도 하고, 양자가 아니라고도 말해서는 안 된다. 가설로서 기술된 것이다."(『중론』 제22장 제11절)라고 말한 최초의 3게송의 절처럼 다수 설해져 있는 것은 잘 고찰한 단계와 결합하여 설명되고 있는 것으로, 〔상기의 둘은〕 모순되는 일이 조금도 없는 것이다.(GKN, 83b6-84a3)

즉 '고찰하지 않은 단계'라는 것은 승의적인 고찰을 전혀 포함하지 않고 세간구생의 무명에 의해 언설유가 설정되는 단계이고, '조금 고찰한 단계'라는 것은 정리지에 의해 아견이 부정되고 공성 또는 무생기가 설정되는 단계이고, '잘 고찰한 단계'라는 것은 유라던가 무라던가 공이라던가 불공이라던가의 일체의 희론이나 변견(邊見)이 지멸한 단계이다. 이처럼 공성이라던가 무생기 등을 최고의 승의라고 보지 않고, '유도 아니고 무도 아니다'는 이희론(離戱論) 또는 이변(離邊)을 진정한 승의로 간주한 사상은 실로 고람파가 '이변중관설'이라고 부른 사상임에 틀림없다. 탁창파는 이미 살펴본 것처럼 자기의 종견을 '이변중관설'이라고 부르지 않고 '대중관(dbu ma chen po)'이라고 부르고 있지만, 고람파와 동일하게, 티베트에서 그 종견의 창시자(srol ḥbyed)를 니마닥이라고 생각한 점[12]

---

12) 『학설전지주』에는 다음과 같이 기술하고 있다.
<u>티베트의 대중관의 창시자인 대번역가 파찹(니마닥)의 자식들 중에 장남인 마차 창춥촌두가</u> '고찰하지 않는 미란지의 대상은 세속이고, 불미란의 성자의 知의 대상은 승의이다'라고 설명한 그대로이다.(GKN, 89b6-90a1)
번역문 중에 밑줄 친 부분의 원문은 'bod kyi dbu ma chen poḥi srol ḥbyed lo pa tshab kyi sras kyi thu bo rma bya byaṅ brtson'로 되어 있지만, '티베트 대중관의 창시자'라는 말은 마차 창춥촌두가 아니고 니마닥의 한정어로 해석하였다.

이 흥미롭다.

다음으로 샤캬촉덴의 '이변중관설'에 대해 고찰해보자. 게룩파의 학승 투콴(Thuḥu bkwan, 1737~1802)에 의하면 샤캬촉덴이 그의 저작인 『중관결택(中觀決擇, *dBu ma rnam ṅes*, BN)』에서 총카파를 비판할 때 그 자신의 입장은 '유도 아니고 무도 아니라는 견해'라고 말하고 있다.[13)]

여기서 그의 『중관결택』을 보면 다음과 같은 기술이 그와 같은 견해를 설한 것으로 주목된다.

> 다른 것으로부터 알려지지 않고[14)](gshan las śes min, aparapratyaya, 다른 것을 연으로 하지 않고), 적정하고, 희론에 의해 희론되지 않고, 분별이 없고, 다른 대상이 아니다. 이것이 진실(tattva)의 정의이다.(『중론』 제18장 제9게송) …… [15)]등에 의해서 상세하게 설해진 의미를 고찰하여 보면, 능전(能詮)의 말과 분별의 대상(境)을 초월하고, 유와 무(yod med), 긍정과 부정(yin min) 등의 어떠한 변(邊)으로도 생각하는 것을 기술할 수도 없고, 승자(붓다)도 임의적으로 이름 붙이는(tha sñad) 방법에 의해 증익(增益)하여 나타내는 이외에 있는 그대로 나타낼 수 없는 허공과 같은 계(界, dbyiṅs, dhātu)를 요의(了義, ṅes don, nītārtha)라

13) 註 11)을 참조.

14) 『근본중송』에서 'aparapratyaya'는 '다른 것을 연하지 않는 것'이라는 의미로 이해해야만 한다는 것은 필자가 『縁起と空』(pp.352-354)에서 역설한 것이다. 그러나 티베트 학승들은 티베트역 'gshan las śes min'에 따라 이 말을 해석하였기 때문에 여기서는 번역을 '다른 것으로부터 알려지지 않는다'라고 하였다.

15) 점선부분에는 『근본중송』 제18장 제7게송(ab), 『보행왕정론』 제1장 62게송(bcd), 『근본중론』 제13장 제8게송(ab)가 인용되어 있지만, 번역하지 않았다.

> 던가 승의의 진실이라던가 실의라는 이름으로 가설하여 나타낸 것이다.(BN, ka, 5a5-b2)

즉 여기서도 최고의 승의 진실은 언어나 분별을 초월한 '이변'으로 규정하고 있다.

그런데 샤카촉덴의 사상에 있어서 한 가지 중요한 것은 그가 탁창파의 영향을 받은 것 같이 생각되는 점이다. 예를 들면 게룩파의 학승 잠양셰파(ḥJam dbyaṅs bshad pa, 1648~1722)는 『대학설(大學說, *Grub mthaḥ chen mo*, GCh)』에서

> 〔샤카촉덴은〕 탁창파의 『학설』에 미혹되어 "어떤 것도 생각하지 않고, 어떤 것에도 머물지 않는 이희론(離戱論)을 수습하였다."고 『중관택결(中觀擇決)』에서 설명하였지만,(GCh, pha〔II〕, 26b40)

라고 기술하여, 샤캬촉덴의 '이변중관설'이 탁창파의 영향에 의한 것을 지적하고 있다. 확실히 샤캬촉덴의 다음과 같은 '삼법륜(三法輪)'설은 분명히 탁창파의 '3단계'설에 기초한 것 같이 생각된다.

> 법륜의 3가지 차제(chos kyi ḥkhor lo rim pa gsum)에 의해 정의되는 것(mtshan gshi)의 구별은 다음과 같다. 즉 처음에(daṅ por) 복덕이 아닌 것을 지멸시키는 〔법〕륜, 중간에(bar du) 아(我)를 지멸시키는 〔법〕륜, 마지막으로(mthaḥ mar) 견해를 모두 부정하는 〔법〕륜이라고 말해지는 것이다.(BN,ka, 8a5-6)

이 '삼법륜'설의 근거를 샤캬촉덴은

스승 아리야데바가 "복덕이 아닌 것을 최초로 지멸시키고, 중간에 아를 지멸시키고, 최후에 견해를 전부 지멸시키는 것을 아는 사람은 학자이다."라고 설한 것은 존사(尊師) 나가르주나가 주장하신 그대로 삼법륜의 차제(rim pa)를 나타낸 것이다.(BN, ka, 3b4-5)

라고 말한 것처럼, 『사백론(四百論, *Catuḥśataka*, CŚ)』 제8장 제15게송[16]에서 구하고 있지만, 이 게송은 사실 앞에서 말한 탁창파의 『학설전지』 제5장 제24게송(V, ka.24)과 극히 비슷하다. 탁창파도 또한 그곳에서 『사백론』의 이 게송을 근거로 하고 있다고 롱돌 라마(Kloṅ rdol bla ma, 1719~1794)의 『대승논장에 나오는 제목』(ThM)에서 말하고 있다.[17]

제4절 인도의 중관사상과 이변중관설

그런데 마지막으로 다시 고람파의 저작으로 돌아와 '이변중관설'이 인도중관사상과 어떠한 관계를 가지는지 생각해보고자 한다. 이미 기술 한 것으로 명백하게 밝혀진 것처럼 '이변중관설'에 있어서 가장 중요한 것은 공성 또는 무생기가 설정되는 단계와 이변 또는 이희론(離戱論)이 설해지는 단계를 명확하게 구별하는 것이다. 그리고 이것은 인도의 중관사상사에 있어, 바비베카(Bhāviveka) 이래로 특히 티베트인에 의해 자립파(Raṅ rgyud pa)로 불린 사상가의 계통에 있어 명확하게 의식되어 온 '2종의 승의'라는 문제와 밀접한 관계를 가지고 있다. 이 점을 분명히 하기 위해 약간은 길

16) CŚ, tsha, 9b5-6.

17) Cf, ThM, ta, 12b6-7.

지만, 『견해변별』의 한 구절을 인용하기로 한다.

승의의 설정(rnam bshag)에는 정리에 의해 고찰되는 수순(隨順)의 승의(don dam rjes mthun pa)와 성자의 입정(入定)한 지(知, mñam bshag)에 희론을 떠난 방법에 의해 현현하는 진실의 승의(don dam mtshan ñid pa)가 있다.

그 중에 첫 번째는…… 법을 진실이라고 집착하는 진실집착(bden ḥdsin)으로부터 생긴 것, 인(人, gaṅ zag)을 진실이라고 집착하는 진실집착이야말로 일체 과실(ñes pa)의 근원이기 때문에, 이 둘의 진실집착의 집착 대상(shen yul)〔=진실〕을 정리에 의해 논파해야만 하지만, 그때 인과 법이 진실로서는 무(無)인 것을 우선(re shig) 주장하고, 분별에 의해서도 그와 같이〔진실로서는 없는 것이라고〕 집착하는 것으로부터 벗어나지 못한다. 왜냐하면 그와 같은 진실로서는 없다는 것(bedn med)을 이해하는 지〔=정리지〕는 말과 의미가 혼재한 것을 파악하는[18] 분별이기 때문이다.

요컨대 실상(實相, gnas lugs)을 고찰하는 지(知)는 말과 의미가 혼재한 것을 파악하는 분별을 초월하지 않기 때문에, 4변(邊)의 희론 어느 것에는 집착하는 것으로, 4변을 동시에(cig cher 여, 한번에) 부정하는 것은 있을 수 없고, 서로간에(res ḥjog) 희론을 4개 모두 부정하는 것이지만, 그것들의 직접적 대상(dṅos yul)이 되어 있는 4변의 이희론은 진실집착을 가진 지(知)부터 보면 '승의의 진실'라고 설명되지만, 무루에 입정한 성자의 지(知)로부터 보면 세속의 진실이기 때문에 '이문(異門)의 승의진실(rnam graṅs paḥi

18) 텍스트에는 'sgra don ḥdres ḥdsin'로 되어있어 어떻게 번역해야할지 모르겠지만, 하여튼 직관적 인식이 아니고 언어에 기초한 인식 또는 언어와 분리되지 않는 인식을 가리킬 것이다.

don dam bden pa)'이던가 '수순의 승의'이라고 설명되는 것이다.

둘째, 진정한(眞) 승의 진실은 …… 4변의 희론을 동시에 부정하고, 인식대상인 법성(法性, chos ñid)과 인식하는 것인 혜(慧, blo)의 둘이 개별적으로 현현하지 않고 혜(慧) 그 자체가 〔대상인〕 이희론과 구별할 수 없는 것으로 현현한 혜(慧)의 대상을 '승의의 진실'이라고 임의적으로 이름 붙인 것(tha sñad btags pa)이며, 그 때에도 '승의의 진실은 이것이다'라고 집착되어 질 것은 조금도 없는 것이다.(TŚ, ca, 38b2-40a2)

여기서 고람파는 승의를 '수순의 승의'와 '진실의 승의'의 두 종류로 구분하고 있다. 그 중에 '수순의 승의'라는 것은 '인법(人法)이 진실로 무(無)인 것' 또는 '인법(人法)에 진실이 없는 것'을 말한다. 무엇 때문인가? 일체 과실의 근원은 '인법은 진실이라는 집착', 즉 진실집착(bden ḥdsin)이다. 그런데 'a는 b이라는 집착(인식)'은 'a에 있어서 b를 집착하는 것'에 지나지 않기 때문에, 진실집착이란 '인법에 있어서 진실을 집착하는 것'이다. 이 진실집착을 지멸시키기 위해서는 그 집착의 대상(shen yul)인 진실(a)을 정리에 의해 부정하는 이외에는 방법이 없다. 이리하여 정리에 의해 '인법에는 진실이 없는 것'이 설정되지만, 이것을 대상으로 하는 인식은 실로 언어로 표현되어진 것을 파악하고 있는 것이기 때문에 일체의 희론이나 분별을 떠나 있는 것은 아니다. 따라서 이것은 진실집착으로부터 보면 그것을 가지지 않은 점에서 '승의 진실'이지만, 일체의 희론이나 분별을 떠난 성자의 입정지(入定知)로부터 보면 '무(無)'라는 희론이나 분별을 끊고 있지 않다는 점에서 '수순의 승의', 즉 '승의에 수순하는 것'이라고 여겨지는 것이다.

이것에 반해 두 번째의 '진실의 승의'는 일체의 희론이나 분별을 떠난 법성이라고 하지만, 그것을 대상으로 삼은 인식도 그 법성과는 개별적으로 현현하는 것이 아닌 무분별지라고 설해지고 있다.

이상의 고람파의 설을 3종의 인식과 대상이라는 관점에서 보면 다음과 같은 도표로 나타낼 수 있다.

① 진실집착 → 진실
② 정 리 지 → 진실무・공성(수순의 승의)
③ 무분별지 → 이희론・법성(진실의 승의)

이 사고 방식은 탁창파의 '3단계'설이나 샤캬촉덴의 '3법륜'설과 완전히 동일선상에 있는 것은 명백하다. 그런데 고람파는 앞에서 기술한 것과 같이 '2종의 승의'를 인정하지만 인도 중관사상사에서 '2종의 승의'설을 처음으로 명백하게 설한 사람은 바비베카이다. 그는 『반야등론』(PP)에서 다음과 같이 기술하고 있다.

승의(parama-artha)라는 것은, 그것이 의(義, artha, 대상)이기도 하고, 승(勝, parama)이기도 하기 때문에 승의이고, 또는 수승(殊勝)한 무분별지의 의(義)이기 때문에 승의이고, '다른 것에 의하지 않는 것(aparapratyaya)' 등을 상(lakṣaṇa, 정의)으로 하는 실의(實義, tattva)이다.[19] …… 그것이 소멸(nirodha)에 수순하는(rjes su mthun pa) 무생기 등의 설시(說示)와 문사수(聞思修)

19) "다른 것을 연하지 않는다' 등을 相으로 하는 실의"라는 표현은 말할 필요도 없이 '다른 것을 연하지 않고 寂靜하고, 희론에 의해 희론되지 않고, 무분별이고, 별이한 대상이 아닌 것, 이것이 실의 상(정의)이다'라는 『근본중송』 제18장 제9게송을 계승한 것이다. 이 게송이 바비베카의 이제설에 강한 영향을 미쳤다는 것, 및 바비베카의 『중관심론』 제3장 제10-11게송은 이 게송을 기초하고 있다는 것에 대해서는 『禪批判』 27-31항 참조.

로부터 생긴 반야도 승의이다. 승의를 증오(證悟)하는 방편이기 때문이며, 전도하지 않는 것이기 때문이다.(PP, tsha, 228a3-6)

여기서 실의(tattva)라고 하는 것[20]이 고람파의 '진실의 승의'에 해당되는 것이고, '무생기 등의 설시' 및 ' 문사수로부터 생긴 반야' 라고 하는 것이 고람파의 '수순의 승의'에 상당한다. 이처럼 '2종의 승의' 이론을 바비베카의 뒤를 계승하여 나중에 보다 엄밀하게 한 사람이 즈냐나가르바이다. 그는 그의 저서 『이제분별론(*Satyadvayavibhaṅga*, SDV)』에서

20) 『근본중송』 제18장 제9게송 등에 나타난 '실의(tattva)'라는 말은 중관사상사에 있어서 '이변중관설'을 성립시킨 가장 중요한 근거가 되는 것은 확실하다. 지금 이 점을 나타내기 위해 『로셀학설강요서(*bLo gsal grub mthaḥ*)』 로부터 한 문장을 인용하고자 한다.
세존에 의해 일체법은 ① 세속에 있어서 유이고, ② 승의로서는 무이고, ③ 실의(tattva)로서는 유와 무를 초월해 있다고 설하였다.(BG, p.184, *l*.13-14)
여기에는 ⓐ 세속유 ⓑ 승의무 ⓒ 실의비유비무라는 3단계설, 이른바 '이변중관설'이 설해져 있는 것은 명백하지만, 여기서 무엇보다도 중요한 것은, '실의'는 승의와 명확하게 구별되고, 승의 이상으로 고도의 입장, 또는 실재를 가리키고 있다는 것이다. 따라서 '이변중관설'이라는 것은 세속 · 승의 · 실의 이른바 '三諦說'이라고도 말할 수 있는 구조를 가지고 있다. 이와 같은 실의의 이해는 『근본중송』제18장 제9게송에 '무분별지의 대상으로서의 실재'라고 설하고 있다는 해석—필자가 보기에는 誤解—에 기초하고 있는 것은 명백하다. 즉 이 게송에 나타난 '실의'를 '무분별지의 대상으로서의 불가설의 실재'로 해석할 때 '이변중관설'은 기본적으로 완전하게 성립한 것이다. 이것에 대해서는 본서 제10장에서 자세하게 기술하겠다.
더구나 '실의(tattva)'라는 말은 본래 우파니샤드나 『바가바드기타』의 힌두교 문헌에 기원을 가진 것에 대해서는 『禪批判』, p.70, 註 40) 참조. 또한 『로셀 학술강요서』가 '이변중관설'을 설한 것에 대해서는 拙稿, 「서평, 御牧克己著 『Blo gsal grub mtha'』」, 『東洋學術研究』 22-1, 1983, p.243 참조.

그것〔=실의〕은 희론이 없는 것이다.(k.11b)
실의는 분별의 그물(rtog paḥi dra ba, kalpanājāla)을 전부 떠난 것이다.(SDV, sa, 6a6)

라고 기술하고, '진실의 승의'를 '무희론·무분별'이라고 규정한다. 그리고 한편으로 바비베카가 말한 '무생기 등의 설시'에 관해서

생기 등의 부정도 실의에 수순하는 것으로, 〔승의라고〕인정된다.(k.9a6)
그것〔=생기의 부정〕도 정리에 의해 고찰하면 세속에 불과하다.(SDV, sa,6a1-2)

라고 기술하고, 그것을 명확히 '세속'에 속하는 것으로 설하고 있다.

그렇다면 도대체 중관파가 설하는 '공성'이라는 것은 '2종의 승의' 중의 어느 것에 속하는 것인가? 이것에 대해 고람파는 '2종의 승의'에 배당하고 다음과 같이 '2종 공성'이라는 것을 세우고 있다.

중관파들은 진실에 관한 공성〔=절대부정의 공성〕만을 공성이라고 부르는 것과 4변 모두의 희론에 관한 공성을 공성이라고 부르는 2종류가 있다.(TŚ, ca, 40a5-6)

확실히 '공성'을 '무희론·무분별'이라고 규정하는 전통이 중관파 내부에 존재하였다는 것은 부정할 수 없다. 나가르주나 자신은 『근본중송』에서 다음과 같이 기술하고 있기 때문이다.

그런데 공성(śūnyatā)에 있어서 희론(prapañca)은 멸한다.(MMK, 18, k.5cd)

공성은 일체의 견해(dṛṣṭi)로부터 출리(出離, niḥsaraṇa)하는 것이라고 승자들에 의해 명언되었다.(MMK, 18, k.8ab)

그러나 여기에서는 고람파가 말하는 '진실에 관한 공성'을 '공성'으로서 파악하고, 그 의의에 대해서 생각해보기로 한다. 우선 '공성'이라는 말은 바비베카와 즈냐나가르바의 앞 게송에서는 나타나지 않지만, 적어도 공성이라는 말을 합리적으로 해석하는 한, 즈냐나가르바가 '생기 등의 부정'이라고 부르는 것이야말로 '공성'에 상당하는 것으로 보아야 할 것이다. 왜냐하면 'a에 b가 없는 것'을 'a의 b에 관한 공성'이라고 말하는 것이지만, 일반적으로 '제법(a)에 자성(b)가 없는 것'을 공성이라고 부르는 것이다.

그런데 이 공성은 2가지 이유에서 세속적인 것이다. 첫째는 언어로 표현 되었다는 것이고, 둘째는 '무(無)'는 '무의 기체(基體)'와는 별개로 존재하지 않는다는 불교 특유의 이론에 기초하여 '공성'이 '공성의 기체(stoṅ gshi)'인 '제법'과는 별도로 존재하지 않는다는 것이다. 그런데 즈냐나가르바가 말하는 '생기 등의 부정'도 공성과 완전히 똑같은 구조를 가지고 있다. 즉, 이것도 'a에 있어서 b가 없는 것'이라는 형식으로 표시되는 것이다. 그렇다면 다음의 즈냐나가르바의 기술에 의해, 이 경우 a가 세간에 있어서 일반적으로 승인되는(世間極成, lokapratīta) '현현하는 대상'이고, b가 그 위에 분별 가구(假構)되어진 '진실로 생기하는 것 등'이라는 것으로 이해된다.

분별되어진 대상이라는 것은 진실로 생기하는 것 등과 …… 이고,

〔바른 세속은〕 그것들이 무(無)인 것이다. …… 인과 연에 의지하여 생기한 것은〔=의타기성〕 바른 세속의 진실이라고 알아야만 한다. 즉, 어리석은 자의 지(知)에 이르기까지 일치하여 인(因)으로부터 현현하고 있는 모든 대상이 바른 세속이라는 것이 적절한 것이다.……

바르지 않는 〔세속〕은 분별되어진 것(parikalpita, 遍計所執)이다.(k.8d)

진실로 생기하는 것 등은 분별의 기술에 의해 만들어진 것이고, 그것은 바르지 않는 세속의 진실이다.(SDV, sa, 5b3-7)

여기서 a는 의타기성이며, '바른 세속의 진실'이라고 설하고, b는 변계소집성이고 '바르지 않는 세속의 진실'이라고 규정되지만, 이것에 의해 'a에 b가 없다는 것'을 c라고 한 경우의 c, 즉 '생기 등의 부정'이 원성실성이며 '바른 세속의 진실'이라고 설해지는 것이 이해될 것이다. 원성실성이라는 것은 '의타기성에 변계소집성이 없는 것'이라는 형식으로 나타내어지지만, '공성'이라는 것을 만약 삼성설(三性說)에 다시 말해 삼성 중에 원성실성이라고 해석한다면 그것은 '수순의 승의'이다. 즉 '바른 세속의 진실'에 지나지 않는다는 것을 즈냐나가르바는 명확하게 나타내고 있는 것으로 생각된다. '이변중관설'의 기본적인 생각도 즈냐나가르바의 설과 완전히 일치하고 있다. 예를 들어 고람파에 있어서 a, b, c는 각각 '인법(人法)' '진실' '진실로 무인 것'(또는 '인법에 진실이 없는 것')이라는 말에 의해 표현 되어진 것이다. 이상의 설명을 도표로 표현하면 다음과 같을 것이다.

a	b	c
제법	자성	공성
의타기성	변계소집성	원성실성
현현의 대상	진실로 생기하는 것 등	생기 등의 부정
인법	진실	진실로 무인 것
바른 세속	바르지 않는 세속	바른 세속

여기에 나타낸 것은 전부 세속에 속하는 것이지만, 승의의 진실, 즉 '진실의 승의'를 이변·이희론으로 규정한 점에서도 즈냐나가르바와 '이변중관설'은 완전히 일치하고 있다.[21] 이상의 고찰에 의해 고람파에 의해 대표되는 '이변중관설'이 인도의 바비베카·즈냐나가르바 계통의 중관사상을 상당히 충실하게 계승한 것을 알 수 있다

마지막으로 남은 문제는 찬드라키르티와 '이변중관설'의 관계이다. 찬드라키르티의 철학을 티베트에 보급시킨 니마닥이 '이변중관설'의 창시자로 간주되는 이상, '이변중관설'이 찬드라키르티의 사상과 일치하는 것은 당연한 것으로 생각되지만, 과연 단언할 수 있는가. 필자는 이 점을 의문스럽게 생각하고 있지만, 이 문제의 해결은 차후의 과제로 남겨 놓고 싶다.[22]

〔부기〕

필자는 본장의 원고 발표 시점(1982)에 본장 말미에 기술하고 있는 것처럼 찬드라키르티와 '이변중관설'의 관계를 의문시하였다. 그러나 현재에는 찬드라키르티의 이제설과 바비베카·즈냐나가르바의 이제설 사이에 근본적으로 상위는 없다고 생각한다. 즉 찬드

21) 본장 220항 참조. 다만 즈냐나가르바의 기술(SDV,sa, 6a6)에는 '이희론' '무분별'이라는 말은 있지만 '이변'이라는 말은 보이지 않는다.

22) 〔부기〕 참조.

라키르티도 '무분별지의 대상인 불가설의 실재'를 인정하는 점에서 그들과 일치하고 있고, 따라서 또한 '이변중관설'을 설하는 사상가라고 생각된다. 이 점에 대해서는 본서 제10장에서 상세하게 기술하겠다.

또한 본장 제4절에 나타낸 'a에 b가 없는 것'이라는 공성의 '합리적'인 이해라는 것을 필자는 그 이후에 '공에 대하여'라는 논문에서 '공간적 해석'이라고 부르게 되었다.(『緣起と空』, pp.337-339) 필자가 그곳에서 논한 것은 유식설·여래장사상에서 있어서 공의 '공간적 해석'은 a(공성의 기체)의 실재성을 설하는 것이고, a의 비실재성을 주장하는 중관파의 '시간적 해석'과는 다르다는 것이다. 그런데 이 '공성의 기체(a)의 실재성'이라는 것은 '이변중관설'과 기본적으로 같은 구조를 가진 길장의 사상에서 강하게 주장된 것이다. 즉 길장은 그 기체를 '불성'이라던가 '중도'로 부르고 그 실재성을 주장하는 기체설(dhātu-vāda)이라는 실재설을 설한 것이다.(『禪批判』, pp.550-552 참조)

그렇다면 티베트 '이변중관설'의 주장자들에게서도 동일한 실재론적 경향을 인정할 수 있는가. 한 가지 확실하게 말할 수 있는 것은, 그들은 길장처럼 직접적으로 여래장 사상을 인정하고 있지 않다는 것이다. 그러나 본장 제3절에서 나타난 샤캬촉덴의 '허공과 같은 계(界)'라는 말 및 제4절에 나타낸 고람파의 '법성'(p.218)이라는 말을 보면 그들의 사상에 여래장 사상적인 경향을 인정할 수 있다고 생각된다. 게다가 가왕(Ṅag dbaṅ)의 '계'의 용례(본서 제9장 p.394, 註 7) 참조) 또한 이 점에서 샤캬촉덴이 후반기에 여래장사상을 직접적으로 긍정한 조낭파로 변했다는 전승(GŚM, kha, Sa skya, 13b2)도 중요하다. 요컨대 '이변'이라던가 '이희론'이라던가 '무분별'이라는 말에 의해 일체의 집착·판단·언어를 부정한 길장이나 '이변중관'파는 도리어 '불가설한 실재'를 긍정하는 것이고, 이것을 부정한 것이 총카파라고 보아야 할 것이다.

제7장

•

총카파에 있어서 언설유의 설정

제1절 자립파의 부정대상 확인

본장에서는 총카파의 중관사상의 본질적 부분이라 생각되는 것에 관해서 밝히고자 한다. 총카파는 『입중론(入中論, *Madhyama-kāvatāra*, MAv)』의 주석 『밀의해명(密意解明, *dGoṅs pa rab gsal*, GR)』에서 다음과 같이 서술하고 있다.

> 당연히 존재하지 않을(med rgyu) 진실성립(bden grub, 진실로서 성립되는 것)이라는 것과 어떤 것에 관해서 공(空)이라고 말할 때의 그 부정대상(dgag bya)의 형상(rnam pa)이 혜(慧, blo)의 경계로서 있는 그대로 나타나지 않는다면, 진실무(bden med, 진실로서 없는 것)와 공의 성질(stoṅ paḥi ṅo bo)을 올바로 확정할 수 없다. …… 무시 이래로부터 이어져와, 학설(grub nthaḥ)에 의해 혜가 변화된 자와 변화되지 않은 자의 양자에게 있는 구생(俱生, lhan skyes)의 진실집착(bden ḥdsin, 진실이라고 생각되는 집착)과, 그것에 의해 집착(bzuṅ ba, 把握)된 진실성립을 바르게 확인하는 것(ṅos zin pa)이 대단히 중요하다.(Gr, ca, 71b3-6)

이것은 공성이나 진실무를 바르게 이해하기 위해서는 그 전에 먼저 부정대상이 되는 진실성립〔과 진실집착〕을 바르게 확인할 필요가 있다고 설하는 것으로, 이 주장은 총카파 독자의 것이라고 할 수 있다. 왜냐하면 총카파를 비판한 샤캬촉덴(Śākya mchog ldan, 1428~1507)은 『중관결택(中觀決擇, *dBu ma rnam ṅes*, BN)』에서 총카파를 비판함에 있어,

> 진실무를 증명하는 요인(要因, yan lag)으로서, 부정대상의 확인

> 이 선행될 필요는 없다.(BN, ña, 15a6)

라고 말하여, "먼저 부정대상을 확인해야만 한다."라는 주장을 총카파 독자의 설(說)로 간주하고 있기 때문이다.

한편 총카파는 『밀의해명』에서, 자립파(Raṅ rgyud pa)에 있어서의 부정대상과 귀류파(Thal ḥgyur ba)에 있어서의 부정대상의 차이를 다음과 같이 나타내고 있다.

> 명칭〔名〕이 가진 언설의 힘만에 의해 설정되어진 것(miṅ gi tha sñad kyi dbaṅ tsam gyis bshag pa)〔Z〕이 아닌 유(有)로서의 집착(ḥdsin pa)은, ⓐ진실로서(bden par) 〔성립하고 있는 것〕과 ⓑ승의로서(don dam par) 〔성립하고 있는 것〕과 ⓒ실의로서(yaṅ dag tu) 성립하고 있는 것(grub pa)과 ⓓ자체에 의해(raṅ gi ṅo bos) 〔있는 것〕과 ⓔ자상에 의해(raṅ gi mtshan ñid kyis) 〔있는 것〕과 ⓕ자성에 의해(raṅ bshin gyis) 있는 것으로서, 구생(lhan skyes)의 집착이며, …… 중관자립파들은 진실 등 세 가지로 성립하는 것〔=ⓐⓑⓒ〕은 소지(所知)로서는 있을 수 없다고 주장하지만, 자체에 의해 성립하고 있는 것 등의 세 가지〔=ⓓⓔⓕ〕는 언설에 있어서(tha sñad du) 있다고 주장하였다.(GR, ca, 77b4-7)

> 혜(慧)로 현현하는 것 또는 혜의 힘에 의해 설정되어진 것(blo la snaṅ baḥam bloḥi dbaṅ gis bshag pa)〔Y〕이 아니라 대상의 진상으로서 있는 것(don gyi sdod lugs su yod pa)〔X〕은 ⓐ진실〔로서 있는 것〕과 ⓑ승의〔로서 있는 것〕과 ⓒ실의로서 있는 것이고, 그렇게 집착하는 것이 구생의 진실집착(bden ḥdsin)이다.(GR, ca, 72b5-6)

이 '귀류파'의 종견(宗見, lugs)에서 제법(諸法)은 단지 분별의 힘에 의해서 설정되어진 것(rtog paḥi dbaṅ gis bshag pa tsam)〔Z〕이라고 하는 설정의 방식을 안다면, 그것과는 반대로 집착하는 진실집착도 쉽게 알려질 것으로 있다.(GR, ca, 75b4-5)

승의로서는 명칭만의 것(miṅ tsam)〔Z〕도 없지만, 언설에 있어서는 명칭이 가지는 언설의 힘에 의해서만 설정되어졌을 뿐인 것〔Z〕이외에는 어떠한 것도 없다고 설해진 것처럼 〔언설유는〕 단지 명칭으로서 가설된 것(miṅ du btags pa tsam)〔Z〕이라고 확정하고 있다.(GR, ca, 77b1-2)

이와 같은 『밀의해명』에 나타난 총카파의 견해는 다음과 같이 요약할 수 있다.

〔X〕자립파에 의한 언설무 — 혜에 의해 설정되어진 것이 아닌 진상 — ⓐⓑⓒ

〔Y〕자립파에 의한 언설유 — 혜에 의해 설정된 진상(자상) — ⓓⓔⓕ

〔Z〕귀류파에 의한 언설유 — 분별 또는 명칭의 언설에 의해 설정된 것

즉 자립파에 있어서 부정대상이라는 것은 '인식(혜)에 있어서 현현, 또는 인식의 힘에 의해 설정된 것이 아니라 대상의 진상으로서 있는 것'〔X〕이며, 그것은 언설에 있어서도 없지만, '인식의 힘에 의해 설정되어진 것'〔Y〕은 자립파에 있어서는 언설유이고, 그것은 또한 '자상에 의해 성립하고 있는 것'〔ⓔ〕이라고 한다. 이것에 대해 귀류파에서는, 앞의 두 가지 〔X〕, 〔Y〕 모두 부정대상이고, '명칭의

언설 또는 분별의 힘에 의해 설정되어진 것, 명칭만인 것'만이 언설유라고 하고 있다. 이러한 점은 이미 제4장에서도 간단히 소개[1] 했지만, 그때 "인식에 의해 설정되어진 것이 어떻게 자상에 의해 성립하고 있는 것인가"라는 문제는 미해결인 채로 남아 있었다. 이 문제를 해결하지 않고 남겨두면, 필자의 소론은 총카파설에 대한 단순한 소개로 끝날 것이기 때문에, 다음에 약간의 고찰을 통해 이 문제를 해결하고 싶다.

우선 위의 문제를 해결하는 단서는, 『밀의해명』 중 '환술의 비유'에 관한 다음과 같은 구절에 있다고 생각된다.

> '미란(迷亂)의 지(知)를 갖고 보면 말과 소로 현현하는 것이고, 일반적으로 화작(化作)의 기체(基體)(sprul gshi＝木石)는 말과 소로 현현하지 않는다'고 말할 수 없고, 구별을 그와같이 부가하지 않더라도, 화작의 기체가 말과 소로 현현한다고 승인해야만 한다. <u>그렇지 않으면 현현에 대해서 미란(hkhrul pa)[2]이 있을 수 없기 때문이다</u>.(GR, ca, 73b1-2)

이 중에서 밑줄을 그은 문장은 논리적으로 특히 중요하지만, 그 의미는 이 문장만으로는 확정할 수 없는 것같이 보인다. 다만, 한마디로 '인식'이라고 하더라도, 거기에는 '현현'이라든가 '미란'이라는 것과 같이 여러 가지 종류나 단계가 있고,[3] 그것을 정확히 구

1) 본서 제4장, pp.235-248 참조.

2) 여기서 '顯現'은 자립파에 있어서의 언설유〔Y〕에 대응하고, '迷亂'은 자립파에 있어서 언설무〔X〕에 대응하는지, 즉 진실집착이라 해석하는 것이 올바를 것이다.

3) 註 2) 참조.

별하지 않으면 이 논의를 정확하게 이해할 수 없다는 것을 알 수 있을 것이다.

다음으로 총카파가 『밀의해명』에서 카말라쉴라의 『중관광명론(中觀光明論, *Madhyamakāloka*, MĀ))』의 인용에 기초하여, 자립파에 있어 언설유와 언설무(부정대상)의 구별을 설명하는 것을 고찰해야만 한다. 먼저 『밀의해명』에서 『중관광명론』으로부터의 인용은 다음과 같다.

> 실의(實義)로서 무자성인 모든 사물들을, 그것과는 반대되는 형상에 있어 증익하는 미란의 혜(ḥkhrul paḥi blo)가 세속(saṃvṛti)이라고 말해진다. 이것이 또는 이것에 의해 실의(de kho na ñid, tattva)를 두루(kun tu, samantāt) 덮는(sgrib pa, varaṇa) 모양으로, 덮어 감추는(ḥgegs pa, avacchādana) 모습이기 때문이다[4]. 그와 같이 경에 "모든 사물은 세속에 있어서 생하지만 승의로서는 무자성이다. 무자성한 것에 대한 미란(ḥkhrul pa, bhrānti) 그것이 실로 세속이라고 인정된다(yaṅ dag kun rdsob ḥdod)."[5] 고 설해지고 있다. 그것〔=세속〕으로부터 생긴 것이기 때문에, 그것〔=세속〕에 의해 현시(顯示)되어진 것이 보이는 경우[6]의 허위인 사물은 모두 세속적인 것(kun rdsob pa, sāṃvṛta)〔=세속유〕과 다르지 않다고 말한다.

---

4) 밑줄친 부분은 본장 〔부기〕 참조.

5) 이것은 『능가경(*Laṅkāvatārasūtra*, LAS)』 X, k.429에서 인용한 것이다. 拙稿, 「Jñāgarbhaの二諦説」, 『佛教學』 5, 1978, p.136, 주 15) 참조. 다만 본장 주 9)에 나타난 문제 등도 있기 때문에, 티베트 원문 'yaṅ dag kun rdsod ḥdod'을 어떻게 번역해야 할 것인지 필자는 아직 확정할 수 없다.

6) 『밀의해명』에 'mthoṅ'으로 나타나지만, 『중관광명론』의 현존하는 티베트 대장경 4판(P, D, C, N)에는 모두 빠져있다. 뒤에 밑줄 친 '보이는'도 같다.

그것〔=세속〕도 시작이 없는 미란의 습기가 성숙된 것에 의해 생겨난 것이고, 그것〔=세속〕에 의해 일체의 중생에게 실의로서 유(有)의 성질[7]과 같이 현시된 것이 보이는 것이다. 그렇기 때문에 그것을 사유(bsam pa)하는 힘에 의해, 허위의 성질을 갖는 일체의 사물은 세속에 있어서 유(有)인 것과 다르지 않다고 말해진다.(GR, ca, 72a4-8)[8]

이 『중관광명론』에서 인용한 것에 관하여 총카파는 다음과 같이 설명하고 있다.

'세속'이란 덮는 것(sgrib byed)를 말하고, 실의(yaṅ dag pa)를 덮는 것이다.[9] 그 진실집착〔=세속〕으로부터 생긴 것이기 때문에, 그 진실집착에 의해 진실로서 있는 것(bden par yod pa)과 같이 현시된 것이 보이는 것(mthoṅ ba)은 분별(rtog pa)이고, 감관지(dbaṅ śes)는 아니다. 『이제분별론(二諦分別論, *mthoṅ ba*)』의 '〔자(自)〕주(註)에서 부정대상인 진실인 것(bden pa)은 감관지로 현현하지 않는다고 설명된 것은[10] 여기에서도 같기 때문이다. '그것도'에서 '생한다'까지에 의해, 그 진실집착이 구생인 것을 보이고 있다. 그렇기

7) 『밀의해명』(GR, ca, 72a7)에 'dṅos poḥi bdag ñid'로 되어있지만, 『중관광명론』(MĀ, sa, 228b2)에는 'dṅos poḥi ṅo bo ñid'로 되어 있다. 어느 쪽을 채택하더라도 의미가 크게 다르지 않다.

8) 『중관광명론』의 다음의 곳과 일치한다. MĀ(D,228a7-b3, P,254a2-6, C,227a1-4, N,248a1-5).

9) 총카파는 『능가경』의 yaṅ dag kun rdsob〔ḥdod〕를 '실의(yaṅ dag pa)를 덮는 것'이라고 해석했을 가능성이 있다.

10) 이것은 구체적으로 『이제분별론』의 '실의로서 생긴 것 등은 현현하지 않는다'(SDV, sa, 5b5)라고 하는 기술의 설명을 가리킨다고 생각된다.

때문에 '일체의 중생에게'라고 말한 것이다.

그들 중생들의 사유란 분별뿐만 아니라 무분별인 지(知)도 말하는 것이다. 결국, 그 두 가지〔=분별과 무분별지〕의 힘에 의해서 있다고 설정되는 것으로, 승의로서 있는 것이 아닌 허위의 모든 사물은 다름 아닌 세속에 있어서 있다라고 하는 것이 "모든 사물은 세속에 있어서 생하지만"이라는 〔경문의〕 의미이며, 그것은 또한 진실집착의 세속에 있어서 있다는 의미는 아닌 것이다.(GR, ca, 72b1-5) 〔밑줄부분은 그 주석부분〕

여기에서 총카파는, '세속'을 두 가지로 나누고 있다. 즉 『중관광명론』에 인용된 『능가경』의 한 게송의 후반부에 나타나는 '세속(=미란)'을 '진실집착'이라고 규정하고, 전반의 그것을 '중생의 사유'라는 의미로 해석하고 있다. 또한 '진실집착'으로서 세속에 의해 현시된 것이 보인다(mthoṅ pa)는 것은 분별이지 감관지는 아니라고 서술하고 있으며, 그 이유로서 "부정대상은 감관지에는 현현하지 않는다."는 설을 즈냐나가르바(Jñānagarbha)의 것으로 인용하고 있는 것으로 여기서 '진실집착에 의해 현시된 것'이란 부정대상, 즉 진실성립을 의미하는 것이 된다.

더욱이 총카파는 '중생의 사유'에는 분별뿐만 아니라 무분별의 지(知)도 있다고 설명하고, 그 두 종류의 지에 의해 언설유가 설정된다고 말하고 있다. 총카파에 있어서 자립파의 언설유가 '인식(혜(慧), blo)'에 의해 설정된다고 말할 경우, 그 인식에는 분별과 무분별의 두 가지 종류가 있는 것으로 이해된다. 이상의 것을 도표화해 보면 다음과 같다.

〔X〕 언설무(진실성립)	←	세속(진실집착)에 의해 현시됨(ña bar bstan pa)=보이는 것(mthoṅ pa)=분별된 것
〔Y〕 언설유(자　상)	←	세속〔중생의 사유(bsam pa)·혜(慧, blo)·분별과 무분별〕에 의해 설정된 것(bshag pa)

그렇다면 무슨 이유로 총카파는 자립파의 언설유를 설정하는 인식에 분별과 무분별의 두 종류가 있다고 말할 필요가 있었는가 라는 것이 문제가 되지만, 이것에 대한 해답을 『밀의해명』에서만 도출하는 것은 곤란하다고 생각된다. 따라서 위에 서술한 미해결인 점 즉, "인식의 힘에 의해 설정된 것이 왜 자상에 의해 성립한 것인가"라는 점에 덧붙여 "그 인식에 분별과 무분별이 있다고 말한 것의 의미는 무엇인가"라는 문제도 새로이 생겨난 것으로, 다음의 『도차제대론(道次第大論, *Lam rim chen mo*, LR)』의 논의를 참조하여 이 두 가지 문제를 해명해 보고 싶다.

그렇다면 무슨 이유로 『도차제대론』의 논의를 참조할 필요가 있는가. 『밀의해명』은 총카파가 62세 때인 가장 늦은 시기의 저술로 46세에 저술한 『도차제대론』으로부터는 16년이 경과한 뒤지만, 그 사이 총카파에게도 사상적 발전이 있었음에 틀림없다. 총카파가 『도차제대론』에서 귀류파와 자립파의 차이라는 것을 단순한 공성논증의 방법의 차이라고 보지 않고, 존재론에 관련된 질적인 차이로 받아들여 귀류파를 절대시하는 사상을 수립하였을 때, 그와 같이 생각하지 않는 그때까지의 티베트의 중관사상가들로부터 당연히 강렬한 반발을 받게 되었다고 생각된다. 그 반발에 대항하기 위해 총카파가 자기의 사상이나 표현을 보다 더 엄밀하게 나타내려 했음을 상상하기는 어렵지 않다. 따라서 총카파의 중관사상은 『도차제대론』에서 『선설심수(善說心髓, *Legs bśad sñiṅ po*, LÑ)』로, 나아가 『밀의해명』으로 차례로 발전하여 갔다고 생각되지만, 후대 게룩파의 호교적인 문헌에서는 오로지 『밀의해명』에만 의존해서 '부정대상의 확인'의 문제가 설명되고 있다. 그것은 『밀의해명』의 설명이 먼저 자립파의 부정대상을 확인하고, 다음으로 귀류파의 부정대상을 확인하는 것[11]과 같이 극히 잘 정리되었기 때문에 이용하기 쉽고, 또한 가장 늦은 시기의 저술이기 때문에 이것을 총카파의 사상적 귀결로서 존중한 것이지만, 『밀의해명』만으로는 이해할 수 없는 문제가 있고 '부정대상의 확인'이라고 하는 것도 그 중의 하나라고 생각된다.

이하에서 『도차제대론』에서의 논의를 살펴보지만, 그 전에 미리 『밀의해명』과 『선설심수』를 비교한 경우 그 논의의 특징을 두 가지 들기로 한다. 첫째는 거기에는 '자립파의 부정대상 확인'이라고 하는 것이 조금도 표면적으로는 명확하게 설해져 있지 않다는 것이고, 두 번째는 '귀류파에 있어서의 언설유가 분별이나 명칭(명칭의 언설)에 의해 설정된다'고 하는 주장이 그곳에는 보이지 않는 것이다. 이 두 가지 점을 염두에 두면, 다음의 다소 복잡한 『도차제대론』의 논의로부터 명확한 결론을 도출할 수 있을 것이다.

11) 정확히 말하면, '중관자립파의 종견인 진실집착의 확인'(GR, ca, 72a1-75b4) 뒤에는 '중관귀류파의 종견인 진실집착의 확인'(GR, ca, 75b4-80a1)이 온다. 또한 '부정대상'에는 '道의 부정대상'과 '正理의 부정대상'이라고 하는 두 종류가 있고, 후자는 다시 對象(진실성립)과 知(진실집착)로 나누어지는 것에 주의. Cf. LR, pa, 391a4-b4.

제2절 『도차제대론』과 『밀의해명』의 차이점

먼저 "언설유를 설정하는 인식이란 무엇인가"라고 하는 관점으로 『도차제대론』에서 몇 문장을 살펴보자

> 색(色) 등의 생멸(生滅, skye ḥgag)도 언설적인 지(知)(tha sñad paḥi śes pa)에 의해 성립하는(ḥgrub) 것이고, 그것들은 존재하지만 정리지(正理知,rigs śes)에 의해 성립하지 않기 때문에(LR, pa, 368a1)

라는 기술은 언설유가 언설적인 지에 의해 성립하고 정리지에 의해 성립하지 않는 것을 설명하고 있다. 또,

> 색(色) 등을 승인하는(khas len pa) 것은 양(量, tshad ma, pramāṇa)에 의해 성립하고 있지 않다고 주장하는 것이 아니라, 양에 의해 성립하고 있다고 주장하는 것이다.(LR, pa, 368a1)

라고 하는 문장도 같은 취지를 말하고 있는 것으로, 여기에서 '양'이라는 것은 언설적인 양, 즉 승의를 고찰하는 정리지가 아닌 양을 의미하고 있다. 다음으로,

> 이와 같이 안식(眼識) 등이 현량(現量, mṅon sum, pratyakṣa)이라는 것과, 양인 것을 부정한 것은 논리가(論理家, rtog pa)의 주장을 부정한 것이기 때문에(LR, pa, 369a2)

라는 기술은 총카파가 감관지로 인정하는 양성(量性)이 디그나가

(Dignāga) 계통의 '논리가'가 인정하는 그것과 다른 것을 보여주고 있다. 총카파에 의하면 '논리가'의 주장이라는 것은 "다섯 가지의 감관지가 자상에 대해서 양이다."라고 하는 것이지만, 이것에 대해 총카파 자신은

> 이 스승〔=찬드라키르티〕은 뒤에 기술하는 것과 같이 자체에 의해 성립하는 것이라든가, 자상에 의해 성립하는 것을 언설에 있어서 인정하지 않기 때문에, 그것들 감관지가 자상에 대해서 양이라고 어떻게 인정할 수 있겠는가.(LR, pa, 369b1-2)

라고 기술하여 감관지가 자상에 대해서 양이라는 것을 부정하고 있다. 여기에서 감관지가 자상에 대해서 양으로 되지 않는 이유를 '자상에 의해 성립하고 있는 것이 언설에 있어서 인정되지 않기 때문에'라고 하고 있지만, 그 이유에 대한 보다 논리적인 설명이 다음과 같이 제시된다.

> 여러 감관지에 색성(色聲) 등의 오경(五境)은 자상에 의해 성립하지 않음에도 불구하고, 자상으로서 현현하는 것으로, 그것〔=감관지〕은 자상에 대해서 양이 아니라고 하는 것은, 요약하자면,(주장) 그것들의 감관지는 5경의 자상에 대해서 양이 아니다,(원인) 5경의 자상이 현현하는 것에 의존해서(bltos te) 속이는 것(bslu ba)이기 때문에, 즉 5경이 자상을 갖지 않음에도 불구하고 자상으로서 현현하기 때문에, (비유) 두 개의 달이 현현하는 지(知)와 같이 라는 의미(dgoṅs pa, 생각)인 것이다.(LR, pa, 369b4-6)

결국 "감관지에 5경이 자상으로서 현현하기 때문에 자상에 대해

서 양이 아니다."고 하는 것이다. 감관지에 색 등이 본래 존재하지 않는 자상으로서 현현한다고 한다면, 감관지가 색 등에 대해서 양이 아니다 라고 하여도 좋지만, 총카파는 명확하게 "자상에 대해서 양이 아니다."라고 말하고 있다. 이것은 아마 감관지는 자상에 대해서는 양이 아니지만, 색 등에 대해서는 양이고, 따라서 색 등은 감관지라고 하는 양에 의해 성립하고, 그것에 의해 설정되어진다고 하는 의미일 것이다. 이 "감관지에는 색 등이 자상으로서 현현한다."고 하는 설을 필자는 '총카파의 중관사상에 있어서 가장 기본적인 이해'라고 생각하고 싶다. 이것도 어떤 의미에서는 총카파의 중관사상 전체가 이 기본적 이해 혹은 이 한 문장에 기초해서 형성되고 있는 것처럼 생각되기 때문이다.

그런데 위와 같은 총카파의 주장에 대해서 다음과 같은 하나의 유력한 반론이 제출된다.

> 다른(他) 미란의 인(ḥkhrul rgyu)에 의하여 손상되지 않는(gnod pa med pa) 이 다섯 가지 감관지가 언설에 있어서 불미란(med ḥkhrul)이라면, 이것들〔=감관지〕에 현현하는 자상은 언설에 있어서 당연히 있는 것이지만, 그것들〔=자상이 언설유인 것〕도 이 스승〔=찬드라키르티〕은 인정하지 않으신다. 그러므로 〔감관지는〕 미란이라고 주장해야 하지만, 그렇다면 그〔의 감관〕지는 색성(色聲) 등을 언설에 있어서 설정하는(rnam par ḥjog pa) 양으로서는 적절하지 않다. 언설에 있어서 색(色) 등에 대해서 미란하고 있기 때문이다.(LR, pa 371a6-b1)

이것은 "자상은 언설유는 아니다. 그렇기 때문에 자상이 현현하는 감관지는 미란이다. 또한 감관지는 언설유인 색 등을 설정하는 양이라고 할 수 없다."라고 하는 반론이다. 이것에 대해서 총카파는 다음과 같이 답하고 있다.

> 감관지로 색성 등은 자상에 의해 성립되는 것으로 현현하지만, 현현하고 있는 그대로의 자상은 언설에 있어서도 없는 것이기 때문에, 이 스승〔=찬드라키르티〕은 언설에 있어서도 그들〔=감관지〕은 미란이라고 주장하신 것이다. 그렇다면 모든 감관지는 언설에 있어서 색성 등의 모든 경계를 설정하는 양으로서 부적절한 것은 아니다. 그들〔=감관지〕을 미란이라고 설정하는 이유(rgyu mtshan)인 현현하고 있는 그대로의 자상에 의해 성립하고 있는 대상이 없는 것은 자성의 유무(有無)를 고찰하는 정리의 지(raṅ bshin yod med dpyod paḥi rigs paḥi śes pa)〔a〕에 의해 성립되는〔=証明되는〕 것으로, 언설적인 양(tha sñad paḥi tshad ma)〔b〕에 의해서는 결코 성립하지 않는 것이고, 언설적인 지〔b〕에서 보면 미란이 아닌 것이다.(LR, pa, 374a4-b1)

> 색 등에 있어서 자체에 의해 성립되고 있는 자성을 정리〔a〕에 의해 부정하는 것은 승의로서는 불가능하기 때문에 언설에 있어서 하지 않을 수 없고, 그와 같이 언설적인 지〔a〕에 있어서 모든 감관지는 미란이지만, 그것과는 다른 수의(隨意, raṅ dgaḥ ba)의 언설적인 지〔b〕에 있어서는 미란이 아니기 때문에 모순되지 않는다.(LR, pa, 375a5-b1)

여기에 총카파는 "자상은 언설유가 아니다. 그렇기 때문에 자상이 현현하는 감관지는 미란이다."라고 하는 것을 인정하는 점에서 반론에 동의하면서도, "감관지는 언설에 있어서 미란이지만, 언설에 있어서 색 등의 언설유를 설정하는 양일 수 있다."라고 설명하고 있다.

그렇다면 미란지(迷亂知)가 어떻게 하여 언설유를 설정하는 양일 수 있는가. 이것에 답하기 위해서 총카파는 '언설적인 지(tha sñad paḥi śes pa)'를 두 가지로 나누고 있다. 즉 "감관지가 언설에 있어서 미란이다."라고 하는 경우 언설적인 지란 정리지〔a〕이고, 그것과는 달리 '수의의 언설적인 지'〔b〕에 있어서 감관지는 불미란이고, 그렇기 때문에 감관지는 언설유를 설정하는 양일 수 있다고 하는 것이다. 『밀의해명』에서 귀류파에 있어서 언설유가 "분별이나 명칭에 의해 설정된다."라고 설해진 것과에 비교해 보면, 언설유가 "감관지에 의해 설정된다."라고 여기에 설명되고 있는 것은 다소 표현상의 차이가 있는 것이다. 그러나 이미 서술한 것과 같이 『도차제대론』에는 "언설유가 분별이나 명칭에 의해 설정된다."라고 하는 설은 전혀 보이지 않는다.12)

"언설유가 감관지에 의해 설정된다."라고 하는 설은 『도차제대론』의 여러 곳에서 보여지지만, 그 중에서 특히

> 색성 등을 설정하는 혜(blo)는 〔내외의 미란의 인(因)에 의해〕 손상되는 것이 아닌 <u>안(眼) 등의 여섯 가지 지(知)</u>이기 때문에, 이들〔=六識〕에 의해 성립되고 있는 대상은 언설에 있어서 있는 것

12) 『도차제대론』의 "(i)언설적인 지(tha sñad paḥi śes pa)에서 極成하고 있는 것(grags pa)이고, (ii)극성하고 있는 그대로의 대상에 관해서 他의 언설적인 量에 의해 손상되는 것이 없는 것이고, (iii)실상 또는 자성의 有無를 있는 그대로 고찰하는 정리에 의해 손상되는 일이 없는 것이 언설유라고 인정된다(LR, pa, 376b5-6)"라는 기술은 소위 '언설유의 3조건'을 설하고 있지만, 여기에서도 '분별과 명칭에 의해 설정된 것'이란 규정은 보이지 않는다.

(tha sñad du yod pa)이기 때문에 정리에 의해 부정되지 않고 (LR, pa, 379b4)

라고 하는 것은 무분별인 감관지 뿐만 아니라 분별로서의 의식〔第六識〕도 언설유를 설정하는 지에 포함된다고 하는 점에서 중요할 것이다.

그런데 이미 살펴 본 『도차제대론』과 『밀의해명』에서의 표현상의 차이, 혹은 사상적 차이는 다음에 보이는 『도차제대론』의 문장들에 의해 보다 분명해진다.

그렇다면 그 무명이 자성을 증익하는 방식이 어떠한 것인가라고 하면 …… 여기에서는 인법(人法) 둘 모두의 대상에 대해서도 혜(慧)의 힘에 의해 설정된 것(bloḥi dbaṅ gis bshag pa)〔B〕으로서가 아니고, 그것들 법에 각자의 측면으로부터 실상 또는 진상인 것(raṅ raṅ gi ṅos nas gnas tshul lam sdod tshul shig)〔A〕이 있는 것으로 집착하는(ḥdsin pa) 바로 이것이고,(LR, pa 397a3-5)

그리고 '다른 것에 의존하지 않는 것[13]'이라는 것은 인연에 의존하지 않는 것은 아니라, 유경(有境, yul can)인 언설적인 지(tha sñad paḥi śes pa)를 '다른 것'이라 해서, 그들의 힘에 의해 설정된 것〔B〕이 아니기 때문에, 다른 것에 의존하지 않는 것이다. 그렇

---

13) '다른 것에 의존하지 않는 것'이라고 하는 것은 『사백론석(*Catuḥśatakaṭīkā*, CŚṬ)』 중에 "여기에서 어떤 것이든 자체(raṅ gi ṅo bo)와 자성(raṅ bshin)과 독립(raṅ dbaṅ)과 다른 것에 의존하지 않는 것(gshan la rag ma las pa), 그것에 있어서(CŚṬ, ya, 220b6)"라는 문장에서 '다른 것에 의존하지 않는 것'이라는 말을 가리킨다.

기 때문에 '독립적인 것(raṅ dbaṅ ba)'이라고 말해지지만, 그것은 여러 경계의 각자의 실상(gnas lugs) 또는 진상(sdod lugs)이라고 하는 불공(不共)의 성질〔A〕이다. 그것을 '자체(raṅ gi ṅo bo)'라든가 '자기의 자성(raṅ gi raṅ bshin)'이라고 말하는 것이다.(LR, pa, 397b1-2)

〔무명은〕 이렇게는 집착하지 않고 언설적인 지의 힘에 의해 설정된 것〔B〕으로서가 아니라, 그것들의 제법에 각자의 측면으로부터 인식되어진 실상〔A〕이 각각 있는 것으로 집착하는 것이며, 『사백론석』에 "분별이 있는 것만으로 있고, 분별이 없다면 없는 것〔B〕(〔Z〕)은 확실하게 밧줄의 모양에서 가설되어진 뱀의 모양 같이, 자체에 의해 성립하고 있는 것〔A〕(〔Y〕)은 아니라고 확정된다.[14]"라고 자체에 의해 성립하지 않는 것〔B〕의 존재 방식이 이와 같이 설해지고 있는 것이다. 그러므로 내적인 혜의 힘에 의해 설정된 것〔B〕이 아니라, 자체의 측면으로부터 대상 위에 성립하고 있는 것〔A〕을 '아(我)'라든가 '자성(自性)'이라고 말하는 것이고,(LR, pa, 397b4- 398a1)

이 중 첫 번째 설명은 무명에 의한 집착의 모습을 설명한 것이지만, 그 무명은 모든 대상을 〔B〕 즉 '혜의 힘에 의해 설정된' 것으로는 아니고, 〔A〕 즉 '그것들의 법에 각자의 측면으로부터 실상이 있다'라고 파악하여 집착하는 것이라고 설명하고 있다. 이 〔A〕와 〔B〕는 『밀의해명』적인 이해로부터 보면, 〔A〕는 자립파에 있어

14) 『사백론석』(CŚṬ, ya, 133a6-7)으로부터 인용으로, 이 인용은 『밀의해명』(GR, ca, 76a3-4)에도 보인다. 그 해석에 대해서는 본서 제4장, pp.246-247 참조.

서의 언설무(부정대상)〔X〕의 규정이고, 〔B〕는 자립파에 있어서의 언설유〔Y〕의 규정인 것같이 생각되지만, 그러나 『도차제대론』에 있어서는 그와 같이 이해할 수 없고 〔A〕와 〔B〕는 총카파 자신에 있어서, 즉 귀류파에 있어서의 언설무와 언설유의 규정이 되고 있는 것이다. 이것도 다음의 도표에 나타는 것과 같이 『도차제대론』에서는 세속적인 존재를 분류하는 규정이 『밀의해명』과 같이 세 가지가 아니고, 〔A〕와 〔B〕의 두 가지 밖에 없는 것으로, 『밀의해명』의 〔X〕〔Y〕〔Z〕에서 세 번째 〔Z〕의 규정이 빠져 있는 것이다.

〔A〕--혜에 의해 설정되지 않는 대상의 실상----〔X〕진실성립
〔B〕--혜에 의해 설정된 것 ------------------〔Y〕자 상
······································〔Z〕유명(唯名)

따라서 〔A〕와 〔B〕의 구별은 『도차제대론』에서는 귀류파에 있어서의 언설무와 언설유의 자이섬을 나타낸 것이 된다. 위의 겉에 있는 설명 중에서 '언설적인 지의 힘에 의해 설정되어진 것'〔B〕을 귀류파에 있어서의 언설유의 규정이라 이해해서는 안 될 이유는 없다. 『도차제대론』에서 이미 반복해서 "안식 등의 5식, 또는 6식이 즉 언설적인 지 혹은 양이 언설유인 색 등을 설정한다."고 설해져 있기 때문이다. 또 같은 기술 중에서 인용된 『사백론석』의 표현이, 『밀의해명』에서도 인용되고, 그곳에서는 귀류파에 있어서의 언설유〔Z〕가 자상으로서 성립하고 있는 것〔Y〕이 아닌 것을 나타내는 중요한 전거가 되는[15] 곳이지만, 이곳에서는 '분별에 의해 있는 것'을 '내적인 혜에 의해 설정된 것'으로 이해하고 '분별'이라고 하는

15) 앞의 註 14) 참조.

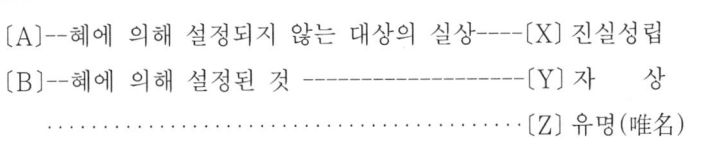

단어의 뜻을 『밀의해명』적 관점에서 보면, 확대해석하고 있다.

즉 반복하자면 '혜의 힘에 의해 설정된 것'이라고 하는 것은 『밀의해명』에 있어서는 자립파에 있어서의 언설유의 규정인 것에 대해 『도차제대론』에서는 귀류파에 있어서의 언설유의 규정으로 되어 있고, '분별이나 명칭에 의해 설정된 것'이라고 하는 『밀의해명』에 있어서 귀류파의 언설유의 규정은 『도차제대론』에서는 전혀 보이지 않는다. 따라서 위의 도표에서 본 것과 같이 세속적 존재의 분류에 관한 『도차제대론』으로부터 『밀의해명』으로의 사상적 발전은 〔A〕와 〔B〕가 〔X〕와 〔Y〕로 이행하고, 거기에 새로이 〔Z〕가 추가된다는 다소 기이한 것임을 알 수 있다. 이와 같이 기이한 발전이 일어난 것은 『도차제대론』에 있어서 총카파의 사상과 표현이 역시 아직 철저하지 않았고, 엄밀성이 부족한데서 유래되었다고 생각된다. 그리고 이 불철저한 점을 〔Z〕이라고 하는 세 번째 규정의 발견에 의해 없애버린 것이 『선설심수』이었던 것이다.

제3절 『선설심수』의 의의—'혜에 현현하는 것'

『선설심수』에서는 〔Y〕와 〔Z〕, 즉 자립파에 의한 언설유의 규정과 귀류파에 의한 언설규의 규정이 다음과 같이 구별되어 설해지고 있다.(이하 〔Y〕〔Z〕모두 아래선이 그어진 것에 해당한다)

〔Y〕 …… '언설적인 혜에 이와 같이 현현하는 것의 힘에 의해 설정된 것이 아닌 것'(LÑ, pha, 62a3), '자기에게 존재하는 경(境)의 혜의 현현의 힘에 의해 설정된 것이 아닌 것'(LÑ, pha, 62a4), '다른 양(量)에 의해 손상되지 않은 언설적인 지에 현현하는 것의 힘

에 의해 언설에 있어서 대상이 존재한다고 설정할 수 있다'(LÑ, pha, 62b3), '이와 같은 지에 현현하는 것의 힘에 의해 설정된 언설적인 실상'(LÑ, pha, 62b3), '중관자립파들은 …… 손상된 것이 아닌 감관지 등으로 현현하는 것의 힘에 의해 언설에 있어서 있다고 설정할 수 있다고 주장하기 때문에'(LÑ, pha, 62b2)

〔Z〕 …… '명칭의 언설을 이루는 것의 혜에 의해(miṅ gi tha sñad ḥdog paḥi blos) 설정된 것'(LÑ, pha, 69a6-b1), '언설을 이루는 것의 혜의 힘에 의해 설정된 것이 아닌 것'(LÑ, pha, 69b1), '언설의 힘에 의해 설정되었을 뿐인 것'(LÑ, pha, 70a3)

여기에서 중요한 것은 〔Y〕에 관한 기술이지만, 거기에는 '혜의 힘에 의한 설정'이라는 것과 같은 애매한 표현은 없고, '혜에 있어서 현현의 힘에 의한 설정'이라는 것처럼 '현현'(顯現, snaṅ ba)이라는 말이 늘 부가되어 있다. 여기에 나타난 〔Y〕에 관한 다섯 가지의 기술 중 최초의 네 개는 『선설심수』의 '자립파의 정리의 부정대상의 확인'의 항목(LÑ, pha, 60b1-63a5)에서 가져온 것이지만, '혜에 의한 설정'을 말하는 기술은 거기에서는 이 네 개가 전부로 다른 것은 존재하지 않는다. 이것은 총카파가 극히 엄밀한 의식을 갖고, '현현'이라는 말을 부가해 사용했다는 것을 의미하고 있다. 그렇다면 언설적인 혜, 또는 손상된 것이 아닌 감관지 등에 현현하는 것이란 대체 무엇인가. 그것은 '감관지에 경(境)이 자상으로서 현현한다'라든가 '이것들의 감관지에 현현하는 자상'이라든가 하는 『도차제대론』의 설로부터 그것은 '자상' 이외의 다른 것이 아니다. 따라서 이와 같이 '혜에 있어서 현현〔하는 것〕의 힘에 의해 설정된 것'이 '자상에 의해 성립하고 있는 것'인 것은 당연할 것이다. 또 『밀의해명』에서 '자립파에 있어서의 언설유를 설정하는 인식에는 분별뿐만이 아니고 무분별도 있다'고 말해지는 의미도 『도차제대론』에서 '감관지 혹은 의식을 포함한 안식 등의 여섯 가지가 〔귀류파에 있어서〕 언설유를 설정한다'고 말해진 것을 고려하면, 이해할 수 있을 것이다. 『선설심수』에는

> 자립파들은 언설유를 설정하는 손상되지 않은 지(śes pa gnod med)는 자상에 의해 성립하고 있고, 현현의 경(境, snaṅ yul) 또는 집착의 경(境, shen yul)에 대해서 불미란인 것이라고 주장하지만,(LÑ, pa, 112a4)

라는 기술이 있지만 '집착의 경'을 갖는 지는 분별지 이외에는 없기 때문에, 여기에 분별과 무분별 둘 다의 지가 자립파에 있어서의 언설유를 설정하는 것으로서 고려되고 있는 것이다.

그러면 여기에서 다시 '색 등이 감관지에 자상으로서 현현한다'고 하는 『도차제대론』의 설의 의미를 생각해 보자.

〔A〕자상 ↘
〔B〕색 등……감관지 → 〔B〕=유명(唯名)·분별소설〔Z〕

도표에 나타난 것과 같이 그 설에서는 감관지에 현현하는 것은 '자상'〔A〕 또는 좀더 부드러운 표현을 사용하자면 '자상에 의해 성립되고 있는 색 등'〔A〕으로, '색 등'〔B〕 그 자체는 아니다. 그러면 자상에 의해 성립하고 있지 않은 색 등, 무자상, 무자성인 색 등이라는 것이 대체 무엇인가 하면, 그것은 단순한 명칭이다. 분별에

의한 가설이라는 것이 『선설심수』 이후 총카파가 명확하게 설하기 시작했던 것은 아니었던가 생각된다. 결국 총카파의 일체의 논의가 '감관지에 색 등이 자상으로서 현현한다'고 하는 그의 근본적 이해에 기초하여 전개하고 있는 것은 분명할 것이다. 더욱이 이와 같은 총카파의 이해 자체도

> 모든 사물은 자체(svarūpa, raṅ bshin)를 갖지 않는 것임에도 불구하고, 어리석은 범부들에게는 진실(satya, bden pa)로서 현현한다.(Pras, p.523, *ll*.5-6)

라는 것과 같은 찬드라키르티의 문장에 대한 총카파 자신의 깊은 사유[16]로부터 생겼다고 생각되는 것을 본장에서의 고찰의 결론으로 삼고 싶다.

〔부기〕

주(註) 4)에 지시한 『중관광명론』의 문장을 이해하기 위해서는 『명구론』(Pras)과 『이제분별론』(SDV) 및 『현관장엄론광명』(AAĀ)의 논술에 대한 참조가 필요할 것이다. 먼저 『명구론』에는 다음과 같은 문장이 있다.

> ① 널리(samantāt, kun nas) 덮는 것(varaṇa, sgrib pa)이 세속(saṃvṛti)이다. 왜냐하면 무지(ajñāna)는 일체 사물의 실의(tattva)를 덮어 감추기(avacchādana, ḥgegs par byed pa) 때

16) 대체적으로 말해, 이 『명구론』 문장 중에 '진실'과 '자체'를 동일시하면, 세속적 존재를 〔A〕와 〔B〕로 나누는 『도차제대론』적 이해가, 그것을 구별해서 〔X〕와 〔Y〕로 보면 〔X〕〔Y〕〔Z〕 3단계의 『밀의해명』적 이해가 성립할 것이다.

문에 세속이라 한다. 〔samantād varaṇaṃ saṃvṛtiḥ / ajñānaṃ hi samantāt sarvapadārthatattvāvacchādanāt saṃvṛtir ity ucyate / (Pras, p.492, *ll.*10-11)〕

여기에 보이는 세속의 어의해석과 유사한 것이 『이제분별론』에 다음과 같이 나타난다.

② 어떤 지(blo, buddhi)에 의해, 또는 어떤 지가 있다면 실의(yaṅ dag pa, tattva)가 덮혀지는, 그와 같은 〔지인〕 세간의 극성(loka-pratīti, 세간 사람들의 일반적 승인)이 세속이라고 인정된다.〔blo gaṅ shig gis sam blo gaṅ shig la yod na yaṅ dag pa sgrib par byed pa ḥjig rten na grags pa de lta bu ni kun rdsob tu bshed de //(SDV, sa, 9a2-3)〕

더욱이 이 문장과 일치하는 문장이 『현관장엄론광명』에 다음과 같이 나타나는 것은 이미 지적한 대로이다.(본서 제3장 註 18) 참조)

③ yayā buddhyā tattvaṃ saṃvriyate yasyāṃ vā buddhau sā tādṛśī lokapratītiḥ saṃvṛtir iṣṭā(AAĀ, p.976, *ll.*3-4)

지금 문제가 되고 있는 『중관광명론』의 문장이 위의 ①과 ②와 같은 의미로 쓰인 것은 확실하다고 생각된다. 그렇다고 한다면, 필자가 '이것이 또는 이것에 의해'라고 번역한 티베트 원문 'ḥdiḥam ḥdis'(MĀ, sa, 228b1)은 'asyām anayā vā'라는 형태를 원문으로 하는 'ḥdi laḥam ḥdis'의 잘못이 아닌가 하는 것도 상상된다.

제8장

•

총카파의 자립논증 비판

무릇 참된 종교가로서 명확한 자기주장을 갖지 않는 사람은 없을 것이다. 그는 첫째로 다른 사람을 비판하고 다른 사람과 대립하며 살아간다. 그런데 자기에게는 주장이 없고, 다른 사람에 대해서는 무비판이라고 하는 거짓된 평화주의야말로 불교라고 어느 시대든 설해져 왔다. 한마디로 자기에게 주장이 있다고 하더라도 그것은 그리 간단한 것은 아니다. 모든 사람에게 주장이 있는 것처럼 보이는 이 현대에 있어서 조차 누가 진정 주장을 가지고 있는 것일까. 또 스스로 주장이 있다고 하는 것과 우리들이 보통 학문적이라고 부르고 있는 연구태도와의 사이에 커다란 간격이 있는 것도 부정할 수 없다. 아니 오히려 자신의 해석을 주장하는 것과 같은 방식은 주관적 · 독단적인 것으로, 학문의 세계로부터 배척되고 있다.

그러면 참된 학문은 무엇인가. 그것은 무엇보다도 덧없는 것, 자기 부정이다.

제1절 유법의 일반성과 일치현현

총카파(Tsoṅ kha pa, 1357~1419)의 자립논증 비판이 가장 상세히 나타나는 것은 『도차제대론(*Lam rim chen mo*, LR)』의 비발사나장(毘鉢舍那章)의 '자기 종견(宗見)의 설정(raṅ gi lugs bshag pa)'(LR, pa, 419a1-433b6) 항목 아래에서이다. 총카파는 거의 동일한 논의를 『선설심수(*Legs bśad sñiṅ po*, LÑ)』의 '자립의 증인을 승인하지 않는 방법(raṅ rgyud kyi rtags khas mi len paḥi tshul)'(LÑ, pha, 89a6-95a6)이라는 항목에 있어서도 논하지만 양자를 양적으로 비교해보아도 알 수 있듯이 『도차제대론』에 있어서 논의의 방식이 보다 상세하고 동시에 근본적이다. 따라서 아래에서는 주로 그의 '자기 종견의 설정'이라고 하는 항목의 논의에 관해 요점만을 고찰한다. 또한 동일한 주제가 총카파의 제자 케둡(mKhas grub, 1385~1438)의 『유능자개안(有能者開眼, *sKal bzaṅ mig ḥbyed*, KM)』의 '자기 종견의 설정'(ka, 156b5-166a2)에서도 다루고 있는 것을 부기해 둔다.

그리고 나가오 가진(長尾雅人) 박사가 작성한 '비발사나장'의 과문(科文)[1]을 참조하면 쉽게 알려지는 것이지만, 『도차제대론』의 '비발사나장'에는 '귀류·자립의 의미 확인(thal raṅ gi don ṅos bzuṅ ba)'(LR, pa, 404a6-434a4)이라는 항목이 있어, 그 중에 '다른 사람의 종견 부정(gshan lugs dgag pa)'〔LR, pa, 404b4-419a1〕과 위에 기술한 '자기 종견의 설정'이라고 하는 두 항목이 배치되어 있다. 즉 거기에는 귀류논증과 자립논증의 구별에 대하여 먼저 티베트에 활약한 다른 학자들의 견해가 제시된 뒤에 비판되고, 다음으로 총카파 자신의 주장이 설해진다. 귀류·자립에 관한 총카파의 주장의 독자성을 분명히 알기 위해서는 당연히 다른 학자의 견해와 차이가 밝혀질 필요가 있지만, '다른 사람의 종견 부정'의 항목 아래에 제시되는 다른 학자의 네 가지 견해 및 그 각각에 대한 총카파의 비판에 관해서는 본 장에서 고찰할 여유는 없다.

그런데 '자기 종견의 설정'이라는 항목 아래의 논의 서두에서 총카파는 먼저 다음과 같이 말한다.

> 귀류파(Thal ḥgyur ba)가 자립파(Raṅ rgyud pa)의 종견(lugs)을 논파하고 자기의 종견을 설정한 것만(ñid)을 기술한다면, 쌍방〔=자립파의 종견과 귀류파의 종견〕이 이해되기 때문에 그것을〔아래에서〕 기술하고자 한다.(LR, pa, 419a1-2)

1) 『西佛研』, pp.91-92 참조.

여기에서 총카파는 자립파와 귀류파의 두개의 종견에 대하여 그 것을 개별적으로 해설하는 방식을 취하지 않고, 귀류파가 자립파의 종견을 논파하여 자기의 종견을 설정한 것이라는 오직 하나의 사항을 설명함으로서 그들 양자를 해설한다고 기술하고 있다. 그런데 '귀류파가 자립파의 종견을 논파하여 자기의 종견을 설정한 것'이란 구체적으로는 찬드라키르티(Candrakīrti)의 『명구론(明句論, *Prasannapadā*, Pras)』 제1장에서 바비베카(Bhāviveka) 비판을 가리키는 것인 까닭에, 아래에서 그 비판의 하나 하나의 기술에 관한 총카파 자신의 해석이 상세하게 설해지고 있다.

지금 '자기 종견의 설정'이라는 항목 아래의 논의 구성을 총카파 자신의 과문에 따라 보이면 다음과 같다.

자기 종견의 설정

A. 자립의 논파 그 자체(LR, pa, 419a3-428b6)

Ⅰ. 기체(基體)인 유법(有法, chos can)이 성립하지 않는다는 주상(phyogs)의 과실을 설시(說示)(LR, pa, 419a3-426a5)

1. 〔다른 사람의〕 주장(ḥdod pa)의 진술(LR, pa, 419a4-420a4)〔Pras, p.28, l.4-p.29, l.7〕

2. 그것의 부정(LR, pa, 420a4-426a5)

(1) 의미가 부당한 것(LR, pa, 420a4-423a2)〔Pras, p.29, l.7-p.20, l.11〕

(2) 〔의미가〕 제시된 비유와 같지 않는 것(LR, pa, 423a3-426a5)〔Pras, p.30, *ll*.12-14〕

Ⅱ. 그 과실에 의해 증인도 성립하는 않는 것의 설시(LR, pa, 426a5-428b6)〔Pras, p.30, l.15-p.31, l.13(p.33, l.6)〕

B. 그것이 자신과는 같지 않다고 하는 방식(LR, pa, 428b6-433b6)

〔Pras, p.34, l.1-p.36, l.2〕

이 중 A는 자립논증의 비판, B는 귀류논증의 확립에 거의 해당한다고 생각해도 좋다. 꺽쇄 괄호의 『명구론』의 항수와 행수는 그것에 해당하는 『명구론』의 문장이 거기에 인용, 또는 해석되고 있는 것을 보이며, 이것에 의해서도 총카파의 논의가 『명구론』의 텍스트에 따라 전개되고 있는 것을 알 수 있다.

그런데 총카파는 먼저 '다른 사람의 주장의 진술(ḥdod pa brjod pa)'이라는 항목 아래에서 바비베카로부터의 반론으로서 『명구론』에 나타나는 다음과 같은 문장을 인용한다.

(반론) 예를 들면 '소리(śabda)는 무상이다'라는 것에 있어서, 법과 유법의 일반성(dharmadharmisāmānya, chos daṅ chos can gñis spyi)만이 취해지고 〔그 양자의〕 특수성(viśeṣa, khyad par)은 취해지지 않는다. 말하자면 특수성이 취해진다면, 비량과 비량대상의 언설(anumānānumeyavyavahāra)은 없는 것이리라. 즉 만일 4대종으로 이루어진 소리가 〔유법으로서〕 취해진다면, 그것은 타자(para)〔=바이쉐쉬카(Vaiśeṣika)파〕에 있어 불성립(asiddha, ma grub)이며, 만일 또 허공의 속성〔으로서의 소리〕가 취해진다면 그것은 불교도(Bauddha) 자신에 있어(svatas) 불성립이다. ……그러므로 거기에 법과 유법의 일반성만이 취해지는 것과 같이, 그와 같이, 이 〔='승의로서 모든 내처〔인 안(眼) 등〕이 스스로 생겨나지 않는다' 운운의 바비베카의 논증식〕에서도 한정(viśeṣaṇa)을 버린 유법 일반(dharmimātra)이 취해질 것이다.(Pras, p.28, l.4-p.29, l.7)〔LR, pa, 419a4-b2〕

그러면 이 반론이 『명구론』에서 나타나기에 이르는 경위[2]는 어떠한가. 바비베카는 그의 저서 『반야등론(般若燈論, *Prajñāpradīpa*, PP)』 제1장에서 모든 법이 스스로 생겨나지 않음을 논증하기 위해

> 승의로서 〔안 등의〕 모든 내처는 스스로부터 생겨〔난 것으로서 존재하지〕 않는다고 확실히 알려진다. 〔이미〕 존재하고 있기 때문이다. 순수정신과 같이.(PP, tsha, 49a2-3)

라는 논증식을 제출했다. 이것에 대해 찬드라키르티는 이 논증식을 『명구론』에 인용하여(Pras, p.25, l.9-p.26, l.1), 다음과 같이 '유법불성립(有法不成立, chos can ma grub pa)'이란 과실을 거기에서 지적했다.

> 타자(para)〔=상키야(sāṃkhya)파〕는 안 등〔의 모든 내처〕가 실유(實有, dravyasat)[3]라는 것만을 승인하고 그것이 가설유(假設有, prajñaptisat)인 것을 승인하지 않기 때문에, 타자에 있어 소의(所依, ādhāra) 불성립〔=유법불성립〕의 주장(pakṣa 宗)이 과실(doṣa)이 된다.(Pras, p.28, *ll.*1-3)

그리고 이 '유법불성립'의 과실을 제거하기 위해 바비베카의 측으로부터 제출된 '반론'이라는 것이 앞서 제시된 문장이다.

---

2) 이 경위에 대해서는 스체르바스키(Stcherbatsky Th.) 이래 다수의 연구가 이루어졌지만, 일본인 학자의 연구로서 『展開』, pp.178-183 참조.

3) 텍스트의 "vastusatām"을 De Jong J.W., "Textcritical Notes on the Prasannapadā", *Indo-Iranian Journal,* 20, p.31에 의해 "dravyasatām"으로 정정했다.

그런데 '유법의 일반성'을 강조하는 이 '반론'에 관해 먼저 주의해야 할 것은, 그것이 어디까지나 찬드라키르티가 바비베카의 설에 의존하여 '반론'으로서 상정한 것에 지나지 않는 것으로, 결코 후자 그 자신의 말은 아니라는 점이다. 그러면 그와 같은 '반론'이 상정되는 근거가 된 바비베카의 설이라는 것은 어떠한 것인가. 이미 에지마 야스노리(江島惠教) 씨에 의해 지적되었듯이[4] 그는 유법불성립의 과실을 피하기 위해 다음과 같이 '유법의 일반성'을 강조하고 있었던 것이다.

언설에 있어서 일반적으로(spyir) 승인되는 아(我, ātaman)의, 〔언설에 있어서〕 극성하고 있지 않은(ma grags pa, 일반적으로 승인되지 않는) 특수성(khyad par, viśeṣa)을 제거하는 것이기 때문에 과실은 없다.(PP, tsha, 180b5)

이 경우 '아(我)'라는 것은 『근본중송(*Mūlamadhyamakakārikā*, MMK)』 제18장 제1게송 후반의 "만일 〔아가〕 제온(諸蘊)과 다르다면 온의 상(lakṣaṇa)을 갖지 않는 것이 될 것이다."를 바비베카가 "승의로서 아는 색 등의 온과 다른 것이 아니다. 온의 상을 갖지 않기 때문에 석녀의 아들과 같이……"(PP. tsha, 179b6)라는 논증식으로 고쳐 쓴 것의 유법인 것이다.

그러면 총카파는 『명구론』에서 바비베카로부터의 '반론'으로서 나타나는 앞서 든 게송의 의미를 어떻게 해설하고 있는 것일까. 그는 다음과 같이 말한다.

그러므로 공통(thun moṅ)되지 않고 별개로 인식되는 사물을 유

4) 『展開』, pp.188-189 참조.

> 법으로 취하는 것은 부적당하다. 유법은 쌍방의 논자(rgol ba)가 특수성이라는 법(khyad par gyi chos, viśeṣa-dharma)을 고찰하는 기체(基體, gshi)이기 때문에, 무엇인가 쌍방의 일치현현(一致顯現, mthun saṅ, 일치해서 현현하는 것)으로서 성립하고 있는 것이 아니면 안 되기 때문이다.(LR, pa, 419b4-5)

여기에서 총카파는 자립파에 있어서의 유법(dharmin), 즉 자립논증의 유법이라는 것은 '일치현현으로서 성립하는 것'(mthun snaṅ du grub pa)이어야 한다고 논하고 있지만, 이 이해 그 자체는 티베트 불교에 있어서 매우 일반적이었다.[5] 단지 '일치현현'(mthun snaṅ, mthun par snaṅ ba)이라고 하는 다소 특수한 용어는 아마 '유법의 일반성'을 주장하는 바비베카의 뜻을 몸에 익힌 즈냐나가르바(Jñānagarbha)가 그의 『이제분별론게(二諦分別論偈, *Satya dvavibhaṅgakārikā*, SDVK)』에 있어서

> 쌍방 논자의 지(知)에, 어느 정도(ji tsam), 현현하는 부분(snaṅ baḥi cha)이 있을 때, 그 정도(de tsam), 그것에 의존하여 유법과 법 등으로서의 분별이 있다.(SDVK, k.18, sa, 2b2-3)

라고 설한 것에 기초해 형성된 것일 것이다.[6]

---

5) 예를 들면, 앞에서 기술한 '타자 종견의 부정'의 항목 아래에서 총카파가 비판하는 다른 학자 중 한 사람은 자립논증이 부당하다는 이유를 다음과 같이 말하고 있다. "[입론자와 대론자의] 쌍방에 극성하고 있는(grags pa) 공통의(thun moṅ ba) 유법 등이 성립하지 않는 것이기 때문에 자립[논증]은 부적절하다."(LR, pa, 406a2) 또한 다음 註 6) 참조.

6) 우파로살(dBus pa Blo gsal, 14세기 전반)은 '유법의 일치현현'의 설을 설명하는 경우, 이 『이제분별론게』, k.18과 『중관장엄론(*Madhyamakālaṃkāra*, MA)』, kk.76-77 등을 전거로 들고 있다. Cf. BG, 105b2- 106a5

다만 자립파에 있어서의 유법이 '일치현현으로서 성립한다'라고 하는 것의 의미에 대하여 총카파는 일반적 이해와는 다른 다음과 같은 의견을 서술하고 있다.

> '일치현현으로서 성립하는 것'(mthun snaṅ du grub pa)의 의미도(yaṅ), 대론자(phyir rgol)에 있어서, 어떠한 것이든, 어떤 양상을 가진 양(tshad ma ji ḥdra ba shig)에 의해, 〔유법 등이〕 성립할 때, 그 양상을 갖는 양(tshad ma de ḥdra ba shig)에 의해, 입론자(sṅa rgol)에 있어서도 〔그것이〕 성립하고 있는 것이다. (LR, pa, 420a3-4)

이 가운데 먼저 '도'(yaṅ)라는 말의 존재에 의해 여기에 설해지는 총카파의 해석이 일반적 견해와는 다르다는 것이 시사되고 있다. '일치현현'에 관한 일반적 견해란 유법 등이 단순히 쌍방의 논자의 지(知)에 일치하여 현현한다는 것에 지나지 않겠지만, 그것과는 다른 총카파 독자의 해석이란 무엇인가. 그것은 한마디로 말하면 쌍방의 논자에 있어서 유법 등을 성립시키는 '양'(量, tshad ma, pramāṇa)이라는 것을 항상 문제로 삼아, 그 양의 소위 '동양상성'(同樣相性)을 설하는 것이다. 즉 일반적 견해가 유법 등의 '대상의 일치현현'을 말하는 것에 대해서 총카파는 말하자면 '양(量, 知)의 일치현현'을 설했다고 말할 수 있다.

더욱이 필자가 양의 '동일성'이라는 말을 사용하지 않고, 일부러 '동양상성'이라고 한 것은 원문에 '어떤 양〔에 의해〕…… 그 양〔에

(BG〔M〕, p.204, *l*.21-p.210, *l*.2). 또한 이 게의 의미에 관해서 『展開』, p.214 참조. 더욱이 우파로살은 이미 'mthun snaṅ du grub pa'(BG, 105b3, BG〔M〕, p.206, *l*.7)이라는 말을 사용하고 있다.

의해]'(tshad ma gaṅ…… tshad ma de)라고는 나타나지 않고 있기 때문이다. 확실히 "tshad ma ji ḥdra ba shig…… tshad ma de ḥdra ba shig"이라는 표현에 있어서, 동일한 것은 두 개의 양 그것 자체는 아니고, 그것들의 양이 갖는 양상인 것 같이 보인다. 그리고 필자는 이전에 "yad…… tad"라는 범어의 관계대명사와 지시대명사와의 관계에 의해 '동일성'을 표현할 수 없다고 설한 적이[7] 있기 때문에, 그것의 티베트역이라고 할 수 있는 "ji…… de"라는 표현에서도 양상의 '동일성'을 인정해서는 안 될 것이다. 이렇게 하여 '양의 동양상성'이라는 표현은 비논리적인 것이 된다. 실제 '일치현현'에 관한 총카파의 해석은 대론자에 있어서 유법을 성립시키는 양의 양상과 입론자에 있어서 유법을 성립시키는 양의 양상이 동일하다 고 하는 것은 아니다. 만약 그와 같은 '동일성'이 총카파에 의해 의도되었다고 한다면, 그는 위의 문장 중 '대론자'와 '입론자'라는 말을 바꾸어 "입론자에 있어서 어떠한 것이든, 어떤 양상을 갖는 양에 의해 성립하고 있을 때, 그 양상을 갖는 양에 의해 대론자에게도 성립하는 것이다."라는 문장도 부가했을 것이다. 그러나 조금이라도 필자가 보는 한 이와 같은 표현은 총카파의 저작 가운데 보이지 않는다. 즉 '일치현현'에 관한 그의 해석은 어디까지나 '대론자에 있어서…… 입론자에 있어서도'이지, 결코 그 반대는 아닌 것이다.

그러면 대론자에 있어서 어떠한 양상을 가진 양이 유법을 성립시키는 것일까. 그것에 대하여 다음의 항목에서 밝혀지겠지만 그 논의를 이해하기 위해서 '양'이라든가 '감관지'에 관한 총카파의 설[8]을 여기에서 확인할 필요가 있다.

---

7) 拙稿, 「チャンドラキールティの論理學」, 『駒澤大學佛教學部研究紀要』 43, 1985. p.197 참조.

감관지에 관해 그는 다음과 같이 말한다.

> 감관지(dbaṅ poḥi śes pa)에 색성(色聲) 등은 자상(自相)에 의해 성립하고 있는 것(raṅ gi mtshan ñid kyis grub pa)으로서 현현하지만, 현현하고 있는 대로의 자상은 언설에서도 없는 것이기 때문에, 이 스승〔=찬드라키르티〕는 언설에서도 이것들〔=감관지〕은 미란(迷亂, ḥkhrul pa)이라고 주장하신 것이다. 그렇더라도 모든 감관지는 언설에서 색성 등의 모든 대상을 설정하는 양(rnam par ḥjog paḥi tshad ma)으로서 부적절하다는 것은 아니다.(LR, pa, 374a4-6)

즉 총카파에 의하면 감관지(현량·언설지)는 색 등의 언설유(언설에서 유인 것)를 설정하는(rnam par ḥjog pa) 양이고, 또한 그것들의 언설유는 이 지(知)에 의해 성립한다(ḥgrub pa). 이것이 총카파에 있어 하나의 근본적인 태도이다. 그러나 여기에 '미란·불미란'이라고 하는 성가신 문제가 들어온다. 그것은 "감관지에 색 등이 자상〔에 의해 성립하고 있는 것〕으로서 현현한다."고 하기 때문이다. 여기에 있어서 자상을 언설유라고 생각하든가, 언설무(언설에서 무인 것)라고 보는가에 의해 감관지를 불미란(ma ḥkhrul pa)이라고 생각하든가 미란(ḥhkrul pa)이라고 간주하는가에 대한 의견이 나뉘어 질 수 있다. 즉 자립파와 그 외의 유자성론자와 같이 자상을 언설유라고 간주한다면, 감관지에는 대상(언설유=자상)이 바로 대상 그대로 현현해 오는 것이기 때문에, 감관지는 미란이 아니라 불미란이 된다. 이것에 대해서 자상을 언설무라고 생각하는 귀류파에 있어서는 본래자상을 갖지 않는 대상(언설

8) 본서 제7장, pp.325-331 참조.

유)이 자상으로서 현현해 오기 때문에 A가 비(非)A로서 인식된다는 의미에서 감관지는 미란인 것이다.

필자는 앞장에서 "감관지에 색 등이 자상으로 현현한다."고 하는 설을 '총카파의 중관사상에서 가장 기본적인 이해'라고 말했지만[9], 이 말하자면 인식론적인 설에, "자립파는 언설에서 자상에 의해 성립되고 있는 것을 인정하지만, 귀류파는 그것조차도 인정하지 않는다."라는 존재론적인 학설[10]을 적용해 결합시킨 결과 '감관지의 미란·불미란'이라고 하는 제3의 설이 성립했다고 말할 수 있다. 이 가운데 인식론적, 존재론적이라고 부른 두 가지의 설 중 어느 것이 총카파의 중관사상에 있어 보다 근원적인 발상이었는가를 묻는 것도 무의미한 것은 아닐 것이다.

제2절 양의 일치현현

그런데 총카파는 앞에서 보았듯이 『명구론』으로부터 유법의 일반성을 강조하는 '반론'을 인용하고 또 그것에 대하여 자기의 해석을 제시한 후에 '그것의 부정'(de dgag pa)이라는 항목을 만들어 그것을 비판하고 있다. 이 항목에서의 논의는 '의미가 부당한 것'(don mi ḥthad pa)과 '의미가 제시된 비유와 같지 않은 것'(dpe bkod pa daṅ mi ḥdra ba)의 두 가지 항목으로 나뉘어지지만, 앞의 항목에서의 논의는 총카파가 자립논증 부당의 이유를 설명하는 중요한 부분이기 때문에 이하 거기에 보이는 자립논증 비판에 관해 고찰하고자 한다.

9) 본서 제7장, p.327 참조.

10) 본서 제4장, pp.233-245, pp.254-256 참조.

먼저 이 항목의 논의의 서두에 제법 긴 긴 문장으로 『명구론』에서의 인용이 나타난다. 그것은 찬드라키르티의 자립논증 비판의 가장 중요한 부분이기 때문에 그 전문을 번역한다.

① 이것은 옳지 않다. 왜냐하면,

② 어떠한 때이든(yadā) 여기〔=바비베카의 논증식〕에서, 생기의 부정(utpādapratiṣedha)이 소증(所證)의 법(sādhyadharma)이라고 생각되는 때, 그때 실의로서(tadavia, deḥi tshe de kho nar)[11] 전도(顚倒, viparyāsa)만에 의해 자기의 존재성을 얻고 있는, 그것〔=소증법〕의 소의인 유법의 소멸(pracyuti)이 그〔=바비베카〕에 의해 스스로(svayam eva) 승인되어진다.

③ 즉 다시 말해서 전도와 부전도(aviparyāsa)는 다른 것이다.

④ 그러므로 어떠한 때라도 안병자(眼病者, taimirika)에 의해 모발 등이 집착되듯이, 전도에 의해 무(asat)가 유로서(sattvena) 집착될(gṛhyate) 때, 그때에 존재하고 있는 대상(sadbhūtapadārtha)이 단편뿐이더라도 파악되는 것(upalabdhi)이 어떻게 있겠는가.

⑤ 또한 어떠한 때라도 무안병자(無眼病者, vitaimirika)에 의해 모발 등이 증익되지 않는 것처럼 부전도에 의해 실재하지 않는 것

---

11) 梵本에 'tadaiva'(Pras, p.30, *l*.1)라고 나타나는데 총카파에 의한 인용에서는 'deḥi tshe <u>de</u> kho nar'로 되어 있다. 이 점을 이미 長尾 박사는 주의하시어 '진실로서(범문, 실로 그것과 동시에)'(『西佛硏』, p.263)라고 번역하신다. 『명구론』의 데르게판의 읽기(ḥa, 9b3)와 샤캬촉덴에 의한 인용(BN, kha, 24b3)은 총카파의 인용과 일치하지만, 북경판(ḥa, 10b3)에서는 위의 밑줄부분의 'de'가 빠지고 범본에 일치한다. 더욱이 이 부분 法尊 譯, 『菩提道次第廣論』에서는 '爾時眞實'(卷21, 17右)이라고 번역하며, *Calming*에서는 'precisely at that time'(p.312)이라고 번역한다. 후자의 역은 범본에 일치시킨 것이라 생각된다.

(abhūta)이 증익되지 않을(na adhyāropitam) 때, 그때는 존재하지 않는 대상(asadbhūtapadārtha)이 단편뿐이더라도 파악되는 것이 어떻게 있겠는가.〔만약 그것이 파악된다면〕 그 경우에는 세속(saṃvṛti)이 있을 것이지만,

⑥ 그러므로 존사〔=나가르주나 Nāgārjuna)에 의해 "만일 현량 등의 뜻에 의해서 내가 무엇인가를 파악한다면(upalabheyam), 나는 그것을 긍정하거나 부정하거나 하는 것이지만, 나에게는 그것이 없기 때문에 나에게는 비난이 없다."(『회쟁론』 *Vigrahauyāvartanī*〔VV〕, k.30)라고 설해진 것이다.

⑦ 이와 같이(evaṁ) 전도와 부전도는 다르기 때문에 〔지자(智者)들의[12)]〕 부전도(aviparyāsa)의 상태[13)]에는 전도한 것(viparīta)은 존재하지 않기 때문에, 유법이 될 것과 같은 세속적인(sāṃvṛta) 눈이 어떻게 있겠는가.

⑧ 그러므로 소의불성립(asiddhādhāra)〔=유법불성립〕이라는 주장의 과실(pakṣadoṣa)이나, 또는 기체불성립(āśrayāsiddha)이라는 증인의 과실(hetudoṣa)은 없어지지 않기 때문에 이것〔=바비베카에 의한 반론이라는 것〕은 〔과실을〕 없애는 답이 아닌(aparihāra) 것이다.(Pras, p.29, l.7-p.30, l.11)〔LR, pa, 420a4-b4〕

이상 『명구론』의 문장에 관해 총카파는 먼저 다음과 같이 말한다.[14)]

---

12) 梵本에는 여기에 'viduṣām'(Pras, p.30)이라고 하지만, 티베트 역에서는 데르게판(ḥa, 9b7)과 북경판(ḥa, 10b7)에도 해당하는 역어가 없고, 이 점은 총카파의 인용에서도 같다(LR, pa, 420b3).

13) 텍스트의 'aviparītāvasthāyāṃ'을 세 가지 東京大學所藏 범문사본(Nos, 250-252)과 일치시킨 읽기(No.250, 9b4; No.251, 10a2; No.252, 12a2)에 의해 'aviparyāsāvasthāyāṃ'으로 정정한다.

14) '의미가 부당한 것'이라는 항목의 논의(LR, pa, 420a4-423a2)는 이상의

이것〔=앞의 『명구론』의 문장〕은 '색처(gzungs kyi skye mched)는 스스로(bdag)부터 생기는 일은 없다. 존재하고 있기 때문에 현전에 나타나는 병(甁)과 같이'라는 논증식(sbyor ba)을 예로서 생각해보면(mtshon na)[15] 이해하기 쉽기 때문에, 그것〔=그 논증식〕에 의해 설명하자.(LR, pa, 420b4-5)

그러나 여기에서 이미 총카파는 자신의 설에 편의를 위해 교묘한 말바꾸기를 행하고 있다. 즉 『명구론』에 있어서 '유법불성립'의 과실이 지적하는 대상은 이미 본 바비베카의 "승의로서 〔안 등의〕 모든 내처는 스스로부터 생겨나지 않는다는 확실히 알려진다. 〔이미〕 존재하고 있기 때문에 순수정신과 같이"라는 논증식이기 때문에, '유법의 불성립'을 논하는 경우에 이 논증식이 항상 논의의 중심이 되어야만 한다. 그런데도 총카파는 유법을 '안 등'(내처)로부터 '색'(외처)'으로 바꾸고, 유의(喩依)를 '순수정신'에서 '병'으로 바꾸어 새로운 논증식을 만들어, 그것을 여기에 도입하여, 이하 그것에 의해 자립논증의 부당을 논하려고 하는 것이다.[16]

그렇다면 이러한 변경을 총카파가 일부러 행한 이유는 무엇인가. 결론을 말하면, 현량의 대상이 아닌 '안 등'이 유법이라는 것은 그에게 있어 불편한 것이었기 때문에 그것을 현량의 대상인 '색'으로 바꾼 것이다. 곧 뒤에서도 볼 수 있듯이 이 문제에 대하여 총카파

『명구론』으로부터 인용을 보인 뒤 자립논증 부당의 이유를 설하는 부분(LR, pa, 420b4-421b1)과 그것을 『명구론』의 텍스트와 결부시켜 설한 부분(LR, pa, 421b1-423a2)의 둘로 나눌 수 있다. 이하의 문장은 이 첫 번째 부분의 서두가 된다.

15) '예로서 생각해 보면'이라고 하는 번역은 전부 『西佛硏』(p.264)에 따른 것이다.

16) 물론 샤캬촉덴은 이와 같은 변경은 하지 않는다. Cf. BN, hka, 24b4-5.

에게 있어 항상 논의의 출발점이 되고 또한 중심이 되는 것은 현량, 그것도 단적으로 말하면 감관지의 문제인 것으로, 그런 까닭에 유법이 감관지의 대상이 아니라고 하는 것은 총카파에게 있어 매우 불편한 것이었다.

그런데 총카파는 자립논증의 부당함을 논하는 경우, 그 직접의 대상이 되는 논증식을 위와 같은 교묘하게 바꾸었을 뿐만 아니라 그것에 연속되는 다음의 문장에서도 실제로 중대한 논의를 바꾸어 논하고 있다.

> 〔『명구론』에 있어서 찬드라키르티는 바비베카의〕 답론인 이들 텍스트에 의해, 유법이 일치현현으로 성립하지 않는 방식을 보이는 것이지만, 그것도(de yaṅ)[17] 어떻게 하여서인가 하면, 여기에 어떤 대론자라 할지라도, 그 대론자와 일치〔해서〕 현현〔하는 것〕으로서 성립해야하는 유법이 성립하지 않는다 라는, 그 성립하지 않는 방식을 보이는 바의, 그 대론자란 『명구론』에 설해진 이 부분에서는 스스로부터의 생기를 부정하는 것에 있어서 대론자(bdag skye ḥgog paḥi phyi rgol)[18]이다 하더라도, 일반적으로(spyir ni) 모든 사물에 승의로서 자성이 있다고 주장하는 실재론자(dṅos por smra ba)[19]와 언설에 있어서 그것들에 자상에 의해 성립하고 있는 자성

17) 이 '도'(yaṅ)라는 말이 재차 이하 총카파의 해석이 일반적 해석과 다른 것을 보이고 있다.

18) 이것을 '스스로부터의 생기를 부정하는 대론자'라고 번역하면 옳지 않다. 이 점에 '스스로부터의 생함을 부정하는' 것에의 返離者'(『西佛研』, p.265)라고 하는 것이 적당한 번역이다. 법존 역의 '破自生之敵者'(卷21, 17左) 및 'the opponent belongs to (the context of) denying the arising from itself'(*Calming*, p.313)라는 것도 이 의미일 것이다.

19) 『로살학설강요서』에 나오는 'dṅons opr smra ba'(BG, 107b1, 107b 6)의 산스크리트 원어를 御牧克己 씨는 'Bhāvavādin'이라고 상정했지만(BG

(raṅ gi mtshan ñid kyis grub paḥi raṅ bshin)이 있다고 주장하는 자립파(Raṅ rgyud pa)와의 양자인 것이다. 중관자립파도 '무자성론자'(ṅo bo ñid med par smra ba)라고 말하지만, 여기에서 말의 수고를 덜기 위해 '무자성론자'라고 하는 것은 귀류파(Thal ḥgyur ba)을 의미하고 '유자성론자'(raṅ bshin yod par smra ba)라는 것은 실재론자와 자립파 양자를 의미하는 것이다.(LR, pa, 420b5-421a2)

여기에서 총카파는 "유법이 대론자와 일치현현으로서 성립하지 않는다."라고 할 때의 대론자란 '유자성론자'(실재론자와 자립파)이라고 말하고 있다. 이것은 간접적으로 '무자성론자'(귀류파)가 입론자(sṅa rgol)가 되는 것을 의미한다. 즉 '유법불성립'이 말해질 때의 대론자란 자립파를 포함하는 유자성론자이고, 입론자는 귀류파이라는 것이지만, 이 도식은 『명구론』의 논의와 비교할 때, 얼마나 다른 것인지 알 수 있다. 『명구론』에서는 '제내처불자생(諸內處不自生)'의 논증식을 제출한 것은 바비베카(자립파)이고, 그 경우 대론자는 실재론자 특히 상키야학파라고 하였다. 따라서 찬드라키르티가 바비베카의 논증식에 대하여 유법의 불성립을 지적할 때, 그 유법은 대론자인 상키야학파(실재론자)와 입론자인 바비베카(자립파)의 사이에 가령 일반성으로서도 성립할 수 없다는 것이 비판의 요점이었던 것이다. 『명구론』을 읽으면 알 수 있듯이 찬드라키르티

〔M〕, p.217, p.221), 그 근거는 무엇인가. 이점에 관해 袴谷憲昭로부터, 이 티베트어가 『입보리행론세소(*Bodhicaryāvatāpapañjikā*)』 중에 'vastuvādin'의 역으로 되어 있다는 교시를 받은 것에 대해 감사를 기록해 두고 싶다. 확실히 平野隆 씨의 색인에 의하면 이 말이 'vastuvādin'과 'svabhāvavādin'의 역어임을 알 수 있다. Cf. Hirano T., *An Inedx to the Bodhicaryāvatārapañjikā*, chapter Ⅸ, Tokyo, 1966, p.276.

는 거기에서 자립파와 귀류파의 존재론은 다르기 때문에, 즉 자립파는 언설에 있어서 자상(자성)을 인정하기 때문에 자립논증은 부당하다고 논하고 있는 것은 결코 아니다. “자립파가 언설로 유자성(유자상)을 주장한다.” 등이라고 말하는 총카파 독자의 설을 찬드라키르티가 알리는 없기 때문이다. 그는 말하자면 바비베카를 포함하는 중관파의 입장을 세워 바비베카와 상키야학파 사이에 공통적으로 인정되는 유법은 없다고 논하고 있는 것이지만,[20] 총카파는 위에 제시한 자기 독자의 존재론적 학설에 의존해서 ‘유법불성립’의 문제를 해석하려고 하는 것이다.

그런데 총카파가 이 문제에 대하여 대론자=실재론자(상키야학파), 입론자=자립파(바비베카)라는 『명구론』의 도식을 버리고, 그것을 일부러 대론자=실재론자 · 자립파, 입론자=귀류파라 는 것으로 바꾼 것은 앞서 ‘일치현현’에 관해 독자적인 해석을 보이고 또한 유법을 ‘안 등’에서 ‘색’으로 변경한 것과 함께, 다음과 같은 ‘자립논증의 부당을 설한 결정적 문장’을 도출하기 위해 불가결한 장치였던 것이다.

> 유법으로서 설정된 그 색처가 성립하는 방식은 그것을 취하는 안식이라는 현량의 양(mig gi śes paḥi mṅon sum tshad ma)에 의해 성립될 수밖에 없지만, 그것〔=안식〕도 불미란인 것(ma ḥkhrul

20) 이 점에서 “중관파라면 자립의 비량을 하는 것은 적절하지 않다.”(Pras, p.16, *l*.2)〔진한 글자는 티베트어로 ‘〔dbu ma pa〕 yin na ni’(D. ḥa, 6a2)에 의한 번역〕고 하는 한 문장을 어떻게 해석할 것인가가 문제가 된다. 즉 필자는 찬드라키르티가 이것을 서술할 경우, 바비베카를 중관파로부터 제외하고 있다고 생각지는 않는다. 만약 그를 중관파가 아니라고 생각한다면 이 한 문장이 비판이 될 수 있겠는가. 그 경우에는 단순하게 그는 중관파가 아니라고 하면 끝나는 것이다. 이것에 대해 총카파는 자립파를 ‘有自性論者’라고 하고 말았던 것이다.

pa)으로서 그들 양자(de dag)〔=실재론자와 자립파〕에 의해 성립하고 있지 않다면[21] 대상을 성립시키는 현량으로서는 부적절하기 때문에 불미란인 것일 수밖에 없는 것이다. 〔안식이라고〕 무분별지(rtog med)가 불미란인 것으로서 성립하는 것은 그들 양자(de dag)〔실재론자와 자립파〕의 종견(lugs)에서는, 어떠한 것이든, 어떤 것에 대해서 불미란으로 될 때, 그것의 자상에 의해 성립하고 있는 것(raṅ gi mtshan ñid kyis grub pa)이 〔그 무분별지로〕 현현하고 게다가 현현하고 있는 그대로 존재하고 있는 것에 반드시 의존하고 있는 것이다. 그러므로 대론자〔=실재론자와 자립파〕에 의해 어떠한 양상을 갖는 양(tshad ma ji ḥdra ba shig)에 의해 유법이 성립할 때, 그 양(tshad ma de)[22]은 입론자〔=귀류파〕에 있어서는 있을 수 없는 것(mi ruṅ)이다. 이것은 〔입론자에 있어서는〕 어떠한 법도 자상에 의해 성립하고 있는 성질(ṅo bo)은 언설에서도 없기 때문이며, 그것〔=자상에 의해 성립하고 있는 성질〕을 성립시키는(de sgrub byed kyi) 양은 없기 때문이다. 이와 같이 이 스승〔=찬드라키르티〕은 생각하신 것으로, 자립〔논증〕(raṅ rgyud)[23]을 부정한 것이다.(LR, pa, 421a2-5)

---

21) 텍스트에는 'de yaṅ ma ḥkhrul par de dag gis ma grub na'로 되어 있다. 여러 번역은 다음과 같다. '此若不以無錯亂識而成立者'(법존 역, 卷21, 17左), '더욱이 또 그것은 미란없이 그것〔안식〕에 의해 성립하는 것이 아니라면'(『西佛研』, p.265), 'if there is disproof by those (direct perceptions) of nonerror'(*Calming*, p.313), 'de dag gis'의 해석이 특히 문제이지만 長尾 역, 웨이만 역에서는 모두 이것을 '안식'이라고 보고 있다. 법존 역도 명료하지 않지만 아마도 같을 것이다. 필자번역은 바로 직후에 '<u>de dag</u> gi lugs la'라 되어 있는 것에 따랐다.

22) 'tshad ma de'는 엄밀하게 'tshad ma de ḥdra ba shig' '그 양상을 갖는 量'이라고 해야 할 것이다.

23) 단순하게 'raṅ rgyud'라 할 경우 그것은 소위 '자립논증'을 의미할 때가 많다.

여기에서 총카파는 찬드라키르티가 자립논증을 부정한 이유를 독자의 해석에 의해 설명하고 있지만, 그 설명의 논리는 어떤 것인가. 결론적으로 말해 '유법이 양쪽 논자에 의해 일치현현으로서 성립한다'고 하는 자립파의 주장을 부정하는 것은 틀림없다. 다만 그 부정에 이르는 데는 다음과 같은 논리가 준비되어 있다. 즉, 대론자인 자립파와 실재론자에게 있어 유법을 성립시키는 현량은 불미란일 수밖에 없지만, 그것이 불미란이기 위해서는 〔언설에서〕 유자상일 필요가 있다. 그런데도 입론자인 귀류파에 있어서는 언설에서 무자상이기 때문에 자상을 성립시키는 양은 없다. 그러므로 유법이 대론자에 있어서는 어떤 양상을 갖는 양에 의해 성립하고 있을 때, 입론자에게 그 양상을 갖는 양은 불합리하기 때문에, '일치현현'의 법칙이 무너진다고 하는 것이다. 여기에서 총카파의 자립논증 비판을 이끌기 위한 장치라고 부른 것은 모두 활용되고 있다. 즉 총카파 독자의 해석에 의한 '일치현현'의 법칙이 무너진 것은 귀류파를 입론자에, 또한 자립파와 실재론자를 대론자에 배치했기 때문이며, 더욱이 유법이 색이라고 하는 것에 의해 현량을 양으로 세우고, 그것과 자상과의 관계를 설할 수 있었기 때문이다.

그러면 이 총카파의 자립논증 비판에 대하여 특히 세 가지 점을 고찰해 보자. 그 첫 번째는 그 논의의 전제가 되고 있는 가장 근본적인 관념은 무엇인가 하는 것이다. "대론자에게 있어 현량이 불미란이라는 것은 자상이 있다는 것에 의존하고 있지만, 귀류파에게 있어서는 언설에 있어서 무자상인 까닭에"라고 하는 부분을 보면 "자립파는 언설에 있어서 유자상이라 말하고, 귀류파는 언설에 있어서 무자상이라고 인정한다."고 하는 총카파 독자의 존재론적 학설이 논의의 논리적 전제가 되고, 동시에 그 전체를 강하게 지배하고 있는 것을 알 수 있다. 당연히 '불미란'이라든가 '현현'이라는 말이 거기에 반복되는 것을 보면 "감관지(현량)에 색 등이 자상으로서 현현한다."고 하는 총카파의 인식론적인 설도 그곳에서 중요한 역할을 하고 있는 것으로 볼 수 있다.

단 여기에서 주의해야할 점은 "귀류파에게 있어 현량은 미란이다."고 하는 설이 거기에 전혀 인정되고 있지 않는 것이다. 이것은 아마도 이 설을 언급하는 것이 총카파의 자립논증 비판에 있어서 구조적으로 불필요했기 때문일 것이다. 이 점은 아마 총카파의 복잡한 논의를 해명하는 열쇠라고 생각되지만 그것은 다음에 고찰하기로 한다.

그런데 앞 게송의 총카파 자립논증 비판에 관해서, 두 번째로 문제삼고 싶은 것은 대론자에게 있어 유법을 성립시키는 양의 양상이란 무엇인가라는 것이다. 물론 'tshad ma ji ḥdra ba shig'이라는 원어에 '양상'이라고 번역될 명사가 있는 것은 아니다. 그것은 단순히 '어떠한 양'을 의미하는 데에 지나지 않는다. 그렇다면 '어떠한'이라는 것은 어떤 의미인가. 이것에 대하여 앞 게송의 문장으로부터 두개의 한정어를 그 답으로서 상정할 수 있다. 즉 '불미란인'(ma ḥkhrul pa)과 '그것〔=자상〕을 성립시키는'(de sgrub byed kyi)이다. 그런데 현량의 불미란성과 자상의 유성이라고 하는 두 가지 성질 간의 논리적인 관계를 고찰해 보면, 불미란이라면 반드시 유자상으로 된다는 관계가 인정되기 때문에, 현량에 대하여 '불미란'이라는 한정을 서술하는 것은 '자상을 성립시킨다'라는 다른 한정도 포함한다. 또 말을 바꿔 말하면 '불미란'이라는 형용사는 현량이라는 말에 직접적으로, 즉 제1차적으로 부가되는 한정어이지만, '자상을 성립시키는'이란 '불미란'이라는 개념으로부터 논리적으로 도출된 귀결로서 한정어라고도 할 수 있다. 당연히 역으로 말하면 그 쪽이 현량의 성격규정을 보다 한층 명확히 하는 것이 된다.

그래서 총카파가 본항목 중에서 '일치현현'을 부정하는 용례를 모아, 현량에 어떠한 한정어가 붙여지고 있는가를 아래에서 보기로 한다.

(a) 그러므로[24)]〔소의불성립이라는 주장의 과실…〕 운운〔이라는 『명구론』의 일절⑧〕의 의미는 자체에 의해 성립하고 있는 자성(raṅ gi ṅo bos grub paḥi raṅ bshin)이 없다고 설하는 자〔=귀류파〕와 실재론자[25)]의 양자에 색처가 유법으로서 설정될 때, **불미란인 현량은 일치현현으로서 성립하지 않기 때문에** 양자의 종견(lugs)에 일치현현으로서 성립하고 있는 유법을 성립시키는 양(量)[26)]은 없기

24) 이 문장은 앞서 본 '의미가 부당한 것'이라는 항목에서 논의의 서두에 인용된 『명구론』 1절 ⑧에 관한 총카파의 해석을 나타낸 것이다.

25) 여기에서 '실재론자'란 자립파를 포함한 '유자성론자'를 의미한다고 생각된다.

26) 'mthun snaṅ du grub paḥi chos can sgrub byed kyi tshad ma'을 어떻게 해석할 것인가가 문제이다. 즉 밑줄친 부분이 'chos can'에 연결되는지 'tshad ma'에 연결되는지에 의견이 나뉘어진다. 長尾 박사의 번역 '유법을 논증해야할 양이 양자의 종(mata)에 공통적으로 성립하는 것은 아니다'(『西佛研』, p.268)는 분명히 후자의 해석을 보이고 있다. 이것에 반하여 법존역 '無量能立極成有法'(卷21, 18左)은 앞의 해석을 취하고 있다. 'mthun snaṅ du grub paḥi chos can'이라는 것은 너무나 일반적인 용어이기 때문에, 이 법존 역이 극히 자연스런 번역이라 할 수 있다. 그러나 총카파는 바로 앞에 '양의 일치현현'을 부정하고 있기 때문에 長尾 역 쪽이 논리적으로 엄밀하다고 생각되어 필자는 그것에 따른다. 더욱이 필자가 이 해석을 취하는 이유의 한 가지는 'mthun snaṅ du grub paḥi sgrub byed kyi tshad ma'라는 총카파의 표현(LR, pa, 426b2-3)이 있다. 이 표현의 직전(LR, pa, 426b1)에도 본주의 서두에서 제시한 것과 완전히 동일한 'mthun snaṅ du grub paḥi chos can sgrub byed kyi tshad ma'라는 표현이 보이au, 거기에서도 長尾 역(『西佛研』, p.274)과 법존 역(卷21, 20左)은 동일한 양상의 대립을 보이지만, 필자는 거기에서도 'mthun snaṅ du grub paḥi'는 'tshad ma'에 연결되는 것으로 보고 싶다. 총카파가 문제로 삼고 그리고 부정한 것은 완전히 상식

때문에 자립의 증인(raṅ rgyud rtags)에 의해 대론자〔=비귀류파〕에 대하여 과실이 없는 소증의 주장(phyogs)을 설정할 수는 없다라는 의미이다.(LR, pa, 422b5-423a1)

(b) 그들〔=자립파와 실재론자〕과 자체의 의해 성립되는 자성이 없다고 설하는 중관파〔=귀류파〕와의 두 가지의 종견(lugs gñis)에 일치현현으로서 성립하고 있는 **불미란인** 현량은 없다.(LR, pa, 426a3-4)

(c) 자립을 승인한다면, 자상에 대해 양이 되고 있는 양을 쌍방 논자의 일치현현으로서 승인하고, 그것〔=자상에 대하여 양이 되고 있는 양〕에 의해 성립하고 있는 〔증인의〕 삼상(tshul gsum)이 쌍방에 성립하고 있는 것〔=증인〕에 의해 소증을 증명할 수밖에 없지만, 그렇다고 한다면 〔=귀류파에는〕 **그 양**은 없기 때문에 유법 등은 성립하지 않는 것이다.(LR, pa, 429a2-3)

(d) 그러므로 그〔=대론자〕의 종견과 자기〔=귀류파〕의 종견 두 가지에 자체에 의해 성립하고 있는 소량을 인식하는 양(raṅ gi ṅo bos grub paḥi gshal bya ḥjal baḥi tshad ma)이 일치현현으로서 성립하는 것이 승인되지 않았기 때문에 자립에 의해 증명하지 않고 그 자신이 승인한 것에 모순을 지적할 뿐(ḥgal ba ston pa tsam)인 것이다.(LR, pa, 430b1-2)

여기에 그 '일치현현'이 부정되는 '현량'에 대하여 대략 두 가지의 한정어가 보여진다. 즉 '불미란인'과 '자상(자체에 의해 성립하고 있는 것)을 인식한다'는 것이다. 후자는 앞서 본 '자상을 성립시킨

적 표현에 따르는 경우를 제외하면 어디까지나 '양의 일치현현'이었기 때문이다. 더욱이 웨이만 역은 필자에게 이해가 가지 않는 면이 많다. Cf. *Calming*, p.316, p.322.

다'라는 것과 거의 같은 뜻이다. 그러면 총카파의 '일치현현'의 법칙에 보여지는 '어떠한 양'이라는 것은 '불미란인 양'을 가리키는 것인가, 아니면 '자상을 성립시키는(인식하는) 양'을 의미하는 것인가라고 하면, 위에 들고 있는 용례에 의해서도 그것은 반드시 결정할 수 없다. 그 양자를 가리킨다고 할 수 있고, 또 엄밀히 말하면 그 어느 것을 사용해도 맞지 않기 때문에 '어떠한 양'(tshad ma ji ḥdra ba shig)이라는 표현이 취해졌다고 할 수 있다. 다만 그 경우에도 '어떠한' 실제의 내용은 그 두 가지의 한정어이였다고 할 수 있다.[27] 지금 임의로 '일치현현'의 법칙에 그 두 가지의 한정어를 대입한다면 그것은 '대론자에 있어서 불미란인 양(자상을 성립시키는 양)에 의해 유법이 성립하고 있을 때, 입론자에게도 불미란인 양(자상을 성립시키는 양)에 의해 성립하고 있는 것'이라는 것이 된다.

그리고 '일치현현'을 부정하는 앞의 게송 네 문장에 관해 두 가지 점을 주목하고 싶다. 첫 번째는 거기에 부정되는 것이 모두 현량이라는 '양의 일치현현'이고, 유법이라는 '대상의 일치현현'은 아니라는 것이다. 앞서도 언급했던 것 같이 여기에 총카파의 독특한 특색이 있다.

또한 두 번째 중요한 점은 총카파는 위의 네 문장의 어느 것에서도 '일치현현으로서 성립하고 있는 양은 없다'고 하는 것과 같이, 양에 대하여 무한정으로 설하는 것이 아니라 반드시 '일치현현으로서 성립하고 있는 **불미란인** 현량은 없다'((b) 문)든가 '**불미란인**

---

27) 단지 지금 고찰의 대상이 되고 있는 앞서 거론한 총카파의 '자립논증 부당을 설하는 결정적인 문장'에 있어서, 부정된 것은 '자상에 의해 성립하고 있는 성질을 성립시키는 양'(LR, pa, 421a5)이었다고 하는 것만은 항상 상기해 둘 필요가 있다.

(자상을 승인하는) 현량은 일치현현으로서 성립하지 않는다'((a), (c) 문)라는 것과 같은 한정어를 붙이고 있는 것이다.[28] 즉 총카파에 있어서 일치현현하지 않는 것은 단순히 양 일반이 아니라 자립파와 실재론자라는 대론자에 있어서 유법을 성립시키는 양과 같은 것, 즉 '불미란인 양'이며, 또한 '자상을 인식하는(성립시키는) 양'인 것이다.

이러한 총카파의 표현은 '일치현현'의 '일치'라는 개념에 저촉하는 것같이 보인다. 즉 양의 '일치현현'을 부정하기 위해서는 단순히 '일치현현으로서 성립하고 있는 양은 없다'고 하는 것만으로 충분하고 거기에 '불미란인'이라고 하는 말은 불필요할 뿐 아니라 있어서는 안 되는 것이다. 그러나 잘 생각해보면 '일치현현'의 법칙이란, 총카파의 해석에 의하면, 실은 '일치'라 하는 원리를 내포한 것은 아니었다. 앞서 '양의 동양상성'이라는 표현이 비논리적이라고 서술했던 것을 생각해 보자. 곧 총카파가 설했던 것은 대론자에 있어서 유법을 성립시키는 양의 양상과 입론자에게 있어 유법을 성립시키는 양의 양상과는 동일하지 않기 때문에 자립논증은 부당하다고 하는 것은 아니다. 그렇지 않고 대론자에 있어서 어떤 양상을 가진 양이 유법을 성립시킬 때, 그 양상을 가진 양이 입론자에게 있어서는 유법을 성립시키지 않기 때문에 자립논증은 부당하다고 하는 것이다. 즉 바꿔 말하면 불미란인(자상을 성립시키는) 양이 입론자(귀류파)에게는 불합리하기 때문에 입론자는 자립논증을 할 수 없다는 것이다. 따라서 이러한 비판에서 구조적으로는 '현량은 미란

28) 다만 다음의 표현은 예외라고 할 수 있다. '그렇지 않고 〔자립파가〕 그 두 가지〔=감관지와 분별〕를 미란이라고 인정한다면 실재론자와 〔자립파〕의 쌍방의 종견에 일치현현으로서 성립하고 있는 어떠한 양이 있겠는가. (mthun snaṅ du grub paḥi tshad ma gaṅ yod)(LR, pa, 425b2)

이다'라는 귀류파의 설을 언급할 필요는 전혀 없고, 단순히 '귀류파는 언설에서도 자상을 인정하지 않기 때문에'라고 서술하면 좋은 것이다. 그래서 총카파의 자립논증비판이라고 하는 것이 "자립파는 언설에서 자상에 의해 성립하고 있는 것을 인정하지만, 귀류파는 그것조차도 인정하지 않는다."라는 총카파 독자의 존재론적 학설에 전면적으로 의존하는 것으로 알려진다. 이 점은 그 자신이 『선설심수』에 다음과 같이 설하고 있는 것과[29] 동일하다.

> 자상에 의해 성립하고 있는 것을 인정한다면 반드시 자립〔논증〕을 행해야 한다. 예를 들면 자파〔=불교도〕의 실재론자들과 바비베카 등과 같다. 〔귀류파와 같이〕 언설에서도 자상에 의해 성립하고 있는 법을 인정하지 않는다면, 반드시 자립〔논증〕을 승인하지 않을 것이기 때문에 이것도 미세한 부정대상〔=자상에 의해 성립되고 있는 것〕으로부터 이 〔자립논증의〕 부정에 도달하는 것이다.[30] (LÑ, pha, 86b6-87a2)

곧 총카파에 의하면, 자립파와 같이 자상을 인정한다면 당연히 자립논증을 하는 것이 되고, 귀류파와 같이 자상을 인정하지 않는다면 자립논증을 결코 할 수 없는 것이다.

그러면 이상의 고찰의 결론으로서 총카파의 자립논증 비판에 대

29) 이것에 관해서는 본서 제4장, pp.253-254에 언급되어 있다.

30) 같은 취지를 설명하는 문장이 『도차제대론』에도 있다. "스승 바비베카 등이 모든 법에 자체에 의해 성립하고 있는 자상을 언설에 있어서 인정하는 중관파들이, 자립의 증인(rtags)을 자기의 종견에서 승인하는 이유(rgyu mtshan)도 언설에서 자체에 의해 성립하고 있는 자상이 있다고 하는 이것이기 때문에, 자립의 증인을 자기의 종견에서 설정하든 설정하지 않는 것은 매우 미세한 이 부정대상〔=자상〕에 귀착하는 것이다."(LR, pa, 425 a5-b1)

해 문제시해야 할 세 번째 점이자 가장 중요한 점이 시사되었다고 생각한다. 그것은 한마디로 말해 자립파가 자립논증을 하는 것도 부당한 것인가라는 문제이다. 이것은 바꾸어 말하면 다음과 같은 것이 된다. 즉 귀류파가 입론자가 되어 자립파 등의 대론자에 대하여 자립논증을 할 수 없다는 것은 확실히 총카파가 말하는 것과 같다. '일치현현'의 법칙이 붕괴되기 때문이다. 그러나 자립파가 다른 실재론자에 대해서 자립논증을 하는 것은 그 경우 '일치현현'의 법칙은 완전히 성립하기 때문에[31] 아주 정당한 것은 아닌가. 그렇다면 바비베카가 상키야학파에 대해 자립논증을 한 것을 어떻게 하여 비난할 수 있는가라는 문제이다.

이러한 곤란이 총카파에게 생긴 것은 이미 서술한 것과 같이 '유법불성립'의 논의에서 『명구론』의 '대론자=실재론자(상키야학파)', '입론자=자립파(바비베카)'라는 도식을 무시하고 새로이 '대론자=자립파・실재론자', '입론자=귀류파'라는 도식을 세웠기 때문이다.

그런데 총카파는 이 문제를 예상해서 그것을 다음과 같이 처리하고 있다.

> 불미란인 현량은 일치현현으로서 성립하지 않기 때문에 양자의 종견에 일치현현으로서 성립하고 있는, 유법을 성립시키는 양은 없기 때문에 자립의 증인에 의해 대론자〔=비귀류파〕에 대하여, 과실이 없는, 소증의 주장을 설정할 수는 없다는 의미이다.(이상 앞의 게송 (a) 후반 부분)
>
> (반론) 언설에서도 자체에 의해 성립하고 있는 자성이 없다고 하는

---

31) 자립파는 양을 불미란이라고 인정하기 때문에 실재론자와의 사이에 '양의 일치현현'이 성립한다. 이 점은 註 28)에 인용한 문장이 간접적으로 보여주고 있다.

〔귀류파의〕 주장(phyogs)에서는 그러하지만, 우리들〔=자립파〕[32]은 언설에서도 그와 같이〔=자체에 의해 성립하고 있는 자성이 없다고〕 주장하지 않기 때문에 자립〔논증〕의 유법 등은 있는 것으로 과실 없는 주장(phyogs)은 있다.

(답론) 언설에 있어서 그와 같은 자성이 있는 것이 부당하다는 것(mi ḥthad pa)은 앞에서도 설명했고 이후에도 다시 설명하기 때문에, 그 답은 불합리한 것이다.(LR, pa, 422b6-423a2)

여기에서의 반론의 의미는 명백하다. 즉 귀류파는 언설에서도 자상을 인정하지 않기 때문에 불미란인 현량은 일치현현으로서 성립하지 않고 따라서 자립논증을 할 수 없지만, 우리들 자립파는 언설에 있어서 자상을 인정하기 때문에 자립논증을 하는 것에 어떠한 과실이 있을 것인가 라고 하는 것으로, 확실히 위에 필자가 지적한 난점을 동반하고 있다.

그렇다면 이것에 대한 총카파의 답론이라는 것은 어떠한 것인가. 적어도 필자에게는 그것이 답으로서 공평하다고 생각하지 않는다. 즉 총카파는 거기에서 자립파가 자립논증을 하는 것을 비판하는 것이 아니라 '자립파인 것' 자체를 부정하고 있다. 이 경우 '자립파인 것'이란 말할 것도 없이 '언설에 있어서 자상을 인정한다'라는 자립파에 있어서 본질적인 존재론을 말한다. 그렇다면 이 총카파의 비판의 결론은 다음과 같은 것이 된다. 즉 자립파는 자립파인 이상 곧 언설에서 자상을 인정하기 때문에 자립논증을 하는 것은 당연하지만, 그러나 실제로 언설에 있어서 자상은 없기 때문에 자립파라는 것 자체가 부당하고, 따라서 자립파가 자립논증을 하는 것도

32) 이 〔=자립파〕라는 것의 보충은 長尾 역 '우리들〔獨自論者〕'(『西佛硏』, p.268)에 의한다.

또한 옳지 않다고. 그러나 이것을 자립논증 비판이라 부를 수 없는 것은 명료할 것이다. 그것은 단순히 자립파인 것에 대한 비판이고, 그것도 총카파의 '언설무자상'이라는 자설을 반복하는데 지나지 않는다. 그렇다면 다음과 같이 생각하는 것이 가능할 것이다. 즉 총카파가 그의 자립논증 비판에 의해 분명히 한 것은 귀류파가 결코 자립논증을 할 수 없다는 것으로 자립파가 자립논증을 하지 않는다고 하는 것은 아니다. 앞 게송의 『선설심수』의 문장에서도 보이듯이, 총카파에게 있어 자립파가 자립논증을 하는 것은 너무 당연한 것이다.

그러면 마지막으로 총카파의 자립논증 비판에 관해 필자의 소박한 의문을 기술해 둔다. 필자에게는 총카파가 아무래도 단지 '자립파는 언설에서 자상을 인정하지만 귀류파는 그것조차도 인정하지 않는다'라는 자기의 존재론적 학설을 다양한 표현을 사용해 반복하고 있는 것뿐인 것과 같이 느껴진다. 물론 이와 같은 표현의 방식에 그 의미가 있다고 하는 견해는 옳을 것이다. 그러나 그가 사용하는 다양한 방법과 구조를 제거하고 보면, 뒤에 남은 것은 단지 예의 기본적 학설뿐으로, 그는 자립논증을 비판한다고 칭하면서 실제로는 자립파와 귀류파의 존재론의 차이점에 관한 자신의 설을 설하고 있는 것에 지나지 않는 것이 아닌가.

총카파의 자립논증 비판은 자립파를 입론자로 하는 것이 아니라 귀류파를 입론자로 하는 것에 기초하여 구상된 것이다. 따라서 입론자가 귀류파인 경우에는 그 비판은 유효하게 보인다. 그러나 귀류파와 자립파를 각각 입론자와 대론자에 배치하는 경우, 양파의 존재론적 차이는 이미 전제되어 있는 것이기 때문에, '양의 일치현현'이 거기에 성립하지 않는 것은 당연할 것이다. 즉 논의의 전제와 비판의 원리가 동일하기 때문에 총카파의 자립논증 비판은 완전혀 자기 완결적이고 과실이 없는 것이 되는 것이다.

그러면 이상의 고찰에 의해 총카파의 자립논증 비판의 기본적 구조가 어느 정도 분명히 되었을 것이다. 뒤에는 다만 그가 앞서 거론한 『명구론』의 인용문을 어떻게 해석하는가의 구체적 예를 살펴보고 그것과 이상의 소위 원리적인 자립논증 비판과의 관계를 보기로 한다. 또한 가능하다면 총카파 자신에게 있어 자립논증 비판의 내적 발전에 관해서도 탐구하고 싶다.

제3절 일치현현에서 유자상으로

먼저 '의미가 부당한 것'이라 하는 항목에서의 논의 서두에 인용된 『명구론』의 앞서 거론한 문장에 관한 총카파의 해석 중에서, 특히 그 ④⑤⑥⑦에 관한 것 중에 그의 뛰어난 독자성이 인정되는 것으로, 상당히 긴 문장이지만 그곳의 번역을 보이고자 한다.

〔④에 관해서〕 그 중에 '전도'(顚倒, phyin ci log)라는 것은 무명에 의해 손상된(ma rig pas bslad pa), 안(眼) 등의 언설적인 지(mig la sogs paḥi śes pa tha sñad pa)〔=귀류파에 있어서의 양〕이다. 그것에 의해 '무가 유로서 집착된다'라는 것은 색성 등에 자체에 의해 성립되고 있는 상(raṅ gi ṅo bo ñid kyis grub paḥi mtshan ñid)은 없음에도 불구하고, 감관지(dbaṅ poḥi śes pa)에 의해 '유로서 집착된다', 즉 무분별지에 의해 집착된다(bzuṅ ba)라는 것은 현현(snaṅ ba)만을 말하는 것이기 때문에 자상으로서 색 등이 현현한다고 하는 것이다.

"그 때에 존재하고 있는 대상이 단편뿐이라도 **파악**되는 것(dmigs

pa)은 어떻게 있을 수 있는가"라는 것은, 이와 같이 자상은 없음에도 불구하고 현현하는 것이기 때문에, 그것들의 지〔=귀류파에 있어서의 언설지〕에 의해, 자상에 의해 있는 대상〔=자립파에 있어서의 언설유〕이 극히 조금이라도 성립하는 일(hgrub pa)이 어떻게 있을 수 있겠는가라는 **의미(don)**이다.

자상에 의해 성립하고 있는 대상이 없음에도 불구하고 현현하는 것으로서 비유가 '모발 등〔이 집착되는〕 것과 같이'이다. 이들〔의 텍스트〕에 의해 색성 등이 현현하는 감관지는 미란이기 때문에, 대상인 자상을 성립시키는 것으로서는 부적당하다고 〔찬드라키르티에 의해〕 설해졌다.

〔⑤에 관해서〕 불미란인 지에 의해 색성 등을 조금도 집착하지 않는다라고 보인 것이 '어떠한 때이든, 무안병자에 의해' 운운한 것이다. 거기에 '부전도'라는 것은 불미란인 지이다. 그것은 실의(de kho na ñid)를 현증하시는 사람에게 있는 것으로, 다른 사람에게는 없다. 그것〔=불미란지〕에 의해 '실재하지 않는 것(yaṅ dag pa ma yin pa)이 증익되지 않는다'라는 것은 실의의 대상으로서 부적절한 색성 등〔=귀류파에 있어서의 언설유〕이 증익되지 않고, 곧 유로서 집착되지 않는 것이다. 예를 들면 무안병자의 안식에 의해 늘어뜨려진 모발의 현현이 파악되지 않는(ma dmigs pa) 것과 같은 것이다.

'세속이 있을 것이다'라고 하는 것은 색성 등의 허위의 대상(brdsun paḥi don)이다. '존재하지 않는 〔대상〕'이라는 것은 자상에 의해 성립하고 있지 않은 것〔=귀류파에 있어서의 언설유〕이다. 그와 같은 것의 〔=귀류파에 있어서의 언설유〕는 실의를 경계로 하는 그 불미란인 지에 의해, 단편뿐이라 해도 성립하지 않는다(mi ḥgrub). 이것은 그것들〔의 대상〕이 그것〔=불미란지〕에 의해 보여지지 않기(ma gzigs pa) 때문이라는 **의미(don)**이다.

〔⑥에 관해서〕 이들 두 가지 의미(don de dag)[33]〔=두 가지의 '불성립'(위의 ④⑤에 관한 기술 중의 밑줄 선이 그어진 것)〕에 대하여, 나가르주나의 텍스트(gshuṅ)라는 증거(śes byed)를 제시하는 것이 '만약' 운운한 것이고, 이것〔=그 『회쟁론』의 텍스트〕에 의해 현량 등의 4량〔=귀류파의 양〕에 의해, 자상에 의해 성립하고 있는 대상이 조금도 성립하지 않는〔=위의 ④에 관한 기술 중의 '불성립'〕 것과 〔나가르주나가〕 설한 것을 여기에서 〔찬드라키르티가〕 전거(khuṅs)로 삼으신 것이다.

〔⑦에 관해서〕 '그와 같이' 운운하는 것은 앞에 설명했던 의미의 정리이지만 "유법이 될 것과 같은, 세속적인 눈(mig kun rdsob pa)이 어떻게 있을 것인가"라고 하는 것은 세속적인 안 등〔=귀류파에 있어서의 언설유〕이라는 유법이 〔승의로서〕 없다고 나타낸 것이 결코 아니며(min gyi), 앞에 설명했던 것과 같이 **자상에 의해 성립하고** 있는 또한 불미란인 현량에 의해 성립하고 있는 색〔=자립파에 있어서의 언설유〕은 유법으로서 언설에서도 성립하지 않는다〔=(④의) '불성립'〕라는 의미이다.(LR, pa, 422a1-422b5)

이 문장을 읽으면 총카파의 해석전체가 그가 즐겨 쓰는 '자상에 의해 성립하고 있는 것'이라는 개념에 의해 완전히 규정 지워지고 것을 알 수 있을 것이다. 예를 들면 ④의 '전도에 의해 무가 유로서 집착된다'라 하는 원문은 '무자상인 색 등이 감관지에 〔유〕자상으로서 현현한다'라고 하는 의미로 해석되고 있지만, 이것은 앞서 필자가 총카파의 인식론적인 설이라 부른 것과 다르지 않다.

---

33) 직접적으로는 밑줄을 그은 진한 글자 부분의 두 가지의 '의미'(don)을 말한다.

그런데 결론적으로 말하면 총카파는 원문 ④ ⑤의 '파악'(upalabbhi, dmigs pa)이라는 말을 '성립'(ḥgrub pa)이라는 의미로 해석하고, ④와 ⑤에 각각 하나씩 합계 두 가지의 '불성립'이 설해졌다고 해석한다. 첫 번째로 ④에 설해진 '불성립'이란 '언설지(미란・감관지)에 의한 자상의 불성립'이고, 이것은 또한 '귀류파의 양에 의한, 자립파의 언설유의 불성립'이라고도 한다. 왜냐하면 이미 설명했듯이 감관지는 귀류파에 있어서 미란이지만, 언설유를 설정하는 양일 수 있다 라고 총카파는 설하기 때문이다. 두 번째로 ⑤에 설해진 '불성립'이란 '승의지(불미란지・실의현증지)에 의한 〔귀류파의〕 언설유(색 등・무자상)의 불성립'이다. 총카파는 어떠한 '불성립'도 모두 이 두 가지의 '불성립'의 어느 것으로 이해하지만, 그가 특히 중시하면서 강조했던 것은 첫 번째 '불성립'이었다.34) 왜냐하면 그 '불성립'은 그대로 '언설에 있어서 〔=언설지에 있어서〕 자상은 없다'라고 하는 그자신의 근본주장을 말하는 것이었기 때문이다. 따라서 총카파는 ⑥의 『회쟁론』의 게송을 전부 첫 번째 '불성립'의 의미만으로 이해하고 있다. 그러나 보다 중요한 것은 ⑦에 관한 총카파의 이해일 것이다. 그것은 한마디로 말해 '유법의 불성립'을, 두 번째 '불성립' 즉 '승의에 있어서 언설유의 불성립'이라고 보는 일반적인 견해를 배척하고 첫 번째 '불성립', 즉 '언설에 있어서 자상〔=자립파에 있어서의 언설유〕의 불성립'이라고 이해하는 완전히 독창적인 견해이다.

그러면 여기에서 총카파 해석의 독창성을 확인하기 위하여 '유법의 불성립'을 '승의에 있어서 언설유의 불성립'이라고 이해하는 일반적인 견해를 보도록 하자. 예를 들면 샤캬촉덴(Śākya mchog

---

34) 물론 『명구론』의 텍스트 그 자체에 ①에서부터 ⑧까지 일관된 테마로 되어 있는 것은 뒤에 설명하듯이 두 번째의 '불성립'이었다.

ldan, 1428~1507)은 『중관결택(*dBu ma rnam ṅes*, BN)』에서 다음과 같이 말한다.

> 승의를 고찰할 때, 세속적인 안 등의 유법은 중관파 자신의 종견(dbu ma pa raṅ lugs)의 양에 의해 성립하지 않기 때문이다. (BN, kha, 24b4-5)
>
> 실상(實相, gnas tshul)인 승의의 진실을 고찰할 때, 현현상(snaṅ tshul)인 세속의 진실은 조금도 양에 의해 얻어지지 않는다. (BN, kha 25a2)

이 중에 첫 번째 문장은 앞서 거론한 『명구론』의 ①②③에 관한 샤캬촉덴의 해석, 두 번째 문장은 ④⑤⑥에 관한 해석 중에서 나타나는 것이지만, 모두 '승의에 있어서 언설유의 불성립'을 설하는 것이다. ⑦의 '불성립'의 의미에 관해서 그는 단지

> 이와 같이 유법이 성립하지 않는 방식을 설명하여,(BN, kha, 25a6)

라고 설할 뿐으로 어떤 설명도 덧붙이지 않지만, 그 직전에 ⑥의 『회쟁론』 게송의 의미에 관해서도

> 승의를 고찰하는 정리지(rigs)에 있어서 유법인 안 등의 세속적인 법은 미진(微塵)일지라도 존재하지 않는다.(BN, kha, 25a4)

라고 설할 정도이기 때문에, 그의 의도가 두 번째의 '불성립('승의에 있어서 언설유의 불성립')'에 있었던 것은 명료하다.

그렇다면 ⑦에 관한 총카파의 독창적인 해석은, 그 자신에 있어서 어떠한 의미를 가지며 또한 『명구론』 그 자체의 의도와 어떻게 관련되는가. 먼저 첫 번째 '불성립'('언설에 있어서 자상의 불성립')이 '언설에 있어서 자상은 없다'라고 하는 총카파의 근본 주장 그 자체인 것에 대해서는 앞에서 서술했다. 문제는 앞 절에서 '자립논증의 부당을 설하는 결정적 문장'이라고 불린 기술(LR, pa, 421a2-5)에 있어서 '원리적인 자립논증 비판'과의 관계이다. 거기에 ⑦에 관한 총카파의 해석 중에

> **자상에 의해 성립하고 있는** 또한 불미란인 현량에 의해 성립하고 있는 색은 유법으로서 언설에서도 성립하지 않는다.

라고 하는 문장의 의미를 고찰해 보자. 밑선을 그은 부분은 명확히 총카파 독자의 해석에 의한 '일치현현'의 법칙을 부정하고, 그의 '원리적인 자립논증 비판'을 의식한 표현이다. '불미란인 현량에 의해 성립하고 있다'는 것은 '대론자에 있어서 어떤 양상을 갖는〔=불미란인·자상을 성립시키는〕 양에 의해 성립하고 있다'에 연결되는 표현이며, 유법도 '안 등'으로부터 '색'으로 변하고 있다. 따라서 총카파는 『명구론』의 이 해석에 이르러 그 논의를 앞에서 서술한 것과 같이 자기의 '원리적인 자립논증 비판'에 일부러 맞추려고 한 것이라 생각된다. 그 점은 바로 뒤에 보여지는 ⑧의 해석에 그 자신이 '불미란인 현량은 일치현현으로서 성립하지 않기 때문에' 운운이라고 서술하여 자립논증을 비판하고 있는 것[35]에서도 분명하다. 그러나 총카파는 ⑦과 관련하여 '원리적인 자립논증 비판'과 완전히

35) 이 비판의 문장은 이미 앞에서 거론하였다. 즉 '일치현현'부정의 용례인 ⓐ이다. 註 24) 참조.

합치되는 논의를 전개하고 있는 것은 아니다. 거기에 '양의 일치현현'이 부정되고 있는 것은 아니기 때문이다. ⑦과 관련해 설하는 방식은 더욱 직접적이라 할 수 있다. 왜냐하면 유법이 언설에서 성립하지 않는다고 말하고 있기 때문에 '일치현현'의 이론 등을 거치지 않고서도 거기에 논증이 성립하지 않는 것은 당연하다. 따라서 앞서 거론한 문장에 있어서 짙은 글자 부분의 '자상에 의해 성립하고 있다'라고 하는 한정어 쪽이 '불미란인 현량에 의해 성립하고 있다'라고 하는 한정어보다 결정적인 의미를 갖고. 동시에 ④와 관련해 보이는 첫 번째 '불성립'과의 긴밀한 관계에서 보아도 자연스러운 용법이다. 즉 총카파는 ⑦에 관해 '원리적인 자립논증 비판'의 근거가 되고 있는 '언설무자상'의 주장을 직접 비판의 무기로서 '일치현현'의 이론을 거치지 않고 '자립논증의 유법의 불성립'을 보였다고 말할 수 있다.

마지막으로 『명구론』 텍스트와 관련해 위에 보인 것과 같은 총카파의 해석이 『명구론』 자체의 의도와 어느 정도 간격이 있는가를 보는 것은 그의 사상적 독창성을 바르게 평가하기 위해서 필요한 것이리라. 총카파의 해석이 특히 ⑦에서 『명구론』의 의도와 크게 벗어나 있는 것을 보이는 것은 상당히 용이하다.

우선 『명구론』에서 ③의 '전도와 부전도는 다르다'라고 하는 문장에 주목해보자. ②에서 ⑦까지 문제가 되고 있는 것은 단지 두 가지의 지(知), 즉 전도(언설지)와 부전도(승의지)라고 할 수 있다. ④는 전도라 하는 지의 성격을, ⑤는 부전도라는 지의 성격을 말하며, ⑥의 『회쟁론』은 그 둘 다를 보이고 있다. 그렇다면 ⑦에서는 어느 쪽의 지가 문제가 되고 있는가. '부전도의 상태에는 전도한 것은 존재할 수 없기 때문에'라는 표현으로부터 부전도의 지가 있는 경우가 주제가 되고 있는 것은 명백하다. 그렇다면 총카파의

'언설(전도지)에 있어서 불미란[36]인 현량에 의해 성립하고 있는 색〔=자상≒부전도의 것〕은 성립하는 않는다'라고 하는 표현은 거의 반대의 것을 말하는 것이 된다.

또 특히 중요한 것은 ②와 ⑦의 내적 관계이다. 앞에서와 같이 다소 거친 표현을 사용하자면 ②에 있어서 어느 쪽의 지가 문제가 되고 있는 것인가. ⑦의 서두에 '이와 같이 전도와 부전도는 다르기 때문에'라고 설해져 있는 이상, ③에서부터 ⑥에 이르기까지를 생략하고, 논지는 ②에서부터 ⑦로 직접 연결되고 있는 것으로 볼 수 있기 때문에, ②에서도 ⑦과 같은 부전도지가 문제가 되고 ⑦과 동일한 취지가 설해져 있다고 생각하는 것이 자연스러울 것이다. 즉 '전도한 것은 존재할 수 없기 때문에 유법이 될 것과 같은 세속적인 안(眼)이 어떻게 있겠는가'라고 하는 ⑦의 말과 '전도만에 의해 자기의 존재성을 얻고 있는…… 유법의 소멸이…… 승인되고 있다'고 하는 표현은 거의 동일한 '언설유〔인 유법〕의 불성립'이라는 사태를 말하고 있다. 그렇다면 이 사태가 어떠한 지에 있어서 생기는가 말하면, 그것이 승의지인 것이 ⑦에 있어서는 '부전도의 상태에는'이라는 말에 의해 명시되고, 다른 한편 ②에 있어서는 명확한 한정은 보이지 않더라도 '어떤 때이든 생기의 부정이 소증의 법이라고 생각되고 있을 때'라고 하는 어구가 대신 그것을 보여준다. 더욱 티베트어 번역에 있어서는 '실의로서'(de kho nar)라는 명확한 말이 보이며 '승의지에 의한 언설유의 불성립'이 명시되고 있다. 이렇게 하여 ②와 ⑦은 모두 동일한 '불성립', 즉 '승의지에 의한 언설유의 불성립'이라는 **두 번째**의 '불성립'을 말하고 있는 것이 된다. 실제 총카파의 다음과 같은 해석을 보아도 그는 ②를 명

---

36) 이 경우 '불미란'이란 승의지를 의미하지 않는다. 자립파에 있어서의 언설지를 가리킨다.

확하게 이 두 번째 '불성립'의 의미로 해석하고 있다.

> 소증법의 소의인 유법인 안, 또는 색 등은 '**실의로서** 소멸한다' 즉 성립하지 않는다고 '그' 즉 바비베카에 의해 '스스로 승인되고 있다'는 것이다. 어떠한 유법이 〔성립하지 않는가〕라고 하면, 무명에 의해 손상된 '전도만에 의해 자기의 존재성을 얻고 있는 〔것〕, 즉 안식 등의 언설적인 지(tha sñad paḥi śes pa)만에 의해 성립하고 있는 대상〔=귀류파에 있어서의 언설유〕이다.(LR, pa, 421b1-3)

여기에 귀류파에 있어서의 언설유의 불성립이 설해져 있는 것으로, 앞에서 서술한 첫 번째의 '불성립'과 같이 자립파에 있어서의 언설유, 즉 '자상'의 불성립이 서술되어 있는 것은 아니다. 따라서 총카파는 동일한 '불성립'을 설하는 ②와 ⑦에 관해서, 전자에 대해서 '승의지에 의한〔=승의에 있어서〕 언설유의 불성립'이라 하고, 후자에 대해서는 '언설지에 의한〔=언설에 있어서〕 자상의 불성립'이라고 하는 별개의 해석을 하고 있지만, 이것은 명확한 모순이다.

또한 ⑦에 대한 총카파의 해석이 『명구론』의 텍스트 자체에 관해서 부당한 것은 ⑦과 ⑤의 내적 연관으로부터도 알 수 있다. 즉 양자에 보여지는 '부전도'란 말은 동일한 승의지를 가리키기 때문에 ⑤의 '세속'과 ⑦의 '세속적인 것'도 거의 같은 뜻이어야 한다. 그런데도 총카파는 전자를 '색성 등의 허위의 대상'〔=귀류파에 있어서의 언설유〕라 하고, 후자를 '자상에 의해 성립하고 있는 것'〔=자립파에 있어서의 언설유〕라 해석하고 있기 때문에 전후가 일관되지 않는다.

이러한 총카파의 ⑦에 관한, 심하게 말하자면 황당무계한 해석은, 그의 직제자들조차도 따라갈 수 없었던 것 같이 보여진다. 즉 케둡은 ⑦에 대하여 다음과 같이 서술하고 있다.

> 이와 같이 전도의 양〔=언설지〕에 의해 얻어진 대상과 부전도, 불미란인 양〔=승의지〕에 의해 얻어진 대상과는 상호배제하면서 존재하고 있다는 방식에 의해 서로 다르기 때문에, '불전도의 상태'인 실의를 증오(證悟)하는 불미란인 양〔=승의지〕이라는 관점에 있어서는(gzigs ṅo na) '전도'인 미란의 양에 의해 얻어진 대상〔=언설유〕은 존재하지 않기 때문에 어떠한 것이든 **쌍방의 논자에게 일치현현으로서 성립하고 있는 유법**으로 될 것과 같은 세속적인 안은 어떻게 있을 수 있겠는가.(KM, ka, 163a3-5)

이것은 단순히 점잖은 해석이라고 만은 할 수 없다. ⑦에 관해서 '승의지에 의한 언설유의 불성립'을 설하고 있는 것이기 때문에, 완전히 총카파가 ⑦에 관해 부정한 방식이자 총카파에 있어서는 허락될 수 없는 잘못된 해석인 것이다. 이것은 샤캬촉덴의 해석과 어떠한 다른 점도 없다. 좀더 호의적으로 보면 『명구론』의 텍스트에 따라서 총카파와 같은 불합리한 해석을 밀고 나간 것은 그 자신밖에 할 수 없는 일이었을지 모른다. 위의 문장에 있어서 케둡의 '일치현현'에 관한 설명을 보면, 총카파의 독창성, 독자성은 모두 없어지고 만다. 총카파가 좋아하는 용어를 사용하고는 있지만 거기에 총카파의 정신은 없다. '일치현현'의 법칙에 관한 총카파의 독자성을 말하면, 첫 번째로 그것이 '양의 일치현현'인 것과 두 번째로 그것은 엄밀하게 '일치'가 아니라 대론자 측의 양에 무게가 실려 있는 것, 따라서 '일치현현'이 부정될 때, 실제로는 불미란인 〔또한 자상을 성립시키는〕 현량, 즉 자립파에 있어서의 양이 언설에 있어서 부정된다고 하는 두 가지이었다. 그러나 본장의 서두에 언급한 『유능자개안』의 '자기의 종견의 설정'이라고 하는 항목 아래에 보여지는 '일치현현'의 어떠한 용례에도 이 두 가지의 독자성은 명료하지 않다.

이제 『유능자개안』의 이 항목에서의 논의(KM, ka, 156b5-166a2)에 나타나는 '일치현현'(mthun snaṅ)이라는 말을 수집해 그들의 용례에서 무엇이 '일치현현'의 주어로 되고 있는가, 즉 무엇의 '일치현현'이 언급되고 있는지를 보자. 그 주어를 열거해 보면 다음과 같다.

(a) '유법'(157a2, 157a3, 157b4, 160b2, 160b3, 161b4, 163a4, 163b2)

(b) '성일반(聲一般)(유법)'(160a6), '안 등(유법)'(162b4), '색 등(유법)'(163b6)

(c) '유법과 증인'(165b4)

(d) '증인의 삼상'(157a2)

(e) '유법과 삼상'(166a2)

(f) '유법이 양에 의해 성립하는 방식(grub tshul)'(157a3, 157b2-3)

(g) '유법 · 증인 · 소증법의 세 가지가 양에 의해 성립하는 방식'(158b1-2)

(h) '유법 · 증인 · 비유의 세 가지가 어떤 양상을 갖는 양(tshad ma ji ḥdra ba shig)에 의해 성립하는 방식'(160a5)

(i) '양에 의해 외경 자신의 측으로부터 성립하고 있는 방식을 독립적으로(raṅ dbaṅ du) 인식하는 방식'(165b6)

곧 '유법의 일치현현'을 설하는 것이 압도적으로 많고 '양의 일치현현'을 설하는 것은 없다. 단지 다음과 같이 다소 불명료한 문장에 '양의 일치현현'이 설해져 있다고 말할 수 있을지도 모른다.

> 귀류파와 실재론자(dṅos smra ba)의 쌍방의 종견에 있어서 일치현현으로서 성립하고 있고, 자상에 의해 성립하고 있는 색에 대해서는 양이 되지 않고 단순한 색(gzungs tsam)〔=귀류파에 있어서의 언설유〕에 대해서는 양이 되고 있는 것〔=귀류파의 언설지〕은 나타낼 수가 없는 것이다.(KM, ka, 158a2-3)

그러나 여기에서도 그 '일치현현'이 부정되는 양이라는 것은 귀류파에 있어서의 양이며 자립파에 있어서의 양은 아니기 때문에 총카파의 설과는 다르다.

한편 위의 『유능자개안』의 용례에서 주목해야할 것은 (f)~(i)일 것이다. 거기에 '일치현현'한다고 하는 것은 '양에 의해 〔대상이〕 성립하는 방식'(tshad mas grub tshul)인 것이지만, 이 흥미로운 표현은 어디에서 얻어진 것일까. 이것은 『도차제대론』의 적어도 '자기 종견의 설정'이라고 하는 항목의 논의에서는 보이지 않았던 것이다. 그런데 그것은 본장 서두에 서술한 『선설심수』의 '자립의 증인을 승인하지 않는 방식'이라는 항목에서는 여러 차례 나타나고 있다.

따라서 이하 『유능자개안』에 보이는 이 특수한 표현의 의미를 이해하기 위해서도 『선설심수』에 있어서 자립논증 비판의 문제점에 관해 약간 언급하고자 한다. 『선설심수』의 앞서 거론한 항목에서의 자립논증 비판에 있어서 우선 첫째로 주의해야 할 것은, 거기에 '일치현현'이라는 말이 한번도 나타나지 않는 것이다. 이것은 무엇보다도 중요한 점이다. 그리고 이것에 반해 '양에 의해 〔대상이〕

성립하는 방식'이라는 것과 같은 표현이 두 번 내지 세 번 나타난다. 우선 다음과 같은 문장이 있다.

> 귀류파가 입론자가 되어도 저 대론자에게 **자체에 의해 있고 없고의 어떤 것에도 한정되지 않고** 유법이 〔그것을〕 인식하는 양에 의해 성립하는 방식(chos can ḥjal baḥi tshad mas grub tshul)을 나타낼 수 없다.(LÑ, pha, 93a4-5)

진한 부분에 보이는 것과 같이 '자체에 의해 있는 것'〔=자상〕의 유무는 입론자〔=귀류파〕와 대론자〔=비귀류파〕를 나누는 기준이기 때문에, 여기에 본장에서 이제까지 보아온 '일치현현'의 부정과 같은 취지의 것이 설해져 있는 것이 되고, 따라서 '유법이 양에 의해 성립하는 방식'의 '일치현현'이라는 『유능자개안』의 용법[37]이 성립할 가능성이 나타나는 것이다.

또한 다음과 같은 용례도 극히 중요하다.

---

37) 구체적으로는 그 '일치현현'의 부정이 다음과 같이 설해진다.
"그렇기 때문에 귀류파의 종견에서 자상에 의해 성립하고 있는 것은 언설에서도 있을 수 없기 때문에 자상에 의해 성립하고 있는 소량을 인식하는 양은 언설에서도 없는 것이고, 실재론자와의 쌍방의 종견에서 유법이 양에 의해 성립하는 방식은 일치현현으로서 성립하는 것은 있을 수 없기 때문에 타자에 인정된 비량(gshan la grags kyi rjes dpag)과 귀류(thal ḥgyur)만에 의해 대론자의 상속에 진실무(bden med)를 이해하는 확정지(ṅes śes)을 생기게 하는 것이다."(KM, ka, 157b2-3)
즉 이 한 문장을 포함하는 한 구절(KM, ka, 156b6-157b3)은 『도차제대론』에서 "자립논증의 부당을 설하는 결정적 문장"이라고 앞서 불렀던 것(LR, pa, 421a2-5)에 대해서 제법 긴 구절이 되고 있고 따라서 필자가 『유능자개안』에서는 불명료하다라고 한두 가지의 독자성 중에 두 번째의 것〔=자립파에 있어서의 양의, 언설에서 부정〕은 적어도 인정된다.

> 귀류파 내부에서 서로 〔상대의〕 주장에 집착하지 않고(khas blaṅ la ma ḥkhris par) 양에 의해 성립하는 방식(tshad mas grub tshul)을 설시할 수 있지만, 〔그 경우의 양이란〕 명칭의 언설(miṅ gi tha sñad)의 힘에 의해 설정된 〔귀류파의〕 양이고, 사물의 자체(dṅos poḥi raṅ gi ṅo bo)의 힘에 의해 설정된 것〔=자립파의 양〕은 아니기 때문에 자립〔논증〕은 불가능(mi ruṅ)한 것이다.(LÑ, pha, 94b2-3)

이것은 좀더 개략적으로 말하면 귀류파 내부에 상호간에 행해졌던 논증에서 '일치현현'은 성립하더라도 그 논증은 자립논증은 되지 않는데 왜냐하면 그 경우 귀류파의 양은 자상에 의해 설정된 것이 아니기 때문이라고 설하는 것이다. '명칭의 언설에 의해 설정된 것'이라는 것은 『도차제대론』에는 나타나지 않고 『선설심수』에서 새롭게 발견한 귀류파의 '언설유'의 정의인 것이다.[38] 따라서 여기에는 자립논증의 성립기반을 '일치현현'이라는 원리에서 구하지 않고, 유자상이라는 자립파의 존재론적 개념에 귀착시키는 것이다.

그런데 귀류파 상호간에 자립논증이 행해지는가 하는 문제는 『도차제대론』에서 다음과 같은 현안의 문제로서 남아있다.

> 이것도[39] 대론자에게 모든 사물은 무자성이라고 이해하는 〔귀류파의〕 견해를 새롭게 생기게 하는 중요한 원인(yan lag)으로서 자립〔논증〕이 필요하다는 것을 부정하는 방식을 설명한 것으로, 중관귀류파 내부에 상호 무엇인가 여량(如量)의 대상(ji sñed paḥi

38) 본서 제7장, pp.334-337 참조.

39) '이것'이라는 것은 "자립논증의 부당을 설한 결정적 문장"(본장, pp.357-358)을 가리킨다.

> don[40])을 이해하는 비량을 생기게 하는 중요한 원인으로서 자립〔논증〕이 필요한가 필요하지 않은가의 고찰은 잠시 남겨둔다.(re shig bshag go).(LR, pa, 421a5-421b1)

즉 '일치현현'이라는 원리에 고집하는 한 설령 그것이 '양의 일치현현'이고 동시에 대론자 측의 양에 하중이 걸린다 해도, 귀류파 내부에서 행해지는 언설유에 관한 아주 보통의 비량을 자립논증이 아니라고 단정할 결정적 증거는 없는 것이다.[41] 그렇기 때문에 이 문제를 매듭짓기 위해서는 아무래도 '일치현현'의 원리를 버릴 수밖에 없고, 그것을 실제로 행한 것이 앞의 『선설심수』의 문장인 것이다. 다음 『유능자개안』의 문장도 바로 이 점을 명시하고 있다.

> 그렇기 때문에 귀류파의 견해를 바르게 이해하고 있는 두 사람의 논자(rgol ba)가 무엇인가 언설의 설정(tha sñad kyi rnam bshag)을 결택하기 위해서 내부에 상호 제시한 증인에 있어서, 유법과 〔증인의〕 삼상은 **쌍방의 논자의 종견에 일치현현으로서 성립하더라도** 자립의 증인이 되는 일은 없는 것이다.(KM, ka, 166a1-2)

즉 여기에는 이미 '일치현현'의 원리는 자립논증을 규정하는 기준은 아닌 것이다. 이것에 의해 『선설심수』의 '자립의 증인을 승인하지 않는 방식'이라는 항목에서의 논의에 '일치현현'이라는 말이 전혀 나타나지 않는 이유도 이해되었을 것이다.

---

40) 여기에 '〔즉 세속제〕라 하는 말을 보완한 長尾 역(『西佛硏』, p.266)은 적절할 것이다.

41) 물론 '양의 일치현현'의 부정이 본래 귀류파를 입론자로, 그리고 유자성론자를 대론자로 구상되었다는 것은 잊어서는 안 된다. 따라서 그 경우에는 이 난점은 생기지 않는다고도 말할 수 있다.

그렇다면 『선설심수』에서 '일치현현'의 원리가 방기되었다면 그것을 대신해 어떠한 원리가 자립논증의 성립 기반으로서 나타나는 것인가. 그 답은 다음과 같은 '자립논증'의 정의에 나타난다.

> 대론자의 주장(khas blaṅs)에 집착하지 않고(ma ḥkhris par) 양에 의해 대상의 진상(眞相)으로부터(don gyi sdod lugs nas) 독립적으로(raṅ dbaṅ du) 두 가지의 유법과 증인의 〔세 가지의〕 상이 성립하고 있는 방식(grub tshul)을 확정하고 나서(ṅes par byas nas), 소증을 이해하는 비량을 생기게 하는 것이 자립〔의 증인〕의 의미이다.(LÑ, pha, 94a2-3)

이 정의는 언뜻 보아 너무나 난해하기 때문에, 그 의미를 이해하기 위하여 이 정의를 케둡이 바꾸어 말했다고 생각되는 다음과 같은 문장을 보기로 보자.

> 대론자의 주장에 집착하지 않고 양의 의해 외경 자신의 측면으로부터(yul raṅ ṅos nas) 성립하고 있는 방식(grub tshul)을 독립적으로 인식하는 방식(gshal baḥi tshul)이 쌍방의 논자에 일치현현으로서 성립하고 있는 것에 의해 유법과 증인과 비유 등과 〔증인의〕 삼상을 대론자가 확정하고 나서, 소증을 이해하는 비량을 생기게 하는 것이 자립의 증인(raṅ rgyud kyi gtan tshigs)의 의미이다.(KM, ka, 165b6-166a1)

여기에서 케둡은 총카파의 '양에 의해' '독립적으로' '성립하고 있는 방식'이라는 어순을, '양에 의해' '성립하고 있는 방식' '독립적으로'라는 순서로 바꾸고 있지만, 총카파 정의의 중요한 점을 바르게 파악하고 있다고 생각된다. 총카파가 '유법 등이 양에 의해 대상의 진상〔=자상〕으로부터 성립하는 방식'이라고 할 때, 케둡은 '성립하는 방식'이라는 말이 하나 부족하다고 생각하였다. 그래서 대략 같은 의미의 '인식하는 방식'이라는 말을 뒤에서 반복한 것이다. 그는 다른 곳에서 '유법이 양에 의해 성립하는 방식'의 '일치현현'을 논하고[42] 있기 때문에, 그 경우 '성립하는 방식'과 여기의 '인식하는 방식'은 동일한 의미인 것이 된다. 그렇다면 결론적으로 말해 '양에 의해'라는 말이 두 개의 텍스트에 나타나는 방식은 밑줄 친 것과 같이 된다. 곧 총카파의 자립논증 정의의 중요한 점은 '유법 등이 양에 의해 대상의 진상으로부터 〔=자상에 의해〕 성립하고 있는 방식(tshad mas grub tshul)을 〔양쪽 논자에게 있어 공통된 것으로서〕 확정하고 나서'라고 하는 것이 될 것이다. 그와 같다면 이와 같은 '자상의 유'를 전제로 하는 논증을 귀류파가 할 이유는 없는 것이다.

그런데 최후에 위의 『선설심수』의 자립논증의 정의를 다음과 같은 '자기 종견의 설정'의 항목 말미에 나타나는 『도차제대론』의 자립논증의 정의와 비교하여 양자의 입장의 차이를 밝혀 보자.

> 이렇게 하여 앞에서 설명한 것과 같이 양에 의해 쌍방의 논자에게 성립하고 있는 증인에 의해 소증을 증명하는 것이 자립의 논증(rtags)이고(LR, pa, 433b5)

이 『도차제대론』의 문장에서 총카파는 역시 '일치현현'의 원리를 고집하고 있다. '앞에서 설명한 것과 같이'란 '자상을 성립시킨다(인식한다)' 또는 '불미란인' 의미이기 때문에, 『선설심수』의 정의

42) 註 37)에서의 기술 참조.

와 그다지 다르지 않는 것으로 생각될지도 모른다. 그러나 문제인 것은 여기에서 총카파는 '유자상'을 말하고 있지 않은 것이다. '유자상'을 인정하기 때문에 자립논증을 하는 것이라는 것은 이미 보았듯이 총카파의 근본적 확신이었음에도 불구하고, 겉으로 드러나게 자립논증의 정의를 논하는 경우에는 '일치현현'의 원리를 설하는 것뿐으로, 결코 '유자상'을 언급하지 않는다. 이것이 『도차제대론』에서 그의 기본적 입장이다. 만약 자립논증의 정의 중에 '유자상'을 언급했다고 한다면, 귀류파도 상호 자립논증을 하는가 등의 의문이 생길 이유가 없었던 것이다.

『선설심수』에서는 아마도 말을 간단하게 하기 위해[43] '일치현현'의 원리는 버려졌다. 그것에 의해 '자립논증'의 성격은 명확히 되었을는지 모르지만, 『도차제대론』에서 여러 가지 구조를 사용한 총카파의 자립논증 비판의 묘미는 사라지고, 단순하게 '언설무자상'이라는 존재론적 학설을 억지로 사용하거나 또한 교조주의적으로 반복하는 것과 같은 안이한 방향으로 향했던 것이다.

'일치현현'으로부터 '유자상'으로라는 '자립논증'의 변화를 인식론적 흥미로부터 존재론적 교조로의 이행을 나타내 보이는 것으로 파악해, 거기에 총카파 두뇌의 경화(硬化)와 어쩔 수 없는 정신의 노쇠함을 느끼는 것은 과연 필자 한 사람 뿐일까.

---

43) 귀류파가 상호 자립논증을 하는가 안하는가 하는 문제는 그렇게 심각한 것이라고 생각되지 않는다. 따라서 『선설심수』가 이 문제를 해결한 것에도 필자는 적극적인 의의를 찾을 수 없다.

제9장

•

총카파 철학의 근본적 입장

총카파는 티베트 불교를 대표하는 사상가로 일컬어진다. 확실히 그것은 틀린 말은 아닐 것이다. 그러나 총카파의 사상이 무엇인지 또 그것이 불교사상사에 있어 어떠한 의의를 갖는지에 대해서는 아직 충분히 밝혀지지 않았다고 생각된다. 만약 이러한 점들이 정확히 해명된다면 총카파의 사상이라는 것이 단순히 티베트 불교의 틀 속에 머물지 않고 불교 전체에 근본적인 문제를 제기할 정도로 중요성을 가지는 것은 이해될 것이다. 좀더 간략히 말하면 총카파의 사상을 빼놓고서 불교란 무엇인가를 묻는 것은 오늘날 불가능하다.

최근 서구뿐만 아니라 일본에서도 티베트 불교를 무비판적으로 예찬하는 경향이 일부 인정되지만, 한마디로 말해 한심스러운 일이라고 생각한다. 왜냐하면 이와 같은 경향은 대부분의 경우 티베트 불교의 밀교적인 측면만을 평가하여, 그 선정(禪定; 冥想) 기술을 절대시하는 것으로, 밀교와 선정의 사상적 기반이 되는 실재론(實在論, 이것을 필자는 '如來藏思想=dhātu-vāda'[1]라고 부른다)이야말로 종카파가 가장 엄격하게 비판하고, 그 생애에 걸쳐 적대시한 대상이었다고 생각하기 때문이다.

본 장에서는 총카파의 '이변중관설(離邊中觀說)' 비판에 관한 고찰을 통하여 그의 사상적 본질을 규명하고자 한다.

제1절 이변중관설이란 무엇인가

총카파의 사상적 본질은 그가 '이변중관설(離邊中觀說)'을 비판한

---

1) 여래장사상(dhātu-vāda)에 대한 필자의 비판은 『緣起と空』 참조.

것에서 찾을 수 있다. 즉 '이변중관설'의 비판을 통해서만 그의 사상적 본질을 알 수 있다. 따라서 이 비판의 의의를 올바로 평가하는 일 없이 총카파 사상에 대하여 말하는 것은 아마도 무의미할 것이다.

그러면 '이변중관설'이란 무엇이며, 총카파는 그것을 어떻게 비판하고 있는가. 먼저 그의 '이변중관설' 비판을 단적으로 보여주는 문장을 『도차제대론(道次第大論, *Lam rim chen mo*, LR)』으로부터 인용하기 한다.

〔1〕자성(自性)을 배제하는 것만으로(raṅ bshin rnam par bcad pa tsam)〔=절대부정〕, 그 대상을 어떻게 부정할 필요가 있을까. 그와 같이 이해하는 것〔=자성은 없다고 이해하는 것〕은 〔인법(人法)의〕 2아(我)에 있어 상(相; mtshan ma)에 집착하는 것의 대치(對治; gñen po)인 것으로, 거기에는 상에 집착하는 의도조차 없기 때문이다. 이와 같은 이해(rtog pa, 分別)조차도 과실(過失)이라 보고 좋은 분별과 나쁜 분별의 모두를 부정한다면, 중국의 계사화상(戒師和尙; mkhan po Hwa śaṅ)의 설을 수립하고자 원하는 것이 명백하다.(LR, pa, 386a4-6)

이것은 후에 서술하듯 총카파의 사상적 본질을 명시하는 결정적 문장이라 생각한다. 여기에서 총카파는 "무자성(無自性)이라는 이해는 자성이라든가 아(我)라든가 하는 실체적인 것에 대한 집착을 없애는 좋은 분별이기 때문에, 그것을 부정해서는 안 되며, 만약 그것을 포함하여 일체의 분별을 부정한다면, 중국의 화상, 즉 마하연(摩訶衍)의 설을 지지하는 것이 된다."라고 말하고 있다. 이 총카파의 주장에서 무엇보다 중요한 것은 여기에서 그가 "분별(分別,

rnam rtog, vikalpa)"이라는 것을 '좋은 분별'과 '나쁜 분별'의 두 가지로 나누고 있는 것이다. 이것은 현대적인 감각에서 보면, 판단에 올바른 것과 잘못된 것의 두 종류를 인정하고 있는 것으로 극히 상식적인 것으로 생각되지만, '무분별(無分別)'을 존중하고, 일체의 분별을 악(惡)으로 보는 아론(我論, ātmavāda)적 실재론적 경향[2]이 대승불교 가운데 끊임없이 지배적이었던 것을 생각하면, 여기에서 그의 말은 사상사적으로는 실로 혁명적인 의미를 갖는 것이라 할 수 있다.[3]

올바른 판단〔이해, 분별〕의 내용이 "무자성 · 공"으로 "연기"가 아니라는 것에 총카파의 사상적 한계가 보이지만, 이것에 대해서는

---

2) '무분별', '무분별지'를 존중하는 사고방식은 불교사상사에서 결코 그 기원이 오래된 것은 아니다. 그것은 논리적으로 보아도 여래장사상(dhātu-vāda)이라는 일원론을 원인으로 생겨난 것이라 생각된다. 이 점에 대하여『緣起と空』, pp.239-247 참조.

3) 총카파가 '무분별' 중시의 일반적인 경향과 반대로 '현량'〔지각〕보다도 '비량'〔판단〕을 중시한 것은 다음의 문장에서 단적으로 알 수 있다. 이와 같이 "온은 무상이다" 등으로 파악되는 분별은 현현의 대상(snaṅ yul)에 대해서는 미란(ḥkhrul) 하고 있지만, 판단(ṅes pa)의 인식내용(ḥdsin staṅs)에 관해서는 양에 의해 훼손되는 일(tshad maḥi gnod pa)이 없기 때문에 '부전도'라든가 '불미란'이라 하고, 한편 감관지의 쪽은 현현의 대상〔=자상〕에 대하여 미란하고, 불미란인 부분은 다른 것에도 〔전혀〕 없기 때문에 〔어떠한 경우에도〕 불미란이라고는 말하지 않는 것이다(LR, pa, 378b6-379a1)
즉 총카파는 '현량'은 전면적으로 미란(부정)인 것에 대하여 '비량(판단)'에는 올바른 것도 있다고 하여 '비량'의 우위를 말하고 있다. 이와 같이 명료하게 '현량'에 대한 '비량'과 '분별'의 우위를 설한 사상가는 불교사상사상 그를 제외하고는 달리 없었다고 생각한다.
더욱이 하카마야 씨는 기무라(木村誠司) 씨의 소론(「チベット佛教における論理學の位置付け」,『チベットの佛教と社會』, 春秋社, 1986, pp.365-401항)에 의거하여 총카파가 '현량'에 대한 '비량'의 우위를 설했다고 하는 이해를 이미 보이고 있다. 袴谷憲昭, 「批判としての學問」, 『批判佛教』, 大藏出版, 1990, p.99 참조.

후에 서술하기로 하고, 앞서 인용한 문장을 '이변중관설' 비판으로 생각하는 필자의 견해에 좀 더 설명을 덧붙이기로 한다. 먼저 총카파는 거기에서 "일체의 분별을 부정해야 한다."라는 사고방식을 마하연의 설과 같은 것이라고 말하고 있다. 마하연은 말할 것도 없이 794년 '삼예의 종론(宗論)'에서 인도의 중관파 카말라쉴라와 논쟁하여 패한 뒤 그의 가르침을 받드는 것이 티베트에서 금지되었다고 하는 중국의 선사(禪師)를 가리킨다. 그의 '불사불관'(不思不觀)의 가르침[4]은 여래장사상이라는 아론에 근거하고 있어 후대 티베트에서는 극히 저열한 설로 간주되었기 때문에, 이 총카파의 말이 티베트의 어떤 특정한 중관사상에 대한 비판이라고 한다면 그것은 매우 신랄한 비판이라고 말할 수 있다. 그렇지만 필자는 이 비판을 당시 티베트에 실제로 존재한 '이변중관설'에 대한 비판이라고 생각한다. 이것에 대해서는 이미 본서 제4장과 제6장에서 논술했지만[5], 여기의 '이변중관설'이란 "최고의 실재〔승의의 진실〕는 불가설(不可說)이며, 일체의 분별과 희론(戱論)을 떠나 있어 유(有)라고도 할 수 없고 무(無)라고도 할 수 없다."라고 설하는 것이다.

앞장에서도 논했듯이, 총카파의 가장 중요한 학문상의 스승이었던 렌다와(Red mdaḥ ba, 1349~1412)가 고람파(Go ram pa, 1429~1489)에 의해 '이변중관설'의 주장자에 포함된 것은 극히 주목할 만한 일이다. 따라서 고람파는 렌다와와 총카파의 주장을 명료히 구별하여 다음에 보듯이 총카파가 렌다와가 주장하는 '이변중관설'로부터 떠나 '단변중관설(斷邊中觀說)'이라는 총카파 독자의 견해를 세웠다는 것은 라마 우마파(Bla ma dBu ma pa), 또는

---

4) 마하연의 가르침이 기본적으로 '有佛性'과 '離妄想'을 요점으로 하는 여래장사상이라는 것에 대하여는『禪批判』, pp.4-21 참조.

5) 본서 pp.227-233, pp.288-294.

그를 통역자로 총카파가 문답을 주고받았다는 문수보살(文殊菩薩)의 신비적 영향에 의한 것이라고 보고 있는 것이다.

〔2〕 이 제2의 종견(宗見; lugs, 사상)〔=총카파의 종견〕은 존자 총카파가 이전에 올바른 스승〔=렌다와〕 밑에서 교설의 의미를 배우고 있었을 때에는 생겨나지 않았지만, 후에 라마 우마파가 도캄(mDo khams) 지방으로부터 초대한 문수(文殊; ḥJam dbyaṅs)〔보살〕을 〔총카파가〕 만나신 뒤에 〔총카파는〕 중관의 요점에 대하여 이러한 독특한 주장과 밀주(密呪) 금강승(金剛乘)의 요점에 대해서도 매우 독특한 학설을 다수 만들어 내었다.(TŚ, ca, 35b6-36a2)

〔3〕 그런 까닭에 진실로서 공〔성〕 만에 집착하여, 유도 아니고 무도 아니다 라고 하는 이희론(離戯論; yod min med min gyi spros bral)을 부정하는 이 〔=총카파의 종견〕은 라마 우마파가 문수를 통해 보인 학설(grub mthaḥ)로서 최고의 성자인 나가르주나 사제(師弟)의 견해와 모순되는 것이다.(TŚ, ca, 17b1-2)

그러나 이러한 논술로 인해 총카파 독자의 중관사상 형성에 기여한 우마파〔와 문수보살〕의 영향을 과도하게 평가하는 것은 올바르지 않을 것이다. 이 점에 대해 필자는 이전 논문에서 약간 지나쳤던 것을 인정한다.[6] 그 이유는 '이변중관설'의 사상적 의의에 관한 필자의 인식이 충분치 않았던 점에서 생겨난 것이다. 즉 고람파가 총카파 독자의 중관사상을 '마설(魔說)'로 간주하고, 우마파나 문수의 일종의 신비적인 영향에 의한 것으로 보았던 것은 총카파

6) 본서 제4장, 제2절(pp.257-263) 참조.

의 중관사상이 완전히 전례가 없었기 때문이었다. 즉 고람파는 자신의 입장에서 보면 정상궤도를 완전히 벗어난 것으로 밖에 생각되지 않았던 총카파 독자의 중관사상 기원을 렌다와 등과 같은 총카파의 학문적 스승에 의한 영향으로는 인정할 수 없었기 때문에 그것을 "마설"이라고 부르거나, 어떠한 저작도 남기지 않은 신비적 인물인 우마파의 영향에 의한 것이라고 생각하였던 것이다. 고람파 뿐만 아니라 케둡 등의 총카파 전기(傳記) 작자들에게도 이와 같은 경향은 인정되지만, 중요한 것은 우마파의 신비적 영향을 강조하는 것이 아니라 '이변중관설'을 비판하는 총카파의 독자적 중관사상이 완전한 독창적이며 일찍이 없었던 것임을 올바로 인식하는 것이다.

확실히 총카파의 중관사상은 이전에 없었던 독특한 것이었다. 그것은 그의 사후(死後) '이변중관설'을 설하는 탁창파, 샤캬촉덴, 고람파 등의 여러 학자들에 의해 차례로 격렬하게 비판을 받았으며, 총카파 생전에 그를 비판한 사쌍파 로차와 각왕(Sa bzaṅ pa lo tsā ba Ṅag dbaṅ)도 '이변중관설'을 설하였다[7]. 더욱이 렌다와도

---

7) 북경판 6075번에는 『번역관 가왕에 의한 반박문에 대한 답서』(CWT, kha, 170a3-186a4)라는 중요한 문헌이 있어 여기에서 총카파는 그에 대한 가왕의 비판을 먼저 제시하고 후에 이것에 답하고 있다. 가왕의 비판은 다수의 논점에 걸쳐 있지만, 그는 다음과 같이 분명히 '이변중관설'을 설하여 총카파의 회답을 요구하고 있다.

외와 내에 현현하는 연기는 모두 현현하고 있는 그대로 연기·인과는 속이지 않는 것(bslu ba med, avisaṃvādaka)이지만, 본래 자성을 떠나있기 때문에 4변(mthaḥ bshi)등의 일체 희론으로부터 벗어나 있다."이것이다"든가 "이것이 아니다"든가의 분별의 경계가 아니라, 언어에 의해 서술할 수 없으며 증인과 비유에 의해 표시할 수 없는 사물의 진상(gśis lugs)을 혜의 변이 소멸한 경계(dbyiṅs, dhātu)로서 〔내가〕 이해한다면, 이해의 내용과 대상이 일치하는지 어떤지를 생각하시어 원컨대 비판을 설해주시기를 원하옵니다.(CWT, kha, 173a4-b1)

이것에 대하여 총카파는 다음과 같이 답하고 있다.

이 점에서는 같았을 것이라 생각된다[8]. 14세기 카담파의 학자 우파로살(dBus pa Blo gsal)도 명확히 '이변중관설'을 설하고 있으며[9], 카규파의 감포파(sGam po pa, 1079~1154)에게도 그와 같은 경향이 인정된다[10]. 이상의 사실을 고려해보면 총카파 이전

중관과 논리학(dbu tshad)의 미세한 정리의 긍정과 부정의 방식을 결정적으로 인식하지 않고 미세한 요점을 판단하는 티베트의 대다수 사람은 '자상에 의해 성립하고 있는 자성(raṅ gi mtshan ñid kyis grub paḥi raṅ bshin)이 없는 것'을 무라고 보고, 그것을 이유(rgyu mts han)로서 "있다고 한다면 진실로서 있는 것이다"라고 동일시하여, 어떤 사람들(x)은 "무자성이기 때문에 선악의 업으로부터 고락이 생기는 등의 인과와 속박, 해탈(bciṅs grol)등의 〔설정〕은 모두 중관에서는(dbu mala) 불가능하다"라고 말하고, 또 다른 사람들(y)은 "세속적인 것은 그대로이지만, 그것과 다른 것〔=승의의 진실〕은 진실로서 성립하고 있다"라고 말하지만, 양쪽 모두 중관파의 종견(lugs)으로부터 벗어나 있다. 왜냐하면 공인 것이 연기로서 나타난다는 나가르주나의 종견으로부터 벗어나있기 때문이며, 그것들은 순차로 斷邊과 常邊 양자의 심연에 떨어지기 때문이다.(CWT, kha,173b1-5)
여기에서 (x)의 설이 '이변중관설'인 것은 분명하지만, (y)의 그것은 기본적으로는 고람파가 말하는 '상변중관설'과 다르지 않고(본서 206항 참조), 조낭파적 여래장사상에 의거한 중관이해를 가리키는 것으로 생각된다. 또 이 둘의 설은 후에 본론에서 보는 『도차제대론』 '비발사나장' 중의 '진실의 결택 그 자체'라는 논의 가운데 A-II-1과 II-2에서순차로 비판되는 설과 기본적으로 동일하다. 더욱이 위의 총카파의 문장 중 선으로 표시된 '중관에서는'이란 '중관파 자신의 입장(자신의 종견 raṅ lugs)에서는'이란 의미이다.
그리고 총카파의 비판자 가왕에 대해서는 상세히 알려지지 않지만, 『惡見이란 어둠의 排除』와 『여의보수사』에서 총카파를 비판한 것으로 나타나고 있다. Cf. TM, II, pp.14-15, PJ, 167a1-2.

8) 북경판, 6066번에 『대존자 스승 렌다와에게 보내는 책』(CWT, kha, 73b1-80b1)이 있어. 여기에서 총카파는 "인과의 설정은 타자의 입장에서가 아니라 자기의 종견에서 가능하다"라고 '이변중관설' 비판을 설하고 있으며(CWT, kha, 73b5-74a4) 그 설한 방식은 '이변중관설'의 주장자에 대한 것이라 생각된다.

9) 拙稿, 「書評 御牧克己著 『Blo gsal grub mtha'』」, 『東洋學術硏究』 22-1, 1983, p.243 참조. 또 본서 제6장, p.307, 註 20) 참조.

10) Cf. Guenther H.V., *Jewel Ornament of Liberation*, London 1959, pp.211-212.

의 티베트에 과연 '이변중관설' 이외의 중관사상이 있었을까 의문스럽다.

이 문제에 관하여 필자의 결론을 말하면, 총카파 출현에 이르기까지의 티베트 중관사상은 기본적으로는 모두 '이변중관설'이었다고 생각된다. 왜냐하면 총카파 이전에 '이변중관설'에 대한 논리적 비판이 전혀 보이지 않기 때문이다. 더욱이 이러한 사정은 단순히 티베트에만 국한된 것이 아니라, 인도에서도 기본적으로는 같았다고 생각된다. 따라서 필자 입장에서 보면 나가르주나로부터 총카파에 이르기까지의 중관사상의 역사라고 하는 것은 그들 두 사람의 사상을 제외하면, 완전히 '이변중관설' 그 자체의 역사였으며, 이 천년이상에 걸친 중관사상의 일반적인 해석 전통을 완전히 역전시켜 근본으로부터 뒤엎은 것이 총카파의 중관사상이었다고 할 수 있다.

제2절 이변중관설 비판과 연기설의 옹호

그러면 다음에 『도차제대론』 '비발사나장(毘鉢舍那章)'에서 총카파의 '이변중관설' 비판이 구체적으로 어떻게 이루어지며 나아가 그것과 관련하여 어떠한 주장이 전개되는가를 보기로 한다.

먼저 '비발사나장'의 핵심을 이루며 양적으로 그 장 전체의 거의 3분의 2에 해당하는 「실의(實義)의 결택(決擇) 그 자체」(*de kho na gtan la dbab pa dṅos*)라는 항목에서 총카파가 논의하는 내용구성을 그 자신의 과문(科文)에 따라 살펴보기로 한다.

「실의의 결택 그 자체」(LR, pa, 346b5-464a4)

A. 정리(正理)의 부정대상 확인

Ⅰ. 부정대상을 올바로 인식해야만 하는 이유
Ⅱ. 부정대상을 확인하지 않고 부정하는 타자(gshan lugs)의 종견에 대한 비판
1. 부정대상의 확인이 과대(過大)한 〔타자의 종견의〕 비판
2. 부정대상의 확인이 과소(過小)한 〔타자의 종견의〕 비판
Ⅲ. 자기의 종견(raṅ gi lugs)에서 부정대상 확인의 방법
B. 부정대상의 부정을 귀류와 자립 어느 것으로 행하는가
Ⅰ. 귀류와 자립의 의미 확인
1. 타자의 종견 비판
2. 자기 종견의 설정
Ⅱ. 그 〔귀류와 자립의〕 둘 중 어느 쪽에 따라 견해를 계속적으로 일으키는가.
C. 그 〔부정을〕 하는 것에 의존하여 견해를 계속적으로 일으키는 방식

이 중 중요한 것은 A와 B의 논의이며, 그 중에서도 A는 총카파 독자의 중관사상이 최초로 명확히 나타나는 가장 중요한 부분이기 때문에 그곳의 논의를 간단히 보기로 한다.

먼저 「실의의 결택 그 자체」라고 할 때 '실의(de kho na ñid)'란 '공성(空性)', '무자성(無自性)' 내지 '무아성(無我性)'을 가리키고 있다. 이미 별고에서 밝혔듯이[11], 총카파에게 있어 '실의' 즉 '올바른 것'의 내용은 항상 '무자성', '공'으로, '연기'는 아니다.

그런데 총카파는 A의 I에서 먼저 다음과 같이 말하고 있다.

〔4〕 "아가 없다."라는 것과 "자성이 없다."라는 것의 의미를 확정

11) 『縁起と空』, pp.357-359 참조.

> 하는데 있어서도 부정되어야 할 것(med rgyu)인 '아'와 '자성'을 올바로 확인해 두어야 한다. 부정되어야 할 것의 일반상(一般相, spyi)이 올바로 마음에 나타나지 않는다면, 그것의 부정도 부전도(不顚倒)한 것〔=올바른 것〕이라고는 확정할 수 없기 때문이다.(LR, pa, 347a1-2)

여기에서 총카파는 '무자성' 또는 '무아'라고 하는 '실의'의 의미를 확정적으로 인식하기 위해서는 정리(正理; 논리적 인식)에 의해 부정되어야 할 대상('아' 또는 '자성')을 올바로 인식하고 나서 그 대상을 부정하지 않으면, 그 부정은 잘못된 것이 되기 때문에 먼저 부정대상(dgag bya)을 올바로 인식해야 할 것이라고 논하고 있다. 그리고 그는 다음과 같이 부정대상의 확인이 올바르지 않은 경우를 두 가지로 나누어 그 결과 어떠한 불합리가 생기는가를 분명히 하고 있다.

> 〔5〕 ⓐ이것도 부정대상의 궁극적 요점인 '미세한 것(phra ba)'으로부터 부정하지 않으면 '남는 것(lhag ma)'이 생기는 까닭에 유변(有邊)에 떨어져 유에 대한 집착을 일으키는 까닭에 생존으로부터 해탈할 수가 없는 것이다. ⓑ부정대상의 한량(限量)을 〔올바로〕 인식하지 않고, 과대하게(ha caṅ thal ches nas) 부정한다면 인과·연기의 차제(rgyu ḥbras rten ḥbrel gyi rim pa)를 부정하는 것으로, 단변(斷邊)에 떨어져 바로 그 견해에 의해 악취(惡趣)에 나아가게 되는 것이다.(LR, pa.347a3-5)

여기에서 ⓐ는 부정대상의 확인이 과소인 경우, ⓑ는 부정대상의 확인이 과대한 경우에 상당한다. 이것을 알기 쉽게 말하면 ⓐ는 부정의 양이 너무 적어서 당연히 부정되어야 할 유〔실재〕가 남아버리는 경우이며, ⓑ는 부정의 양이 너무 많아 부정되어서는 안 되는 연기까지 부정해 버리는 경우이다. 부정대상의 오인(誤認)에 근거하여 이것들 두 종류의 잘못된 부정의 방식은 각각 순차적으로 앞서 거론한 Ⅱ-2와 Ⅱ-1에서 비판되어 지지만[12], 그 중 중요한 것은 ⓑ의 부정방식을 비판하는 Ⅱ-1 「부정대상의 확인이 과대한〔타자의 종견〕의 비판」(LR, pa, 347a6-386a6)이라는 논의의 방식으로, 거기에서 총카파의 중관사상에 대한 사고방식이 모두 전개되고 있다고 해도 과언은 아니다. 더욱이 주의해야 할 것은 다음에 서술하는 것과 같이, 이 논의〔Ⅱ-1〕에서 비판되는 '타자의 종견'이란 바로 '이변중관설'로서, 따라서 이미 본 총카파의 '이변중관설' 비판을 보이는 결정적 문장 〔1〕은 이 논의의 최후에 결어로서 서술된 것이다. 그런 까닭에 이상의 논의를 바탕으로 한다면 총카파 철학의 근본적인 동기는 연기설의 옹호, 즉 '발무인과(撥無因果)의 부정'이라는 것에 있는 것으로, 이 동기로부터 출발하여 그는 '이변중관설'을 비판한 것이라고 생각할 수 있다.

그러면 이러한 생각이 올바른가를 확인하기위하여 II-1의 「부정대상의 확인이 과대한 〔타자의 종견〕의 비판」이라는 논의를 간단히 살펴보기로 한다. 먼저 이 논의의 서두에서는 총카파에 의해 비판되는 타자의 종견〔반론〕이 "현재 중관의 의미를 설하는 자라고 스스로 인정하는 대부분의 사람은 다음과 같이 말한다."(LR, pa, 347a6-b1)라고 상세히 제시되어 있다. 거기에 제시되는 반론

12) Ⅱ-1에서 비판되는 것은 이미 註 7)에서 보였듯이 '승의의 진실'을 소위 '최고의 실재'라고 생각하는 '상변중관설'이며, 이 설은 '승의의 진실'을 '독립적으로 성립하는 것(raṅ dbaṅ du grub pa)'이라고 설하는 것으로서 『도차제대론』(LR, pa, 390b1-3)에 나타나고 있다.

(LR, pa, 347b1-348b1)은 상당히 길며 또한 내용적으로도 다양한 요소를 포함하고 있지만, 매우 중요한 곳이기 때문에 다소의 생략을 포함하여 다음에 번역해 보기로 한다.

〔6〕 생기(生起, skye ba) 등이 실의로서 성립하는가 성립하지 않는가를 고찰하는 정리(正理, rigs pa)에 의해 색(色)으로부터 일체종지(一切種智)에 이르기까지의 일체법이 부정된다. 왜냐하면 (a) 어떠한 것이 승인되더라도 그것에 대하여 정리에 의한 고찰(rigs pas dpyad pa)을 한다면 고찰을 견디는 것(brtag bzod pa)은 미진조차도 없기 때문이며, 또 (b) 유(有)·무(無) 등의 4구가 모두 부정되는 것으로, 거기에 포함되지 않는 법은 없기 때문이다.…… (c) 만약 생기 등을 〔있다고〕 주장한다면 그것은 실의를 고찰하는 정리에 의한 고찰을 견뎌내는가 견뎌내지 않는가. (i) 견뎌낸다면 정리에 의한 고찰을 견디는 사물(dṅos po)은 존재하는 것으로, 실유(實有, bden dṅos)가 되어버릴 것이다. (ii) 고찰에 견뎌내지 못한다면, 정리에 의해 부정되는 대상이 어떻게 올바를 수 있겠는가. (d) 동일하게 생기 등이 있다고 주장한다면 〔그것은〕 양(量, tshad ma)에 의해 성립하는 것인가 그렇지 않은 것인가. (i) 전자(前者)라면 실의를 관(觀)하는 지(de kho na ñid gzigs paḥi ye śes)에 의해 생기는 없다고 관해지는 것으로 그것〔=그 지〕에 의해 성립한다는 것은 부당하며, 언설적인(tha sñad paḥi) 안식 등에 의해 성립한다고 주장한다면, 그것들〔=안식 등〕은 양인 것이 부정되기 때문에 그것들은 〔생기 등을〕 성립시키는 양일 수 없다.…… (e) 만약 "생기를 승인한다면 승의(勝義)로서 주장하는 것은 아니기 때문에 세속으로 주장하는 것이 된다."라고 하는 것도 올바르지 않다. 『입중론(入中論, *ḥJug pa*)』에서 "실의〔=승의〕의 경우에

어떤 정리에 의해 자(自)와 타(他)로부터의 생기가 불합리할 때, 그와 〔동일한〕 정리에 의해 언설에 있어서도 불합리하기 때문에 너에게 있어 생기는 무엇에 의해 생길 것인가[13]"(6-36)라고, 승의로서 생기를 부정하는 정리에 의해 언설에 있어서도 〔생기를〕 부정한다고 〔찬드라키르티에 의해〕 설해졌기 때문이다. …… 따라서 생기의 부정에 '승의로서'라는 한정어를 붙여서는 안 된다. 『명구론(明句論, *Tshig gsal*)』에서 '승의로서'라는 한정어를 붙이는 것이 부정되었기 때문이다[14].(LR, pa, 347b1-348a5)

먼저 형식적인 면에서 설명하면 여기에 제시된 반론—그것을 필자는 '이변중관설'로 간주하지만—에 대하여 총카파는 최초로 「그 종견에 의해 중관의 불공(不共)의 승법(勝法)이 부정된다는 설시」라는 항목의 논의(LR, pa, 348b2-363a4)에서 총괄적으로 비판을 보이며, 다음에 「〔반론자에 의해〕 설해진 모든 논란에 의해서도 논파되지 않는다는 설시」(LR, pa, 363a4-386a6)라는 항목에서 개별적인 비판을 전개하고 있다. 그 개별적 비판이란 네 가지 항목으로 나뉘어져 그것들은 순차적으로 〔6〕에서 보인 반론 가운데 (c) 〔및 (a)〕, (d), (e), (b)에 서술된 주장을 비판하고 있다.

〔6〕에 제시된 반론은 그것에 대한 총카파의 개별적 비판이 네 항목으로 나뉜 것에서도 추측되듯이 다양한 요소와 주장으로부터 성립하며, 명료하게 '이변중관설'이 설해지는 것은 (b)에 있어서 뿐이다. 그러나 중요한 것은 이 반론이 다수의 개별적인 의견의 열거로서 나타나는 것이 아니라 하나로 정리된 통일적 견해로서 제시되고 있는 것이다. 따라서 명료한 '이변중관설'을 설하는 (b)에 의

13) Cf. MAv, ḥa, 205b7-206a1.

14) Cf. Pras, p.26, *l*.2-p.28, *l*.3.

해 그 전체를 '이변중관설'로 규정하는 것도 충분히 가능하다고 생각된다. 또 그와 같이 해석하는 쪽이 그 후 '이변중관설'의 입장으로부터 총카파에 대한 각종 비판의 의의를 정당히 이해할 수 있으리라 생각된다. 왜냐하면 그 비판들은 단지 '이변중관설'에 직접 관계할 뿐만 아니라 총카파의 중관사상 전체에 대하여 이루어지기 때문이다.

그렇다면 이 '이변중관설'에 근거한다고 생각되는 반론은 전체로서 무엇을 설하고 있는 것일까. 그것은 이미 〔5〕의 ⓑ에서 시사했듯이 간단히 말하면 "발무인과", 즉 인과부정, 연기부정의 입장을 제시하는 것이다. 이 입장에 의하면 승의로서 뿐만 아니라 세속에 있어서도 인과 관계는 부정되며, 따라서 법의 생기도 부정된다. 달리 말하면 〔6〕에 제시된 반론의 서두에 서술되듯이 인과 관계에 있는 것, 즉 연기하고 있는 일체법은 그 존재가 부정되는 것이다.

그러면 이 반론을 총카파는 어떻게 비판하는 것일까. 그의 '총괄적 비판'과 '개별적 비판'을 살펴봄으로써 총카파의 사상적 본질을 해명하기로 한다.

제3절 이변중관설의 총괄적 비판

먼저 그는 '총괄적 비판'에서 앞서 말한 반론은 '중관의 불공(不共)의 승법(勝法)'을 부정하는 것이라고 말하고 있다. 그러면 '중관의 다른 것과 공통되지 않는 뛰어난 성질'이란 무엇인가. 그것을 총카파는 다음과 같이 설명한다.

〔7〕 자체(自體, raṅ gi ṅo bo)에 의해 성립하고 있는 자성이 티

끝만큼도 없는 데, 소생(所生)과 능생(能生), 부정과 긍정 등의 윤회와 열반의 설정(rnam bshag)을 모두 승인하는 것이 가능하다는 것이 중관파의 승법(勝法, khyad chos)이다.(LR, pa, 349b5-6)

여기에서 총카파는 중관파라는 사람은 "무자성인 것에 있어서 인과〔연기〕의 설정은 가능하다.", 즉 "무자성인 것이 연기한다."고 설하는 자라고 말하고 있지만, 이때 그는 이 주장의 가장 중요한 전거로서 "어떤 것에 있어 공성이 성립할 때, 그것에 있어 일체가 성립한다."라고 하는 『근본중송(根本中頌, *Mūlamadhyamakakārikā*, MMK)』제24장 제14게송〔전반부〕을 들고 있다[15]. 더욱이 총카파는 동일한 입장에서 자신의 『근본중송』 이해를 다음과 같이 보이고 있는 것이 주목된다.

〔8〕〔나가르주나는〕『근본중송』(*dBu ma rtsa ba*)의 제26장에서 12연기 순관에 있어 생(生)의 차제와 역관에 있어 멸(滅)의 차제를 보이고, 〔다른〕 25장[16]에서 수로 자성을 부정하셨던 것이다. 제24장 「성제(聖諦)의 고찰」에서는 자성에 대하여 불공(不空)인 것에 있어서는 생멸 등의 윤회와 열반의 설정이 모두 불가능하다는 방식과 자성에 대하여 공인 것에 있어서는 그것들은 모두 가능하다는 방식을 상세히 확정하였던 것으로, 이 〔제24〕장은 다른 모든 장에서 인용 확증할 수 있다.(LR, pa,350a4-6)

15) Cf. LR, pa, 349b6-350a1, 351a5.

16) '다른 25장'이란 전체 27장 중 제24장과 제26장을 제외한 것으로 이해한다. 더욱이 제26장에 대한 총카파의 평가에 대해서는 『縁起と空』, pp.357-359 참조.

즉 총카파의 입장에서 보면 『근본중송』의 제26장은 '연기'를 설하고, 다른 25장은 '무자성'을 설하지만, '연기'와 '무자성'의 관계를 "무자성인 것이 연기한다."라는 올바른 형식으로 나타내 보이는 것은 극단적으로 말하면 제24장뿐인 것이 된다.

그러면 "중관파는 '무자성인 것이 연기한다'고 설한다."라는 너무 당연한 것으로 보이는 총카파의 주장은 어떠한 사상사적 의의를 가지고 있는 것일까. 먼저 그의 다음의 문장을 보기로 하자.

〔9〕 치밀하고 현명하며 실로 넓고 깊은 고찰을 지니는 '중관파(dBu ma pa)'라고 하는 그 학자는, ……"지자(智者)들이여, 자성에 대하여 공이라고 하는 〔그〕 공성의 의미는 연기의 의미이며, 결과를 일으키는 능력(don byed paḥi nus pa, arthakriyāsāmarthya)에 대하여 공(空)인 무(無, dṅos po med pa, abhāva)의 의미는 아니다."라고 고양(高揚)된 맑은 목소리로 반복하여 선설(宣說)하셨던 것이다.(LR, pa, 349a3-5)

여기에서 총카파는 중관파가 '무자성'과 '무'를 구별하여 설한다고 말하고 있다. 즉 여기에서 '무자성인 것'은 결과를 일으키는 능력을 가지고 따라서 연기하지만, 그 능력을 가지지 못하는 '무'는 연기하지 않는다는 이해가 제시되고 있다. 총카파는 다른 곳에서도 '무(ye med, 완전한 無)'와 '무자성'의 구별, '유(yod pa tsam, 단순한 有)'와 '유자성(자체로서 있는 것)'의 구별을 강조하지만[17], 이 가운데 '무자성'과 '유'는 연기적 존재로서 세속유(世俗有)를 다른 이름으로 나타낸 것이다.

그러면 총카파가 '무자성'과 '무'를 구별하여 "무자성인 것이 연기

17) Cf. LR, pa, 355b6-356a2, 356a6.

한다"라고 설함으로써 "무자성인 것은 연기하지 않는(결과를 일으키는 능력을 갖지 않는), 즉 무이다."라고 설하는 반론이 부정되는 것이다. 즉 총카파는 〔6〕에서 제시된 반론을 다음과 같이 정리하고 있다.

〔10〕 그대들이 "모든 사물에는 자체에 의해 성립하고 있는 자성(raṅ gi ṅo bos grub paḥi raṅ bshin)이 없다고 한다면, 달리 무엇이 있겠는가. 그런 까닭에 속박과 해탈과 생멸 등을 부정하는 것에 있어서도 '승의로서' 등의 한정어를 붙일 필요가 없이, 자성을 부정하는 정리에 의해 〔그것들을〕 부정하는 것이다."라고 말할 때, (LR, pa, 354b1-2)

이것을 좀더 요약하면 〔6〕의 반론은 총카파에게 있어서는 '자성을 부정하는 정리에 의해 인과(rgyu ḥbras)를 부정한다는 주장' (LR, pa, 357a2)이 되는 것으로, 이 반론을 그는 다음과 같이 중관파 이외의 실재론자(實在論者, dṅos por smra ba)의 주장과 기본적으로 동일한 것이라고 평가하고 있다.

〔11〕 티베트에서 중관파라고 스스로 인정하는 대부분의 사람들이 "자성을 부정한다면 그 정리에 의해 인과도 부정하는 것이다."라고 주장하는 것은 실재론자들과 일치하는 것이라고 생각된다.(LR, pa, 357a4-5)

그리고 왜 그와 같이 생각하는가의 이유에 대하여 총카파는 다음과 같이 말하고 있다.

〔12〕 자성을 부정하는 정리에 의해 인과를 부정한다면, 〔그것은〕 무자성인 것에 있어서는 생멸 등이 불가능하다고 주장하는 것이기 때문에, 그렇다면 "만약 이것들 일체가 공이라면 그대에게 있어 생도 없고 멸도 없고 사성제도 없어지게 될 것이다."(『근본중송』 24-1)라고 제24장에서 제시된 실재론자로부터의 논란과 구별이 전혀 없는 것은 실로 명백하다.(LR, pa, 355a1-4)

즉 티베트에서 중관파가 자성을 부정하는 정리에 의해 인과도 부정한다면 그것은 『근본중송』 제24장 제1게 이하에서 중관파에 대하여 "일체가 공이라면(일체법이 실재하지 않는다면) 인과나 생멸이 부정될 것이다."라고 하는 논란[18]을 설한 실재론자의 입장과 동일하다고 말하고 있다.

총카파가 〔6〕에 제시된 반론—그가 티베트 중관파의 일반적 견해로 간주한 것—을 인과부정〔撥無因果〕의 단견으로까지 논리적으로 취급한 것이나 『근본중송』 제24장에서 논란을 제기한 실재론자의 입장과 동일하다고까지 논증할 수 있었던 것은 확실히 그의 사상적 역량을 보이는 것이다. 그러나 티베트의 중관파들이 실제로 "자성을 부정하는 정리에 의해 인과도 부정한다."라든가 "무와 무자성은 동일하다."든가 나아가 "무자성인 것은 연기하지 않는다."라고 설했다는 것은 우선 생각할 수 없다. 그것이 아니라 이 문제의 본질에는 "정리라고 하는 것 또는 중관파는 단지 부정만을 할 뿐이다."라고 하는 '이변중관설'에 공통되는 견해가 놓여 있다. 즉 〔6〕

18) 이하 서술하듯이 필자가 유식파의 주장이라 간주하는 '세속불생론'의 기원을 이 논란으로 인정하는 것이 논리적으로는 가능하다. 물론 『근본중송』 성립 때에 유식파는 존재하지 않기 때문에 『근본중송』 제24장에서 '세속불생론'은 유식파의 주장이라고는 할 수 없고 실재론자(법실유론자)의 설이 될 것이다.

에 제시된 반론을 단지 인과부정의 단견으로 보는 것이 아니라, 기본적으로 '이변중관설'로 간주하지 않으면 우리들은 그것에 대한 총카파 비판의 사상적 의의를 올바로 파악할 수 없다고 생각한다. 이러한 점에서 이 반론을 '이변중관설'이라고 명확히 규정하는 다음과 같은 논술이 이미 총카파의 '총괄적 비판' 가운데 보이는 것은 극히 중요하다.

〔13〕 연기의 의미가 무자성의 공성이란 의미로 나타난다(ḥchar ba)는 이것이 스승 나가르주나의 불공(不共)의 종견(lugs)이다. 그런 까닭에 "무자성의 공성은 중관파의 입장으로부터(dBu ma paḥi ṅos nas) 이루어지면서도, 연기 · 인과의 설정은 자신의 종견(raṅ gi lugs)에서는 이루기 어려운 까닭에, 타자의 입장(gshan ṅo)으로 가져간다."라고 하는 것은 연기의 의미가 아니다. 왜냐하면 "어떤 것에 있어서 공성이 성립할 때 그것에 있어 〔일체가 성립한다.〕"(『근본중송』 24-14)와 무자성이 어떤 사람의 종견일 경우 그 종견에 있어 윤회와 열반의 연기는 모두 성립한다고 〔나가르주나에 의해〕 설해진 까닭이다.(LR, pa,351a4-6)

여기에서 총카파는 "중관파는 한결같이 무자성 · 공〔이라는 부정〕만을 설하는 것으로, 연기의 설정은 중관파 자신의 입장으로부터는 불가능하고, 중관파 이외의 타자의 입장에 있어서만 가능하다."라고 하는 설을 "무자성을 설하는 중관파 자신의 입장〔종견〕에 있어 연기는 설정될 수 있다.", 즉 "중관파는 무자성인 것이 연기한다고 설한다."는 총카파 자신의 주장에 의해 배척하고 있다.

그렇다면 여기에서 비판되는 주장을 어떤 이유로 '이변중관설'로 간주할 수 있는 것인가. 그것은 "승의의 진실은 유무 등의 일체 변을 떠나 있다."라고 설하는 '이변중관설'이라는 것이 "중관파에게는 어떠한 주장도 없다."라는 주장으로 나타나기 때문이다.(이때 '주장'에 상당하는 말로서는 khas len, dam bcaḥ, phyogs, 〔raṅ gi〕 lugs이 사용된다.)

이 점을 확인하기위해 여기에서는 앞서 이미 제시한 '비발사나장'의 「진실의 결택 그 자체」라는 항목의 내용구성을 보이는 과문을 보기로 한다. 그 B-I에 '귀류와 자립의 의미 확인'인 항목이 보이며, 거기에서는 중관의 자립파와 귀류파의 차이에 대한 고찰이 이루어진다. 그 가운데 1의 '타자의 종견 비판'에서 총카파는 자립파와 귀류파의 차이에 대해 오해하고 있다고 간주하는 네 가지 설을 먼저 제시하고 그 후 그것을 순차적으로 비판하고 있지만, 지금 그 논의와 관련된 것은 제3설이며, 그는 그것을 다음과 같이 소개하고 있다.

〔14〕 현재 중관귀류파라 스스로 인정하는 사람들은 〔다음과 같이 말한다.〕 승의와 언설의 어떠한 것에 관한 주장(khas len)도, 언설에 있어서도, 자기의 종견(raṅ lugs)에 있어서는 존재하지 않는다. 만약 그와 같은 주장(dam bcaḥ)이 존재한다면 그것을 성립시키는 비유와 증인도 주장하지 않으면 안 되고, 그렇다면 자립파가 될 것이다. 그런 까닭에 귀류파에는 자기의 종견이란 어떠한 것도 없다. 왜냐하면 『회쟁론』에 "만약 나에게 무엇인가 주장(dam bcas, pratijñā)이 있다면, 그것으로부터 나에게 이 과실(skyon, doṣa)이 생길 것이다. 그러나 나에게 주장은 없다. 따라서 나에게 과실이란 결코 없다.……"(29,30)[19]라고 하며……. 『사백론』에도 "어떤 사람에

19) Cf. VV, p.127, *ll*.12-15(k.29); p.128, *ll*.7-10(k.30); Pras, p.16, *ll*.7-10

게 '유', '무', '유 그리고 무'라는 주장(phyogs, pakṣa)이 없을 때 그에게 오랫동안 논란을 펴는 것은 불가능하다."(16-25)[20]라고 중관파에 주장(phyogs)과 주장(dam bcaḥ)은 없다고 설해지고 있기 때문이다. 『명구론』에 "중관파라고 한다면, 자립의(raṅ rgyud kyi, svatantra) 비량을 행하는 것은 올바르지 않다. 타인의 주장(phyogs gshan, pakṣāntara)을 승인하지 않기 때문이다."라고[21]……. 자기에게 주장(phyogs)이 없기 때문에 과실은 일어나지 않는다고 설하고 있기 때문이다. 그런 까닭에 그것들 〔언설의〕 설정(rnam bshag)은 모두 중관파가 타자의 입장에서(gshan gyi ṅor) 행한 설정에 지나지 않는다.(LR.pa,407a2-b4)

먼저 여기에서 반론자를 형용하는 말로서 제시된 '현재 중관귀류파라 스스로 인정하는 사람들'(da lta dbu ma thal ḥgyur bar ḥdod pa dag)이라는 표현은 〔6〕에서 반론을 제시한 자의 한정어이었던 '현재 중관의 의미를 설하는 자라고 스스로 인정하는 대부분의 사람'(da lta dbu maḥi don smra bar ḥdod pa phal mo che)이라는 것과 유사한 것에 주의해야 한다. 이것도 이 양자의 주장을 필자는 기본적으로 동일한 것, 즉 '이변중관설'이라고 이해하기 때문이다. 여기에서 '이변중관설'은 단적으로 "중관파(귀류파)에게는 어떠한 주장도 없다."라고 설하는 것으로 나타나며, 그 전거로서 『회쟁론』과 『사백론』의 게송 및 『명구론』 제1장에서 인용

---

20) Cf.CŚ, tsha, 18a4-5; Pras, p.16, *ll*.4-5

21) Pras, p.16, *l*.2. 단 티베트 번역 "중관파 이라면" 'dbu ma pa yin na ni'(D.ḥa, 6a2)〔=LR,pa, 407b1〕에 해당하는 범어원문은 "mādhyamikasya svataḥ"로 되어 있다. La Vallee Poussin은 'svataḥ'에 해당하는 티베트어는 없다고 보고 있지만,(Cf. Pras, p.16, n.3), 티베트어로 번역된 범본의 'svataḥ'는 'sataḥ'인 것으로 보아야 할 것이다.

된 게송과 논리적으로 밀접히 관계하는 『명구론』의 문장 등이 제시되고 있다. 따라서 '이변중관설' 또는 "중관파(귀류파)에게는 어떠한 주장도 없다."라고 하는 설은 찬드라키르티의 『명구론』 제1장과 깊은 관련을 가진 것을 알 수 있다.

그러나 그것은 차치하고, 〔6〕에서 제시된 반론과 여기에서 제시되는 '제3설'이라는 것이 기본적으로 같은 것은 이 '제3설'에 대한 총카파의 다음과 같은 비판에 의해서도 알 수 있다.

〔15〕 "중관파에게 〔승의로서 뿐만 아니라〕 언설에 있어서도 주장(khas len)은 없다."라고 설하는 자는 앞서 설명했듯이 정리의 부정대상을 올바로 확인하지 않았기 때문에 자성을 부정하는 모든 정리에 의해 상대〔=대론자 측〕를 부정할 때, 이쪽〔=중관파의 측〕으로 돌아오면 〔중관파의〕 자기의 종견(raṅ gi lugs)에도 바로 동일한 〔과실이〕 생겨나는 것을 본다. 즉 〔그는〕 자기의 종견을 설정한다면 과실의 배제(skyon spoṅ)는 전혀 할 수 없기 때문에 윤회와 열반의 연기는 모두 〔중관파에 의해 부정되어야 할 외도의〕 자재신과 유무와 동일한 것이 된다. 따라서 그것은 중관파에게 비난을 던지는 것으로 극히 하열한 것이지만, 그것에 대한 비판도 이미 앞에서 다수 설명하였다. 중관파에 주장(khas len)이 있는가 없는가를 고찰하는 것에 의해 '중관(dbu ma)'이라 일컬어지는 무엇인가를 갖춘다면 '중관파(dbu ma pa)'라 칭해지는 그 무엇인가를 주장하지 않으면 안 되는 것으로, "승의로서는 티끌만큼도 성립하지 않고 언설에 있어서 일체는 환상과 같은 연기〔이다.〕"라고 하는 의미의 이해(rtogs pa)를 주장하지 않으면 안 되는 것으로, 주장되어야 할 것(khas blaṅ bar bya ba)은 〔중관파에게 있어〕 존재하는 것이다. (LR, pa, 410a2-6)

여기에서 총카파가 비판대상인 제3설에 대하여 '앞에서 설명했듯이' 부정대상의 확인을 오해하고 있다고 설한 것은 구체적으로는 〔6〕에 제시된 반론에 대한 비판, 즉 Ⅱ-1의 '부정대상의 확인이 과대한 〔타자의 종견〕 비판'을 가리키고 있는 것은 이미 분명하다. 즉 "중관파에게는 어떠한 주장도 없다."라는 설과 "중관파는 무자성·공을 설할 뿐이며, 연기의 설정은 중관파 자신의 입장에서는 할 수 없고, 중관파 이외의 타자의 입장에서만 가능하다."라고 하는 설은 기본적으로는 동일한 설, 즉 '이변중관설'이 나타난 것에 지나지 않는 것이다. 그런 까닭에 〔15〕에 있어서도 내용상 선을 그은 부분에 총카파의 '이변중관설' 비판의 기초를 이루는 "중관파는 〔자기 자신의 입장으로부터〕 무자성인 것이 연기한다고 주장한다.(총카파가 말하는 소위 '중관파 불공의 승법')"라는 견해가 제시되고 있는 것이다.

'이변중관설'이라는 것이 어찌하여 위와 같은 두 가지 설로 나타나는가를 논리적 이유로서 설명하는 것은 결코 곤란한 것은 아니다. '이변중관설'의 중핵을 이루는 것은 승의의 진실, 또는 참된 실재는 완전히 불가설이며, 일체의 언어 표현을 초월하고 있다는 관념이다. 이 입장에 서면 어떠한 주장과 비판도 모두 분별, 집착으로서 부정하여 버리지 않으면 안 된다. 따라서 중관파 자신은 어떠한 긍정적 주장도 가지지 않고, 찬드라키르티의 언어를 사용하면 "단지 타자의 주장을 부정할 뿐(parapratijñāpratiṣedhamātra)[22]"인 것이 된다. 이와 같이 중관파는 부정(dgag pa, pratiṣedha)만을 행하며, 긍정(sgrub pa, vidhi)을 행하지 않기 때문에 긍정을 그 내용으로 하는 연기의 설정은 중관파 자신의 입장에서는 불가능하며,

22) Cf. Pras, p.24, *l.* 5.

중관파에 있어 타자인 소위 '세간〔의 사람들〕(loka)'의 입장에서 이루어진다고 한 것이다. 이상의 논술에 의해 '비발사나장'의 테마 전체를 결정할 정도의 중요성을 갖는다고 생각되는 〔6〕에 제시된 반론을 '이변중관설'로 규정하는 것이 가능하며, 또 그와 같이 규정하지 않으면 안 되는 것을 알 수 있을 것이다.

제4절 이변중관설의 개별적 비판

그런데 〔6〕에서 반론으로 제시된 '이변중관설'은 앞서 그 일부를 제시한 '총괄적 비판' 이후에 총카파에 의한 '개별적 비판'을 받게 된다. 그 '개별적 비판'은 "〔반론자에 의해〕 설해진 논란에 의해 〔중관파의 불공의 승법이〕 논파되지 않는 것의 설시"라는 항목 아래에서(LR, pa, 363a4-386a6), (1)'정리에 의한 고찰을 견디는가 그렇지 않는가를 상정하여 부정(否定)한 것에 의해 논파되지 않는 것', (2)'양에 의해 성립하는가 그렇지 않은가를 상정하여 부정한 것에 의해 논파되지 않는 것', (3)'4구의 생기인가 아닌가를 상정하여 부정한 것에 의해 논파되지 않는 것', (4)'유·무 등의 4구의 부정이 논란으로서 타당하지 않다는 것의 설시'라고 하는 네 가지로 나뉘어 행해진다. 이미 약간 서술했듯이 이 네 항목은 〔6〕의 반론에서 제시된 '이변중관설'의 모든 요소를 비판의 대상으로 하고 있으며, 그 대응관계를 보이면 (1)-(c)(a), (2)-(d), (3)-(e), (4)-(b)로 된다. 여기에서는 네 항목 각각에 있어 총카파 비판의 요점을 제시하고, 총카파 중관사상의 기본적 주장이 모두 '이변중관설'에 대한 비판을 중심으로 구상되고 있는 것을 보이고 싶다.

(1) 먼저 〔6〕의 (c)와 (a)에서 반론자는 연기적 존재인 '일체법'

또는 '생기 등'에 대하여 (ⅰ) 그것이 정리에 의한 고찰을 견뎌낸다면 실유이며, (ⅱ) 고찰을 견뎌내지 못한다면 그 존재는 부정된다고 논한 것이지만, 이것에 대한 총카파의 대답은 기본적으로는 연기적 존재인 언설유(세속유)는 정리에 의한 고찰에 견뎌내지 못하지만 그러나 그 존재는 부정되지 않는다고 하는 것이다. 즉 총카파는 말한다.

〔16〕 그런 까닭에 〔정리에 의해〕 색등에 있어 자체에 의해 성립하고 있는(raṅ gi ṅo bos grub pa) 생멸의 유무를 탐구하는(btsal ba) 것으로, 그 정리에 의해 단지 생멸(skye ḥgag tsam)만을 탐구하는 것은 아니다. …… 그와 같은 정리에 의해 고찰하고 탐구했을 때, 〔자체에 의해 성립하고 있는〕 생기 등이 조금도 얻어지지 않는 것(ma rñed pa)을 '고찰에 견뎌내지 못한다'라고 말하지만, 그 정리에 의해 〔자체에 의해 성립하고 있는 생기 등이〕 얻어지지 않는 것만에 의해 부정되는 것이 아니라 〔자체에 의해 성립하는 생기 등이〕 있다고 한다면, 그 정리에 의해 <u>당연히 성립할 것임에도 불구하고</u>(ḥgrub dgos pa las) 그것에 의해 <u>성립하지 않기</u>(ma grub) 때문에 〔자체에 의해 성립하고 있는 생기 등이〕 부정되는 것이다.

색 등의 생멸은 언설적인 지(tha sñad paḥi śes pa)에 의해 성립하고 있는 것으로, 그것들은 존재하더라도 정리지(rigs śes)에 의해 성립하고 있는 것이 아닌 까닭에 그것〔=정리지〕에 의해 얻어지지 않는 것으로, 그것들〔=색 등의 생멸〕이 어떻게 부정되겠는가. 예를 들면 안식에 의해 소리가 얻어지지 않더라도 그것〔=안식〕에 의해 〔소리가〕 부정되는 일은 없다. 그런 까닭에 생멸 등이 자체에 의해 성립하고 있는지 또는 실유로서 성립(de kho nar grub)하고

> 있다면, 그 정리에 의해 그것은 언어지고 있는 것이다(rñed dgos)……. 〔그런데〕 그와 같은 것〔=정리〕에 의해 〔자체로서 성립하고 있고 또 실의로서 성립하고 있는〕 생기 등은 얻어지지 않는 것으로, 자체에 의해 성립하고 있거나 또는 실의로서 성립하고 있는 생멸 등은 부정된다. 왜냐하면 〔생기 등이〕 자체에 의해 성립하고 있다면 그것〔=정리〕에 의해 얻어질 텐데 얻어지지 않기(rñed dgos pa las ma rñed pa) 때문이다.(LR,pa,363b5-364a4)

상당히 긴 인용이었지만, 여기에서 보이는 총카파의 논의는 여러 개의 그의 논증 가운데서도 지적 흥분을 일으키기 충분한 총카파다운 논의라고 할 수 있다. 그는 여기에서 '생멸'을 '단순한 생멸', 즉 언설유(세속유)로서의 생멸과 '자체에 의해 성립하고 있는 생멸' 또는 '실의로서 성립하고 있는 생멸', 즉 실체시된 유자성적인 생멸의 둘로 나누어 정리(또는 정리지)는 후자만을 탐구하기 때문에 정리에 의해 얻어지지 않더라도 전자는 부정되지 않는다고 한다. 총카파에 의하면 2종의 생멸은 모두 정리에 의해 얻어지지 않지만, 얻어지지 않는 것에 의해 부정되는 것은 후자, 즉 유자성적인 생멸만인 것이라고 한다. 여기에서 분명히 총카파는 다르마키르티 논리학의 '지각 가능한 것의 비인식(dṛśyānupalabdhi)'이라는 '무(abhāva)'의 이론을 사용하고 있다. 즉 유자성적으로 실체시된 생멸은 정리에 의해 "당연히 얻어지는 것임에도 불구하고 얻어지지 않는다." 즉 그 인식대상으로서 말하면 그 인식범위 내에 그 존재가 상정됨에도 불구하고 인식되지 않기 때문에 비로소 그 존재가 부정된다는 것이다.

이 총카파의 논의가 흥미 깊은 것은 단지 앞에서 서술한 의미로부터 만은 아니다. 이렇게 말한 것은 여기에 일찍이 필자가 총카파 독자의 중관사상이라 규정한 "자립파는 언설에 있어 자상에 의해 성립하고 있는 법을 승인하지만 귀류파는 그것조차도 인정하지 않는다."라는 설의 연원을 인정할 수 있다고 생각하기 때문이다. 그 논문에서 필자는 이 총카파의 설(학설 B)과 그의 '이변중관설' 비판(학설 A)과의 사이에 내적 논리적 관계를 상세히 밝히지 못하였다[23]. 그러나 위의 논의는 이 관계를 시사하고 있는 것처럼 보인다. 즉 결론적으로 말하면 '연기설'을 옹호하고 '발무인과'를 부정하는 '이변중관설' 비판(학설 A)을 근본적인 동기로서 '언설무자성'을 설하는 '학설 B'가 만들어 진 것이라고 생각된다. 즉 '학설 B'는 "귀류파가 언설유를 무자성(무자상)이라고 인정한다."라고 설하는 것이지만, 총카파가 어떠한 한정을 붙이지 않고 단지 '중관파'라고 할 때 그것은 '귀류파'를 의미하기 때문에 이것은 "중관파는 언설유를 무자성이라고 인정한다."라고 하는 것과 동일하다. 그러면 왜 중관파에 있어 언설유는 무자성이지 않으면 안 되는가. 만약 그것이 유자성인 것이며 실체적인 것이라고 한다면 그것은 정리에 의한 고찰의 대상영역에 상정되는 것으로서 '얻어지지 않는 것에 의해' 그 존재가 부정되어 버리기 때문이다. 그런데 언설유인 제법이 부정된다면 총카파가 그 옹호와 확립을 목적으로 하는 연기와 인과가 부정되어 버린다. 그런 까닭에 연기를 옹호하고 인과를 설정하기 위해서는 총카파는 아무래도 언설유의 영역으로부터 정리에 의해 부정되는 '자성'을 배제하고 그것에 의해 언설유를 정리에 의해 부정되는 위험으로부터 보호할 필요가 있었던 것이다. 이리하여 그는 언설유를 비실체적인 '무자성'이라 규정하는 것으로 도리어 그것을 긍정적으로 확립하였던 것이다. 따라서 연기를 옹호하는 '이

---

23) 본서 제4장, pp.254-257 참조.

변중관설' 비판(학설 A)을 동기로서 총카파의 '언설무자성'의 입장(학설 B)이 생겨났다고 말할 수 있다.

(2) 〔6〕의 (d)에서 제출된 "생기 등은 양(量)에 의해 성립하고 있는가 그렇지 않은가. 성립하고 있다면 그 양이란 실의를 관하는 지인가 언설적인 안식 등인가.……"라는 반론에 대하여 총카파는 다음과 같이 대답하고 있다.

〔17〕 색 등을 승인하는 것은 양에 의해 성립하지 않는다고 주장하는 것이 아니라 양에 의해 성립하고 있다〔고 주장하는〕 것이다.(LR, pa, 368a1)

〔18〕 색성(色聲) 등을 설정하는 혜(慧 blo)는 〔내외 미란의 원인에 의해〕 손상되는 일이 없는(gnod pa med pa) 안 등의 여섯의 지(知)이기 때문에, 이것들〔=6식〕에 의해 성립하고 있는 대상은 언설에 있어 존재하는 까닭에 정리에 의해 부정되지 않는다.(LR, pa, 379b4)

즉 "색 등의 언설유는 언설적인 지라고하는 양에 의해 성립하고 설정된다."고 하는 것이다.[24] 〔6〕에 제시된 반론에서는 "언설적인 지는 양이 될 수 없다."라고 하는 것이 경론의 인용을 전거로서 설해지고 있지만, 총카파는 그것을 "감관지는 자상에 대하여 양이다."라고 하는 논리가(rtog ge pa)의 주장을 부정한 것에 지나지 않는다고 하고[25], 스스로는 다음과 같이 논하고 있다.

24) 언설유를 설정하는 인식(양)에 관한 총카파의 논의에 대해서는 본서 제7장, pp.325-330 참조.

25) Cf. LR, pa, 369a2-b1.

〔19〕 모든 감관지(dbaṅ śes)에 색성 등의 오경은 자상에 의해 성립하고 있지 않음에도 불구하고 자상으로서 현현하고 있는 것으로, 그것들〔=감관지〕은 자상에 대하여 양이 아닌 것이다.(LR. pa, 369b4-5)

〔20〕 감관지에 색성 등은 자상에 의해 성립하고 있는 것으로서 현현하지만, 현현하는 대로의 자상은 언설에 있어서도 없기 때문에 스승〔=찬드라키르티〕은 언설에서도 이것들〔=감관지〕는 미란(ḥkhrul pa)이라고 주장하신 것이다. 그렇더라도 모든 감관지는 언설에 있어서 색성 등의 모든 경계를 설정하는 양으로서 부적절한 것은 없다.(LR, pa, 374a4-6)

여기에서 먼저 "색 등이 감관지에 자상(자상에 의해 성립하고 있는 것)으로서 현현한다"라는 총카파의 중관사상을 떠받치는 기본적 이해의 하나가 제시된 것에 주의하고 싶다. 이 이해는 '언설무자성(무자상)'이라는 그의 기본적 주장과 논리적 관련을 가지고 성립하며, 이것에 의존하여 총카파는 무자상인 색 등이 감관지에 자상으로서 현현하는 것으로 감관지는 자상에 대해서는 양이 아니지만 무자상인 색 등에 대해서는 그것을 설정하는 양일 수 있다고 논하고 있는 것이다.

여기에서 총카파는 "색 등(언설유)은 언설적인 지라고하는 양에 의해 설정된다."라고 설하고 있지만, 이 주장은 그의 '이변중관설' 비판과 어떠한 관계가 있는 것일까. 그것을 보인 것이 이미 본 '귀류와 자립의 의미 확인'에 관한 타자의 종견 중 '제3설'—이것을 이미 '이변중관설'이라 규정한 것이지만—에 대한 총카파의 비판에서 보여지는 다음과 같은 논술일 것이다.

〔21〕〔『입중론』에 "과가 있는 까닭에 이것들은 없지만 있다"라고〕 "세간(loka)의 입장에 서서(ḥjig rten ṅor byas)" 〔나는 설한다〕[26](6-81)라는 것은 자기의 종견(raṅ lugs)이 아니라 타자의 입장(gshan ṅo)에 있어서, 라고 하는 것이 아니라 손상되는 일이 없는 언설적인 지(tha sñad paḥi śes pa)를 말하는 것이다. 모든 세속적인 대상이 존재한다고 설정하는 것은 모두 그것〔=언설적인 지〕의 입장〔=관념〕에서 설정하지 않으면 안 되는 까닭이며, 중관파 자신의 〔심〕상속(相續, rgyud)에도 언설을 설정하는 그것들의 양은 있기 때문이다.(LR, pa, 413a1-2)

여기에서 반론자는 언설의 설정은 중관파 자신의 입장(자기의 종견)에서는 불가능하며, 타자 특히 '세간'의 입장에서 행해진다고 논하는 것에 대하여 총카파는 언설유를 설정하는 언설적인 지는 중관파 자신의 마음속에도 있기 때문에 중관파는 자기의 종견에 있어서 언설유의 설정을 할 수 있다고 '이변중관설'을 비판하고 있는 것이다. 따라서 "색 등(언설유)은 언설적인 지라고 하는 양에 의해 성립하고 설정된다."라는 이론이 '이변중관설' 비판으로서 기능하는 것이 이해될 것이다.

(3) 〔6〕의 ⒠에서 반론자는 『입중론』의 게송(6-36)을 전거로서 "생기는 세속(언설)에 있어서도 인정되지 않는다."라고 하는 '세속불생론'을 전개하여 인과를 부정하는 것에 대하여 총카파는 그 게송의 의미를 다음과 같이 설명하고 있다.

〔22〕 이것은 실체(rdsas)로서 성립하거나 또는 자상에 의해 성립하는 생기를 승인한다면 〔그것은〕 언설에 있어서도 그것들의 정

26) Cf. MAv, ḥa, 208a3.

리에 의해 부정된다고 설하고 있는 것으로, 단지 생기(skye ba tsam)만을 부정하는 것과는 전혀 다르다.(LR, pa, 381a3-4)

즉 "유자성적인 실체적 생기는 승의와 세속의 어디에서도 인정되지 않는다."라고 하는 것이 그 게송의 취지이며, 단순한 세속적 생기가 『입중론』에서 부정된 것은 아니다라고 하는 것이다. 이 총카파의 설명은 그가 전거로서 보이는 다음의 『입중론주(入中論註, MAvBh)』와 『입중론』의 논술에 의거하고 있으며, 이들 텍스트의 논지에 대한 이해로서도 정확한 것이라고 생각된다.

〔23〕 그런 까닭에 자상에 의해 생기는 것은 〔승의·세속의〕 두 가지 진실 어디에서도 존재하지 않는다고 〔너희들에게 있어〕 바람직하지 않더라도 승인해야 할 것이다.(MAvBh, ḥa, 259a6-7)〔LR, pa, 381a5-6〕

〔24〕 석녀(石女)의 자식이 자기의 본성에 의해(raṅ gi bdag ñid kyis) 생기는 것은 실의〔=승의〕로서도 없으며, 세간〔=세속〕에 있어서도 없듯이, 이들 일체의 사물은 자성에 의해(ṅo bo ñid kyis) 세간과 실의에 있어서 생기지 않는다.(MAv,VI,k.111, ḥa, 209b4-5)〔LR, pa, 381b1-2〕

필자는 이미 일찍이 필자가 총카파 독자의 중관사상이라 규정한 "귀류파는 언설무자성(무자상)을 설한다."라는 '학설 B'가 연기설을 옹호하는 그의 '이변중관설' 비판(학설 A)을 동기로서 만들어졌다고 서술했지만, 그것은 직접적으로 앞에서 본 논의와 관계있다고 생각된다. 즉 『입중론』에서 '단지 유'(또는 '단지 생기')와 '유자성'

(또는 '유자성적 생기')을 혼동하여 "제법이 승의로서 없다면 세속에서도 없어진다. 〔그런 까닭에 제법은 승의로서 있다.〕[27]"(『입중론』 6-107 취의)라고 하는 '세속불생론'을 설한 반론자—이것을 필자는 유식파로 간주한다—에 대하여, 찬드라키르티가 '단지 유'와 '유자성'을 명확히 구별한 것으로부터 비판을 서술한 의의[28]를 정확히 이해한 총카파는 동일하게 '단순한 유'와 '유자성'을 혼동하여 "자성을 부정하는 정리에 의해 생기는 세속에서도 부정된다."라고 설하는 '이변중관설'을 '단지 유'(언설유)와 '유자성'을 구별하는 '언설무자성'의 입장(학설 B)으로 이끄는 것으로서 비판한 것이다.

(4) 〔6〕의 ⓑ에서 "유・무 등의 4구(사변)가 모두 부정된다."라고 하는 명료한 '이변중관설'이 설해지고 있다. 이것에 대하여 총카파는 중관의 모든 논서에 설해지는 사구부정은 '자체에 의해 성립하는' 유・무 등의 부정이라고 해석해야할 것을 설하고[29], 나아가 계속해 '이변중관설'에 대한 다음과 같은 평가를 보이고 있다.

〔25〕 그와 같은 〔'자체에 의해 성립하는'이라는〕 한정어(khyad par)를 붙이는 일 없이 4구를 부정한다면, '유와 무'〔=제3구〕를 부정할 때는 "그 양자〔=유・무〕는 아니다."라고 부정하고 나서 또 다시 "그 양자가 아닌 것도 아니다."〔=제4구의 부정〕라고 부정한다면 주장(khas blaṅs)이 직접적으로 모순되고 있는 것(dṅos su ḥgal ba)이지만, "그렇더라도 과실은 없다."라고 부인한다면 우리들은 미

27) Cf. MAv, ḥa, 209b2.

28) '세속불생론'과 그것에 대한 중관파의 비판에 대해서는, 拙稿, 「Jnanagarbhaの「世俗不生論」批判について」, 『駒澤大學佛教學部論集』 15, 1984, pp.418-385, 同, 「チャンドラキールティの論理學」, 『駒澤大學佛教學部研究紀要』 43, 1985, pp.172-169 참조.

29) Cf. LR, pa, 382b5-383a1.

친 사람(狂人, smyon pa)과 함께 서로 논할 수 없는 것이다.(LR, pa, 383a1-3)

즉 총카파는 모순율·배중률에 근거하는 논리적 사고를 부정하는 '이변중관설'의 주장자를 '미친 사람(狂人)'으로 단정하고, 스스로의 지적·논리주의적 입장을 분명히 하고 있다.

(4)의 논술은 이미 본론의 도입부에서 본 기술〔1〕, 즉 "일체의 분별을 부정한다면 마하연의 설과 동일하게 된다."라고 하는 '이변중관설' 비판을 보이는 결정적인 문장에 의해 정리되지만, 그것은 그대로 Ⅱ-1 논의의 결어, 즉 〔6〕에 제시된 '현재 중관의 의미를 설하는 자로서 스스로 인정하는 대부분의 사람'의 견해에 대한 총카파 비판의 결론이 되고 있다. 그런 까닭에 〔1〕의 문장은 『도차제대론』 '비발사나장' 전체 논지의 흐름에도 중심적인 의의를 가지며 총카파 중관사상의 본질을 명시하는 것이라고 말할 수 있을 것이다.

제5절 결론—총카파 중관사상의 사상적 의의

총카파의 중관사상은 일체의 판단(분별)과 주장과 언어표현을 한결같이 부정해야 할 것으로 보는 일반적인 불교이해, 오늘날의 불교학계를 뒤덮고 있는 실재론적 불교이해에 대한 근본적인 비판을 포함하고 있다. 그는 "불교에는 주장이 있다."라고 분명히 말하고 있다. 이것은 원시불전 가운데 최고층의 것으로 간주되는 『숫타니파타』 「아타카밧가(Aṭṭhakavagga)」에도 나타난다.

〔26〕 누구든 견해를 들어 논쟁하고, "이것만이 진실이다."라고 논하는 자, 그들에게 너는 말하라. "논쟁이 생기더라도 여기에 너와 대론하는 자는 없다."라고[30](832)

총카파의 주장은 이러한 초기불전 이래 불교 내부에 자리잡아 '불교' 그 자체와 같이 오해되어 온 자이나교적 상대주의[31](이것은 또 아론에 기초한다)의 흐름을 근저로부터 부정한 것이다. 즉 그는 무집착주의, 상대주의를 부정하여 "이것만이 진실이다."라고 하는 절대주의적 불교 이해를 수립하였다. 이 점에서 총카파의 사상은 불교사상사에 있어 전례가 없는 독창적인 것이라고 말할 수 있다. 즉 그 이외에 누구 하나 "불교에 주장이 있는가, 없는가."라는 형태로 스스로의 철학적 문제를 설정한 사상가는 불교사에 존재하지 않았다. 말할 것도 없이 "불교에 주장이 있을 이유가 없다."라고 하는 통념이 자명한 것으로서 불교사 전체를 뒤덮고 있었기 때문이다.

그러나 총카파의 불교이해에 있어 치명적 결함은 그에게 있어 불교가 설하는 주장이란 항상 '무자성' '공'으로 '연기'가 아니었다는 점이다. 그의 '이변중관설' 비판은 확실히 '연기(인과)의 옹호'를 주요한 동기로써 이루어진 것으로, 그는 '연기'와 '무자성'의 조화, 비모순성을 "무자성인 것이 연기한다."라는 형태로 역설하고 있다[32]. 그러나 엄밀하게 총카파의 견해를 검토해 보면 그는 항상 '연기'를 '무

30) *Suttanipāta*, PTS, New edition, 1913, p.162.

31) 이것에 대해서는 『緣起と空』, p.280 및 拙稿, 「佛教の批判的考察」, 『世界像の形成』(アジアから考える〔7〕), 東京大學出版會, 1994, pp.141-153 참조.

32) 총카파는 前註 7)에서 보인 가왕에 대한 답서에서도 "공인 것이 연기로서 나타난다."(stoṅ pa rten ḥbrel du ḥchar ba)(CWT, kha, 173b4)고 하는 것이 나가르주나의 입장이라고 말하고 있다.

자성'인 것의 '이유(rgyu mtshan)'[33]라고 보며, "연기인 까닭에 무자성이다"라고 설하며, 따라서 "무엇이든 연기인 것 그것을 공성이라고 우리들은 설한다."라고 하는 『근본중송』(24-18)의 견해와 동일한 입장에 서 있다.

또 그에 의하면 '연기의 실의(de ñid)'는 '무자성'이라고 하며, '무자성' '공'이야말로 '연기'라는 이유로부터 도출되는 최종적 귀결, 진정 올바른 불교적 '주장'이라고 간주하고 있는 것이다. 이 점에서 총카파의 불교이해는 중관파적 전통을 아직 완전히 벗어나지 못했으며, 그 중관사상은 분명히 논리적 모순을 가지고 있다고 생각한다. 이것에 대해서는 다른 기회에 분명히 하기로 하고 본론의 논술은 이것으로 일단 마치기로 한다.

〔부기〕

본 장의 원 논문은 1989년에 발표되었으며 1990년에 기벨(Rolf Giebel) 씨에 의해 영역되었다. Matsumoto, S., "The Mādhya-mika Philosophy of Tsong-kha-pa," *Memoirs of the Research Department of the Toyo Bunko*, 48, Tokyo, 1990, pp.17-47

그런데 그 후 1995년에 출판된 Tauscher, H., *Die Lehre von den Zwei Wirlichkeiten in Tson kha pas Madhyamaka-werken*, Wien, 1995 가운데 저자인 타우셔 씨는 필자 논문의 영역에 의거하여 필자의 논의를 비판하는 註記(op. cit., pp.22-23)를 붙이고 있어 그 비판에 답하고 싶다.

타우셔 씨는 거기에서 필자가 본장의 말미에서 다음과 같이 서

33) Cf. LR pa, 351a3-4, 351a6-b1, 353a3, 361a3, 362a1-2.

술한 것을 문제시하고 있다.

> 그〔=총카파〕는 '연기'와 '무자성'의 조화, 비모순성을 "무자성인 것이 연기한다"라는 형태로 역설하고 있다. 그러나 엄밀하게 총카파의 견해를 검토해 보면 그는 항상 '연기'를 '무자성'인 것의 '이유'라고 보며, "연기인 까닭에 무자성이다."라고 설하며, 따라서 "무엇이든 연기인 것 그것을 공성이라고 우리들은 설한다."라고 하는 『근본중송』(24-18)의 견해와 동일한 입장에 서 있다. 또 그에 의하면 '연기의 실의'는 '무자성'이라고 하며, '무자성', '공'이야말로 '연기'라는 이유로부터 도출되는 최종적 귀결, 진정 올바른 불교적 '주장'이라고 간주하고 있는 것이다.

타우셔 씨는 이 필자의 논술은 총카파에게 적합하지 않다고 말하며 기본적으로 총카파는 '공성'(무자성인 것)과 '연기'를 완전히 동일한 事態(Sachverhalt)에 대한 두 가지 다른 표현으로 간주했다는 의견을 제시하고 있다.

여기에서 타우셔 씨와 필자의 견해 차이는 명백할 것이다. 즉 타우셔 씨는 '공성'과 '연기'의 말하자면 '사실(Tatsachen)에 근거한 동일성(Identität)'을 주장하는데 대하여 필자는 '연기'→'공성'(연기인 까닭에 공)이라는 양자의 일정방향성을 갖는 논리적 관계를 총카파가 확실히 의식하고 있다고 생각하는 것이다.〔이 점에서 타우셔 씨의 해석은 슈타인켈르너 박사의 自性因의 해석을 방불케 한다. Cf. Stein kellner, E., "On the Interpretation of the svabhāvahetuḥ", *Wiener Zeitschrift fur die Kunde des Sudasiens*, 18, 1974, pp.117-129; Matsumoto, S., "Svabhāvapratibandha", *Journal of Indian and Buddhist Studies*,

30-1, 1981, pp.498-494.]

타우셔 씨는 필자의 논의는 필자가 '이유'(영역에서는 reason)라고 번역한 티베트어 'rgyu mtshan'에 대한 오해에 근거하고 있는 것이 분명하다고 논하고, 이 말에 대한 자신의 해석으로서 이 말은 대응하는 범어 'nimitta'와 동의이며, 따라서 'Merkmal' 'Anzeichen' 나아가 슈미트하우젠 박사의 설을 따라 'characteristic feature' 등을 의미한다고 논하였다.

이것에 대하여 필자의 결론을 말하면 총카파의 텍스트에서 사용되고 있는 'rgyu mtshan'이란 말은 역시 '이유'라고 해석해야 할 것으로 생각된다. 'rgyu mtshan'이 범어 'nimitta'의 역어로서 사용되는 것은 필자도 인정하지만, 그러나 이 말은 티베트 인 저작에 있어서는 'nimitta'의 어의와는 크게 떨어져있어 오히려 '이유'를 의미한다고 생각한다. 그것은 여러 티베트어 사전에서 알려진다.

예를 들면 『藏漢大辭典』(*Bod rgyu tshig mdsod chen mo* 北京, 1985年, 上, 570項)을 보면 'rgyu mtshan'의 설명으로서 먼저 "sgrub byed dam go byed", 즉 '증명하는 것 또는 이해시키는 것'이라는 말이 나오며 그 뒤에 '원인, 이유, 도리, 정형'이라는 중국어가 나온다. 그리고 바로 그 뒤에 "hur brtson byed dgos paḥi rgyu mtshan ha caṅ gsal po ḥdug"이라는 예문이 보이며 이것은 "노력하지 않으면 안 되는 이유(rgyu mtshan)는 매우 분명하다."라고 번역해야 할 것이다.

또 Jäschke, H. A., *A Tibetan English Dictionary*, London, 1881, p.111에서는 'rgyu mtshan'에 대하여 먼저 그것에 대응하는 범어 'nimitta'가 제시되며 다음에 그 어의로서 "1. cause"와 "2. token, sign, characteristic, proof, evidence"의 2종이 나타나고 있다. 후자의 "token, sign, characteristic"은 기본적으로

'nimitta'의 어의와 일치한다. 그러나 티베트어로 쓰여진 문헌에서 중요한 것은 오히려 전자의 'cause' 쪽으로 그 예문으로서 "rgyu mtshan ḥdri ba"라는 것이 먼저 제시된다. 이것은 "to ask after the cause"라고 영역되어 있지만, 필자로서는 "이유를 묻다."라고 번역하고 싶다. 또 "ṅaḥi naṅ nas phye khyer baḥi rgyu mtshan śod"라는 예문도 제시되지만 이것은 "나에게서 보리를 가지고 간 이유를 설명하라."고 번역할 수 있을 것이다.

따라서 'rgyu mtshan'이라는 티베트 말을 일반적으로 '이유'라고 번역하는 것은 어떠한 문제도 없을 것이다. 그러나 문제는 총카파가 이 말을 어떠한 의미로 사용했는가, 특히 필자가 문제로 삼은 "rten ḥbrel yin paḥi rgyu mtshan gyis raṅ bshin gyis stoṅ pa kho nar gsuṅs te"(LR, pa.351a3-4) 등에 있어 어떠한 의미로 쓰였는가 하는 것이다. 타우셔 씨는 여기에서 '연기'는 '공성'의 '이유'라고 서술된 것은 아니라고 해석한다. 그러면 타우셔 씨는 이 문장의 약간 앞에 나타나는 다음의 구절을 어떻게 해석하고 있는 것일까.

> 〔『근본중송』〕 제24장에 "무엇이든 연기한 것, 그것을 공성이라고 우리들은 말한다. 그것〔=공성〕은 의존하여 가설된 것(prajñaptir upādāya)이며, 그것〔=공성〕만이 중도이다. 연기하고 있지 않은 법은 어떠한 것도 존재하지 않는다. 그런 까닭에 불공(aśunya)인 법은 어떠한 것도 존재하지 않는다."(24-18 · 19)와, "연기에 자성에 대하여 공인 것이 변충하고 있다."(rten ḥbrel la raṅ bshin gyis stoṅ pas khyab pa)와 〔나가르주나가〕 설하신 이것에 대하여 "인연에 의해 생기는 것에 자성에 대하여 성립하고 있는 것이 변충하고 있다."라고 반대로(bzlog nas) 말해서는 안 된다.(LR, pa, 350 b2-3)

여기에서 총카파는 "연기가 공성(무자성성)에 의해 변충되어 있다."(어떤 것이 연기한다면 그것은 공이다)라는 논리적 관계를 인정하고, "연기가 유자성성에 의해 변충되어 있다."(어떤 것이 연기한다면 그것은 유자성〔불공〕이다)라는 논리적 관계를 부정하고 있다. 여기에 '연기'가 '공성'의 논리적 '이유'가 되고 있는 것이 분명하지 않는가.

그것에 덧붙여 말하면 타우서 씨가 주의하고 있듯이 웨이만도 'rgyu mtshan'을 '이유'로 해석한 것은 앞서든 문장(LR, pa, 351a3-4)을 그가 "This states that it is only void of self-existence because it has origination in dependence."(Calming, p.195)라고 번역한 것으로 분명하며, 더욱이 法尊도 "此等唯說 由緣起因故自性空"(17卷, 32左)으로 되어 있어 동일한 이해를 보이고 있다.

또 만약 타우서 씨가 말하듯이 '연기'와 '공성'이 동일한 사태에 대한 두 가지 표시(Bezeichnung)에 지나지 않는다고 한다면 총카파는 '공성'을 '연기의 실의(de ñid)'라고 부른 것과 동일하게 '연기'에 대해서도 '공성의 실의'라고 표현해야 할 것이다. 그러나 그와 같은 표현은 필자가 보는 한 총카파의 것으로 알려지지 않는다. 타우서 씨는 필자가 〔부기〕 모두에 인용한 문장에서

> 그〔=총카파〕는 '연기'와 '무자성'의 조화, 비모순성을 "무자성인 것이 연기한다"라는 형태로 역설하고 있다. 그러나 엄밀하게 총카파의 견해를 검토해 보면

이라고 말한 것을 놓쳐버린 것인지도 모른다. 필자 자신 본장에서 서술했듯이 총카파 중관사상의 근본동기를 '연기설의 옹호'로 인정

하고 있는 것이다. 그럼에도 불구하고 총카파에 있어 '연기'와 '공성'이 완전히 같은 의미를 가지고 있는가라고 한다면 필자는 그렇게는 생각지 않는다. 이 점에 대하여 『縁起と空』, pp.355-359를 참조해 주길 바란다. 거기에서는 총카파와 중관파에 있어 '연기'와 '공성'의 차이라고 하는 것을 "연기인가, 공인가."라는 2자 택일의 형태로 문제 삼고 있다.

더욱이 타우셔 씨는 총카파의 『道次第略示(*Lam gyi rim pa mdo tsam du bstan pa*, P.No.6077)』의 문장을 인용해 거기에는 '연기'와 '공성'이 반대의 관계로, 즉 '공성'→'연기'라는 관계로서 서술되고 있다고 주장하고 있는 것 같지만, 타우셔 씨의 해석이 정확한지 어떤지는 확정할 수 없다. 특히 타우셔 씨가 "nachdem man eben diese (Tatsache) als Grund genommen hat"로 번역한 "de ñid kyis rkyen(북경판의 'rgyen'은 CWT, thor bu, kha, 198a5에 의해 'rkyen'으로 정정하여야 한다. 타우셔 씨가 오직 북경판만을 제시한 이유는 분명치 않다.) byas nas"라는 구, 즉 "다름 아닌 그것이 연이 되어"라는 구에 논리적 관계가 담겨있는지는 의문이다. 타우셔 씨는 이 'rkyen'(연)을 'rgyu mtshan'과 동일시하는 것 같지만, 적어도 여기에 'rgyu mtshan'이란 말은 쓰이지 않는 것은 확실하다.

또 타우셔 씨는 이 〔부기〕 가운데 앞서 인용한 총카파의 문장에서도 인용되고 있는 『근본중송』 제24장 18게에 대하여 '연기'와 '공성'의 '동일성'이 설해지고 있는 것 같은 해석을 해당 주기의 마지막에 보이고 있지만, "무엇이든 연기인 것 그것을 공성이라고 우리들은 말한다."라고 하는 게송은 양자의 '동일성'이 아니라 '연기→공성'이라는 논리적 관계라고 하는 것이 필자의 견해이며 바로 동일한 해석을 총카파도 앞의 문장에서 '변충'이라는 용어를 사용해 보이고 있는 것이다.

타우서 씨는 필자의 견해를 비판한 주기에서 '연기'와 '공성'의 '동일성' 등과 같은 안이한 말을 일체 사용하고 있지 않다. 그러나 위에 제시된 씨의 해석은 씨가 'Tatsache'를 강조하는 것과 관련하여 '동일성'을 지향하는 것으로 필자에게는 비쳐진다.

최근 필자는 "Buddhism, or critique of Tathāgatagarbha thought, is none other than critique of 'self' or 'identity'" ("Critiques of Tathāgatagarbha Thought in Buddhist Philosophy", 『駒澤大學佛教學部硏究紀要』 55, 1997, p.219)라고 논했으며, 모든 면에서 항상 '차이'와 '비동일성'을 분명히 탐구해야할 것으로 생각한다.

제10장

•

총카파와 이변중관설

제1절 총카파에 있어서 2종 부정의 의미

이 논문의 목적은, 필자가 앞장에서 제시한 논문 중에 "나가르주나로부터 총카파에 이르기까지의 중관사상의 역사라는 것은 이 두 사람의 사상을 제거한다면 완전히 '이변중관설' 자체의 역사이다."[1] 라고 기술한 것을 보다 명확하게 논증하는 것에 있다.

우선 본론의 주제를 밝히기 위해 총카파가 말한 실로 '놀라운 언명'을 소개하고자 한다. 총카파는 그의 저작인 『정리해(正理海, *Rigs paḥi rgya mtsho*, RG)』에서 일반적으로 중관파가 사용하는 부정의 종류로 간주되는 '절대부정(med dgag, prasajyapratiṣedha)'에 대해 그 의미를 다음과 같이 설명하고 있다.

〔1〕 자성을 부정할 때는 모두 절대부정이 증인(證因, rtags)에 의해 긍정되어야만 할 것(bsgrub bya, 증명되어야만 할 것)이다. 따라서 『명구론(明句論)』(*Tshigs gsal, prasannapadā*)에서 "모든 비량(比量, anumāna)은 타자의 주장을 부정하는 것만(parapratijñāpratiṣedhamātra)을 결과로 삼기 때문에"[2]라고 설한 것도[3],

1) 본서 제9장, pp.392-396 참조.

2) Pras, p.24, *l*.5.

3) 총카파 독자의 '…yaṅ(…도)', …yaṅ…min(…도…아니다)의 용법에 주의해야 한다. 이것에 대해서는 이미 第8장 p.348, p.355, 註 17)에서 약간 언급하였지만, 총카파는 'A도 B가 아니다'는 형식을 '경전의 근거로 삼은 A라는 텍스트의 의미를 B라는 일반적 이해로서 해석해서는 안 된다'라고 기술할 때에 자주 사용한다. 그러나 많은 경우에 B라는 일반적 이해 쪽이 A라는 텍스트(『근본중송』이나 『명구론』 등)에 대하여 적절하고 자연스러운 해석이라고 할 수 있다. 이러한 현상이 생긴 것은 총카파의 중관사상이 그 이전의 중관사상의 흐름에 대하여 완전히 역전된 것이라는 의미를 가지기 때문이다.

자성이 존재하는 것을 배제=〔부정〕하는 것만(raṅ bshin yod pa rnam par bcad shig)〔=자성이 존재하지 않는 것〕〔A〕을 모든 논증식(sbyor ba)으로 긍정(sgrub, 증명)하는 것이며, 그것(A)과는 다른 타법(他法, chos gshan)을 긍정하지 않는다는 의미이기 때문에, "자성이 존재하는 것(raṅ bshin yod pa)을 부정하지만, 〔자성이〕 존재하지 않는 것을 긍정하는 것은 아니다."라는 것은 있을 수 없다(min)는 것이다.(RG, ba, 25a2-3)

그렇다면 총카파의 논술이 무엇 때문에 '놀라운 언명'인가. 그것은 그가 여기서 '절대부정'이라고 말하고 있는 것이 바비베카(Bhāviveka, 淸弁, 490~570) 이래로 중관사상사에 도입된 '절대부정(prasajya-pratiṣedha)'의 사고방식과는 전혀 다른 이질적인 것이기 때문이다. '절대부정(prasajya-pratiṣedha)'에 관한 총카파의 해석은

〔2〕 단지 자성의 부정만(raṅ bshin bkag tsam)〔A〕이라는 것은 다른 법을 긍정하는 것(sgrub pa)을 배제〔=부정〕하는(gcod) 것이지만, 단지 자성의 부정만〔=자성이 존재하지 않는 것〕〔A〕을 긍정하는 것(sgrub par byed pa)은 결코 배제하지 않기 때문에, '이것을' 절대부정이라고 나타내는 의미이다.(RG, ba, 25a2-3)

라는 논술에도 보이지만, 가장 중요한 점은 어떤 것 X(예, 자성)〔부정대상〕의 절대부정을 비(非)X(예, 무자성)의 긍정(sgrub pa, sādhana, vidhi)이고, 비X〔A〕라는 것은 다른 것의 긍정이 아니라는 점이 인정된다. 절대부정을 '비X의 긍정', 이른바 '부정대상의 부정의 긍정'이라고 해석하는 총카파의 이해는 중관사상사에 그 전

례가 없는 것이며, 적어도 바비베카의 'prasajya-pratiṣedha'에 대한 해석의 입장에서 보면 완전한 오해이거나 아니면 의도적 곡해라고 말할 수밖에 없다.

그렇다면 바비베카가 중관사상사에 도입한 'prasajya-pratiṣedha'라는 것은 어떤 사고방식인가. 이것에 대해 고찰하기 전에 먼저 총카파의 '2종 부정'의 해석에 대해 조금 검토해 보고자 한다. 그는 『정리해』에서 다음과 같이 기술하고 있다.

〔3〕 절대부정(med dgag)이란 혜(慧, blo)에 의해 부정대상(dgag bya)〔X〕을 실제로(dṅos su) 배제하고서 〔부정대상의 부정(비X)과는 다른〕 타법(他法)을 투여하지 않는 것(mi ḥphen pa), 또는 긍정하지 않는 것(mi sgrub pa)이다. …… 상대부정(ma yin dgag, paryudāsa)이란 혜(慧)에 의해 부정대상〔X〕을 배제〔=부정〕하고 나서 〔부정대상의 부정(비X)과는 다른〕 타법을 투여하는 것, 또는 긍정하는 것이다.(RG, ba, 23b6-24a3)

이 '2종 부정'에 관한 총카파의 해석은 이미 『정리해』 이전의 저작인 『선설심수(善說心髓, *Legs bśad sñin po*, LÑ)』에도 나타나지만4), 어떠한 저작에서도 그는 그 해석의 전거(典據)로서 바비베카의 『사택염(思擇炎, Tarkajvālā, TJ)』에 보이는 '2종 부정'의 설명을 인용하여 전거로 삼고 있다. 그 중에 『선설심수』에서 인용되는 것은 다음과 같다.

〔4〕 상대부정(paryudāsa)이란 사물의 성질(dṅos poḥi ṅo ñid, bhāva-svabhāva)〔X〕을 부정하는 것에 의해 그것〔X〕과 동종류(de

4) Cf. LÑ, pha, 113b6-114a3.

daṅ ḥdra ba)의, 나아가 그것〔X〕과는 다른 사물의 성질을 긍정하는 것이다(sgrub par byed pa). 예를 들면 '그는 바라문이 아니다'고 부정하는 것에 의해 바라문〔X〕과 동종류이자, 더욱이 그것(바라문)과는 다른 비바라문, 이른바 고행과 학식 등을 결여한 '슈드라'라고 긍정하는 것과 같은 것이다.

한편 절대부정이란 〔어떤〕 사물의 성질〔X〕만을 부정하는 것뿐으로, 그것과의 동종류의, 더욱이 그것이 아닌 다른 사물(gshan gyi dṅos po)[5]을 긍정하지 않는 것이다. 예를 들면 "바라문은 술을 마셔서는 안 된다."는 그것만을 부정할 뿐으로, "그것과는 다른 음료수는 마셔도 된다."라는가, "그것과는 다른 음료수도 마시지 마라."라고 말하지 않는 것과 같은 것이다.(TJ, dsa, 59b4-6)

총카파는 이 『사택염』의 논술을 근거로 하여 자기의 '2종 부정'의 해석을 제시하기 때문에 그의 해석은 얼핏 보면 『사택염』의 그것과 일치하는 것처럼 보인다. 즉 '다른 법'(chos gshan)〔=총카파의 말〕, '다른 사물'(gshan gyi dṅos po)〔=바비베카의 말〕을 긍정하는가 긍정하지 않는가에 의해 '상대부정'과 '절대부정'을 나누는 점에서, 양자의 해석은 일치하고 있는 듯한 인상을 독자로 하여금 불러일으킨다. 그러나 이것은 착각에 불과하다.

'부정대상을 배제(부정)하고 나서 다른 법을 긍정하는 것'이라는 총카파의 상대부정에 관한 정의를 참고로 하여 생각해보자. 여기서 '다른 법'이란 무엇을 의미하는 것일까. 이 정의를 소박하게 살펴보는 한 그것은 부정대상과는 것은 다른 것, 즉 별도의 법을 의미하

---

5) 원어를 'para-bhāva'로 상정하였다. 이 경우에 'bhāva'는 '존재' '존재성' '존재자' '사물' '물건'의 의미와 함께 'dharma', 즉 '성질' 의 의미도 있다는 것에 주의해야 한다.

는 것처럼 보인다. 즉 부정대상을 X라고 한다면 'X와는 다른 것'이 '다른 법'인 것처럼 보인다. '다른 법'을 'X와는 다른 것'라고 해석하는 것은 『사택염』과의 관계에서 말하면 완전히 정확하다고 말할 수 있을 것이다. 『사택염』의 비유에서는 부정대상〔X〕인 바라문이나 술 이외의 것(X와는 다른 것)을 '다른 사물'이라고 규정하기 때문이다.[6] 그러나 놀랍게도 총카파의 경우에 '다른 법'이라는 것은 결코 부정대상(X) 이외의 것(X와는 다른 것)이 아니고, 부정대상의 부정(無 · 非存在)〔비X=A〕과 다른 것을 의미한다. 왜냐하면 〔1〕〔2〕에 나타난 것처럼 총카파에 의해 '자성이 존재하는 것'을 부정대상〔X〕이라고 할 때, 그 부정대상의 부정〔비X=A〕인 '자성이 존재하지 않는 것'을 긍정하여, 그것과는 다른 '다른 법'(〔비X=A〕)와는 다른 것)을 긍정하지 않는 것이, 절대부정이라고 설하고 있기 때문이다.

따라서 총카파의 '절대부정'이나 '2종 부정'의 사고방식은 『사택염』에 설해진 것과 표현적으로 언뜻 보면 유사한 것처럼 보이지만, 의미하는 것은 전혀 다르다. 즉 『사택염』에서도 총카파에 있어서도 절대부정은 '다른 사물' '다른 법'을 긍정하지 않는 것이라고 하지만, 이 '다른 사물' '다른 법'이 의미하는 바가 양자에 있어서 다르다. 다시 말해 『사택염』에서는 '다른 사물'은 "부정대상〔X〕과는 다른 것"이지만, 총카파에서 '다른 법'이란 "부정대상〔X〕의 부정〔비X〕과는 다

---

6) 단지 『사택염』에서 '다른 사물'에 '그것과 동 종류의'라는 한정어가 붙여져 있는 것은 무시할 수 없다. 이른바 '다른 사물'이라는 것은 예를 들면 '바라문' 이외의 '구름' 등을 의미하는 것도 아니고 또한 바라문 이외의 모든 것을 의미하는 것도 아니다. 즉 바라문과 동종류인 크샤트리야, 바이샤, 슈드라 등의 여러 개념 중에서 바라문 이외의 것을 하나 가리킨다. 따라서 『사택염』에서 '다른 사물'과 부정대상X 사이에는 모순관계가 없고, 그러므로 '다른 사물'을 '비X'로 표현해서는 안 된다.

른 것"이라는 것이다. 이 차이는 결정적인 것이다. 에지마 야스노리(江島惠教) 교수는 바비베카의 'paryudāsa' 'prasajyapratiṣedha'을 각각 '정립적 부정(定立的 否定)' '비정립적 부정(非定立的 否定)'으로 번역하고, 그 의미를 다음과 같이 설명하고 있다.

> 존재의 부정을 정립적 부정이라고 간주한다면, 그것은 존재의 모순개념인 비존재의 정립을 의미한다. 그런데 그것을 비정립적 부정으로 해석하면 모순개념(contradictory concept)인 비존재는 물론 존재 이외의 어떤 반대개념(contrary concept)도 나오지 않는다. 부정은 그 부정대상의 부정으로 완결되어 버리기 때문이다.[7]

여기에 보이는 에지마 교수의 설명도, '정립적 부정' '비정립적 부정'이라는 개념도, 바비베카에 관해서는 거의 타당하다고 생각된다. 그러나 'prasajya-pratiṣedha'에 상당하는 티베트어 'med dgag'을 총카파에서는 '비정립적 부정'이라고 번역할 수없다. 이미 기술하였듯이 총카파에게 있어 '정립적 부정(비X의 긍정)'을 의미하기 때문이다.

또한 바비베카는 'paryudāsa'는 모순율·배중률에 따르지만, 'prasajya-pratiṣedha'는 단순히 X의 부정만으로 그치고, 모순율·배중률에 따르지 않는다. 그러나 총카파는 상대부정과 똑같이 절대부정도 모순율·배중률에 완전히 규정된다는 것을 다음과 같이 강조하고 있다.

> 〔5〕 부정대상〔X〕의 부정(rnam par gcod pa)〔비X〕과 〔부정대상의〕 부정(bkag pa)〔비X〕의 긍정(yoṅs su gcod pa)이라는 양

7) 『展開』, p.120.

자는 한쪽이 존재하지 않으면 다른 한쪽도 존재하지 않기 때문이다.(LÑ, pha,116a1)

〔6〕 또 제3의 집합(phuṅ gsum)을 배제(sel ba)하는, 직접적으로 모순되고 있는 둘(dṅos ḥgal) 중의 한쪽을 나타낼 수 없다고 한다면, '유무(有無)와 일다(一多) 등 중에서 어느 한쪽을 주장하는가'라고 이변(二邊)으로 확정한(kha tshon bcad pa) 고찰을 하고 나서 부정을 할 수가 없다. 〔그 한쪽을 나타낼 수〕 있다면, 직접적으로 모순되고 있는 둘 중의 한쪽〔X〕을 부정하는 것은, 다른 쪽〔비X〕을 긍정하는 것 없다면, 없는 것이다. 『중관광명론(中觀光明論, *dBu ma snaṅ ba, Madhyamakāloka*)』에서 "서로를 배제하고 존재하는 상(相)(phan tshun spaṅs te gnas paḥi mtshan ñid, paraspara-parihāra-sthita-lakṣaṇa)"을 가진 두 개의 법은, 한쪽을 부정하는 것은, 다른 쪽을 긍정하는 일이 없다면, 없기 때문에, 〔그〕 양자가 아니라는 주장을 상정하는 것도 불합리하다."[8)]……

---

8) Cf. MĀ, sa, 191a4-5. 단지 이 인용문의 말미는 『정리해』에서 'rigs pa ma yin no'라고 한 곳을 『중관광명론』에서는 'rigs pa daṅ ldan pa ma yin no'로 되어 있다. 이것은 북경판(sa, 209b4)과 동일하다. 게다가 'paraspara-parihāra-sthita-lakṣaṇa'라는 산스크리트 원어는 『현관장엄론광명(*Abhisamayālaṃkārālokā*, AAĀ)』〔p.635, *ll.*13-23〕의 구절에 따라 보충한 것이다. 이 한 구절은 '모순'에 관한 『중관광명론』의 여러 논술과 비슷한 관계에 있어 그 산스크리트어를 상정할 때는 중요하다. 다음의 문장은 이것을 잘 나타내고 있다.
"yau ca paraspara-parihāra-sthita-lakṣaṇa tāv eka-viddhā nasyāpara-pratiṣedha-nāntarīyakatvād rāśyantarābhāvaṃ ga mayataḥ" (AAĀ, p.635, *ll.*18-20)
"어떤 것이든 서로 배제하고 존재하는 상(相)을 가진 둘은, 한쪽을 긍정하는 것은 다른 한 쪽을 부정하는 것이 없다고 한다면 없는 것이기 때문에, 다른 집합(rāśy-antara)의 비존재(없다는 것)가 알려진다."
특히 'vyavaccheda'(rnam par bcad pa), 'pariccheda'〔na〕(yoṅs su

라고 설한 것과 같다.

(i) 〔상대부정과 절대부정이라는〕 둘의 부정에 대한 정의와, (ii) 자성을 부정하는 증인에 의해 긍정되어야할 것(bsgrub bya)이 절대부정이라는 것과, (iii) 직접적으로 모순되고 있는 양자 중의 한쪽을 배제〔=부정〕한다고 (rnam par bcad)하면 반드시 다른 쪽을 긍정하는 것이 되는 것과, 한 쪽을 부정한다(ḥgog)면 반드시 다른 쪽을 긍정하는 것(sgrub)이 된다는 것에 있어서는 중관 귀류파와 자립파 사이에 차이는 없다.(RG, ba, 25b3-26a2)

여기서 총카파는 자립파로 간주되는 카말라쉴라(Kamalaśīla)의 『중관광명론』에 보이는 '모순'에 관한 논술을 근거로 'X의 부정'은 반드시 '비X의 긍정'을 의미한다는 자기의 '절대부정'의 해석을 보이고 있다. 이 기술 서두에 있는 '제3의 집합(rāśi)'이라는 것은 'X'도 아니고, 비X도 아닌 제3자를 말하는 것으로, 이 제3자를 배제하는 것은 일반적으로 말하는 배중률과 다르지 않다.

그런데 총카파는 이와 같이 두 종류의 부정 모두가 모순율과 배중률에 따른다는 것을 강조하고 있지만, 그의 두 종류의 부정의 해석에 대해 논리적으로 좀더 엄밀히 살펴보자. 이미 언급하였지만, 그에게 있어서 절대부정이라는 것은 '부정대상〔X〕의 부정〔비X=A〕의 긍정'을 의미하는 것으로, 그것〔비X=A〕이라는 것은 별도의 '다른 법'을 긍정하는 것이 아니라는 것이다. 그러나 여기서 주의해야할 것은, 총카파에 있어서 'X'와 '비X'〔A〕 사이의 관계와 '비X'〔A〕와 〔다른 법〕 사이의 관계는 전혀 다른 것이다. 즉 전자는 '모순(virodha, paraspara-parihāra-shita-lakṣaṇa)'의 관계라고 말할 수 있지만, 후자는 그렇지 않다. 만약 후자 사이의 관계도

gcod pa)라는 말도 거기에 나타나고 있다.

'모순'이라고 한다면, 다시 말해 'A'와 '비A'의 관계와 같다고 한다면 'A'는 '비X'이기 때문에 '비A'는 다시 'X'가 되지 않으면 안 된다. 그러나 총카파의 경우 '다른 법'은 '비A'〔X〕가 아니며 곧 '다른 법'이라는 것은 결코 부정대상이 아니다. 총카파의 '절대부정'의 관념은 다음의 3항목으로 구성되어 있다.

ⓐ=부정대상
ⓑ=부정대상의 부정〔비ⓐ〕
ⓒ=다른 법〔=부정대상의 부정(ⓑ)과는 다른 것〕

앞에서 기술한 것처럼 ⓐ와 ⓑ는 모순관계에 있지만, ⓑ와 ⓒ는 그렇지 않다.9) 또한 ⓐ와 ⓒ는 총카파에 의해 부정되지만, ⓑ만은 긍정된다.

그렇다면 총카파는 이들 3항목에 구체적으로 어떠한 개념·술어를 배당하고 있는가. 본론 서두의 〔1〕을 보면, ⓐ에는 '자성' 및 '자성이 존재하는 것'이 충당되며, ⓑ에는 '〔자성〕이 존재하지 않는 것'이 사용되고 있다. 그러나 ⓒ가 무엇을 가리키는가에 대해서는 나타내지 않았다. 그래서 다음의 논술을 살펴보자.

〔7〕 '자성은 없다'는 것은 단지 〔자성〕이 있다는 것의 부정만으로,

---

9) 총카파에 있어서 ⓑ와 ⓒ가 모순관계가 아니라는 것과 『사택염』에서 부정대상과 그것과는 다른〔異〕 '다른〔他〕 사물'이 모순관계가 아니라는 것은 명확하게 구별해야 한다. 이미 기술하였지만 총카파의 '다른 법'과 『사택염』의 '다른 사물'은 그것이 무엇으로부터 '다른〔他〕' 것이고, 무엇으로부터 '다르게〔異〕 존재하는 것'인가는 완전히 다르기 때문이다. 이른바 전자는 '부정대상의 부정'으로부터 '다르게 존재하는 것'이고, 후자는 '부정대상'으로부터 '다르게 존재하는 것'이다. 그러나 어쨌든 '다른〔他〕'이라는 말이 '모순'을 의미하지 않는다는 것은 일치하고 있다.

그것〔=자성이 없다는 것=자성이 있다는 것의 부정〕과는 다른 '자성이 없다는 것이 있다(raṅ bshin med pa yod)'라고 긍정하는 것이 아니다 라고 설명해야 하기 때문에. (RG, ba, 29b6-30a1)

〔8〕 만약 '자성이 없는 것이 있다(raṅ bshin med pa yod) 등으로 파악한다면 다른 법을 정리지(正理知, rigs śes)의 대상으로 투여함으로써 상대부정이 긍정되어야만 할 것(bsgrub bya, 설명되어야만 할 것)과 소비(所比, gshal bya, 비량의 대상)가 되는 것이다.(RG, ba, 27a1)

여기서 ⓑ는 '자성이 없다는 것', ⓒ는 '자성이 없는 것이 있다는 것'이라고 하여, 기본적으로 ⓑ에 '……가 있다는 것(……yod pa)'이 부가되어 ⓒ가 된다는 것을 알 수 있다.

그런데 『선설심수』에는 '절대부정'에 관한 총카파의 해석을 전형적으로 나타내는 중요한 문장이 몇 개 보인다. 이것들에 대해서는 앞에서 언급한 ⓐ ⓑ ⓒ와 대응에 주의하면서 고찰해보기로 하자. 먼저 다음과 같은 문장이 있다.

〔9〕 '「식물의」 싹과 같은 것에 승의로서는(don dam par) 자성이 없다'라고 말해지는 것도, 승의로서는 자성이 있는 것〔ⓐ〕의 부정만〔=자성이 없는 것〕〔ⓑ〕을 긍정하는 것(sgrub pa)이며, 그것〔ⓑ〕과는 다른 '진실로서는 없다는 것(bden med)〔ⓑ〕이 있다는 것〔ⓒ〕'을 긍정하는 것이 아니라는 의미이다. 『석(釋, *ḥGrel bśad*, *ṭīkā*)』이 존재하는 『반야등론(般若燈論, *Prajñāpradīpa*)』에서도 상대부정〔ⓒ〕이 긍정되어야만 할 것(bsgrub bya)이 아니라 절대부정〔ⓑ〕이 〔긍정되어야만 할 것〕이라는 의미이라고 설명되어 있다.(LÑ, pha, 116b2-4)

여기서 '진실로 없다는 것'은 직전의 '승의로서 자성이 없다'는 말을 이어받아 '승의로서 자성이 없다는 것'을 의미하는 것이다. 여기서도 ⓒ는 ⓑ의 "yod pa"의 의미인 '……이 있다는 것'이 부가되어 형성되고 있다[10]. 후반부에서 총카파는 2종의 부정에 대해 언급하고 있지만, 이미 기술한 것처럼 총카파가 말하는 '절대부정'은 바비베카의 'prasajya-pratiṣedha'의 관념과는 본질적으로 다르다. 게다가 다음의 인용문은 『선설심수』에서 철학적 논의의 말미(末尾)를 이루는 굉장히 중요한 문장이다.

〔10〕 (ⅰ) 따라서 싹이 진실로 성립하고 있는 것(bden grub)〔ⓐ〕과 〔싹이〕 진실로 없다는 것(bden med)〔ⓑ〕이 진실로 성립하고 있다는 것〔ⓒ〕의 양자를 〔동시에〕 부정할 수 있으므로, 〔이 양자는〕 한쪽을 부정하는 것에 의해 다른 한쪽이 긍정되는 것이 아니지만, 싹이 진실로 있는 것과〔ⓐ〕 진실로 없는 것〔ⓑ〕의 양자는 한쪽을 부정한다면 반드시 다른 한쪽이 긍정되는 것이므로 양자〔ⓐ ⓑ〕를 〔동시에〕 부정할 수 없다.……

(ⅱ) 승의로서 있다〔ⓐ〕는 것과, 〔승의로서〕 없다〔ⓑ〕는 양자도, 그것과 동일한 것으로, 양자를 〔동시에〕 부정할 수 없지만, 승의로

10) 총카파는 다음의 두 논술에 있어서도 ⓒ는 ⓑ에 'yod 〔pa〕'를 붙임으로서 성립된다.
"긍정되어야만 할 것〔所證〕이 절대부정이라는 것을 이해한다면, 승의로서 生起의 부정만〔ⓑ〕을 긍정하지만, 그것〔ⓑ〕이 아닌 '승의의 무생기가 있다'라고 긍정하지 않는 것이 이해됨으로…….”(LÑ, pha, 117a1)
"부정대상인 희론의 부정만〔ⓑ〕을 파악하지 않고, 그것〔ⓑ〕과는 별도로 '자아가 없는 것이 있는 것' 등의 투여된 다른 법을 파악한다면 진실집착의 相을 행하는 것이고…….”(RG, ba, 29a5)

서 있는 것〔ⓐ〕과, 승의로서 없는 것〔ⓑ〕이 승의로서 있다는 것〔ⓒ〕의, 그것들 양자를 〔동시에〕 부정할 수 있다.

(iii) 이것에 대하여 실재론자(dṅos por smra ba)[11]들은 부정대상(dgag bya)이 진실하지 않다(非眞實, mi bden)면 그것의 부정은 진실이고, 부정이 진실하지 않다면 부정대상은 진실이라고 주장하는 것이므로, 〔부정대상과 그것의 부정의 양자가 진실이라는 것을 〔ⓐ ⓒ〕 부정할 수 없는 것이다. 중관파들은 그 2변〔ⓐ ⓒ〕의 양쪽 다를 버린 중도〔ⓑ〕, 즉 심심(甚深), 불가득(不可得)하여 요의(了義, ṅes paḥi don)한 것을 성언과 정리에 의해 바르게 긍정(bsgrub 증명)하여 승자(勝者)의 설법의 진수를 모든 방향으로 넓혔던 것이다.(LÑ, pha, 117a3-2)

이 중에서 우선 (ⅰ)에서 ⓐ와 ⓑ는 모순관계이지만, ⓐ와 ⓒ는 그렇지 않다는 것이 명백하게 언급되고 있다. 또한 '진실로 성립하고 있는 것(bden grub)'과 '진실로 있는 것(bden yod)'의 양쪽 모두가 ⓐ를 나타내는 것으로, 같은 의미로 사용되고 있다. 게다가 ⓑ로부터 ⓒ가 형성되는 경우에는 ⓑ에 단순히 '……이 있다는 것(yod pa)'이 첨가되는 것이 아니고 '……이 진실로 성립하고 있다는 것(bden grub)'이 부가되는 것에 의해 ⓒ가 얻어진다. 이것은 ⓐ의 부정인 ⓑ를 실재적, 유자성적인 것으로 집착하는 집착의 대상〔내용〕이 ⓒ라는 것을 나타내는 것이다. 이른바 ⓒ는 ⓑ가 단순히 '있다는 것' 보다는 실재시되어진 것으로 '실재로서 있는 것(bden yod, bden grub, don dam par bden pa)'을 의미하는 것이다.

---

11) 총카파에 있어서 '실재론자'는 '승의로서 자성은 있다'라고 주장하는 자. 이른바 '言說有自性'을 인정하는 '자립파' 이외의 유자성론자를 가리키는 것 같다. 본서 제8장 pp.355-356 참조.

이처럼 계속해서 (ii)에서 '승의로서 없다는 것'인 ⓑ가 '승의로서 있다는 것'이야말로 ⓒ라고 하는 것의 의미가 이해될 것이다.

여기서도 ⓐ와 ⓑ는 모순관계이고, ⓐ와 ⓒ는 그렇지 않다는 것이 강조되고 있지만, 거기에 특히 총카파의 '이변중관설(離邊中觀說)' 비판이 명백하게 나타난다. 즉 총카파에 의하면 ⓐ인 '승의로서 있다는 것'과 ⓑ인 '승의로서 없다는 것'은 모순관계에 있기 때문에 동시에 이것을 부정할 수 없음에도 불구하고, 배중률을 무시하고 이것을 무리하게 부정해버린 것[12]이 총카파가 비판하는 '이변중관설'이고, ⓐ인 '승의로서 있다는 것'과 ⓒ인 '승의로서 없다는 것이 승의로서 있다는 것'의 양쪽 모두를 부정하는 것이 총카파의 설인 것이다. 총카파는 다음의 (iii)에서 ⓐ와 ⓒ를 떠나는 것을 '이변'이라고 하여, 거기서 자신의 '이변중관'설을 말하고 있다.[13]

그러나 '이변'이라는 말은 같지만, 기본적으로 ⓐ와 ⓑ를 '변'이라고 간주하고, 이것들 양쪽을 모두 부정하는 반논리주의인 '이변중관설'과 ⓐ와 ⓑ의 모순을 강조하여 ⓐ와 ⓒ를 '변', 즉 유자성적인 견해로서 배척하는 논리주의인 총카파의 입장과는 그 내용이 완전히 다르다는 것을 알 수 있다. 마지막으로 인용한 총카파의 논술에서, 총카파의 '절대부정'의 관념을 구성하는 ⓐ ⓑ ⓒ의 3요소에 어떠한 술어가 배당되었는가, 그 원어를 정리하여 나타내고자 한다.

ⓐ=〔dgag bya〕 raṅ bshin yod pa, don dam par raṅ bshin yod pa, bden grub, don dam par yod pa, bden pa→

---

12) 총카파는 배중율을 무시하는 '이변중관설'의 지지자를 '미친 사람(狂人)'이라고 부르고 있다. 본서 제9장, pp.420-421 참조.

13) 엄밀하게 말하면 거기서 총카파는 ⓐ와 ⓒ를 '邊'으로서 부정하고, ⓑ를 '중도'로서 긍정하는 것이 중관파라고 논하고 있다고 말할 수 있다.

〔mthaḥ〕

ⓑ=〔bkag pa〕 raṅ bshin med pa, raṅ bshin yod pa rnam par bcad pa tsam shig, raṅ bshin bkag tsam, bden med, don dam par med pa→(med dgag, bsgrub bya)〔dbu maḥi lam〕

ⓒ=〔cho gshan〕 raṅ bshin med pa yod pa, bden med yod pa, bden med bden grub, don dam du med pa don dam du yod pa, bden pa→(ma yin dgag)〔mthaḥ〕

이 중에서 괄호로 보충한 것은 해당하는 술어 보다는 그것의 논리적인 의미를 표시한 것이다. 총카파의 입장에서 보면 ⓐ가 유변(有邊), ⓒ가 무변(無邊), ⓑ가 이변중도(離邊中道)가 되는 것이다.

이상과 같은 논술에 의해 총카파가 주장하는 '절대부정'의 논리적 구조가 거의 밝혀졌다고 생각한다. 이것은 바비베카가 말하는 'prasajya-pratiṣedha'와는 완전히 다른 것이다. 오히려 '부정대상의 부정(비X)의 긍정'이라는 구조를 가진 것이다. 그러나 이 결론은 중관사상사의 해석에 관하여 커다란 문제를 제기한 것이라고 말할 수 있다. 따라서 다음 절에서는 바비베카의 'prasajya-pratiṣedha' 이론에 대해 더욱 고찰하여 '이변중관설' 비판을 그 사상적 본질로 하는 총카파의 입장과 'prasajya-pratiṣedha' 이론과의 관계에 대하여 고찰해 보기로 한다.

제2절 바비베카의 'prasajya-pratiṣedha' 이론

이미 살펴본 것처럼 총카파는 2종 부정에 관한 자기의 해석을 제시할 때 그 전거로서 『사택염』을 인용하고 있고, 본질적인 논의에 있어서 『반야등론』은 인용하지 않고 있다. 주지하다시피 바비베카의 2종 부정의 이론은 『반야등론』과 『사택염』 사이에는 내용적으로 상당한 차이점이 나타나지만, 필자가 보는 한 『반야등론』의 설명이 보다 원리적이고 중요하다고 생각한다. 그러나 총카파는 『반야등론』에 있어서 2종 부정의 설명을 상세하게 인용할 수가 없었다.[14] 왜냐하면 바비베카의 의도와는 완전히 반대인 총카파의 2종 부정에 관한 해석은 『반야등론』을 그 전거로 인용하는 것은 불가능하였기 때문이다. 즉 그가 『사택염』에 따르고 있는 한 '다른 법을 투여하는가, 투여하지 않는가'라는 규정에 의해 상대부정과 절대부정을 나누는 논법을 사용하여 바비베카에 따르고 있다는 착각을 독자들에게 줄 수가 있었다. 그러나 『반야등론』에서의 보다 원리적이고 근본적인 2종 부정에 대한 이론의 설명을 인용하면, 이러한 기만은 이미 누구의 눈에라도 명백하게 드러날 것이다.

바비베카는 『반야등론』 제1장에서 2종 부정에 대해서 다음과 같이 설명하고 있다.

〔11〕 '스스로〔自〕로부터 〔생기한 것은 존재하지〕 않는다'(na svatas) 〔『근본중론』 1-1〕라는 이 부정은 'prasajya-pratiṣedha'의 의미라고 보아야할 것이다. 부정(dgag pa, pratiṣedha)을 중요한 것(gtso bo)으로 하고 있기 때문이며, 또한 모든 분멸망(分別

---

14) 江島 교수는 현존의 『사택염』은 『반야등론』의 저자인 바비베카(Bhāviveka)와는 다르며, 그 이후 Bhavya에 의해 저작된 것이라고 기술하고 있다. 江島惠教, 「Bhāvaviveka/ Bhavya/ Bhāviveka」, 『印佛硏』 38-2, 1990, p.480 참조. 이 논술이 바르다고 하다면 『반야등론』과 『사택염』 사이의 사상적 상위점을 탐구할 필요가 있을 것이다. 그러나 양 논서 사이에 2종 부정의 설명에 대해서도 상위점을 말할 수 있을 것인가.

網)을 부정하는 것(aśeṣa-kalpanā-jāla-pratiṣedha)에 의해[15] 모든 소지(所知, śes bya, jñeya)의 대상〔境〕을 구비한 무분별지(rnam par mi rtog paḥi ye śes, nirvikalpa-jñāna)가 성립하는 것이 〔나가르주나에 의해〕 의도되었기 때문이다.

'paryudāsa'가 채용된다면 그것은 긍정(sgrub pa, vidhi)을 중요한 것으로 하고 있기 때문에 '제법은 생기하지 않는 것이다(ma skyes, anutpanna)'〔=생기하지 않는 제법이 존재한다〕라고 긍정하는 것에 의해 무생기(無生起, skyes ba med pa)을 〔긍정적으로〕 설하는(ston pa) 것으로, 정설(定說, mdsad paḥi mthaḥ, kṛtānta)과는 멀어지게 된다. 왜냐하면 성언(聖言)에 '색(色)의 무생기(無生起)을 행한다면 반야바라밀을 행하는 것이 아니다'라고 나오기 때문이다.(PP, tsha, 48b6-49a1)

여기서는 우선 'prasajya-pratiṣedha'라는 것은 한결같이 부정하는 것이고, 'paryudāsa'는 긍정하는 것이라는 바비베카의 기본적 이해가 명시되어 있다. 그렇다면 'paryudāsa'는 무엇을 긍정하는가. 『사택염』에서처럼 그것은 '다른 사물(gshan gyi dṅos po)'이라고 말하고 있지 않은 것에 주의하여야 한다. 그것은 기본적으로 부정대상의 모순개념〔비X〕이라고 하고 있다. 즉 '생기하는 것(utpanna)'의 모순개념으로서 '생기하지 않는 것(anutpanna)'이고, '생기(utpāda)의 모순개념으로서의 '무생기(비생기, anutpā-

15) 텍스트에 '<u>rtogs</u> pa ma lus paḥi pa dra ba dgags pas'(PP, tsha, 48b7)가 있지만, 'rtogs'는 북경판(tsha, 58a4)에 따라서 'rtog'으로 읽는다. 또한 'aśeṣa-kalpanā-jāla-pratiṣedha'는 나중에 기술하는 것처럼 『중관심론(*Madhyamakahṛdaya*)』〔MH, k.10, p.270〕에 나오는 말로, 여기서는 'rtog paḥi dra ba ma lus pa dgag pa'로 번역되고 있으므로, 여기서도 이 말이 사용되고 있다고 보아도 될 것이다. 『展開』, p.95 참조.

da)'가 'paryudāsa'에 의해 긍정되는 것이다. 하여튼 'paryudāsa'는 '부정대상의 모순개념 〔비X〕의 긍정'이기 때문에 총카파가 '절대부정(med dgag)'이라고 부르는 것이, 여기서는 바비베카에 의해 바로 'paryudāsa'(상대부정)이라고 설하여진 것을 알 수 있다. 이른바 바비베카의 입장에서 보면 총카파의 절대부정이란 'paryudāsa'이며, '무생기'를 긍정하고 행해지는 사설(邪說)인 것이다.

단지 앞의 바비베카의 설명에서 'paryudāsa'를 '부정대상의 모순개념의 긍정'으로서만 이해한다면 그것은 엄밀한 것이 아니다. 왜냐하면 'prasajya-pratiṣedha'는 동사의 부정이고, 'paryudāsa'는 명사의 부정이라는 시점을 잃어버려서는 안 된다고 생각하기 때문이다.[16] 즉 2종 부정의 이론은 바비베카가 『근본중송』 제1장 1게송을 주석할 때에 도입한 것으로, 그 게송은 기본적으로 "na …… utpannā …… vidyante bhāvāḥ" '생기한 제법은 존재하지 않는다'는 구조를 가지고 있다. 따라서 여기서의 부정이 'paryudāsa'인가 'prasajya-pratiṣedha'인가라는 문제는 본래 'na'가 'vidyan te(존재하다)'에 걸리는가 'utpannā(생기하는 것)'에 걸리는가라는 것을 의미고 있던 것이다. 따라서 『근본중송』의 그 게송에 관해서 'na'라는 부정사를 'paryudāsa'로 해석하는 것은 『반야등론』의 주석가인 아발로키타브라타(Avalokitavrata)가 명시하고 있는 것처럼, 이 게송의 구조를 '스스로로부터 생기하지 않는 것이 존재한다(bdag las ma skyes pa yod do,[17] svato 'nutpannā vidyante)'로서 이해하는 것이다. 따라서 아발로키타브라타는 앞 게송에서 언급한 『반야등론』의 기술 중에서 "제법은 생기하지 않는 것이라고 긍정한다."라는 문장을 "생기하지 않는 것

16) 『緣起と空』, pp.343-343, p.365 註 23) 참조.

17) PPṬ, wa, 63b6.

이 존재한다(ma skyes pa yod do)라고 긍정하는 것"으로 읽고, '존재하다'(vidyante)라는 동사가 부정되지 않는 것을 긍정의 의미로 간주하고 있다. 따라서 'paryudāsa'를 단순히 '부정대상의 모순개념의 긍정'만으로 이해하고, 'prasajya-pratiṣedha'를 부정대상의 부정에 그치는 것으로 이해하는 것은 엄밀성을 결여한 것이다. 'paryudāsa'에 있어서 부정대상은 명사이지만, 'prasajya-pratiṣedha'에 있어서 부정대상은 동사이며, 동사에 대해서는 모순개념이라는 것이 상정되어 있지 않기 때문이다. 즉 모순개념이라는 것은 명사 'X'와 명사 '비X' 사이에만 있을 수 있다고 생각되는 것이다.

이상이 바비베카에게 있어 2종 부정에 관한 가장 기본적이고 원리적인 사고방식이다. 그의 2종 부정 이론은 본래『근본중송』제1장 1게송에서 'na'가 'vidyante'에 걸리는가 'utpannā'에 걸리는가라는 관점에서 도입된 것이고, 이 점에 있어서 'na'가 'vidyante'에 걸린다는 그의 해석은『근본중송』제1장 1게송에 대해서 '제법의 비존재'을 설하는 의미로서 적절한 것이라고 필자는 생각한다.[18] 그러나 필자의 입장에서 보아 아쉬운 것은 바비베카의 2종 부정설은 앞에서 언급한 원리적 이론인, 이른바 명사부정으로서의 'paryudāsa', 동사부정으로서의 'prasajya-pratiṣedha'라는 것에 그치는 것이 아니었다. 결론부터 말하면 그는 실재론으로 전락하여 '이변중관설(離邊中觀說)'을 설하게 되었던 것이다.

그의 저작인『장진론(掌珍論)』에 나타난 논의[19]를 살펴보자. 거기에는 먼저 다음과 같은 '반론'이 중관파(또는 바비베카)에 대해서 상정된다.

---

18)『縁起と空』, p.344 참조.

19) 이 논의의 일부는『展開』, p.95에 소개되어 있다.

〔12〕 若諸有爲(saṃskṛta), 就勝義諦 猶如幻等 空無自性 卽是非有 執非有故 便爲無見.(大正, 30卷, 270下)

이것은 바비베카가 『장진론』의 서두에서 자신의 주장을 '진성유위공(眞性有爲空')[20]이라고 기술한 것처럼 '승의로서 유위는 공이다'라고 한다면 그것은 비유(非有, abhāva)를 집착하는 것이고, 무견(無見)이 될 것이라는 요지의 '반론'이다. 이것에 대해 바비베카는 다음과 같이 대답하고 있다.

〔13〕 此'非有'言 唯遮有性 功能斯盡 無有勢力 更詮餘義 …今此論中 就勝義諦 於有爲境 避常見邊 且避有性, 如是餘處 避斷見邊 遮於無性 双避二邊 遮有無性.(大正, 30卷, 270下)

여기서 '비유(abhāva)'라는 말은 '유성(有性, bhāva)'을 부정하는 것뿐이고, '여의(餘義)' 즉 그 이외의 대상(artha)을 긍정하는 능력은 없다는 것이다. 이것은 에시마(江島) 교수가 지적한 것[21]처럼 명백히 바비베카의 'prasajya-pratiṣedha' 이론을 기술한 것이므로, '차(遮)'는 'prasajya-pratiṣedha'와 같은 의미로서 'pratiṣedha'의 번역일 것이다.

그러나 〔13〕에서는 그 후에도 더욱 다음과 같이 기술한 것이 문제가 있다고 생각한다. 즉 지금 이 『장진론』에서 승의로서(paramārthatas) 유위법이라는 대상에 대해 상견(常見)의 변(邊)을 피하고, 잠시 유성(有性)을 부정하고, 동일하게 다른 곳에서는(〔如是餘處〕) 단견(斷見)의 변(邊)을 피하고 무성(abhāva)을 부정하여,

20) 大正, 30卷, p.268上.

21) 『展開』, p.95 참조.

마침내 '2변'을 피해 '유무성'을 부정한다는 것이다.

여기서 '여처(餘處)'라는 말은 무엇을 의미하는 것일까. 이것에 대해서는 2가지의 해석이 가능하다고 생각된다. 첫 번째는 이것을 '차론(此論)', 즉 『장진론』 이외의 다른 곳, 다른 저작으로 보는 해석, 두 번째는 '취승의제(就勝義諦)' 즉 '승의로서'[22] 가 아니라 '세속에 있어서' '세속에 의해'(saṃvṛtyā)를 의미한다고 보는 견해이다. 후자의 해석에 따르면 바비베카는 거기에서 "제법은 승의로서는 존재하지 않지만(勝義無), 세속에 의해서는 존재한다(世俗有)"는 중관학파의 가장 일반적인 이해를 설하고 있는 것이다. 그러나 이 '여처(餘處)'='세속에 의해'라는 해석은 과연 타당할까. 확실히 바비베카는 『장진론』의 뒷부분에서 상변을 피하기 위해 승의무(勝義無)을 설하고, 단변을 피하기 위해 세속유(世俗有)를 설한다는 이해를 다음과 같이 나타내고 있다.

〔14〕 若因緣力所生眼等 一切世間共許實有 是諸愚夫覺慧所行 世俗似有自性顯現 以勝義諦覺慧尋究 猶如幻士 都無實性 '由彼故空 彼實是無'[23] 爲欲遮墮常邊過故 如爲棄捨他常邊過 說彼爲無 亦爲棄捨他斷

---

22) '就勝義諦' 중의 '諦'는 아마도 삼장법사 현장이 보충한 것 같다. 원어는 'paramārthatas' 또는 'paramārthena'일 것이다.

23) 이 인용은 『장진론』 의 다른 곳에서 '相應論師(Yogācāra)' 이른바 유가행파로부터 제기된 '반론' 중의 "由彼故空 彼實是無 依此故空 此實是有 如是空性 是天人師 如實所說"(大正, 30卷, 271下)로서 인용된 聖言의 일부를 바비베카가 '답론'으로서 반복한 것이다. "由彼故空 彼實是無"는 『보살지(*Bodhisattvabhūmi*, BBh)』의 'x에 대해서 空일 때 그 x는 존재하지 않기 때문에'(yena hi śūnyaṃ tad asadbhāvāt)〔BBh, p.47, *ll.* 11-12〕라는 문장과 일치한다.
이것에 대해서 江島惠教, 「『大乘掌珍論』の瑜伽行學說批判」, 『高崎直道還曆記念論集 インド學佛教學論集』, 春秋社, 1987, pp.204-206, p.213 註16) 참조.

邊過 說此爲有 爲因緣力所生眼等 世俗諦攝 自性是有 不同空華全無有物 但就眞性 立之爲空.(大正, 30卷, 272上-中)

이 〔14〕에 나타난 것은 제법의 '승의무(〔離常邊〕)'와 '세속유(〔離斷邊〕)'라는 중관파의 이른바 올바른 '이변(離邊)'설이다.[24] 그러나 과연 〔14〕에서 말한 '이변'설과 〔13〕에서 말한 것과는 전적으로 같은 취지일까. 필자는 그렇지 않다고 생각한다. 〔13〕 말미의 '双避二邊 遮有無性'는 '승의'. 또는 '실의(實義, tattva)'와 동일한 수준, 동일한 관점으로부터 '제법은 유(有)도 아니고 무(無)도 아니다'라는 소위 '이변중관설'을 설하고 있다고 필자는 생각한다. 왜냐하면 〔13〕에서부터 계속하여 『장진론(掌珍論)』에서 다음과 같이 기술하고 있기 때문이다.

〔15〕 爲彼所餘妄執過失 乃至一切心之所行悉皆遮止 所行若滅 心正隨滅 又於餘處說 '阿難陀 苦執有性 卽墮常邊 若執無性 卽墮斷邊' 如是餘處說 '迦葉波 有是一邊 無是第二'[25] 由如是等阿芨摩故 及当所說諸道理故 我所立宗 無觸如翼 無見過失(大正, 30卷, 270下)

---

24) 이러한 '이변'설은 『창캬학설강요서(*lCaṅ skya grub mthaḥ*)』(CG)에 다음과 같은 중관파의 정의에서도 나타나있다.
"일체의 법에 대해서 승의로서 성립하고 있다는 유변(有邊)과 언설에서도 없다는 단견(斷見)을 바르게 부정하고, 진실로서는 없는 것(bden med)으로 성립하고 있는 것을 주장하는 자파〔=불교도〕가 중관파이다."(CG, kha, 26b1-2)

25) 이것은 푸생이 지적한 것처럼(La Vallée Poussin, L., "Madhyamaka", *Mélanges chinois et bouddhiques*, II, 1932-1933, p.86, n.2), 다음과 같은 『가섭품』(*Kāśyapaparivarta*, Staël-Holstein ed.)에서의 인용이다.
"있다는 것은 하나의 변이며, 없다는 것은 두 번째의 변이다"(astīti kāśyapa ayam eko 'ntaḥ nāstīty ayam dvitīyo 'ntaḥ).(p.90, *l*.1)

이 가운데 우선 전반부에서 '일체의 심작용·분별·희론의 지멸'을 설하고 있다. 이 논술은 명백하게 『근본중송』 제18장 9게송에서 '무희론' '무분별의 실의'가 존재한다고 설하여져 있다고 보는 해석에 기초한 것이지만, 이 '실의(tattva)'의 입장에서는 '승의로서 무(無)'라는 관점도 '세속에 있어서 유(有)'라는 관점도 염두에 두지 않고 '유(有)'와 '무(無)'가 동시에 부정되어 버린 것이다. 이것은 바로 '이변중관설'이라고 말할 수 있다. 또한 후반부에 나타난 두 개의 '아급마(阿笈摩, āgama)', 즉 교증(敎證)도 '이변중관설'을 명시하고 있는 것처럼 생각된다.

게다가 후반부에 보이는 두개의 '여처(餘處)'라는 말은 명백히 '다른 전적(典籍)에 있어서'라는 의미인 것이다. 따라서 이상의 고찰을 정리하여 보면 〔13〕의 '如是餘處 避斷見邊 遮於無性' 에서의 '여처'는 '세속'이 아니고 '다른 전적(典籍)'을 의미하는 것이다. 그러므로 바비베카는 '세속유' 이른바 '세속에 있어서 무변의 부정'을 반드시 명언하고 있지 않고, 오히려 '이변중관설'을 설하는 것이 〔13〕의 주안점이었다고 생각된다.

그러나 이 '이변중관설'과 〔14〕의 '이단변(離斷邊)으로서의 세속유'라는 입장을 어떻게 연결시켜 생각하면 좋을 것인가. 다시 말해 〔14〕에서 '세속에서는 무(無)가 아니다'라고 설한 것과 〔13〕에서 '실의로서(?) 유도 아니고, 무도 아니다'고 기술한 것은 어떠한 관계를 가지는가. 이것을 일관성을 가지고 해석하기 위해서는 아무래도 바비베카가 세속(saṃvṛti)·승의(paramārtha)·실의(tattva)라는 3개의 관점을 논리적으로 구별하고 있었다[26]고 생각할 수밖에

26) 나중에 기술하겠지만 실제로 중관파의 저작에서 'tattva'와 'paramārtha'가 구별되어 사용된 적은 것의 없다. 그러나 '이변중관설'의 구조를 밝히기 위해서는 이 두 개념을 논리적으로 구별할 필요가 있다고 필자는 생각한다.

없다. 이 3개의 관점으로 보면 대상은 다음과 같이 '유' '무' '비유비무'가 되는 것이다.

표 A

① 세속(世俗, saṃvṛti) — 유(有)
② 승의(勝義, paramārtha) — 무(無)
③ 실의(實義, tattva) — 비유비무(非有非無)

이른바 제법은 ① 세속에서는 존재하고 ② 승의에서는 존재하지 않지만, ③ 실의로서는 유도 아니고 무도 아니다. 또 실의는 유도 아니고 무도 아니며, 일체의 분별과 희론을 떠나 있는 것이다. 이 3개의 관점이라는 사고방식은 탁창파(sTag tshaṅ pa, 1405~?), 고람파(Go ram pa, 1429~1489), 샤캬촉덴(Śākya mchog ldan, 1428~1507) 등의 티베트 '이변중관파'의 저작에 공통적으로 나타나는 것이다.[27] 특히 '세속' '승의' '실의'라는 3개의 용어를 사용하여 '3개의 관점'을 명확하게 구별한 것으로 우파로살(dBus pa blo gsal, 14세기 전반)의 다음과 같은 논술이 주목을 끈다.

〔16〕 세존에 의해 일체법은 세속에 있어서는 유이고, 승의에 있어서는 무이고, 실의로서는 유와 무를 초월하고 있다고 설하였다.[28] (BG, 102b2-3, BG〔M〕. p.184, *ll.*13-14)

27) 본서 제5장 pp.281-282, 제6장 pp.298-305 참조.

28) 拙稿, 「「書評」 御牧克己著 『Blo gsal grub mtha'』」 『東洋學術研究』 22-1, 1983, p.243. 본서 제6장 p.307, 註 20) 참조.

필자는 중관파의 역사에 있어서 'paramārtha'와 'tattva'라는 말이 우파로살의 논술과 같이 언제나 확연하고 명확하게 구별되어 사용되었다고는 생각지 않는다. 예를 들어 바비베카에 있어서도 주장명제에 부가된 한정어(viśeṇaṇa)으로 'paramārthatas(승의로서)'와 'tattvatas(실의로서)'에는 아무런 의미상의 차이가 없다.[29] 그러나 그럼에도 불구하고 'paramārtha'와 'tattva'라는 말 그 자체가 그에게 있어서는 언제나 같은 의미를 나타내고 있다는 결론은 반드시 이끌어낼 수 없다. 나중에 바비베카의 이제설에서 살펴보겠지만, 그의 논의를 주의 깊게 읽어보면, 이 두 개의 단어에 대한 그의 의미지음은 역시 다르다. 따라서 기본적으로 바비베카도 표 A에 나타난 것처럼 '3개의 관점'을 구별하는 것에 의해 '이변중관설'을 설하고 있다고 생각한다.

이제 주제로 되돌아와서 'prasajya-pratiṣedha'와 '3개의 관점'의 관계를 살펴보자. 'prasajya-pratiṣedha'는 본래 표 A의 ②'승의'의 관점에 관계하는 것이었다. 곧 이것은『근본중송』제1장 1게송에서 'na'가 'vidyante'에 걸리는 동사의 부정인 것, 즉 '제법(bhāvāḥ)은 존재하지 않는다(na vidyante)'라는 것을 의미하고 있는 곳이다. 이점에 한정하면 바비베카의 'prasajya-pratiṣedha'를 동사의 부정으로 이해하는 것은 타당한 것이며, 필자는 그의『근본중송』의 주석가로서의 임무는 'na'가 'vidyante'에 걸리는 'pra-

---

29) 이것은『展開』에 수록되어 있는『중관심론』제3장 텍스트의 색인에서 'tattvatas'와 'paramārthatas'의 항(『展開』 p.379, p.384)에 의해 확인된다.『장진론』서두의 게송에서 '眞性有爲空'(大正, 30卷, p.268 中)의 '眞性'은 푸셍이 산스크리트어로 환원한(La Vallée Poussin, *op, cit,* p.70, n.1)대로 'tattvatas'이고, 그것은 'paramārthatas'의 동의어라는 것은 '故以眞性 簡別立宗 眞義自體 說名眞性 卽勝義諦 就勝義諦(paramārthatas) 立有爲空'(大正, 30卷, p.268下)의 논술에서 알 수 있다.

sajya-pratiṣedha'(동사부정)라고 기술하는 것에 의해 종료하였다고 생각한다. 그러나 그는 여기에서 멈추지 않았다. 바비베카의 'prasajya-pratiṣedha' 이론 도입의 진의는 이미 〔11〕의 『반야등론』 문장에서 나타낸 것처럼 일체의 분별을 부정하여 무분별지(nirvikalpa-jñāna)를 성취하는 것, 즉 '유가 아니고 무도 아니다'라는 ③ '실의'의 관점을 나타내는 것에 있었다. 이처럼 'prasajya-pratiṣedha'가 ② '승의'가 아니고 ③ '실의'의 관점에 관계시켰을 때 그것은 더 이상 '동사부정'으로서 규정되지 않고, 종래의 일반적으로 행하여졌던 것처럼 '단순히 부정대상의 부정에 머물고, 부정대상의 모순개념에 대한 긍정을 함의하지 않는 것'을 의미하게 되었던 것이다. 따라서 바비베카가 ③ '실의'의 관점을 ② '승의'로부터 분리, 독립시켜 '무분별지'라는 사고방식을 본래 '동사부정'을 의미하고 있었던 'prasajya-pratiṣedha'에 부수(付隨)시켰을 때 'prasajya-pratiṣedha'는 변질하여, 모순율 · 배중률에 따르는 일체의 개념적 사유, 혹은 언어일반에 대한 전면적 부정이라는 의미를 맡게 되었던 것이다.

그렇다면 바비베카가 『근본중송』 제1장 1게송의 해석에 'prasajya-pratiṣedha' 이론을 도입한 진정한 이유라고 생각되는 '무분별지'의 관념은, 그의 이제설 특히 '2종의 승의' 이론과 어떻게 관계하고 있는가. 그는 『반야등론』(『근본중송』 24-8 주석 부분)에서 '2종의 승의'를 다음과 같이 설명하고 있다.

〔17〕 승의(parama-artha)라는 것은 그것이 의(義, artha, 대상)이기도 하고, 승(勝, parama)이기도 한 것이기 때문에 '승의'이며, 또 뛰어난 무분별지(nirvikalpa-jñāna)의 대상〔義〕이기도 하기 때문에 승의이며, '다른 것을 연(緣)으로 하지 않는(gshan las śes pa ma yin pa, aparapratyaya)' 등을 정의(lakṣaṇa)로 삼는 실의(tattva)이다. ……

그것이 멸(滅,ḥgog, nirodha)에 수순(隨順, rjes su mthun pa)하는 무생기(skye ba med pa) 등의 설시(說示)와 문사수(聞思修)로부터 생기한 반야도, 승의이다. 승의를 증오(證俉)하는 방편이기 때문에, 부전도(不顚倒)이기 때문이다.(PP,tsha, 228a3-6)

이 가운데 전반부에서는 사캬파(Sa skya pa)의 고람파가 '진실한 승의(don dam mtshan ñid pa)'라고 부르는 것에 상당하는 승의가 설해졌고, 후반부에서는 그가 '수순의 승의(don dam rjes mthun pa)'라고 하는 승의가 나타나 있다.[30] 이 '2종의 승의'는 바비베카 자신의 저작은 아니지만, 그의 이제설을 계승한 『중관의집(中觀義集, *Madhyamakārtha saṃgraha*, MAS)』에서 '비양태적 승의(非樣態的 勝義, aparyāya-paramārtha' '양태적 승의(樣態的 勝義, paryāya-paramārtha)'라고 부른 것과 기본적으로 일치하고 있다.[31] 『중관의집』에서는 이 '2종의 승의'를 구별하는 기준을 희론(prapañca)의 무와 유에서 찾고 있지만, 이러한 관점은 바비베카의 '2종의 승의'설에도 타당하다고 생각된다. 즉 〔17〕의 전반부에 설하여 진 것을 '승의 A'라고 부르고, 후반부에 설하여진 것을 '승의 B'라고 한다면 '승의 A'는 '무희론'이고 '승의 B'는 '유희론'이라고 간주해도 좋을 것이다. 그렇다면 이 경우에 희론이란 무엇인가. '희론이란 언어이다(prapañco hi vāk)'[32]라는 찬드

30) 본서 제6장 pp.303-306 참조.

31) 『展開』, p.23 참조.

라키르티의 『명구론』의 설명은 잘 알려져 있지만, 이 설명은 바비베카에 있어서도 타당하다고 생각된다. 즉 〔17〕 전반부의 '승의 A'는 일체의 언어(언어표현)를 초월한 무분별지의 대상인 실재를 의미하는 것이다. 이 '승의 A'가 앞에서 기술한 '3개의 관점' 중의 ③ '실의'에 대응하고, 승의 B는 ② '승의'에 대응한다는 것은 더욱 명백할 것이다.

그렇다면 이와 같은 무분별지의 대상인 불가설(不可說)의 실재(승의 A)를 긍정하는 실재론적, 신비주의적 발상은 어디로부터 바비베카에게 생긴 것인가. 이 점은 〔17〕의 기술 중에 명시되어 있다. 즉 '다른 것을 연(緣)하지 않는 것 등을 정의로 하는 실의이다'라는 말은 주석가 아발로키타브라타가 주의하고 있는 것처럼[33], 명백하게 다음의 『근본중송』 제18장 제9게송을 근거로 하고 있다.

〔18〕 '다른 것을 연(緣)으로 하지 않고(aparapratyaya)', 적정(寂靜, śānta)하며, 희론(prapañca)에 의해 희론되지 않으며, 무분별(nirvikalpa)이며, 별이(別異)한 대상이 아닌 것(anānartha), 이것이 실의(tattva)의 정의(lakṣaṇa)이다.

여기에 나타나는 '실의'의 정의 5가지 중에 가장 중요하다고 생각되는 첫 번째의 'aparapratyaya'에 대해 이미 필자는 종래의 일반적인 이해와는 다른 해석을 제시하였다. 즉 종래 일반적으로 이 말은 티베트 번역의 형태로 '다른 것으로부터 알려지지 않는(gshan las śes min)' 것으로 이해되어, '실의'가 다른 사람의 교(敎)에 의지하지 않는 자내증(自內證)인 것이며, 무분별지의 대상

32) Pras, p.373, *l*.9.

33) Cf, PPṬ, za, 236a7-b1.

이라는 것이 여기에서 의도되어 있다고 이해되어 왔지만, 필자는 이 말을 '다른 것을 연으로 하지 않고'라고 읽어, 이 정의는 '실의'가 비연기적인 실재이고, 따라서 '자성'과 동일하게 완전히 가공의 존재라는 것을 나타내는 것으로 해석하였다.[34] 이 상반되는 두 해석은 불가설의 '실재'의 존재를 우선 전제한 위에 불교사상을 이해하려고 한 것과, 그 '실재'의 부정에 불교사상의 본질을 도출해 내려고 한 점에서 서로 모순되고 있다고 말할 수 있을 것이다.

그런데 첫 번째의 일반적 해석은 현대 불교연구자뿐만 아니라 기본적으로 인도불교사에 있어서 모든 『근본중송』의 주석가나 중관사상가에 의해 채용되었던 것으로, 그들은 똑같이 조금 전의 게송(『근본중송』 18-9)에 '무분별지'의 대상으로서의 '실의', 언어나 개념의 작용이 지멸한 신비적 직관에 의해 체득된 '실의'가 설하여져 있다고 생각하였다. 이른바 실재론의 부정으로서 성립한 불교, 그것도 가장 비판적이어야 할 중관파의 공사상이 『근본중송』 제18장 9게송에서 'tattva'의 정의에 대한 치명적인 오해를 원인으로 하여 실재론으로 전락한 것이다.

게다가 이러한 전락은 매우 이른 시기부터, 즉 나가르주나가 『근본중송』을 저작한 직후부터 생겼다고 생각된다. 물론 바비베카도 이 불교사상의 실재론화의 흐름으로부터 자유로울 수가 없었다. 그는 〔17〕에서 '2종의 부정' 중에 '승의 A' 인 '실의'를 '무분별지의 대상'이라고 규정하고 있지만, 이 '무분별지'라는 말은 『근본중송』 제18장 9게송에서의 네 번째 정의인 '무분별'로부터 얻었다는 것은 명백하다. 그러나 이 게송에 '무분별지의 대상'으로서 '실의'가 설하여져있다고 하는 일반적인 이해, 그리고 바비베카의 이해에 있어

---

34) 『縁起と空』, pp.352-354 참조

치명적인 결함은 그 게송에서 '실의'를 대상으로 하는 지(知)가 '무분별'이라고 말해지는 것이 아니라 '실의' 그 자체가 '무분별'이라고 말해지고 있다는 사실이다.[35] 사실 그곳에서는 '실의'가 '무구별(nirvikalpa)'이라고 기술되어 있는 것에 지나지 않고, '무분별지'라는 관념은 그곳에는 인정되지 않는다. 개인적인 의견으로는 단일하고, 무구별(nirvikalpa)인 '실재'라는 'dhātu-vāda'적인 관념이 대승불교 내부에서 먼저 일어나고, 그 이후에 '실재'를 대상으로 하는 것의 의미로서 '무분별지'라는 것이 생각되어졌을 것이다(무구별의 실재→무분별지). 따라서 '무분별지'는 '그 자체 중에 분별을 가지지 않는 지(知)'라는 것보다는 본래 '무구별적인 것(실재)에 대한 지(知)'라는 의미를 가지고 있었다고 생각된다.[36]

'실의'의 첫 번째 정의 'aparapratyaya'를 '다른 것으로부터 알려지지 않는 것'이라고 이해하여 '자내증'으로 이해하는 것은 『무외주(無畏註, *Akutobhayā*)』, 『불호주(佛護註, *Buddha pālitavṛtti*)』 이래의 전통이다. 그리고 이것이 한역 『중론』의 '自知不隨他'(大正, 30卷, 24上)라는 번역에도 반영되어 있지만,[37] 이러한 해석은 'pratyaya'가 『근본중송』의 다른 곳에서는 모두 '연(緣)'을 의미하는 것 그리고 'aparapratyaya'라는 복합어의 전통적인 문법적 이해[38] 등으로부터 생각하건데 불합리하다고 생각된다. 그러나 이러한 불합리를 도리어 무시하고 바비베카 등이 'aparapratyaya'를 일부러 '다른 것으로부터 알려지지 않는 것'이라고 이해한 배경에는 역시 최대의 이유로서 네 번째인 '무분별(nirvikalpa)'이라

---

35) 『縁起と空』, pp.369-370, 註 46) 참조.

36) 위의 책, pp.240-247, 특히 p.247 참조.

37) 위의 책, p.352, p.368, 註 43), 44) 참조.

38) 위의 책, p.368, 註 45) 참조.

는 정의가 존재하였기 때문일 것이다. 나가르주나 이후의 사람들은 이 말의 배후에 '무분별지'라는 관념을 상정시킬 수밖에 없었다. 그리고 점차로 강해져오는 'dhātu-vāda'적인 사조 속에 있었던 당시의 사람들에게는 '무분별지'에 대한 칭찬은 생겨났지만, 이것에 대한 비판적 의식등은 생겨나지 않았다.

무분별지라는 말은 『근본중송』에는 전혀 존재하지 않지만, 초기 유식문헌인 『중변분별론(*Madhyāntavibhāga*, MAV)』, 『보살지(*Bodhisattvabhūmi*, BBh)』에는 나타나 게다가 말할 필요도 없이 긍정적으로 설하여져 있다.[39] 이처럼 바비베카는 '무분별지' 예찬의 실재론적 경향을 계승하고 있는 것은 틀림없다. 이러한 경향은 그에게 '실재'의 가공성을 설하는 『근본중송』 제18장 9게송을 '실재'의 존재를 긍정하는 것으로 잘못 해석하게 하였으며, 모순율이나 배중률을 따르는 언어의 세계를 모두 '분별'로서 똑같이 배척하는 'prasajya-pratiṣedha' 이론을 만들어내는 동기가 되었던 것이다. 그런데 모든 '분별'을 그것에 올바른 것과 잘못된 것을 구별함이 없이 똑같이 부정해야만 한다는 것은 총카파가 부정한 '이변중관설'의 본질을 이루는 관념인 것이다.[40] 따라서 바비베카를 '이변중관설'을 최초로 명확하게 주장한 자로 규정할 수 있을 것이다.

이미 기술했듯이 '이변중관설'의 진정한 기원은 『근본중송』 제18장 제9게송에 대한 결정적 오해에 있다고 생각된다.[41] 그것은 그 게송에서 무분별지의 대상인 '실재'가 긍정적으로 설해져 있다는 오해이다. 이 오해는 바비베카에게 있어 (a) 'prasajya-pratiṣedha'

39) 위의 책, p.293, 註 28) 참조.

40) 본서 제9장, pp.389-392 참조.

41) 이것은 티베트 이변중관설에 있어서, 이 게송이 중시되었다는 사실에서도 알 수 있다. 본서 제6장, p.301 참조.

이론과 (b)'2종의 승의'설(또는 '3개의 관점'설)을 만들어 내었지만, 이 '이변중관설'의 두 요소〔(a)(b)〕는 기본적으로 총카파의 출현에 이르기까지 그 후 모든 중관파에 의해 승인되었다고 생각된다.

이하 이 점을 밝히고 싶지만, 그 전에 바비베카의 '2종의 승의'설이 『근본중송』 제18장 제9게송에 근거하고 있다는 것을 『중관심론(中觀心論, *Madhyamakahṛdaya*, MH)』을 통해보이고자 한다. 곧 바비베카는 『중관심론』 제3장 제10-11게송에서 다음과 같이 기술하고 있다.

〔19〕 모든 분별망(分別網)의 부정을 성립시키는 〔반야이고〕, 적정(寂靜)하고, 자내증(自內證)되어야만 할 것이고, 무분별(無分別)하고, 무문자(無文字)하고, 동일성과 별이성(別異性)을 떠나, 허공처럼 무구(無垢)인 실의에 대하여 일어남이 없이 일어나는 반야가 승의적인 것이다.

aśeṣakalpanājālapratiṣedhavidhyāyinī/
śāntapratyātmasaṃvedyanirvikalpanirakṣare//(MH, 3, k. 10, p.270)

vigataikatvanānātve tattve gagananirmale/
apracārapracārā ca prajñā syāt pāramārthikī//((MH, 3, k.11, p.270)

여기에 '2종의 승의' 중에 앞에서 기술한 '승의 A'가 설해져 있지만, 이 게송에 보이는 '실의'의 설명이 『근본중송』 제18장 제9게송에 근거하고 있다는 것은 명백하다.[42] 즉 이 게송〔9게송〕에서 '실의'에 대한 5가지 정의인 'aparapratyaya' 'śānta' 'prapañcair aprapañcitam' 'nirvikalpa' 'anānartha'는 『중관심론』에서는 순차적으로 'pratyātmasaṃvedya' 'śānta' 'nirakṣara' 'nirvikalpa' 'vigataikatvanānātva'라는 말로 나타나고 있다. 이미 기술한 것처럼 첫 번째 정의 'aparapratyaya(다른 것을 연하지 않는다)'를 'pratyātmasaṃvedya(자내증)'으로 이해한 점은 결정적인 오해이며, 여기서부터 모든 '이변중관설'이 생겨났다. 또한 바비베카는 'nirvikalpa'를 일단 대상으로서의 '실의'의 정의 중의 하나로 인정한다는 점에서 『근본중송』에 충실하였다고 보이지만, 그러나 그에게 있어서 '무분별'이란 대상보다도 오히려 지(知)로서의 '무분별지'를 형용하는 언어이었다. 따라서 그는 제10게송 전반부에서 'aśeṣakalpanājālapratiṣedha'라는 말로서 지(知)의 무분별인 것을 설하고, 그 후에 나타나는 '실의'에 대한 '무분별'이라는 정의를 오히려 내용이 없는 것으로 만들어 버렸던 것이다. 따라서 『중관심론』 제3장 제10-11게송은 바비베카가 『근본중송』 제18장 제9게송을 '무분별지의 대상인 실재(실의)의 존재를 긍정하는 것'이라고 이해한 것을 명시하고 있다고 생각된다.

바비베카의 '2종의 승의'설(또는 '3개의 관점'설)은 그의 계통을 이었다고 간주되는 이른바 '자립파(Raṅ rgyud pa)'로 불리는 중관사상가에 의해 정확하게 계승되었다. 이것은 즈냐나가르바(Jñānagarbha, 8C), 샨타라크쉬타(Śāntarakṣita, 寂護, 725~784), 카말라쉴라(Kamalaśīla, 740~797)라는 3명의 사상가의 저작에서도 명백하다. 즉 그들은 각각의 저작인 『이제분별론게(二諦分別

---

42) 『禪批判』, pp.27-30 참조.

論偈, *Satyadvayavibhaṅgakārikā*, SDVK)』와 그의 자주(自註)인 『이제분별론(二諦分別論, *Satyadvayavibhaṅga*, SDV)』, 『중관장엄론(*Madhyamakālaṃkāra*, MA)』, 『중관광명론(*Madhyamakāloka*, MĀ)』에서 앞에서 기술한 '승의 A'와 '승의 B'에 대해 다음과 같이 말하고 있다.

(A) '승의 A'에 대해

〔20〕 그것〔=실의〕[43]은 희론(prapañca)이 없는 것이다.(SDVK, k.11b, sa,2a4)

〔21〕 실의는 일체의 분별망(rtog paḥi dra ba, kalpanā-jāla)[44]을 떠난 것이다.(SDA, sa, 6a6)

〔22〕 그것〔=승의〕[45]은 실의로서(yaṅ dag tu na, tattvatas) 모든 희론의 무리를 떠나 있다.(MA, k, 70cd, sa, 73a3) 〔MI, p.230〕

〔23〕 승의는 유(有)와 무(無), 생기(生起)와 무생기(無生起), 공(空)과 불공(不空) 등의 희론의 망(網)을 모두 버린 것이다.(MA, sa, 73a3-4), (MI, pp.230-232)

---

43) 『이체분별론세소(*Satyadvayavibhaṅgapañjikā*, SDVP)』를 참조하여 '실의(實義)'를 보충하였다. Cf. SDVP, sa, 25b5.

44) 분멸망(kalpanā-jāla)라는 말은 바비베카에 의해 사용된 것이다. 본문 기술〔11〕, 〔19〕 참조.

45) '승의'라는 말은 『중관장엄론세소(*Madhyamakālaṃkārapañjikā*, MAP)』를 참조하여 보충하였다.(Cf, MAP, sa, 119b4)〔MI, p.231〕

〔24〕 실사(實事)로서(dṅos su ni, vastutas)46) 승의는 일체의 희론을 초월하고 있기 때문이다.(MĀ, sa, 149a5)

〔25〕 법무아(法無我)와 인무아(人無我)를 특징(lakṣaṇa)으로 하는 실의는 정리(正理, rigs pa)를 구비하고 있으므로, 그것은 승(勝, parama)이기도 하고 의(義, artha)이기도 하다. 장애(障, āvarṇa)를 버리는 것을 추구하는 사람(don du gñer ba, arthika)들에 의해 장애(障,āvarṇa)를 버리기 위해 추구해야할 만할 것이기 때문이다.47) 또한 뛰어난 부전도(不顚倒)의 지(知)의 대상(義), 즉 경(境, viṣaya)이기 때문에 '승의'라고 말한다.(MĀ, sa, 233b2-3)

(B) '승의 B'에 대하여

〔26〕 생기 등의 부정도 실의에 수순(隨順)하는 것으로, 〔승의라고〕 인정된다.(SDVK, k, 9ab, sa, 2a2)

〔27〕 승의에 수순(隨順)하는 것으로, 이것〔=無生起等〕은 '승의'라고 말해진다.(MA, k70ab, sa, 73a3)〔MI,p.230〕

---

46) 'dṅos su ni'의 산스크리트어를 'vastutas'라고 하는 것에 의문이 없는 것은 아니지만, 일단은 'tattvatas'의 동의어로서 'vastutas'로 상정하였다.

47) 이 부분의 텍스트는 "don du gñer ba rnams kyi sgrib pa spaṅ bar baḥi ched du don du gñer bar bya ba yin paḥi phyir"이다. 그런데 북경판(sa, 260b4)에서는 이 문장 앞에 'sgrib pa spoṅ ba'가 부가되어 있다. 이 문장의 번역은 북경판에 따랐다. 또한 밑줄 친 'kyi'는 'kyis'로 교정하였다. 왜냐하면 『창캬학술강요서』에 앞의 문장이 다음과 같이 인용되어 있기 때문이다.
"sgrib pa spoṅ ba don du gñer ba rnams kyis rtogs par bya baḥi ched du don du gñer bar bya ba yin paḥi phyir"(CG, kha, 71b5)

〔28〕 이 무생기 등도 승의에 수순하는 것으로 '승의'라고 말하지만, 실사로서는(實事, dṅos su ni) 아니다.(MĀ, sa, 149a5)

이상의 논술에 의해 바비베카 계통에 속한다고 하는 즈냐나가르바, 샨타라크쉬타, 카말라쉴라도 기본적으로 바비베카와 동일하게 '2종의 승의'설을 인정하고, 따라서 '이변중관설'을 설했다는 것이 명백히 되었다고 생각된다.

단지 위의 예문에서 두 가지 점을 지적하고 싶다. 첫째는 '승의 A'가 'tattva'라는 말에 의해 언급되는 것이 많다는 것이다. 이점은 이미 바비베카의 논술〔17〕〔19〕에서도 언급되었지만, 역시 『근본중송』 제18장 제9게송에서의 'tattva' 용례에 기초한 것이라고 생각할 수 있다. 두 번째는 〔25〕에서 카말라쉴라에 의한 'tattva'의 설명은 약간 특이하다고 말할 수 있다. '2종의 승의'설 또는 '이변중관설'의 전통에서 말하면 '승의 A', 이른바 'tattva'는 무분별, 무희론의 불가설의 실재이기 때문에 지적(知的) 내용을 완전히 결여하고 있다고 말해야만 할 것이다. 그런데 카말라쉴라는 이 '실의'가 '무아를 상(相)으로 하고 있다'고 하고 있다. 이 무아는 '승의 B'에 배당되는 '무생기'나 '생기의 부정'과 같이 언어에 의해 명확하게 표현되는 것 따라서 지적내용을 가진 것이라 생각된다. 그러므로 그것은 '정리(正理)를 구비하고 있다'(rigs pa daṅ ldan pa)라고 말해질 수 있다. 그런데 '정리'라는 것은 '2종의 승의'설의 입장에서 보면 본질적으로 '세속'과 다르지 않고 '승의 B'에 속한다는 것은48) 즈냐나가르바의 다음 말에 의해서도 분명하다.

〔29〕 정리도 현현하고 있는 그대로의 성질이기 때문에 세속적인

48) 拙稿, 「Jñānagarbhaの二諦說」, 『佛教學』 5, 1978, pp.117-118 참조.

것임에 틀림없다.(SDV, sa, 9b5)

따라서 〔25〕에서 카말라쉴라의 설명은 '실의'를 무희론으로 삼은 '이변중관설'의 입장에서 보면 약간 특이한 것이고, '승의 B' 쪽에 가깝다는 점에서 일탈(逸脫)이라고도 말할 수 있지만, 이 점은 그가 '실의'를 지적(知的)으로 내용이 없는 것으로 단순히 긍정하는 실재론적 경향에 대하여 어느 정도 비판적이었다는 것을 보이는 것일지도 모른다.49)

제3절 찬드라키르티의 이변중관설—이제설

그런데 바비베카의 '이변중관설'은 찬드라키르티에게도 거의 어떠한 변경도 없이 그대로 계승되었다. 두 사람의 사상적 입장에 대해서는 종래 일반적으로 바비베카는 자립파(自立派, Raṅ rgyud pa), 찬드라키르티는 귀류파(歸謬派, Thal ḥgyur ba)로 두 사람은 입장이 다른 것으로 간주되었다. 이러한 이해는 주로 총카파를 종조(宗祖)로 삼은 게룩(dGe lugs)파 계통의 여러 학설강요서나 총카파 자신의 저작에서 중관파에 관한 학파 분류에 기초한 것이다. 그리고 보다 거슬러 올라가면 이런 것을 생기게 한 원인은 『명구론』 제1장에서 찬드라키르티의 바비베카 비판에 기초한 것이다. 그렇지만 필자는 기본적으로 이러한 이해는 타당하지 않다고 생각한다. 필자의 입장에서 보면 이들 두 사람의 중관사상가 사이에는

49) 이것은 카말라쉴라의 마하연비판, 또는 카말라쉴라의 『수습차제』 후편에서 '無思惟'(amanasikāra) 論者를 비판하는 것과 관계가 있을지도 모른다. 이 비판에 대해서는 『禪批判』, pp.21-26 참조.

공성논증(空性論證)의 방법에서도 이제설(二諦說)에서도 근본적으로 다른 점을 전혀 인정할 수 없다. 오히려 두 사람은 총카파가 비판한 '이변중관설'을 주장하고 있는 점에서 같은 입장이라고 간주해야 할 것이다. 만약 좀더 세밀하게 그들의 차이를 말한다면 찬드라키르티 쪽이 바비베카보다 한층 더 '이변중관설'을 주장하고 있기 때문에 보다 실재론적 경향이 강하다고 말할 수 있을 것이다. 종래에 찬드라키르티의 '귀류파'라는 사상적 입장에 대해서는 필자 자신을 포함하여 '공성의 철저화'라고 하는 것과 같은 높은 평가를 받아왔다. 그러나 이러한 평가가 얼마나 잘못되어 있는가에 대해 지금부터 논증하고자 한다.

그렇다면 찬드라키르티의 입장을 무엇 때문에 '이변중관설'로 간주하는가. 이미 지적하였던 것처럼 바비베카에 있어서 '이변중관설'은 (a)'prasajya-pratiṣedha' 이론과 (b)'2종의 승의'설(또는 '3개의 관점'설)의 두 가지 요소로 구성되어 있지만, 논리적으로는 (b)를 기초로 하여 (a)를 이끌어 내기 때문에 보다 중요하고 근본적인 것이라고 생각되는 (b)의 요소로부터 살펴보기로 한다.

찬드라키르티가 '2종의 승의'설, 또는 '3개의 관점'설을 설명하고 있는 것은 『입중론(入中論, *Madhyamakāvatāra*, MAv)』 제6장 제28게송을 주석하는 『입중론주(入中論註, *Madhya makāvatārabhāṣya*, MAvBh)』의 한 구절에서 단적으로 나타내고 있다.

〔30〕 거기에서 ① 범부(pṛthagjana)들에 있어서 승의적인 것〔=色受等〕, 그것은 ② 대상영역이 현현하고 있는(sābhāsagocara) 성자들에 있어서는 단순한 세속(saṃvṛtimātra)이지만, 그것의(deḥi)〔=색수 등〕의 자성(svabhāva)인 공성(śūnyatā)인 것, 그것은 그들〔=성자들〕에 있어서의 승의이다. ③〔대상영역이 현현하지 않는〕

> 모든 부처〔諸佛〕에 있어서의 승의는 자성뿐(ñid, eva)이며, 그것은 또한 무기(無欺, avisaṃvādaka)이기 때문에 승의의 진실(satya)이고, 그것은 그들〔=모든 부처〕에 있어서 자내증(自內證, pratyātmasaṃvedya)되어야만 할 것이다.(MAvBh, ḥa,255a6-6)

곧 여기에서 ①'범부', ②'성자', ③'부처'의 세 가지 관점이 구별되고 있는 명백하고, 특히 ②와 ③이 구별되는 것에 의해 바비베카와 동일하게 '2종의 승의'설이 설해지고 있는 것이다. 즉 성자에 있어서 연기하고 있는 '색수등(色受等)'의 제법이 '공인 것'(공성)이라는 '제법의 자성'이 승의라고 간주되지만, 이 경우의 '공성'이라는 것은 바비베카의 '2종의 승의' 중에서 '승의 B'라고 하는 것 중의 '무생기등〔의 설시〕'라는 것에 상당한다. 그러나 그것을 찬드라키르티는 '제불에 있어서의 승의'가 아니라고 말하고 있다. 그렇다면 '제불에 있어서의 승의'는 무엇인가. 그것은 '자성만'이라는 것이다. 이 '자성만'이라는 것은 '색수 등의 제법의 자성'이 아니라는 의미이다. 모든 부처는 성자와 달리 번뇌장의 무명뿐만 아니라 소지장의 무명도 결여하고 있기 때문에 모든 부처에 있어서는 대상영역은 현현하지 않는다. 즉 색수 등의 제법은 현현하지 않기 때문에 모든 부처에 있어서 '색수 등의 제법의 자성'이라는 것은 있을 수 없다. 따라서 '자성만'이라는 것은 제법에 속하는 것이 아닌 순수한 '자성', 일체의 희론이나 분별을 초월한 '실재'를 의미하여, 바로 바비베카의 '승의 A'에 대응한다. 이런 점에서 이미 기술한 〔19〕(『중관심론』 3-10)에서 '승의 A'인 실의(tattva)를 형용하는 말로 사용되어진 '자내증되어야만 할 것(pratyātmasaṃvedya)'이, 이 『입중론주』의 '자성만'에 대해서도 한정어로서 사용되고 있는 것에 의해서도 알려지는 것이다.

그런데 찬드라키르티는 앞에서 기술한 것과 완전히 똑같은 사고방식을 『입중론주』의 후반부에서도 보이고 있다.

〔31〕 예를 들어 뱀은 연기한 것(pratītyasamutpanna)인 굽은 밧줄에 있어서는 분별되어진 것(kalpita, 변계소집)이다. 그것〔=뱀〕은 그것〔=밧줄〕에 있어서는 존재하지 않기 때문이다. 그러나 그것〔=뱀〕은 뱀 그 자체(sbrul dṅos)에 있어서는 완성되어진 것(parinișpanna, 원성실)이다. 그것은 〔그것에 있어서〕분별되어진 것이 아니기 때문이다.

그와 동일하게 자성(svabhāva)도 의타기(paratantra)인 만들어진 것에 있어서는 분별되어진 것이다. 〔『근본중송』 15-11에〕 '자성은 만들어진 것이 아니므로 다른 것에 의지하지 않는 것이다.'라고 설하고 있기 때문에 자성은 만들어진 것이 아니다.

영상(映像, pratibimba)처럼 파악되어지고 있는(bzuṅ bshin pa, gṛhyamāna, 인식되고 있는) 연기한 것, 만들어진 것〔=색 등의 제법〕에서 분별되어진 것〔=자성〕은 부처의 대상영역(gocara)에서는 진실(dṅos)인 것이다. 분별되어진 것이 아니기 때문이다. 만들어진 법(bhāva)에 접촉됨이 없이(ma reg par) 자성만(raṅ bshin ḥbaḥ shig)을 현증하고(mṅon sum du mdsad pa, sākṣātkaraṇa), 실의(tattva)[50]를 증오(證悟, thugs su chud

50) 텍스트에 'de ñid'로 되어 있어, 이 말이 '다름 아닌 그것' '그 동일한 것'을 의미하는지, '실의'(tattva, de kho na ñid)를 의미하는지, 어느 쪽인지 확정하기는 쉽지 않다. 여기서는 자야난다 주석에 "실의라는 것은 무생기를 특징〔相〕으로 하는 실의(de kho na ñid)이다"(MAvṬ, ra, 216b1-2)라고 하였기에, 후자의 해석을 채택했다.
단지 'tattva'의 티베트역은 산문에서는 'de kho na ñid'이지만, 운문에서는 생략되어 'de ñid'로 번역하는 것이 보통이다. 여기는 산문이기 때문에 'de ñid'가 'tattva'의 번역어인 것은 기묘하다고 생각한다. 렌다와(Red

pa)하기 때문에 '부처'라고 말해진다.(MAvBh, ḥa, 282b6-283a2)

여기서 '제불이 자성만을 깨닫는다'라고 하는 것의 의미는 앞에서 보인 기술〔30〕에서 '제불에 있어서 승의는 자성뿐이다'라고 기술한 것과 의미가 완전히 일치한다. 즉 이 경우 '자성만'이란 연기하고 있는 색등과 같이 제법의 자성으로서의 공성이 아니고, 그것들의 제법에 '접촉하지 않는', 즉 제법으로부터 격절(隔絶)한 자성이다. 그런데 이처럼 연기의 세계로부터 완전히 격절한 이른바 초월적인 '실재'로서의 '자성'을 진정한 '자성', 자성의 본래 의미로서 긍정하는 찬드라키르티의 논법은, 법의 무(비실재성)를 논증하기 위해 '무자성'이라는 말에 의해 '자성'을 부정하는 것을 주요한 의무로 생각하는 『근본중송』이나 중관파 본래의 입장과는 완전히 역전하고

---

mdaḥ ba)의 주석에서는 이 부분을 "제법의 만들어지지 않은 자성을 現證하고 證悟하는 까닭에(mṅon du mdsad ciṅ thugs su chud paḥi phyir) '부처'라고 말해진다"(DS, 90a2)라고 설명하고 있다. 즉 현증의 대상도, 증오의 대상도 '자성'이라고 이해하고 있다. 다시 말해 렌다와는 'de ñid'를 '다름 아닌 그것'으로 해석하고 있다. 총카파의 주석 『밀의해명』(dGoṅs pa rab gsal, GR)의 이 부분은 『입중론주』와 완전히 똑같기 때문에(GR, ca, 186a4), 문제해결에 도움이 되지 않는다.

단 『입중론주』에서는 이 부분 이전에 "실의(de kho na ñid)를 깨달은 자(rgyas pa)가 '부처'라고 앞의 말을 나타내지 않고 설명하는 것처럼"(MAvBh, ḥa, 277b6-7) 〔이것은 '실의(de ñid)를 깨달은 자가 부처라고 말해지는 것처럼'(MAv, Ⅵ, k.87a, ḥa, 208a7)이라는 게송의 주석문이다〕으로 되어 있어, 실의를 깨달은 자가 '부처'라고 말해지는 것이 명확하게 나타나 있다. 또한 'tattva'가 산문부분에서는 'de ñid'로 번역되는 예도 '바르게 보는 자의 경계, 그것은 실의(de ñid)이다' (MAv Bh, ḥa, 253b1) 〔이것은 '바르게 보는 자의 경계는 실의(de ñid)이다'(MAv, Ⅵ, k.23c, ḥa, 205a6)이라는 게송의 주석문〕라고 말하는 것처럼, 모두 없다는 것은 아니다. 따라서 약간의 의문은 남지만, 문제의 'de ñid'는 '실의(tattva)'의 번역어로 보고 싶다. 게다가 법존 역의 『입중론』에서도 '진리'로 번역하고 있다.(卷3, 34左)

있다고 말할 수밖에 없다. 여기서 중관사상은 '연기', '무자성'의 사상으로부터 '실의', '자성'이라는 '실재'의 사상으로 전락한 것이다.

그런데 여기서 찬드라키르티의 이제설에 대해서, 특히 그가 사용하는 '자성'의 어의(語義)에 대해 좀더 깊게 고찰해보자. 우선 첫째로 말할 수 있는 것은, 찬드라키르티는 '자성(svabhāva)'이라는 말을 바비베카보다 훨씬 긍정적으로 사용하고 있다는 것이다. 그것은 〔31〕에서 연기하는 제법이란 격절한 '자성만'을 '실의(tattva)[51]' 라고 바꾸어 말하고 있는 것에서도 알 수 있다. 즉 '실의'라는 말은 본래 『근본중송』 제18장 제9게송에서 사용되어진 것이고, 그것은 바비베카에 있어서는 '승의 A'를 의미하고 있다는 것은 이미 살펴본 그대로이다. 그런데 바비베카는 이 '승의 A'를 '실의'라고는 불렀지만 '자성'이라고는 부르지 않았다. 적어도 〔17〕 〔19〕에서는 그러하다. 그러나 찬드라키르티는 '승의 A'인 '실의'를 오히려 적극적으로 '자성'이라고 부르고, 중관파에 있어서는 본래 부정의 대상이었다고 생각되던 '자성'이란 말을 긍정적 의미로 사용하였던 것에 어떤 주저도 나타내지 않았다.

찬드라키르티가 『입중론』에서 '자성'이라는 말을 특히 즐겨 사용한 것은 『입중론』과 『이제분별론게』의 다음 두 가지 기술을 비교해 보아도 알 수 있다.

〔32〕 우치(愚癡, moha)는 자성을 덮으므로 세속이다.[52] 어떠한

---

51) 텍스트의 'de ñid'를 'tattva'의 번역어로 삼은 것에 대해서는 앞의 註 50) 참조.

52) 여기에 "A의 B로부터의 해방 · 이탈"이라는 '해탈사상의 근본논리'(『緣起と空』, p.192)가 인정되고 있다. 즉 찬드라키르티의 사유에 있어서 A는 '자성'이고, B는 '세속'='무명'이라는 덮는 것이다. 찬드라키르티는 A를 '아트만'이라고 명언하지 않지만, 그에게 있어 '자성'이 완전히 무한정인 것, 지

것이든, 만들어진 것은 그것〔=세속〕에 의해 진실(satya)로서 현현하지만, 그것〔=만들어진 것〕을 '세속의 진실'이라고 그〔=모니〕는 말했다.(MAv,Ⅵ, k.28abc, ḥa, 205b2)

mohaḥ svabhāvāvaraṇād dhi saṃvṛtiḥ / satyaṃ tayā khyāti yad kṛtrimaḥ / jagāda tat saṃvṛtisatyam ity asau /

〔33〕 어떤 것에 의해 또는 어떤 것이 있다면, 실의(yan dag, tattva)를 덮었을 때, 그 어떤 것이 '세속'이라고 인정된다. 그것〔=세속〕에 의해 이것들 일체의 것은 진실이지만 승의로서는 진실이 아니다.(SDVK,15, sa 2b1)

이 두 기술은 둘 다 '세속'을 '덮는 것'(소위 覆障의 世俗)이라는 점에서 일치하지만, 그것을 찬드라키르티는 〔32〕에서 '자성을 덮는 것'이라고 하였고, 즈냐나가르바는 〔33〕에서 '실의를 덮는 것'이라고 기술하고 있다. 찬드라키르티의 이후의 중관사상가이었던 즈냐나가르바는 〔33〕에서 '세속'과 '세속의 진실'의 설명에 있어서 찬드라키르티의 〔32〕로부터 영향을 받았다고 생각된다. 그럼에도 불구하고 그는 '세속'을 '자성을 덮는 것'이라고 규정하는 것만은 거부하고, 그것을 '실의를 덮는 것'이라고 부르고 있다. 실제로 『이제분별론』에서 자성이라는 말이 긍정적인 의미로 사용된 적은 없다.

그런데 이 '실의를 덮는 것'='세속'이라는 표현만이라면, 그것은 『입중론』 이후의 찬드라키르티의 저작인 『명구론』에서 다음과 같이 인정된다.

적인 내용을 결여하고 있는 한, 그의 사상구조가 아트만론, 여래장사상과 일치한다는 것은 부정할 수 없다.

〔34〕 무지(ajñāna)는 두루(samantāt) 일체 사물의 실의(sarvapadārtha-tattva)를 덮으므로 '세속'이라고 말해진다.(Pras, p.492, *ll.*10-11)

따라서 즈냐나가르바의 '실의를 덮는 것'='세속'이라는 설명은, 이 『명구론』의 논술과 비슷하여 『명구론』을 계승하고 있다고도 말할 수 있지만, 그러나 거기에는 중대한 차이가 존재한다. 즉 『명구론』에서는 단순히 '실의'라고 기술하지 않고 '일체 사물의 실의'라고 말하고 있다. 이 표현은 명백히 『입중론』에서 '연기하는 제법의 자성=공성'이라는 것과 대응하고 있다. 즉 '일체 사물의 실의'는 연기하는 제법으로부터 격절되어, '제법'이라는 기체(基體)를 가지지 못하는 '자성만'도 '실의만'도 아니고, 그것이 속해야만 하는 '사물'이라는 기체를 가진 것이다.

그렇다면 〔32〕 즉 『입중론』 제6장 제28게송에서 '자성을 덮기 때문에 세속이다'라고 했을 때 그 '자성'은 '제법'이라는 기체를 가진 것인가, 가지지 못한 것인가. 바꾸어 말하면 그것은 '제법의 자성'인 '공성'(승의 B)인가, 아니면 '제법'에 접촉하지 않는 '자성만'(승의 A)의 것인가. 〔32〕에서 설명한 '자성'을 『명구론』의 '일체 사물의 실의'와 완전히 똑같은 취지의 표현이라고 이해한다면, 답은 당연히 전자가 될 것이다. 그러나 문제는 그렇게 간단하지 않다. 『명구론』과 『입중론』이 동일한 저자의 손에 의해 작성되었다고 하지만, 〔32〕와 〔34〕를 간단히 동일한 취지의 문장으로 볼 수 없는 사정이 있다.

이 문제에 대해서 우선 첫 번째로 기술해야만 하는 것은, 찬드라키르티는 '자성' 과 '공성'이라는 말을 언제나 명확하게 구별하여 사용한 것이 아니라 오히려 다음과 같이 동의어처럼 사용하기도 하였다.

〔35〕 이 제법의 법성(dharmāṇām dharmatā)이란 무엇인가. 제법의 자성(svabhāva)이다. 이 자성이란 무엇인가. 본성(prakṛti)이다. 또한 이 본성은 무엇인가. 공성(śūnyatā)인 것이다. 이 공성은 무엇인가. 무자성(naiḥsvabhāva)인 것이다.(Pras, p.264, *ll.* 12-13)

필자는 일찍이 『입중론』의 이제설을 논한 논문에서, 먼저 이 『명구론』의 유명한 문장에 'svabhāva=śūnyatā', 즉 자성과 공성을 동의어로 취급한 찬드라키르티의 생각이 설해져 있다고 이해하여, 다음에 이 자성=공성이라는 해석을 『입중론』 제6장 제28게송 이하의 이제설 해석에 도입해버렸다.[53] 따라서 필자는 공성과 자성을 구별하는 시점, 즉 '제법의 자성' 으로서의 공성이라는 '기체를 가진 자성'(승의 B)과 '자성만'이라는 '기체가 없는 자성'(승의 A)의 구별하는 시점을, 『입중론』의 이제설에 관해 관계시킬 수가 없어, 그런 의미에서 중대한 오해를 초래하였다. 그러나 『입중론』에서 이 '기체를 가진 자성' '기체가 없는 자성'이라는 두 종류의 '자성'을 구별해야만 한다는 것은 이미 기술한 그대로이며, 게다가 앞에서 기술한 〔35〕의 요지를 엄밀히 생각해 보면, 그것은 결코 '공

53) Cf. Matsumoto, S. 「The Satyadvaya theory of the Madhyamakāvatārabhāṣya」, 『*Journal of Indian and Buddhist*』(印佛硏), 28-1, 1979, pp.498-494. 특히 "Śūnyatā and svabhāva are synonyms, as is stated in PR"(p.495)라고 기술한 것이 문제이다. 현재 필자는 그 논문에서 'viṣaya'(object)를 (A)(B)(C)의 3개로 나눈 것을 정정하여, (A)(B)(C)(D)의 4개로 나누어 (C)를 'śūnyatā', (D)를 'svabhāva'라고 교정하고 싶다.

성'과 '자성'이 전면적으로 동의어라는 것을 기술한 것이 아니라 단순히 '기체를 가진 자성' 즉 '제법의 자성'으로서의 공성에 대해 기술한 것임에 분명하다. 왜냐하면 〔35〕의 서두에 '제법의(dharmā-ṇām)'라는 기체를 의미하는 말은, 그 후의 '자성' '본성' '공성' 등 모든 명사에 걸리기 때문이다.

그렇다면 다시 물음을 제기해보자. 『입중론』 제6장 제28게송에서 '자성을 덮으므로 세속이다'라고 말했을 때, 그 '자성'이란 '제법'이라는 기체를 가지는 것(승의 B)인가, 아니면 기체를 가지지 못하는 것(승의 A)인가. 이 문제에 관한 해답은, 이 게송에 대한 찬드라키르티의 다음의 주석을 어떻게 이해하는가에 달려있다.

〔36〕 ① 그래서 중생들이 있는 그대로의 실사(實事, ji ltar gnas paḥi dṅos po, yathāvasthitavastu)를 보는 것(lta ba, darśa-na)을 혹난(惑亂)시키므로, 우치(愚癡)가 이른바 사물(事物, dṅos po, bhāva)이 존재하지 않는 자체(raṅ gi ṅo bo, svarūpa)를 증익하고, 사성을 보는 것을 덮는 것을 본성으로 하는 무명(avidya)이 세속이다.

② 그 세속에 의해, 어떤 것이든, 진실로서 현현하고, 무자성임에도 불구하고 자성으로서 현현하는 것, 그것은 전도한(vipa-rīta) 세간(loka)의 세속에 의해 진실이기 때문에 세간의 세속에 〔있어서〕의 진실이며(loka saṃvṛti-satya), 그것은 만들어진 것(kṛtrima), 즉 연기한 것이다(pratītyasamutpanna).

③ 연하여 생기한(brten nas ḥbyuṇ ba, pratītyaja), 영상(映像, pratibimba)이나 반향(反響, pratiśru tkā) 등이 적은 것은 허망(mṛṣā)한 것이지만, 무명을 가진 사람들에게 현현하며,

청(靑, nīla) 등의 색(rūpa)과 마음(citta)과 수(受, vedanā) 등이 적은 것은 진실로서 현현한다. 그런데 자성은 무명을 가진 사람들에게 어떠한 존재방식으로도(sarvathā) 현현하지 않는다. 그러므로 그것〔=자성〕과, 어떤 것이든, 세속에 의해서도 허망한 것〔=영상과 반영〕은 세속〔에 있어서는〕 진실이 아니다.

④ 이처럼 우선 유지(有支, bhavāṅga)에 포함되는 유오염(有汚染, kliṣṭa)의 무명력(無明力)에 의해서 세속의 진실이 설정되는(rnam par gshag, vyavasthāpita) 것이다.(MAvBh,ḥa, 254b5-255a1)

이 문장을 정확히 이해하기 위해서는 이 〔36〕에 계속되는 부분에서 '범부' '성자' '부처'라는 세 개의 관점이 번뇌장과 소지장이라는 두 종류의 무명의 유무에 의해 명확하게 구별되고 있다는 것을 알아야만 한다. 즉 '범부'에게는 색·수 등의 '제법'을 대상영역으로서 현현시키는 소지장의 무명뿐만 아니라, 그것들의 '제법'을 진실이라고 집착하는 번뇌장의 무명, 즉 총카파에 의하면 '진실집착(bden ḥdsin)'이라고 불리는 무명이 있다. 그렇지만 '성자'에게는 소지장의 무명만이 있기 때문에 '제법'을 진실로서 집착하는 것이 아니라 오히려 그것들 '제법의 자성'인 '공성'을 이해하는 것이다. 그러나 '부처'에는 소지장도 없으므로 '제법'이 대상영역으로서 현현하지 않기 때문에 '부처'는 '제법'이라는 기체를 결여하고 '자성만'을 현증(現證)한다고 말한다.

그렇다면 이와 같은 두 종류의 무명이라는 관점에서 말하면, 『입중론』 제6장 제28게송에서 '자성을 덮으므로 우치(愚癡) 이른바 무명이 세속이다'라고 했을 때, 이 무명이란 무엇을 가리키는가.

이 무명을 어떻게 이해하는가에 따라 자성의 의미가 어느 정도 밝혀질 것으로 생각한다.

이 문제에 관한 필자의 해석은 『입중론』 제6장 제28게송의 우치(愚癡) 및 그 주석의 기술인〔36〕에 나타난 밑줄 친 모든 단어, 즉 '우치' '무명' '세속'은 '번뇌장의 무명'을 의미하는 것으로 보인다. 즉 〔36〕에는 '소지장의 무명'에 대해서는 전혀 언급하지 않고, 거기에서 무명이라는 말은 모두 '번뇌장의 무명'을 가리킨다고 이해된다.

이 문제에 대해서 중심적인 역할을 차지하는 것이 〔36〕의 ③에 보이는 다음의 문장이다.

〔37〕 자성은 무명을 가진 사람들에게 어떠한 존재방식으로도 현현하지 않는다.(MAvBh, ḥa, 254b7)

그렇다면 이 문장에서 '무명'이란 무엇이며, '무명을 가진 사람들' 그리고 '자성'이란 무엇인가. 이 문장의 직전에 "영상(映像, pratibimba) 등이 적은 것은 허망한 것이지만, 무명을 가진 사람들에게 현현하며, 색과 마음과 수(受) 등의 적은 것은 진실로서 현현한다."라는 문장이 있지만, 여기서 후반부의 색 등의 '제법'은 누구에게 진실로서 현현하는 것일까. 문장의 연결을 생각하다면 '무명을 가진 사람들'에 현현한다고 생각할 수밖에 없다. 그렇다고 한다면 이 '무명을 가진 사람들'이라는 것은 '진실집착(번뇌장의 무명)'을 결여한 성자가 아니고, 그것을 가지고 있는 '범부'뿐인 것이 된다. 그리고 그 직후에 나오는 기술〔37〕의 '무명을 가진 사람들'이라는 말이 그 직전에 나타나는 동일한 말과 다른 의미를 나타낸다고 생각되지 않는다. 따라서 〔37〕에서의 '무명을 가진 사람들'은 범부를 가리키고, '무명'은 '번뇌장의 무명'을 의미한다고 생각된다.

이 점에 대해서 『입중론』의 주석자 자야난다(Jayānanda)는 『입중론석(*Madhyamakāvatāraṭīkā*, MAvṬ)』에서 〔37〕의 '무명을 가진 사람들'이라는 말을

〔38〕 '무명을 가진 사람들'이라는 것은 유오염(有汚染=번뇌장)과 무오염(無汚染=소지장)의 우치(愚癡=무명)를 가진 사람들이다.(MAvṬ, ra, 145a2)

라고 주석하고 있지만, '번뇌장의 무명'과 '소지장의 무명'을 가진 자는 '성자'도 아니고 '범부'만이기 때문에, 여기서 '무명을 가진 사람들'이라는 것은 '범부'라고 주석하고 있다고 볼 수 있다. 자야난다의 주석은 '무명'을 번뇌장에 한정하지 않고 소지장도 포함하고 있다고 이해하고 있다는 점에서 약간 부정확한 것이 있다고 말할 수 있다. 그러나 번뇌장의 무명을 가지고 있는 자로서 소지장의 무명을 가지지 않는다는 것 등은 있을 수 없기 때문에 '무명을 가진 사람들'을 '범부'라고 규정하고 있다는 점에서 적절하다고 생각한다.

그런데 "자성은 무명을 가진 사람들에게 어떠한 존재방식으로도 현현하지 않는다."는 〔37〕에서 무명이 번뇌장의 무명을 가리키고, '무명을 가진 사람들'이 범부를 의미한다고 하면 '자성'은 무엇을 의미할 것인가. 이른바 이것은 '제법'이라는 기체를 갖는 것인가 아니면 가지지 않는 것인가.

이것에 대해 우선 〔37〕과 매우 비슷하고, 또한 같은 취지처럼 보이는 문장이 프라즈냐카라마티(Prajñākaramati)의 『입보리행론세소(入菩堤行論細疏, *Bodhicaryāvatārapañjikā*, BCAP)』에 보이는 것에 주의하고 싶다.

〔39〕 무명을 가진 사람들에게 제사물의 자성은 현현하지 않는다.

avidyāvatāṃ vastusvabhāvo na pratibhāsate.(BCAP, p.172, *ll*.21-22)

『입보리행론세소』의 같은 부분에는 앞에서 거론한 『입중론』 제6장 제28게송도 인용되고 있어, 거기에는 『입중론』의 이제설 해설이라고 해도 좋을 문장이 많이 등장하고 있다. 따라서 앞의 문장은 〔37〕과 거의 같은 취지로 보아도 좋다. 그런데 여기에는 '자성'이 '제사물(諸事物)의 자성(vastu-svabhāva)'으로 표현되어 있어, '제사물'이라는 기체를 가지고 있다는 것이 명기되어 있다. 이처럼 '자성'을 기체를 가진 것으로 표현하는 것은 『명구론』의 기술인 〔34〕에서 '실의'를 기체를 가진 것으로 표현한 것(일체 사물의 실의, sarvapādārtha-tattva)과 의미를 같이한다. 그렇다고 한다면 〔37〕의 자성을 〔39〕의 '제사물의 자성', 〔34〕의 '일체 사물의 실의'와 같은 의미로 보고, 그것을 '제법' '제사물'이라는 기체를 가진 것으로 이해할 수 있는 것인가. 이 해석은 얼핏 보면 극히 합리적이고, 정합적인 것처럼 보인다. 왜냐하면 제법의 자성인 공성은 번뇌장의 무명(진실집착)을 가진 범부들에게는 현현하지 않는다고 설한 것이 〔37〕의 내용이라고 이해할 수 있기 때문이다. 확실히 '무명을 가진 사람들'을 '성자'라고 규정한다면, 그들에게 현현하지 않는 '자성'이라는 것은 '제법'이라는 기체 없는 '자성만'이라고도 생각되지만, '무명을 가진 사람들'을 범부로 이해하는 한 '부처'의 승의인 '기체 없는 자성'이 성자를 초월해 범부에게는 현현하지 않는다고 기술하는 것은 불합리한 것처럼 생각되기 때문이다.

그러나 필자는 앞에서 기술한 해석의 정합성에도 불구하고 〔37〕의 자성은 '기체 없는 자성' 이른바 '승의 A'를 의미한다고 생각한다. 이것에는 몇 개의 이유가 있지만, 가장 큰 이유는 〔37〕에 보이는 '어떠한 존재방식이라도(sarvathā)'라는 말의 존재이다. 이 말은 『입보리행론세소』의 기술인 〔39〕에는 존재하지 않는 것에 우선 주의해야만 한다. 이것은 〔37〕과 〔39〕를 같은 취지로 볼 수 없다는 것을 의미한다. 즉 제법의 자성인 공성이 '범부'에 현현하지 않는다(이것이 〔39〕의 요지이다)고 한다면 무엇 때문에 그곳에 'sarvathā(어떠한 존재방식이라도)' '결코' '전면적으로'라는 말이 필요한가. 이것은 어떤 한정된 존재방식으로 이른바 부분적으로 자성이 현현하는 성자의 입장을 개재(介在)시키는 표현은 아닌가. 그래서 이 한정된 존재방식이라는 것은 자성이 '자성만'으로서 현현하는 것이 아니고, 제법의 자성으로서 '제법'이라는 기체를 가진 것으로서 현현하는 존재방식을 가리킨다.

이 '어떠한 존재방식이라도' '전면적으로(sarvathā)'이라는 말은 실로 『입중론주』의 〔36〕 이하의 부분에서 한 번 더 찬드라키르티가 사용하고 있다. 이른바 그는

> 〔40〕 제불(諸佛)에 있어서 일체법은 전면적으로(sarvathā) 현증(現證)되어 있으므로 심과 심소의 움직임(rgyu ba)은 영구히(gtan) 지멸하고 있다고 인정된다.(MAvBh, ḥa, 255a4)

라고 기술하고 있다. 이 '전면적으로(sarvathā)'이라는 말의 두 가지 예를 합쳐서 생각해 보면, 자성은 부처에게는 '자성만'으로서 전면적으로 현현하고, 성자에게는 '제법의 자성'으로서 부분적으로 또는 한정을 동반한 것으로 현현하고, 범부에게는 '전혀(sarvathā)' 현현하지 않는다는 것이 찬드라키르티의 참된 뜻이라고 생각된다.

〔37〕에서의 '자성'을, 총카파는 '제법의 진실한 모습(yin lugs)

인 자성'[54]이라고 설명하고 있다. 이것은 그 자성을 '기체를 가진 자성'이라고 간주하고 있지만, 이것에 대해 자야난다는 다음과 주석하고 있다.

〔41〕 자성이라는 것은 유(有)와 무(無) 등을 떠난 실의(實義, tattva)이다.(MAvṬ, ra, 145a1-2)

이 '실의'라는 말이 중관사상사에 있어서 바비베카 이래로 '2종의 승의' 중의 '승의 A'를 의미하는 말로서 사용되어 왔다는 것을 생각하면, 자야난다는 〔37〕의 자성을 '기체 없는 자성'으로 이해했다고 말할 수 있을 것이다. 필자는 이 '자성'의 말의 해석에 관해 총카파보다는 자야난다의 해석을 따르고 싶다.

그런데 "자성은 무명을 가진 사람들에게 어떠한 존재방식이라도 〔결코〕 현현하지 않는다."라고 기술한 〔37〕과, "우치=무명은 자성을 덮으므로 세속이다"고 한 『입중론』 제6장 제28게송은 같은 취지를 설하였다고 생각된다. 즉 "무명은 자성을 덮으므로 무명을 가진 사람들에게 자성은 어떠한 존재방식으로도 현현하지 않는다."라고 기술한 것이 〔37〕의 요지이다. 그렇다고 한다면 『입중론』 제6장 제28게송의 '자성'도 '기체 없는 자성'을 의미한다고 보아야 할 것이다.

이미 기술한 것처럼 즈냐나가르바는 이 세속에 의해 덮힌 자성을 기술〔33〕에서 '실의'라고 표현하고 있고, 이 '실의'라는 것은 〔21〕과 〔22〕에 나타난 것처럼, 그에게 있어서 일체의 분별이나 희론을 떠난 것, 즉 '승의 A'를 의미하고 있다. 따라서 즈냐나가르바의 〔33〕에서 기술한 '실의'를 『입중론』 제6장 제28게송의 자성과

54) GR, ca, 103a2.

동일시하다면 후자도 '승의 A', 즉 '기체 없는 자성'을 의미하게 되는 것이다.

게다가 『입중론』 제6장 제28게송의 자성을 '기체 없는 자성'이라고 이해해야만 하는 최대의 이유는, 이 게송에서도 더욱이 그 주석 부분에서도 '자성'이라는 말이 전혀 한정어가 없이, 즉 '……의 자성'이라는 형태로 나타난 것이 아니고 처음부터 단순히 자성만으로 기술하고 있는 것이다. 단순히 생각해 보면 "여기서 자성이란 '제법의 자성'인 공성이기 때문에, 여기서 자성은 긍정되어 있는 것이 아니라 부정되어 있다." 등의 해석은 억지에 지나지 않는다는 것은 명백하다.

지금까지의 논의를 정리해보면 『입중론』 에 있어서 찬드라키르티는 '제법'이라는 기체를 가지지 않는 '자성' 따라서 '연기'의 세계부터 격절된 '실재'로서의 '자성'을 긍정한 것이고, 이것은 바비베카의 '승의 A'를 기본적으로 계승한 것이다. 다만 찬드라키르티는 '승의 A'를 적극적으로 '자성'으로 부르기도 하고, 그 '제법'으로부터의 격절을 역설하기도 한다는 점에서 실재론적 경향이 바비베카보다 더욱 강해지고, 보다 단순하게 추구하고 있다고 말할 수 있다.

바비베카가 '2종의 승의'를 구별할 때 이미 '승의 A'는 제법이라는 연기의 세계(바른 세속의 진실)로부터 격절되어 있다. 따라서 '승의 B'가 '승의 A'에 '수순하다(rjes su mthun pa)라는 것은 실제적으로 불가능하다고 생각된다. '승의 A'는 불가설(不可說)의 실재이기 때문에 '무생기(無生起) 등의 설시(說示)' 등의 '승의 B'가 어떻게 그것에 '수순하다'라고 말할 수 있겠는가. 이 둘이 '격절'하고 있지 않고 '수순'하고 있다고 강변(强辯)하기 위해서는 '승의 A'는 '일체의 희론・분별의 부정'이고, '승의 B'는 '생기 등의 부정'으로 따라서 '부정'에 관해서 'B'는 'A'에 '수순하다'라고 말할 수밖에 없을 것이다. 그러나 이러한 설명은 도저히 설득력을 가지지 못한다고 생각된다.

따라서 바비베카에 있어서 이미 '승의 A'는 '승의 B'로부터 격절되고 있지만, 이 '격절'을 단순히 주장하면, 중관사상 전체가 실재론화 하는 것은 누가 보아도 명백하다.

따라서 이 격절은 애매해질 수 있기는 하지만 강조되어서는 안된다는 것이었지만, 찬드라키르티는 오히려 이 격절을 역설하고 '자성만'이라는 '실재'를 설하였다. 『명구론』의 기술〔34〕에서 그는 이 '자성'을 '일체사물의 실의(sarvapadārtha-tattva)'라고 표현하고 있지만, '자성'을 '실의'라고 바꾸어 말하여도, 또는 '일체사물의(sarvapadārtha)'라는 기체(基體)를 명기하는 말을 부가하였어도, 그가 여기서 바비베카적인 애매함으로 되돌아가려고 하는 것은 명백하다.

지금까지의 고찰한 결론으로서 다음과 같이 말할 수 있을 것이다. 즉 '이변중관설'은 찬드라키르티의 이제설에 있어서 바비베카 이상으로 실재론적 경향이 강하다고 말할 수 있다.

제4절 찬드라키르티의 이변중관설—논증법

그런데 '이변중관설'의 가장 본질적인 주장인 "중관파에게는 어떠한 주장도 없다"라는 설과 찬드라키르티의 관계를 살펴보기 위해서는 『명구론』에 나타난 다음의 논술을 고찰하는 것이 반드시 필요할 것이다.

〔42〕 그런데 중관파가 스스로(svatas) 자립적으로(svatantram)

비량(比量)을 행하는 것은 불합리하다. [중관파]가 다른 주장(pakṣāntara)을 승인하는 것은 없기 때문이다.

na ca mādhyamikasya svataḥ svatantram anumānaṃ kartuṃ yuktaṃ pakṣantarābhyupagamābhāvāt.(Pras, p.16, 1.2)

[43] 우리에게 자기의 주장(svapratijñā)은 없기 때문이다.(Pras, p.23, 1.3)

이 [43]의 "중관파에게 주장은 없다."라는 찬드라키르티의 언명이야말로 '이변중관설'의 '무주장'이라는 입장을 창출한 직접적인 원인이었다는 것은 누가 보아도 명백한 것이다. 그런 까닭에 찬드라키르티의 『명구론』을 티베트어로 번역한 니마닥(Ñi ma grags)을 고람파는 '이변중관설'의 창시자로 간주하였던 것이다.55)

그러나 얼핏 보면 바비베카의 논증법을 비판하고 있는 것처럼 보이는 이들 찬드라키르티의 언명 특히 [42]는, 결론적으로 말하면, 바비베카의 'prasajya-pratiṣedha' 이론과 완전히 동일한 것을 기술하고 있는 것에 불과하다.

이 결론에 도달하기 위해서는 [42]에 보이는 2개의 중요한 말, 즉 'svatantra'와 'pakṣāntara'의 의미에 대해서 고찰하지 않으면 안 된다. 우선 '자립적'으로 번역한 'svatantra'에 대해서는 이미

55) 본서 제4장, pp.230-231 참조. 고람파는 니마닥(Ñi ma grags)을 『견해변별』에서 "mthaḥ bral dbu maḥi srol ḥbyed"(TŚ, ca, 8a4)라고 부르고, 『요의해명』에서는 "mthaḥ bral dbu maḥi srol ḥdsin"(ṄR, ca,205b2)라고 부르고 있다. 전자는 '이변중관의 창시자'를 의미할 것이며, 후자도 거의 동일한 의미라고 생각된다. 게다가 탁창파의 니마닥 평가에 대해서는 본서 제6장, p.300 참조.

약간 고찰하였는데[56], 여기서 'tantra'는 'mata'와 같은 의미인 '설(說)' '사상'을 의미한다고 생각된다.[57] 즉 'svatantra'는 'sva-mata'이고, '자기의 설〔에 기초한〕' 또는 '자설〔에 의한〕'이라는 의미일 것이다. 이것은 『입중론주』의 다음의 구절에 명시되어 있다고 생각한다.

〔44〕 마치 너〔=유식파〕가 자설(自說)에 의존하여(raṅ dbaṅ du gnas nas, svatantram āśritya), 즉 자기의 설에 의해(raṅ gi gshuṅ lugs kyis, svamatena) 의타기성을 성자의 지(智)에 의해 증오(證悟)되어진 것으로 말하고 있는 것처럼, 그처럼 우리들은 세속(kun rdsob)[58]을 말하지 않는다.(MAvBh, ḥa, 275b7-276a1)

여기서 'raṅ dbaṅ'의 산스크리트어는 'svatantra'라고 생각되며, 그 중에 'tantra'의 의미는 'mata(gshuṅ lugs)', 즉 '설' '학설' '사상'으로 설명되어 있다고 생각한다. 주석자인 자야난다는 '자기의 설에 의해'라는 말을 '유심론자(sems tsam du smra ba)의 학설(grub mthaḥ, siddhānta)에 의존하여'[59] 라고 주석하고 있으

56) 拙稿, 「Jñānagarbhaの「世俗不生論」批判について」, 『駒澤大學佛教學部論集』 15,1984, pp.389-387, 註 18); 同 「チャンドラキールティの論理學」, 『駒澤大學佛教學部研究紀要』 43, 1985, pp.174-172 참조.

57) 'tantra'는 '학설'이라는 의미로 『니야야 수트라』(Ⅰ-i-26-29)에서 사용되어진 말이라는 것에 주의하고 싶다.

58) 텍스트의 'kun rdsob'(MAvBh, ḥa, 276a1)에 따랐다. 다만 북경판에서는 'kun rdsob pa'(ḥa, 328b4)로 되어있는 것에 주의하고 싶다. 'kun rdsob pa'는 'saṃvṛta'(세속적인 것, 世俗有)의 번역어이고, 의미적으로는 여기에 상응한다. 단지 후에 나오는 기술인 〔69〕(이것은 기술〔44〕의 바로 뒤에 나오는 것)에서도 'kun rdsob'(세속)이라는 말이 사용되고 있는 것을 고려하여 텍스트에 따랐다.

며, 총카파도 "raṅ dbaṅ du gnas nas raṅ gi gshuṅ lugs kyis"라는 『입중론주』의 말을 "raṅ lugs kyis", 이른바 '자기의 종견(宗見)에 의해'라는 것으로 바꾸고 있다.60) 따라서 〔42〕의 『명구론』의 'svatantram'도 '자설에 기초하여'(부사) 또는 '자설에 기초한'(형용사)것으로 해석해야 한다. 이 경우 'tantra'(說)와 pratijñā(주장)에 본질적인 의미 차이는 없을 것이다. 그러므로 〔42〕와 〔43〕은 논리적으로 같은 의미이며, 〔42〕의 전반부는 "중관파는 스스로 자기의 주장에 기초하여 비량을 행해서는 안 된다."라는 의미로, 〔43〕은 "우리들에게 자기 설은 없기 때문에"라는 의미가 될 것이다.

그렇다면 〔42〕의 '다른 주장(pakṣāntara)'이란 무엇을 의미하는 것일까. 결론부터 말하면 이것은 'paryudāsa'를 매개로 하여 '자기로부터의 생기'〔의 긍정〕과는 다른 '타(他)의 주장', 즉 '다른 것으로부터의 생기'〔의 긍정〕을 의미한다고 생각된다. 그러나 이 결론을 이끌어내기 전에 『요의해명(Ṅes don rab gsal, ṄR)』에서 고람파의 해석을 살펴보도록 하자. 그는 〔42〕에 대해서 다음과 같이 말한다.

〔45〕 이 의미는 …… '제법은 자기로부터 생기하지 않는 것이다'라고 긍정(bsgrub pa)하는 자립의 비량을 행하는 것은 불합리하

59) Cf, MAvṬ, ra, 200b4, 게다가 'sems tsam du smra ba'(唯心論者)라는 티베트 말은 御牧 교수가 보고한 'sems tsam pa'(唯心派)와 같이 산스크리트어의 상정이 곤란한 말이다. 이것은 'raṅ rgyud pa'(자립파)의 용례가 나타나는 것과 함께, 자야난다의 주석서가 본래 산스크리트어로 쓰여졌다는 것을 의심하게 하는 근거의 하나이다. 『ツォンカパ』, p.239, 註292). 본서 제4장 〔부기 B〕, p.267 참조.

60) Cf, GR, ra, 172a2-3.

다. 자립〔논증〕이라고 한다면, 현량 등의 언설적인 4량(量)의 어느 것에 의해 논자(rgol)와 대론자(phyi rgol)의 쌍방에 있어서 일치현현(一致顯現, mthun snaṅ)[61]으로서 성립하고 있는 유법(有法, chos can)의 상에 있어 대론자의 주장(gshan phyogs)인 '스스로로부터 생기(bdag skye med pa)'를 부정하여, 자기의 주장(raṅ phyogs)인 '스스로로부터의 생기가 없다는 것(bdag skye med pa)'을 반드시 긍정하는 것이지만, 유법은 그와 같이 성립하지 않기 때문에, 대론자의 주장과는 다른 '타(他)의 주장(phyogs gshan, pakṣāntara)'인 '스스로로부터의 생기가 없다는 것'도 자립적으로(raṅ rgyud du) 승인하는 것은 없기 때문이라는 의미이다. ……

어떤 사람(kha cig)이 "이것의 의미는 '스스로로부터의 생기'를 부정하고, '다른 것으로부터의 생기'를 긍정하는 자립논증(gtan tshig)은 불합리하다. '스스로로부터 생기'라는 것은 다른 '타(他)의 주장'인 '다른 것으로부터의 생기'도 승인하는 것은 아니기 때문이다."라고 말하는 것과, 다른 자(gshan dag)〔=총카파〕가 "자상에 의해 성립하고 있는 것을 긍정하는 자립의 비량은 불합리하다. 자상에 의해 성립하고 있는 다른 주장(phyogs gshan)을 승인하는 일은 없기 때문이다."라고 말하는 양자는, 이 경우에는 타당하지 않다.

여기서는 '스스로로부터 생기'를 부정하는 자립〔논증〕이 합리적인가 불합리한가를 고찰하는 곳으로, 따라서 이 경우 '스스로로부터의 생기'를 부정하고 '다른 것으로부터의 생기'를 긍정하는 〔자립논증〕과 자상에 의해 성립하고 있는 법을 긍정하는 자립〔논증〕 등은 〔자립파의〕 어느 누구도 행하는 일이 없기 때문이다.(ṄR, ca, 121a6-

61) 이 일치현현이라는 말의 용법은 본서 제8장(pp.348-349, pp.360-369)에서 해명한 총카파의 독자적인 용법과는 완전히 다르며, 극히 일반적인 용법이라는 것에 주의하고 싶다.

122a1)

우선 여기서 '다른 자(gshan dag)'가 말한 것은 총카파의 입장이라는 것은 명백하다. 총카파는 『도차제대론』(LR)에서 다음과 같이 기술하고 있기 때문이다.

〔46〕 자성으로서의 사물(raṅ bshin gyi dṅos po)을 승인하는 주장(phyogs)이 없다는 것이 '무주장(phyogs med pa)'이라고 설해진 것이다.(LR, pa, 415a3)

〔47〕 『명구론』에서 "〔우리들에게〕 자기의 주장이 없기 때문에"〔43〕라고 설한 것도[62] 자기의 종견이 없다는 것(raṅ lugs med pa)의 전거(典據, khuṅs)가 아니다. 왜냐하면 그것은 '자립의 주장(raṅ rgyud kyi dam bcaḥ)이 없다'라는 의미이기 때문이다.(LR, pa, 415b6)

이 둘의 기술을 합쳐 보면 '자성(자상)에 의해 성립하는 법을 승인하는 주장'이 총카파에 의해 '자립의 주장'이라고 생각되고 있는 것, 그리고 『명구론』에서 말하는 '주장의 무(無)'라는 것은, 이 '자상에 의해 성립하는 법을 승인하는 자립의 주장이 없다는 것'이라고 해석하고 있다는 것을 알 수 있다.

그러나 이처럼 '자립'이라는 말에 '유자성(유자상)'의 의미를 포함시키려고 하는 총카파의 설은 말할 필요도 없이 『명구론』의 문장 해석으로서 적절하다고는 도저히 생각되지 않는다. 대략적으로 말하면 총카파는 『명구론』이나 『입중론』 등의 찬드라키르티의 저작

62) 총카파 독자의 '도'라는 용법에 대해서는 앞의 註 3) 참조.

에 보이는 여러 가지의 중요한 문장에 관하여 자기의 해석을 기술하는 경우, 거의 언제나 그의 이전에 티베트에 행해졌던 일반적인 해석을 비판하고 나서 자신의 설을 제시하고 있다. 그렇지만 찬드라키르티 자신의 의도에 관해서 말하면 총카파의 해석보다도 그 이전의 일반적 해석의 쪽이 대부분의 경우 적절하다. 이것은 총카파의 사상이 찬드라키르티의 사상에 대하여, 근본적인 점에 있어서 완전히 역전하고 있음에도 불구하고, 총카파가 자신의 사상을 찬드라키르티설의 조술(祖述)이라고 말하는 자세를 허물지 않았기 때문에 생긴 것이다. 그러나 필자는 총카파가 자설과 찬드라키르티설 사이에 완전한 모순과 역전에 대해서 스스로 전혀 알지 못했다고는 도저히 생각되지 않는다.

그렇다면 〔45〕 중에 총카파의 설 이외의 두 가지 해석, 즉 고람파의 것과 '어떤 자'의 해석 중에 어떤 것이 타당한가. 고람파는 대론자의 주장인 '스스로로부터 생기(bdag skye, svata utpatti)'[63]와는 다른 '타(他)의 주장(phyogs gshan, pakṣāntara)'을 "스스로로부터 생기가 없는 것"을 긍정하는 것으로 해석하고, '어떤 자'는 그 '타(他)의 주장'을 '다른 것으로부터의 생기(gshan skye)'를 긍정하는 것으로 해석하고 있다. 그렇다면 '타(他)의 주장'의 내용은 "스스로로부터 생기가 없는 것" 인가, 아니면 '다른 것으로부터의 생기'인 것인가.

필자는 후자의 해석을 지지한다. 그 이유는 『명구론』에 다음과 같이 설해져 있기 때문이다.

〔48〕 (반론) '스스로로부터 생기하였다는 것은 결코 〔존재하지〕않

63) 이 'svata utpatti'라는 말은 『명구론』에 확실히 사용되고 있다. Cf. Pras, p.15, *l*.4.

는다'고 한정되어 질 때에는 '다른 것으로부터 생기한 것이 〔존재한다〕'라는 〔당신에 의해〕 승인되지 않는 것이 귀결하지 않는가.

(대답) 귀결하지 않는다. 'prasajya-pratiṣedha'(동사의 부정)이 의도되어 있으므로, 다른 것으로부터의 생기도 부정되기 때문이다.

nanu ca, naiva svata utpannā, iti avadhāryamāṇe parata utpannā ity aniṣṭaṃ prāpnoti, na prāpnoti, prasajya-pratiṣedhasya vivakṣitatvāt parato 'py utpādasya pratiṣetsyamānatvāt.'(Pras, p.13, *ll*.4-6)

여기서 먼저 찬드라키르티가 바비베카의 'prasajya-pratiṣedha' 이론을 전면적으로 받아들이고, 그것을 정확히 계승하고 있다는 것을 알 수 있다. 즉 '스스로로부터 생기' '다른 것으로부터의 생기'라는 것은 보다 엄밀히 말하면 ⓐ'스스로로부터 생기한 것이 존재한다(svata utpannā…vidyante)' ⓑ'다른 것으로부터 생기한 것이 존재한다(parata utpannā…vidyante)'라는 것이며, 이 ⓐ ⓑ의 2주장 중에 '존재한다'라는 동사를 부정하는 것이 'prasajya-pratiṣedha'라는 것이다. 따라서 〔48〕 말미의 '다른 것으로부터의 생기도 부정된다'라는 것은 주장 ⓑ가 주장 ⓐ와 똑같이 부정된다는 의미이다.

'prasajya-pratiṣedha'는 '명사의 부정'인 'paryudāsa'와 대비하여 보면 그 성격이 명백하게 나타나지만, 'paryudāsa'는 '스스로부터의 생기'와 '다른 것으로부터의 생기' 사이에 인정되는 관계이고, 주장 ⓐ ⓑ에 관계하여 말하면 밑줄 친 '스스로부터의 생기한 것'과 '다른 것으로부터의 생기한 것'이라는 두 항목 사이에 인정되는 관계이다.

찬드라키르티가 〔48〕에서 '없다(na)'라는 부정사에 의해 'prasajya-pratiṣedha'가 의도되어 있다고 기술하고 있는 것은, 이 두 항목 중에 '스스로부터의 생기한 것'이 부정되고 '다른 것으로부터의 생기한 것'이 긍정되는 'paryudāsa'(명사의 부정)가 의도된 것은 아니라는 의미이다. 따라서 'prasajya-pratiṣedha'와 'paryudāsa'에 대해서 설명한 『사택염』의 기술인 〔4〕의 표현을 빌리면 '다른 것으로부터의 생기한 것'이라는 것은 'paryudāsa'에 의해 '스스로부터의 생기한 것'과는 다른 '타(他)의 사물(gshan gyi dṅos po)'이라는 것이 되는 것이다. 이 '타(他)의 사물'을 총카파는 '타(他)의 법(法)(chos gshan)'이라는 말로 표현하고 있다.

그런데 '타(他)의 주장(pakṣāntara)'이라는 말이 나타나는 『명구론』의 기술인 〔42〕에 대해서 생각해보면, 이 기술은 'prasajya-pratiṣedha'를 설하는 기술〔48〕과 같은 취지의 것으로 이해하는 것이 가장 자연스럽다고 생각된다. 따라서 '타(他)의 주장'의 내용은 '다른 것으로부터 생기가 〔존재한다〕'와 '다른 것으로부터 생긴 것이 〔존재한다〕'는 것을 의미하며, 기술〔45〕의 『요의해명』의 3개의 해석 중에 '어떤 사'의 해석이 적절하다는 것이 된다. '타(他)의 주장'의 내용을 '스스로로부터의 생기가 없다'라고 하는 고람파 자신의 해석은 티베트에서 널리 알려진 것으로 보이지만,64) 그것은

64) 예를 들어 『도차제대론』 중에서 총카파에 의해서 부정되는 견해의 하나로서 다음과 같은 설이 기술되어 있다.
'스스로부터의 생기는 없다'라고 말해지는 것도, 타자(대론자)의 '스스로로부터의 생기'를 부정할 뿐이고, 스스로 '스스로부터의 생기는 없다는 것'을 긍정(sgrub 증명)하는 것은 아니기 때문에 〔귀류파에는〕 주장(dam bcaḥ, pratijñā)이 없는 것이다.(LR, pa, 406b2)
이 설은 '스스로로부터의 생기'의 부정을 '스스로부터의 생기는 없다는 것'의 긍정이라고 간주한 것은 '주장'을 세우는 것이고, 이와 같은 주장은 귀류파에는 존재하지 않는다는 즉 귀류파는 '스스로로부터의 생기'의 부정을 '스스로부터의 생기는 없다는 것'의 긍정이라고 이해하는 것은 아니라고 말하기 때문에, 고람파의 설과 기본적으로 일치하고 있다.

기술〔11〕의 『반야등론』에서 다음과 같이 기술한 것에 기초한 것으로 생각된다.

'paryudāsa'가 채용된다고 한다면, 그것은 긍정을 주요한 것으로 삼고 있기 때문에 "제법은 생기하지 않는 것이다."라고 긍정하는 것에 의해 무생기를 〔긍적적으로〕 설하기 때문에 정설과는 멀어지게 되는 것이다.

그러나 『명구론』에 대한 기술인 〔42〕에서는 '타(他)의 주장'이라고 기술되어 있고, '모순된 주장(virudhapakṣa)'이라고 말하지는 않기 때문에 앞의 기술에 따라 〔42〕를 해석하는 것은 적절하지 않다고 생각된다. 무엇보다도 고람파의 해석이 만약 앞의 기술에 기초하였다고 한다면, 그도 '타(他)의 주장' 중의 '타(他)의(antara)'라는 말에서 'paryudāsa'의 의미를 파악하려고 한 것은 확실하며, 이런 점은 필자가 바른 해답이라고 한 '어떤 자'의 해석과 일치하고 있다.

또한 고람파의 해석이 '유도 아니고 무도 아니다' 'x도 아니고 비x도 아니다'라는 '이변중관설'과 완전히 합치한다는 것은 이해해 둘 필요가 있다. 즉 '이변중관설'이라는 것은 바비베카의 '2종의 승의'설이라는 것에 있어서 완전하게 성립하고 있는 것이지만, 그의 'prasajya-pratiṣedha' 이론으로부터 '이변중관설'이 논리적으로 도출되기 위해서는 'prasajya-pratiṣedha'에 의해 거부되어진 'pa-

---

그렇다면 누가 앞의 설을 기술하였는가 하면 『도차제대론』에서는 '저 학자들의 제자인 번역가들'(paṇ ḍi ta deḥi slob ma lo tstsha ba dag) 〔LR, pa 406a1〕이라고 하였다. 그러나 이것이 누구를 가리키는가는 명확하지 않다. 『西佛研』, p.427, 註 208) 참조.

ryudāsa'를, 단순히 '명사의 부정'으로 이해할 뿐만 아니라 '부정대상의 모순개념의 긍정'이라고 간주하는 것이 반드시 필요하다. 즉 x와 비x가 모순되는 것이 'paryudāsa'의 '분별' '희론'의 세계이고, 그것을 부정하는 것이 무분별지를 성립시키는 'prasajya-pratiṣedha'라는 것이다. 따라서 이미 고찰한 것처럼 바비베카에 있어서 'prasajya-pratiṣedha'와 'paryudāsa'는 단순히 '동사부정'이나 '명사부정'을 의미하는 것에 머물지 않고, 그것에 '무분별' '무희론'의 관념이 부가되어져 '이변중관설'이 성립하고 있는 것이며, 그것을 무엇보다도 단적으로 보이는 것이 『반야등론』의 기술인 〔11〕이다.

그렇지만 『명구론』에 대한 기술〔42〕의 '타(他)의 주장'에 대해서 말하면, 이것에 대해 앞에서 기술한 〔11〕에 따라 과도하게 이해할 필요는 없으며, 역시 『명구론』에 대한 기술인 〔48〕에 나타난 '동사부정'으로서의 'prasajya-pratiṣedha'가 여기에서 의도되어, 따라서 '타(他)의 주장'이란 '스스로로부터의 생기'와는 다른 '타(他)로부터의 생기', 즉 '다른 것으로부터 생기한 것이 존재한다'를 내용으로 한다는 것으로 해석해야만 할 것이다.

그러면 지금까지의 고찰에 의해 『명구론』의 기술인 〔42〕〔43〕 및 찬드라키르티의 소위 '귀류논증'의 성격을 명시한다고 생각되는 다음의 기술에 대하여 어떠한 평가를 하여야 할까.

〔49〕 따라서 귀류에 빠지는 것(prasaṅgāpādana)은 타자의 주장을 부정하는 것만을 결과로 삼기 때문에, 귀류라는 것은 반대 의미(prasaṅga-viparītārtha)에 빠지는 일은 없다.(Pras, p.24, *ll*.5-6)

〔50〕 우리들은 자립적으로(svatantram) 비량을 사용하지 않는

다. 우리들의 비량은 타자의 주장을 부정하는 것을 결과로 삼기 때문이다.(Pras, p.34, *ll*.4-5)

우선 앞의 두 기술에서 찬드라키르티는 자기의 논증, 혹은 비량은 '귀류에 빠지는 것'이고, '타자(대론자)의 주장을 부정하는 것만을 결과로 삼는 것'이기 때문에, 자립적으로 비량을 사용하지 않는다고 말하고 있다. 이 기술들은 찬드라키르티가 바비베카의 자립논증(svatantra-anumāna)이라는 방법을 비판하고, 자기의 귀류논증(prasaṅga-āpādana)이라는 방법을 확립한 것으로 일반적으로 받아들여지고 있다. 실제로 찬드라키르티 자신도 주체적으로 바비베카를 비판한다는 의식을 가지고 있었던 것은 명백하다. 그러나 그럼에도 불구하고 이 기술들은 논리적으로 바비베카의 설에 대한 어떠한 비판이라고도 할 수 없다. 왜냐하면 이것은 바비베카의 'prasajya-pratiṣedha'이론과 기본적으로 동일한 것이 설해지고 있는데 지나지 않기 때문이다.

찬드라키르티는 〔42〕에서 "중관파가 스스로 자립적으로 비량을 행하는 것은 불합리하다."라고 기술하고, 그 이유를 "〔중관파가〕 다른 주장(pakṣāntara)을 승인하는 일은 없기 때문이다"라고 설명하고 있지만, 여기서는 그것을 "귀류라는 것은 반대 의미에 빠지는 일은 없다."고 표현하고 있다고 생각된다. 즉 '다른 주장'과 '귀류라는 것은 반대 의미'는 동의어라고 생각된다. 그런데 '다른 주장'을 "다른 것으로부터의 생기가 〔존재한다.〕" 또는 "다른 것으로부터 생긴 것이 〔존재한다.〕"는 주장이라고 간주한 앞의 기술이 타당하다고 한다면, 이 '귀류라는 것은 반대의미'라는 말도 실로 동일한 주장을 의미하는 것이 될 것이다.

그렇다면 〔49〕의 '귀류라는 것은 반대 의미(prasaṅga-viparītārtha)'라는 말의 의미를 『명구론』으로부터 살펴보자.

이 말은 『근본중송』 제1장 제1게송에 대한 붓다팔리타의 주석과 그것에 대한 바비베카의 비판을 배경으로 하여 찬드라키르티에 의해 사용되어진 것이다. 즉 붓다팔리타는 이 게송에 대해서 『불호주(佛護註)』(BV)에서

〔51〕 제법은 그 자신(bdag gi bdag ñid, svātman)으로부터 생기하지 않는다. 그것들이 생기하는 것이 무효과(無效果)가 되기 때문이다.[65] 또한 생기가 무제한(無際限, anavastha)이 되기 때문이다.(BV, tsa, 161b4)

라고 서술하지만, 이것에 대해 바비베카는 『반야등론』에서 그 주석은 부당하다고 하여 다음과 같이 비판하였다.

〔52〕 그것은 불합리하다. ① 증인과 비유가 기술되어 있지 않기 때문이다. ② 또한 타자에 의해 지적된 과실이 제거되어 있지 않기 때문이다. ③ 또한 〔타자가 반론하는〕 여지(餘地)를 가진 언명(sāvakāśa-vākya)이기 때문이다. 즉 〔붓다팔리타에 의해〕 제시되어진 본래의 의미(prakṛtārtha)를 반대하는 것(viparyaya)에 의해 "다른 것으로부터 생기한 제법이 〔존재한다〕. 생기가 결과를 가지기 때문에. 또한 생기가 정지(nirodha)하기 때문에"라는 반대의미를 가진(viparītārtha) 설명되어져야만 할 명제(sādhya)와 그것의 속성(tad-dharma)이 나타나므로 정설(kṛtānta)과 모순될 것이다.[66]

65) 산스크리트 원문은 『명구론』(Pras, p.14, *l*.1)에 인용되어 있는 것에 의해 알려진다.

66) 산스크리트 원문은 『명구론』(Pras, p.14, *l*.4-p.15, *l*.2)에 인용되어 있

(PP, tsha, 49a6-b1)

앞의 두 기술에 대해 찬드라키르티는『명구론』에서 약간 변경을 하였지만,[67] 거의 정확하게 인용하며, 그리고 바비베카의 붓다팔리타 비판이야말로 부당하다고 바비베카를 비판한 것은 잘 알려져 있다.

그런데 본래의 문제로 되돌아가면, [49]의 '귀류라는 것은 반대 의미'[=다른 주장]이라는 것은 무었일까. 결론부터 말하면, 그것은 [52]에서 말한 "다른 것으로부터 생긴 제법이 [존재한다.]"라는 주장을 의미한다고 생각한다. 이 주장은 '불자생(不自生)', 즉 "제법은 스스로로부터 생기하지 않는다."라는 붓다팔리타에 의해 '제시되어진 본래 의미'를 반대하는 것에 의해 나타났고, '제시되어진 본래 의미'라는 것은 '반대 의미를 가진 것'이고, 게다가 바비베카에 의해 '여지를 가진 언명'이라고 불려진 '제시되어진 본래 의미'를 가진 '불자생'의 주장을 찬드라키르티는 '귀류의 언명'[68]이라는 말로 바꾸고 있기 때문이다. 따라서 찬드라키르티에 있어서 '귀류라는 것은 반대 의미'라는 말 중의 '귀류'라는 것은 "제법은 스스로로부터 생기하지 않는다."라는 붓다팔리타의 주장(=제시되어진 본래 의미)을 의미하며, 그 귀류란 반대 의미를 가진 주장이라는 것은 "제법은 다른 것으로부터 생기한다."보다 엄밀히 말하면 "다른 것으로부터 생긴 제법이 [존재한다]"라는 주장을 의미하게 되는 것이다.

는 것에 의해 알려진다. 다만『명구론』에서는『반야등론』의 'sāvakāśa-vākya'(glags yod paḥi tshigs)의 말이 'prasaṅga-vākya'로 바뀌어 인용되어 있다. 이것에 대해서는『展開』, pp.182-183 참조.

67) 앞의 註 65), 66) 참조.

68) Cf. Pras, p.15, *l*.1. 앞의 註 66) 참조.

게다가 〔42〕의 '다른 주장'도, 〔49〕의 '귀류라는 것은 반대 의미〔를 가진 주장〕'도 똑같이 "다른 것으로부터 생긴 제법이〔존재한다.〕"라는 주장을 의미하는 것이다.

따라서 결론적으로 다음과 같이 말할 수 있다. 찬드라키르티의 논증법인 귀류논증은 바비베카의 'prasajya-pratiṣedha' 이론을 단순히 다른 말로 바꾼 것에 불과하다. 왜냐하면 ⓐ"스스로로부터 생기한 것이 〔존재한다.〕와 ⓑ"다른 것으로부터 생기한 제법이 〔존재한다.〕"라는 사이에는 명사부정(parydāsa)의 관계가 있지만, 『근본중송』 제1장 제1게송 중의 '없다(na)'라는 부정사는 동사부정(prasajya-pratiṣedha)이고, '존재한다'에 걸리며, 그것을 부정하는 것이 때문에 'ⓐ의 부정은 ⓑ의 긍정을 의미하지 않는다'는 것이 바비베카의 의도이고, 동일한 것을 찬드라키르티는 〔49〕에서 '귀류〔=제시되어진 본래 의미〕라는 것은 반대 의미에 빠지는 일이 없다'라고 기술하고 있을 뿐이다. 게다가 찬드라키르티의 바비베카 비판은 논리적으로 전혀 성립하지 않는다. 필자에게는 이 두 사상가 사이에 단지 '주장'이라는 말에 어떠한 의미내용을 가지는가라는 차이밖에 존재하지 않는다. 다음 절에서는 이것에 대해 고찰하고자 한다.

제5절 중관파에 있어서 pratijñā와 svatantra

이미 다른 곳에서 언급하였지만,69) 바비베카는 『반야등론』에서 "제법은 스스로로부터 생기한 것도, 다른 것으로부터 생기한 것도

69) 拙稿, 「チャンドラキールティの論理學」, p.201 참조.

……존재하지 않는다"(na…vidyante bhāvāḥ…)라는 『근본중론』 제1장 제1게송에 대해

〔53〕 이것〔=제1게송〕은 주장의 총체(dam bcas paḥi spyi, pratijñāsāmānya)를 제시한 것이다.(PP, tsha, 48b4)

라고 기술하고 있다. 이처럼 『근본중송』 제1장 제1게송의 내용을 '주장(pratijñā)'이라고 부른 것은 『근본중송』의 주석가 중에서 바비베카가 처음이었다고 생각된다. 이렇게 말하는 것은 한역 『중론』, 『무외주(無畏註, *Akutobhayā*, ABh)』, 『불호주』의 주석 부분[70] 어디를 보아도 'pratijñā'에 대응하는 번역어가 보이지 않는다. 아마도 니야야학파나 유가행파, 그리고 디그나가(Dignāga)의 활약에 의해 논리학에 대한 관심을 피할 수 없었던 당시의 인도사상계에 출현한 바비베카가 논리학적인 용어로서 'pratijñā'를 『근본중론』 제1장 제1게송의 주석에서 사용한 것으로 보인다.[71]

이와 같이 본다면 논리학적인 용어로서, 즉 '주장'이라고 번역되는 'pratijñā'가 『회쟁론(廻諍論)』에 등장한다는 것은 역시 『회쟁론』의 성립 시기가 후대로 내려간다는 것을 의미할 것이다. 이미 기술하였듯이[72] 필자는 『회쟁론』은 나가르주나의 진작(眞作)이 아니라, 논리학에 대한 흥미가 융성하였던 '논리학 시대' 이후의 5세기 경의 작품이라고 생각된다. 이 『회쟁론』에 관한 문제는 이하의 기술

70) 위의 拙稿, p.201 참조. 『중론』에 대해서는 大正 30卷, p.2中 참조. Cf. ABh, tsa 33a4-7, BV, tsa, 161b2-163a1.

71) 'pratijñā'는 논증의 5支分 중의 제1지분을 가리키는 말로, 『니야야 수트라』(Ⅰ-i-32-33)에서 사용되고 있는 말이라는 것에 주의하고 싶다.

72) 본서 제3장 〔부기 A〕 참조.

에 있어서 꽤 중요하다.

그런데 바비베카는 『근본중송』 제1장 제1게송의 내용을 'pratijñā'라고 부를 뿐만 아니라, 그곳에 보이는 부정사 '없다'(na)를 동사부정으로서의 'prasajya-pratiṣedha'이라고 해석하였다. 이 두 가지 점은 『근본중송』 제1장 제1게송에 있어서 주석가인 바비베카의 공적(功績)이다. 이것을 받아서 찬드라키르티는 우선 『입중론주』에서 『근본중송』 제1장 제1게송의 내용을 역시 다음과 같이 'pratijñā'라고 부른다.

〔54〕 이것과 동일하게 〔불자생 이외의〕 세 개의 주장(pratijñā)도 결합시켜야만 한다.[73] 이 4개의 주장을 재설(再說)하여 정리에 의해 증명(sgrub pa)하기 위해 다음과 같이 〔제6장 제8게송을〕 설명한다.(MAvBh, ḥa, 246b7-247a1)

이처럼 찬드라키르티가 'pratijñā'라는 말을 사용한 것은 바비베카로부터 영향을 받은 것으로 볼 수 있지만, 그러나 그는 바비베카의 'prasajya-pratiṣedha' 이론을 『입중론』에서는 받아들이고 있지 않은 것으로 생각된다.[74]

또한 『입중론』에 『회쟁론』으로부터의 인용이 없는 것도 주목해야 한다. 『회쟁론』 제29게송의 "나에게 주장은 없다."라는 문장은

---

73) 밑줄 친 부분은 나중에 기술할 『명구론』의 기술〔55〕에 같은 문장인 'evaṃ pratijñātrayam api yojyam'(Pras, p.13, *l*.3)에 나타나 있다. 拙稿, 「チャンドラキールティの論理學」, p.200 참조.

74) 『입중론주』(MAvBh, ḥa, 246b7)에서 찬드라키르티는 『근본중송』 제1장 제1게송의 'na'는 'vidyante'가 아니고, 'svata utpannā'에 걸린다고 서술하고 있다. 이것은 바비베카의 'prasajya-pratiṣedha'(동사부정) 이론에 의해 거부되는 사고방식일 것이다. 拙稿, 「チャンドラキールティの論理學」, p.192 참조.

『명구론』에도 이용되어 커다란 의미를 가지지만, 『입중론』에는 인용되어 있지 않기 때문에, 『입중론』에서 『근본중송』 제1장 제1게송의 내용을 'pratijñā'라고 불러도 『명구론』에서처럼 그것과 『회쟁론』의 '무주장'의 인용 사이에 모순이 생기는 일은 없었다.

계속해서 찬드라키르티는 『명구론』에서도 역시 『근본중론』 제1장 제1게송의 내용을 다음과 같이 'pratijñā'라고 부르고 있다.

〔55〕 그러므로 "스스로부터 생기한 제법은, 어떠한 것도, 어떠한 곳에서도, 어떤 때에도 결코 존재하지 않는다."라고 이와 같이 〔모든 말〕이 결합된다. <u>그와 동일하게 〔다른〕 세 개의 주장(pratijñā)도 결합되어야 한다</u>.(Pras, p.13, *ll*.2-3)

이것은 『입중론』의 설명과 혹은 좀더 말한다면 바비베카의 설을 답습한 것이고, 특히 밑줄 친 문장은 『입중론』의 기술인 〔54〕와 같은 문장이다.75)

그런데 찬드라키르티는 동일한 『명구론』에서 〔43〕에서 기술한 것처럼 "우리에게는 자기의 주장(svapratijñā)은 없다."라고 명언하고, 또한 "나에게 주장은 없다."라는 『회쟁론』의 문장을 인용하고 있다. 이것은 명백하게 모순되는 것은 아닌가. 게다가 우리들은 찬드라키르티의 'pratijñā'라는 말의 사용법에 관하여 애매함, 혹은 적어도 다의성(多義性)을 인정해야만 한다.

찬드라키르티는 〔54〕에서처럼 'pratijñā'라는 말을 바비베카와 동일하게 혹은 바비베카 설에 따라서 사용하고 있는 이외에 그의 독자적인 의미로도 사용하고 있다. 그것은 『명구론』의 기술인 〔42〕 이하의 논술에서 인정되고 있으며, 그 부분을 〔42〕를 포함해서 간

---

75) 앞의 註 73) 참조.

단하게 기술해 보자.

〔42〕 그런데 중관파가 스스로(svatas) 자립적으로(svatantram) 비량을 행하는 것은 불합리하다. 다른 주장(pakṣāntara)을 승인하는 일이 없기 때문이다.

〔56〕 또한 이처럼 아리야데바(Āryadeva)가 말한다.

"누구든지, 어떤 사람에게도 '유(有)' '무(無)' '유(有) 또는 무(無)'라는 주장(pakṣa)이 없을 때, 그에 대해서 논란(論難, upālambha)을 기술하는 것은 아무리 긴 시간이 흘러도 불가능하다."[76]

〔57〕 또한 『회쟁론』에서 말한다.

"만약 나에게 무언가 주장(pratijñā)이 있다면, 그렇다면 나에게 과실이 있는 것이다. 그러나 나에게 주장은 없다. 따라서 나에게 과실은 결코 없다.[77]……"

〔58〕 또한 이와 같이 중관파에 자립적으로(svatantram)[78] 비

---

76) 『사백론』, X, VI, k.25, tsha, 18a5. 『입중론주』에는 『회쟁론』이 인용되어 있지 않지만, 그러나 이 『사백론』의 게송(마지막 게송)이 인용되어 있는 것에 주목하고 싶다. Cf. MAvBh, ḥa, 311b5-6.

77) 『회쟁론』 제29게송(VV, p.127, *ll*.12-15)의 인용. 게다가 점선으로 표시한 생략된 부분은 『회쟁론』 제30게송(VV, p.128, *ll*.7-10)이 인용되어 있다.

78) 텍스트에는 'svatantrānumānānabhidhāyitvaṃ'(Pras, p.16, *l*.11)로 되어 있고, 티베트역도 '<u>raṅ gi rgyud kyi </u>rjes su dpag pa mi brjod pa ñid'(D, ḥa, 6a4-5)로 되어 서로 일치하고 있다. 그런데 필자는 3개의 동경대학소장 사본(No.250, No.251, No252)에 일치하여 나타나는 '<u>svatantram</u> anumānānabhidhāyitvam'(No. 250, 5b1; No.251, 5b

> 량을 기술하지 않는 사람이 있을 때, 그 때에 어디에서 상키야학파가 〔다음과 같이〕 반론하는 것처럼 "스스로로부터 생기한 모든 내처(內處)는 〔존재하지 않는다.〕"(nādhyātmikāny āyatanāni svata utpannāni)[79]라는 자립의 주장(svatantrā pratijñā)이 〔중관파에게〕 있는 것인가.(Pras, p.16, *ll*.2-12)

이 일련의 문장들을 읽으면, 찬드라키르티가 '주장'이라는 말에 의탁한 의미가 분명해진다. 즉 여기서 'pratijñā'와 'pakṣa'는 동의어로 사용되고 있다는 것은 명백하지만, 'svatantra'도 이미 기술한 것처럼 '자설에 기초한' '자기의 주장에 기초한'의 의미로서, 따라서 거의 pratijñā=pakṣa=tantra라고 볼 수 있다. 이 pratijñā=pakṣa=tantra가 중관파에 존재하지 않는다는 것이 찬드라키르티가 여기서 주장하려고 하는 것이지만, 〔42〕의 '다른 주장'을, '스스로로부터의 생기'(svata utpatti)라는 것은 명사부정을 매개해서 다른 것인 "다른 것으로부터 생기한 것이 〔존재한다.〕"라고 이해하는 앞에서의 해석에 따르는 한, 찬드라키르티에 있어서 '주장'이라는 것은 명사 ⓐ라든가 명사 ⓑ라든가 하는 무엇인가 명사의 존재를 긍정하는 주장을 의미하는 것이다. 즉 그는 ⓐ"스스로부터

5; No.252, 6b8)도 채용하고 싶다. 그 이유로 'svatatra'라는 말은 『명구론』에서의 최초의 용례(기술〔42〕에 보이는 것)〔Pras, p.16, *l*.2〕에서도, 두 번째의 용례(기술〔58〕에 보이는 것)〔Pras, p.16, *l*.11〕에서도 'svatatram'이라는 형태로 부사적으로 사용되고 있다고 생각되기 때문이다. 그 이유에 대해서는 본론에서 논하겠다.

79) 이것은 『반야등론』에서 바비베카가 제시한 논증식(prayogavākya)인 "승의로서 스스로로부터 생긴 모든 內處는 〔존재하지〕않는다고 확정된다. 현재 존재하고 있기 때문에. 순수정신(caitanya)처럼"(PP, tsha, 49a2-3)라는 주장(pratijñā) 부분을 '승의로서'라는 한정어를 생략하고 인용한 것이다. 게다가 이 논증식은 『명구론』(Pras, p.25, *l*.9-p.26, *l*.1)에 인용되어 있다. 다만 '확정된다'(ṅes te)에 상당하는 말은 생략된 것 같다.

생기한 것이 〔존재한다.〕"와 ⓑ"다른 것으로부터 생기한 것이 〔존재한다.〕"라는 'paryudāsa'에 의해 교환되는 주장을 여기서 '주장'이라고 말할 뿐이고, 바비베카처럼 "스스로부터 생기한 것은 존재하지 않는다."라는 동사부정(prasajya-pratiṣedha)을 포함하는 명제를 '주장'이라고 부르는 것은 아니다.

따라서 바비베카에 있어서 '주장'이란 '존재하지 않는다'라는 동사부정(prasajya-pratiṣedha)을 포함하지만, 찬드라키르티에 있어서 '주장'은 그것을 포함하지 않는다. 단적으로 말하면 'paryudāsa'에 의해 교환이 가능한 ⓐ(svata upatti, svata utpannā)라든가, ⓑ(parata utpatti, parata utpannā)라든가의 명사가 되는 것이다. 약간 개략적으로 말하면, 바비베카에 있어서의 '주장'은 부정을 판단의 질(質)로 하고, 찬드라키르티에 있어서의 '주장'은 긍정을 판단의 질로 한다고 말할 수 있다. 그런 까닭에 그들에게 있어서는 무엇을 '주장'이라고 부를 것인가가 다를 뿐이고 "스스로로부터 생긴 제법이 존재하지 않는다."라는 동사부정을 포함한 '주장'을 인정하는 점에서는 일치해야만 했다. 이것을 논리적으로 말하면 찬드라키르티가 바비베카의 논증을 비판할 수 없었던 까닭이다.

그런데 실제로는 그렇지 않다. 그것은 〔58〕에서 명백하게 나타나 있다. 거기서 "스스로로부터 생기한 모든 내처는 존재하지 않는다."는 바비베카의 논증식(prayoga)[80] 에 있어서의 주장이 '자립의 주장'이라고 불리고 있지만, 이 주장은 본래 바비베카의 것인 한에서는 당연히 동사부정을 포함한 주장이라고 생각된다. 바꾸어 말하면 그 주장에 있어서의 부정사 'na'는 동사부정이라는 것이 그에 의해서 의도 되어진 것이다. 그런데 찬드라키르티는 이 바비베

80) 앞의 註 79) 참조.

카의 논증식에서의 주장을 '주장'이라고 부르고, 『회쟁론』의 '무주장'의 설을 근거로 하여, 중관파에서는 있어서는 안 되는 것으로 부정하고 있는 것이다.

이것을 어떻게 생각해야 하는가. 찬드라키르티는 여기에서 '존재하지 않는다'라는 동사부정을 포함하는 것과 포함하지 않는 것을 묻지 않고, 일체의 '주장'을 부정하게 된 것은 아닌가. 아니면 찬드라키르티가 부정한 것은 일체의 주장이 아니라 〔58〕에 기술된 것처럼 '자립의 주장(svatantrā pratijñā)'뿐이라고 생각해야만 하는가.

필자는 결론적으로 전자의 해석을 채용하고 싶지만, 그 전에 여기서 다시 한번 더 '자립의(svatantra)'라는 말의 의미를 문제 삼지 않을 수 없다. 이 말에 대해서 『입중론주』 〔44〕 등에 기초하여 svatantra=svamata이고, '자기의 설〔에 기초하여〕'라는 의미로 해석해야만 하고, 이 경우 'tantra(mata)'(說)과 'pratijñā'(주장)에는 본질적인 의미 차이는 없다는 견해를 이미 기술하였다. 단지 주의해야 할 것은 이 말은 본래 바비베카의 『반야등론』에서 사용된 말이며, 게다가 그것은 그의 『근본중송』 이해와 관계하는 것이다.

먼저 바비베카가 『반야등론』의 서두에서 다음과 같이 기술한 것에 주목하고 싶다.

〔59〕 스승(ācārya-pāda)〔=나가르주나〕은 게송(kārikā)만으로서, 명백하게 진실한 (a) 비량(anumāna)과 (b) 논파(論破, dūṣaṇa)를 설시(說示)하였고, 또한 악견(惡見)의 그물(網)을 멈추게 한 반야바라밀의 교의(tshul, nīti)를[81] 설하였지만.(PP, tsha, 45b6-7)

81) '반야바라밀의 교의'의 원어로서 『명구론』의 'prajñāpāramitānīti'(Pras, p.3, *l*.1) 〔śes rab kyi pha rol tu phyin paḥi tshul, D, ḥa, 2a3〕를 상정할 수 있다. 거기에서는 나가르주나가 '부전도한 반야바라밀의 교의를 아는 자'(viditāviparītaprajñāpāramitānīti)라고 말하고 있어, 아

이 기술에 의해 바비베카는 기본적으로 『근본중송』에서 나가르주나는 (a)비량과 (b)논파를 설했다고 이해하고 있다는 것을 알 수 있다.[82] 이 『근본중송』에 대한 바비베카의 기본적인 이해는 『반야등론』의 모든 장의 서두와 말미에 반복되어 나타난다. 그곳에는 다음과 같이 (a)비량에 관해서 'svatantra'라는 말을 사용하고 있는 것이 인정된다.

〔60〕 여기서 장(章, prakaraṇa)〔=『근본중송』 제9장〕의 목적은 (b)취자(取者, upādātṛ)가 있는 것의 증인(證因, hetu)에 대해서 논파를 기술하는 것과, (a)자립적으로(raṅ dbaṅ gis, svātantryeṇa, svatantram) 비량을 기술하는 것에 의하여 취자(取者)가 무자성이라는 것을 나타내는 것이다.(PP, tsha, 129a7-b1)

〔61〕 그런데 지금은 (b)〔대론자에 의한〕 논란(論難)에 대한 답파(答破, parihāra)와 (a) 자립적으로 (raṅ dbaṅ du, svātantryeṇa, svatantram) 비량의 힘에 의해 제행(諸行)이 상(相)에 관해서 무자성이라는 것을 나타내기 위해, 〔나가르주나는 『근본중송』〕 제13장을 기술하였다.(PP, tsha, 147b3)

〔62〕 여기서 장(章)〔=『근본중론』 제13장〕의 목적은 (b) 대론자(para)에 의해 기술되어진 논란(論難)에 대한 답파(答破)와, (a) 자립적으로(raṅ dbaṅ du, svātantryeṇa, svatantram) 과실 없는 비량을 나타내는 힘에 의해 제행이 상에 관하여 무자성이라는

마도 찬드라키르티의 이 표현은 『반야등론』의 기술인 〔59〕로부터 어느 정도 영향을 받았을 것이다.

82) 拙稿, 「チャンドラキールティの論理學」, p.173 참조

것을 나타낸 것이다.(PP, tsha, 153a5-6)

이상의 논술에 의해 바비베카가 『근본중송』의 모든 장의 저술 목적을 (b) 대론자의 설에 대한 논파, 또는 대론자로부터 중관파에 제기된 논란에 대한 답파와, (a) 자립적으로[83] 비량을 기술하는

83) 'raṅ dbaṅ du'가 'svātantryeṇa'의 번역이라는 것은 『명구론』과 『섭실의론세소(*Tattvasaṃgrahapañjikā*)』의 색인에 의해 확인된다. Cf. Pras, [Index, I], p.243; Watanabe, S, *Glossary of the Tattvasaṃgrahapañjikā — Tibetan - Sanskrit-Japanese Part* I - Acta Indologica V, Narita, 1985, p.235. 게다가 『섭실의론세소』(Shastri, ed, p.182, *ll*.9-10)에서 'svātantryeṇa'라는 말이 'prasaṅgāpādana'와 대비적으로 사용되고 있는 것도 이미 알려져 있다. Cf. Mimaki, K, *La réfutation bouddhique de la permanence des choses(sthirasiddhidūṣaṇa) et la preuve de la momentanéité des choses*(kṣaṇabhaṅgasiddhi), Paris, 1976, p.264, n.239. 拙稿, 「Jñānagarbhaの「世俗不生論」批判について」, pp.388-389 참조.
반면 'raṅ dbaṅ du'가 'svatantram'의 번역이라는 용례는 아직 알려져 있지 않다. 이것이 필자가 지금부터 전개할 논의의 약점이라는 것은 인정한다. 다만 바비베카가 논증법에 대해서 'svātantryeṇa'라는 부사만을 사용하고, 'svatantram'라는 부사도, 'svatantra'라는 형용사도 사용하지 않았다면, 어째서 『명구론』에는 'svatantrā pratijñāna'(Pras, p.16, *l*.12)라고 하는 것처럼 'svatantra'라는 형용사가 사용되었는가. 또 어째서 바비베카의 논증법을 비판하는 『명구론』 제1장에는 'svātantryeṇa'라는 말이 전혀 보이지 않는가. 색인(Pras [Index, I], p.243)에 의지하는 한 『명구론』에는 'raṅ dbaṅ du'의 원어로서 'svātantryeṇa'(Pras, p.256, *l*.8)과 'svatantryāt'(Pras, p.183, *l*.2)라는 말이 1회씩 나타난다. 그러나 이 두 용례는 양쪽 모두 'kartṛ'(作者)의 獨存性이라는 모습을 기술한 것으로, 논증법의 방식에 대해서 기술한 것은 아니다. 즉 '자립논증'의 의미와는 무관계이다. 그런 까닭으로 『명구론』의 티베트 역자는 'svatantr-anumāna'(Pras, p.18, *l*.5)='raṇ gi rgyud kyi rjes su dpag pa'(D, ḥa, 6b2)라고 한 것처럼, '자립논증'에 관계하는 'svatantra'는 'raṇ gi rgyud kyi'로 번역하지만, 'kartṛ'에 관계하는 앞 게송의 두 용례에 대해서는 'raṅ dbaṅ du'로 번역하여, 번역어를 구별하고 있는 것같이 생각된다. 따라서 결론적으로 말하면 바비베카가 논증법에 관해서 'raṅ dbaṅ du'라는 번역어가 보이는 『반야등론』에서 'svātantrye ṇa'라

것으로 이해하고 있는 것을 알 수 있다.

그렇다면 이 경우 '자립적으로(svātantryeṇa, svatantram)'이란 어떤 의미인가. 그것은 대론자의 설(說)이나 주장 및 논란을 부정하는 것(dūṣaṇa, parihāra)이 아니고, 자기의 입장, 자기의 설, 자기의 주장에 기초하여 스스로 적극적으로 비량을 기술하는 것을 의미하는 것이다. 그런 까닭에 아발로키타브라타는 〔61〕의 '자립적으로'의 의미에 대해 '자기의 주장을 논증하는 것(svapratijñāsādhana)'[84]이라고 설명하고 있다.

특히 이 '자립적으로'라는 말의 의미를 바비베카는 별도의 다른 말로도 표현하고 있다.

〔63〕 그런데 지금은 ⒝ 대론자에 의해 기술된 논증의 논박(論駁, bsal ba, nirākaraṇa)과 실로 스스로(bdag ñid kyi, svata eva) 과실이 없는 논증(sādhana)을 나타내는 것에 의해, 제행은 나(我)와 나의 것(我所)에 대해서 공이라는 것을 나타내기 위해 〔나가르주나는〕 제18장을 저술하였다.(PP, tsha, 178b2)

〔64〕 여기서 〔『근본중송』 제13〕장의 목적은 ⒝ 대론자에 의해 기술된 논증의 과실을 기술하는 것과, ⒜ <u>스스로(svatas)</u> 과실 없는 논증을 나타내는 것에 의해 전도(顚倒)는 무자성이라고 나타내는 것이다.(PP, tsha, 226a1)

는 말만 사용했다고 간주하는 것은 『명구론』 제1장에서 바비베카 비판의 논술을 고려할 때 약간 부자연스럽다고 생각된다. 따라서 필자는 'raṅ dbaṅ du'의 원어로서 'svatantram'이라는 부사도 상정하고 싶다.

84) Cf. PPṬ, sha, 277a7.

'실로 스스로', '스스로'라고 번역한 'bdag ñid kyi', 'raṅ gi'가 기술〔61〕, 〔62〕의 'raṅ dbaṅ du(svātantryeṇa, svatantram)'와 의미적으로 일치하고 있는 것은 명백하다. 문제는 산스크리트 원어이다.

우선 티베트역 불전에 있어서 속격조사와 구격조사의 혼란이 종종 보이는 것은 주지(周知)의 사실이다. 이른바 'bdag ñid kyi'는 'bdag ñid kyis'가 아닌가, 'raṅ gi'는 raṅ gis'가 아닌가라는 의문이 당연히 제기된다. 필자는 이전 〔63〕의 'bdag ñid kyi'를 아발로키타브라타의 『반야등론석(PPṬ)』의 티베트역 텍스트에 따라 'bdag ñid kyis'로 개정하고, 그 원어를 'svayam'이라고 상정[85] 하였지만, 〔63〕〔64〕 이외에도 『반야등론』에는 같은 취지를 나타낸 것으로 'bdag ñid kyi 〔sgrub pa〕'(PP, tsha, 191b1)와 'raṇ gi 〔sgrub pa〕'(PP, tsha, 195b5)라는 용례가 보이므로 역시 속격조사를 가진 'bdag ñid kyi'와 'raṅ gi'가 올바른 독해라고 생각한다. 그렇다면 원어는 무엇인가.

여기서 『명구론』의 기술인 〔42〕에 다시 한번 주목하고 싶다. 그 전반의 원문은 "na ca mādhyamikasya svataḥ svatantram anumānaṃ kartum yuktam"로 되어 있지만, 이곳이 『명구론』에서 'svatanta'라는 말이 처음으로 사용되는 곳이라는 점에 주목하고 싶다. 『반야등론』의 기술인 〔60〕〔61〕〔62〕의 용례를 보면 여기서 'svatantram'이 'anumānaṃ'에 걸리는 형용사가 아니고, 오히려 부사로서 사용되고 있다는 것을 알 수 있다. 그리고 이 점은 『명구론』에서의 두 번째의 용례, 즉 〔58〕에서도 아마도 동일하다.

그런데 필자는 〔42〕의 'svataḥ svatantram'은 찬드라키르티가

---

85) 拙稿, 「チャンドラキールティの論理學」, p.173, 註 36) 참조.

기본적으로는 동의어를 반복한 것이라고 생각한다. 즉 『반야등론』에서 'svatas'와 'svatantram'이라는 이 두개의 단어가 동의어로서 사용되고 있다는 것을 안 찬드라키르티는, 여기서 '스스로(自, svatas), 즉 자기의 설(주장)에 기초하여(svatantram)'라고 표현한 것은 아닌가라고 생각된다.86) 즉 여기서는 'svatas'(스스로)라는 꽤 막연한 말을 'svatantram'(자기의 설(주장)에 기초하여)이라는 보다 엄밀한 말로 설명하려고 하는 의도가 인정되는 것처럼 생각된다.

〔42〕에서 기술한 'svatas'는 아쉽게도 티베트어로 번역되지 않았다. 〔42〕에서 기술한 'mādhyamikasya svataḥ'는 티베트역에서 'dbu ma pa yin na'(D, ḥa, 6a2), 'dbu ma yin na'(P, ḥa, 6b3-4), 즉 '중관학파라고 한다면'으로 번역되어 있어 티베트역의 원본에서는'svataḥ'가 'sataḥ'로 되어 있다고 추측된다.87)

그러나 'svatas' 의 어의(語義)를 확정하기 위해 필자가 주목하고자 하는 것은 『명구론』의 다음의 문장들이다.

〔65〕 (반론) 중관학파들에 있어서 주장(pakṣa), 증인(hetu), 비유(dṛṣṭānta)는 성립하지 않기 때문에, (a) 중관학파들은 자립의 비량을 기술하지 않는다면, 〔중관학파들이〕 스스로(自) 생기의 부정이라고 주장한 의미를 논증하는 것은 없는 것은 아닌가? 혹은 (b) 〔자

86) 앞의 註 83)에 서술한 것처럼 바비베카가 'svatantram'이라는 부사를 사용하지 않았다고 한다면, 필자의 논술은 정정할 필요가 있을 지도 모른다. 다만 바비베카가 문제되는 곳에서 'svātantryeṇa'라는 부사만을 사용하였다고 하더라도 찬드라키르티가 스스로 같은 의미를 'svatantram'이라는 부사로 표현하였다는 생각도 가능할런지도 모른다.

87) 丹治昭義, 『中論釋 明らかなことば I』、關西大學出版部, 1988, p.132, 註130) 참조.

(自)와 타(他)]의 양자에 있어 성립하고 있는 비량에 의해 타자(대론자)의 주장을 논박하는 것은 없는 것이 아닌가? 그러나 타자의 주장에 대해서는 실로 스스로 비량과의 모순을 논란해야만 하기 때문에,[88] 실로 스스로 주장과 증인과 비유에 있어서의 과실을 떠난 주장 등이 없으면 안 된다.(Pras, p.18, *ll*.5-8)

mādhyamikānāṃ pakṣahetudṛṣṭāntānām asiddheḥ svatantrānumānabhidhāyitvāt svata(bdag las)〔D, ḥa, 6b2〕 utpattipratiṣedhapratiñātārthasādhanaṃ mā bhūd ubhayasiddhena vānumānena parapratijñānirākaraṇaṃ, parapratijñāyas tu svata eva(raṅ gi)〔D, ḥa, 6b3〕 anumānavirodhacodanayā svata eva(raṅ ñid la)〔D, ḥa, 6b3〕 pakṣahetudṛṣṭāntadoṣarahitaiḥ pakṣādibhir bhavitavyam.

〔66〕 만약 또 어떠하든 스스로 비량과의 모순이라는 과실이 설명되어야만 한다면, 그것〔=비량과의 모순이라는 과실〕도 스승 붓다팔리타에 의해 실로 설명되었다.(Pras, p.19, l.8-p.20, l.1)

athāpy avaśyam svato(raṅ gi)〔D, ḥa, 6b7〕 'numānavirodhadoṣa udbhāvanīyaḥ, so' py udbhāvita evācāryabuddhapālitena.

〔67〕 이처럼 적용에 있어서 명백하게 되어 있는 '자기의 본성에 의해 존재하고 있는 것'이라는 '재차 생기하는 것의 부정'에 대하여 착란하지 않는 증인에 의해 실로 스스로 상키야학파에 대해 비량과

---

88) 이 번역은 티베트역 'bya dgos pas'(D, ḥa, 6b3)에 의한 것이다. 즉 '-codanayā'도 'pakṣādibhir'도 'bhavitavyam'에 걸린다고 보고 있다.

의 모순을 설명하는 것이 〔붓다팔리타에 의해〕 실로 실행되었다. (Pras, p.21, ll,4-6)

evaṃ svātamanā vidyamānatvenopanayābhivyaktena punarutpādapratiṣedhāvyabhicāriṇā hetunā <u>svata eva</u> (raṅ ñid kyis)〔D, ḥa, 7a7〕sāṃkhyasyānumānavirodhodbhāvanam anuṣṭhitam eva.

〔68〕 그러므로 스스로(自) 비량과의 모순을 논란하는 것에 있어서도 〔바비베카에 의해〕 기술된 것 같은 과실은 없기 때문에 〔붓다팔리타가〕 타자에 의해 말해진 과실을 답파(答破)하지 않은〔=제거하지 않은〕 것은 결코 있을 수없다.(Pras, p.21, ll,13-14)

tasmāt <u>svato</u> (raṅ gi)〔D, ḥa, 7b3〕numānavirodhacodanāyām api yathopavarṇita doṣābhāvāt paroktadoṣāparihārāsaṃbhava eva.

이상의 예문에 의해 결론적으로 말하면, 'svatas'와 'svata eva'의 티베트역이 속격조사를 가진 말일 뿐만 아니라, 기본적으로는 'svatas' 또는 'svata eva'가 'svatantram'과 동의어라는 것도 이해할 수 있다고 생각된다.

여기서 우선 〔65〕에 대해 고찰해보자. 이 기술은 찬드라키르티가 스스로 바비베카의 비판에 대해, 바비베카이라면 이와 같이 반론할 것이라고 상정하여 기술한 '반론'의 일부이기 때문에, 거기에는 바비베카의 설이 기술되어야만 한다. 그런데 그 내용을 보면 바비베카의 기본적인 생각이 잘 나타나 있다고 생각된다. 즉 〔59〕~〔64〕에 의하면, 그는 『근본중송』의 내용을 기본적으로는 (a) 비량

또는 논증과 (b) 논파 또는 답파, 또는 논박이라는 2종으로 이해하고 있는 것을 알 수 있고, 이 (a)(b)가 기술〔65〕에서는 각각 논증과 논박이라는 말로 나타나고 있다고 생각된다.

게다가 바비베카의 설에 의하면, 이 둘 중에 (a)에는 '자립적'이라는 한정어가 부가되어져, 그것이 '스스로(svatas)' 또는 '실로 스스로(svata eva)'라는 동의어에 의해서도 나타나 있지만, 기술〔65〕의 "svatantrānumānabhidhāyitvāt svata utpattipratiṣedhapratijñātārtha= sādhanaṃ mā bhūd"라는 문장 중의 밑줄 친 부분에도, 그것에 대응하는 '자립의(svatanta)'와 '스스로(svatas)'라는 말이 보인다.

이 문장에서 'svata utpatti……'는 티베트역에서는 'bdag las skye ba'(D, ḥa, 6b2)라고 번역하고 있으므로, 종래의 연구자는 이것을 전부 '그것 자신으로부터의 생기'라는 의미로 해석하고 있다.[89] 확실히 『명구론』 제1장에는 'svata utpatti'가 '그것 자신으로부터의 생기'라는 의미로서 사용되는 예는 적지 않다.[90] 그러나 여기서 그 직전에 나오는 'svatantra'를 이어받아, 그 동의어로서 'svatas'의 말이 사용되었다고 생각된다. 'svatas …… sādhanam'라는 표현은 아마도 『반야등론』의 기술인 〔64〕에도 인정되는 것이라고 생각된다.

또한 그렇지 않다면, 즉 기술〔65〕의 문장의 'svatas'가 'sādhana'에 걸리지 않고 'utpatti'에 걸린다고 한다면, 그 직후에 나오는 'ubhaya-siddha'(〔자와 타의〕 양자에 있어서 성립하고 있다)라는

89) 奥住毅, 『中論註釋書の研究』, 大藏出版, 1988, p.65; 丹治, 앞의 책, p.14 참조.

90) Cf. Pras, p.15, *l*.4, p.22, *l*.3, p.26, *l*.4, p.27, *l*.3, p.76, *ll*.1-2. 단지, Cf Pras, p.30, *l*.1.

말이 의미를 갖지 못하는 것처럼 생각된다. 즉 〔65〕의 (a)에 있어 'svatas'가 '중관파 스스로〔에 있어서〕'를 의미하는 것이기 때문에 (b)에서 'ubhaya'(양자에 있어서)라는 말이 비로소 의미를 가지는 것이다.

또한 이것으로부터 'svatas'의 어의가 단순히 '스스로'라는 것보다는 엄밀히는 오히려 'svataḥ-siddha', 즉 '자기에 있어서 성립하고 있다'라는 의미인 것이 이해될 것이다. 이와 같이 본다면 〔65〕 전반의 문장은 극히 이해하기 쉽게 된다. 즉 거기서 'svatantrānumāna'라는 말과 'svata …… sādhanam'이라는 말은 동의어이고, 그것은 특히 'svataḥ-siddham …… sādhanam'라는 의미인 것이다. 즉 "만약 중관파에 있어서 'svatantrānumāna'='svatas …… sādhana' ='svataḥ-siddham-sādhanam'가 없다면 'ubhayasiddham anumānam'도 당연히 없게 될 것이다."라는 것이 여기의 취지이다.

따라서 〔65〕 후반에서 'svata eva anumāna-' 및 'svata eva …… pakṣadibhir'로 나타나는 것은 의미적으로는 각각 'svataḥ-siddhānumāna' 또는 'svatantrānumāna', 그리고 'svataḥ-siddha-pakṣādibhir', 또는 'svatantra-pakṣādibhir'를 의미한다고 이해된다.

이상으로서 'svatantra'의 어의는 명백하게 되었다고 생각된다. 즉 그것은 '자기의 설(mata)에 기초하여' '자기의 주장에 기초하여'라는 의미이고, 또한 'svataḥ-siddha'라는 의미이다. 'svataḥ-siddha'는 일반적으로 '자기에 있어서 성립하고 있다'라고 번역되지만, 그 의미하는 바는 '자기에 의해 승인되어 있다'라는 것이고, 그것은 또한 '자기에 의해 주장되고 있다'라고도 할 수 있다.

그렇다면 여기서 'svatantra'의 어의에 대해 탐구를 개시한 처음의 문제의식으로 되돌아가자. 찬드라키르티는 『명구론』의 기술인 〔42〕〔56〕〔57〕〔58〕의 일련의 기술에서 '존재하지 않다'라는 동사부정을 포함하는 것(바비베카의 논증식)과 포함하지 않는 것을 묻지 않고, 일체의 '주장'을 중관파가 가져서는 안 된다는 것으로 부정하였던 것인가. 아니면 그가 부정한 것은 〔58〕에 나타난 것처럼 '자립의 주장'뿐이고, 그것 이외의 '주장'은 중관파에게도 있을 수 있다는 것이 찬드라키르티의 이해인가.

이 문제에 대한 해답은 지금까지의 'svatantra'의 어의 탐구에 의해 이미 명백하게 밝혀졌다. 즉 'svatantrā pratijñā'라는 말은 일종의 중복표현이다. 이른바 'svatantra'가 '자기의 설에 기초하여' '자기의 주장에 기초하여' '자기에 의해 승인된 것' '자기에 의해 주장된 것'을 의미한다고 생각되는 이상, 'svatantrā-pratijñā'라는 것은 'sva-pratijñā'(자기의 주장) 이외의 어떠한 것도 아니다. 따라서 〔43〕의 "우리들에게 자기의 주장은 없기 때문에"와 〔58〕의 "중관파에 …… 어디에 …… 자립의 주장이 있는가(mādhyamikasya …… kuto …… svatantrā pratijñā)"는 완전히 동의어가 된다. 그러므로 찬드라키르티는 완전히 소박한 의미로서 곧 총카파에 의해 비판된 '이변중관설'과 같은 의미에서 "중관파에는 어떠한 주장도 없다."라고 기술하려고 한 것은 명백하다고 생각된다. 이것은 〔54〕와 〔55〕에서의 '3개의 주장'이라는 그 자신의 말과는 당연히 모순되지만, 찬드라키르티는 이 모순조차도 개의치 않았다.

그런데 『명구론』에 나타난 'svatantra'의 어의에 대해 약간 기술해보자. 이것은 앞의 기술인 〔66〕〔67〕〔68〕에 'svato 'numāna-' 'svata eva ……anumāna-' 'svato anumāna-'라는 말이 보인다. 앞에서 기술한 고찰에 의하면 이것들은 어느 것이나 'svatantrānumāna'를 의미하기 때문에, 이것들의 기술에서는 '붓다팔리타에 의해서도 svatantrānumāna가 기술되었다'고 찬드라키르티는 인정하게 된다. 그러나 그는 거기에서, 이른바 붓다팔리타에 관해 'svatantra'라는 말은 일체 사용하지 않는다. 여기서는 아마도 'svatantra'라는 말은 오로지 바비베카의 논증에만 연결시키고, 그것을 가치적으로 나쁜 것으로 배척하려고 한 것이 찬드라키르티의 의도라고 인정된다.

그렇다면 찬드라키르티는 'svatantra'라는 말에 대해 부정적인 의식을 언제부터 갖게 되었는가. 그는 『명구론』 이전의 저서인 『입중론』에서도 마찬가지로 바비베카가 사용한 'svatantra'를 부정하고, "중관파에는 어떠한 주장도 없다."라고 기술하였을까.

결론적으로 말하면 필자는 『입중론』에서 찬드라키르티가 '중관파에는 어떠한 주장도 없다'라고 설하였다고 생각지 않는다. 이것은 『회쟁론』이 『입중론』에 인용되지 않은 것과도 관계하는 문제이다.[91] 이른바 "중관파에는 어떠한 주장도 없다."라는 찬드라키르티의 설은 '무주장'을 설하는 『회쟁론』을 나가르주나의 저작으로 간주하는 것을 중요한 계기로서 『명구론』에서 형성되었던 것은 아닐까. 그리고 그와 동시에 바비베카가 설한 'svatantra', 즉 '자기의 설에 기초하여' '자기의 주장에 기초하여' '자기에 의해 승인된 것' '자기에 의해 주장된' 비량에 대한 비판이 『명구론』에서 결실을 맺은 것은 아닐까. 단지 주의해야할 것은 이미 『입중론』에서 'svatan-

91) 다만 이미 앞의 註 76)에서도 서술하였지만, 『사백론』의 마지막 게송은 『입중론주』에 인용되고 있다. 그렇지만 『명구론』의 기술인 〔56〕〔57〕에 인용되는 『사백론』 마지막 게송과 『회쟁론』 제29게송의 상위를 말하면 'pratijñāna'라는 말은 후자에는 보이지만, 전자에는 없는 것에 주의하고 싶다. '주장'을 의미하는 말로서 전자에서는 『니야야 수트라』적인 'pratijñā'가 아니고 'pakṣa'가 사용되고 있다. 이 경우 'pakṣa'에는 '날개(翼)' '측면'의 의미도 있다.

tra'에 대한 비판적 의식의 싹이 인정된다는 점이다. 즉 찬드라키르티는 『입중론』에서 다음과 같이 기술하고 있다.

〔69〕 따라서 타자에 의존하는 것(rag las pa ñid)만으로 나는 세속을 승인하는 것이지, 자립적으로(raṅ dbaṅ du, svatantram) 〔승인하는 것〕은 아니다. 승인하는 것은 세간(loka)만에 의해서이다.(MAvBh, ḥa, 276a5)

여기서 그는 'svatantram' 이른바 '자기의 설(주장, 견해)에 기초하여' 세속유(언설유)를 승인하는 것이 아니고 '타자'의 설(입장)에 기초하여 승인하는 것이라고 기술하는 것으로 생각된다. 여기서 특히 자기(sva)와 타자(para)라는 표현의 대비(對比)에 주목해야한다.

그렇다면 '타자'는 누구인가하면, 〔69〕 말미의 문장에 의해 그것은 '세간', 이른바 세간일반 사람들을 가리키는 것이라고 생각된다. 쟈야난다도 〔69〕의 '타자'를 '세간'으로 이해하고 있다.92)

여기에 'svatantra〔m〕'가 부정되는 것은 확실하지만, 그러나 그것은 "중관파에는 어떠한 주장도 없다."라는 것을 반드시 의미하는 것은 아니다. 그렇지만 여기서는 '세속유(언설유)'의 설정은 "타자=세간의 입장에서 이루어진다."라고 설한 것뿐이고, '승의무(승의로서는 존재하지 않는다)'라는 주장도 "타자=세간의 입장에서 이루어진다."이라고는 설하고 있지 않기 때문이다. 다시 말하면 '주장'이라는 것을 'x는 세속에 의해 있다(생기한다)'라는 주장(긍정을 판단의 질로 하는 주장)과 'x는 승의로서 존재하지 않는다(생기하지 않는다)'라는 주장(부정을 판단의 질로 하는 주장)으로 나눈다고 한다면, 전자의 주장은 중관파 자신의 설에 기초하여 이루어진

92) Cf. MAvṬ, ra, 201a4.

것이 아니고, 중관파에서 보면 '타자', 즉 '세간'의 입장(설)에 기초하여 이루어졌다고 하는 것이 여기서 설해져 있을 뿐이다. 후자의 주장 이른바 'x는 승의로서 없다'라는 주장까지도 중관파 자신의 설에 기초하지 않는다고 설하고 있는 것은 아니다. '세속에 의해 있다'라는 것도 '승의로서는 없다'라는 것도 "어떠한 주장도 중관파에는 존재하지 않는다." 하고 설하는 것은 『입중론』이 아니라 역시 『명구론』에서 비로소 명확하게 된 찬드라키르티 자신의 설이라고 생각된다.

제6절 총카파의 '유주장'설의 의의

이상의 고찰에서 밝혀진 것처럼 '이변중관설'은 바비베카와 찬드라키르티에 의해 그 틀이 형성되었다. 즉 역사적으로는 후자가 전자를 비판한 사실이 있었다 해도, 또 이 사실에 기초하여 후에 양자에 대한 사상적 평가가 나누어졌다 해도, 그들이 본질적으로는 불가설의 실재, 현상적 제법으로부터 격절한, '유'라고도 할 수없고, '무'라고도 말할 수 없는 불가설의 실재를 긍정하는 '이변중관설'을 주장하는 사상가라는 점에서는 어떠한 차이가 없었다.

이 '불가설의 실재'를 인정하는 '이변중관설'이라는 실재론적 중관사상의 커다란 흐름, 즉 나가르주나 이후부터 총카파에 이르기까지의 모든 중관사상의 흐름을 근본부터 부정한 것이 총카파로서, 그는 찬드라키르티의 '무주장'에 대하여 중관파에게도 단호하게 주장이 있다고 역설하였다. 그런데 총카파는 찬드라키르티를 권위로 삼아 자기의 중관사상을 기술하는 태도를 무너뜨리지 않았기 때문에, 그는 찬드라키르티의 텍스트에 의지하면서 실은 찬드키르티의 의도와는 완전히 반대적인 것을 말하였던 것이다.

그 한 예로서, 여기서 재차 〔69〕의 기술에 주목해보자. 그 기술이란 "세속유(언설유)의 설정은 타자(세간)의 입장(관점)으로부터 이루어진다."는 것이다. 이 기술〔69〕는 『입중론』 제6장 제82게송의 주석 부분에 나타난 것이지만, 요지는 오히려 이 게송 직전의 『입중론』 제6장 81게송의 후반 부분과 일치하고 있다.

〔70〕 과(果, ḥbras bu)〔=목적〕[93]가 있기 때문에, 이것들〔=세속유〕은 없더라도 '있다'라고, 세속의 입장〔=관점〕에서 서서(ḥjig rten ṅor byas) 나는 설한다.(MAv, Ⅵ, k.81cd, ḥa, 208a3)

그런데 이 기술에 대하여 총카파는 다음과 같이 말하고 있다.

〔71〕 '세간의 입장에 서서'라는 것은 자기의 종견(宗見, raṅ lugs)이 아닌 타자의 입장(gshan ṅo)에 있어서 라고 말하는 것이 아니고, 훼손되는 일이 없는 언설적인 지(知, tha sñad paḥi śes pa gnod med)를 말하는 것이다. 모든 세속적인 대상이 있다고 설정하는 것은 모두, 그것〔=언설적인 지〕의 입장(관점)에서 설정하지 않으면 안 되는 것이기 때문이고, 중관 자신의 〔심〕상속(rgyud)에도 언설을 설정하는 그것들의 양(量, tshad ma)이 있기 때문이다.(LR, pa, 413a1-2)

여기서 총카파는 언설유를 설정하는 양(量)인 '언설적인 지'는 중관파 자신의 심(마음)에도 있기 때문에 언설유의 설정은 '타자'의

---

93) 렌다와(Red mdaḥ ba)도, 총카파도 '果'를 '목적'(dgos pa, prayojana)으로 이해하고 있다. Cf. DS, 79b6 ; GR, ca, 172a7.

입장에서 행하여진 것이 아니고, 중관파 자신의 입장, 중관파 자신의 종견(raṅ lugs)에서 행하여 졌다고 논하고 있다.

이 총카파의 논의가 '이변중관설' 비판이라는 것은 앞장에서 기술한 그대로 이지만,[94] 이 논의가 얼마나 찬드라키르티의 의도와 동떨어져 있는가. 왜냐하면 여기서 총카파는 언설유를 설정하는 입장(관점)이 되어야 할 '세간'이라는 것을 중관파 자신의 입장으로 가져오려고 노력하고 있지만, 기술〔70〕과 〔69〕의 요지가 동일하다고 생각하는 한, 그 '세간'이라는 것은 중관파에 있어서 '타자'라는 것이 〔69〕에서 명언되고 있기 때문이다.

즉 찬드라키르티는 '언설유(言說有)의 설정은 중관파 자신의 입장이 아니라 중관파에 있어서 타자인 세간의 입장에서 행하였다고 설했음에도 불구하고, 총카파는 그것과는 반대로 언설유의 설정은 중관파 자신의 입장에서 행해진다고 주장하게 되었던 것이다. 여기서도 총카파의 사상이라는 것이 찬드라키르티 입장과는 완전히 역전하고 있는 것이 나타난다.

이미 기술한 것처럼 찬드라키르티의 설은 『입중론』의 단계에서는 "x는 세속에 의해 있다라는 주장(이하 '세속유의 주장'이라고 한다)은 중관파 자신의 입장에 기초하는 것(svatantra)이 아니다."라는 것이었다고 생각된다. 이것은 "x는 승의로서는 없다는 주장(이하 '승의무의 주장')은 중관파 자신의 입장에서 행해진다."는 것을 함의하고 있는 것은 아닌가 라고 생각된다. 그런데 이 찬드라키르티의 설은 『명구론』에서는 이미 기술한 것처럼 '세속유의 주장'도, '승의무의 주장'도, 어떠한 주장도 중관파에는 존재하지 않는다는 극단에까지 밀고나간 것처럼 생각된다.

---

94) 본서 제9장, p.418 참조.

이것에 대해 총카파의 견해를 말하면, 그는 '세속유의 주장'도 '승의무의 주장'도 모두 중관파에 존재하는, 이른바 중관파는 '세속유의 주장'도 '승의무의 주장'도 자기의 입장에 있어서 승인한다고 설하였다.

이 총카파의 입장은 다음에 기술하는 문장에서 명백하게 나타난다.

〔72〕 중관파에 주장(khas len)이 있는가, 없는가를 고찰하는 것에 의해 '중관'(dbu ma)이라고 말해지는 무언가를 구비한다면, '중관파'(dbu ma pa)라고 불리는 그 무엇을 주장(khas blaṅ)하지 않으면 안 되므로, "승의로서는 미진(微塵)만큼도 성립하지 않으며, 언설에 있어서는 일체는 환영과 같은 연기(緣起)이다."라는 의미의 이해(rtogs pa)를 주장(ḥdod)해야 하므로, 주장되어야 할 것(khas blaṅ bar bya ba)은 〔중관파에 있어서〕 있는 것이다.(LR, pa, 410a5-6)

즉 여기서 "승의로서는 미진만큼도 성립하지 않는다."라는 것이 '승의무의 주장'이며, "언설에 있어서 일체는 환영과 같은 연기이다."라는 것이 '세속유의 주장'이다. 따라서 총카파의 입장이 찬드라키르티의 설과는 완전히 역전하고 있는 것은 명백하다. 그럼에도 불구하고 총카파는 찬드라키르티의 텍스트 해석이라는 형태로서 자신의 설을 기술하는 자세로 일관하고 있기 때문에, 총카파는 찬드라키르티의 텍스트에 관하여 항상 극히 부자연스럽고, 또는 텍스트의 의미와 명확히 모순되는 해석만을 나타내게 되었다.

이미 살펴본 것처럼 총카파는 찬드라키르티의 '무주장'설에 대해 기술〔46〕과 〔47〕에서 다음과 같이 기술하고 있다.

〔46〕 자성으로서 사물(raṅ bshin gyi dṅos po)을 승인하는 주장(phyogs)이 없다는 것이 '무주장(phyogs med pa)'이라고 설해졌다.(LR, pa, 415a3)

〔47〕『명구론』에서 "〔우리들에게〕 자기의 주장이 없기 때문에"〔=기술〔43〕〕라고 설한 것도(ḥaṅ), 자기의 종견이 없다는 것(raṅ lugs med pa)의 전거(khuṅs)가 아니다. 이것도, 그것은 '자립의 주장이 없다(raṅ rgyud kyi dam bcaḥ)'라는 의미이기 때문이다.(LR, pa, 415b6)

이 기술〔47〕에서 총카파가 찬드라키르티의 '무주장'설을 '자립의 주장이 없는 것'이라는 의미로 이해하고 있는 것은 『명구론』〔58〕에서 찬드라티르티 자신이 "그때 어디에 …… 자립의 주장(svatantrā pratijñā)이 있는가."라고 기술한 것에 기초하고 있다고 생각될 런지도 모른다. 그러나 총카파의 입장을 일관한 것으로 생각한다면, 기술〔47〕의 '자립의 주장이 없는 것'이라는 것은 기술〔46〕의 "자성으로서의 사물을 승인하는 주장이 없는 것"과 같은 뜻으로 보아야할 것이다. 그렇다면 총카파가 기술〔47〕에서 '자립의(raṅ rgyud kyi)'라고 말할 때, 그 어의는 찬드라키르티의 기술〔58〕에 보이는 '자립의(svatantrā)'라는 말의 의미와는 동떨어진 것이 된다. 즉 총카파에 있어서 '자립의'라는 것은 '자기의 설(종견)에 기초하는'이라는 의미가 아니라 '언설에 있어서 자상에 의해 성립하고 있는 법을 인정하는 자립파의'라는 의미가 되는 것이다. 더욱이 '자립파는 언설에 있어서 자상에 의해 성립하고 있는 법을 인정하지만, 귀류파는 그것조차도 인정하지 않는다'라는 것은 찬드라키르티와 전혀 관련이 없는 완전히 총카파 독자(獨自)의 독창적인 설[95]

95) 이것은 본서 제4장에서 '총카파 독자의 중관사상'이라고 규정한 '학설 B'이

이기 때문에, 찬드라키르티의 '무주장'설을 총카파의 독자설에 기초하여 "언설에 있어서 자상에 의해 성립하고 있는 법을 인정하는 자립파의 주장이 없는 것"이라고 이해하는 것이 얼마나 찬드라키르티의 텍스트로부터 떨어져 있는가 하는 것은 명백하다.

총카파는 중관파에 주장이 있는 것을, 즉 '승의무의 주장'뿐만 아니라 '세속유의 주장'도 있다는 것을 단호하게 주장했다. 그런데 '세속유의 주장'이라는 것은 기술〔72〕에 나타난 것처럼 다름 아닌 '연기설의 주장'을 의미하는 것이다. 이점에서도 총카파 철학의 근본동기가 '연기설의 옹호'에 있다는 것이 확인된다.[96] 즉 그는 "중관파는 연기설을 자기의 입장에 기초하여 주장할 수 있다'고 역설한 것이다.

그렇지만 총카파에 있어서 '세속유의 주장', 즉 '연기설의 주장'과 '승의무의 주장', 즉 '공・무자성의 주장'이 완전히 같은가라고 한다면 필자는 그렇게는 생각하지 않는다. 총카파는 확실히 '이변중관설'을 비판하고 연기설을 옹호하였다. 연기설의 옹호라는 것이 그의 사상의 근본동기가 되어 있다. 그럼에도 불구하고 역시 앞 장의 말미에서 논한 것처럼, 총카파는 '무자성' '공'을 '연기의 실의'라고 부르고, "연기를 '공'이라고 설한다.(연기→공)"는 '공성론자(空性論者, śūnyatāvādin)'로서 중관파의 일반적인 전통을 따르고 있다.

총카파가 "최고의 실재는 불가설이기 때문에 일체의 언어・분별・판단・주장은 오로지 부정해야만 한다."라는 실재론적 불교 이해를 근저로부터 부정한 것의 의의(意義)는 혁명적인 것이라고 말할 수 있지만, '연기'(세속유의 주장)인가 '공'(승의무의 주장)인가

다. 본서 제4장, pp.233-245 참조.

96) '연기설의 옹호'야말로 '이변중관설' 비판의 동기라는 견해에 대하여 본서 제9장, pp.396-402, p.415 참조.

의 양자택일적으로 물었을 때 총카파 논의의 역점을 후자에 있다는 것은 부정할 수 없다. 총카파가 "불교에는 주장이 있다"라고 역설한 것은 불교를 명확한 '철학'으로서 확립하려고 한 것을 의미한다. 그러나 총카파에 있어서 불교의 '주장' '철학'이 '연기'가 아니고 '공'이라는 부정적인 것이었다고 하는 것이 그의 사상으로부터 심각함을 빼앗아 결과적으로 '연기'와는 완전히 모순되는 'dhātu-vāda'에 기초한 밀교를 스스로 허용하는 여지를 생기게 하였던 것이다.

총카파의 사상이야말로 티베트불교철학의 최고봉이라는 것은 필자의 확신이다. 그러나 그가 '연기'의 지시하는 종교적 시간을 진정으로 이해하였는가라고 말한다면, 필자는 반드시 그렇게는 생각하지 않는다.

총카파의 엄밀한 사고력과 논리성, 진정한 철학적인 통찰력, 그리고 미증유의 허구를 구축하는 독창성에 깊은 경의를 표하면서도, 필자로서는 여기서 이전의 논문에서 한 문장을 인용하며 본론을 마치고자 한다.

"공사상은 연기를 지시하는 한에 있어서만 불교적 의의를 가진다."97)

---

97) 『緣起と空』, p.335. 필자는 이전의 논문에서 'A는 空이다'라고 할 때 'A'(공의 기체)의 실재성을 설한 유가행파의 '공'해석을 '공간적' '낙천적'이라고 부르고, 'A'의 비실재성을 주장하는 중관파의 '공' 해석을 '시간적'이라고 불러 구별하였지만(『緣起と空』, pp.337-338), '제법'(A)의 비실재성을 설하는 중관파의 '공' 해석이라도 '연기'라는 종교적 시간을 나타내는 것이 없다면, 바로 낙천적인 것으로 변질한다는 경향은 총카파에게도 인정된다고 생각된다.

맺음말
—티베트 불교철학의 의의—

티베트 불교라고 하면 오늘날 일본에서는 신비적이고 밀교적인 측면만을 강조하여 이것을 무비판적으로 예찬하는 경향이 보여진다. 이러한 경향은 1960년대 미국의 히피 세대 사이에서 『티베트 사자(死者)의 서(書)』가 유행한 것에 발단하고 있지만[1], 1981년 『무지개 다리—티베트 밀교의 명상수행』[2]이라는 책이 평하출판사에서 간행되었을 때 저자는 이러한 경향이 일본에 수입되었다고 느꼈다.

티베트 밀교를 무비판적으로 예찬하는 경향은 아마도 『무지개 다리』의 저자 중의 한 사람인 나카자와 신이치(中澤新一) 씨가 일종의 이론적 리더가 되어[3] 젊은이들 사이에서 더욱 성행하였다고 생각한다. 그리고 1989년에 가와사키 신죠(川崎信定) 씨에 의해 『티베트 사자의 서』가 원전에서 번역되고[4], 나아가 1993년 가을에 「티베트 사자의 서」라는 제목이 붙은 NHK의 일련의 TV방영[5]이 이

1) 히피 세대에서의 LSD체험과 『티베트 死者의 書』 유행과의 관계에 대해서는 川崎 씨에 의한 상세한 설명이 있다. 川崎信定, 『原典譯 チベットの死者の書』, 筑摩書房, 1989, pp.195-201 참조.

2) ラマ・ゲツン・サンポ、中澤新一, 『虹の階梯　チベット密教の瞑想修行』, 平河出版社, 1981. 이 책은 게춘 상뽀 師가 나카자와 씨에게 구두로 教授한 내용을 기록한 것(서두 1항 참조)이라는 체재를 가지고 I. 共通의 加行, II. 밀교의 加行, III. 뽀와의 3장으로 구성되고 부록으로서 『遍知甚深의 道』라고 하는 닝마파 책의 텍스트・번역이 붙어 있다.

3) 中澤 씨의 저서 『チベットのモーツァルト』(せりか書房, 1983)에도 자신의 밀교수행과 티베트 밀교에 관한 설명이 다수 포함되어 적지 않은 영향을 미쳤던 것 같다.

4) 前註 1) 참조.

루어졌을 때 티베트 밀교의 유행이 절정에 달하였다.

이와 같은 일련의 흐름에 대하여 일본의 티베트 불교 연구자들 사이에서 비판이 전혀 없었던 것은 아니다. 필자 자신도 이미 1984년에 일반인을 위해 쓴 소론에서 다음과 같이 말하였다.

> 마지막으로 한 가지, 극히 최근에 티베트 불교에 관한 실로 개탄스러운 오해가 다시금 만연하게 된 것을 말하고 싶다. 그것은 티베트 불교를 완전히 '밀교'라고 규정하여 한결같이 그 신비적 측면만을 강조하고 선정(禪定) 기술을 절대시하고 있는 것이다. 티베트 불교에 밀교적인 부분이 있는 것은 부정할 수 없다. 그것은 후기 인도불교 그대로의 모습이었기 때문이다. 그러나 티베트 불교 전체를 '밀교'라고 규정한다면 그것은 완전한 오해이다. 티베트 불교란 먼저 첫 번째로 학문(學問) 불교이며, 고도로 지적(知的)인 학승들의 불교이다[6].

또 1989년에도 거의 동일한 취지를 다음과 같이 논하였다.

> 최근 서구의 여러 나라뿐만 아니라 일본에서도 티베트 불교를 무비판적으로 예찬하는 경향이 일부 보이고 있지만 이것은 한마디로 말해 한탄스러운 일이다. 왜냐하면 이러한 경향은 대부분의 경우 티베트 불교의 밀교적 측면만을 평가하고 그 선정〔명상〕 기술을 절대

5) 이 방송에 대해서는 河邑厚德・林由香里, 『チベット死者の書—佛典に秘められた死と轉生』, 일본방송출판협회, 1993년 참조. 또 이 방송에 中澤 씨의 조력이 있었던 것은 同書, p.269 참조. 더욱이 이 방송의 의의에 대해서는 袴谷憲昭, 「自己批判としての佛教」, 『駒澤短期大學佛教論集』 1, 1995, p.108 참조.

6) 拙稿, 「チベットの佛教」, 『歷史公論』 105, p.55.

시하는 것이지만, 밀교와 선정의 사상적 기반이 되는 실재론〔이것을 나는 '여래장사상'이라 부르지만〕이야말로 총카파가 가장 신랄하게 비판하고 그 생애에 걸쳐 적대시한 대상이었다고 생각하기 때문이다[7].

저자로서는 이러한 말로써 티베트의 밀교를 무비판적으로 예찬하는 경향에 대하여 어느 정도 경고를 보낸 것이지만, 물론 저자의 논술이 실제적인 효과를 가져 올 리는 없었다. 또 하카마야 노리아키(袴谷憲昭) 씨는 1988년 「위불교(僞佛敎)를 배척한다」[8]와 1989년 「중택신일(中澤新一) 비판—현대의 마하연(摩訶衍)」[9]이라는 논문에서 나카자와 씨의 불교이해를 비판했지만, 앞의 원고는 야마오리 데츠오(山折哲雄) 씨를 편집고문으로 하는 법장관(法藏館)의 잡지 『불교』에 게재가 금지되었다.

더욱이 1989년 가와사키 씨에 의한 『티베트 사자의 서』의 원전에서의 번역에 대한 서평에서[10], 티베트 불교 게룩파 출신의 학승으로 현재 오오타니(大谷) 대학 교수인 시라타테〔白館戒雲; 출팀 케상〕 씨는 『티베트 사자의 서』, 즉 닝마파의 매장서(埋葬書; gter kha)인 『중유(中有)에서 청문(聽聞)에 의한 해탈(*Bar do thos grol*)』에서 불교이해의 잘못을 지적하고 나아가 이 책은 티베트 불교 최대의 종파인 게룩파에서는 사용하지 않기 때문에 『닝마파

7) 拙稿, 「ツォンカパとゲルク派」, 『チベット佛教』(岩波講座・東洋思想 第11卷), 岩波書店, 1989, p.224〔본서 제9장 389항〕.

8) 袴谷憲昭, 「僞佛教を排す」, 『批判佛教』, 大藏出版, 1990, pp.305-318.

9) 『正論』 1989, 10月號, pp.174-187.

10) ツルティム・ケサン, 「書評, 『チベットの死者の書』」, 『佛教學セミナー』 51號, 1990, pp.84-88.

사자의 서』라고 불러야지 『티베트 사자의 서』라고는 부르지 말 것을 서술하고 있다. 이것은 티베트인 학승의 성실한 학문적 양심을 느끼게 하는 말로서 그 결론 부분은 극히 중요한 지적을 하고 있기 때문에 여기에 보이기로 한다.

> 나는 본서의 번역으로 티베트에 관심을 지닌 일본의 독자가 티베트 불교의 전부를 닝마파와 동일한 것으로 오해하지 않기를 절실히 기대한다. 아니 오히려 그 이상으로 본서에 의해 닝마파의 비불교성을 이해하고 본래의 불교 모습을 생각하는 데 도움이 되기를 염원한다. 이렇게 말하는 것은 내가 존경하고 사랑하여 마지않는 일본과 일본 불교계에도 착실한 학문연구를 경시하고 세속적으로 안이한 사상에 만족하려는 풍조가 깊이 뿌리 박혀있고 그것이 자라나 갖가지 사이비적인 종교의 만연을 조장하는 한 원인이 되는 것 같이 생각되기 때문이다[11].

또 일본의 티베트학을 대표하는 야마구치 즈이호(山口瑞鳳) 박사는 일찍부터 나카자와 씨에 대해 비판적 견해를 보였으며[12], 1993년 가을 「티베트의 사자의 서」가 NHK에서 방영된 다음해에 "『티베트 사자의 서』는 불전(佛典)이 아니다."라는 논설[13]을 『매일신문』에, 나아가 "나카자와 신이치 씨와 NHK가 거론하는 『티베트 사자의 서』는 거짓 불전"이라는 논설[14]을 『제군(諸君)』에 발표하

11) 위의 책, p.88.

12) 山口瑞鳳, 「チベット古派密教と「性瑜伽」(上)(下)」, 『UP』 1988, 8月號, 9月號 참조.

13) 『毎日新聞』 1994, 3月 14日(月) 夕刊.

14) 『諸君』 1994, 6月號, pp.154-161.

였다. 앞의 논설에는 다음과 같은 말이 보인다.

> 이 책은 학계에서는 명백한 위서(僞書)로 알려진다. 표절, 위작한 것을 미리 땅 속 등에 묻은 뒤 고대에 감추어진 보물이라고 하여 사람들 앞에 꺼내 보이는 '매장서'의 하나이며, 티베트인 자신도 불전이라고는 생각지 않는다.

그러나 이 논설도 앞서 하카마야 씨의 『불교』의 원고와 동일하게 다른 큰 신문사로부터는 게재가 거부되었다.

이렇게 티베트 밀교 예찬의 안이한 풍조에 대한 티베트 불교학자로부터의 비판은 국내의 언론매체에 의해 대부분의 경우 무시되고 또 어떤 경우에는 거부되었다. 그런 까닭에 대다수의 사람들은 일본의 티베트학을 대표하는 학자가 『티베트 사자의 서』는 불전이 아니라고 논하는 것도 또 나카자와 씨가 추천하는 족첸(rdsogs chen) 교의를 신봉하는 닝마(rÑiṅ ma)파〔古派〕가 티베트에서는 비정통파로 간주되어 온 것도 전혀 알 리 없었다. 단지 TV에서 방영되는 티베트인의 오체투지의 모습과 괴이한 티베트 밀교 회화를 보고는 '신비의 나라 티베트', '밀교의 나라 티베트'의 인상만을 더욱 증폭시켰다. 이리하여 티베트 밀교의 명상수행을 무비판적으로 예찬하는 위험한 경향은 마침내 극단적인 상황에까지 이르렀다고 생각된다.

저자의 입장에서 보면 티베트 불교의 본질은 그 지적, 학문적 전통, 즉 그 불교철학에 있다. 그러면 그 티베트 불교철학의 본질은 무엇인가. 또 그것을 배우는 것에 어떠한 의미가 있는 것일까.

티베트 불교철학의 본질을 '공의 사상' 혹은 중관사상으로 설명하는 것은 어떠한 학자들도 인정할 것이다. 즉 8세기 후반에 티베트에 들어가 티베트 불교철학의 기초를 닦은 샨타라크쉬타(Śānta-rakṣita)와 카말라쉴라(Kamalaśīla) 이래 티베트에서는 나가르주나(Nāgārjuna, 2~3세기)의 『근본중송(根本中頌, *Mūlamadhyamakakārikā*)』이라는 논서에 의거하는 중관파(中觀派, Mādhyamika)의 '공사상', 즉 "일체의 법(法, dharma, 성질)은 공으로 실재하지 않는다."라고 설하는 중관사상이라는 것이 불교철학의 모든 사상 가운데 최고의 것으로 간주되었다.

대승불교 가운데서 이 중관파에 대립하는 것이 유가행파 또는 유식파로, 그들은 중관파가 주장하는 '일체법의 공'을 '악취공'(惡取空; 잘못 이해된 공성)으로서 배척하고 "인식(識)만이 실재한다." 라는 '유의 사상'을 설하였다.

그러나 중관과 유식의 대립에서 대승불교의 사상적 전개를 파악하려고 하는 것은 올바르지 않다. 이렇게 말하는 것은 유식사상의 형성에는 좀더 정확히 말하면 유가행파 사상의 근저에는 여래장사상(如來藏思想)이라는 것이 깊이 관여하고 있기 때문이다.

여래장사상이란 일반 독자들에게는 그다지 익숙한 말은 아니겠지만, 일찍이 불성사상(佛性思想)이라는 말로 불린 것이다. 이 여래장사상이란 대승경전의 하나인 『여래장경(如來藏經)』의 "일체중생은 여래장이다."라고 하는 설[15]과 동일하게 『열반경(涅槃經)』의 "일체중생은 불성을 가진다."라고 하는 설에 근거하는 사상이다. 『열반경』의 유명한 "일체중생은 불성을 가진다."라는 경전의 내용은 "일체의 살아있는 것은 부처가 될 수 있다."라는 의미로 해석되거나 나아가 불교 평등사상의 선언이라고까지 해석된 적이 있지만, 간단히 그렇게 생각할 수 없는 문제를 담고 있다. 이것은 『열반경』에 다수 나

15) 『여래장경』의 사상에 대해서는 『禪批判』 제4장 참조.

타나는 “일체중생은 불성을 가진다.”라고 하는 내용 뒤에는 반드시 “일천제(一闡提, icchantika)를 제외한다.”라는 말이 붙어 “일천제라 불리는 어떤 사람들은 영원히 부처가 될 수 없다.”라고 하는 차별적인 입장이 명기되어 있기 때문이다[16].

저자는 일반적인 통념과는 반대로 여래장사상을 차별(差別) 사상이라고 생각하며, 그 배후에는 인도의 토착사상인 힌두교가 있다고 생각한다. 즉 불교의 개조인 석존은 ‘연기(緣起)’를 설한 것으로 다시 말해 불교는 연기설이라는 것이 필자의 이해이지만, 이 연기설이란 힌두교의 아트만(ātman, 我)〔영혼〕 사상을 근본으로부터 부정한 것이다. 따라서 이 연기설로부터 무아(無我)・무상(無常)의 설이 도출되고 이것이 불교의 근본 특징이 된다. 그런데 이것에 대하여 아(我)・상(常)이라는 것을 적극적으로 주장하는 것이 여래장사상으로, 『열반경』에는 “불타란 아를 의미한다. 그런데 그 아는 영원불변의 실재이다.”라고 명기하고 있다[17]. 따라서 여래장사상인 ‘아의 사상’, ‘유의 사상’은 불교의 연기설・무아설과는 완전히 반대의 입장에 있는 것으로 이런 의미에서 필자는 “여래장사상은 불교〔연기설〕가 아니다.”라고 논하는 것이다.

유가행파의 유식설이라는 것도 이 여래장사상과 전혀 관계가 없는 것은 아니다. 이렇게 말하는 것은 실제 유식사상을 설한 유가행파 사람들은 동시에 또 여래장사상을 설하고 있기 때문이다. 그렇다면 유식사상과 여래장사상의 차이는 어디에 있으며 공통성은 무엇인가 하는 것이 당면의 문제가 된다. 이것에 대하여 저자는 여래장사상과 유식사상에 공통하는 근본논리로서 dhātu-vāda〔基體說〕

16) 『緣起と空』, p.4 참조.

17) 拙稿, 「『涅槃經』とアートマン」, 『‘我’の思想(前田專學博士還曆記念論集)』, 春秋社, 1991, pp.149-150 참조.

라고 하는 것을 상정했다.[18] dhātu-vāda란 현상적인 것들의 존재는 무상이며 무아이지만, 그것들을 만들어 내는 원인이 되는 기체 그 자체는 상이며 아이며 실재라고 설하는 것이다.

더욱이 저자는 이 dhātu-vāda라는 것을 여래장사상의 근본이론으로 파악할 뿐만 아니라 불교 이전부터 존재한 힌두교의 근본이론이며[19], 이것을 부정한 것이 불교의 연기설이라고 생각하고 있다. 이와 같이 보면 여래장사상과 유식사상이라는 'dhātu-vāda' 혹은 '유의 사상'이 나가르주나가 설하는 '공의 사상'에 대한 반대명제로서 4, 5세기의 힌두교 복고주의적인 굽타(Gupta) 왕조기의 인도사회에 환영받았던 이유가 이해될 것이다. 즉 dhātu-vāda란 힌두교의 아트만 사상의 근본논리이며, 이 논리에 의거한 여래장사상은 달리 말하면 '불교 내부의 힌두교'에 다름 아닌 것이다.

인도에서 불교사상의 역사적 발전이란 극단적으로 말하면 불교가 힌두교에 흡수되는 과정 혹은 불교가 힌두교화 하는 과정이라고 할 수 있다. 원시불교·부파불교〔소승불교〕·대승불교·밀교의 변천과정을 살펴보면 여기에 기본적으로 '불교로부터 힌두교'라는 변천, 즉 힌두교의 '유'와 '아' 사상의 부정으로서 성립한 불교가 점차 그 '유'와 '아'의 사상에 접근하고 동화하여 마침내 흡수되어버리는 과정이 보인다.[20]

---

18) 『緣起と空』, p.313 참조.

19) dhātu-vāda는 불교 성립 이전에도 또 『바가바드기타(*Bhagavadgītā*)』에도 명확히 설해진다. Cf. Matsumoto, S., "Buddha-nature as the Principle of Discrimination", *Journal of Buddhist Studies*(Komazawa University)『駒澤大學佛教學部論集』 27, 1996, pp.323-319.

20) 이상 서술한 필자의 생각은 다음에 인용하는 平川彰 박사의 견해와 기본적으로 일치한다고 생각한다.
"불교는 원시불교 이래 '무아'를 주장하지만 이것은 인도의 전통적인 아트만(아)의 종교와 적대하는 것이다. …… 유식사상의 아뢰야식과 여래장사원시불교의 '법무론(法無論)'에 의거하는 연기설이 부파불교의 아비달마 철학에서 '법유론(法有論)'으로 해석되고 그것이 대승불교『반야경』의 '법무론', '법공론(法空論)'에 의해 부정되어 다시 원시불교의 올바른 입장이 회복된 것은 기본적으로는 올바른 이해라 할 수 있지만, 그러나 그렇다고 하여 "대승불교는 모두 공의 사상을 설한다."라고 결론지으면 그것 이상으로 오해도 없을 것이다.

대승불교라고 하는 것이 힌두교의 강한 영향 아래에 성립했다고 보는 것은 오늘날 학계의 정설이라고 말할 수 있다. 대량의 대승경전을 창작한 것은 불교적 교양을 가진 사람, 즉 출가자이었을런지도 모르지만 경전을 읽는 대상으로서는 재가신자가 강하게 의식되고 있었다. 그런데 주의해야 할 것은 인도에서 재가신자란 기본적으로 힌두교도라고 하는 것이다. 그들은 불교의 출가자에게만 보시한 것이 아니라 자이나교나 다른 종파에도 구애되지 않고 출가자에게는 보시하여 사후의 생천(生天)을 구하며 일상생활에서는 힌두교의 생활규범에 따라 생활하는 힌두교도였다. 따라서 이와 같은 재가자를 독자 또는 청중으로서 강하게 의식한 대승경전에 힌두교의 영향이 보인다는 것은 당연하다. 이것을 단적으로 보이는 예가 대승경전에서 주문(呪文), 주술(呪術)을 수용한 것이다.

상의 여래장과 불성 등은 아트만과 극히 유사한 관념이다 .…… 불교가 홍기한 지 얼마 되지 않은 시대에는 무아와 공의 사상이 강력하게 주장되었지만, 시대와 함께 교리 상 변용이 일어남과 함께 점차 아트만 사상에 동화되어 간 것으로, 이것에 의해 불교는 인도에서 세력을 잃게 된 것이다. 불교가 본래 아트만설이 아니었던 것은 불교가 인도에서 사라지는 큰 이유이었다고 생각한다."(『インド佛教史 (上)』, 春秋社, 1974, pp.9-10)
그리고 中村元 박사는 平川彰 박사와 반대로 "초기불교에서는 아트만을 부인하지 않았을 뿐만 아니라 아트만을 적극적으로 승인하고 있다"(『原始佛教の思想(上)』(中村元選集 第13卷), 春秋社, 1970, p.167)고 논하고 있지만, 이 中村說에 대한 비판은 拙稿, 「佛教の批判的考察」, 『世界像の形成』(アジアから考える〔7〕), 東京大學出版會, 1994, pp.133-155 참조.

"석존은 주술을 금지했다."라는 전승이 다수의 율장에서 인정되어 주술부정이 원시불교의 기본적 입장이라고 생각되지만[21], '공의 사상'을 설한다는 대승경전 『반야심경』의 말미에도 '아제아제〔羯諦羯諦, gate gate〕' 운운의 주문이 있고, 이것을 『반야심경』 자체에서는 '주(呪; mantra)'라고 부르고 있다. 여기에서 '주'로 번역된 만트라는 일반적으로는 '진언(眞言)'으로 한역되는 말로서 본래는 힌두교 최고의 문헌인 베다성전 본집(本集)의 성스런 구절을 의미한 것이다. 즉 『반야심경』은 '오온개공(五蘊皆空)'이라든가 '색즉시공(色卽是空)'과 같은 경문(經文)으로 "일체법은 공이다."라고 하는 '공의 사상'을 설하고 있지만, 가장 중요한 그 말미의 부분에서는 힌두교의 만트라라고 하는 주술세계에 전면적으로 몰입하고 있다.

또 『반야경』이 '공의 사상'을 설하고 그것이 대승불교의 사상적 기반이 되고 있다고 하지만, 그러나 『반야경』의 '공'이 순수하게 부정적인 것일 수 있었던 것은 거의 일순간의 짧은 기간에 지나지 않는다. 바로 『반야경』 자신이 '진여(眞如)'나 '법성(法性)' 그리고 '부분별(無分別)'과 같은 긍정적인 것을 설하기 시작한 것이다.[22] 저자의 견해로서는 이들 세 용어는 단일(單一)하게 실재하는 기체, 즉 dhātu를 의미하는 것에 지나지 않는다. 더욱이 대승불교가 보다 발전하게 되면 힌두교의 아트만론을 적극적으로 공언하는 것과 같은 주장이 나타난다. 그것이 앞서 서술한 여래장사상이다.

이렇게 대승불교사상이라는 것이 기본적으로는 '공으로부터 유'라는 비불교화·힌두교화의 길을 걸었던 것을 알 수 있을 것이다. 그리고 최후로 도달한 곳이 완전히 '힌두교 그 자체'라고 말해도 과언이 아닌 밀교(密敎)였던 것이다.

---

21) 平川彰, 『インド佛教史(下)』, 春秋社, 1979, pp.312-313 참조.

22) 『緣起と空』 제6장 「『般若經』と如來藏思想」 참조.

석존의 가르침인 연기설을 순수하게 지적(知的)인 것으로 생각하는 저자의 입장에서 보면 "석존이 주술을 부정했다."라는 전승은 불교의 지성주의(知性主義)적 성격을 나타내는 것으로서 본질적인 의의를 가지고 있다. 그렇지만 대승불교는 앞서 서술했듯이 주문·주술을 인정하고 '잡밀(雜密)'이라 불리는 갖가지 다라니(陀羅尼) 경전을 제작했다. 또 힌두교의 다양한 신들도 대승경전 가운데 자유로이 등장하게 되었다. 그런 까닭에 어떠한 대승경전이라도 힌두교의 주술적 세계를 벗어나지 않는다. 『법화경』을 예로 들더라도 라집(羅什)에 의해 한역된 『묘법연화경』의 제26품은 다수의 주문을 포함하는 「다라니품(陀羅尼品)」이며, 제25품은 관음보살에 대한 신앙을 설하는 「관세음보살보문품(觀世音菩薩普門品)」이다. 관음의 이름을 염(念)하게 되면 모든 현실적 고(苦)로부터 즉시 해탈한다고 설하는 관음신앙이 주술적이라는 것은 분명하다.

이리하여 불교의 주술화, 힌두교화가 진행되어 그 최후에 도달한 것이 7세기 『대일경(大日經)』, 『금강정경(金剛頂經)』의 편찬으로 드러난 순수한 밀교, 소위 '순밀(純密)'의 성립이었던 것이다. 따라서 밀교가 '불교의 힌두교화'의 정점에 있는 것은 분명하지만, 사상적으로 보아도 밀교가 아트만〔我〕의 철학에 근거하고 있는 것은 다음을 보아도 알 수 있다.

예를 들면 밀교의 근본성전인 『대일경』에는

> 내심묘백련(內心妙白蓮) 태장정균등(胎藏正均等) …… 종차화태중(從此華台中) 대일승존현(大日勝尊現)〔大正 18卷, 6下〕

이라고 나타난다. 이것은 '내심묘백련', 즉 백련(白蓮, puṇḍarīka)과 같은 형상을 가진 심장(心臟, hṛdaya)—이것을 밀교에서는 '심련(心蓮)'이라 칭한다—에 대일여래가 나타난다고, 즉 존재한다고 설하는 것이다. 그런데 인도에서는 예로부터 "아트만은 심장 속에 존재한다.[23)]"고 생각하고 있었기 때문에 여기에서 심장 내의 여래란 아트만을 가리키는 것이라고 생각한다. 이렇게 보면 밀교의 사상적 기반이 무아설이 아니라 아설, 즉 아트만론에 있다고 하는 것은 이해될 것이다.

아(我)인가 무아(無我)인가 하는 것은 말할 것도 없이 근본적으로 대립한다. 불교가 무아설인 것은 당연한 것으로서 그렇다면 아설은 불교가 아니게 된다. 티베트 불교철학의 본질은 중관파의 '공의 사상'에 있지만, 이 '공의 사상'을 정확히 배움으로써 우리들은 아설과 무아설의 대립 특히 불교내부에 있어서 아설〔여래장사상〕과 무아설〔중관사상〕의 근본적 대립을 이해하게 된다. 여기에 티베트 불교철학을 배우는 최대의 의의가 있다.

이상과 같은 논의에 대하여 다음과 같은 반론이 있을지도 모르겠다. 곧 "불교가 무아설이며, 힌두교가 아트만을 인정하는 아설인 것은 예로부터 알려진 것으로 특히 티베트 불교철학의 의의로서 크게 내세울 정도의 것은 아니다."라는 반론이다.

그러나 문제는 오히려 불교내부의 아설〔여래장사상〕과 무아설〔중관사상〕의 대립에 있는 것으로, 중요한 것은 이 대립에 대한 이해가 극단적으로 말하면 티베트 불교를 배우지 않고는 분명히 되지 않는다는 것이다. 그 이유를 설명하기 위해서는 티베트 불교와 중국불교 그리고 한국·일본을 포함한 중국계통 불교의 사상적 상위(相違)에 대하여 설명하여야만 한다. 즉 결론을 말하면 인도 중관파의 '공의 사상'은 엄밀한 의미에서 중국에는 정확히 전해지지

---

23) 『禪批判』, 248-251항 참조.

않았다. 달리 말하면 중국계통의 불교에는 '공의 사상'에 대한 정확한 이해가 존재하지 않았다고 할 수 있다.

나가르주나의 『근본중송』은 확실히 청목(青目, Piṅgala)의 주석을 동반한 형태로 라집에 의해 5세기 초에 『중론』으로 한역되고, 이 『중론』과 『백론(百論)』, 『십이문론(十二門論)』의 사상을 연구하는 사람들이 삼론종(三論宗)이라는 유력한 학파를 형성하여 그들이 소위 중국에서 중관사상, '공의 사상'의 계승자가 되었던 것이다. 그렇지만 그들 삼론종 사람들의 '공'의 이해는 근본적인 오해를 가지고 있어 그로 인해 인도 중관파의 '공의 사상'은 중국에 정확히 전해지지 않았던 것이다.

그러면 그 오해란 무엇인가. 이 점에 대해 두 가지를 지적할 수 있다. 먼저 첫째는 그들의 '공' 이해가 근본적으로 노장사상(老壯思想)의 영향을 받고 있었다는 점이며, 둘째는 그들이 여래장사상이라는 '유'의 사상에 근거하여 '공'을 해석했다는 것이다. 이 두 가지는 결코 별개의 것이 아니라 오히려 첫 번째의 것이 두 번째의 근거가 되고 있다. 즉 노장사상의 구조란 '도(道)' 또는 '리(理)'라고 하는 단일의 실재가 근원이 되어 만물이 생긴다고 하는 발생론적 일원론(一元論)이며, 구조적으로는 여래장사상의 근본 논리를 이루는 dhātu-vāda와 완전히 일치하고 있다.[24] 따라서 노장사상의 영향으로부터 마지막까지 벗어날 수 없었던 대부분의 중국불교사상가는 여래장사상이라는 것에 대하여 비판적 시점을 가짐이 없이 쉽게 이것을 받아들였던 것이다. 그런 까닭에 놀랍게도 인도 중관

24) 伊藤 씨는 노장사상의 구조를 '道・理의 철학'으로 이해하고, 이 '道・理의 철학'과 dhātu-vāda의 사상구조상 일치가 인정되어 양자가 중국불교의 사상적 기반이 되었다고 논하고 있다. 伊藤隆壽, 『中國佛教の批判的研究』, 大藏出版, 1992, pp.13-36 참조.

파 '공의 사상'의 계승자라고 할 삼론종의 대성자인 길장(吉藏, 549~623)조차도 여래장사상을 적극적으로 용인하고 dhātu-vāda라고 하는 '유의 사상'을 설한 것이다.[25]

따라서 사상적으로 보면 중국계통의 불교에서는 여래장사상이라는 '유'와 '아'의 사상이 주류를 이루고, 티베트 불교에서는 중관사상이라는 '공'과 '무아'의 사상이 중심을 이루어 왔다고 할 수 있다.

그런데 앞서 말했듯이 무엇보다도 중요한 것은 불교 내부에서의 아설〔여래장사상〕과 무아설〔중관사상〕의 대립을 이해하는 것이다. 그러나 우리들이 중국불교의 전통을 따르고 있는 한 양자의 대립·모순을 이해하는 것은 불가능하다. 왜냐하면 앞서 설명했듯이 중국불교에는 엄밀한 의미에서 중관사상이라는 것이 존재하지 않았기 때문이다. 따라서 여기에 일본에서는 지금까지 전혀 알려지지 않았던 티베트 불교철학의 중관사상, 즉 '공의 사상'을 올바로 배울 필요가 있는 것이다.

일본에서는 극히 일반적인 설명으로서 '불교란 모든 사람이 불성(佛性)을 가진다는 가르침'이라고 말하는 경우가 많다. 이 사실은 일본불교라고 하는 것이 여래장사상을 주류로 하는 중국불교의 완전한 영향아래에 있다는 것 그리고 그것에 대하여 일본에서는 조금의 의문이나 비판도 보이지 않았다고 하는 것을 말해준다. 따라서 1986년 일본 인도학불교학회에서 저자가 「여래장사상은 불교가 아니다」라는 발표를 하고 또 같은 제목[26]의 논문을 발표했을 때, 일본의 불교학계가 약간의 자극을 받았을 런지도 모른다.

그리고 저자의 여래장사상 비판 및 하카마야 씨의 본각사상 비

---

25) 『禪批判』 제5장 「三論教學の批判的考察―dhātu-vādaとしての吉藏の思想」 참조.

26) 『緣起と空』 제1장.

판[27]은 역시 티베트 불교철학에 대한 연구 없이는 생겨나지 않았을 것이라 생각한다.

여기에 주목할 만한 사실이 하나 있다. 그것은 여래장사상에 대하여 전혀 비판적이지 않았던 일본의 불교학계에서 야마구치 즈이호 박사만이 극히 일찍부터 여래장사상에 대하여 비판적인 시점을 가지고 그것을 명확히 하고 있었다는 사실이다. 야마구치 박사는 이미 1973년에 '삼예의 종론'의 의의에 대하여 "필자는 중국불교의 여래장사상을 근본적으로 비판한 것이라고 본다."[28]라고 명확히 밝혔던 것이다. 저자는 당시 박사가 '삼예의 종론'에 대한 연구에 전념하고 계셨던 것을 알고 있었지만, 그 연구가 박사에게 여래장사상에 대한 비판적 시점을 명확히 하는 기회를 가져다 주었다고 생각한다.

그 후 1984년에 야마구치 박사가 발표하신 「티베트학과 불교」[29]에서는 여래장사상과 중관사상이 명확히 구별되고 도원(道元)의 사상은 후자와 일치하는 것으로서 위상이 정립되고 있다. 이러한 이해가 하카마야 씨의 1986년 논문 「차별사상을 만들어 낸 사상적 배경에 관한 사견(私見)[30]」으로 계승되어 본각사상 비판의 중심적

---

27) 袴谷 씨의 본각사상 비판을 보이는 것으로서 여기에서는 大藏出版에서 간행된 袴谷 씨의 세 저서, 즉 『本覺思想批判』(1989), 『批判佛教』(1990), 『道元と佛教-12卷本『正法眼藏』の道元』(1992)을 들고 싶다. 더욱이 袴谷 씨의 본각사상 비판과 필자의 여래장사상 비판을 중심으로 하는 비판적인 불교 이해는 해외에서 Critical Buddhism이라 불려져 이것을 테마로 하여 다음과 같은 논문집이 금년 출판되었다. Hubbard, J. and Swanson, P. L., ed. *Pruning the Bodhi Tree-The Storm over Critical Buddhism*, University of Hawaii Press, 1977.

28) 山口瑞鳳, 「チベット佛教と新羅の金和尚」, 『新羅佛教研究』, 山喜房佛書林, 1973, p.36, 註 113) 참조.

29) 山口瑞鳳, 「チベット學と佛教」, 『駒澤大學佛教學部論集』 15, 1984, pp. 30-53.

인 원리가 된 것은 확실하다.

이와 같이 보면 '삼예의 종론'에 관한 사상적 연구가 여래장사상 비판과 본각사상 비판을 만들어 낸 중요한 계기가 되었음을 알 수 있다. 그런데 '삼예의 종론'이란 티베트 불교의 소위 '본질적인 사건'이었다. 즉 그것은 8세기말 티베트에 있어 그 후의 티베트 불교의 방향을 결정하는 의미로서 결정적인 의의를 가지고 있었던 것만은 아니다. 티베트인은 끊임없이 반복하여 이 사상적(思想的)인 '사건'의 의미를 계속하여 생각하였던 것이다. "일체법은 공이다."라고 생각한다면 그것은 집착인 것일까. 모든 집착을 부정하기 위해서는 어떠한 것도 생각하지 않으면 좋은 것일까. 그러나 어떠한 것도 생각하지 않는다면 기절한 상태나 돌덩이 등과 같은 것은 아닐까. 만약 그렇다면 사람이 살아갈 필요도 없는 것은 아닐까. 티베트인 불교도는 끊임없이 이 문제를 생각하여 마침내는 "일체법은 공이라는 사고방식은 아집(我執)을 없애는 좋은 분별이기 때문에 그것까지 부정해서는 안 된다."라는 총카파의 사상을 만들어 낸 것이다. 총카파에게 '삼예의 종론'의 문제가 결정적이었던 것은 총카파 스스로 이변중관설(離邊中觀說) 비판을 마하연설(摩訶衍說)에 대한 비판이라고 명확히 위상 정립을 하고 있는 것에서도 잘 드러난다.[31]

이렇게 티베트 불교철학을 배우는 것의 의의는 극단적으로 말하면 공사상에 의한 여래장사상에 대한 비판을 바탕으로 하는 '삼예의 종론'과 그것을 명확히 사상화(思想化)한 총카파의 '공의 철학'을 배우는 것에 의해 '불교'에 관한 올바른 이해를 추구하는 것이라고 할 수 있다.

---

30) 袴谷憲昭, 『本覺思想批判』 제1부, 제5장.

31) 본서 제4장 pp.229-230, 제9장 pp.389-396 참조.

본서는 여래장사상에 의거하는 티베트 밀교가 아니라 공사상에 의한 티베트 불교철학의 진정한 의미를 명확히 하기 위해 저술한 것이다.

초출일람(初出一覽)

序章 チベット佛教史概說

「チベット佛教の教理と歷史」(『チベットの言語と文化』所收, 1987年, 冬樹社)를 바탕으로 가필 보정.

第1章 佛教綱要書

「佛教綱要書」(『敦煌胡語文獻』〔講座敦煌 第6卷〕所收, 1985年, 大東出版社)를 바탕으로 가필 보정.

第2章『見解の區別』における中觀理解

「lTa baḥi khyad parにおける中觀理解について」(『曹洞宗研究員研究生研究紀要』13, 所收, 1981年, 曹洞宗宗務廳)를 바탕으로 가필 보정.

第3章 瑜伽行中觀派について

「後期中觀派の空思想」(『理想』610, 所收, 1984年, 理想社)을 바탕으로 가필 보정.

第4章 ツォンカパの中觀思想について

「ツォンカパの中觀思想について」(『東洋學報』62-3・4, 所收, 1981年, 東洋文庫)를 바탕으로 가필 보정.

第5章 タクツァンパのツォンカパ批判

「sTag tshaṅ paのTsoṅ kha pa批判について」(『日本西藏學會

會報』28, 所收, 1982年, 日本西藏學會)를 바탕으로 가필 보정.

第6章 離邊中觀說について
「チベットの中觀思想—特に離邊中觀說を中心にして」(『東洋學術研究』21-2, 수록, 1982年, 東洋哲學研究所)를 바탕으로 가필 보정.

第7章 ツォンカパにおける言說有の設定
「ツォンカパの中觀思想に關する考察」(『日本西藏學會會報』30, 所收, 1984年, 日本西藏學會)을 바탕으로 가필 보정.

第8章 ツォンカパの自立論證批判
「ツォンカパの自立論證批判について」(『チベットの佛教と社會』所收, 1986年, 春秋社)를 바탕으로 가필 보정.

第9章 ツォンカパ哲學の根本的立場
「ツォンカパとゲルク派」(『チベット佛教』〔岩波講座・東洋思想 第11卷〕所收, 1989年, 岩波書店)를 바탕으로 가필 보정.

第10章 ツォンカパと離邊中觀說
본서를 위해 새로이 씀.

結語 チベット佛教哲學の意義
본서를 위해 새로이 씀.

티베트 불교사 연표

*581 송첸감포왕 출생.
*593 송첸왕 등극.
*640 문성공주, 당으로부터 궁송궁첸에 시집옴.
*643 궁송왕 죽음. 송첸왕 재등극.
*646 문성공주, 당으로부터 석가모니상을 가져와 라모체寺에 모심.
*649 송첸왕 죽음. 그 후 툴낭寺 건립.
*710 금성공주, 티데축첸왕께 시집옴. 그 후 다섯 곳에 절 건립, 불교신앙 성행케 됨.
*754 티데축첸왕 죽음. 그 후 불교 배척이 일어남.
*761 티송데첸왕 성년에 이르러 불교국교화를 결의. 그 후 셀낭을 파견 샨타라크쉬타를 초대함. 본敎의 배척 등이 있어 샨타라크쉬타 네팔로 돌아감(寂護 제1차 入藏).
*763 티베트군 장안을 점령.
*771? 샨타라크쉬타 다시 티베트에 들어감. 그 후 파드마삼바바도 들어옴(적호 제2차 입장).
*775 샨타라크쉬타와 파드마삼바바가 정초하여 삼예 대승원 건립 시작됨.
*779 삼예 사원 본당이 완성. 샨타라크쉬타가 '시범적인 6인'에게 授戒함. 티베트에 출가승단이 성립. 티송데첸왕 불교신봉의 서약조칙을 공포, 신하들께 서명시킴. 불교가 국교가 됨.
*786 티베트군 돈황을 점령. 그 후 마하연 선사 중앙티베트에 이름.

* 791 도氏 출신 왕비 마하연에 귀의하여 출가. 마하연의 선종 유행하고, 인도계 불교도와 대립.
* 794 카말라쉴라가 삼예 사원에서 마하연을 논파. 「삼예의 종론」.
* 797 티송데첸왕 죽음.
* 804 티데송첸왕 불교도입을 위해 당에 사절단을 파견.
* 814 『번역명의대집』, 『이권본역어석』에 의해 불전번역을 위한 역어가 통일됨. 다수의 불전이 산스크리트어에서 티베트어로 번역됨.
* 822 당과 평화 수립. 다음해 唐蕃會盟碑 건립.
* 824 最古의 역경목록『덴카르마 목록』이 완성.
* 842 다르마왕 살해됨. 다음해 고대 티베트왕조는 남북으로 분열. 그 후 붕괴.

(이상 불교 전전기, 이후 후전기 전개)

* 1042 아티샤 가리왕의 초대로 서티베트에 들어옴. 도딘에서 린첸상포를 만남. 그 후 『보리도등론』을 지음.
* 1045 아티샤, 돔톤과 곡레페쉐랍의 영접을 받고 중앙티베트에 감.
* 1054 아티샤, 돔톤이 지켜보는 가운데 네탕에서 죽음.
* 1055 니마닥 태어남.
* 1056 돔톤, 라덴에 밀교사원 건립〔카담파 시작〕.
* 1073 곡레페쉐랍, 상푸寺를 건립. 그 후 大學問寺가 됨. 궁촉겔포, 사캬에 밀교사원을 건립〔사캬파 시작〕.
* 1076 곡로덴쉐랍 캐시미르에 유학.
* 1077 미라레파 마르파의 제자가 됨.
* 1092 곡로덴쉐랍, 캐시미르에서 티베트로 돌아옴.
* 1094 레충파, 미라레파를 만남.
* 1109 곡로덴쉐랍 죽음. 차파 태어남.

* 1110 감포파, 미라레파를 스승으로 함.
* 1121 감포파, 감포에 승원을 건립.
* 1139 두숨겐파, 감포파를 만남.
* 1151 팍모두파, 감포파를 만남.
* 1153 샤라와의 제자 돔톤 나르탕寺를 건립.
* 1158 팍모두파, 틸에 사원을 건립.
* 1169 차파, 상푸학문寺의 좌주를 18년간 역임한 후 이 해 죽음.
* 1172 닥파겐첸, 사캬寺 좌주가 됨.
* 1187 샹창두닥파, 첼 궁탕寺를 건립.
* 1189 두숨겐파, 출푸寺를 건립.
* 1203 인도 비크라마쉴라 대승원, 회교도에 의해 파괴됨〔인도불교의 멸망〕.
* 1204 샤캬 슈리바드라 회교도의 난을 피해 티베트에 들어옴.
* 1208 사캬 판디타, 사캬슈리바드라로부터 구족계를 받음.
* 1219? 사캬 판디타, 『正理寶藏』을 지음.
* 1239 몽골군 티베트동부에 침입 사원을 파괴.
* 1244 사캬 판디타, 몽골의 고단(쿠텐)칸의 초청을 받아 평화의 사자로서 조카 팍파를 데리고 涼州를 향해 출발함.
* 1247 사캬 판디타, 양주에서 고단과 회견.
* 1251 사캬 판디타, 양주에서 죽음.
* 1253 팍파, 쿠빌라이에게 관정을 줌.
* 1260 쿠빌라이, 왕위에 올라 元朝 시작됨. 팍파, 국사가 됨.
* 1269 팍파, 쿠빌라이의 요청에 의해 팍파문자를 만듬.
* 1270 팍파, 원조의 帝師가 됨.
* 1278 팍파, 『彰所知論』 지음.
* 1280 팍파, 죽음.

* 1322 부톤, 『불교사』를 지음.
* 1348 돌부파, 『了義海』를 지음.
* 1354 팍모두파 왕조 성립.
* 1357 총카파, 青海에서 태어남.
* 1359 부톤, 『善逝藏의 麗飾』을 짓고, 조낭파를 비판함.
* 1364 부톤, 죽음.
* 1373 총카파, 중앙티베트에 옴(17세).
* 1375 총카파, 처음 렌다와를 스승으로 수학(19세).
* 1387 총카파, 『金鬘』을 지음(31세).
* 1390 총카파, 처음으로 우마파를 만남(34세).
* 1392 총카파, 立教開宗(36세).
* 1396 다르마린첸, 총카파에게 수학.
* 1402 총카파, 『도차제대론』을 지음(46세).
* 1407 케둡, 총카파에게 수학.
* 1408 총카파, 『선설심수』, 『정리해』를 완성함(52세).
* 1409 총카파, '대기원제' 창시(53세). 간덴寺 건립〔게룩파 시작〕.
* 1410 총카파, 간덴寺에 들어감. 영락판대장경 칸귤(경부), 북경에서 개판.
* 1416 잠양추제, 데풍寺(게룩파) 건립.
* 1418 총카파, 『밀의해명』을 지음(62세).
* 1419 총카파, 간덴寺에서 죽음(63세). 다르마린첸, 간덴寺 座主가 됨. 세라寺(게룩파) 건립.
* 1429 사캬파의 골첸 쿵가상포, 골에왐寺 건립. 고람파 출생.
* 1431 케둡, 간덴寺 좌주가 됨.
* 1447 겐둔둡, 다실룬포寺(게룩파) 건립.
* 1463 탁창파, 『학설전지』를 지음.

* 1468 고람파, 『견해변별』을 지음.
* 1469 세라 제춘 최키겐첸, 출생. 사캬촉덴, 셀툭첸寺 건립.
* 1471 고람파, 『정리보장』의 주석을 지음.
* 1474 고람파, 『양평석』의 주석을 지음.
* 1477 샤캬촉덴, 『중관결택』을 지음.
* 1478 슌누펠, 『청책사』를 지음. 고람파, 둡텐남겔寺 건립.
* 1488 샤캬촉덴, 『양평석』의 주석을 지음.
* 1494 레첸 쿵가겐첸, 『카담 명등사』를 지음.
* 1498 '대기원제'의 주최자가 게룩파에서 카르마파로 바뀜.
* 1518 게룩파 복권하고, '대기원제'의 주최자가 됨.
* 1542 겐둔갸초 죽음.
* 1544 소남갸초, 겐둔갸초의 轉生活佛로 지정됨〔게룩파에서 활불상속제 시작됨〕.
* 1564 파오 축락덴와, 『학자의 연』을 완성함.
* 1578 소남갸초, 알탄 칸으로부터 '달라이라마' 칭호를 받음. 게룩파의 몽골 포교 시작.
* 1600 판첸 라마 1세 롭상 최키겐첸, 다실룬포寺 좌주가 됨.
* 1608 타라나타(조낭파), 『인도불교사』를 지음.
* 1642 달라이라마 정권 성립.
* 1645 포탈라궁 건설 시작.
* 1682 달라이라마 5세 죽고, 섭정 상게갸초 실권을 잡음.
* 1695 잠양셰파, 『입중론』의 주석을 지음.
* 1699 잠양셰파, 『대학설』을 완성.
* 1700 잠양셰파, 데풍寺 고만學堂의 주인이 됨.
* 1710 잠양셰파, 청해에 다쉬킬寺를 건립.
* 1722 잠양셰파 죽음.

* 1723 롭상 다진의 난 일어남.
* 1733 데르게판 대장경 칸귤(경부) 개판.
* 1735 창캬 롤페도르제(이하 창캬), 淸의 掌印 大라마에 임명.
* 1742 창캬, 『정자학자의 원』을 지음. 데르게판 대장경 텐귤(논부), 개판.
* 1746 창캬, 『창캬 학설강요서』를 완성. 숨파겐포, 청해 군룬寺의 좌주가 됨.
* 1748 숨파겐포, 『여의보수사』를 지음.
* 1751 창캬, 국사가 됨.
* 1763 군룬寺의 좌주, 두칸 롭상최키니마로부터 쿤촉 직메왕포로 바뀌고, 나아가 창캬로 교대.
* 1786 창캬, 오대산에서 죽음.
* 1787 욘진 예쉐겐첸, 『람림 전등록』을 지음.
* 1798 『古派탄트라집』 데르게에서 개판.
* 1802 투칸 롭상최키니마, 『학설수정경』의 집필을 마치고 죽음.
* 1846 미팜 출생.
* 1864 곤둘 윤덴갸초, 『所知遍滿』을 지음.
* 1895 달라이라마 13세, 실권을 잡음.
* 1900 河口慧海, 티베트에 들어감.
* 1913 多田等觀, 티베트에 들어가 10년간 체재하며 불교를 배움.
* 1959 달라이라마 14세 인도에 망명.

역자 후기

본 역서는 마츠모토 시로(松本史朗)의 『티베트 불교철학(원제: チベット佛教哲學)』(大藏出版, 日本, 1997, 11月5日, 初版 第1刷)을 완역한 것이다. 출간에 임하여 번역자의 대표로서 「후기」를 씀에 있어, 그간의 여러 가지 일들이 뇌리를 스쳐간다. 그리고 무엇보다도 '인연(因緣)'이라는 말이 머리를 떠나지 않는다. 좀더 불교학적 용어로는 연기(緣起), 인연생기(因緣生起)라는 말이 되겠지만, 보이지 않는 삶의 관계를 보다 분명하고 활동적으로 엮어주는 인간관계의 힘 또는 원칙이라 할까. 본 역서의 전 과정을 마무리하는 단계에 '인연'이라는 말이 더욱 강하게 떠오르는 것은, 본 역서에 들인 시간과 열정이 그 어느 일보다도 진하고 깊었기 때문일 것이다. 먼저 본 역서를 마무리하는 시점에 떠오르는 두 가지 인연을 밝혀야 할 것 같다.

첫째는 필자의 은사(恩師)로서, 학자적 자세를 견지하며 스스로의 소신을 논문과 저술로 펼치시는 본 역서의 저자인 마츠모토 선생과의 인연이 본 역서를 통하여 좀더 깊게 이어질 수 있지 않을까 하는 점이다. 되돌아보면 20년 전, 일본 유학시절 처음 뵌 이후, 부드러우면서도 뚜렷한 학자적 자세를 견지하는 은사의 모습에, 제자로서 한없는 존경심을 가지면서도 도저히 그 그림자조차 밟을 수 없을 정도로 부족함을 느낀 적이 한두 번이 아니었다. 그간 많은 시간이 지났으면서도 정작 은사께, 제자로서 드릴 수 있는 것이 무엇 하나 없는 상황이지만, 본 역서를 통해 그간 연구의 끈을 놓지 않고 꾸준히 티베트 불교 연구의 중요성과 필요성을 간직하고 있었음을 드러낼 수 있게 된 점을 감사히 여기며, 앞으로도 새롭게 각오를 마음속에 새기고 싶다.

둘째는 본 역서의 과정에 함께 참여해준 부산의 현대불교연구원(現代佛教研究院) 맴버들과의 인연이다. 따지고 보면 본 역서는 마츠모토 선생의 불교적 견해에 관심을 가진 현대불교연구원의 멤버들과 오랜 시간을 들여 만들어낸 산물이기도 하다. 생각해 보면, 현대불교연구원은 부산대학교 철학과 김용환 교수님을 원장으로 하여 2006년 4월 개원하였지만, 이 연구원의 중추적 역할을 하는 여러 멤버들과의 만남은 2002년으로 거슬러 올라간다. 당시 필자는 마츠모토 선생의 불교적 입장에 관심을 가진 사람들과 부산에서 정기적인 만남을 가졌고, 그러한 만남이 이어져 현대불교연구원 개원의 토대가 마련될 수 있었다. 현대불교연구원의 개원과 함께 연구원 사업의 일환으로 시작된 본 역서의 작업은, 연구원의 내실을 다지고 또한 연구원의 구체적인 방향을 제시해주는 역할을 하였다고 생각한다.

이렇게 본 역서의 발간에 즈음해 중요한 삶의 인연이 관계되어 있음을 새삼 느끼며, 그러한 인연이 앞으로도 더욱 지속되기를 희망한다. 이러한 희망을 마음속에 간직하며, 그간 본 역서의 번역과정을 간단히 되돌아본다. 앞에서 말한 대로 현대불교연구원의 개원 이전 마츠모토 선생의 다른 저술을 함께 읽은 적이 있었지만, 연구원의 개원과 함께 좀더 구체적인 일로, 우리 학계에 도움이 될 수 있는 사업으로 택한 것이 본 역서인 『티베트 불교철학』의 번역이었다. 오늘날 많은 관심을 끌고 있는 티베트 불교에 대해 보다 구체적이고 학술적인 자료로써, 향후 학계에도 많은 도움을 주리라 생각하였기에 과감히 시도하기로 하였다. 하지만 티베트 불교 전공자가 그다지 많지 않았기 때문에 사실상 완역을 해낼 수 있을지 우려도 없지 않았다. 그렇지만 현재 학계 사정상 누군가는 해야 할 일이라 생각하였기에, 전공에 구애받지 않고 관심을 가진 연구원의 멤버들이 흔쾌히 참여하였다. 2006년 7월 이래 매달 정례적인 모임이 이루어졌고, 참가한 멤버들이 각자 자신의 담당 부분을 번역하고 함께 검토하였다. 이러한 작업은 다음해 9월까지 계속되었고, 특히 2007년 무더웠던 여름날, 번역 문장의 이해와 검토에 한층 더 달아올랐던 기억이 지금도 새롭다. 2007년 9월 이후 원고는 역자 대표로서 필자에게 일임되어, 내용의 검토와 각주에서 원어로서 일본어 표기 등 세부적인 사항을 재정비한 뒤 2008년 1월경 출판사에 원고가 전달되었다. 이러한 번역과정에 함께 동고동락(同苦同樂)한 연구원 멤버들은 다음과 같다.

권서용(인제대학교 외래교수, 불교인식론논리학 '다르마키르티' 전공)
김명우(동아대학교 초빙교수, 인도 유식철학 전공)
송재근(창원대학교 외래교수, 일본 정토사상 전공)
윤종갑(부산대학교 외래교수, 인도 중관철학 전공)

이들은 모두 현재 현대불교연구원의 운영에 각각의 역할을 맡고 있으며, 이들의 열정과 도움으로 본 역서가 무사히 출간될 수 있었다. 아울러 책의 출간이 무사히 이루어진 데 역자 대표로서도 감개무량(感慨無量)한 마음을 감출 수 없다. 본 역서에서 보듯 다양한 자료 활용과 연구의 방식, 불교철학에 대한 이해 등이 보다 구체적으로 우리 학계에 도움이 되길 바랄 뿐이다.

본 역서의 저자인 마츠모토 선생은, 1950년생이며 현재 일본 고마자와(駒澤) 대학 불교학부 교수로서, 한국에서도 번역된 『연기와 공』(慧諒譯, 운주사, 1994; 원제: 『縁起と空』, 일본어 초판 1989)의 저자로 잘 알려져 있다. 마츠모토 선생을 비롯한 고마자와 대학

불교학부 몇몇 교수들의 공통적인 불교학의 특성이 '비판불교(批判佛敎)'라는 용어로 알려져, 일본에서는 물론 해외에서도 많은 반향을 일으킨 적이 있다. 한국에서도 『연기와 공』의 번역에 즈음해 '비판불교'에 대한 논의가 있었으며, 당시 새로운 견해로서의 관심과 또 그에 대한 비판으로 불교학계가 들끓었던 기억이 떠오른다. 마츠모토 선생은 『연기와 공』이 출간된 이후 『禪思想の批判的 硏究』(1994年, 大藏出版), 『チベット仏教哲學』(1997年, 大藏出版), 『道元思想論』(2000年, 大藏出版), 『法然親鸞思想論』(2001年, 大藏出版), 『佛教思想論 上』(2004年, 大藏出版) 등의 저술과 다수의 논문을 통해 자신의 학문적 성과를 거두고 있다. 불교철학에 대한 확고한 소신을 바탕으로 학문적 연구 성과를 내고 있는 마츠모토 선생은 '인도·티베트 중관사상'이 전공분야로서, 본 역서에서 볼 수 있듯이 특히 티베트의 총카파에 대해 많은 관심과 연구를 기울이고 있다.

본 역서인 『티베트 불교철학』은 티베트 불교철학의 의의와 가치를 드러내고자 하는 목적으로, 특히 티베트의 대표적인 불교사상가인 총카파의 사상을 집중적으로 조명하고 있다. 이 총카파의 사상을 조명하기 위해 티베트에 불교가 전래된 이래 총카파에 이르기까지 다양한 역사적 전개를 조망하고, 그 위에 총카파의 불교사상을 고찰한다. 특히 총카파의 연구를 위해, 총카파를 비판한 탁창파, 고람파 등 다른 불교 사상가의 입장을 살펴보고, 그러한 비판을 총카파의 자료와 비교, 대조하고 있다. 이러한 총카파에 대한 비판과 관련하여 티베트에서의 중관사상에 대한 이해가 다양하고 본격적으로 논의되며, 특히 티베트에서의 일반적인 중관 이해로서 이변중관설(離邊中觀說)에 대해 집중적인 고찰이 이루어진다. 유(有)와 무(無)의 양변(兩邊)을 떠난다는 이변중관설에 대하여 인도에서의 기원과 그것에 대한 총카파의 입장을 세밀하고 구체적으로 살피고 있다. 그리고 마지막에서는 이변중관설과는 다른 총카파의 독자적 입장이 규명되며, 아울러 총카파 사상이 가지는 의미와 중요성을 밝히고 있다.

오늘날 우리 불교계에도 티베트 불교와 관련된 많은 저서와 역서가 나오고 있다. 이러한 티베트 관련 자료의 등장은, 기존의 중국불교를 중심으로 하는 동양불교와는 다른, 달라이라마로 대표되는 티베트 불교의 다양한 철학성, 사상성, 윤리성에 대한 강한 지적 호기심을 반영하고 있다고 생각된다. 특히 티베트 불교의 대표적인 종파인 게룩파에서 보여주는 논리학, 중관철학 등 철학적 사유에 대한 중시는 새로운 유형의 불교를 제시하고 있다. 이러한 티베트 불교에 대한 시대적 관심과 영향과는 달리, 더욱 구체적이고 학문적인 관점에서 티베트 불교철학의 중요성을 제시하고, 그 철학정신을 살려가고자 하는 것이 본 역서의 저자인 마츠모토 선생의 입장이라 생각된다. '비판불교'라는 불교 철학적 입장을 견지해 한국에서도 많은 논의를 불러 일으켰던 저자가, 불교에 대한 확고한 이해를 바탕으로 총카파의 사상을 철저하게 고증해 가는 본 역서의 내용은, 티베트 불교를 좀더 치밀하고 깊이 있는 학술의 장(場)으로 인도하는 중요한 계기를 만들어 주리라 생각한다.

끝으로 이 책의 출간과 관련해 감사를 올리고 싶다. 먼저 여러 가지로 열악한 한국의 불교 출판계에서 그 중요성을 인지해 과감히 출판을 허락해 준 불교시대사 고광영 사장님께 진심으로 감사를 올리며, 본 역서가 출판사의 위상을 한층 끌어올리기를 함께 기대한다. 그리고 본 역서의 가치를 첫눈에 알아보고, 불교시대사에 적극 출판을 추천해준 금강대학교 불교문화연구소의 석길암 연구원에게도 감사의 마음을 전하며, 앞으로도 많은 관심과 편달을 부탁한다. 마지막으로 방대한 본 역서의 번역에 서로를 격려하며 끝까지 함께 해 주었던 현대불교연구원의 멤버들께 다시 한번 감사드리며, 후기에 가름한다.

2008년 炎夏

역자 대표 이태승 識

색 인

학술용어

dhātu-vāda 312, 461-462, 532
tādātmya 190
가설 87, 96, 254, 319, 337
가설유 345
가지 92
가행 85
감관지 322-323, 327-329, 331, 335, 349-350, 355, 369, 416
개별상 95
개혁파 55, 57
게룩파 47, 55, 59, 61, 142, 171, 255, 287, 325, 468, 528
견도 84
결과를 낳는 능력 175, 203
결정역어 39
경 334-335
경계 329
경량부 70, 77, 83, 99, 108, 140, 142, 146, 150, 199, 272
경량부의 중관〔파〕 108
경량부중관 77, 149
경량부중관파 78
경량부파 152
경량중관자립파 141-142
경량중관파 141-145, 171
경량〔행〕중관파 200
경중관 75, 81-82, 117, 119, 124, 128, 135-137, 139-140, 142, 146-149, 151-152, 156, 158-160, 162-163
경중관의 종견 131
경중관파 145-146, 150
계사 116
계율부흥운동 41
고 80, 84, 86
고대 티베트 왕국 30
고역 탄트라 54
고지율 42
고찰 280-282, 298-300, 413
고찰되지 않는 한 매력적인 것 180

고찰되지 않는 한 매력적인 세속 90-91
고파 51
공 56, 80, 84, 86, 282, 299, 317, 391, 411, 422-423, 524-525
공간적 해석 312
공사상 212, 531
공상 80
공성 56, 76, 167, 193, 282, 299, 308-309, 317, 397, 424, 427-428, 476-477, 482, 484
공성논증 324, 468
공성의 기체 309
공성의 실의 427
공통상 95
과를 낳는 능력 206
관장 34
교계파 43
교설파 43
교증 454
구격조사 510
구생 236, 240, 247, 282, 317-318
구생의 혜 203
구생승 49
9승의 교판 51
국가불교 42
귀류 496, 498
귀류논증 46, 342, 495-496, 499
귀류논증의 확립 344
귀류논증파 46
귀류의 언명 498
귀류파 44, 46, 55-56, 141, 167, 225, 233-234, 246-247, 249, 253-255, 257, 260, 263, 267, 278-279, 294-295, 318-319, 334, 342-343, 350, 356-360, 362, 365-367, 377, 380-383, 408, 415, 419, 468-469
극미 76, 95
극미설 200
금강 51
금강승 393
금강유정 85
긍정 301, 411
기체 38, 52, 239, 320, 343, 485, 535
기체를 가진 자성 476
기체불성립 353
기체 없는 자성 476, 481, 483-484

나로 6법 50
나쁜 분별 229, 292, 390
난승 89
내의 연기 77
내명 274
내연 94
내연기 95
내유가중관 90, 102, 106, 149
내유가파 94, 106, 155
내인 94
내적 삼매 54
내적 유가 54
노장사상 538
논란 503
논리의 언어 70
논리가 326, 416
논리학 167
논박 509, 514
논증 509, 514
논증인 136
논파 506, 507, 514
놀라운 언명 433
능전 301
능취 74, 96, 153, 194
능파 209
니구마의 6법 49
니야야 학파 500
닝마파 38, 51, 529-530
다라니 536
다양불이론 172
단견 407, 451
단경설 51
단멸 79
단변 232, 290, 398
단변중관설 287, 297, 392
달라이라마 59
답파 514
대교열번역자 40, 98, 113
대기원제 57, 59
대론자 348-349, 355, 358-359, 364
대상→지 190
대상영역 469, 471, 478
대상의 일치현현 348, 363
대승 74-75, 86, 124, 147
대승의 중관 148
대원경지 89, 90, 92
대인 49-50
대인 카우마 49
대일여래 537
대종 94
대중관 150, 279, 282, 299-300

대치 292, 390
대학설 70
데푼사 활불 59
도 538
도과설 48
도하 문학 49
독각 76, 251, 255
독각승 74, 83, 147
독립의 것 280
돈황 문헌 149
동방자립삼가 44
동사부정 220, 450, 457, 495, 499, 501, 505
동양상성 348, 364
동일성 190, 216, 220, 243, 349, 428, 463
등무간연 185, 186
라마교 29
리 538
마설 393-394
매장서 52, 528, 530
멸 100, 251-252, 255
명득 88
명사부정 220, 450, 499, 504
명사의 부정 492-493, 495
명자 76
명증 88
명칭 246, 254-256, 318-319, 330, 334-335, 382
명칭의 언설 245, 247
모니 261
모순율 440
목석 239
묘관찰지 90, 92
무 282, 291, 299, 301, 404, 414
무간 88
무공용(無功用) 194
무구별 461
무구별성 215-216, 218
무기(無欺) 279-280, 470
무명 86, 248, 331-332, 477-479, 483
무명력 478
무명자 127
무모순성 243
무변 232, 446
무변이의 원성실 87, 92
무분별 308, 312, 324, 331, 336, 391, 454, 461, 464, 495, 535
무분별의 현량 172
무분별지 92, 306, 323, 358, 369, 457, 460-462, 495

무상(無相) 76
무상(無常) 80, 84, 86, 299, 532
무상승 83, 86
무상유가 53
무상유가 탄트라 54, 57
무생기 136, 282, 299, 448, 484, 494
무성 451
무아 56, 80, 84, 86, 127, 398, 532
무아설〔중관사상〕 537
무아성 205, 397
무안병자 352, 370
무엇이든 결과를 낳는 능력 175
무오염 480
무외경론 100, 200
무원 76
무위 99
무의 기체 309
무이 82
무이지 186, 189
무인 127
무자상 336, 359, 371
무자성 37, 75, 136, 148, 160, 229, 237, 321, 336, 382, 390-391, 397-398, 403-404, 411, 415, 422-423, 473, 476, 524
무자성론자 356
무전도의 원성실 87, 92
무제한 497
무종파 운동 62
무주장 486, 490, 502, 505, 517, 519, 522-523
무지 249, 337
무집착주의 422
무착 209
무현현 124, 194
무형상 145
무형상유식파 102, 105, 174, 221
무형상유식설 220
무효과 497
무희론 308, 454, 458, 468, 495
문 78, 88
문법학 275
문사수 306
문수 오자주 258
미란 74, 81, 87, 179, 237, 249-250, 261, 320-322, 328-329, 350-351, 360, 364, 370, 372, 417
미란의 근거 95
미란지 330

미료의 53, 74, 147
미륵의 5법 44
밀교 38, 389, 527-528, 535
밀주 393
밀주금강승 257, 294
바르지 않는 세속의 진실 310
바른 세속의 진실 310
바이쉐쉬카파 344
반대 의미 497
반야 307
반야 바라밀 78-79, 82, 88, 448, 506
반야의 수습차제 195
반향 477
발광 89
발무인과 399, 402, 415
발보리심 43
발보리심원 36
방편 193
방편 바라밀 88
방편유식설 193-196, 204-206
배중률 440, 445
백련 536
번뇌 250
번뇌장 80, 88, 248, 250, 470, 478, 480
번뇌장의 무명 479
범부 469-470, 478, 480-482
법 74, 304, 344
법계 78, 82, 89
법공론 534
법륜 302
법무론 534
법무아 76, 80, 89, 251, 466
법성 305, 306, 312, 476, 535
법신 90, 92
법아 255
법운 89
법유론 534
변견 282, 300
변계소집 77, 91, 471
변계소집상 87
변계소집성 101-102, 288, 310
변집 289
변충 426, 427, 428
별이성 153, 463
보광 89
보리 83, 275
보살 86, 250
보시 바라밀 88
보신 90, 92
복덕 83, 302

본교 33
본각사상 38, 43, 62, 539, 541
본성 476
부동 89
부전도 352-353, 370, 375, 377-378
부정 301, 411
부정대상 234-235, 299, 317-319, 321, 365, 398, 411, 435-438, 440-441, 444, 446, 448-450, 457, 495
부정대상의 확인 325
부처 470, 478
부톤류 53
부파불교 272
분별 81, 245-247, 256, 293, 301, 305, 308, 319, 322-324, 330-334, 336, 390, 392, 421, 455, 462, 470, 484, 495
분별망 447, 463, 465
불 250
불가설 392, 484, 524
불가설의 실재 519
불공 282, 299, 332
불교강요서 69
불교도 344
불교사 36
불기불생 77, 90
불미란 328, 330, 336, 350-351, 358-360, 362-363, 366-367, 370-371, 374-376, 378, 385
불미란성 360
불미란지 372
불사불관 34-37, 392
불생불기 78
불성 35, 38, 312, 531-532, 539
불성사상 531
불환 85
브리하스파티 79
비결파 44
비량 150, 185, 202, 344, 486, 496, 506-507, 509, 512-513, 517
비량대상 344
비바사사 70, 83, 99
비양태적 승의 458
비유 451, 511
비유비무 291
비인 136
비정립적 부정 438
사 78, 88
4구 412

사구부정 420
사념 92
4대 종 344
4량 371
사물 251
사물의 자체 382
4변 290, 304
4분류법 53
사비〔귀류파〕 272, 278
사설 449
사성제 80, 83-84, 406
사실에 근거한 동일성 424
사유 322
사자후 276
사제 73
4종류의 논증인 124
사캬파 48-49, 227, 258, 271, 287, 458
사태 424
삼계 76, 84
삼계유심 198
3단계 281, 299
3단계설 298, 302, 306
삼독 76
삼론종 104, 209, 538
삼륜청정 89
삼매 85
삼밀가지 54
삼법륜 303
삼법륜설 302, 306
3삼매 147
3상 90, 362
삼성설 102, 310
37보리분 89
삼예의 종론 32, 35, 37-40, 97, 392, 540-541
상(想) 89
상(常) 532
상게걉초 60
상견 451
상대부정 435-436, 440, 442, 447, 449
상대주의 422
상변 290
상변중관설 287, 297
상속 88
상승 150
상시 33-34
상주 79
상집 289
상키야학파 345-357, 366, 504, 512

색 89, 328
색성 327
색온 74
색처 354
생기 261
생멸 414
생천 534
샤루류 53
샤카파 291
서원 바라밀 88
석녀의 아들 346
선설 185
선정 86, 389
선정 기술 527
선정 바라밀 88
선정원 36
선취 83
선한 분별 292
선혜 89
선화륜 91
설 488
설일체유부 33, 99
설정 240, 383
성도 32
성문 76, 251, 255
성문승 83
성불 250
성소작지 90, 92
성언 83, 276
성자 469-470, 478, 480-482
성자류 57
성자부자 143
성적 실천 41
세간 사람들에게 일반적으로 승인 되고 있는 그대로의 존재 180
세간 사람들의 일반적 승인 178, 181, 198
세간구생 299-300
세간극성 177, 180, 199-201, 281, 309
세간극성행중관파 179
세속 74, 135, 148, 232, 238, 262, 321-322, 337-338, 400, 454-455, 474-475
세속설 179
세속경량부설 202
세속무외경론 196, 197, 204
세속불생론 420
세속유 174, 176, 180-181, 183, 191, 216, 321, 404, 452-454, 518, 520-522, 524-525
세속유식설 173, 185, 191, 193-

194, 196-197, 201-202, 204
세속유외경론 196-197, 199, 201
세속유외경론자 199-200
세속의 진실 179, 288
세속제 90
소대치 84
소비 442
소승 73, 86, 147, 250
소승유외경론자 99, 108
소연연 93
소의 345
소의불성립 353, 361
소작 53
소작능작 254
소작 탄트라 54
소증 362, 366, 384
소지 318, 448
소지장 80, 88-89, 248-250, 470, 478, 480
소지장의 무명 479-480
소취 74, 96, 153, 194
소파 209
소현 130
소화 82
속격조사 510, 513
수 78, 88-89
수도 84
수도무용론 43
수순의 승의 304-305, 307, 458
수습의 차제 168, 193
수습차제 36
수의 329
수자 127, 183, 198, 202
순밀 536
순수정신 345, 354
스스로 성립해 있는 형상 189
습기 249, 250
승 306
승론파 79
승의 진실 302
승의 56, 73, 78, 135, 148, 232, 234-236, 262, 306, 318-319, 321, 326, 400, 408, 454-459, 463-467, 469-470, 473
승의무 452-453, 521, 524-525
승의에 따르는 세속 91
승의에 수순하는 것 305
승의유 130, 175
승의의 진실 228-231, 288-290, 299, 304-305, 311
승의제 87, 90
승의지 375-376, 378

시간적 해석 312
시제파 51
식 125
식의 전변 96
신크레티즘 62
신탄트라파 51
신해행 85
실사 477
실상 304, 331-332, 373
실유 400, 413
실의 178-179, 192, 234-237, 255, 306-308, 318, 321-322, 337-338, 352, 370, 376-377, 397-398, 400, 414, 416, 454-461, 463-464, 466-468, 470-471, 473-475, 481, 483, 485
실의현증지 372
실재 462, 470, 473, 484, 519, 535, 538
실재론 389, 450, 528
실재론자 253, 355-356, 358-359, 362, 364, 380, 405-406, 444
실체 418
심련 536
심상속255, 418, 520
심장 537
십바라밀 88-89
십선 33, 35
16의 지 83
십이지연기 33
십지 88
십팔계 33
씨족교단 48
아 332, 398, 532
아의 철학 38
아급마 454
아라야식 96
아라한 250
아라한과 85
아론 391
아설〔여래장사상〕 537
아트만 532-533, 537
아티요가승 51
악견의 그물 506
악취공 531
안록산의 난 34
안병자 352
알라야식 252-254
양 326, 348, 350, 412, 416
양결택 44
양변 75
양성 326

양의 동양상성 349
양의 일치현현 363, 368, 375, 379, 383
양태적 승의 458
언설 56, 125, 198, 233, 235, 241, 245, 252-253, 255-257, 259, 261, 263, 279, 294, 318, 327-329, 331, 335, 346, 355, 358-359, 365-366, 374-375, 382-383, 408, 410, 415, 523-524
언설의 설정 142
언설무 236-238, 241, 244, 246-247, 319, 321, 333, 350
언설무자상 368, 386, 415-417
언설유 235, 237-238, 241, 243-248, 255-256, 262, 279-281, 300, 319, 321, 324, 326, 328, 330, 333-334, 336, 350, 372-373, 376-377, 382, 413-417, 518, 520, 521
언설적인 실상 244, 335
언설적인 지 330, 413, 520
언설지 372, 375
언전 261
업 83, 252
여래 86
여래장 38
여래장사상 31, 37, 41, 44, 52, 62, 104, 312, 389, 392, 528, 531-533, 535, 538-539, 541
여섯의 바라밀 74
여실성 82
여의보주 92
역 바라밀 88
연 78, 93
연기 56, 74, 86, 118, 136, 391, 397, 403, 404, 407, 410-411, 422-424, 427-428, 472-473, 484, 522, 525, 532
연기부정 402
연기설 524, 533
연기의 실의 423, 427, 524
열반 76, 86, 407, 410
염오의 89
염혜 89
영상 471, 477, 479
예류 84
예류과 85
오경 327
오명 273
오온 94

오자문수 259
5지작법 213
오학처 273
온 89
올바른 세속 91
외의 연기 77
외경 74, 94, 123, 125, 150, 158-160, 182, 193, 255
외도 272
외연 94
외연기 95, 122
외인 94
외적 작법 54
외중관 90, 149, 155, 155
외중관파 93, 94, 106
요의 74, 147, 301, 444
요의의 대승 148
용행 51
우치 473, 477-478, 480, 483
원성실 77, 87, 471
원성실상 87
원성실성 101, 288, 310
원행 89
유 75, 248, 282, 291, 299, 301, 318, 322, 404
유가 53
유가중관 81, 149
유가〔중관〕파 150
유가 탄트라 54
유가행 134
유가행중관 75, 77, 117, 119, 128, 134-137, 139-140, 142, 146-149, 151-152, 158-160, 162-163
유가행중관설 194
유가행중관의 종견 131
유가행중관자립파 141-142
유가행중관파 113, 141-145, 152-153, 157, 167-174, 186, 191, 193, 202, 214, 219-220
유가행파 140, 142, 174, 500, 531
유경 331
유무성 452
유법 343-344, 347, 349, 354-355, 359, 364, 371-373, 376, 378-379, 384-385, 489
유법 일반 344
유법불성립 345, 353-354, 356, 366
유법의 일반성 346-347, 351
유변 398, 446

유부 100, 199, 272
유색 126
유성 360, 451
유식 81, 116, 158
유식사상 532-533
유식설 131, 253, 312
유식중종 130, 156
유식파 70, 74, 77-78, 86, 96, 99, 100, 102, 105, 108, 150, 167, 181, 199-200, 272, 487
유식파가 주장하는 지와 형상의 무구별성 218
유심 123, 159, 174, 183, 193
유심론자 487
유심파 267
유염오 248, 249
유오염 478, 480
유외경론자 94, 108
유의 354
유자상 359, 386
유자성 237-238, 404, 414, 490
유자성론자 350, 356
유정 76
유지 478
유형상유식파 102, 221
유형상유식설 172, 174, 186-187, 191-192, 215, 220
유형상중관파 186, 214-215, 217-219
유형상지식 146
유형상지식론자 200
유형상파 186, 214, 219
유희론 458
6도 93
육바라밀 35, 43
6식신 254
62견 83
윤회 73, 93, 407, 410
융화주의 38, 62
응화의 성문 79-80
의 306
의경중종 130, 137, 156-157, 161-163
의론중종 130, 152, 156, 161-163
의식 331
의타기 77, 471
의타기상 87
의타기성 101-102, 174-176, 207, 216, 288, 310, 487
이구 89
이근 74
2무아 147

이문 304
이변 291, 302, 311-312, 439, 444
이변중관설 56-57, 230-231, 258, 282, 287, 291-293, 295-298, 300-303, 310-312, 390, 392-396, 399, 401, 406-407, 409-412, 415, 417-420, 422, 433, 445, 450, 453-454, 462-464, 467-469, 485-486, 494-495, 516, 519, 521, 541
이변중도 446
이언 282, 299
이일다 290
이일다성 122
2상 250
2제 90, 232
이제분별론 44
이제설 157, 167, 193, 469, 473, 476, 481
2종 부정 437
2종의 부정 213
2종의 승의 303, 308
2종의 승의설 306
2종의 중관 115
이해 390
이희론 282, 293, 295, 297, 299, 300, 302-303, 305, 311, 312, 393
인 76, 78, 304, 328
인과 405-406
인과부정 402, 406
인무아 73-75, 89, 466
인법 305, 310
인법의 2아 292, 299
인식론 167
인연 331
인욕 바라밀 88
일래 85
일반상 398
일반성 344, 356
일원론 538
일천제 532
일체법 412
일체법무자성 251
일체종지 261
일체종지자 250
일체현현 262
일치현현 347-349, 355, 357, 359, 361, 364, 366-367, 374-375, 378-383, 385-386
일향적정 76, 85

입교개종 55
입론자 348-349, 356, 358-359
입실의일분 88
입정 82, 304
입정지 305
자공 288
자기의 본성 419
자기의 자성 332
자기인식 74, 119, 173, 182, 186, 190, 252, 254
자기인식된 형상 191
자내증 459, 463, 461, 464, 470
자량 83
자리 73
자립논증 46, 253-254, 342, 359, 366-368, 382-383, 385, 496
자립논증비판 341, 351-352, 360, 365, 368-369, 374-375
자립논증파 46
자립의 주장 490, 505, 506, 516
자립의 증인 384
자립파 44, 46, 55-56, 141, 167, 233, 237, 241, 243, 245, 248, 253-254, 256-257, 259-263, 267, 278-279, 294-295, 303, 318-319, 323-324, 334, 336, 342-343, 347, 350, 356-359, 362, 365-368, 377-378, 408, 415, 464, 468, 523
자비 73
자상 56, 233-236, 241-244, 253-257, 259, 261, 263, 279, 294, 318-319, 324, 327-329, 333, 336, 350-351, 355, 358, 360, 362, 365, 369, 370, 374-375, 377, 385, 415, 417, 523-524
자상의 유 385
자성 78, 186, 229, 235-236, 278-279, 318, 329, 331-332, 355, 366, 390, 398, 405, 460, 470-473, 475-477, 479, 484, 490, 523
자성공 127
자이나교 534
자체 235, 278, 318, 327, 332, 337, 366, 402, 405, 413, 414
작자 76, 126, 183, 198, 202
잘못된 세속 90
잡밀 536
장수천 85
장인대 라마 61
재가신자 534

저지율 42
적모파 50
적정 301
적정의 성문 79-80
전도 352-353, 369, 371, 375, 509
전도지 376
전변 75, 77, 106
전생자 59
전의 74, 97
전전기 41, 69
절대부정 289, 292, 390, 433-437, 440-443, 445-447, 449
절대부정의 공성 228-229, 231-232
점수 43
정리 198, 201, 203, 273, 276, 289, 308, 329, 398, 400, 406, 412-413, 415, 467
정리보장 48
정리에 의한 고찰 400
정리지 282, 293, 299, 326, 330, 373, 413, 442
정립적 부정 438
정지 84
정진 바라밀 88
제8지 249, 250
제법 319
제법무자성 255
조낭파 51, 104, 288, 312
조대 95, 290
족첸 51
족첸 교의 40, 530
존자삼부자 58
종견 319
종의계의 논서 147
종자 89, 241
종파불교 42
좋은 분별 229, 390
주 535
주문 534
주불 242
주술 534
주장 410, 421, 486, 488, 499-500, 502-505, 511, 516-518, 522
중간 116
중관 81, 116, 410, 522
중관광명론 44
중관귀류파 245, 259, 408-409
중관사상 31, 37, 40, 317
중관자립파 233, 335-356

중관파 37, 70, 75, 86, 98-99, 105, 108, 141, 167, 171-172, 174, 180, 199, 212, 225, 272, 308, 404, 407, 410, 522, 531
중관파(귀류파) 410
중관파〔=자립파〕 242
중관파의 승법 403
중관학파 176
중국화상 228, 293
중기중관파 167
중도 312
중생의 사유 323
중승 74
증익 237, 238, 331
증인 384, 511, 95
지 바라밀 88
지각 가능한 것의 비인식 414
지계 43
지계 바라밀 88
지심수집 69
지와 형상의 무구별성 220
진상 331, 332
진실 234-235, 236, 301, 310, 318, 337
진실로 무인 것 310
진실무 317
진실성립 240, 317, 323
진실에 관한 공성 309
진실의 보환 69
진실의 승의 304-305, 307-308, 311
진실집착 236-238, 240, 247-248, 289-290, 304-305, 317-318, 323, 478-479, 481
진언 535
진여 535
집착 239, 336
차별 사상 532
차제 195
찰나 81, 88
청정법계 89-90, 92
총카파설 278
추리 185
출가자 534
출리 84, 309
취 89
카규파 49, 291, 395
카담파 231, 291, 395
카르마파 59
타공 288
타공상견 52
타락의 성문 79

타자 518
탄트라불교 40
특수성 344, 346-347
티베트 밀교 526
평등성지 89-90, 92
학문 불교 527
학문사 55
학설강요서 40, 60, 70, 108, 140, 147, 152, 272
학설규정 71
학승들의 불교 527
한정 344
해탈 86
해탈문 127
행 53, 89
행 탄트라 54
허공 301, 99
허공과 같은 계 312
허위의 진상 244
허환 51
현량 93-94, 326, 353, 355, 359, 360, 366-367, 371, 374-375, 378, 489
현량의 대상 354
현색 126
현전 89
현현 177, 241-242, 259, 320, 327, 335-336, 351, 369-370
현현만 260
현현상 373
현현하고 있는 그대로의 것 176
현현하고 있는 그대로의 존재 180
형상 96, 123, 182, 186-189, 317, 321
형상진실론자 220
형상진실설 186, 188, 197
혜 77, 234, 236-237, 239-244, 246, 261, 278, 305, 317-318, 330-335, 416, 435
화신 90, 92
환 75, 82
환술 240
환술의 비유 238, 242, 260, 320
환술사 239- 240
환영 78, 118
환희 89
활불상속제 50, 59
황모파 55
회전의 성문 79
효과적 작용능력 175
후기중관파 167
후전기 41, 103, 150

훈습 89, 96
흑모파 50
희론 56, 282, 299, 301, 305, 308-309, 392, 455, 458, 470, 484, 495
힌두교 532-534
힌두교도 534

인명(人名)

가네코 슈겐 213
가와사키 신조 526, 528
가왕 312
가지야마 유이치 168, 169, 174, 175, 187, 188, 189, 200, 211, 212, 213, 214, 219, 220, 221
간덴좌주 59
감포파 395, 50
건륭제 61
겐둔갸초 59
계사화상 292, 390
고 티상얍락 33
고단 48
고람파 57, 230, 233-236, 254-255, 257-258, 282, 288, 290-293, 295-297, 300, 303, 305-310, 392-394, 455, 458, 486, 488, 491, 494
고람파 소남셍게 227, 287
곡 렉페쉐랍 42, 43
공파랍셀 42
구시 칸 59
궁송궁첸 30
금성공주 31
기벨 423
길장 209, 539
나가르주나 78, 90, 98, 116, 118, 124, 130, 135-139, 143-144, 148, 206-208, 211-213, 225, 254, 281, 287, 298, 303, 308, 353, 371, 393, 396, 403, 407, 426, 433, 448, 460, 462, 500, 506, 507, 519, 538
나가르주나 사제 295
나가오 가진 342

나로파 49
나카자와 신이치 526, 528-530
남리론첸 30
남파르미톡파 39
냥 팅게진 35
니마닥 44, 46-47, 230-231, 267, 291, 300, 311, 486
니마외 153
다르마린첸 57, 58, 59, 60
다르마키르티 44, 48, 71, 167, 207, 213, 274, 276, 281, 414
다르못타라 220-221
닥파겔첸 48, 231, 291
닥포라제 50
달라이라마 3세 59
달라이라마 5세 가왕 롭상갸조 60
데렉니마 58
도원 540
돌부파 쉐랍겐첸 52, 288-289
돔톤 42, 43
두숨켄파 50
디그나가 210, 274-275, 326, 500
라마 우마파 257-261, 263, 294-296, 392
라집 536, 538
라트나링파 54
라트나카라샨티 104-105, 174, 274
락슈미 145-146
랑 씨 50
랑준도르제 50
레첸 쿤가겐첸 259
레충파 50
렌다와 55, 58, 231, 258, 260, 261, 291, 294, 392, 394
로덴쉐랍 43-44, 231, 291
롭상 최키겐첸 276, 280
롱돌 라마 303
롱첸파 51
루이왕포 39
린첸상포 42, 51
마르파 49-50, 231, 291
마샹톰파케 31
마이트레야 44
마이트리파 49
마자 장춥촌두 47, 291
마칙 랍키돈마 51
마하연 34-37, 56, 98, 229, 293-295, 390, 392, 421, 541
무상 김화상 32
문성공주 30
문소 34

문수 257, 258, 260, 260, 261, 263, 275, 294, 295
문수보살 55, 258, 393
미라레파 50, 231
미륵 44
미마키 가츠미 267-268,271
미쿄도르제 51
미팜 190, 62
바 셀낭 33
바비베카 46-47, 116-117, 129, 138, 140-143, 146, 157, 162, 183, 195-196, 199-201, 205-206, 211, 233, 253, 303, 306-309, 311, 343-347, 352-353, 355-356, 365-366, 377, 434-436, 438, 443, 446-452, 454, 456-459, 461-464, 467-470, 473, 484-486, 492, 495-502, 505-509, 513, 516-517, 519
바수반두 86, 116, 130, 211
법성 129, 138, 152, 156-157, 160-162
법장 210-211
법존 427
부톤 36, 52-54, 276
붓다팔리타 234, 281, 298, 497, 498, 512, 513, 516
비루파 48
사쌍파 로차와 각왕 394
사캬 판디타 48, 103, 231, 276, 291
사판 48
샤라와 43
샤카촉덴 302
샤캬슈리바드라 48
샨타라크쉬타 33-34, 36-38, 40, 44, 47, 97, 113, 103, 106, 115-117, 129-130, 138, 140-143, 146, 157-158, 160-163, 167-174, 177-178, 180-183, 185-188, 191, 193-194, 196, 202-206, 214-220, 266, 464, 467, 531
샨티데바 281, 298
상 탕삭파 295-296
상 탕삭파 예쉐중네 291
세친 209
셀낭 33-34
소남갼초 59
소남체모 48
송첸감포 30-31
숨파켄포 예쉐펠졸 60

쉐랍린첸 271
슈미트하우젠 425
슈타인켈르너 424
스체르바스키 276
스타인 69
시라타테 528
아리야데바 90, 116, 118, 135-137, 143-144, 148, 303, 503
아발로키타브라타 449, 459, 509-510
아상가 86, 116, 129-130, 138, 140, 161-162, 207
아티샤 41-43, 55, 104
알탄(Altan) 칸 59
야마구치 스스무 168, 209-211
야마구치 즈이호 169, 529, 540
야마오리 데츠오 528
양수 34
에지마 야스노리 346, 438, 451
영락제 57
예세왕포 34, 36-37
예쉐데 39-40, 47, 98, 107, 113, 143-144, 149, 152, 160, 170, 193, 287
오가와 이치죠 266-267
요시무라 슈키 113, 129, 161
용수 152, 209
우마파 55, 393-394
우에야마 다이슌 114-115, 146, 152-153, 156-158, 168
우이 하쿠주 211, 213
우파로살 179, 395, 455-456
웨이만 427
이마에다 요시로 114
이치고 마사미치 169, 187-188, 190
자야난다 266-267, 480, 483, 487
잠양셰파 58, 60-62, 70, 103, 144, 276-277, 302
잠양셰파 각왕촌두 141
쟝춥외 42
제바 152, 209
제춘 최키겐첸 58, 71, 141
중국의 계사화상 229
즈냐나가르바 44, 142, 167, 170-173, 176-177, 179, 205, 231, 233, 307, 309-311, 323, 347, 464, 467, 474-475, 483
즈냐나슈리미트라 104
차파 최키셍게 43-44, 48
찬드라고민 274, 275
찬드라키르티 44, 46-47, 53, 167,

176, 179, 181, 199, 211, 225-226, 228, 230, 232-234, 247-248, 252-253, 256-257, 259, 273, 281, 291, 298, 311, 327-329, 337, 343, 346, 350, 352, 355-359, 370-371, 401, 410-411, 417, 420, 458, 468-470, 471-475, 477, 482, 484-486, 490, 492-493, 495-499, 501-502, 504-505, 510, 513, 516-519, 521-524
창낙파 47
창캬 롤페도르제 60-62, 141, 242-244
청목 538
촉레남겔 52
촌두셍게 258
춈덴릭렐 277
총카파 46-47, 55-58, 62, 142, 144, 146, 170, 192-193, 202, 226-234, 236-249, 251, 253-255, 257-259, 261, 263, 271-274, 276-277, 279-282, 287-289, 291-292, 294-297, 313, 317, 321-326, 328-330, 334-335, 337, 341-344, 346-351, 353-357, 359-361, 364-369, 371-372, 374, 376-378, 380, 384-386, 389-390, 392-393, 396-399, 401-407, 410-411, 413-422, 424-426, 428, 433-436, 440-441, 445-447, 449, 462-463, 468-469, 482, 488-490, 516, 519, 521-523, 525, 528, 541
총카파 롭상닥파 54, 225
카말라쉴라 36-37, 40, 44, 47, 98, 106, 113, 128, 158, 160-163, 167,171, 180, 182, 189, 192, 194-196, 201-202, 205, 229, 237-238, 281, 293, 321, 392, 440, 464, 467, 531
카말라쉴라 사제 142
케둡 게렉펠상포 58-60, 243, 244, 296, 342, 377, 384, 385, 394
켄체왕포 62
콘촉걀포 48
콘촉직메왕포 61, 141
콩툴 욘텐걈초 62
쿠빌라이 49
쿤가닝포 48
쿤가펠 55

쿵포 49
타라나타 52
타우서 423-424, 426-428
탁창파 57-58, 60, 271, 275, 276-277, 278-279, 280, 282, 299-300, 303, 306, 394, 455
탁창파 쉐랍린첸 297
투콴 롭상최키니마 61, 301
툭제촌두 52
티데축첸 31-32
티송데첸 31, 33, 36, 39
티춘 30
파드마삼바바 33, 38
파찹 니마닥 267-268, 291
팍모두파 50
팍파 48, 49, 52
페리오 69
펠양 32, 34-38
펠첵 39, 150
포토와 43
프라즈냐카라굽타 44
프라즈냐카라마티 480
하라다 사토루 114, 135, 140, 146-148, 152, 154, 156
하리바드라 142, 185, 189
하카마야 노리아키 528, 539-540

서명(書名)

ツォンカパ 267
강좌·대승불교9-인식론과 논리학 211
견해변별 57, 227-228, 236, 287, 294, 304
견해분별 254, 257
견해요약 72, 82, 99-102, 106, 149, 151, 155
견해의 구별 40, 47, 72, 94, 98-99, 102, 106-108, 113, 115, 128-129, 131, 137-138, 140, 142-145, 146-152, 154, 156-160, 162-163, 170, 194, 287
견해의 요약 154
견해차제 153, 155-156
견해차제해설 150-151
고파탄트라집 54
광파론 210-211
구사론 55

근본중론 447, 500, 502, 507
근본중송 57, 207-209, 211-213, 308, 346, 403, 406, 423-424, 426, 428, 449-450, 454, 456-457, 459-464, 471-473, 497, 499, 500-502, 506-509, 513, 531, 538
금강경 32
금강정경 536, 54
금만 55, 261
논란답파 273-276, 280
논리의 언어 99
능가경 91, 93, 96, 122, 127, 185, 194-195
니야야 수트라 211-212
닝마파 사자의 서 528
대소승요설 71, 73, 100-101, 106, 147, 151
대승논장에 나오는 제목 303
대승도간경수청소 129
대승장엄경론 209
대승중관의 72, 78, 99-101, 106, 149, 151
대일경 54, 536
대학설 58, 60, 71, 103, 141, 145, 268, 276-277, 302
덴카르마 목록 39, 103, 149
도간경 32, 94, 157, 161-162
도차제대론 55, 142, 228, 292, 324-326, 330-331, 333, 335-336, 341-342, 380, 382, 385-386, 390, 396, 490
도차제약시 428
도차제해탈장엄 50
돈오대승정리결36
둔렉마 274
로살 학설강요서 179
명구론 46-47, 208, 211, 337, 343-346, 351-356, 366, 369, 373-375, 377-378, 401, 409-410, 433, 459, 468, 474, 475, 481, 485-486, 490, 494-495, 498, 502, 510-511, 514, 516-517, 519, 521, 523
묘법연화경 536
무외주 461, 500
무지개 다리-티베트 밀교의 명상수행 526
미라레파전 50
밀엄경 91, 96, 185
밀의해명 228, 252, 254, 256-257, 262-263, 317-321, 324-

325, 330-333
반야경 55, 118, 129-131, 135, 138-140, 150, 162, 299, 535
반야등론 116-117, 140, 195, 205, 306, 345, 442, 447, 449, 457, 494-495, 497, 499, 506-507, 510-511, 514
반야등론석 510
반야심경 535
방편심론 210, 212-213
백론 538
번역명의대집 39-40
번역자 쉐랍린첸파에 의한 논란에 대한 답파인 성언과 정리의 사자후 276
법화경 536
보리도등론 42-43, 55
보살지 206-207, 211-212, 462
보성론 44
불교 528, 530
불교도의 대소의 삼승과 외도 등의 견해를 요약하여 구별한 것 149
불교사 53-54
불호주 461, 497, 500
비밀도차제론 57
비밀전기 296
비밀집회탄트라 57
비발사나장 341-342, 396, 408, 412
사견해요설 71, 77, 99, 101, 106-108, 149, 151, 153
사백론 303, 408-409
사백론석 228, 332-333
사택염 183, 435-437, 447-448, 493
삼승의 확립 105
삼십송 130
선비판 312
선서의 사상의 구별 69, 71, 99
선서장의 여식 53
선설심수 56, 170, 191, 228, 325, 334-336, 341, 365, 380, 382 386, 435, 442-443
성도간경소 161-162
성반야바라밀 118
성출세간품 123
수습차제(초편) 195
수청소 129, 131, 135, 137-138, 152, 156-157, 160-163
숫타니파타 421
시륜탄트라 54
실의명등 260

십만가요 50
십만탄트라목록 53
십이문론 538
십지경 96, 126
악견이라는 어둠의 배제 58
악견배제 263
양요약심암불식 44
양평석 175
양평석 48
양평석장엄 44
여래장경 531
여실론 210-211
여의보수사 60, 271, 273-275
연기와 공 312, 428, 553
열반경 531-532
오차제주차제의작명 145-146, 151
요의해 52
요의해명 488, 493
유가론 117, 129-131, 135, 138, 140, 143, 162-163
유능자개안 243, 342, 378-381, 383
유식이십론 206
육십송여리논주 47
이권본역어석 39, 41
이제분별론 171, 176, 178, 231, 307, 322, 337-338, 465
이제분별론게 347, 464, 473
이제분별론세소 171
인도불교사 52
입보리행론세소 480, 481, 482
입중론 53, 55, 57, 176, 199, 211, 228, 260, 266, 317, 400, 418-419, 469, 473-477, 479-481, 483-484, 490, 501, 517, 519-521
입중론석 266-267, 480
입중론주 181, 228, 232, 249, 419, 469-471, 482, 487-488, 501, 506
장진론 450-453
장한대사전 425
정리해 57, 433, 435
정자학자의 원 60
제군 529
조동종연구원연구생연구기요 207
종의선설 103
중관결택 58, 202, 227-228, 301, 317, 373
중관광명론 128, 158-160, 163, 180, 196, 237, 281, 321-323, 337-338, 439-440, 465

중관심론 116-117, 183, 209, 219, 463-464, 470
중관의집 458
중관장엄론 44, 103, 106, 115, 117, 129-130, 138, 140, 157-160, 163, 171, 173, 180, 182, 184, 190-191, 194, 196-198, 202-205, 217, 219-220, 465
중관장엄론세소 189, 193
중관장엄론해설 190
중관택결 302
중론 130, 211, 300-301, 461, 500, 538
중변분별론 205, 462
중송 116
중유에서 정분에 의한 해탈 528
지심수집 71, 99
진실의 보환 71
집량론 274, 275
차라카 상히타 212
창캬 학설강요서 60, 141, 242
칠부 274, 281
칠장 52
카담 명등사 259-260
칼라파 수트라 275
통툰첸모 243
티베트 사자의 서 526, 528-530
팔지에 관한 것 274
학설 302
학설규정 141
학설보환 61, 141
학설수정경 61
학설전지 271, 273, 276, 278, 280, 298-299, 303
학설전지주 271, 299
학처전지 271, 273-276, 278
해심밀경 185
현관장엄론광명 185, 189, 337
호금강 54
호금강탄트라 48-49
회쟁론 206-213, 353, 371-373, 408-409, 500-501, 503, 517

지명(地名)

가리 42
가와동 259, 261

간덴 57
간덴사 59
감포 50
건달바성 91
나르탕 55
날란다 승원 33
네탕 42
닥마르 31
당 30, 41
도 씨 35
도캄 지방 257-258, 294, 393
돈황 34, 37, 69, 97, 114, 146, 152, 156
딘상라캉사 31
라뎅 43
라모체사 30-31
라사 30, 42-43, 57, 59
로닥 35-36
룽춥 궁전 33
몽골 48
북경 61
비크라마쉴라 승원 42
사캬 55
삼예 36, 98, 229
삼예 대승원 33
상푸 258
상푸사 43-44
샤루사 53
야르룽 지방 33, 50
양주 48
오대산 61
옹화궁 61
운창도 39
장경굴 97
장안 33-34
정종사 32
조모낭사 52
창 지방 48, 52
천불동 69
청해 곤룽사 61
청해 39, 60-61
총카 55
카르충 39
캄 지방 42, 61
토딩 42
톨낭사 30-31
하투 60

티베트 불교철학

2008년 10월 30일 초판 발행

지은이_마츠모토 시로(松本史朗)
옮긴이_이태승, 권서용, 김명우, 송재근, 윤종갑
펴낸이_고광영

편집 임동민
영업관리_이규만, 김하정

펴낸곳_불교시대사
출판신고_2008년 1월 7일, 제300-1991-27호
주소_서울시 종로구 관훈동 197-28 백상빌딩 13층 4호
전화_(02)730-2500
팩스_(02)723-5961
홈페이지_www.buddhistbook.co.kr

ISBN 89-8002-115-4 93220